KB263778

한국 외교정책의 새로운 이해

- 외교정책 결정과정과 관료 -

한국 외교정책의 새로운 이해

- 외교정책 결정과정과 관료 -

배종윤 著

한국학술정보㈜

서 문

I

본 책자는 본인의 학위논문을 중심으로 외교정책 분야와 관련된 기존 연구들을 새롭게 취합하여 다시 정리한 것이다. 학위논문은 물론이고 본 책자를 준비하는 과정에서 부딪혔던 고민의 출발점은 기존의 연구들을 살펴보면서 항상 머릿속을 떠나지 않았던 아쉬움과 부족함이라고 할 수 있다. 과연 한국의 외교정책을 보다 적절히 설명할 수 있는 이론적 분석 틀의 모색은 불가능한 것인가? 국제사회나 외국의 입장이 아니라 한국의 입장에서 한국을 설명할 수 있는 이론, 한국의 속사정을 보다 잘 설명할 수 있는 이론, 한국의 입장에서 설득력이 높은 이론의 모색은 가능하지 않는가? 하는 아쉬움이 바로 그것이다.

이러한 아쉬움을 완전히 해소시킨 것은 아니지만, 이런 점에서 본 책자는 세 가지의 차별적 시도를 진행하였다. 첫째는 국제정치적 영역에 무게 중심을 두고 있는 것이 아니라, 외교정책의 연구 영역에 시선을 맞추고 있나. 비록 세계화와 국세화, 지역 동합 등으로 인해 국내외의 경계가 흐려지고 있는 것은 사실이지만, 본 책자는 흐려지고 있는 경계 속에서도 존재하고 있는 외교정책의 차별적 특성들이 여전히 유효하다는 점에 주목하고 있다. 그리고 한반도를 둘러싼 주변 4강이나 국제체제를 중심으로 한국외교정책을 종속변수로서 설명하기 보다는, 독립변수로서의 한국외교정책을 설명하는 것이 적실성을 가진다는 사실을 확인하고자 하였다. 둘째는 결과로서의 한국외교정책이 아니라 과정으로서의 한국외교정책을 분석하고 평가하기 위한 시도를 진행하였다. 외교정책을 결정하는 정책결정과정이 관찰하기 힘들고, 공개된 적절한 사례가 많지 않으며, 입증하기가 어렵고, 분석적 접근이 쉽지 않다는 이유로 계속 방치될 경우에는 한국외교정책에 대한 연구는 여전히 종속변수에 머무를 수밖에 없고, 아쉬움과 부족함만을 남기는 반쪽자리 분석들이 근본적 개선 없이 반복될 것이기 때문이다. 본 책자는 의미있는 분석의 대상에서 소외되어 있던 외교정책결정과정이라는 블랙박스를 과감하게 개봉하고 그 속을 들여다보는 작업을 진행하였다. 그리고 기계적인 과정으로서의 외교정책이 아니라 치열한 정치적 과정의 대상으로서의 외교정책에 주목하였다. 셋째는 한국외교정책과 관련된 국내 행위자들의 범위를 크게 확대시켰다. 국제사회에서 한국의 위상이 부상하기 시작했고, 국내의 민주화가 공고화단계에 접어들면서 한국외교정책을 단수의 행위자만으로 설명하는 작업은 분명한 한계를 가지게 되었기 때문이다. 본 책자는 외교정책에 참여할 수 있는 다양한 국내 행위자들의 위상과 역할, 그리고 다양한 평가들을 이론직으로 김도하고, 징치직 행위에 직극적으로 참어하고 있는 다양한 행위자들을 분석의 대상에 포함시켰다.

　이러한 차별적 시도를 진행하는 과정에서 본 책자의 접근이 적실성을 가진다는 사실을 입증해줄 수 있는 사례들을 다수 확보할 수 있었다. 그리고 다양한 영역에서 발견한 차별적인 모습의 사례들을 하나의 분석 틀 속에서 함께 묶어 설명하려는 시도도 일정한 성과를 거두게 되면서 의미 있는 결과를 도출할 수 있었다. 비록 본 책자의 결론들이 한국외교정책에 대한 기존의 분석과 인식들을 완전히 대체할 수는 없겠지만, 한국외교정책에 관심을 갖고 있는 연구자들에게 인식과 분석 틀의 다양성을 강화시켜 줄 수는 있다는 점에서 그 의미를 발견할 수 있을 것이다.

Ⅱ

본 책자가 완성될 수 있었던 것은 주변의 많은 도움과 행운들이 결정적으로 작용한 덕분이다. 본 연구자가 외교정책, 특히 한국외교정책에 관심을 가질 수 있게 된 데에는 은사님이신 김달중 교수님의 가르침이 절대적이었다. 그리고 한국외교정책의 영역에서 이러한 분석적 시각과 접근을 통해 유의미한 사례들을 관찰하고 분석틀을 마련할 수 있었던 것은 지금까지도 많은 가르침을 주고계신 문정인 교수님의 지도가 결정적이었다. 물론 그 존함들을 모두 열거할 수는 없지만, 다양한 가르침을 주신 많은 선생님들과 선배님들의 지도와 편달이 없었다면 본 책자는 존재하지도 않았을 것이다. 감사의 인사 말씀을 결코 빠트릴 수 없는 주변의 많은 분들의 은혜에 보답하는 길은 더욱 노력하고, 더욱 열심히 부단하게 연구하는 것뿐일 것이다. 본 책자의 준비와 관련하여, 오랜 기간 동안 훌륭한 연구 공간을 마련해준 연세대학교 통일연구원도 항상 기억하고 감사해야할 존재이다.

언제 끝날지 모르는 작업이지만, 항상 옆에서 묵묵히 지켜봐주고 있는 이내와 식구들에게 항상 감사하며, 본 책자의 완성을 함께 하고지 한다.

2006년 8월

배 종 윤

목 차

표 목차

제1부

한국외교정책 연구와 이론적 접근

제1장 한국의 외교정책 연구

외교정책이 국내적으로 추진되는 다양한 정책들과 크게 구별되는 것이 있다면, 국경이라는 범위의 내부에서 진행되는 것이 아니라 국경 외부의 영역을 대상으로 집행되는 정책이고, 정책의 내용과 결과에 대해 국가를 대표하는 최고정책결정자가 국제사회에 대하여 그 책임을 진다는 점이다. 그러나 세계화와 국제화, 지역 통합 현상 등으로 인하여, 국내외의 구분이 모호해지고 있고, 정책 내용이나 형식의 차별성이 크게 약화된 시점에서 국내정책과 외교정책을 엄밀하게 구분 짓는 작업들이 현실적으로 어려워지는 상황이 전개되고 있다. 이러한 점을 고려한다면, 과연 외교정책만의 차별적 모습을 부각시키고, 외교정책의 결정과정에서 나타나는 현상들을 별도로 설명하는 작업들이 얼마나 큰 의미를 가질 것인가 하는 의문에 직면하게 된다. 세계화와 국제화의 흐름이 매우 빠른 속도로 진행되고 있는 21세기의 시점에 있어, 이러한 흐름에 신속하게 적응해 가고 있는 한국의 경우를 고려한다면, 이러한 문제제기는 더욱 심각해 질 수 있다.

나른 한편으로, 외교정책이 국제정지의 영역과 구별되는 것은 국제사회의 주요 행위사들산의 상호석인 관계와 그 결과에 수복하기보다는 특정 행위자를 중심으로 행위자가 국제사회를 대상으로 추진하는 정책들에 초점을 맞추고 있다는 점이다.[1] 그러나 한국이 경우에는 그동안 외교정책의 영역에 대한 관심보다는 국제정치의 영역에 관심을 집중하는 양상을 보여 왔고, 외교정책은 국제정치의

---

1) 외교정책, 국제정치의 개념적 구별과 관련해서는 K. J. Holsti, *International Politics: A Framework for Analysis*, 7th ed. (Englewood Cliffs, N.J.: Prentice Hall, 1995), pp. 18-19 참조.

하부영역들 중의 하나로 인식되어온 경향이 강했다. 특히 장기간 지속된 국제정치의 냉전적 상황과 상대적으로 취약한 한국의 국제적 위상은 한국 외교정책에 대한 관심보다는 국제정치와 국제적 상황에 주목하게 만들었고, 그 결과 한국 중심적인 외교정책 분석의 필요성에 대한 인식은 그 비중이 상대적으로 낮을 수밖에 없었다. 이러한 상황 역시 한국에 있어서의 외교정책 연구, 특히 한국 중심적인 외교정책 연구의 필요성을 반감시키는 데 일조해왔다.

그러나 이러한 현상들에도 불구하고, 외교정책만의 영역에 집중해야할 필요성, 그리고 한국의 외교정책을 한국 중심적인 분석 틀 속에서 접근해야할 필요성이 있다는 지적을 완전히 무의미하게 만들지는 못한다. 국내외의 경계가 흐려지고, 국내정책과 외교정책의 명백한 구분이 어려워질수록 외교정책의 차별적 특성들을 검토하고 정리해내는 작업이 더욱 요구되며, 한국의 입장에서 추진하는 외교정책에 대한 개별적 이해의 필요성은 더욱 부각되어져야 한다. 국내외의 경계가 분명했던 과거에는 특별한 주의를 기울이지 않아도 외교정책적 득성들이 쉽게 부각될 수 있있다. 그러나 그 경계가 불분명해지고 있다면, 또 경계가 불분명해지고 있음에도 불구하고 대외적으로 진행되는 국가의 정책들이 여전히 존재하고 있다면 외교정책만이 갖고 있는 차별적 특성들을 분류해내고 정리하는 작업은 더욱 필요해질 수밖에 없을 것이기 때문이다. 마찬가지로 한반도를 둘러싸고 있는 냉전적 기류가 완전히 해소된 것은 아니고, 한국의 국제적 위상이 강대국의 위상에 버금 갈만큼 절대적인 것은 아니지만, 국제사회에서 한국이 차지하고 있는 위상이 과거와 달리 중량감을 가지기 시작한 것은 사실이다. 따라서 이제부터는 국제사회나 국제환경을 중심으로 한국 외교정책을 분석하는 작업보다는 한국의 입장에서 한국을 중심으로 한 한국의 외교정책 분석이 필요한 시점에 도달했다는 점을 인식해야만 한다. 오히려 한국 중심적인 외교정책 연구의 필요성은 세계화와 국제화의 흐름 속에서 더욱 부각되고 있는 것이다. 이러한 측면들을 고려하면서, 한국외교정책에 대한 국내의 연구 현황들과 이해의 정도를 살펴보았다.

제1절 한국외교정책에 대한 이해와 연구의 현황

　한국외교정책을 설명하기 위해 진행되어온 그동안의 연구 또는 이를 이론화하고 모델화하는 작업을 위해 진행되어온 기존의 관련 접근법이나 작업들이 일반적으로 서구 국가들에 비해 다양하지 못하고 편향되어 왔다는 점은 많은 연구자들에 의해 반복적으로 지적되고 있다. 그럼에도 불구하고 한국외교정책을 설명하고 이해하는 과정들은 별다른 대안의 제시 없이 기존의 연구 양상을 반복해왔다. 그러나 한국외교정책에 대한 기존의 접근법들만으로는 더 이상 유효한 설명을 제시할 수 없는 현상들이 한국의 외교정책과 외교정책결정과정에서 발생되고 있다는 점에서 새로운 시도와 유형화, 모델의 제시 작업이 필요한 상황에 직면해 있다 하겠다.

　그동안 진행되어온 한국외교정책에 대한 기존의 연구 현황과 그 특징들을 살펴보면 다음과 같다. 첫째, 외교정책의 결정과정 보다 결과에 집중해 있었다는 점이다. 따라서 한국외교정책에 대한 연구의 내용들이 상당히 정태적인 성격을 띠는 경우가 지배적이었다. 이는 냉전체제와 같은 국제체제가 한국외교정책을 결정한다는 '국제체제결정론'이 큰 흐름을 형성하고 있었던 결과이기도 하다. 따라서 국제체제 및 주변 4강과의 외교적 관계 또는 특정 지역, 기구들과의 관계에 대한 연구가 집중되어 있었다. 또는 당면한 외교적 사건이나 정책, 또는 외교정책사적인 측면에 집착하는 모습을 보였다.

결국 한국 외교정책을 연구하는데 있어 국가 내부적 요인과 정책결
정과정에 대한 연구가 함께 간과되고 있었던 것이다.[2] 바로 정책결
정의 과정 속에서 확인할 수 있는 동태적이고 역동적인 부분에 대
한 연구와 접근이 절대 부족한 양상을 초래하게 되었다. 그리고 한
국에서 외교정책에 대한 연구 영역이 독자적인 위상을 갖지 못한
채, 국제정치학의 영역 내에서 하나의 하부 학문으로 취급되어온
부분들도 이러한 현상과 결코 무관하지 않다 하겠다.

두 번째로, 한국외교정책에 대한 기존의 연구들 중에서 국내적인
행위자나 요인에 주목하면서 외교정책결정과정에 주목하는 경우들도
있었지만, 이들 역시 동태적인 성격을 가지지는 못했다. 왜냐하면 이
들 연구의 대부분은 외교정책결정에 참여하는 주요 행위자인 대통령
에 대해서만 관심이 집중되었고, 최고정책결정자와 국가를 동일시하
는 양상을 보임으로서, 지나치게 단순화되는 경향을 보였기 때문이
다. 최고정책결정자 이외의 행위자들은 외교정책과 관련한 이론적
내용이나 모델을 소개하는 측면에서만 검토되었을 뿐, 한국의 외교
정책 결정과징에서 실질직인 행위자로서 검토되는 언구들은 서의 진
행되지 못했고, 그 존재가 무시되어 왔다.[3] 이러한 특징들로 인해,
한국외교정책에 대한 연구들은 특정 형태로 편중되는 결과를 초래하
였다. 한국외교정책에 대한 연구들은 근대 외교사를 서술하는 수준
이거나 정책결정과정에 대한 분석없이 결과물로 나타난 시사적인 사

---

2) 김   현, "외교정책연구의 현황과 과제," 한국정치학회 편, 김유남 외 공저, 『21
   세기 국제관계연구의 쟁점과 과제』 (서울: 박영사, 2000), pp. 23-24에서는 국
   내 연구자들의 연구 중 외교정책결정과정에 대한 연구들이 상대적으로 많은
   비율을 차지하고 있다고 언급하였다. 그러나 실제로 해당 연구들은 한국외
   교정책에 대한 연구가 아니라, 한국인 연구자들이 진행한 미국, 일본, 중국,
   러시아(소련) 등 주변 4강의 외교정책에 대한 연구에서 시도된 외교정책결
   정과정에 대한 연구였다.

3) Sung Deuk Hahm and L. Christopher Plein, *After Development: The
   Transformation of the Korean Presidency and Bureaucracy* (Washington,
   D.C.: Georgetown University Press, 1997), p. 11.

건과 정책들의 내용들을 다루는 것이 주류를 형성하게 되었다.[4] 결과적으로 한국외교정책의 정책결정과정과 시스템 전반에 대한 체계적인 서술이나 연구서들은 쉽게 찾아볼 수가 없는 상황이 되었다.[5]

이처럼 한국외교정책에 대한 연구들이 다양하지 못하고 편중된 모습을 보이는 것과 관련하여, 하영선은 다음과 같이 그 원인을 정리하고 있다.[6] 첫째, 1948년 이후부터 현재까지 한국의 대외 의존성이 강했기 때문에 한국의 외교정책은 상대적 자율성이 매우 제한되어왔다. 둘째, 남북한 분단체제의 고착화는 안보문제와 관련된 한국외교의 비자율성을 더욱 심화시켰다. 셋째, 군사안보 논리에 입각한 권위주의 정권의 장기적 지속이 한국외교정책의 이념적 편향성을 심화시켰고, 그 결과 외교정책의 일방성을 가중시켰다. 넷째, 한국 외교정책과 관련하여 연구에 필요한 자료들이 너무나 제한되어 있고, 존재해도 접근이 어려운 것이 현실이라는 지적이다. 한편 구영록도 한국외교정책 연구의 한계로서, 첫째, 기록물의 한계, 둘째, 한국의 국제적 위상의 한계, 셋째, 분단 상황, 넷째, 1차 자료에 대한 접근의 한계[7] 등을 지적함으로서 비슷한 내용들을 지적하고 있

---

4) 구영록,『한국의 국가이익: 외교정치의 현실과 이상』(서울: 법문사, 1995), p. 7.
5) 구영록, "국가이익과 한국의 대외정책,"「국제정치논총」, 제31호 (1991), p. 32. 하영선, "한국외교정책 분석틀의 모색,"「국제정치논총」, 제28집 2호 (1988), p. 3. 이러한 경향에 다소 예외적인 저술로서 한국외교정책 전반을 분석하면서 외교정책결정과정을 책의 일부에 언급한 대표적인 책자들은 Youngnok Koo and Sung-joo Han, eds., *The Foreign Policy of the Republic of Korea* (New York: Columbia University Press, 1985); Byung Chul Koh, *The Foreign Policy System of North and South Korea* (Berkeley: University of California Press, 1984); 이호재,『한국외교정책의 이상과 현실』(서울: 법문사, 1986); 최종기 편저,『한국외교정책』(서울: 국제관계연구소, 1988) 등 참조.
6) 하영선, "한국외교정책 분석틀의 모색," pp. 3-4 참조.
7) Youngnok Koo, "Foreign Policy Decision-Making," in Youngnok Koo and Sung-joo Han, eds., *The Foreign Policy of the Republic of Korea* (New York: Columbia University Press, 1985), pp. 14-16.

다. 결국 한국외교정책을 이해하기 위해서는 한국의 외교정책이나 한국외교정책의 결정과정을 연구하기 보다는, 주변 국가들의 외교정책과 국제관계를 연구하는 것이 보다 효과적이었고, 실제로 한국외교정책에 대한 연구의 '꺼리'나 대상이 적절하지도 못했고, 풍부하지도 못했던 결과라고 판단된다. 이상의 내용들과 함께, 한 가지 더 거론한다면, 다섯 번째로서 권위주의적 군사문화들이 유교적 정치문화와 연계되어 외교정책이 군사비밀 다루듯 비밀스럽게 진행되는 양상이 관성을 가지고 계속된 결과이기도 할 것이다.

이러한 배경 속에서 한국외교정책 연구가 다양하고 체계적으로 진행되기 보다는 단순화되고 단편화되는 현상을 더욱 악화시킨 것은 한국의 군사안보적 가치가 외교정책의 최우선적 가치로 취급되어온 측면이 주요하게 작용했다. 그동안 한국에게는 한국전쟁과 북한의 군사위협 증대 등에 대한 대응이 무엇보다도 중요했기 때문이다. 따라서 외교정책들은 '안보'상의 이유로 최고정책결정자와 측근 1-2명에 의해 결정되는 양상이 보편화되어져 왔다. 경제, 문화, 스포츠 등 다양한 분야의 외교정책들이 군사안보적 가치와 연계되어 평가되어 졌다. 냉전이라는 국제적 환경은 한국 외교정책의 단순화를 심화시키는 촉매제 역할을 수행하였다. 결국, 한국외교정책의 국내적 요소에 대해서는 별다른 연구 대상도 없었고, 심지어 연구의 필요성을 느끼지도 못했다고 할 수 있다.

이러한 한국외교정책에 대한 연구의 편향성과 단조로움의 현상들은 한국외교정책과 관련하여 최근 발생되고 있는 새로운 현상들을 적절히 설명해내지 못하는 결과를 초래하고 있을 뿐 아니라, 한국외교정책에 대한 한국 학계의 흥미를 감퇴시키고 있는 듯하다. 예를 들어, 한국 주요 대학의 대학원 석·박사 과정에서 한국외교정책을 주제로 다룬 졸업논문들 중에서, 한국의 국내적 요소 또는 외교정책결정과정 등에 주목하고 있는 글들은 그 규모가 매우 제한적이었다. 대부분의 졸업논문들은 국제체제와 관련지어 한국외교정책을 설명하거나, 북핵문제 또는 북방정책 등과 같은 한국의 외교정책 결과에 대해 집중하거나, 지역이나 해외 국가의 외교정책에 주목하는 경향이 강했다. 국내의 정책결정 기구나 조직 행위자들에 관한 연구들은 매우 극소수임을 발견할 수 있었다.[8] 특히 한국외교정책 결정과정에 주목하고 있는 연구들은 2001년 이후 몇몇 학위논문에서 발견되고 있을 뿐이다.[9]

그러나 이제는 한국외교정책을 분석하고 이해하기 위해서는 국내적 요인들과 정책결정과정에 대한 분석을 진행해야만 한다. 왜냐하면, 과거와는 다른 새로운 현상들을 설명해야 하기 때문이다. 다음은 한국외교정책 분석에 있어 빈번히 사용되어온 국제체제 결정론과 대통령중심의 접근 내용들을 별도로 분석한 것이다. 이들의 문제점과 한계들을 점검함으로서, 한국외교정책의 연구에 있어 새로운 분석 틀의 필요성을 확인하게 될 것이다.

1. 국제체제결정론: 국제사회 및 주변 4강과 한국외교정책

외교정책을 포함하여 국제정치학과 관련한 전통적인 연구들은 대

---

8) 국회 도서관이 보유하고 있는 전국 대학의 학위논문들중 한국외교정책에 있어 국내적 요소들에 대한 연구가 진행된 것으로 확인할 수 있었던 논문들은 한종기, "한국 북방정책의 목표 및 전략에 관한 연구: 국내정치와의 연계성을 중심으로," 비간행 박사학위논문, 연세대학교 정치학과 대학원, 1996 과 석사학위 논문 7~8개 정도였다.

9) 예를 들어, 정여진, "한국의 외교정책 결정과정에서 NGO의 영향력 분석: 이라크 추가파병 사례를 중심으로," 비간행 석사학위논문, 숙명여자대학교 대학원, 2005; 김옥진, "민주화 이후 한국외교정책결정과정의 분석: 1·2차 북핵위기 당시의 대통령 리더십과 관료정치 양상을 중심으로," 비간행 석사학위논문, 고려대학교 대학원, 2004; 배종윤, "한국외교정책 결정과정과 관료정치," 비간행 박사학위논문, 연세대학교 정치학과 대학원, 2001 등이 있다.

체로 국제사회의 단일 행위자로서 국가의 존재에 주목했으며, 이러한 국가가 합리적으로 판단하고 행동하는 행위자라는 점에 의견이 일치되고 있었다.[10] 그러나 국제정치학의 현실주의적 입장으로 대표되는 이러한 원칙들은 최근 외교정책 분석에 있어 다수의 문제점들을 노출시키고 있다.

첫째, 분석 대상과 같은 존재론적인 문제가 발생한다. 국제체제론적 접근들은 국제정치를 독립변수로 하고 외교정책의 내용을 종속변수로 하여 외교정책을 설명하고 있다. 개별 국가들의 국내적 상황은 블랙박스(black-box) 속에 남겨놓은 채, 국제체제의 성격과 구조, 변화의 내용 등에만 관심을 집중했다. 특히 왈츠(Kenneth Waltz)로 대표되는 신현실주의의 부상은 이러한 현상을 더욱 가중시켰다. 그러나 국제체제와 국제사회의 구조를 중심으로 한 외교정책 설명들은 심각한 반박에 직면하게 되었다. 로즈노우(James Rosenau), 푸트남(Robert Putnam) 등은 국제 사회와 국가 내부와의 관련성 속에서 외교정책을 파악해야 한다는 반론을 제기하면서, 개별 국가의 내부에 주목하기 시작하였다.[11] 동일한 국제환경 속에서도 서로 차별적으로 행동하는 개별 행위자들의 존재, 그리고 동일한 상황에 직면했음에도 불구하고 동일하게 행동하지 않는 개별

---

10) G. A. Modelski, *A Theory of Foreign Policy* (New York: Praeger, 1962); Hans J. Morgenthau, *Politics Among Nations: The Struggle for Power and Peace*, 5th ed. (New York: Knopf, 1973); Kenneth N. Waltz, *Theory of International Politics* (Reading, Mass.: Addison Wesley, 1979); Robert O. Keohane, ed., *Neorealism and Its Critics* (New York: Columbia University Press, 1986) 등.

11) James N. Rosenau, "Pre-theories and Theories of Foreign Policy," in R. Barry Farrell, ed., *Approaches to Comparative and International Politics* (Evanston, IL: Northwestern University Press, 1966), pp. 27-99; Robert D. Putnam, "Diplomacy and domestic politics: the logic of two-level games," *International Organization*, vol. 42, no. 3 (Summer 1988), pp. 427-460 등.

국가의 모습을 확인하면서 국가 내부에 주목할 필요가 있다는 주장들이 상당한 설득력을 얻고 있는 것이다. 탈냉전이후 심화되고 있는 상호의존 현상과 세계화, 국제화의 추세는 외교정책 연구에 있어 국가 내부에 대한 관심을 더욱 증가시키고 있다.

둘째, 분석 단위 및 정책결정과정과 같이 인식론의 문제와도 관련되어 있다. 국제체제결정론의 전제와 달리 국가의 내부는 결코 단일하지 않고 다원적이며, 정책결정은 합리성이 아니라 정치성에 의해 결정된다는 것이다. 외교정책은 정치적 흥정의 결과라는 앨리슨(Graham Allison)과 할프린(Morton Halperin)의 주장,[12] 국가 정책은 복잡한 환경에 대한 인지과정 속에서 결정된다는 스타인부르너(John Steinbrunner)의 주장[13] 등이 대표된다. 제바(Nehemia Geva)와 민츠(Alex Mintz)는 정책결정이란 결코 최선의 선택이 아니라, 가장 만족하는 정책의 선택이라는 점을 지적하였고,[14] 앤드슨(Paul Anderson)은 정책은 일 개인이 아니라 사회내 다른 조직원들과의 다양한 접촉과 교류 속에서 결정된다는 점을 지적하면서[15] 국가 내부의 다양성을 강조하고 있는 것도 이와 관련되어 있다. 즉, 국제체제결정론적인 입장들이 강조하고 있는 바와는 달리, 개별 국가들의 외교정책은 국제체제의 단일적 성격과 달리, 결코 단일한 형태로 통일될 수 없으며, 이러한 차별적인 외교정책의 원인들을

---

12) Graham T. Allison, and Morton H. Halperin, "Bureaucratic Politics: A Paradigm and Some Policy Implications," in G. John Ikenberry, ed., *American Foreign Policy: Theoretical Essays* (Boston: Scott, Forcesman and Company, 1989), pp. 378-409.

13) John Steinbrunner, *The Cybernetic Theory of Decision* (Princeton: Princeton University Press, 1974).

14) Nehemia Geva and Alex Mintz, eds., *Decisionmaking on War and Peace: The Cognitive-Rational Debate* (Boulder, CO.: Lynne Rienner, 1997).

15) Paul A. Anderson, "Decision Making by Objection and the Cuban Missile Crisis," *Administrative Science Quarterly*, vol. 28, no. 2 (1983), pp. 201-202.

국가 내부의 다양성에서 찾아야만 한다는 반박이다.

그동안 진행되어온 한국외교정책에 대한 연구들이 국제체제결정론적인 연구패턴에 집중하게된 것은 바로 한국의 국제적 위상과 관련된 결과로 이해된다. 한국은 안보 문제가 국제사회의 결정에 의해 좌우될 만큼 그 위상이 허약했기 때문에 한국이 선택하는 외교정책을 통해 국제사회를 이해하기보다는, 국제사회의 체제적 특성이나 구조 등을 중심으로 한국을 판단하고 있었던 것이다. 이러한 현상은 외교정책의 형성과 추진에 있어 국내적 요인과 국내의 정책결정과정에 주목하는 경향이 강한 미국의 경우와 크게 상반되는 내용이라 할 수 있다. 2차 세계대전 이후 지속된 진영정치(bloc politics)는 한국 외교정책 연구에서 나타난 국제체제결정론적 연구패턴을 가중시켰고, 이러한 현상은 현재 진행되고 있는 한국외교정책에 대한 연구나 분석에도 그대로 반영되고 있다. 한국외교정책을 분석한 단행본들은 미국, 중국, 일본, UN, 아시아 등과 같이 특정 국가나 기구 또는 특정 지역과 한국과의 관계를 서술하거나, 또는 햇볕정책, 북방정책 등과 같이 결과로 나타닌 한국의 정책결과물이나 한국의 기능별 정책 내용들을 서술하는 것이 대부분이다.[16] 또는 외교사적인 분석이거나, 국제체제의 변화나 구조를 중심으로 한국외교정책을 서술할 뿐이다.[17] 이러한 모습들은 학술논문의 경우에도 비슷한 양태

---

16) 이혁섭, 『한국국제정치론』(서울: 일신사, 1987); 허담, 『한반도와 외교정책론』(서울: 교육과학사, 1988); 이범준·김의곤 공편, 『한국외교정책론: 이론과 실제』(서울: 법문사, 1993); 구영록, 『한국의 국가이익: 외교정책의 현실과 이상』(서울: 법문사, 1995); 김정원, 『한국외교발전론』(서울: 집문당, 1996); 윤영관·황병무 외, 『국제기구와 한국외교』(서울: 민음사, 1996); 김달중 편저, 『한국의 외교정책』(서울: 오름, 1998); 최동희, 『탈냉전시대의 한국외교정책』(서울: 사회문화연구소 출판부, 1998); 전득주·박준영·김성주·김호섭·홍규덕 공저, 『대외정책론』(서울: 박영사, 1998); 유재건 편저, 『21세기 한국의 외교정책』(서울: 나남출판, 1999); 김유남, 『두개의 한국과 주변국들』(서울: 학영사, 1999); 송영우, 『한국의 외교』(서울: 평민사, 2000), 하용출 외, 『북방정책: 기원, 전개, 영향』(서울: 서울대학교 출판부, 2003) 등.

로 나타나고 있다.[18] 결과적으로 한국의 외교정책 연구에서는 국제환경이나 국제체제에 대해 주목하고 있는 경향에 비해서 국가 내부적 요인들에 대한 연구는 크게 간과되고 있는 것이다.

2. 국내구조론과 대통령 결정론

외교정책 연구에 있어 국내 구조에 관심을 보이기 시작한 것은 동일한 국제적 환경에 직면했음에도 불구하고 개별 국가들이 선택하는 외교정책들은 그 내용이 서로 차별적이라는 점에 대한 인식 때문이다. 그리고 시대에 따라 개별 국가가 선택하는 외교정책의 내용이 동일하지 않거나, 또 차별적인 국제환경에도 불구하고 유사한 외교정책을 선택하는 모습들을 설명하기 위해서는 국제사회의 구조나 국제체제를 중심으로 한 설명보다는, 개별 국가의 국내적 요인들을 중심으로 한 설명을 진행해야할 필요성을 인식하게 된 것이다.[19]

---

17) 안병준, 『탈냉전기의 국제질서와 한반도 통일』(서울: 박영사, 1993); 오기평 저, 『한국외교론 - 신지역질서와 불확실성의 논리』(서울: 오름, 1994); 김학준, 『한국문제와 국제정치, 제4전정판』(서울: 박영사, 1999); 구영록, 『한국과 국제정치환경 - 한국·미국·세계』(서울: 서울대학교 출판부, 1999); 이호재, 『한국외교정책의 이상과 현실 - 이승만외교와 미국정책의 반성, 제6판』(서울: 법문사, 2000); 김 덕 편저, 『국제질서의 전환과 한반도』(서울: 오름, 2000); 오기평 편저, 『지구화와 정치변화 - 지구화의 현상과 전망, 그리고 과제』(서울: 오름, 2000), 한표욱, 『한국 통일의 문제: 대한민국의 통일정책에 관한 연구: 1948-1960』(서울: 연세대학교 출판부, 2000), 강성학, 『새우와 고래싸움: 한민족과 국제정치』(서울: 박영사, 2004) 등.

18) 김 현, "외교정책연구의 현황과 과제," pp. 3-34 참조.

19) Henry A. Kissinger, "Domestic Structure and Foreign Policy," in James N. Rosenau, ed., *International Politics and Foreign Policy - A Reader in Research and Theory* (New York: Free Press, 1969), pp. 261-275; Charles E. Lindblom, *The Policy-Making Process*, 2nd ed. (Englewood Cliffs: Prentice-Hall, 1980), pp. 12-13; Thomas Rise-Kappen, "Public

외교정책의 국내적 정책결정과정에 관심을 보이기 시작한 것은 1950년대 말부터이다. 스나이더(Richard Snyder)와 브룩(H. W. Bruck), 그리고 사핀(Burton Sapin)의 연구는 국제정치와 외교정책 연구에 있어 외교정책결정과정을 본격적으로 거론한 대표적인 논문으로 이해되고 있다.[20] 이후 로즈노우(James N. Rosenau)는 연계이론(linkage theory)을 통해 외교정책에 영향을 미치는 요인들을 비교정치와 국제정치간의 연계 속에서 검토하였다.[21] 비록 완전한 이론적 형태로 발전시키지는 못했지만, 국제사회에 있어 국가의 행동을 분석하는데 유용한 기초적 내용을 제공해 주고 있는 것은 사실이다.

1970년대에 들어서면서, 국가내부의 요인들에 대한 관심은 다각도로 진행되기 시작했고, 오히려 국내적 요인들을 기초로 외교정책 자체를 평가하려는 노력들도 시도된다. 이러한 연구들은 크게 세 가지로 분류될 수 있다. 첫째는, 국내적 요인들이 국제정치와 외교정책에 크게 영향을 미친다는 것이다. 연계이론의 로즈노우, 지역통합에 주목한 도이취(Karl W. Deutsch)와 하스(Ernst Haas),[22] 관료정치를 강조한 앨리슨, 외부압력과 국내 구조간 관계를 통해 강한 국가와 약한 국가를 구분한 크라스너(Stephen Krasner)와 카젠스타인

Opinion, Domestic Structure and Foreign Policy in Liberal Democracies," *World Politics*, vol. 43, no. 4 (July 1991), pp. 483-511 등 참조.

20) Richard C. Snyder, H. W. Bruck, and Burton Sapin, "Decision-Making as an Approach to the Study of International Politics," *Foreign Policy Analysis Project Series*, no. 3 (Princeton: Princeton University Press, 1954).

21) James N. Rosenau, "Pre-theories and Theories of Foreign Policy," pp. 27-99 참조.

22) Karl W. Deutsch et al., *Political Community in the North Atlantic Area: International Organization in the Light of Historical Experience* (Princeton: Princeton University Press, 1957); Ernst B. Hags, *The Uniting of Europe: Political, Social, and Economic Forces, 1950-1957* (Stanford: Stanford University Press, 1958) 등.

(Peter Katzenstein)[23] 등이 포함될 수 있다. 둘째는 반대로 국제적 요인들이 국내적 환경에 영향을 미친다는 주장이다. 골레비츠(Peter Gourevitch),[24] 에반스(Peter B. Evans)[25] 등의 연구가 이에 포함된다. 세 번째는 이처럼 국제적 요인과 국내적 요인들 모두를 동시에 인식해야 한다는 것이다. 국내정치와 국제정치간의 상호작용에 초점을 맞춘 푸트남(Robert D. Putnam)의 양면게임(two-level game)이 대표적이다. 외교정책에 있어 국가간 관계만큼 국내적 협상도 중요하다는 동시성을 강조함으로서 많은 학자들의 관심을 끌었다.[26] 이러한 국내구조론자들의 연구들은 서로 상이한 측면이 있는 것은 사실이지만, 국내의 다양한 요인들과 구조, 그리고 외교정

---

23) Stephen D. Krasner, *Defending the National Interest: Raw Materials Investments and U.S. Foreign Policy* (Princeton: Princeton University Press, 1978); Peter J. Katzenstein, "International Relations and Domestic Structures: Foreign Economic Policies of Advanced Industrial States," *International Organization*, vol. 30 (1976), pp. 1-45; Peter J. Katzenstein, ed., *Between Power and Plenty: Foreign Economic Policies of Advanced Industrial States* (Madison: University of Wisconsin Press, 1978).

24) Peter Gourevitch, "The Second Image Reversed: The International Sources of Domestic Politics," *International Organization*, vol. 32, no. 4 (Autumn 1978), pp. 881-912; Peter Gourevitch, *Politics in Hard Times: Comparative Responses to International Economic Crises* (Ithaca: Cornell University Press, 1986).

25) Peter Evans, *Dependent Development: The Alliance of Multinational, State, and Local Capital in Brazil* (Princeton: Princeton University Press, 1979).

26) Robert D. Putnam, "Diplomacy and domestic politics: the logic of two-level games," pp. 427-460; H. Richard Friman, "Side-payments versus security cards: domestic bargaining tactics in international economic negotiations," *International Organization*, vol. 47, no. 3 (Summer 1993), pp. 387-410; Frederick Mayer, "Managing domestic differences in international negotiations: the strategic use of internal side-payment," *International Organization*, vol. 46, no. 4 (Autumn, 1992), pp. 793-818; Peter Evans, Harold K. Jacobson, and Robert D. Putnam, eds., *Double-Edged Diplomacy: International Bargaining and Domestic Politics* (Berkeley: University of California Press, 1993).

책결정과정에 주목하고 있고, 국가별 외교정책의 차별성을 국내 정치적 요소를 중심으로 설명하고 있다는 점에서는 공통된다.

한편, 한국외교정책에 대한 연구에 있어 국내적 요인들이나 환경, 또는 정책결정과정에 초점을 맞춘 분석들은 매우 극소수이다. 최근에 들어와서야 한국외교정책에 영향을 미치는 국내적 요인들로서 대통령, 의회, 관료, 언론, 정보기관, 압력단체 등이 행위자별로 함께 분석되는 문헌들이 등장하기 시작하였다.[27]

그동안 진행되어온 한국외교정책의 국내적 요인에 대한 연구의 대부분은 최고정책결정자인 대통령에게 집중되어 왔다. 그럼에도 불구하고, 현실적으로 한국의 대통령에 대한 연구들은 결코 넉넉한 성과물들을 얻어내지 못하고 있는 실정이다. 바로 제도화의 결여 및 자료의 미비 문제가 중요하게 작용하고 있기 때문이다. 국가가 제도와 법에 의해 통치되지 못하고, 정책결정과정의 제도화가 완성되지 못했을 뿐 아니라, 지나치게 최고정책결정자를 중심으로 정책이 결정되어온 관행의 결과라 할 수 있다. 결과적으로 한국외교정책에 대한 연구에서 최고정책결정자에 주목하여 진행된 연구들의 대부분은 대통령의 개인적, 심리적 접근법에 치중하는 분석들이 보편적 형태를 띠어왔던 것이다.[28]

---

27) 한국외교정책 연구에 있어 의도적으로 국내 문제에 초점을 맞춘 문헌들은, Yong Soon Yim and Ki-jung Kim, eds., *Korea in the Age of Globalization and Information: Direction of Korea's Diplomacy and Broadcasting toward the 21st Century* (Seoul: The Korean Association of International Studies, 1997) 등이 있다. 국내의 연구경향과 관련된 분석은 김 현, "외교정책연구의 현황과 과제," pp. 3-34 참조.

28) 역대 대통령들의 개인적 인물 및 직책에 대한 연구들이 다수 있지만, 개인 자서전들의 경우에는 역사적 사실을 기초로 한 진정한 의미의 자서전들이라기보다는 개인 홍보책자의 성격에 가까운 편이며, 대통령에 대한 학문적 연구들도 제도적 접근이나 종합적 접근보다는 개인적 및 심리적 접근 방법들에 치중되어 있는 양상이다. 한국 대통령에 대한 학계의 연구 추세에 대해서는, 함성득, 『대통령학』 (서울: 나남출판, 1999) 참조.

그동안 한국 대통령의 통치스타일에 대한 분류들은 몇몇 경우들을 통해 시도되었다.[29] 그러나 대통령의 통치 자료들이 충분하게 보존되어 있지 않을 뿐 아니라, 실증적인 자료가 매우 제한되어 있는 현재 상황에서는 최고정책결정자에 대한 이러한 접근들은 분명한 한계를 가질 수밖에 없었다. 실질적인 객관적 검증이 불가능하기 때문이다. 그리고 실증적인 자료나 통치사료들이 존재하고 있다 하더라도, '공공기록물관리법'의 규정에 의거하여 정부기록물보존소가 거의 모든 자료들을 독점하여 보관하고 있으며, 비밀이 해제될 때까지는 일반인들은 어떤 자료에 대한 접근이나 열람을 할 수 없는 것이 현실이다.[30] 결과적으로 여타 선진 국가들과 달리 한국의 외교정책을 분석하는 작업이 특히 어려운 것은 바로 적절한 자료를 확보할 수 없기 때문이다.[31] 접근이 가능하더라도 피상적이고 형식적인 공개된 자료에 대해서만 접근이 가능하다. 또한 현재 존재하고 있는 통치사료들도 그 신빙성이 회의적인 것이 사실이다.[32] 특히 권위주의 정권들은 정치적 위기를 자초할 수도 있다는 판단아래 관련 자료들을 철저히 제한하고 있었고,[33] 정권이 교체될 때마다

---

29) 김호진, 『한국정치체제론』 (서울: 박영사, 1999), pp. 725-744: 한승조, 『한국정치의 지도자들』 (서울: 대정진, 1992): 안병만, "역대 통치자의 리더십 연구," 한국행정학회 세미나, 1998년 발표 논문 등 참조.

30) 한국 최초로 개관한 대통령 도서관인 연세대학교 김대중도서관의 경우에도, 실제로 전시되고 있는 자료들 중에서 '통치사료'라고 할 수 있는 자료들의 비중은 극히 제한되어 있는 실정이다. 오히려 전무하다고 해도 무방할 정도이다. 대통령 전문 도서관이 존재하고 있음에도 불구하고, 관련 정부 시기의 '통치사료'들이 전혀 전시될 수 없고, 보관될 수 없는 현실은 미국의 경우와 크게 대비된다고 하겠다.

31) Youngnok Koo, "Foreign Policy Decision-Making," pp. 14-15; 하영선, "한국외교정책 분석틀의 모색," pp. 3-4. 김 현, "외교정책연구의 현황과 과제," p. 25.

32) 이정식, 『기사로 안쓴 대통령 이야기』 (서울: 동학사, 1994); 함성득, 『대통령학』, p. 81.

33) 정부기록보존소의 관계자는 "1980년대 이후부터 오늘까지 핵심기관의 문서일수록 대부분 등록하지 않고 무단 파기한다. 책임이 따르는 문서일수

상당분량의 자료들이 파기되는 양상을 보여 왔다. 이는 권위주의 정권들이 붕괴된 현재까지도 관행처럼 지속되고 있다.[34] 이러한 풍토는 한국외교정책에 대한 연구를 더욱 어렵게 만들고 있다. 한국외교정책 연구가 1차 자료 보다 미국 학자들이 연구한 2차 자료나 연구 결과물에 더 의존하고 있다[35]는 비판들을 결코 무시할 수 없는 것도 이러한 배경 때문이다.

이러한 연구 환경을 개선하고 새로운 시도를 진행하기 위하여 1990년대 들어 한국의 대통령들에 대한 연구[36]들이 새롭게 시도되고 있기는 하지만, 대통령 중심의 연구가 이론적 틀을 마련하고 분석적인 연구를 진행하기에는 여전히 한계적이다. 이러한 현실을 고려할 때, 한국외교정책을 결정하는 주된 행위자로서 한국의 대통령

록 보존기간을 짧게 하고 있고, 정책이 결정되는 중요 회의일수록 회의록, 대화록을 작성하지 않고 있다"고 언급했다. 「대한매일」, 2001년 6월 23일자 6면, '씨줄날줄'난 참조.

34) 김대중 정부 출범 이후 정부자료의 보존, 보관을 강조하면서, 1999년 12월부터 '공공기록물관리법'이 시행되었다. 공공기록물관리법에 의하면 차관급 이상이 참가하는 중앙부처 회의는 발언내용과 결정사항, 표결 내용 등을 기록한 회의록 작성을 의무화하고 있다. 그러나 참여연대의 조사에 의하면, 2000년 1월부터 2001년 3월까지 22개 중앙부처의 차관급 이상이 주재한 225개 주요회의 중 속기록이 작성된 것은 7개뿐이었고, 녹음기록을 남긴 곳은 한 곳도 없었다고 밝혔다. 「한겨레 신문」, 2001년 6월 22일자. 이는 공공기록물과 자료에 대한 한국 관료조직들의 인식과 보존 실태를 충분히 엿볼 수 있는 사례라 하겠다.

35) 구영록, "국가이익과 한국의 대외정책," p. 33.

36) 신창우, 『정책결정체제 연구: 대통령 정책결정과 자문』 (서울: 대영문화사, 1990); 김충남, 『성공한 대통령, 실패한 대통령』 (서울: 전원, 1992); 정정길, 『대통령과 경제리더십』 (서울: 매일경제신문사, 1995); 최평길, 『대통령학』 (서울: 박영사, 1998); 함성득, 『대통령학』 (서울: 나남, 1999); 함성득 편, 『한국의 대통령과 권력』 (서울: 나남, 2000); 정정길, "대통령의 정책관리 스타일," 한국행정학회 춘계 학술심포지움 발표논문, 1992; 이강로, "김영삼 지도력의 특성과 유형," 한국정치학회 학술발표회 발표논문, 1993; 최평길·박석희, "대통령과 비서실의 조직, 정책, 관리기능 비교연구," 「한국행정학보」, 제28권 (1994년), pp. 1231-1254; 이남영, "21세기 새로운 정치지도자상," 한국정치학회 발표논문, 1996; 염홍철, "노태우대통령: 리더십과 국정운영의 공과," 한국정치학회 세미나 발표논문, 1998 등.

에게 모든 연구의 관심을 집중하여 왔음에도 불구하고, 한국의 대통령에 대한 연구들 역시 매우 빈약한 모습을 보여 왔다는 것은 한국외교정책에 대한 기존 연구의 전반적인 연구 경향이 잘못되어 왔거나, 매우 부적절한 형태로 진행되어왔음을 유추해볼 수 있다. 더욱이 또 하나의 문제점은 이처럼 대통령 중심적인 연구들도 아직 적절한 분석적 틀을 갖추지 못하고 있는 상황에서, 1990년대부터 한국외교정책 영역에서 나타나기 시작한 새로운 현상들은 이러한 연구 경향들이 적절히 설명해 낼 수 없는 내용들이라는 점이다. 기존의 연구 추세와 다른 새로운 접근법을 요구하고 있는 것이다. 이제는 외교정책의 '결정 과정'들을 검토해야만 하는 상황이 전개되고 있다. 또 더 이상 최고정책결정자만을 변수로 한 정태적 접근들이 유효하게 설명할 수 없는 상황들이 발생하고 있는 것이다.

제2절 한국외교정책 연구에 대한 비판적 검토와 대안적 인식

그동안 진행되어온 한국외교정책에 대한 연구의 일반적 추세라고 할 수 있는 국제체제결정론이나 대통령 중심의 외교정책 연구가 한계를 갖고 있으며, 새로운 접근이 필요하다고 지적할 수 있는 것은 1990년대부터 한국외교정책에서 발생하기 시작한 특정한 현상들을 이들 접근법들이 충분히 설명해 낼 수 없기 때문이다.

우선 국제체제결정론과 관련하여 검토해 볼 때, 미국을 중심으로 한 국제사회는 1980년대에 GATT 체제 하의 우루과이라운드(UR)를 출범시켰고, 자유무역을 기본가치로 하는 범세계적인 무역과 통상 레짐(regime)을 형성하기 위해 노력하였다. 그런데 한국은 '예외

없는 시장개방'이라는 기본전제에도 불구하고 '쌀 시장 개방 절대불가'라는 입장을 반복해서 주장했다. 그리고 비록 최종적으로는 한국도 우루과이라운드에 가입했지만, 쌀 시장 개방에 대해서는 미국과 국제사회의 압력에 끝까지 저항했다. 국제체제결정론을 중심으로 이러한 현상들을 설명하기에는 분명한 한계가 있다. 오히려 쌀시장 개방에 끝까지 반대할 수밖에 없었던 한국의 국내적 시각에서부터 분석되어져야할 내용인 것이다.

한편, 한국의 대통령 중심의 접근들도 이 문제와 관련한 설명이 적실성을 가지기에는 한계가 있다. 한국이 UR 가입과 쌀 시장 개방 문제로 곤혹스러워하고 있을 때, 쌀 시장 개방은 불가피하다며 대통령의 정책선택이 잘못되었다고 주장한 것은 바로 관료였다. 물론 대통령이 '쌀 시장 개발 불가' 방침을 국민 앞에 선언할 때, 대통령의 결정이 잘된 것이라고 평가한 것도 관료였지만, 국제적 압력과 보조를 맞춰 대통령의 입장을 변경시키는데 앞장선 것도 관료였다. 그리고 이미 협상이 종료된 UR의 국내 비준과 관련해서는, 기존의 협상내용을 무효화하고 새로운 협상을 진행해야한다며 국회 비준을 저지한 것은 의회였다. 한국 대통령이 국민들에게 사과하고 쌀시장 개방의 불가피성에 대한 국민적 이해를 당부했음에도 불구하고, 의회는 대통령을 비난하며 한국외교정책의 집행을 심각하게 방해하고 있었다. 과연 이러한 현상들을 최고정책결정자인 한국의 대통령에만 집중하여 설명하는 것이 얼마만큼 설득력을 가질 것인지는 회의적이지 않을 수 없다.

본 책자는 1990년대부터 한국외교정책에서 발견되고 있는 이러한 현상들을 설명하고, 그 유형을 검토하기 위하여 기존의 접근법들과는 다소 차별적인 인식 태도와 분석 모델을 채택하고자 한다. 첫째로, 한국외교정책의 정책결정 과정(process)을 살펴보고자 한다. 외교정책에 대한 인식은 대체로 결과(output), 과정(process), 행동

(behavior)으로 구분될 수 있는데,[37] 그동안 한국은 냉전과 같은 국제적 환경, 권위주의 정권의 장기 지속과 같은 국내적 환경 등으로 인해 외교정책 연구가 대부분 '결과'와 '행동'에 주목하고 있었을 뿐, '과정'에 대해서는 등한시해온 측면이 강하다. 그러나 이제는 외교정책의 결정과정에 대한 검토 없이는 의미있는 연구가 진행될 수 없는 현상들이 전개되고 있다. 이는 그동안 지나치게 정태적인 모습을 보였고, 단편적인 형태로 진행되었던 한국외교정책에 대한 연구들이 기존의 연구패턴에서 벗어나 동태적인 측면에 주목하고 보다 다양하고 복합적이며, 입체적인 측면에 주목해야한다는 것을 의미한다. 동태적 접근과 연구는 미국이나 유럽 등 서구 국가들의 경우에만 해당되며, 한국의 경우에는 여전히 한계적이라는 자조적인 섣부른 판단은 한국외교정책 연구의 발전을 저해하는 장애물이 될 뿐이다. 비록 현재로서는 연구 성과의 가능성이 적고, 그 적용 범위가 넓지 않다 하더라도, 외교정책결정과정에 대한 동태적인 연구는 시작될 필요가 있다. 특히 1990년대부터 등장하고 있는 새로운 현상들은 정책결정과정에 대한 동태적이고도 역동적인 분석의 필요성을 이미 요구하고 있는 상황이기 때문이다.

두 번째로는, 외교정책의 결정과정이 최고정책결정권자인 한국 대통령만의 고유영역이 아니라는 점이다. 외교정책에 관계하는 행위자는 한 명이 아니라 다수이며, 특히 관료와 관료조직들의 역할에 대해 주목해야 한다는 것이다.[38] 현실적으로 대통령이 외교정책

---

37) '결과', '과정', '행동' 분류는 Maria Paradakis, Harvey Starr, "Opportunity, Willingness, and Small States: The Relationship Between Environment and Foreign Policy," in Charles F. Hermann, Charles W. Kegley, Jr., and James N. Rosenau, eds., *New Directions in the Study of Foreign Policy* (Boston: Allen & Unwin, 1987), pp. 413-414 참조.

38) Morton H. Halperin, *Bureaucratic Politics and Foreign Policy* (Washington, D.C.: The Brookings Institution, 1974); Francis E. Rourke, *Bureaucracy, Politics and Public Policy* (Boston: Little, Brown & co.,

전반을 독점할 수 없기 때문에 대통령에 관심을 집중해온 관행이 지속될 경우, 외교정책결정과정에서 일정 역할을 담당하고 있는 관료들의 존재는 관심 밖에서 계속 방치될 것이고, 이는 한국외교정책에서 적절히 설명될 수 없는 부분들이 더욱 확대되어 가는 결과를 초래하게 될 것이다. 대통령을 중심으로 한 기존의 연구들이 관행적으로 지속되고, 한국에서는 여전히 대통령이 중요하다는 인식에 집착한다면, 한국외교정책에 대한 연구는 단순화된 1차원적인 수준에 머무를 수밖에 없다. 그리고 국제화, 세계화되고 있는 현재, 모든 외교정책들을 대통령을 통해 설명하려는 시도는 보다 적실성 있는 분석내용을 확보할 수 있는 가능성을 스스로 포기하는 것이며, 다양한 분석 방안과 접근법들을 스스로 배제시키는 결과를 초래하게 될 것이다. 물론 한국외교정책과 관련하여, 적절히 설명되지 못한 채 방치되고 있는 부분들은 더욱 확대되어갈 뿐이다.

세 번째는, 이처럼 외교정책결정에 참여하는 행위자들이 많아지면서, 외교정책의 결정과정이 '정치적 과정'으로 변질될 뿐 아니라, 결정된 외교정책은 그 정치적 행위의 산물이라는 점에 주목해야 한다는 것이다. 외교정책에 관련된 가치가 복수이고 정책결정과정에 참여하는 참가자들의 이익이 통일되지 않는다면, 정책결정과정에 참여하는 행위자들간의 정치적 협상과 타협의 발생은 불가피한 현상이 된다. 만약 외교정책에 참여하는 행위자들의 정치적 판단과 정치적 행동들을 외교정책 분석에서 배제한다면 그 내용은 공허해질 수밖에 없다. 선거에 의해 선출된 대통령의 정치적 판단은 물론이고, 조직의 이익을 확보하기 위해 끊임없이 노력하는 관료조직들의 이익들을 이해하는 것은[39] 외교정책 분석을 보다 풍부하게 해

1969): Charles E. Lindblom, *The Policy-Making Process*; B. Guy Peters, *The Politics of Bureaucracy*, 4th ed. (New York: Longman, 1995).

39) Lawrence Freedman, "Logic, Politics and Foreign Policy Process: A Critique of the Bureaucratic Politics Model," *International Affairs*, vol.

줄 것이 분명하다. 정책결정에는 치열한 정치적 요인들이 개입되기 때문에 외교정책 분석은 체계적 분석이나 체계적 연구가 현실적으로 어렵다는 힐스만(Roger Hilsman)의 지적[40]도 결코 이와 무관하지는 않을 것이다.

외교정책결정에 정치성이 개입하고, 정치적 관계 속에서 정책이 결정되는 것을 부정적으로만 판단해서는 안된다. 오히려 민주화 등으로 다원화된 한국사회의 불가피한 현상이며, 자연스러운 현상으로 받아들여야만 한다. 비록 정치적 행동과 정치적 관계가 항상 최상의 가치를 지향하고 최고의 결과만을 초래하는 것은 아니라 하더라도, 만약 정치적 행위와 과정들을 의도적으로 배제시킨다는 것은 오히려 현상을 왜곡시키고, 연구결과를 빈약하게 만드는 원인이 될 수밖에 없을 것이기 때문이다.

52, no. 3 (1976), pp. 434-449.
40) Roger Hilsman, *To Move a Nation - The Politics of Foreign Policy in the Administration of John F. Kennedy* (Garden City, N.Y.: Doubleday & Company, Inc., 1967), p. 5.

제Ⅱ장 외교정책결정과정과 주요 행위자: 이론적 논의

외교정책을 적절하게 이해하기 위해서는 과연 외교정책을 결정하는 최종 행위자가 누구인지, 그리고 어떻게 결정되는 지에 대한 관심이 집중되어야 한다. 최고정책결정자인지, 아니면 다른 공식적인 행위자인지, 또는 비공식적인 행위자인지에 대한 검토는 외부환경에 대한 개별국가의 반응과 정책 결정의 배경을 이해하는데 절대적으로 도움이 되기 때문이다. 그러나 정책결정과정의 내용들을 유형화하고 모델화하는 작업들은 많은 학자들에 의해 시도되고 있지만, 복잡한 내부의 구조와 작동 내용들을 고려한다면, 한두 가지의 요소나 행위자들로 간단하게 정리되기는 힘든 것이 사실이다. 조직화된 구조 속에서 공식적으로 영향력을 행사하는 행위자들은 물론이고, 비공식적이고 간접적인 영향력을 행사하는 행위자들까지 포함시킨다면 그 유형화 작업은 더욱 어려워질 수밖에 없다.

따라서 본 장에서는 외교정책결정과정과 관련하여, 정책결정에 참여할 수 있는 권한이나, 정책결정에 참여해야만 하는 의무를 법적으로 보장받고 있는 공식적인 주요 행위자들을 중심으로 그 위상과 역할, 한계점 등을 정리하였다. 특히 이들의 법률적으로나 제도적으로 보장된 형식적인 기능적 측면보다는, 실질적인 운영에 있어 어떠한 특성들을 갖고 있으며, 어떠한 역할이 보장되어 있는지, 그리고 그 한계가 무엇인지에 대한 다양한 논쟁들을 중심으로 관련 내용들을 정리하였다.

제1절 대통령

1. 외교정책 연구와 최고정책결정자

외교정책의 경우에는 국내 정책들과 달리, 국가라는 단위가 중요한 인식의 기준이 되기 때문에 외교정책의 결정과 관련하여 국가를 대표하는 최고정책결정자에 우선 주목하게 된다. 외교정책은 국가의 정책이며, 따라서 대외적으로 국가를 대표하는 최고정책결정자가 외교정책을 결정하고, 그 결과에 대해 책임지는 것으로 이해되기 때문이다. 따라서 최고정책결정자의 개인적 성향이나 가치관, 성장 환경, 통치 스타일 등에 주목함으로서, 이러한 요소들이 외교정책의 내용이나 결정에 어떠한 영향을 미치고 있는 지를 분석하고, 예측하는 자료로서 활용하고자 하는 것이다. 최종적인 의사결정을 진행하는 최고정책결정권자의 통치스타일이나 개인적 성향들에 주목하여 외교정책에 대한 분석을 시도하고 있는 연구들을 정리하면 다음과 같다.

1) 알렉산더 조지(Alexander George)의 분류

외교정책결정에 있어 최고정책결정자의 개인적 성향이 절대적으로 영향을 미친다는 점을 강조하고 있는 알렉산더 조지(Alexander George)는 첫째, 선호하는 정보와 조언을 확보하는 방식인 대통령의 인지 스타일, 둘째, 운영과 정책결정 업무에 있어 효율성에 대한 판단, 셋째, 참모진에 대한 정치적 통제 방식과 참모진들간의 갈등

해소방식에 따라 3가지 종류의 스타일을 모델화 하였다.[1]

첫째는 정형적 모델(formalistic model)이다. 미국의 대통령들 중에서 트루먼(Harry S. Truman), 아이젠하우어(Dwight D. Eisenhower), 닉슨(Richard Nixon) 등이 이 모델에 포함되는데, 의사전달이 위계적인 형태로서 구조화된 참모조직을 일반적인 정책결정구조의 특성으로 갖고 있다. 이러한 모델은 최종정책결정자가 중대한 결정을 내리는데 있어 자신만의 시간을 확보할 수 있고, 다양한 조직들의 각종 이익들을 동시에 확보할 수 있기 때문에 최적의 선택을 고민할 수 있다는 장점을 갖고 있다. 그러나 위계적인 구조는 오히려 정보의 원만한 흐름을 차단할 수도 있고, 동시에 국민들의 여론이나 정치적 압력을 왜곡시킬 수도 있으며, 위기시에는 신속하고도 적절한 대응을 방해하는 단점을 갖고 있기도 하다. 그리고 경우에 따라서는 정보제공이나 정책대안의 제시 과정에서 관료조직들간의 갈등과 부적절한 경쟁을 유도하는 단점도 갖고 있다.

둘째는 경쟁형 모델(competitive model)로서, 루즈벨트(Franklin D. Roosevelt)가 대표적인 경우에 속한다. 즉, 정형적 모델과는 상반된 형태로서, 의사결정조직이 개방되어 있고 정형화되어 있지 않는 형태이다. 따라서 최고정책결정자는 다양한 의견이나 분석, 조언들을 언제든지 즉각적으로 수용할 수 있는 형태이다. 이 모델의 장점은, 다양한 정보흐름의 한가운데 최고정책결정자가 위치할 수 있으며, 정치적인 현실성과 관료조직상의 실현성을 모두 만족시킬 수 있는 대안들의 모색에 유용하며, 다양한 아이디어들이 조직 내부뿐만 아니라 외부에서도 자연스럽게 제공될 수 있기 때문에 치열한 경쟁 속에서 창조적인 아이디어를 얻는 것이 용이하다는 점이다.

---

1) Alexander L. George, *Presidential Decision Making in Foreign Policy: The Effective Use of Information and Advice* (Boulder: Westview Press, 1980) 참조.

반면 이 모델의 단점은 최고정책결정자가 투자해야하는 시간과 노력이 지나치게 많이 소요된다는 점이고, 다양하게 제공되는 정보를 걸러줄 수 있는 제도적 장치가 없기 때문에 최고정책결정자는 잘못되거나 왜곡된 정보에 직접 노출될 가능성이 크고, 결과적으로는 최고정책결정자가 필요이상의 노력과 시간을 소비하게 될 수도 있다는 것이다. 그리고 전체의 이익보다는 다양한 행위자들의 개인적 이익들이 정책결정에 반영될 가능성이 높다는 점, 그리고 참모진들의 기능과 위상을 크게 제한하게 되면서, 참모진들의 질적 저하와 잦은 교체를 초래하게 되어 정책의 지속성이 훼손될 수 있는 단점도 갖고 있다.

셋째는 앞의 두가지 모델들이 갖고 있는 단점들을 모두 극복하기 위해 두가지 모델을 서로 조합한 경우로서, 동료형 모델(collegial model)이 있다. 케네디(John F. Kennedy)의 경우가 해당되는 이 모델에서는 대통령은 참모들로부터 다양한 시각들을 직접 종합할 수도 있고, 동시에 정책결정과정 내에서 다양한 경쟁을 통해 정책대안을 획득할 수도 있다. 편협한 조직이익이나 소수 이익에 의한 정책결정 가능성을 방지할 수도 있지만, 부처간 갈등이나 타협, 협상 등으로 인한 폐해를 극복해야만 한다. 이 모델에서는 특히 최고정책결정자가 정보 흐름의 중심에 위치할 수도 있을 뿐만 아니라, 관료조직들간의 경쟁을 통한 팀워크를 유도할 수도 있다는 점에서 큰 장점을 갖고 있다. 그러나 이 모델 역시 단점을 갖고 있는데, 정보와 정책결정에 투입되어야하는 최고정책결정자의 시간이나 노력이 여전히 크다는 점이다. 그리고 주변 참모들이 팀워크를 유지하면서도 경쟁이 가능하도록 하기 위해서는 최고정책결정자의 원만하고도 넓은 인간관계가 반드시 전제되어야 한다. 그리고 주변 참모진들간의 팀워크가 결과적으로 정책결정시스템의 폐쇄를 초래하는 결과가 유도될 수도 있다는 점에 유의해야만 한다.

2) 제임스 바버(James Barber)의 분류

제임스 바버(James David Barber)는 외교정책의 수행과 관련한 대통령의 스타일을 대통령직 수행 스타일과 대통령직에 대한 만족 유형이라고 하는 두 개의 분류에 근거하여 4개의 종류로 크게 구분하고 있다.[2] 하나의 분류에서는 대통령직의 통치 스타일이 능동적인지, 수동적인지로 세부적으로 구분하고 있고, 다른 하나의 분류에서는 대통령직에 대한 만족도가 긍정적인지 부정적인지로 세부적으로 구분하고 있다. 이러한 두 가지 기준에 의한 분류의 조합으로서 4가지의 통치 스타일을 구분하고, 미국의 역대 대통령들을 분류하여 정리하고 있다.

첫 번째 분류로서, 대통령직의 통치 스타일이 수동적이고 대통령직에 대한 만족도가 부정적인 조합의 경우에는 쿨리지(Calvin Coolidge) 대통령, 아이젠하워(Dwight D. Eisenhower) 대통령이 해당되는 것으로 구분했고, 두 번째 분류인 대통령직의 통치 스타일이 능동적이지만 대통령직에 대한 만족도가 부정적인 조합의 경우에는 윌슨(Woodrow Wilson), 후버(Herbert Hoover), 존슨(Lyndon B. Johnson), 닉슨(Richard Nixon) 대통령의 경우들을 포함시켰다. 세 번째 분류인 대통령직의 통치 스타일은 수동적이지만 대통령직에 대하 만족도는 긍정적인 경우에는 하딩(Warren G. Harding), 테프트(William Taft), 레이건(Ronald Reagon) 대통령을 포함시켰고, 네 번째 분류로서 대통령직의 통치 스타일도 능동적이고 대통령직

---

2) 자세한 내용은 James David Barber, *The Presidential Character: Predicting Performance in the White House*, 2nd ed. (Englewood Cliffs, N.J.: Prentice Hall, 1992); David Barber, "Presidential Character and Foreign Policy Performance," in Eugene R. Wittkopf, ed., *The Domestic Sources of American Foreign Policy - Insights and Evidence*, 2nd ed. (New York: St. Martin's Press, 1994), pp. 324-339 참조.

에 대한 만족도도 긍정적인 경우에는 프랭클린 루즈벨트(Franklin D. Roosevelt), 트루먼(Harry S. Truman), 케네디(John F. Kennedy), 포드(Gerald Ford), 카터(Jimmy Carter), 부시(George H. W. Bush), 클린턴(Bill Clinton) 대통령 등을 포함시켰다.

3) 마가렛 헐만(Margaret Hermann)의 분류

외교정책에 영향을 미치는 리더십의 스타일과 관련하여, 마가렛 헐만(Margaret Hermann)은 리더십이 ①지도자의 개성과 배경, ②지도자가 책임지는 그룹과 개인의 구성내용, ③지도자와 참모간 관계의 본질적 내용, ④지도력이 발생하는 상황적 내용, ⑤특정상황에 직면하여 지도자와 참모들간에 형성되는 관계 등에 의해 결정된다며, 리더십의 종류를 4가지 유형으로 구분하고 있다.[3]

첫째, '피리부는 마법사형'(pied piper of Hamelin)은 참모들에게 목표와 방향을 분명하게 설정하고, 자신을 따라오도록 유도하는 타입니다. 그리고 정책결정이후 발생하는 사건에 대해서도 분명하게 책임을 지는 타입이다. 둘째, '세일즈맨형'은 국민들이 원하는 것에 매우 민감하고, 그들에게 도움을 주는데 적극적인 타입니다. 국민들이 원하거나 희망하는 내용들에 대해 매우 즉각적으로 반응하는 타입이라고 할 수 있다. 셋째, '허수아비형'은 지도자가 단지 참모가 제시하는 정책방향이나 내용을 그대로 따라가기만 하는 타입으로서, 실질적인 정책결정이나 내용은 지도자가 아니며, 지도자는 소속

---

3) Margaret G. Hermann, "The Role of Leaders and Leadership in the Making of American Foreign Policy," in Charles W. Kegley, Jr., and Eugene R. Wittkopf, eds., *The Domestic Sources of American Foreign Policy: Insights and Evidence*, 1st ed. (New York: St. Martins's Press, 1988), pp. 266-267.

된 그룹의 이익을 단순히 반영하는 역할만을 수행하는 것으로 규정하고 있다. 넷째, '소방관형'은 환경으로부터 제시되는 자극에 대해 매우 적극적으로 반응하는 지도자형이다. 환경이 원하는 요구사항이나 규제, 선택 등에 주목하는 타입이다.

이외에도 헐만은 프레스톤(Thomas Preston)과 함께 최고정책결정자의 개성, 배경, 훈련정도 뿐만 아니라, 참모진들과의 관계에 따라 외교정책을 결정하는 리더십 스타일을 새롭게 분류하였다. 첫째, CEO형, 둘째, 팀플레이어형, 셋째, 이념가형, 넷째, 분석 및 혁신가형으로 스타일을 새롭게 분류하고, 이러한 스타일에 따라 정책결정과정이나 시스템도 상당히 변화하게 된다는 점을 지적하고 있다.[4]

2. 최고정책결정자 중심의 외교정책 연구와 그 한계

외교정책은 최고정책결정자가 전담하는 고유의 영역이라는 인식은 최고정책결정자 중심의 외교정책 연구를 정당화시키는 요인으로 작용해 왔다. 그리고 이는 외교정책 연구에 있어 국내 구조를 중시하는 연구들이 최고정책결정자 이외의 행위자들에 주목하고 있는 데 대해 가해지는 비판의 기본적인 근거를 제공해주고 있기도 하다. 엘리슨(Graham Allison)의 관료정치모델은 물론이고 린제이(James Lindsay)와 리프리(Randall Ripley) 등이 강조하고 있는 외교정책에 대한 의회 개입의 필요성과 관련해서도, 이들 접근법들을 비판하는 가장 대표적인 근거도 바로 외교정책에 대한 최고정책결

---

4) Margaret G. Hermann and Thomas Preston, "Presidents and Their Advisers: Leadership Style, Advisory Systems, and Foreign Policy Making," in Eugene R. Wittkopf, ed., *The Domestic Sources of American Foreign Policy - Insights and Evidence*, 2nd ed. (New York: St. Martin's Press, 1994), pp. 340-356.

정자의 절대적 위상과 관련되어 있다. 전체 국민과 국가를 대표하는 최고정책결정자는 누구도 대신할 수 없는 권리와 절대적 위상을 갖고 있기 때문에 외교정책에 대해서만큼은 다른 어떤 행위자도 최고정책결정자의 역할과 기능을 대신할 수 없다는 것이다. 그리고 절대적 권리만큼, 외교정책에 대한 책임을 최고정책결정자 이외의 행위자들이 부담할 수 없다는 이유가 가장 중요하게 지적된다. 외교정책과 최고정책결정자간의 긴밀한 연계성, 그리고 그 당위성은 다양하게 정리될 수 있다.

1) 최고정책결정자 중심의 외교정책 연구의 당위성

외교정책 영역의 연구에 있어 최고정책결정자가 무시되거나 평가절하 되어져서는 결코 안된다는 주장들의 다양한 논의들을 정리하면, 첫째, 외교정책과 정치적 중심으로서 최고정책결정자의 위상은 절대적인 만큼, 국민 전체를 대표하기 때문에 발생하는 실질적인 정치적 권력으로서 최고정책결정자가 국가의 외교정책을 주도해야 한다는 주장이다. 즉, 일반적인 국내정치와 달리 외교, 안보의 영역에서는 최고정책결정자에게 법률적, 제도적 내용들이 모두 집중되어 있다. 따라서 최고정책결정자 이외의 행위자들이 외교정책을 담당하고 그 결과에 책임을 지는 것은 불합리하다는 주장이다.[5] 슐레싱거(Arthur M. Schlesinger, Jr.)는 미국의 대통령들은 비록 시기별로 다소의 차이를 보이기는 했지만, 외교정책에 있어서만큼은 황제와 같은 절대적 위상의 대통령('Imperial Presidency')이라며 최고정책결정자의 절대성을 강조하고 있는 것도[6] 이러한 측면에서 이해

---

5) Amos Perlmutter, "The Presidential Political Center and Foreign Policy: A Critique of the Revisionist and Bureaucratic-Political Orientations," *World Politics*, vol. 27, no. 1 (1974), pp. 98-99.

될 수 있을 것이다.

둘째, 최고정책결정자는 선거방식이나 선거에서의 득표율 등과 상관없이 전체 국민에 대해 책임을 져야 하는 반면, 국회의원을 포함한 정치인들은 해당 지역구 구민들에 대해서만 책임을 져야 하고, 행정관료들은 국민들 보다는 자신들의 상관과 최고 상급자인 대통령에게만 책임을 지도록 되어 있다. 따라서 국제사회에서 국가를 대표하는 최고정책결정자만이 외교정책을 추진하고 결정할 권한이 있다는 지적이다.[7] 펄무터(Amos Perlmutter)는 이러한 점과 관련하여 엘리슨의 주장과는 달리, 최고정책결정자 이외의 행위자들에게는 정치권력의 원천이 존재하지 않는다는 점을 지적하면서, 최고정책결정자 이외의 행위자들이 외교정책에 지나치게 개입하는 것은 부적절하다는 점을 강조한다. 즉, 관료들은 대통령이 임명하는 것이지, 국민들로부터 선출된 것이 아니기 때문에 정치적 행위의 주체가 될 수 없다는 주장이다.[8] 결국 국민을 대표해 국제 사회에서 국가의 정책을 추진하는 것이 외교정책이고 그 책임은 국민을 대표하는 대통령이 전적으로 부담하기 때문에, 대통령이 외교정책에 대해 전적인 권한을 행사하는 것은 당연하다는 주장이다.[9]

셋째, 일반적으로 외교정책을 결정하는 최고정책결정권자는 대외

---

6) Arthur M. Schlesinger, Jr., "The Presidency and the Imperial Temptation," in Charles W. Kegley, Jr., and Eugene R. Wittkopf, eds., *The Domestic Sources of American Foreign Policy: Insights and Evidence* (New York: St. Martins's Press, 1988), pp. 127-130.

7) Kenneth J. Meier, *Politics and the Bureaucracy: Policymaking in the Fourth Branch of Government* (North Scituate: Duxbury Press, 1979), p. 145.

8) Amos Perlmutter, "The Presidential Political Center and Foreign Policy," pp. 93-95.

9) Jon Hurwitz, and Mark Peffley, "The Means and Ends of Foreign Policy as Determinants of Presidential Support," *American Journal of Political Science*, vol. 31, no. 2 (1987), p. 240.

적으로는 국가를 대표하며, 대내적으로는 행정부의 수반이고, 군 통수권자이며, 정당의 수장인 경우가 많다. 따라서 최고정책결정자인 대통령 또는 수상은 외교, 행정, 정치, 군사 문제를 모두 총괄하여 종합적으로 판단할 수 있는 장점을 갖고 있다.[10] 그러나 행정 관료나 국회의원 등 기타 국내의 행위자들은 어느 누구도 이러한 직무를 종합적으로 수행할만한 위상을 갖고 있지 못하다는 것이다. 따라서 최고정책결정자만이 이러한 대승적 차원에서 외교정책을 총괄할 수 있다는 주장이다. 행정 관료들은 단지 일상적인 업무에만 전념하고, 외교정책에 있어 중요한 일들은 최고정책결정자가 결정할 수밖에 없다는 지적이다.

넷째, 최고정책결정자는 외교정책 영역에 있어 대안적 행위자로 지적되는 관료들을 효과적으로 통제해나갈 수 있다는 점이다. 만약 최고정책결정자가 관료들을 통제할 수 없다면, 최고정책결정자는 어떤 일도 추진할 수가 없기 때문에 효과적인 관료통제 수단이 없다 하더라도 다양한 대응수단들을 새롭게 개발해 나가게 된다는 것이다. 무엇보다도 외교정책에 대해 최고정책결정자가 지속적으로 관심을 가지고 있고 반복해서 사건을 챙긴다면 관료들을 충분히 장악할 수 있다는 지적이다. 즉 최고정책결정자가 관료를 통제하는 방법을 알고 있고 경험과 기술이 있다면 관료들을 충분히 통제할 수 있다는 것이다.[11] 할퍼린(Morton H. Halperin)은 최고정책결정자가 선택할 수 있는 관료 장악의 수단으로서, 설득(persuasion), 협상(negotiation), 개인적 권력 남용, 정책집행에 직접 참여, 책임자의 교체 및 관료 임면, 대리인의 임명, 새로운 제도나 기구의 신설 및

---

10) Carnes Lord, *The Presidency and the Management of National Security* (New York: Free Press, 1988), p. 32.

11) Ronald Randall, "Presidential Power versus Bureaucratic Intransigence: The Influence of the Nixon Administration on Welfare Policy," *American Political Science Review*, vol. 73, no. 3 (1979), pp. 795-810.

창설 등을 제시하고 있다.[12) 한편, 메이어(Kenneth Meier)는 관료
들에 대한 최고정책결정권자의 견제수단으로서, 인사권이나 공무원
임용권 그리고 정부조직 개편과 같이 조직구조상 최고위층에 배정
되어 있는 권한, 국가예산과 관련된 권한, 군 최고사령관으로서의
권한, 대통령이 국민과 관료들에게 주창할 수 있는 이념의 방향 등
을 지적한다.[13)

다섯째, 실제로 진행되었던 역사적인 외교적 사건의 경우들을 분
석해보면, 외교정책의 변화를 주도하는 것은 실제로 최고정책결정
자에 의해 이뤄진다는 점이다.[14) 미국의 루즈벨트(Franklin D.
Roosevelt) 대통령이 UN 건설을 위해 추진한 일련의 작업들, 닉슨
대통령이 진행했던 동서진영간의 데땅트 시도 등을 바로 최고정책
결정자의 개인적 판단의 결과라는 것이다. 이는 관성적으로 움직이
고, 변화를 싫어하는 관료조직들에 의해서는 설명될 수 없고, 또 지
역구와 같은 협의의 이익에만 관심을 주목하고 있는 국회의원들에
의해서도 설명될 수 없으며, 오직 사고의 전환을 촉구하는 최고정
책결정자에 의해서만 설명이 가능하다는 것이다.

찰스 헐만(Charles Hermann) 등은 이집트 사다트 대통령의 이스
라엘 방문, 미국 존슨 대통령의 베트남 철군 결정, 구소련 고르바초
프 대통령의 개방, 개혁 정책 추진 등을 예로 들면서, 외교정책에
있어 관료들의 역할과 관료정치적 현상들, 그리고 외교정책에 대한

---

12) Morton H. Halperin, *Bureaucratic Politics and Foreign Policy*
(Washington, D.C.: The Brookings Institution, 1974), pp. 281-289.
13) Kenneth J. Meier, *Politics and the Bureaucracy*, pp. 146-151.
14) Alexander L. George, "Domestic Constraints on Regime Change in U.S.
Foreign Policy: The Need for Policy Legitimation," in G. John
Ikenberry, ed., *American Foreign Policy: Theoretical Essays* (Boston:
Scott, Forcesman and Company, 1989), pp. 583-608; Meriles S. Grindle,
John W. Thomas, "Policy Makers, Policy Choices, and Policy Outcomes:
The Political Economy of Reform in Developing Countries," *Policy
Sciences*, vol. 22 (1989), pp. 221-228.

의회의 개입 현상과 그 필요성 등은 인정하지만, 조직의 이익보다
는 지도자의 개인적 판단이나 가치관, 평가가 우선하는 경우가 있
다며 외교정책이 급격히 변화한 사례들을 지적하면서, 최고정책결
정자의 중요성을 강조하고 있다.[15]

2) 최고정책결정자 중심의 연구와 그 한계

그러나 외교정책의 영역에 있어 최고정책결정자의 절대적 위상과
최고정책결정자 중심의 분석에 대한 반발도 상당하다. 앞에서 언급
한 만큼 최고정책결정자의 위상이 절대적이지 않으며, 실제적인 모
습들은 이와 상반된 모습들을 보인다는데 문제가 있다. 최고정책결
정자 중심의 외교정책 연구의 한계점들을 정리하면 다음과 같다.
특히 본 책자에서 한국 외교정책의 결정과정과 관련하여 새롭게 주
목하고자 하는 관료, 또는 관료조직들과의 관련성을 함께 고려하면
그 한계와 반박의 내용들은 다음과 같이 정리될 수 있다.
첫째, 현실적으로 최고정책결정자에게 부여된 법률상의 막강한
책임 및 권한과, 실제로 행사되는 최고정책결정자의 개인적 능력사
이에는 상당한 차이가 존재하고 있으며, 그 간격이 점점 벌어지고
있다는 점이다.[16] 즉, 법률적, 제도적 권한과 능력은 최고정책결정

---

15) Charles F. Hermann, "New Foreign Policy Problems and Old
   Bureaucratic Organizations," in Charles W. Kegley, Jr., and Eugene R.
   Wittkopf, eds., *The Domestic Sources of American Foreign Policy:
   Insights and Evidence* (New York: St. Martins's Press, 1988), p. 258;
   Charles F. Hermann, "Changing Course: When Governments Choose to
   Redirect Foreign Policy," *International Studies Quarterly*, vol. 34 (1990),
   pp. 3-21.
16) Richard E. Neustadt, *Presidential Power: The Politics of Leadership
   from FDR to Carter*, 2nd ed. (New York: John Wiley & Sons, 1980),
   이병석 옮김, 『대통령과 권력』(서울: 신사, 1992), p. 367.

자에게 집중되어 있지만, 실질적으로 최고정책결정자가 자신의 권한을 완벽하게 행사할 수 있을 만큼 충분한 능력을 가지고 있는 경우는 드물다는 점이다. 최고정책결정자 1명이 감당할 수 있는 일의 범위가 제한될 수밖에 없는 반면, 국제화, 세계화 등으로 인해 외교정책의 영역에서 최고정책결정권자가 감당해야하는 일의 범위는 더욱 확대되고 있는 양상이다. 결국, 법률적이고 제도적인 내용과 달리, 실질적으로 진행되는 최고정책결정자의 권한의 내용은 달라질 수밖에 없는 것이다.

최고정책결정자는 자신의 막강한 권력을 마음대로 행사할 수 있는 절대군주가 결코 아니라는 점도 지적된다. 따라서 너이스타트(Richard Neustadt)는 미국의 대통령들이 절대적인 권력을 소유하고 있는 것은 사실이지만, 실질적으로는 수직적인 계서적 질서의 최고 위쪽에 위치하면서, 다양한 이익들간의 입장을 조정하는 것이 최고정책결정자의 본질적 역할이며 기능이라는 점을 지적한다.[17] 미국의 대통령이 갖고 있는 권한도 결코 절대적인 것이 아니기 때문에, 미국의 대통령은 개념적으로는 최고위급 관리직 사원(clerk)에 불과하다는 것이다.

둘째, 최고정책결정자는 관료조직들을 통제해가며, 외교정책에 있어 자신들의 절대적 위상을 굳혀나갈 수 있는 측면이 있다. 그러나 최고정책결정자가 관료들을 장악하고 통제할 수 있다는 점에 대해 회의적인 입장들이 많다. 특히, 최고정책결정자가 관심을 가지고 지속적으로 사건을 챙길 경우 관료들을 충분히 통제할 수 있다는 주장에 대해서도 반발의 주장들이 제시되고 있다. 예를 들면, 미국의 케네디 대통령이 쿠바 미사일 사태와 관련하여 사태의 추이에 관심을 집중하고 있었고, 모든 정책들을 직접 챙기고 있었음에도 불구하고, 실제로 진행된 U-2기의 비행내용, 해군함정들의 작전 형태, 미

---

17) Richard E. Neustadt, *Presidential Power*, p. 7.

사일 부대 배치와 철수 지연 등은 대통령의 지시와 무관하게 진행되었다는 것이다. 결국, 대통령이 사건에 관심을 갖고 관료들을 통제하기 위해 다양한 내용들을 시도할 수는 있어도, 실제로는 관료들이 통제되지 않을 수도 있다는 반증들이 제시되고 있는 것이다.[18]

이와 관련하여 리프리(Randal Ripley)와 프랭클린(Grace Franklin), 레드포드(Emmette S. Redford) 등은 정부 관료들을 충분히 통제한다는 것은 현실적으로 불가능하다며, 정부 관료에 대한 통제 가능성에 회의적인 반응을 보인다.[19] 특히, 도드(Lawrence Dodd)와 스코트(Richard Schott)은 대통령이 관료들을 통제할 수 있다는 전제에 대해 상당히 회의적인 입장을 보였다.[20] 또 놀(Roger Noll)과 브레이너(Gary Bryner)도 현실적으로 최고정책결정자인 미국의 대통령들이 관료들을 통제하는 데 크게 관심을 갖고 있지도 않다는 점을 지적한다.[21] 또 메이어(Kenneth J. Meier)는 최고정책결정자를 포함한 주변세력들이 관료조직을 통제할 만한 인력, 시간, 필요성에 있어 한계가 분명하고, 통제할 만큼 충분한 양질의 정보도 갖고 있지 못하다는 점을 지직한다. 그리고 관료조직에 대한 어설픈 통제는 오히려 관료조직들의 조직적 반발을 초래하여 최고정책결정자와 집권세력을 더욱 어렵게 만들 수도 있다는 점을 지적한다.[22]

---

18) Graham T. Allison, *Essence of Decision: Explaining the Cuban Missile Crisis* (Boston: Little, Brown, 1971), pp. 137-142; Morton H. Halperin, *Bureaucratic Politics and Foreign Policy*, pp. 279-280.

19) Randal B. Ripley and Grace A. Franklin, *Policy Implementation and Bureaucracy* (Chicago: Gorsey Press, 1986); Emmette S. Redford, *Democracy in the Administrative State* (New York: Oxford University Press, 1969) 등.

20) Lawrence C. Dodd and Richard L. Schott, *Congress and the Administrative State* (New York: John Wiley and Sons, 1979).

21) Roger G. Noll, *Reforming Regulation* (Washington, D.C.: Brookings Institution, 1971); Garry C. Bryner, *Bureaucratic Discretion: Law and Policy in Federal Regulatory Agencies* (New York: Pergamon Press, 1987).

22) Kenneth J. Meier, *Politics and the Bureaucracy*.

한편, 만약 최고정책결정자가 관료조직들을 완전히 장악할 수 없다면, 최고정책결정자는 관료들을 정책결정과정에서 소외시키고 자신이 직접 외교정책을 추진하고 집행할 수도 있다. 예를 들어, 백악관이나 청와대 내에 외교업무를 전담할 새로운 팀을 구성해 외교정책을 직접 관리할 수도 있다. 또는 개인적인 인맥을 이용하여 기존의 관료조직 대신에 별도의 비공식적인 조직과 인력들을 적극 이용할 수도 있다. 미국의 닉슨 대통령은 국무부를 대신하여 개인적으로 신뢰하던 키신저(Henry Kissinger)를 중심으로 국가안보정책을 추진했는가 하면, 카터 대통령도 국무부를 소외시키고 브레진스키(Zbigniew Brzezinski)를 비공식적으로 적극 이용하기도 했다. 한국에서도 노태우 대통령의 경우, 북방정책 추진에 있어 박철언을 적극 활용했기도 했다.

그러나 기존의 관료조직들을 소외시킨 상태에서 은밀하게 외교정책을 추진하고, 이를 통해 최고정책결정자의 정책적 의도를 실현시키고자 하는 경우에도 실질적으로 얻게 되는 결과는 최고정책결정자의 의지와 무관한 내용이 초래될 수도 있다는 점이 지적된다. 은밀하게 외교정책을 추진한다는 것은 실제적으로 최고정책결정자의 권한은 약화시키는 대신, 대통령을 보좌하는 비서진들이나, 특사들의 권한만을 확대시키는 결과를 초래하기 때문에 오히려 더 사태를 악화시킬 수도 있다는 점 때문이다.[23]

또한, 이처럼 기존의 관료조직들을 소외시킨 채 최고정책결정자가 독단적으로 외교정책을 추진할 경우, 정책을 추진할 수는 있겠지만 그 성공 가능성은 상당히 낮아진다는데 문제가 있다.[24] 즉, 관

---

23) 로우크(Francis Rourke)는 닉슨의 경우를 들어 이러한 측면을 지적하고 있다. Francis E. Rourke, "Executive Fallibility - Presidential Management Styles," *Administration & Society*, vol. 6, no. 2 (August 1974), pp. 176-177.
24) Charles F. Hermann, "New Foreign Policy Problems and Old

료들이 갖고 있는 전문적 지식과 역사에 대한 지식과 경험들이 결여됨으로서 정책추진에 있어 사소한 실수, 경우에 따라서는 결과 자체를 뒤바꿀 수도 있는 큰 실수를 범할 가능성이 높다는 것이다. 이러한 현상은 한국의 김영삼 정부 초기에 진행되었던 대북 식량지원이 관료조직들이 적극 개입되지 못한 채 진행되면서, 다소 형식적인 문제로 인해 정책적 성과 자체가 부정적인 결과를 초래하는 경우에서도 확인될 수 있다. 결국, 최고정책결정자가 비록 자신이 원하는 내용대로 외교정책을 진행할 수 없다 하더라도, 외교정책의 결정과 집행은 관료들의 도움과 지원을 얻는 것이 성공할 가능성을 높이는 방법이라 할 수 있다.

셋째, 최고정책결정자만이 외교정책의 혁신적 변화와 성공적인 결과를 주도할 수 있다는 점과 관련해서도 연구자들의 반대 주장은 상당하다. 린더블룸(Charles E. Lindblom)은 현실적으로 외교정책에 있어 변화가 발생한다는 것은 합리적 선택에 의해 초래된 변화라기보다, 제한적으로 선택 가능한 내용들 중에서 보다 변화된 것으로 인식되는 내용들 중의 하나를 선택(muddling through)하는 것이며, 상대적으로 위험부담이 적은 안정된 내용들을 선택하는 것에 불과하다는 점을 지적하면서, 점진주의(incrementalism)적인 입장을 강조하였다.[25] 힐스만(Roger Hilsman)도 린더블룸의 입장을 지지하면서, 정책의 변화는 결코 혁신적인 것이 아니며 점진적으로 진보해 나가는 것이라는 점을 강조하면서,[26] 외교정책에 대한 연구

Bureaucratic Organizations," in Charles W. Kegley, Jr., and Eugene R. Wittkopf, eds., *The Domestic Sources of American Foreign Policy: Insights and Evidence* (New York: St. Martins's Press, 1988), p. 263.

25) Charles E. Lindblom, "The Science of 'Muddling Through'," *Public Administration Review*, vol. 19, no. 2 (1959), pp. 79-88; Charles E. Lindblom, "Still Muddling, no yet Through," *Public Administration Review*, vol. 39, no. 6 (November/December 1979), pp. 517-526.

26) Roger Hilsman, *The Politics of Policy Making in Defense and Foreign*

를 최고정책결정자에게만 집중하는 것은 한계가 있음을 지적한다.

넷째, 외교정책결정과정의 최고위층에 위치하는 최고정책결정자는 비록 합법적인 최종 결정을 내리기는 하지만, 그 결정이 반드시 자신이 원하는 결정이 아닐 수도 있다는 점이다.[27] 우선, 이기적이거나 사악한 동기로 사람들을 지배한다는 내용에서 연유한 '스뱅갈리 이론'(Svengali Theory)은 비록 대통령이 형식적으로는 최종적인 결정을 내리지만, 이는 외교업무와 관련한 관료조직들이 몇 개의 대안으로 제한한 내용들 중에서 선택하는 것에 불과하다는 것을 지적하고 있다. 극단적으로는 대통령이 꼭두각시에 불과하다는 것이다. 또 '권력엘리트이론'(power elite theory)은 최고정책결정자 보다는 청와대나 백악관의 참모진들과 같이 소수의 권력 엘리트들에 의해 실질적인 최종결정이 진행된다는 점들이 지적되고 있다.

결국, 법률적, 제도적, 구조적, 이론적 측면에서는 외교정책에 있어 최고정책결정자가 절대적 위상을 확보하는 것이 당연하지만, 현실적이고 실질적인 측면에서는 최고정책결정자가 모든 일을 담당하기에는 분명한 한계가 있고, 결국 관료들의 개입이 불가피하다는 것으로 정리할 수 있다. 따라서 외교정책을 설명하는데 있어 최고정책결정자 중심의 접근이 한계를 보이는 경우들이 빈번해지게 되고, 엘리슨(Graham Allison)의 관료정치모델과 같이 외교정책과 관료조직들을 연결시켜 설명하려는 시도들이 등장하는 것도 이러한 현상을 반영해 주는 것이라 하겠다. 관료들을 주요 행위자로서 외교정책결정과정의 분석 대상에 포함시키는 것이 보다 더 적절한 설

Affairs: Conceptual Models and Bureaucratic Politics (Englewood Cliffs: Prentice-Hall, Inc., 1993), p. 68.

27) Roger Hilsman, *The Politics of Policy Making in Defense and Foreign Affairs,* p. 63; Geoffrey Kemp, "Presidential Management of the Executive Bureaucracy," in Eugene R. Wittkopf, ed., *The Domestic Sources of American Foreign Policy: Insights and Evidence,* 2nd ed. (New York: St. Martin's Press, 1994), pp. 166-180.

명을 가능하게 해주기 때문이다.

제2절 의회(입법부)

중세는 물론이고 현대에 들어와서도 일반적인 국내 정치의 영역
들과 달리 외교정책은 행정부의 독자적인 업무 영역으로 인식되어
왔다. 특히 동서간의 대립이 치열하게 진행되던 냉전기간 동안에는
이러한 양상이 더욱 두드러지는 모습을 보였다. 그리고 이러한 모
습들은 국제사회에서 대체로 공통되는 모습으로 나타났다.

그러나 미국의 경우에는 동서 데탕트가 진행되는 1970년대에 들
어서면서 외교정책 영역에 있어 최고정책결정자의 독점적 위상에
대한 비판이 제기되기 시작했고, 의회의 개입이 필요하다는 지적이
제기되었다. 바로 민주주의 국가의 기본적 특성으로 평가되는 '견제
와 균형'의 원리가 이러한 움직임의 논리적 뒷받침이 되었다. 특히
닉슨 대통령 시기의 베트남전 종전 문제와 워터게이트(Watergate)
사건 등이 발생하면서, 대통령이 행사하고 있는 외교정책에 대한
절대적 권한이 지나치다는 비판이 제기되었고, 이러한 '견제와 균형'
의 논리는 더욱 탄력을 받아가기 시작했다. 외교정책에 대한 의회
(입법부)의 개입 필요성에 대한 지적은 한국의 경우도 예외가 아닌
상황에 직면하게 되었다. 오랜 기간 동안 지속되어온 권위주의 정
권이 종료되고 1980년대 후반부터 평화적인 정권교체에 성공하게
되면서 민주주의의 제도화가 급속도로 진행되었다. 그동안 대통령
이 외교정책을 독점하고 절대적 역할을 담당하던 과거의 패턴에서
벗어나야 한다는 지적이 제기되기 시작한 것이다. 그리고 그 논리
의 근거는 바로 '견제와 균형'의 원리에 기초하여 헌법상으로 보장
된 입법부의 권리와 관련된 내용들이었다.

1. 외교정책에 있어 입법부의 행정부 통제 필요성과
그 효율성

입법부가 외교정책의 영역에 개입하는 문제와 관련해서도 다양한
논의들이 전개되고 있다. 외교정책의 결정과 추진이 최고정책결정
자를 중심으로 한 소수에 의해 운영되는 것이 좋은 것인가, 아니면
다양한 행위자들이 참여하여 반복되는 협의과정을 거치고 협상을
통해 추진되는 것이 좋은 것인가에 대한 논란을 포함하여, 정치 체
제의 성격과 연계되어 그 논의들이 지속되고 있다. 특히 2차 세계
대전과 냉전이 진행되는 동안 일부 학자들은 국가적 안보와 관련된
외교적 현안을 다루어야 하는 만큼, 최고정책결정자에 의해 효율적
이고도 신속한 정책결정과 대응이 필요하다는 주장을 제기하였다.
따라서 일부 학자들의 연구에서는 최소한 외교정책의 영역에서 만
큼은 다양한 공개적 토론 이후에 정책이 결정되는 민주주의적 요소
보다는 최고정책결정자 1인에 의해 정책이 결정되는 권위주의적 요
소가 더 효과적이라는 지적이 제기되기도 하였다.[28] 실제로 고도의
민주화를 진행해온 미국의 경우에도 냉전이 진행되는 시기 동안에
는 행정부, 즉 대통령의 일방적인 외교정책 결정과 진행에 대해 의
회가 별다른 문제 제기를 시도하지 않는 모습을 보였다. 외교정책
의 신속한 결정과 효율적 집행을 방해하지 않기 위해서이다. 단지,
탈 냉전기 또는 대통령의 독주가 지나치게 절대적이고 이로 인해

---

28) Alexis de Tocqueville, *Democracy in America*, vol. 1 (New York: Knopf,
1945), pp. 234-235; Walter Lippmann, *The Public Philosophy* (New
York: Mentor, 1955), pp. 23-24; Raymond Aron, *Peace and War: A
Theory of International Relations* (Garden City, N. Y.: Doubleday, 1966),
p. 67; George Kennan, *American Diplomacy, 1900-1950* (Chicago:
University of Chicago Press, 1951), p. 66; Robert Dahl, *Congress and
Foreign Policy* (New York: Harcourt, 1950), p. 169 등.

민주주의의 기본적 가치가 위태로울 수 있다고 판단되는 시기에 한해 의회가 대통령의 권한을 견제하려는 모습을 보여 왔다.

그러나 이와는 상반된 주장으로서 삼권분립의 기본정신과 민주주의의 기본적 가치라고 할 수 있는 '견제와 균형'의 원칙에 근거하여 최고정책결정자 1인에 의한 판단과 행정부의 독단적인 정책집행은 위험하다는 지적이다. 이러한 모습은 독재체제에서나 가능하며, 민주체제 하에서는 결코 발생해서는 안된다는 입장이다. 국내 정책들은 물론이고, 외교정책들도 이러한 민주적 가치의 범위에서 벗어날 수 없다는 지적이다. 그리고 최고정책결정자의 외교정책 결정과 집행을 견제할 행위자로서 외교정책과 관련된 권한을 헌법으로부터 부여받고 있는 의회가 그 역할을 담당해야 한다는 것이다.

본 절에서는 서로 상충되고 있는 이러한 논란들이 과연 어떠한 근거에 기초하여 진행되고 있는 지, 그리고 그 논란의 핵심적인 내용은 무엇인지를 살펴보았다.

1) 행정부 중심의 외교정책 결정과 집행: 효율성과 적실성

대통령과 행정부 중심의 외교정책 추진을 주장하는 입장들은 비록 헌법이 견제와 균형의 원칙에 의해 의회에게 상당한 권한들을 제도적으로 보장하고 있는 것은 사실이지만, 이는 상징적이며 형식적인 것에 불과할 뿐, 지나치게 의회가 외교정책에 개입하는 것은 오히려 부정적 효과를 낼 수밖에 없다는 주장이다. 외교정책의 영역에 의회가 개입하는 것이 부정적이라는 주장들의 내용들을 정리하면 다음과 같다.

첫째, 효율성의 문제가 있다. 외교정책의 결정 및 추진과 관련된 예산안 등에 대한 의회의 지나친 미시적 개입은 대통령과 행정부를

중심으로 한 효과적인 외교정책 수행을 방해하고 비효율성을 유도
한다는 지적이다. 의회가 보다 거시적인 국가이익의 측면은 간과한
채, 국회의원 개인들의 정치적 이해가 연계된 미시적 측면들만을
지적하고 문제 삼는 것은 오히려 국가 전체의 이익에도 도움이 되
지 않는다는 지적이다.[29] 결국 지역구의 이해관계에 주목하고 있는
국회의원들과 달리, 대통령은 국가 전체의 거시적인 이해관계에 주
목하고 있기 때문에 대통령과 행정부의 외교정책 추진이 효율적으
로 진행될 수 있도록 의회가 방해하지 말아야 한다는 주장이다.

둘째, 의회의 제도적 속성들이 한계로 지적된다. 시급을 다투는
외교적 현안에 대해 신속히 대응할 수 없는 조직적 한계, 수평적이
고 연속적인 의회 조직 특성, 국회의원들의 자기중심적 행동과 분
산, 보안이 어려운 의회의 특성 등이 한계점으로 지적된다.[30] 행정
부는 대통령을 중심으로 수직적으로 구성되어 일사분란하게 움직일
뿐만 아니라, 대통령이 갖고 있는 정책이념이나 가치관에 따라 통
일된 모습을 갖추고 있는 반면, 의회는 개별 국회의원들이 갖고 있

---

29) I. M. Destler, "Executive-Congressional Conflict in Foreign Policy: Explaining it, Coping with it," in Lawrence C. Dodd and Bruce I. Oppenheimer, *Congress Reconsidered*, 3rd ed. (Washington, D.C.: CQ Press, 1985); Timothy M. Cole, "Congressional Investigation of American Foreign Policy: Iran-Contra in Perspective," *Congress & The Presidency*, vol 21, no 1 (Spring 1994), p 45; Dick Cheney, "Congressional Overreaching in Foreign Plicy," in Robert A. Goldwin and Robert A. Licht, eds., *Foreign Policy and the Constitution* (Washington, D. C.: American Enterprise Institute for Public Policy Research, 1990); L. Gordon Crovitz, "Micromanaging Foreign Policy," *Public Interest*, no. 100, pp. 102-115 등 참조.

30) Gregg Easterbook, "What's Wrong with Congress?" *Atlantic Monthly* (December 1983), pp. 57-84; Michael J. Glennon, *Consitutional Diplomacy* (Princeton: Princeton University Press, 1990), p. 28 등. Eileen Burgin, "Congress and Foreign Policy: The Misperceptions," in Lawrence C. Dodd, Bruce I. Oppenheimer, eds., *Congress Reconsidered* (Washington, D.C.: Congressional Quarterly, Inc., 1993), pp. 343-344에서 재인용.

는 가치관이나 이념이 모두 다르고 다양할 뿐만 아니라, 국회의원 한명 한명이 모두 독자적으로 움직이기 때문에 통일된 모습을 보이는 것이 쉽지 않다는 점이다. 따라서 은밀성과 효율성이 요구되는 외교정책의 영역에서는 의회보다 대통령과 행정부가 더 행동하기에 적합하며, 결국 의회의 개입은 부적절하다는 지적이다.

셋째, 경험과 전문성의 문제가 있다. 국회의원의 정치적 속성과 관련하여, 선거 결과에 따라 성원들의 구성이 쉽게 변화하고, 구성원의 교체율이 높은 의회는 동일한 업무를 지속적으로 수행하는 행정부에 비해 경험과 전문성이 크게 부족할 뿐만 아니라,[31] 지역구 구민의 여론에 민감할 수밖에 없기 때문에 여론에 취약하고, 그 결과로 정책의 일관성과 지속성을 유지하는 것이 어렵다.[32] 특히 선거결과에 따라 의회의 구성원들이 쉽게 교체된다는 점이 이러한 현상을 더욱 가중시킨다. 그리고 국회의원들은 장기적인 국가이익 보다는 단기적인 재선에만 관심이 쏠려있기 때문에 전문적인 측면보다는 정치적인 측면에 더 치중하게 되고, 또 외교정책을 재선에 유리하게 활용하기 위한 수단으로 저극적으로 활용하려 하기 때문에 분명한 한계를 가진다는 것이다.[33] 무엇보다도 의회는 행정부와 달리 외교정책을 수립하고 추진할 수 있는 전문적 능력을 갖추고 있지 못하다는 것이다. 국회의원들이 전문 보좌진들을 충분히 보강하더라도 거대한 규모의 행정부가 갖고 있는 전문성과 능력을 추월할

---

31) David S. Cloud, "White House Looks to Senate to Maintain China Studies," *Congressional Quarterly Weekly Report*, June 1, 1991, p. 1434.

32) Barry M. Blechman, *The Politics of National Security: Congress and U.S. Defense Policy* (New York: Oxford University Press, 1990), pp. 56-57.

33) Morris P. Fiorina, *Congress: Keystone of the Washington Establishment*, 2nd ed. (New Haven: Yale University Press, 1989), Eileen Burgin, "Congress and Foreign Policy: The Misperceptions," pp. 345-346에서 재인용.

정도로 전문성과 경험을 확보하는 것은 힘들다는 지적이다.

넷째, 이해관계의 범위가 일반적이지 못하다는 점이다. 국가적 이익보다는 지역구나 관련 압력단체, 또는 이익단체의 편협한 이익을 대변하는 의회[34]의 특성도 한계점으로 지적된다. 의회를 구성하는 국회의원들은 본질적으로 지역구의 지엽적 이익에 약할 수밖에 없다. 그리고 지역구에 기반하고 있는 이익집단이나 압력단체로부터 제기되는 로비와 압력에 취약할 수밖에 없다. 결국 국회의원들의 주장은 행정부에 비해 상당히 정치적인 성격을 강하게 띨 수밖에 없고, 대통령에 비해서는 그 정치적 성격이 상대적으로 편협할 수밖에 없기 때문에 국가 전체의 이익을 반영해야하는 외교정책과 관련해서는 개입하는 것이 적절하지 않다는 지적이다.

다섯째, 20세기에 들어오면서 이미 본연의 입법기능들을 대부분 상실한 의회[35] 모습들이 비판의 대상이 되고 있다. 의회는 입법부의 고유한 권한인 입법의 권한과 관련하여 형식적인 모습만을 갖고 있을 뿐, 실질적으로는 행정부가 주된 역할을 담당하고 있다는 지적과 관련된 내용이다. 의회를 통과하는 법률들 중에서 국회의원들이 제출하여 입법되는 의원 입법의 경우보다 행정부가 입법안을 제출하는 경우가 더 많을 뿐만 아니라, 입법되는 법률안들 중에서도

---

34) I. M. Destler, *American Trade Politics: System under Stress* (Washington, D.C.ᆞ Institute for International Economics, 1986); Stephan Haggard, "The Institutional Foundations of Hegemony: Explaining the Reciprocal Trade Agreements Act of 1934," in G. John Ikenberry, David A. Lake and Michael Mastanduno, eds., *The State and American Foreign Economic Policy* (Ithaca, N. Y.: Cornell University Press, 1988); Arthur M. Schlesinger, Jr., *The Imperial Presidency* (Boston: Houghton Mifflin, 1973); Sharyn O'Halloran, "Congress and Foreign Trade Policy," in Randall B. Ripley and James M. Lindsay, eds., *Congress Resurgent: Foreign and Defence Policy on Capital Hill* (Ann Arbor: The University of Michigan Press, 1993), pp. 283-303.

35) Timothy M. Cole, "Congressional Investigation of American Foreign Policy," p. 31.

비중 있는 내용들의 경우에는 대부분이 행정부가 제출한 법률안인 경우가 많은 것이 현실이기 때문이다. 결국 외교정책과 관련한 입법에서도 최종적인 법률안 통과는 의회가 그 역할을 담당하지만, 실제로는 행정부가 준비하고 제출한 법률안들을 의회가 단순히 형식상의 통과 절차만을 처리하는데 불과하다는 지적이다. 결과적으로 이러한 측면들 역시, 외교정책에 대한 의회의 제한적 기능과 개입의 한계를 부각시키고 있다.

여섯째, 외교정책이 결정되고 추진된 이후, 그 결과에 대한 책임소재 및 범위와 관련하여 대통령 중심의 외교정책 결정과 운영이 당연하다는 입장이다. 모리스(Bernard Morris)나 슐레싱어(Arthur Schlesinger, Jr.), 바이밴드(Edward Weiband) 등은 국내정치와 달리 외교정책은 제한적인 지역구민이 아닌 국민 전체로부터 지지를 얻고 선출된 대통령만이 책임을 지는 대통령 고유의 영역이기 때문에 의회가 개입해서는 안되며, 책임에 걸맞는 대통령의 권한과 대통령 중심의 외교정책 결정 및 추진은 당연하다는 주장이다.[36]

일곱째, 국내정치과 다른 외교정책의 차별적 특성과 관련해서도 의회의 외교정책 개입에 대해 부정적이다. 국내에서 추진되는 각종 정책들과 달리 외교정책은 정보의 비밀성이 요구되고 전문적인 지식과 경험들이 요구되는 영역이기 때문에, 정책이 추진되는 과정에서는 공개보다 은밀한 정책결정과 추진이 불가피할 수밖에 없는 특성을 가진다. 그런데 여기에 의회가 개입하고, 그 결과 정책결정과정 및 그 결과들이 대외적으로 공개된다면 외교정책은 그 목적을

---

36) Bernard S. Morris, "Presidential Accountability in Foreign Policy: Some Recurring Problems," *Congress & The Presidency*, vol 13, no 2 (Autumn 1986), pp. 157-176; Arthur M. Schlesinger, Jr., *The Imperial Presidency* (Boston: Houghton Mifflin, 1973); Thomas M. Franck and Edward Weisband, *Foreign Policy by Congress* (New York: Oxford University Press, 1979).

실현하기가 쉽지 않다는 지적이다.

2) 의회 개입의 당위성과 역할 분담

한편, 외교정책에 대한 의회의 개입을 긍정적으로 평가하는 입장들은 외교정책에 개입하는 의회를 비판하는 주장들에 대해 의회의 기능과 역할, 그 위상에 대한 일방적 매도에 불과하다고 규정한다. 오히려 의회는 행정부의 독선과 모순의 한계를 극복해 줄 뿐 아니라, 행정부의 결정에 정당성을 부여함으로서 효율적 정책수행을 가능케 하기 때문에 의회의 개입은 의미가 있다는 입장이다. 또 외교정책도 국내 정책의 연장이므로, 다양한 국내 의견들의 수렴을 통해서 정책이 수립되어야 하며, 의회가 이 기능을 대신한다는 주장이다. 결국, 이러한 주장들은 외교정책의 영역에서 발생할 수 있는 문제점들을 의회가 보완해줄 수 있다는 점을 강조하고 있는데, 외교정책과 관련한 의회의 긍정적인 기능과 역할들을 정리하면 다음과 같다.

첫째, 정보의 독점과 밀실 거래로 인해 행정부가 자체적인 오류에 빠질 가능성이 높지만, 그 가능성을 사전에 제거하고, 잘못된 행정부의 독주를 견제할 수 있는 유일한 존재는 헌법으로부터 관련 권한을 합법적으로 부여받은 의회라는 섬을 강조한다.[37] 그리고 이것이 바로 '견제와 균형'에 대한 의회의 고유한 권한이라는 입장이다.

둘째, 법적 권한을 갖고 있는 의회가 외교정책에 적극 개입하는 것은 외교정책을 보다 건전하게 만들며 정책의 효율성을 배가시킨

---

37) Harold Hongju Koh, *The National Security Constitutions Sharing Power After the Iran-Contra Affairs* (New Haven: Yale University Press, 1990), Eileen Burgin, "Congress and Foreign Policy," pp. 342-343에서 재인용. Roger B. Porter, "The President, Congress, and Trade Policy," *Congress & The Presidency*, vol 15, no 2 (Autumn 1988), pp. 177-180.

다는 주장이다. 미국의 경우, 이란-콘트라(Iran-Contra) 사건과 워터게이트(Watergate) 사건 등이 대표적으로 제시된다.[38] 의회가 행정부를 통제하거나 견제하지 못한다면, 이와 유사한 사건들이 더욱 빈번히 발생하게 될 것이고, 따라서 외교정책을 대통령이 독점함으로서 발생하는 부정적 현상들은 그 횟수가 더욱 빈번해지고, 그 정도도 더욱 심해질 것이다. 그리고 결과적으로는 외교정책의 대외적 신뢰도는 더욱 떨어질 것이고, 외교정책의 효율성 또한 약화될 수밖에 없다는 것이다. 외교정책에 대한 의회의 개입과 간섭이 외교정책의 정책적 효율성을 높인다는 주장이다.

한편, 앞에서 살펴본 외교정책 영역에 대한 의회의 개입을 비판하는 주장들에 대한 반박들도 상당하다. 외교정책에 대한 의회의 개입이 정당하고 필요하다는 입장들은 비판에 대한 반박들을 통해 그 당위성과 긍정적 효과들을 강조하고 있다. 첫째, 대외적인 협상과 관련하여 대통령을 비롯하여 국가의 최고정책결정자가 주도적 위상과 우월한 위치를 갖고 있는 것은 사실이지만, 유일한 행위자는 아니라는 지적이다.[39] 외교정책이 대통령만으로 결정될 수 있는 것은 아니라는 점을 강조한다. 의회는 물론이고, 사법부, 언론, 민간 기업, NGO 등도 외교정책의 내용에 영향을 받고, 외교정책의 결정 과정에 직간접적으로 영향력을 행사하는 행위자라는 점을 강조한다. 특히 외교정책이 국내 정책과 분명한 차별성을 갖고 있는 것은 사실이지만, 국내적 상황과 다양한 관련성을 갖고 있기 때문에 국

---

38) 와이즈맨(Weissman)은 이란-콘트라 사건과 워터게이트 사건들의 발생을 외교정책을 행정부에 일임하는 의회의 관행과 무관심의 결과로 규정한다. Stephen R. Weissman, *A Culture of Deferences: Congress's Failure of Leadership in Foreign Policy* (New York: Basic Books, 1995), pp. 3-4.

39) James M. Lindsay, and Randall B. Ripley, "How Congress Influence Foreign and Defense Policy," in Randall B. Ripley and James M. Lindsay, eds., *Congress Resurgent: Foreign and Defence Policy on Capital Hill* (Ann Arbor: The University of Michigan Press, 1993), p. 17.

내적 요소들을 완전히 배제한 채 외교정책이라는 이유만으로 최고 정책결정자에게만 주목하는 것은 비현실적인 접근이라는 지적이다.

둘째, 입법부의 구조가 수평적이고 분절적이기 때문에 내재적으로 외교정책 결정과정에 참여하기에는 부적절한 한계를 갖고 있다는 비판과 관련하여, 린제이(James Lindsay)와 리플리(Randall Ripley) 등은 오히려 행정부와 대통령의 수직적이고 계서적인 조직의 한계를 입법부가 역으로 보완할 수 있다는 사실을 지적한다.[40] 일반적으로 수직적이고 계서적인 조직이 갖고 있는 구조적인 오류의 한계점들, 즉 오류의 발생에도 불구하고 수정이 어렵거나 상부의 잘못된 결정을 교정하기 힘든 한계점들은 물론이고, 최상층부의 지시가 부재하거나 지시 내용이 통일되지 못할 경우에 계서적 조직의 경우에서 발견할 수 있는 오류와 혼란의 한계점들을 의회가 오히려 보완해 줄 수 있다는 주장이다. 외교정책에 참여하기에 부적절하다는 수평적이고 분절적인 의회 구조의 특성은 이러한 성격들을 결여하고 있는 행정부에게는 자신들이 갖고 있지 못한 기능이라는 측면에서 완벽한 외교정책의 수행에 오히려 긍정적인 기능을 수행하게 된다는 점을 인식해야 한다고 강조하다.

셋째, 외교정책의 성격과 어울리지 않는다고 비판받는 의회의 차분하고도 느긋한 속성도 오히려 성급하고 신속한 행정부가 쉽게 저지를 수 있는 실수의 가능성들을 방지하고, 보완해 준다는 점을 강조한다. 의회가 느긋하기 때문에 외교정책에 부적절하다는 비판은

---

40) James M. Lindsay and Randall B. Ripley, "How Congress Influence Foreign and Defense Policy," pp. 22-25; Paul N. Stockton, "Congress and Defense Policy - Making for the Post-Cold War Era," in Randall B. Ripley and James M. Lindsay, eds., *Congress Resurgent: Foreign and Defence Policy on Capital Hill* (Ann Arbor: The University of Michigan Press, 1993), pp. 235-259; Lee H. Hamilton, "Congress and the Presidency in American Foreign Policy," *Presidential Studies Quarterly*, vol. 18 (Summer, 1988), p. 509.

신속한 조직 특성에 근거한 행정부가 자신의 평가 척도에 근거하여
의회를 평가하는 것일 뿐, 결코 외교정책과 관련된 의회의 단점이
될 수 없다는 지적이다.[41] 오히려 의회의 판단기준에 의하면 행정
부의 성급하고도 일사 분란한 움직임들이 외교정책에 결코 도움이
될 수 없다는 점을 역설적으로 비판하기도 한다.

넷째, 의회의 시각이나 정책에 대한 판단기준들이 단기적이고 편협
하다는 비판에 대해, 스탁톤(Paul Stockton)은 정책판단에 대한 장기
적인 시각이나 판단기준은 항상 옳은 장점이고, 단기적 시각이나 판
단기준은 무조건 부정적인 단점이라고 비판하는 것은 지나치게 극단
적인 평가로서 지극히 잘못되었다는 지적이다. 장기적인 시각을 갖고
있는 경우라 하더라도 오류를 범할 수 있고, 잘못된 견해를 가질 수
있다는 점을 인식해야 한다는 것이다.[42] 또 행정부나 최고정책결정
자도 단기적인 판단기준에 따라 정책을 판단하고 채택할 수 있으며,
항상 장기적인 판단기준만을 선택할 수는 없다는 점을 지적한다.

다섯째, 의회의 관심이 지나치게 미시적이고 이로 인해 외교정책의
추진이 어려울 수 있다는 비판에 대해, 린제이(James Lindsay)는 예
산 승인 등에 있어 의회가 세부적이고 미시적 내용들까지 검토하는
것은 외교정책이 보다 효과적인 정책적 결과를 얻을 수 있게 만든다
는 점을 지적한다.[43] 특히 대통령 중심의 외교정책 추진이 필요하다
는 주장과 관련하여, 행정부가 거시적인 측면에 초점을 맞추고 있는

---

41) Stephen R. Weissman, *A Culture of Deferences*, pp. 5-11.

42) Paul N. Stockton, "Congress and Defense Policy - Making for the
    Post-Cold War Era," pp. 235-236.

43) James M. Lindsay, *Congress and the Politics of U.S. Foreign Policy*
    (Baltimore: Johns Hopkins University Press, 1994), pp. 163-168; James
    M. Lindsay, "Congress and Diplomacy," in Randall B. Riplay and James
    M. Lindsay, eds., *Congress Resurgent: Foreign and Defence Policy on
    Capital Hill* (Ann Arbor: The University of Michigan Press, 1993), p.
    276.

만큼, 자칫 실수할 수도 있는 미시적 측면들을 의회가 보완할 수 있
는 역할을 담당하고 있다는 점을 지적한다. 국가의 절대적 이익을 취
급하는 외교정책인 만큼, 오히려 미시적인 부분에 대한 세세한 검토
와 평가가 외교정책의 완성도를 더 높여줄 것이라는 점을 강조한다.

　여섯째, 의회의 전문성 부족 문제와 관련하여, 헌팅톤(Samuel
Huntington)은 당연히 전문가들이 모여 있어야 하는 행정부의 시각
에서 의회의 전문성을 평가하는 것은 지나치다는 지적이다. 단지 의
회는 정치적인 정책 판단에 필요한 일반적인 지식과 기본적인 상식
수준의 지식만 있는 것으로도 충분하며, 깊이 있는 전문적 지식은
행정부가 가져야 할 것이라고 지적한다.[44] 현실적으로 의회가 행정
부만큼 전문성을 확보할 필요는 없으며, 설령 의회가 전문성을 확보
하게 된다면, 그것은 더 이상 의회가 아니라 또 다른 하나의 행정부
가 된다는 점에서 전문성을 기준으로 의회를 비판하는 것은 설득력
이 없다는 지적이다. 그리고 외교정책의 결정과 추진에 있어 독점적
위상을 가질 만큼 충분한 전문성을 확보하고 있는 행정부마저도 정
책적 실패와 오류를 범하는 경우가 있고, 외교정책에 있어 행정부가
항상 성공하는 것만은 아니라는 점을 고려한다면, 전문성을 근거로
의회의 외교정책 개입을 비난하는 것은 한계가 있다는 지적이다.

　일곱째, 현실적으로는 외교정책의 결정 및 집행과 관련하여 의회도
일정한 역할을 담당하고 있다는 주장이다. 대통령이 외교정책을 주도
적으로 결정하고 집행할 수 있는 것도 결과적으로는 의회가 묵시적으
로 동의해준 결과이지, 결코 의회가 기능과 역할이 없기 때문은 아니
라는 것이다.[45] 만약 의회가 외교정책과 관련한 고유한 권한들을 빠

---

44) Samuel P. Huntington, *The Common Defense* (New York: Columbia
　　University Press, 1961), pp. 130-131, Eileen Burgin, "Congress and
　　Foreign Policy," pp. 354-355에서 재인용.
45) Randall B. Ripley and James M. Lindsay, "Foreign and Defense Policy
　　in Congress: An Overview and Preview," in Randall B. Ripley and

짐없이 행사하고 대통령의 주도적 역할을 철저하게 방해할 경우에는 대통령의 위상은 결코 지속될 수 없다는 점을 지적한다. 의회의 일정한 지지와 묵인이 있기 때문에 대통령의 위상 유지가 가능하다는 것이다. 따라서 대통령이 외교정책을 주도하더라도 결코 의회의 존재를 무시하거나 그 역할을 평가절하해서는 안된다는 점이 지적된다.

여덟째, 외교정책과 관련하여 의회가 갖고 있는 일정한 역할이 있다는 주장이며, 이를 무시한다면 오히려 대통령과 행정부가 정치적 부담을 모두 부담해야 하는 상황에 직면할 수도 있다는 지적이다. 즉 좋은 경찰(good cop)과 나쁜 경찰(bad cop)의 역할분담과 같이, 대통령이 직접 나서기 어려운 악역들을 의회가 담당함으로서 외교정책에 있어 행정부의 부담은 약화시키는 반면, 대외적인 위상은 강화시킬 수 있다. 또 대외 협상에 있어서도 의회의 과격한 행동이나 극단적인 모습들이 협상 테이블에 앉은 최고정책결정자와 행정부의 위상을 강화시키고 입장을 편하게 해주는 긍정적 기능을 수행한다는 점이다.[46] 결국 국가이익의 확보라는 차원에서 외교정책 수행과정에서 의회가 담당하고 있는 간접적인 역할, 부정적인 역할, 누구도 하고 싶지 않은 어려운 일들을 도맡아하고 있는 부분에 대한 평가도 필요하다는 것이다.

아홉째, 의회를 구성하는 국회의원들이 지나치게 선거에만 관심을 가지며, 표를 의식한 입장에서 외교정책에 접근한다는 비판에 대해, 벌긴(Eileen Burgin)은 국회의원들이 재선에 관심을 가지는 것은 개인적 이익에 따라 행동한다는 것을 의미하는 것이라고 전제

James M. Lindsay, eds., *Congress Resurgent: Foreign and Defence Policy on Capital Hill* (Ann Arbor: The University of Michigan Press, 1993), pp. 7-8.

46) James M. Lindsay, "Congress and Diplomacy," p. 280; Jeremy D. Rosner, *The New Tug-of-War: Congress, the Executive Branch, and National Security* (Washington, D. C.: Carnegie Endowment for International Peace, 1995), ch. 2.

한다면, 최고정책결정자나 행정부 관료들도 자신의 이익을 위해 행위 한다는 비판으로부터 결코 자유로울 수 없다는 점을 지적한다. 결국, 개인적인 이익을 계산하고 이를 근거로 행동한다는 것은 모두의 공통된 사항인 만큼, 굳이 의회만이 이러한 이유 때문에 비판받을 것은 아니라는 지적이다.[47] 인간의 이성과 합리성에 대한 전제들은 결국 개인적 이익에 대한 계산과 판단의 산물이고, 따라서 이러한 '합리성'은 모두의 공통된 사항이라는 주장이다. 국회의원들은 개인의 이익을 계산하기 때문에 비판받고, 최고정책결정자와 행정부 관리들은 개인적 이익을 계산하지 않기 때문에 비판받지 않는다는 것은 설득력이 없다. 또 인간은 모두가 이익에 따라 판단한다는 점을 고려한다면, 국회의원형 인간이 따로 있고, 관료형 인간이 따로 있다고 말하는 것은 부적절하다. 그리고 최고정책결정자 역시 선거를 통해 국민들이 선출한 정치인이라는 점을 고려한다면, 최고정책결정자 또한 선거에 관심을 가질 수밖에 없고, 개인의 이익에 대한 계산을 할 수밖에 없다는 것이다. 그리고 관료들 역시 자신의 위치나 이익의 확보를 위해 계산하는 것은 동일하다는 반론이다.

열째, 무엇보다도 의회의 고유한 권한인 입법기능이 제대로 작동되지 않는다면, 외교정책은 실질적으로 작동될 수도 없고 실현될 수도 없는 만큼, 외교정책에 대한 의회의 개입은 반드시 필요하다는 지적이다.[48] 비록 최고정책결정자가 외교정책을 주도하고 의회가 절대적인 역할을 수행하지 못한다고 하더라도, 결코 없어서는 안 될 입법적 기능들을 의회가 수행하기 때문에 그 위상을 존중해야 한다는 것이다. 설령 최고정책결정자가 독자적으로 결정하고 추

---

47) Eileen Burgin, "Representatives' Decisions on Participation in Foreign Policy Issues," *Legislative Studies Quarterly*, no. 16 (November 1991), pp. 521-546.
48) Eileen Burgin, "Congress and the Presidency in the Foreign Arena," *Congress & The Presidency*, vol 23, no 1 (Spring 1996), pp. 58-59.

진하는 외교정책이라 하더라도, 해당 정책과 관련하여 발생되는 부수적인 다양한 법률안들이 의회를 통과하지 못한다면 외교정책은 결코 성공할 수 없기 때문이다. 대통령을 비롯한 행정부는 의회를 결코 무시하거나 정책결정과정에서 배제해서는 안되며, 오히려 의회의 의견을 존중해야 하고, 외교정책에 의회가 참여할 수 있는 다양한 방안들을 모색하고 함께 협력해나갈 필요가 있다는 점이다.

외교정책에 대한 의회의 개입 필요성을 주장하는 입장에서는, 비록 과거 행정부 주도의 외교정책이 진행되던 시기에도 외교정책에서 의회가 완전히 배제된 것은 아니며, 다양한 영역에서 일정한 역할과 기능을 수행해왔다는 점을 강조한다.[49] 결국 데이비스(Richard Davis)와 같은 이들은 보다 많은 권한과 정보, 긍정적 환경이 의회에 제공될 경우에는 의회가 더 많은 성공적인 결과물들을 제공해 줄 수 있다는 주장이다.[50] 그리고 오히려 외교정책과 관련된 의회의 권한을 더 확대시키고, 의회 스스로도 더 적극적으로 자신이 갖고 있는 권한들을 행사해야 한다는 점을 강조한다.[51]

3) 의회의 외교정책 개입 확대와 그 한계

외교정책의 정책결정과정에 대한 의회의 개입과 관련하여 제기되고 있는 상반된 주장들과 논란을 살펴보면, 일면으로는 양측 주장

---

49) Eileen Burgin, "Congress and Foreign Policy," pp. 333-334.

50) Richard Davis, "The Foreign Policymaking Role of Congress in the 1990s: Remote Sensing Technology and the Future of Congressional Power," *Congress & The Presidency*, vol 19, no 2 (Autumn 1992), pp. 175-191.

51) Stephen R. Weissman, *A Culture of Deferences*; I. M. Destler, Leslie H. Gelb and Anthony Lake, *Our Own Worst Enemy: The Unmaking of American Foreign Policy* (New York: Simon and Schuster, 1984); Harold Hongju Koh, *The National Security Constitution*, 등 참조.

들이 서로 설득력있는 측면들을 소유하고 있지만, 다른 한편으로는 이들의 주장들이 보편적인 일반성을 확보하고 있다고 규정하기에는 한계가 있음을 알 수 있다. 탈냉전 이후 미국 외교정책에 대한 의회의 개입 양상을 살펴보면, 이란-콘트라(Iran-Contra) 사건의 경우처럼 행정부의 독단적 결정과 정책추진을 견제하고, 교정할 수 있는 기구는 의회뿐이라는 점을 염두에 둔다면, 의회의 기능과 역할을 평가절하 할 수만은 없다. 더욱이, 1980년대 이후 통상-무역 분야의 경우에서와 같이, 의회와 행정부간의 적절한 역할 분담은 상당한 긍정적 결과를 얻어내고 있으며, 외교정책에 있어서 의회가 일정한 역할과 기능을 담당하고 있는 것도 사실이다.

그러나 미국 의회의 외교정책 개입도 안보분야에 대해서만큼은 분명한 한계가 있음을 발견할 수 있었다. 행정부 주도의 외교정책 추진이 일상화되던 시기에도 비록 형식적 수준에 그쳤지만, 외교정책에 대한 의회의 개입은 분명히 존재하고 있었다. 반대로, 의회가 외교정책에 개입해 독자적인 정책추진을 모색하던 시기에도 의회의 개입 한계는 분명히 존재하고 있었다. 미국의 재정적자 심화와 관련하여 의회는 1990년대부터 대대적인 예산삭감을 통해 행정부의 외교정책들을 견제하기 시작한다. 그러나 구소련의 경제위기와 소련공산당의 부활조짐과 관련하여, 미국 의회는 미국의 재정적자에도 불구하고 대대적인 대소련 경제지원을 승인하였고, 행정부의 외교정책적 입장을 지지하였다.[52] 또한 2001년 9/11 테러는 미국이 직면한 새로운 위기의식을 각인시켰고, 미국 의회는 그동안의 모습에서 탈피하여 행정부의 대테러전쟁을 적극 지지하는 모습으로 급변하게 된다. 결국, 그 변수가 안보 상황과 관련된 것이었다는 점을 염두에 둔다면, 외교정책에 대한 의회 개입이 상당 수준으로 진행

---

52) 1990년대 미국 해외원조와 평화유지군 파병과 관련해서는, Jeremy D. Rosner, *The New Tug-of-War* 참조.

된다 하더라도 안보 문제와 관련한 한계는 분명하다는 점을 다시 한번 확인하게 된다.

의회는 일반적으로 외교정책에 개입할 권리는 물론이고, 충분한 능력과 수단들을 법률적으로 보장받고 있다. 그러나 현실적으로 의회가 독자적으로 정보를 수집하고, 판단하며, 외교정책을 수립하여 집행할 수는 없다. 의회의 능력은 행정부의 정책집행을 저지할 수 있는 능력을 중심으로 형성되어 있을 뿐, 정책을 주도할 수 있는 능력은 행정부에게 있기 때문이다. 의회가 독자적으로 완벽한 외교정책을 수립해 추진할 수 있다는 생각은 오류일 수 있다. 외교정책과 관련하여 의회가 갖고 있는 최고의 기능은 '견제와 균형'의 원리처럼 행정부의 독주를 견제하고 행정부 기능을 지원해주는 것이라는 현실적인 문제를 직시할 필요가 있다.

결국, 의회는 자신의 위상 강화에도 불구하고 외교정책 전반을 장악할 수 없듯이, 최고정책결정자는 의회에 의해 권한들이 제한될 수는 있지만 외교정책의 핵심 행위자로서의 역할을 거부할 수도 없다. 또한 외교정책에 대한 의회 개입은 분명한 한계가 있는 것은 사실이지만, 행정부를 견제하고 보완하는 역할들이 결코 무시될 수도 없다. 특히 외교정책의 대상과 영역이 전 세계적 차원에서 광범위하게 진행되는 미국의 경우를 보더라도, 의회가 담당하는 역할과 기능은 분명 존재하고 있음을 확인하게 된다. 따라서 미국 의회와 외교정책의 관계는, 행정부와의 대립과 갈등적 양상보다는 상호간의 보완적 기능과 역할 분담 속에서 의회의 개입이 가지는 가치가 평가되어져야 할 것이다. 의회의 외교정책과 관련한 찬반논쟁도 이러한 측면에서 이해되어져야 할 것이다.

2. 외교정책에 있어 '견제와 균형' 그리고 입법부: 미국의 사례

외교정책에 대한 의회의 개입 실태와 그 형태의 문제들을 살펴보기 위해서는 미국의 사례를 검토하는 것이 가장 적절하고 유용하다. 여느 국가들에 비해 민주주의의 제도화가 잘 발달해 있을 뿐만 아니라, 행정부에 대한 의회의 위상도 상당히 높은 편이고, 무엇보다도 다양한 정보와 정책의 내용들이 공개되어 있고, 일반인들이 접근하는 것도 크게 제한받지 않기 때문이다. 특히 외교정책에 대한 의회의 개입과 참여의 문제에 대한 많은 연구들과 논의들이 선도적으로 진행되어왔고, 상당한 성과들을 이미 축적해 놓고 있기 때문이다.

미국 건국의 아버지들 중의 한명인 제임스 메디슨(James Madison)이 *The Federalist, no. 47*에서 "자유 수호를 위한 필수적인 핵심적 예방책"[53]이라고 언급한 바와 같이, 미국의 國父들은 헌법에서 외교정책에 대한 권력을 의회와 대통령에게 분배시켜 놓았다. 즉 대통령과 의회간의 관계에 견제와 균형의 원리를 적용하였고, 이를 통해 외교정책 영역에서의 일방적 독주를 예방하고, 상호간의 균형을 유지하고자 하였다. 미국 헌법은 대통령에게는, 군 통수권, 조약체결권, 행정협정 체결권, 대사임명권, 외국 정부 승인 및 외교사절의 신임·접수권(헌법 2조 2절과 3절) 등을, 의회에게는, 입법권(헌법 1조 1절), 조약체결과 대사임명 동의권(헌법 2조 2절 2항), 육-해-공군 지원, 선전 포고 등 국가방위에 필요한 권한(헌법 1조 8절) 등을 부여함으로서, 권력을 분산시켜 놓았고, 상대방의 지지나 협조가 없이는 독단적인 외교정책의 추진이 불가능하게 만들어 놓았다. 이외에 외교정책과 직접적 관련은 없지만, 예산심사권과 국정 조사권 등의 권한들을 의회에게 부여함으로서 외교정책과 관

---

53) Allan J. Cigler, Burdett A. Loomis, *American Politics: Classic and Contemporary Readings* (Boston: Houghton Mifflin Company, 1989), p. 37.

련하여 매우 효과적으로 사용할 수 있게 설정해 놓았다.[54]

1970년대부터 본격화된 외교정책에 대한 미 의회의 개입 논란은 한국의 외교정책결정과정에 대한 연구와 관련해서도 의미하는 바가 크다. 미국도 2차 세계대전이 끝난 이후 냉전이 진행되는 시기 동안에는 외교정책에 대한 대통령의 권한이 절대적이었다. 그러나 1970년대 몇가지의 국내적 사건을 계기로 외교정책에 대한 대통령의 권한을 통제하고 견제해야할 필요성이 있다는 지적들이 제기되었고, 그 논의들이 1980-90년대 본격화되었기 때문이다. 미 의회(상·하원)가 외교정책 영역과 관련하여 행사할 수 있는 권한의 내용들을 중심으로 논란의 핵심적 내용들을 살펴보면 다음과 같다.

1) 미국 의회의 외교정책 개입: 수단과 방법

① 조약체결 비준권과 행정협정

20세기 초반까지, 미국의 의회가 외교정책에 가장 효율적으로 참여할 수 있는 방안이었고, 실제로도 강력한 영향력을 행사할 수 있었던 권한 중의 하나가 바로 상원 2/3 이상의 동의가 필요한 조약체결 비준권이었다. 미국의 대통령과 행정부가 외국 정부들과 새로운 외교 관계를 형성하고, 유지하는데 있어 가장 기본적 내용인 조약을 의회가 승인하지 않는 것은 아주 중요한 행정부 견제수단이 되었던 것이다. 미국 의회가 행정부에 대해 우월한 위상을 갖고 있던 남북전쟁 이후 28년간에는 단 한건의 조약도 의회를 통과하

---

54) 비공식적 권한 내용에 대해서는, Cecil V. Crabb and Pat M. Holt, *Invitation to Struggle: Congress, the President, and Foreign Policy*, 3rd ed. (Washington, D.C.: Congressional Quarterly Press, 1989), pp. 18-22 참조.

지 못하는 기록을 세우기도 하였다.[55] 윌슨 대통령과 롯지(Henry Cabot Lodge) 상원의원간의 갈등과 베르사이유 조약의 의회 비준 실패는 미국 의회의 높은 위상을 상징하는 대표적 사건들이다. 최근에는 1999년 10월 핵무기 시험을 금지한 '포괄적 핵실험 금지조약'(CTBT, Comprehensive Test Ban Treaty)이 미 상원을 통과하지 못한 사건도 미 의회가 조약체결 비준권을 활용하여 미국 외교정책에 적극 개입한 대표적인 사례라고 할 수 있다. 1825년부터 1999년 10월 14일 CTBT 조약의 상원 통과가 무산되기까지 약 1,500여건의 조약들이 체결되었는데, 미 상원을 통과하지 못해 부결된 조약은 모두 21개에 달하고 있다.[56]

이처럼 외교정책에 대한 미국 의회의 강력한 견제를 우려하게 되면서, 윌슨 대통령이후 미국의 대통령들은 조약보다는 행정협정 등을 선호하는 양상을 보이고 있다. 미 상원의 동의가 없이도 조약과 유사한 효력을 발휘할 수 있기 때문에 편법적인 형태로서 선호하게 된 것이다. 〈표 Ⅱ-1〉에서 나타난 바와 같이, 1940년대 이후 행정협정의 체결 횟수가 급격하게 증가한 것이 이를 입증해 주고 있다. 결과적으로 미 의회의 조약비준권은 실질적인 의미가 약화되고 있으며, 이로 인해 상-하원의 외교분과위원회의 위상도 약화되는 결과를 초래하고 있다.

그러나 미 의회는 이러한 변화된 상황에 대응하여, 1972년 The Case-Zablocki Act를 제정한다. '국민들의 알 권리'를 근거로 의회는 행정부의 비밀조약 체결을 방지하고 조약이나 행정협정의 내용

---

55) Randall B. Ripley and James M. Lindsay, "Foreign and Defense Policy in Congress," pp. 4-5.

56) David M. O'Brien, "Presidential and Congressional Relations in Foreign Affairs: The Treaty-Making Power and the Rise of Executive Agreements," in Colton C. Campbell, Nicol C. Rae and John F. Stack, Jr., eds., *Congress and the Politics of Foreign Policy: Real Politics in America* (Upper Saddle River, N.J.: Prentice Hall, 2003), p. 74.

들을 의회에 반드시 공개하도록 규정함으로서 의회 위상을 강화시키고, 외교정책에 대한 미 의회의 개입을 다시 한번 강조하게 된다.

〈표 Ⅱ-1〉 1789-1990년 사이 체결된 미국의 조약 및
행정협정의 횟수 변화 추이

년도	1789 - 1839	1840 - 1889	1890 - 1939	1940 - 1949	1950 - 1959	1960 - 1969	1970 - 1979	1980 - 1990	계
조약	60 (69%)	215 (43%)	524 (37%)	116 (11%)	138 (6%)	114 (5%)	173 (5%)	170 (4%)	1,510 (10%)
행정 협정	27 (31%)	238 (57%)	907 (63%)	919 (89%)	2,229 (94%)	2,324 (95%)	3,040 (95%)	3,851 (96%)	13,535 (90%)

출처: Michael Nelson, ed., *Congressional Quarterly's Guide to the Presidency* (Washington, D.C.: Congressional Quarterly, 1989), p. 1104; Harold W. Stanley and Richard G. Niemi, *Vital Statistics on American Politics*, 4th ed. (Washington, D.C.: CQ Press, 1994), p. 280; James M. Lindsay, *Congress and the Politics of U.S. Foreign Policy* (Baltimore: The Johns Hopkins University Press, 1994), p. 82

② 선전포고 및 예산안 심사권

외교정책의 안보군사적 측면과 관련하여, 미국의 대통령이 군 통수권을 갖고 있다면, 미국 의회는 선전포고권을 갖고 있다. 의회가 전쟁을 선언하지 못하면, 대통령은 군대를 마음대로 해외에 파견하거나 군사적 행동을 할 수 없는 것이 원칙적 내용이다. 그러나 미국 의회는 안보와 직결된 선전포고권의 실제적 행사를 자제할 뿐 아니라, 대통령의 독단적인 군사행위에 대해서도 대체로 묵인하는 양상을 보여왔다. 1789년부터 1971년까지 150회 이상의 미군이 해외에 파병되었음에도 불구하고, 의회가 전쟁을 선포한 것은 1812년 전쟁과, 1846년 멕시코전쟁, 미-스페인전쟁, 1차대전, 2차대전 등 5회 뿐이다. 그리고 1973년 미국 대통령의 군 통수권을 제한하는 '전쟁수권법'(the War Powers Act)을[57] 미 의회가 제정한 이후에도, 1975년 캄보디아에 나포된 미국 상선 마예구에즈(Mayaguez)호 구

출을 위한 군대사용(포드 대통령), 1979년 주이란 미국대사관 인질
사건(카터 대통령), 1982년 레바논과 1987년 쿠웨이트(레이건 대통
령), 1990년 사우디아라비아(조지 H. W. 부시 대통령), 1993년 소
말리아(클린턴 대통령), 1994년 하이티 침공(클린턴 대통령), 1993
년과 1998년, 1999년과 2000년의 이라크 관련 군사행동(클린턴 대
통령), 1995년 보스니아 내전 파견(클린턴 대통령), 1999년 유고슬
라비아 공중폭격(클린턴 대통령) 등에 대한 군대파병이 계속되었음
에도 불구하고, 의회는 제재에 소극적이었다. 안보 관련 사항인 만
큼, 대통령의 독단적 결정임에도 불구하고 의회는 묵인하고 용인함
으로서 효율적인 안보 정책의 집행을 유도한 것이다. 긴급한 안보
문제에 대해서는 독자적 주장을 제기하기보다, 대통령과의 협조적
관계를 가지는 것이 의회 위상에 도움이 된다는 판단 때문이다. 결
국, 의회는 사후 결과에 대한 문제 제기 방식을 선택한 것이다.[58]

　최근 변화된 환경에 직면하여 미국 의회에서 외교정책과 관련하
여 가장 적극적이며, 효율적으로 이용하고 있는 권한들 중의 하나
가 예산안 심사권이다. 특히 탈냉전 이후 외교-군사 정책 집행에

---

57) 미국의 '전쟁수권법'(the War Powers Act)의 내용은 미국의 대통령은 자
　　신과 행정부의 판단에 따라 해외에서 합법적인 군사적 행동을 할 수가 있
　　다. 미국의 대통령은 이러한 상황을 가능한 빨리 미 의회와 상의해야 하지
　　만, 위급할 경우에는, 군사적 행동을 먼저 수행하고 48시간 내에 군사적
　　행동의 원인과 내용들을 국회에 보고해야 한다. 그리고 행정부가 군사행동
　　을 개시한 후 60일 이내에 의회가 선전포고를 하지 않거나, 30일의 연장을
　　결의하지 않을 경우, 미국 대통령은 즉각 군대를 해외에서 철수시켜야 하
　　며, 이 경우에는 어떠한 행정명령을 통한 파병의 연장도 허용되지 않는다.
　　따라서 미 행정부가 의회의 동의없이 단독으로 해외에서 군사적 충돌을
　　일으킬 수는 없으며, 설사 그러한 사태가 발생한다 하더라도, 군사작전은
　　최대한 60일 이상 지속될 수가 없는 것이다. 미 의회는 1973년 이후 전쟁
　　수권법의 내용을 더욱 강화시켜 나가는 모습을 보여 왔지만, 실제로 미 대
　　통령들은 전쟁수권법의 제약에 크게 구애받지 않고 해외에 미군을 파병하
　　는 모습을 보여 왔고, 이로 인한 큰 논란을 발생하지 않았다.
58) James M. Lindsay, *Congress and the Politics of U.S. Foreign Policy*, pp.
　　147-153.

필요한 예산 규모를 의회가 견제함으로서 효과적인 행정부 통제수
단으로 활용되고 있다. 미국 연방정부의 재정적자, 무역불균형 심
화로 예산안에 대한 의회 관심은 증가 추세인데, 외교정책과 직접
관련되지 않는 상임위원회들도 예산안을 통해 개입하고 있는 양상
이다. 미국 의회는 1990년 'the Omnibus Budget Reconciliation
Act' 등 예산안 관련 법률의 제정을 통해 외교정책에 대한 의회의
개입 가능성과 그 폭을 확대하였으며, 균형예산의 실현을 위해 국
방비 지출에 대한 간섭을 강화하는 모습을 보였다.59) 1991년 B-2
스텔스기 생산 비용 삭감, 소말리아 등에 대한 경제원조 삭감,
1992년 엘살바도르에 대한 경제지원 거부 등이 대표적 경우이다.
물론 2001년 9/11 테러 이후에는 의회가 정반대의 모습을 보였다.
9/11 테러 직후 국가안보와 관련한 전쟁비용으로 10억 달러의 추
가예산 편성을 즉각 승인하는가 하면, 테러방지 및 국가안보와 관
련된 부서의 신설, 인력 증강 등과 관련한 행정부의 예산 요청들을
적극 지원하고 있는 것이다. 결국, 이러한 모습들은 의회가 외교정
책에 대한 자신들의 생각들을 반영하고 있고, 그 존재적 가치를 확
인시킬 수 있는 가장 효과적 수단으로서 예산안 심사권이 사용되
고 있음을 의미한다.

③ 입법권과 입법거부권, 그리고 결의

의회는 자신의 가장 기본적인 권한인 입법권의 적극적 활용을 통

---

59) 1974년, 1985년, 1990년 미국 의회의 예산안 관련 법률안 내용 및 개입 양
상에 대해서는, Lance T. LeLoup, "The Fiscal Straitjacket: Budgetary
Constraints on Congressional Foreign and Defense Policy-Making," in
Randall B. Riplay and James M. Lindsay, eds., *Congress Resurgent:
Foreign and Defence Policy on Capital Hill* (Ann Arbor: The
University of Michigan Press, 1993), pp. 37-66 참조.

해 외교정책에 개입하는 범위와 수준 등을 조절할 수 있다. 변화된 환경 속에서 의회는 법률안 작성을 통해 자신들의 주장을 반영하거나, 외교정책에 개입할 근거를 공식화 합법화함으로서 외교정책의 정책결정과정과 집행에 대한 지속적인 의회 개입을 제도화하고, 행정부에 비해 상대적으로 약화된 의회의 위상을 보완할 수 있다. 1961년 미국 행정부내 군축국(ACDA, the Arms Control and Disarmament)을 신설하여 행정부의 일방적인 군비 증강 추세를 제어하려는 모습을 보였고, 1974년 미국 무역대표부(USTR, U.S. Trade Representative) 신설을 통해 무역-통상정책에 대한 미국 의회의 개입 확대를 시도한 것 등이 예로서 거론될 수 있다. 1973년의 전쟁수권법(the War Powers Act) 신설도 외교정책에 대한 의회개입의 대표적인 사례라고 할 수 있다.

또한, 입법권과는 반대되는 개념으로서의 미국 의회는 입법 거부권(Legislative Veto)도 갖고 있다. 비록 법률적 권한도 아니고, 1983년 위헌 결정을 받았음에도 불구하고, 미국 의회는 행정부를 견제하는 효과적인 수단으로 활용하고 있다. 1932년 후버 대통령 시절, 미국 의회는 행정부 개편에 필요한 대통령의 광범위한 권한들을 승인해주는 대신 입법 거부권을 확보하였다. 미국 의회는 이 권한을 닉슨 대통령 시기인 1973-1974년에 아주 다양한 형태로 유용하게 사용하였다. 그 이후에는 무기생산 및 판매와 관련한 행정부의 법률안들을 의회가 거부하는 경우에 주로 사용되게 된다. 최근에는 미국 의회의 상임위원회 위원장에게 심의 안건의 선택 권한이 있는 것과 관련하여, 법률안 심의를 지연 또는 거부하는 형태로 사용되고 있다. 한편, 법률안을 심의하는 경우에도 의회 승인이나 허락을 필요조건으로 삽입하는 방식 등을 통해 의회 개입을 기정사실화하는 경우도 있다. 전쟁수권법에서 미국 대통령이 군대를 해외에 파견할 경우에는, 60일 이내에 의회 승인을 받도록 규정한 것이 이러한 경우이다.

입법 행위와 같은 강력한 효력은 없지만, 의회가 외교정책과 관련하여 자신의 의사를 표현하는 또 하나의 방식으로서 결의(Resolution)를 채택할 수도 있다. 결의에는 상-하 양원이 협력해 결의하는 찬동 결의(Concurrent Resolution), 개별적 결의인 단원 결의(Single Resolution), 동일 내용을 상-하 양원이 함께 결의하는 양원 합동결의(Joint Resolution) 등이 있다. 비록 결의가 법률적 효력은 없지만, 행정부에 대한 강력한 압력 수단은 될 수 있다. 1973년의 전쟁수권법도 결의의 형식을 통해 법적 효력을 발휘하도록 규정한 대표적 경우이다.

④ 임명 동의권

미국 상원이 대통령의 외교정책 독점을 견제할 수 있는 또 다른 효과적인 대안 중의 하나가 바로 대사 임명권에 대한 동의권이다. 비록 임명 동의권이 비중있는 적극적인 형태는 아니라고 할 수도 있지만, 정치적인 측면과 관련하여 미국 상원이 매우 적극적으로 이용하고 있는 내용이며, 외교정책과 관련하여 미국 대통령을 상대할 수 있는 강력한 무기이기도 하다. 조약체결권의 경우, 미국 대통령은 행정협정 등의 형태로서 미 의회의 간섭을 피해갈 수도 있다. 그러나 대사 임명 동의권은 다른 대안이 없는 만큼 미국의 대통령도 쉽게 피해갈 수 없는 내용이라는 점에서 미 의회의 존재를 과시할 수 있는 상당한 효력을 갖춘 권한이라고 할 수 있다.

대체로 1994년까지는 거의 대부분의 대사들이 대통령의 임명안대로 결정되는 양상을 보였다. 그러나 냉전이 종료되는 시기에 즈음하여 미국 대통령의 대사 임명이 부결되는 양상이 빈번해지기 시작했다. 1987년부터 1996년 사이에 미국 대통령의 대사 임명 중에서 91%만이 미 상원의 동의를 얻었을 뿐, 9%는 부결되는 양상을 보였다.[60] 특히 1995년 클린턴 행정부 시기에는 외무부의 조직 축소와 관련하여 공화당 출신의 상원 외교위원회 위원장 해름스(Jesse Helms) 의원과 클린턴 대통령과의 관계 악화로 인해, 외국 대사 임명이 지연되면서 상당한 차질을 빚었고, 1997년 다시 대사 임명이 부결되는 모습을 보이기도 하였다. 그리고 2005년 전반기에는 조지 부시(George W. Bush) 대통령이 주유엔 대사로 존 볼턴(John Bolton) 전 국무부 차관을 임명했지만, 미국 상원 외교위원회는 민주당의 반대로 인해 인준청문회 이후 인준 표결을 계속 미룰 수밖에 없었던 것과 결국 부시 대통령이 미 의회의 휴회 중에 의회의 승인 없이 주유엔 대사로 볼턴을 이례적으로 임명한 사례는 대사 임명 동의권과 관련하여 미국 의회가 외교정책에 개입하고 있는 가장 대표적인 사례라고 할 수 있다.

　⑤ 청문회 개최, 협상참여, 개인외교 등 기타 비입법적 권한

　청문회를 통한 행정부 감시와 조사권 발동을 통한 외교정책 관련 정보 공개화는 행정부에 대한 의회의 적극적 견제수단에 해당한다. 워터게이트 사건 이후, 정보와 관련한 의회의 개입 폭은 더욱 확대되었다. 미국 대통령을 중심으로 외교정책 관련 정보들이 수집되거나 취합됨으로써 발생될 수 있는 행정부의 정보독점 가능성을 방지하고, 중요 정보의 공개를 강제할 수 있다는 점에서는 효과적 수단이 되고 있다. 그러나 이러한 청문회가 외교정책의 추진을 마비시

---

60) 자세한 내용은 John F. Stack, Jr. and Colton C. Campbell, "Congress: How Silent a Partener?" in Colton C. Campbell, Nicol C. Rae and John F. Stack, Jr., eds., *Congress and the Politics of Foreign Policy: Real Politics in America* (Upper Saddle River, N.J.: Prentice Hall, 2003), pp. 29-30 내용 및 도표 참조.

킬 만큼 무분별하게 진행되고 있는 것은 아니다. 미국 상하 양원의 외교위원회에서 1946년부터 1994년 사이에 각각 개최된 청문회의 횟수나 개최 일자 등을 비교해보면, 여타 상임위원회들 중에서 제일 낮은 순위를 차지할 만큼 절대적으로 낮은 횟수와 개최 일자를 기록하고 있다.61) 반드시 필요하고, 반드시 진상이 공개되어 국민들이 알아야 하는 외교정책적 내용과 해당 사건에만 관심을 집중하고 있다 하겠다.

그 외, 의원 외교 방식을 통해 외교정책에 직접 개입하는 방식도 있다. 국회의원들이 개인 자격으로 외국 정부 및 원수들과 직접 접촉하는 경우이다. 초기에는 외국 정부들이 미국의 국회의원들과 직접 면담하고 회담하는 것에 대해 대체로 부정적인 반응이었으나, 1975년 요르단 왕이 미국의 의원 외교 방식에 관심을 보인 이후, 미국 국회의원들의 의원외교는 긍정적 반응을 얻고 있다. 결코 모든 시도들이 다 성공하는 것은 아니지만, 1987년 하원의장 라이트(Jim Wright) 의원의 니카라과 반군 지도자와 대통령 면담, 1979년 핸센(George Hansen) 의원의 테헤란 방문, 1990년 모이그리(Joseph Moakley) 의원의 엘살바도르 방문과 내전해결의 단초 제공 등은 의원 외교의 성공적인 사례로 지적되고 있다. 물론 일반적으로 의원 외교의 배경에는 국회의원 개인의 정치적 야심이 주요한 동인으로 작용하고 있다는 점도 고려해야만 한다.

한편, 외국과의 협상에 있어 정부대표자의 일원으로 국회의원들이 직접 협상에 참여하는 경우도 있다. 루즈벨트(Franklin D. Roosevelt) 대통령 이후 1945년 UN회의나 1946년 파리 평화회의 등에 미국 국

---

61) Christopher J. Deering, "Alarms and Patrols: legislative Oversight in Foreign and Defense Policy," in Colton C. Campbell, Nicol C. Rae and John F. Stack, Jr., eds., *Congress and the Politics of Foreign Policy: Real Politics in America* (Upper Saddle River, N.J.: Prentice Hall, 2003), pp. 121-122.

회의원들이 직접 참여하는가 하면, 1977년에는 SALT Ⅱ 군축 협상에도 참여했다. 또, 1974년 'The Trade Reform Act' 제정 이후에는, 가트(GATT) 체제의 도쿄라운드(Tokyo Round) 통상협상에 참석해 합의를 이뤄내기도 하였다.

2) 냉전 이후 美의회의 외교정책 개입 확대: 배경과 요인

미국 의회는 헌법적 권한과 제도적 내용에 의해 일정 영역에서 외교정책에 대한 개입이 허용되어 있고 실제로 이를 활용하고 있는 것을 확인할 수 있다. 그러나 미국 의회가 상시적으로 외교정책의 결정과 집행을 주도하고, 행정부에 대한 우위를 항시 확보해 온 것만은 아니다. 역사적으로 일정한 상황과 변수 속에서 외교정책에 대한 개입의 차별성을 보여온 것이 사실이다.

일반적으로 전쟁기간을 중심으로 미국 대통령과 의회와의 관계는 부침을 거듭해온 양상이다. 남북전쟁 전인 1837년부터 1861년의 28년간은 의회가 강력한 위상을 확보하고 있었다. 남북전쟁 기간 동안에는 대통령 중심으로 외교정책이 추진되는 양상을 보였고, 전쟁이 끝난 후부터 1897년까지의 기간에는 다시 의회가 우월한 지위를 누렸다. 1차 세계대전 동안에는 다시 대통령이 우위를 보였고, 종전 이후 의회의 우월한 영향력 행사기간이 다시 반복된다. 1920년 미국 상원은 베르사이유 강화 조약과 국제연맹 규약의 국내 비준을 모두 거부한 것은 물론이고, 의회는 미국의 중립화 법안과 결의안을 반복해 채택함으로서 미국의 외교정책에 적극 개입했고, 미국 대통령과 행정부의 외교정책 행보를 규제하였다. 진주만 습격이후 2차 세계대전기간 동안에는 다시 대통령 중심의 외교정책이 추진되었다. 종전 이후에는 비록 '국제무역기구'(ITO, International Trade

Organization) 협정이 상원 통과에 실패하기는 했지만, 냉전이 지속되면서 대체로 대통령과 행정부가 미국의 외교정책을 주도하는 양상을 보이게 된다. 그리고 1970년대 동서 해빙 분위기와 함께 의회의 위상이 부상되는 모습들이 잠깐 진행되기도 했지만, 1990년대까지 대통령 중심의 외교정책 추진 양상은 지속된다. 1990년대 초 탈냉전의 기류가 완연해지기 시작하면서 부터 의회의 위상 부상이 본격화된다. 그러나 이러한 양상은 2001년 9/11 테러가 발생하면서 다시한번 급변하였다. 의회는 안보와 관련한 절대적인 권한을 미국 대통령에게 부여했고, 자신의 권한행사와 역할은 스스로 자제하는 모습을 보이고 있기 때문이다.

이처럼 미국의 의회는 헌법으로부터 보장받은 권한과 스스로 입법하여 소유하고 있는 다양한 법률적 권한들을 배경으로 경우에 따라서는 대통령의 독자적인 외교정책 결정 및 추진을 강력하게 견제하는 모습을 보이기도 하고, 경우에 따라서는 스스로의 권한 사용을 자제하는 모습을 보이기도 한다. 결국 미국의 의회는 외교정책에 대한 개입과 견제 여부, 그리고 그 범위들을 스스로 판단하고 있다는 점을 확인할 수 있다. 이와 관련하여 미국 의회의 행동 양상을 좌우하고 있는 몇가지 요인들을 정리하면 다음과 같다.

① 제도적 측면에서의 '견제와 균형'의 헌법정신

외교정책에서 활발한 활동을 진행하고 있는 미국 의회가 현재 갖고 있는 위상은 바로 헌법제정 때부터 미국의 주요 지도자들이 갖고 있던 삼권분립 및 견제와 균형의 철학적 근거에서 비롯된다. 외교정책이 비록 행정부의 고유권한이지만, 의회는 행정부 견제를 위한 권한들을 헌법으로부터 부여받았고, 외교정책에 대해 직-간접으로 개입할 수 있는 정당성과 근거를 확보하였다. 이는 미국 의회가 외교정책과 관련된 권한들을 스스로 창조하는 근거가 되기도 한다.

대표적으로 선전포고 권한은 의회가 가지고 있는 반면, 군통수권은 대통령이 갖고 있는 것이다.[62] 1973년 의회는 전쟁수권법을 제정해, 대통령의 군 통수권에 대한 의회의 개입을 구체화시켰다. 비록 미국 의회의 구체적 권한 행사 사례가 없어 사문화되었다는 지적을 받고 있기도 하지만, 의회는 그동안 3차례의 개정을 통해 군 통수권에 대한 개입 여지를 지속적으로 유지하고 있음을 유의할 필요가 있다. 또, 1970년에는 1964년 대통령의 전쟁수행 권한을 확대시킨 '통킨만 결의'(The Gulf of Tonkin Resolution)를 의회가 폐기함으로서 전쟁수행과 관련한 대통령의 권한을 축소시키기 위해 노력하기도 한다.

외교정책 영역에 있어 대통령과 행정부의 독점을 견제한다는 역사적 경험과 관례들도 미국 의회가 활동을 진행하는데 중요한 근거가 되고 있다. 국가 안보와 관련된 주요 외교정책들의 경우, 의회는 대체로 대통령 중심의 결정과 집행을 묵인하는 양상을 보여 왔다. 그러나 외부적 위협이 진정될 경우에는 대통령에게 집중된 권한들을 견제하는 주역의 역할을 의회가 담당해 왔던 것이다. 1919년 월슨 대통령에 대한 견제나, 1970년대 워터게이터 사건이후 닉슨 대통령에 대한 견제, 1980년대 이후 냉전 약화와 함께, 부시(George H. W. Bush) 대통령과 클린턴 대통령에 대한 견제 등이 대표적으로 지적될 수 있다.

결국, 안보적 환경 때문에 행정부 중심의 외교정책 운영을 일시적으로 묵인하기는 하지만, 결코 미국 의회는 행정부와의 관계가 일방적 형태로 고착되는 것을 허용하지 않는다. 상황이 변하고 의

---

62) 건국이후 전쟁선포 및 군대 파견과 관련한 대통령과 의회간의 논란의 시작은, 1793년 영-불 전쟁 당시 전쟁개입을 주장하는 親佛派 의회와 불개입 및 고립을 주장하는 워싱턴 대통령간의 대립의 경우이다. 이러한 입장 차이는 대통령의 권한 제한에 대한 논쟁을 심화시켰다.

회 활동의 활성화가 가능해진 경우, 그동안 수세에 몰려있던 의회
가 외교정책에 적극 개입하는 등 자신의 위상 부각을 위한 다양한
노력들을 시도함으로서 행정부를 견제하게 된다.

　② 양당제의 전통과 의회의 독자적인 정치적 위상

　미국 의회가 대통령의 권한에 과감하게 도전하고, 대통령의 결정
에 반발할 수 있는 배경에는 제도적 내용과는 별도로 미국의 양당
제 전통과 국회의원들의 독자적인 정치적 위상들이 작용하고 있다.
미국은 건국이후 지속적으로 양당제 구도의 정당체제를 유지해왔
고, 양당간의 경쟁의 전통이 지속되어 왔다. 따라서 정책과 선거이
슈를 중심으로 한 양당간의 대립은 상원과 하원의 대립, 나아가 대
통령과 의회와의 대립 양상으로 전개되었다. 비록 정권은 잡지 못
했지만, 상-하원 중 다수당을 차지한 야당으로서는 의회의 적극적
활동을 통해 여당을 견제하고, 국민들에게 자신의 존재를 과시하는
양상을 보이게 되는 것이다.
　한편, 제도적 특성상 미국의 의회와 대통령은 국내 정치적으로 상
호간에 독자적 위상을 각자 차지하고 있다는 점에 주목할 필요가 있
다. 우선, 미국 국회의원들의 공천권은 정당지도자가 아니라 지역구
평당원들에게 있다. 또 당선을 결정짓는 변수로서 정당지도자의 후원
보다, 개인의 능력이 주요하게 작용한다. 따라서 국회의원들은 한명
한명이 모두 독립된 행위자이며, 대통령이나 소속정당 당수들의 영향
력이나 압력 행사에 대해 특별한 제약이나 구속을 받지 않는다.63)
　바로 이러한 양당제도의 특성과 독립적 행위자로서의 국회의원의

---

63) 미국 국회의원의 위상과 관련된 내용은, David McKay, *American Politics
　　and Society*, 3rd ed. (Cambridge: Blackwell, 1993)의 7장 "US
　　Legislators and Their Constituents"를 참조.

특성들은 국회의원 또는 의회가 대통령과 당당하게 맞설 수 있게 만들고, 독자적인 정책과 주장들을 전개할 수 있게 만드는 요인으로 작용하고 있다.

③ 국제 환경과 안보 환경

앞에서 살펴본 바와 같이, 역사적으로 외교정책에 대한 미국 의회의 개입 강도는 전쟁 등 미국이 직면한 안보적 상황과 긴밀한 관련을 맺어 왔다. 남북전쟁, 1차 세계대전, 2차 세계대전, 한국전, 베트남전, 냉전, 9/11이후 대테러전쟁 등의 기간에는 행정부가 외교정책에 있어 절대적 우위의 위상을 누리던 기간이었다. 의회는 외교정책에 개입할 수 있는 자신들의 권한 사용을 자제함은 물론이고, 행정부가 필요로 하는 예산의 우선 배정 등 적극적으로 지원하는 양상을 보인다. 그러나 전쟁이 끝나고 안보 위협이 제거될 경우, 의회는 다시 행정부의 주도적인 외교정책 추진 양상에 도전함으로서 변화를 시도하게 되고, 외교정책에 적극 참여하는 모습을 보여 왔다.

비록 2001년 9/11 테러 이후 안보 환경이 또다시 급변하기는 했지만, 1990년대 냉전 종결이 선언되고 안보 위협이 줄어들자, 외교정책에 대한 의회의 개입은 다시 적극화된다. 미국 의회는 우선적으로 불필요하게 낭비되고 있는 국방안보 분야의 예산에 대한 개입을 시도한다. B-2 스텔스기를 포함한 군사비 지출 삭감, 소말리아-보스니아 등에 대한 지원 삭감 등이 대표적이다. 그러나 예산안 삭감 등의 적극적 개입에도 불구하고, 위기에 가까운 안보적 변수와 관련해서는 행정부의 입장을 지지하는 모습을 유지하기도 한다.

④ 국내적 압력의 강화 및 다양화

의회가 외교정책에 개입하게 만드는 주된 요인들은 국내적 환경에도 있다. 이는 과거와 다른 의회의 모습들을 유발시키는 원인이기도 하다. 국회의원들은 자신의 지지기반을 유지하고 의원직을 지속하기 위해서는 지역구 이익과 국민들의 요구들을 충실히 정책으로 반영해야만 한다. 따라서 국내 여론의 변화와 지역구의 요구 사항들은 의회로 하여금 외교정책, 특히 국내적 상황과 직접적으로 연결되는 외교정책에 대한 적극적 개입을 강요하게 된다.

우선, 통상-무역 정책들과 관련하여, 직접적으로 이해관계가 있는 경제 주체들의 압력이 의회에 쏟아지게 된다. 미국내 경제상황은 이러한 경제주체들의 압력과 직접적인 연계성을 가진다. 특히, 1980년대 이후 누적되는 미국의 재정적자와 무역수지 불균형은 의회로 하여금 통상-무역 정책은 물론이고 국방-안보 정책에까지 개입하도록 압력을 가하게 만들었다.

외교정책만을 대상으로 하는 로비단체들의 등장도 의회에 대한 압력을 가중시키고 있다. 특히, 유태인이나 그리이스인, 중국인 등 민족을 단위로 형성된 압력단체들은 모국과 관련된 미국의 외교정책에 의회가 적극 개입하도록 압력을 행사하고 있다. 이들은 심지어 미국 대통령에게도 상당한 영향력을 행사하고 있는 실정이다.

한편, 환경, 핵, 인권 등 외교정책의 영역이 확대되고, 국내외의 다양한 세력들이 이에 관심을 가지게 되면서, 의회에 대한 압력은 더욱 거세지게 된다. 결국, 이러한 영역의 확대는 과거와 달리 수많은 주장과 이익들이 의회에 압력을 가하게 되고, 거의 대부분의 상임위원회들이 외교정책과 연계되는 양상을 초래하게 된다. 외교정책에 대한 의회의 개입이 불가피한 현상이 되고 있다.

과학기술의 발달은 행정부의 외교정책 독점을 더 이상 허용하지 않게 되었다. 일반국민들은 방송매체와 인터넷 등을 통해 외교적 사건이나 정보들을 실시간으로 손쉽게 얻게 되었으며, 외교정책에 대해서도 많은 관심을 가지게 된다. 결국, 의회는 국민적 관심과 요구들을 정책화시키고, 국민들의 알 권리를 충족시키기 위해 외교정책에 적극 개입할 수밖에 없게 된 것이다.

3) 입법부의 행정부 통제의 한계와 대안의 모색: 미국의 사례

미국 의회의 외교정책 개입은 법률적, 제도적으로 보장되어 있는 내용일 뿐 아니라, 안보적 요인을 포함하는 다양한 변수들에 의해 영향을 받고 있다. 이들 변수 가운데 국가위기의 안보적 요인이 의회의 행보를 결정짓는 절대적 변수 역할을 담당하고 있음은 부인하기 어렵다. 그러나 위기 상황이 일단 해소된 경우에는 의회의 개입 양상이 상당한 차별성을 보인다. 안보적 요인이 항상 외교정책의 목표가 되기보다는, 수단적 기능을 담당하는 경우도 발생하기 때문이다. 특히, 국제사회의 경제통합현상의 가속화와 상호의존의 심화는 안보적 요인보다 더욱 비중을 띠는 경제적, 환경적 상황들의 발생을 초래하였다. 냉전의 종결은 안보적 요인이 외교정책의 수단적 기능을 담당하는 상황의 발생을 더욱 빈번하게 만들고 있다.

외교정책에 대한 의회의 개입 및 행동 양태를 살펴보기 위해 리프리(Randall B. Ripley)와 프랭클린(Grace A. Franklin)이 헌팅턴(Samuel P. Huntington)과 로이(Theodore J. Lowi)의 분류를 기준으로 제시한 3가지의 분류에 의해 외교정책의 영역을 구분하여 분석하였다.[64] 우선, 절대적인 국가안위 문제가 현안으로 등장하는 안보

---

64) Samuel P. Huntington, *The Common Defense*, pp. 3-4; Theodore J. Lowi, "Making Democracy Safe for the World: National Politics and Foreign Policy," in James N. Rosenau, ed., *Domestic Sources of Foreign Policy* (New York: Free Press, 1967), pp. 324-325; Randall B. Ripley and Grace A. Franklin, *Congress, the Bureaucracy, and Public Policy*, 5th ed. (Pacific Grove, Calif.: Brooks/Cole, 1991), pp. 23-24.

위기적 영역(Crisis Policy)이 있다. 그리고 특정한 외교 전략 및 정책과 관련된 전략적 영역(Strategic Policy), 일상적 문제와 관련된 제도-구조적 영역(Structural Policy)등으로 나누어 질 수 있다.[65]

① 안보 위기적 영역 : 행정부 중심의 결정과 의회의 묵인

전쟁 등과 같이 국가안보적 위기상황 하에서는 행정부와 의회와의 관계, 외교정책에 대한 의회의 개입 양상은 여타 경우들과 차별된다. 이는 국가 안위 등 국가이익 전반을 위협하는 상황으로서, 정책결정 과정상의 문제가 아니라, 최고정책결정자에게 외교정책의 결정과 추진이 독점되어야할 정도로 시급을 다투는 경우이기 때문이다. 이 경우 미국의 대통령들은 의회의 승인이나 동의 없이 독단적 결정에 의해 외교정책을 추진하게 된다. 한편, 의회의 반응은 외교정책에 대한 개입을 자제하면서 행정부의 주도를 방관, 묵인하거나, 오히려 이를 지원하는 양상을 보인다. 의회의 문제 제기는 위기적 상황이 일단 해소된 이후에 시도되는 것이 일반적이다.

이 경우에 선택되는 외교정책의 모습들은 긴급한 군사력 사용이나, 전쟁 참전의 형태로 나타나게 된다. 미국 의회는 선전포고도 없이 한국전 참전을 결정한 트루먼(Harry S. Truman) 대통령의 판단에 대해 적극적으로 반대하기보다는 예산안 확보 등을 통해 지원하는 모습을 보였다. 1958년 레바논 전쟁과 1964년의 베트남 전쟁에서는 아이젠하워(Dwight Eisenhower) 대통령과 존슨(Lyndon Johnson) 대통령에게 전권을 부여하는 법률안 통과를 통해 대통령에게 힘을 집중시켜 주기도 했다. 앞에서 살펴본 바와 같이 1973년 전쟁수권법을 통과시켰음에도 불구하고 미국의 대통령들은 그 이후

---

65) 3가지의 분류 형태와 관련 내용에 대해서는 James M. Lindsay, *Congress and the Politics of U.S. Foreign Policy*, pp. 140-160을 참조.

여러 차례 의회 승인 없이 군대를 파견하는 사건이 발생했다. 그러나 미 의회가 관련 법안을 결의하고 권한을 행사하는 경우는 없었다. 대체로 대통령의 행동을 묵인하고, 예산안을 통해 지원해주는 양상을 보였다. 특히, 1980년대 이후 재정적자 등으로 인해 의회는 균형예산법을 통과시키며 예산안 작성에 매우 적극적으로 개입하는 모습을 보였다. 그러나 1990년 걸프전 발생으로 대규모 예산이 필요하게 되자, 의회는 별다른 문제제기 없이 행정부의 요구를 승인했다. 또한, 1991년 의회는 B-2 스텔스 폭격기의 생산비용과 우주 미사일 방어체제 개발비를 삭감했음에도 불구하고, 하원의 애스핀(Les Aspin) 의원과 상원의 샘 넌(Sam Nunn) 의원 등은 러시아의 경제 재건을 위한 10억불 지원을 제안했으며, 1993년에는 미국의 심각한 경제난에도 불구하고 러시아 경제지원안을 압도적 지지로 상-하원을 통과시켜 예산에 반영시키는 모습을 보이기도 한다. 2001년 9/11 테러가 발생한 이후에도 미국 의회는 부시(George W. Bush) 대통령에게 대테러전쟁의 전권을 부여하는 방안을 앞장서서 결정했으며, 예산안 집행에 있어서도 매우 적극적인 모습을 보였다. 미국의 안보와 직결된 영역이라는 점이 의회의 행동을 결정하는 절대적 요인이 되고 있는 것이다.

국가 위기상황이라는 상황적 변수는, 미국 외교정책에 적극 개입하여 행정부를 견제하고 행정부와 대등한 관계를 유지한다는 의회의 입장들을 부차적인 내용으로 만들었다. 또, 여타 국내적인 압력이나 요구들도 위기상황이 해소될 때까지는 억제된다. 사법부조차도 레이건(Ronald Reagan) 대통령과 부시(George H. W. Bush) 대통령의 쿠웨이트 파병에 대한 의회의 불만제기에 대해, 대통령의 고유권한을 인정함으로서 대통령의 입장을 지지하기도 했다.[66] 단

---

66) James M. Lindsay, *Congress and the Politics of U.S. Foreign Policy*, pp. 149-152.

지, 대통령의 결정이 국내적 지지를 절대적으로 상실하는 경우, 이와 함께 위기상황이 장기화되고 대통령 중심의 독단적 정책결정이 장기화될 경우에는 비록 위기상황이라 하더라도 의회가 외교정책에 개입하고 대통령을 견제하는 모습을 보일 가능성은 상정될 수 있다. 그러나 베트남전쟁의 경우와 같이, 정책 철회의 결정 또한 역시 대통령이 진행하는 모습을 보여 왔다.

국가 위기적 영역의 경우, 국민들의 반대 분위기가 절대적이고, 지나치게 위기상황이 장기화되거나, 조작되지 않는 한 대통령을 중심으로 한 행정부의 외교정책 독점 양상과 의회의 배재 양상은 지속되는 모습을 보이게 된다.

② 전략적 영역 : 행정부의 주도권 견제와 경쟁적 위상의 확보

안보적 위기상황과 직접적 관련은 없지만, 외교정책에 있어 기본적 목표 달성을 위한 전략적인 정책들과 전술적 범위의 내용들이 포함되는 경우이다. 국가 방위적 측면에서는 기본적인 군사력 유지 및 군사 시스템 관련 문제, 외교적 측면에서는 여타 국가들간의 일반적인 외교관계와 형태 등의 내용이 포함된다. 긴급한 안보 위기 상황이 아닌 만큼, 안보문제라 하더라도 대통령이 결코 독자적인 외교정책 결정을 추진할 수는 없는 영역들이며, 절차적으로 국회 동의나 국민 지지를 받아야만 추진하기가 용이한 영역들이다. 따라서 의회도 자신들의 주장을 정책화하고, 대통령과 행정부가 추진하는 정책에 대한 견제를 집중하는 부분이기도 하다. 결국, 대통령과 의회간의 주도권 경쟁, 의회의 행정부 견제와 균형된 위상의 확보를 위한 대립 양상들이 아주 빈번하게 발생하는 외교정책 영역들이라 할 수 있다.

SALT II 협정이나, 파나마 운하 협정 등의 경우, 행정부 고유의

협상 영역이기는 하지만 위기적 영역과는 달리 의회의 절차적 동의가 필요한 만큼 의회의 개입이 불가피하게 진행되었다. 미국 의회는 이러한 부분에서의 적극적인 개입을 통해 행정부와 동등한 위상을 확보하게 되며, 경우에 따라서는 의회가 직접 협상에 참여하는 등 주도적인 모습을 보이기도 한다. 대외 원조나 평화유지군 파견의 경우도 이 범주에 포함되는데, 예산안과 관련하여 의회가 직접적인 영향력을 행사할 수 있는 만큼, 행정부와의 마찰이 잦다.[67] 1991년 의회는 미국 국내 경제사정을 이유로 소말리아, 보스니아에 대한 지원액을 삭감함으로서 행정부를 곤란하게 만들었다. 군사 무기체계와 관련해서도 첨예한 대립이 발생한다. 이외에, 외국에 대한 최혜국 대우 인정문제, 경제봉쇄 선언, NAFTA의 국회 승인 등 경제 문제와 관련한 의회의 주장들도 적극적으로 제기된다. 통상부문에 있어 무역대표부를 통한 통상압력과 '슈퍼 301조' 발동 위협을 통한 시장개방 압력들을 직접 외국 정부에 행함으로서 미국 행정부의 외교정책 결정과 집행에 상당한 압력을 가하게 된다.

일단 안보위기적 상황이 아닌 만큼 외교정책에 대한 의회의 개입을 제한할 만한 강력한 요인이 존재하지 않는다는 점에서 의회 개입은 적극적으로 진행된다. 특히, 안보위기적 상황이 해소된 직후에 진행되는 외교정책에 대한 의회의 개입은 더욱 강도가 높고, 광범위하게 나타나는 양상을 보인다. 위기상황에서 형성되어 있던 일방적인 행정부 주도의 정책결정이 평상시에도 고착화될 가능성이 있는 만큼, 위기상황이 해소된 직후에는 더욱 강경한 행정부 견제를 통해 행정부와 의회간의 균형된 위상을 회복하기 위해 노력하게 된다. 이와 함께, 그동안 억제되어 있던 국내적 압력요인들도 폭발적

---

67) 1990년대 미국의 해외원조 및 평화유지군 파견을 둘러싼 의회와 행정부간의 논란에 대해서는, Jeremy D. Rosner, *The New Tug-of-War*, pp. 45-64를 참조.

으로 등장하게 되고, 외교정책에 대한 의회의 적극적 활동을 지원하게 된다. 탈냉전 이후 심화되고 있는 미국의 무역적자와 악화되고 있는 미국의 경제사정 및 실업 등의 요인들이 의회가 통상 및 무역정책, 심지어 군사, 안보 분야의 외교정책에까지 적극 개입하도록 만드는 요인이 되고 있는 것도 이러한 현상과 관련되어 있다.

행정부의 입장에서도 자신들이 결정한 외교정책의 집행과 추진을 시도하지만, 합법적인 의회의 개입이나 국내적 압력들을 전혀 무시할 수만은 없다. 따라서 행정부는 의회와의 논쟁을 시도하거나, 대국민 설득, 여론형성에 적극 참여함으로서, 의회와의 충돌을 빚기도 한다.[68] 한편, 통상 분야에서와 같이 경우에 따라서는 의회와 행정부가 긴밀한 역할분담을 통해 매우 성공적인 결과를 얻어내는 협조체제를 형성하기도 한다.

③ 제도-구조적 영역 : 의회의 절대적인 절차적 권한과 행정부의 협조

이 영역에 해당되는 외교정책들은 내체로 일상적인 국내 정책의 경우와 유사한 형태를 띠게 된다. 미국의 경우, 이민문제, 통상적 원조 규모 문제, 국제기구에 대한 분담금 지불 등의 내용이 포함될 수 있으며, 방위정책의 경우에는 군사, 무기, 인력의 조달 등 통상적이고 일상적인 절차상의 내용과 관련된 부분들이다. 대체적으로 미국 행정부가 외교정책을 추진하는데 필요한 국내적 관리부분이 포함되는 만큼, 외교정책 영역이기는 하지만 국내정치와 비슷한 진행 형태를 띠게 된다. 따라서 국내정치 만큼 의회의 개입도 빈번해지게 된다. 예산문제로 대표되는 구조적 영역의 현안들인 경우에는 절차적인 권한을 갖고 있는 의회의 승인이 없이는 어떠한 정책들도 집행

---

68) Randall B. Ripley, Grace A. Franklin, *Congress, the Bureaucracy, and Public Policy*, 4th ed. (Chicago: Dorsy Press, 1987), pp. 180-191.

될 수 없을 정도로 외교정책에 대한 의회의 위상은 절대적이다.

한편, 비록 구조적이고 절차적인 내용이기는 하지만, 이는 전략적인 영역에까지 영향을 미치게 된다. 앞에서 살펴보았듯이, 대외원조와 무기개발과 관련한 예산의 의회승인 과정에서 행정부는 의회의 적극적인 견제를 피할 수가 없게 된다. 예산 편성에 있어 의회의 개입은 결과적으로 전략적인 정책 추진에 대한 간접적 개입의 효과까지 영향력을 발휘하게 되기 때문이다. 1980년대 카터 대통령 시절에는 미사일 수송 항공기, 해군의 전술핵 근대화계획 등의 무효화, 레이건 대통령 시절에는 MX 미사일 개발 취소, 부시(George H. W. Bush) 대통령 시절에는 B-2 스텔스 폭격기 대수 제한 등의 조치를 취할 수밖에 없도록 의회가 예산안을 통제했다. 의회가 제시한 기본적인 이유는 재정적자가 심화되는 현상과 관련한 균형예산의 추진이었고, 이는 전략적 외교정책의 영역에서 행정부가 관련 정책들을 포기하게 만드는 효과를 발휘하게 된 것이다.[69]

의회의 개입이 절차적이고 일상적인 만큼, 의회는 행정부에 대한 자신들의 상대적 우월함을 적극적으로 확보할 수 있는 영역이다. 또한, 의회의 적극적인 개입을 강요하는 압력단체들의 로비도 강도 높게 진행된다. 그러나 일상적인 의회의 개입에도 불구하고 항상 의회의 의도대로 결과가 초래되는 것은 아니다. 절차적인 의회의 영향력은 상당하지만, 이는 행정부의 순순한 협조를 전제로 하는 것이다. 이란-콘트라 사건과 같이, 의회의 반대에도 불구하고 행정부는 자신들이 필요하다고 판단하는 외교정책들을 단기간동안 집행할 능력이 있다. 반면, 의회는 개입할 수는 있지만, 이를 추진하고 행정부의 집행을 강요할 능력은 없는 것이 사실이다. 결국, 외교정책에 있어 의

---

69) 미국의 재정적자 내용과 관련해서는, Lance T. LeLoup, "The Fiscal Straitjacket: Budgetary Constraints on Congressional Foreign and Defense Policy-Making," pp. 37-66 참조.

회가 절차상의 절대적 권한을 가지고는 있지만, 실제 집행에 있어서는 행정부의 의사를 최대한 반영하며, 행정부와의 협조적 관계 속에서 문제를 해결해 나가야 한다는 점을 간과해서는 안될 것이다.

행정부의 입장에서는 법률적으로, 제도적으로 의회의 개입이 보장되어 있기 때문에, 외교정책에 대한 의회의 개입 행태를 무조건 반대할 수는 없다. 그러나 행정부의 입장이 지나치게 무시되고 의회의 주장들이 절대적인 영향을 미치도록 방치할 수도 없다. 비록 의회의 개입이 절차적인 형태이기는 하지만, 전략적인 영역, 국가위기적 영역으로까지 영향을 미칠 수도 있기 때문이며, 기본적인 의회의 권한으로 인해 행정부의 외교정책 업무가 완전히 마비될 수도 있기 때문이다. 따라서 의회의 입장을 일부 수용하기도 하지만, 해외 군대 파견 등과 같이 긴요한 부분과 연계된 내용에 대해서는 의회의 주장과 상관없이, 행정부의 정책을 진행시키는 사례를 남기기도 한다. 따라서 외교정책에 있어 의회의 영향력이 절대적인 부분이기는 하지만, 행정부의 동조와 행정부의 협조를 전제로 한 영향력 행사라는 점을 인식할 필요가 있다. 이는 여으로 행정부의 외교정책 추진에서도 의회의 협조와 동조가 반드시 필요하다는 점을 지적하는 내용이기도 하다.

제3절 관료, 관료조직

최고정책결정자와 입법부에 이어, 외교정책결정과정에 공식적으로 참여하면서 외교정책의 집행을 전담하고 있는 관료와 관료조직의 위상 및 그 역할들을 살펴볼 필요가 있다. 그동안 외교정책과 관련하여, 관료들의 역할과 위상은 대체로 행정적인 기능적 측면에 국한되어 검토되어져 왔다. 그러나 한국의 경우에도 1990년대부터 외교정책결정과정에서 나타나기 시작한 새로운 현상들을 이해하기 위해서는 관료와 관료조직들의 기능과 역할들을 새로운 차원에서 다양하게 인식해야할 필요성이 제기되고 있다. 외교정책의 최종적인 결정은 최고정책결정자가 담당하고, 외교정책에 대한 견제와 통제는 입법부인 의회가 진행한다면, 결정된 외교정책의 집행은 관료들이 담당하는 것으로 이해되어져 왔다. 그러나 현실에서 나타나는 모습들은 관료들이 외교정책의 집행뿐만 아니라, 외교정책의 결정과정에서 중요한 역할을 담당하는 행위자일 뿐만 아니라, 기능적인 정책집행 이상의 역할을 담당하고 있다는 점을 확인할 수 있게 되었기 때문이다.

1. 근대국가의 발전과 관료의 성장

다음에서는 관료와 관료조직들의 성장 및 확대와 관련한 다양한 주장들을 정리하면서, 외교정책의 영역에서 관료조직들이 정치적 기능과 권력을 갖게 된 배경과 그 요인들을 정리하였다.

1) 근대국가와 관료

왜 관료제가 발달해 왔는가 하는 문제에 대해 대부분의 학자들은 필요의 결과였으며 불가피했다는 인식이 공통적이다. 관료제의 발달은 대체로 경제발전과 조세 징수의 필요성에서부터 시작된다. 근대국가의 등장 이후 경제-사회적 발전과 복지와 같은 자원의 재분배 문제의 출현 역시 관료들의 증가와 확대를 촉진시켰다.[70]

근대국가에 있어 관료제의 비대화와 관련하여, 베버(Max Weber)
는 시장경제가 발전하면서 단일되고 거대한 국가형태를 갖추고 있
는 현대사회에서는 불가피하게 나타나는 보편적 현상으로 규정한
다.[71] 구조기능주의적 측면에서도 로이(Theodore J. Lowi), 헌팅톤
(Samuel Huntington) 등은 산업화 등으로 사회가 복잡해짐에 따라
처리해야할 업무가 많아지게 되었고, 그 결과 관료조직들이 비대해
지고 확대되어 간다고 주장한다.[72] 할프린(Morton Halperin) 등은
바로 관료 조직의 본질적 속성상 관료조직 스스로가 성장해 가면
서, 관료조직의 확대를 바로 조직의 목표로 설정하게 된다는 점을
지적한다.[73] 관료조직은 자기 보존과 생존의 욕망이 강하며, 쉽게
소멸되지도 않는다는 것이다.

한편, 최근에는 정치적 이해관계 때문에 관료제가 확대되어 간다
는 주장도 제기된다. 와렌(Kenneth F. Warren) 등은 민주주의 체

---

70) B. Guy Peters, *The Politics of Bureaucracy*, 4th ed. (New York:
Longman, 1995), pp. 22-25; 에바 에치오니-할레비, 윤재풍 옮김, 『官僚制와
民主主義: 하나의 정치적 딜레마』 (서울: 대영문화사, 1990), p. 195.

71) H. H. Gerth, and C. Wright Mills, trs. and eds., *From Max Weber:
Essays in Sociology* (New York: Oxford University Press, 1958), pp.
212-214.

72) Theodore J. Lowi, *The End of Liberalism* (New York: W. W. Norton,
1969); Samuel P. Huntington, "Congressional Responses to the Twentieth
Century," in Thomas Ferguson and Joel Rogers, eds., *The Political
Economy* (Armonk, N.Y.: M.E. Sharpe, 1984), 임성호, "민주주의와 관료
제: 관료제의 비대화 및 병폐의 정치적 원인," 「한국과 국제정치」, 제14권
제2호 (1998), pp. 35-36에서 재인용.

73) Morton H. Halperin, *Bureaucratic Politics and Foreign Policy*, pp.
17-19; Brian A. Ellison, "A Conceptual Framework for Analyzing
Bureaucratic Politics and Autonomy," *American Review of Public
Administration*, vol. 25, no. 2 (June 1995), p. 164; Mark M. Lowenthal,
"Tribal Tongues: Intelligence Consumers, Intelligence Producers," in
Eugene R. Wittkopf, ed., *The Domestic Sources of American Foreign
Policy: Insights and Evidence*, 2nd ed. (New York: St. Martin's Press,
1994), pp. 265-278.

제 하의 관료 비대화와 관련하여 '위임 입법적 현상'을 지적한다.[74] 즉, 입법권을 갖고 있는 국회의원들이 무리하게 입법을 진행함으로써 잘못될 경우 비난받는 것보다 관료들이 입법하도록 하는 것이 자신들에게 유리하다고 판단하고, 입법권을 스스로 관료들에게 상당부분 위임시키게 되었고, 그 결과 관료들의 조직과 권한들이 확대되어 간다는 것이다.

이처럼 확대되어 가는 관료조직과 관료제에 대해 긍정적인 입장들은 대부분 베버(Max Weber)가 지적한 바와 같이, 효용성, 경제성, 합리성, 전문성의 측면들을 강점으로 지적한다.[75] 그러나 관료제에 대해 모두가 긍정적인 입장만을 갖고 있는 것은 아니다. 관료제는 '비효과적이고', '비대하고', '무책임하며', '비생산적이고', '비인간적이고,' '느리고' 등의 부정적인 평가들도 아주 다양하게 제시되고 있다. 특히, 관료들은 오직 자기 영역의 확대에만 관심이 있고, 업무 추진이 비효율적이며, 관성적으로 행동하고, 변화에 극도로 저

---

74) Kenneth F. Warren, *Administrative Law: In the American Political System* (St. Paul, Minn.: West Publishing, 1982), p. 10; Morris P. Fiorina, "Legislative Choice of Regulatory Forms: Legal Process or Administrative Process?" *Public Choice*, vol. 39 (1982), pp. 60-61; Roger G. Noll, "Government Regulatory Behavior: A Multidisciplinary Survey and Synthesis," in *Regulatory Policy and the Social Sciences* (Berkeley: University of California Press, 1985), pp. 9-63; James Buchanan and Gordon Tullock, *The Calculus of Consent: Logical Foundations of Constitutional Democracy* (Ann Arbor: University of Michigan Press, 1962); Mathew D. McCubbins and Talbot Page, "A Theory of Congressional Delegation," in Mathew D. McCubbins and Terry Sullivan, eds, *Congress: Structure and Policy* (Cambridge: Cambridge University press, 1987), 임성호, "민주주의와 관료제," pp. 38-43에서 재인용.

75) 베버의 관료 개념에 대해서는, H. H. Gerth and C. Wright Mills, *From Max Weber;* Guenther Roth and Clause Wittich, eds., *Max Weber's Economy and Society: An Outline of Interpretive Sociology,* vol. 3 (New York: Bedminister Press, 1968), pp. 956-958 참조.

항하며, 혁신과 개혁에 소극적이고, 창의력도 없기 때문에 발전이 없다는 점이 부정적인 특성으로 지적된다.[76]

그러나 관료제가 전혀 무감각하거나 비능률적인 것만은 아니며, 단지 보다 신속하고도 적절하게 반응하지 못할 뿐이라는 점, 그리고 복잡한 현대사회에서 관료조직이 없이는 국가의 운영이 절대 불가능하다는 점, 현재로서는 국가 관료조직을 대체할 만한 새로운 국가 조직이 없다는 점 등과 관련하여, 관료조직을 완전히 부정하거나 무시할 수만은 없다는 지적도 있다.[77]

관료제의 기원을 고대 중국에서 찾을 정도로 관료제의 역사는 길다. 따라서 관료들은 그동안 다양한 모습들을 보였고, 이에 대한 평가 또한 다양하다.[78] 모스카(Gaetano Mosca)와 미헬스(Robert Michels) 등의 논의들은 대체로 '지배'개념과 관련되어 있었고, 부정적 성격이 강했다.[79] 칼 맑스(Karl Marx)는 지배계급의 효율적인

---

76) Gordon Tullock, *The Vote Motive* (London: Institute of Economic Affairs, 1976); Kenneth J. Meier, *Politics and the Bureaucracy*, pp. 5-6; Morton H. Halperin, *Bureaucratic Politics and Foreign Policy*, pp. 99-100; David C. Jones, "What's Wrong with Our Defense Establishment," in Charles W. Kegley, Jr., and Eugene R. Wittkopf, eds., *The Domestic Sources of American Foreign Policy: Insights and Evidence* (New York: St. Martin's Press, 1988), p. 195; Henry A. Kissinger, *The White House Years* (Siney: Hodder & Stoughton, 1979), pp. 27-28, 376; Henry A. Kissinger, *The Necessity for Choice: Prospects of American Foreign Policy* (New York: Harper & Row, 1961), pp. 340-348 등 참조.

77) David Osborne and Ted Gaebler, *Reinventing Government: How the Entrepreneurial Spirit is Transforming the Public Sector* (Reading, Mass.: Addison-Wesley, 1993), pp. 12-16; 김호섭, "세계화와 정부 관료제의 재정립: 과제와 방안," 「한국행정연구」, 제3권 제2호 (1994년 여름호), pp. 126-127.

78) 관료제의 역사와 다양한 개념들의 내용에 대해서는, 에바 에치오니-할레비 지음, 윤재풍 옮김, 『官僚制와 民主主義: 하나의 정치적 딜레마』, pp. 26-121; 李常民 著, 『蘇聯官僚政治論 - 黨性과 專門性의 限界變化』 (서울: 法文社, 1986), pp. 29-41 참조.

통치를 위해 봉사하는 "계급적 도구"라는 입장이다. 레닌(V. Lenin)
은 *The State and Revolution* (1917)에서 지배자이며 특권자로 관
료를 묘사하고 있다. 이후의 마르크스주의자들도 다양한 설명을 시
도하지만, 대체로 부정적 인식을 갖고 있다는 공통점을 보이고 있다.

  근대 관료의 기본 개념으로서 맑스 베버(Max Weber)의 관료 개
념이 많이 원용되는데, 베버는 지배와 권위를 정당화시키는 유형으
로서, 합리적-법적 권위(rational and legal authority), 전통적 권위
(traditionalist authority), 카리스마적 권위(charismatic authority)로
분류하고 "합법적 지배의 유형"으로서 근대적 관료제의 존재를 긍
정적으로 설정하고 있다.[80]

  결국, 근대의 관료에 대한 인식은 사회주의 혁명과 함께 소멸될
것이라는 마르크스주의적 입장과 오히려 관료제가 더 중요해질 것
이라는 베버적인 입장으로 크게 나뉘어 진다. 베버는 권위체제의
중요성을 강조한 반면, 마르크스는 생산체제 자체에 관심을 가진
결과라고 할 수 있다.[81] 이후, 엘리트주의자들과 조합주의자들은 베
버의 개념을 발달시켜 권력의 원천으로서 관료를 인식하게 되고,
다원주의자들은 외부집단의 압력에 반응하면서 관료 자신들의 이익
을 추구해 나가는 집단 중의 하나로 규정한다.[82]

---

79) Gaetano Mosca, tr. by H. D. Kahn, *The Ruling Class* (New York:
　　McGraw Hill, 1939); Robert Michels, tr. by E. Paul and C. Paul,
　　*Political Parties: A Sociological Study of the Oligarchical Tendencies of
　　Modern Democracy* (London: Jarrold & Sons, 1915).

80) Max Weber, *The Theory of Social and Economic Organization*, trs. by
　　A. M. Henderson and T. Parsons (Glencoe, Ill.: Free Press, 1947); H.
　　H. Gerth, and C. Wright Mills, trs. and eds., *From Max Weber*, pp.
　　295-301 참조.

81) C. Ham, and M. Mill, *The Policy Process in the Modern Capitalist State*
　　(Bristol: Weatshef Books, 1984), 강성진 譯, 『현대 자본주의 국가의 정책
　　과제』 (서울: 대영문화사, 1991), p. 57.

82) C. Ham, and M. Mill, *The Policy Process in the Modern Capitalist
　　State*, pp. 55-56; 에바 에치오니-할레비, 윤재풍 옮김, 『官僚制와 民主主

　　베버의 관료제 개념은 비현실적이고, 이상적이며, 비실증적이고, 사회의 비공식적인 권력개념을 간과했다는 점 등과 관련하여 많은 비판[83]을 받고 있는 것이 사실이지만, 근대적 관료 개념의 기본적 내용으로서 많은 사람들로부터 인정받고 있다는 것은 부인할 수 없다. 특히 베버는 관료조직이론에 있어 최초로 체계적인 접근을 시도했다는 점에서 의미를 가진다. 본 연구에서 베버의 관료개념에 특히 주목하는 것은 '합리적-법적 권위'로서 관료의 존재를 인식하고 있고, 국가를 구성하는 주요한 부분으로써 관료를 이해하고 있다는 점 때문이다. 이는 외교정책의 영역에서 정책결정의 주요 행위자로서 최고정책결정자와 함께 관료들에 대해서도 주목할만한 가치가 있음을 의미하기 때문이다.

2) 관료들의 권력과 정치력

　　베버의 지적처럼 현대국가에서는 관료들의 존재와 역할이 불가피한 것이라면, 관료들의 존재를 가치 있게 만들고, 관료들이 행사하는 권력을 정당화시켜주는 힘의 원천은 무엇인가 하는 문제가 제기된다. 첫 번째로 꼽을 수 있는 것은 관료들의 존재적 특성인 전문성, 그리고 지식과 정보의 상대적 독점 문제가 주로 지적된다. 베버도 관료조직의 장점 중 가장 결정적인 것이 기술적인 우월성에 있다는 점을 지적하고 있다.[84] 특히, 관료들이 전문지식과 정보를 독

義』, pp. 66-121 참조.
83) 베버의 관료제 개념에 대한 반발은, 에바 에치오니-할레비, 윤재풍 옮김, 『官僚制와 民主主義』, pp. 58-65; Wolfgang J. Mommsen, *The Age of Bureaucracy: Perspectives on the Political Sociology of Max Weber* (Oxford: Basil Blackwell, 1974); Alvin W. Gouldner, "On Weber's Analysis of Bureaucracy Rules," in Robert K. Merton et al., *Reader in Bureaucracy* (New York: Free Press, 1952), pp. 48-51 등 참조.

점하고 정보를 선별할 수 있다는 것은 이러한 전문성을 강화시키는 절대적 힘의 근원이라는 것이다.[85]

둘째, 전문성으로 인해 지속성이 강화되기도 하겠지만, 지속성으로 인해 전문성이 강화되고, 바로 이것이 권력의 원천이라는 지적이다. 즉 대통령을 포함한 정무직 인사들은 임기를 갖고 있으며, 선거에 의해 교체될 수도 있다. 그러나 행정직 관료조직들은 그 존재가 상대적으로 오랜기간동안 지속된다는 점에서 관료조직들을 쉽게 약화시킬 수 없는 배경이 되고 있다.[86] 다른 행위자들에 비해 관료들의 관직 수명이 상대적으로 길기 때문에 업무의 지속성을 갖고 있을 뿐 아니라 많은 노하우와 경험, 정보들을 축적하고 있다. 따라서 관료조직들은 외교정책에 대해 상당한 영향력을 행사할 수밖에 없는 것이다.

셋째, 관료조직의 전문성과 지속성 이외에 정책의 실질적 완성 및 집행이 관료조직의 강점으로 지적된다. 관료가 추진하는 정책의 집행으로 인해 외교정책이 완성되고 마무리되지 않는다면 최고정책결

---

84) H. H. Gerth, and C. Wright Mills, trs. and eds., *From Max Weber*, pp. 214, 232.

85) Henry A. Kissinger, *The Necessity for Choice*, pp. 344-346; Victor A. Thompson, *Modern Organization*, 2nd ed. (Alabama: The University of Alabama Press, 1977), pp. 25-57; Francis E. Rourke, *Bureaucracy, Politics, and Public Policy*, 3rd ed. (Boston: Little, Brown and Company, 1984), pp. 15-16; Roger Hilsman, *The Politics of Policy Making in Defense and Foreign Affairs*, pp. 208-209; Mark M. Lowenthal, "Tribal Tongues," pp. 277-278; Brian A. Ellison, "A Conceptual Framework for Analyzing Bureaucratic Politics and Autonomy," pp. 169-176; B. Guy Peters, *The Politics of Bureaucracy*.

86) Norton E. Long, "Power and Administration," *Public Administration Review*, vol. 9 (1949), pp. 257-264, B. Dan Wood, and Richard W. Waterman, *Bureaucratic Dynamics: The Role of Bureaucracy in a Democracy* (Boulder: Westview Press, 1994), p. 104에서 재인용; Kenneth J. Meier, *Politics and the Bureaucracy*; B. Guy Peters, *The Politics of Bureaucracy*, p. 228.

정자의 의도나 정책선호는 완전히 실현될 수 없다. 따라서 '행동하는 권력' 또는 '행동하지 않는 권력'과 같이 정책을 집행함으로서 외교정책을 완성하는 과정에서 관료들의 힘이 발생한다는 것이다.[87]

넷째, 세 번째의 내용과 관련하여, 관료조직들의 재량권 보유가 권력의 배경이 된다는 점이다. 정책의 집행 여부, 시기, 강도 등과 관련해 관료들이 갖고 있는 자율권, 재량권은 결코 가볍게 볼수 없는 확고한 권력의 배경이 된다는 것이다.[88]

이처럼 관료들은 전문성, 지속성, 정책의 집행, 자율성 등을 기초로 권력을 스스로 창출하고 확보하고 있으며, 그 결과 정책결정에 참여하는 주요 행위자들 중의 하나로 부상하였다. 그동안 외교정책은 최고정책결정자의 고유한 영역이며, 관료들은 기능적 역할만을 담당하고 있는 것으로 이해되어 왔다. 그러나 실제적으로는 관료들이 외교정책결정과정에서 정치적 행위를 진행하고 있고, 관료조직도 결코 무시할 수 없는 주요한 행위자라는 사실을 발견하게 된 것이다.

---

87) Francis E. Rourke, *Bureaucracy, Politics, and Public Policy*, p. 41-49; Sung Deuk Hahm and L. Christopher Plein, *After Development: The Transformation of the Korean Presidency and Bureaucracy* (Washington, D.C.: Georgetown University Press, 1997), pp. 136-137; Michael Lipsky, "Standing the Study of Public Policy Implementation on Its Head," in Walter D. Burnham and Martha W. Weinberg, eds., *American Politics and Public Policy* (Cambridge: MIT Press, 1978), p. 392; Stephen L. Linder and B. Guy Peters, "A Design Perspective on Policy Implementation: The Fallacies of Misplaced Prescription," *Policy Study Review*, February 1987, p. 463.

88) Kenneth J. Meier, *Politics and the Bureaucracy*, pp. 52-53; Francis E. Rourke, *Bureaucracy, Politics, and Public Policy*, pp. 35-39; E. A. Nordlinger, *On the Autonomy of the Democratic State* (Cambridge: Harvard University Press, 1981), p. 8; Brian A. Ellison, "A Conceptual Framework," pp. 165-167; Todd Kunilka, Lawrence S. Rothenberg, "The Politics of Bureaucratic Competition: The Case of Natural Resource Policy," *Journal of Policy Analysis and Management*, vol. 12, no. 4 (1993), pp. 700-725.

2. 외교정책과 관료: 이론적 논의

외교정책을 연구하는 관찰자들은 기능적 역할이 아닌 정치적 역할을 수행하는 관료들의 존재를 외교정책의 영역에서도 확인하기 시작하였고, 이를 분석하여 이론화하는 작업들을 진행하여 왔다. 외교정책에 대한 관료들의 정치적 행위를 설명하는 관료정치모델이 갖고 있는 장단점들과 관련된 논의들을 정리하면 다음과 같다.

1) 외교정책에 있어 조직이론과 관료

외교정책의 정책결정과정에 대한 연구는 스나이더(Richard C. Snyder), 브룩(W. H. Bruck)과 사핀(Burton Sapin)의 1954년 논문과 1962년 저서[89]에서부터 본격적으로 시작되었다. 그동안 분석의 대상에서 소외시키고 있던 정책결정과정이라고 하는 블랙박스(black box)를 개봉하여 그 내부를 들여다보기 시작한 것이다. 그러나 이 당시의 외교정책 연구들은 대체로 최고정책결정자를 중심으로 한 분석이 주류를 이루고 있었다. 외교정책의 영역은 최고정책결정자의 고유한 영역으로 이해되고 있었기 때문이다. 앞에서 실펴본 바와 같이, 바버(James Barber), 번즈(James Burns), 조지(Alexander L George) 등은 역대 미국 대통령들의 통치스타일을 각자의 기준에 따라 분류하고, 개별적 통치스타일에 따라 외교정책들을 설명했다.[90] 또한, 리베라(Joseph de Rivera), 악셀로드(R.

---

89) Richard C. Snyder, H. W. Bruck, and Burton Sapin, "Decision-Making as an Approach to the Study of International Politics,"; Richard C. Snyder, H. W. Bruck, and Burton Sapin, *Foreign Policy Decision-Making: An Approach to the Study of International Politics* (New York: Free Press, 1962).

Axelrod), 저비스(Robert Jervis) 등은 정책결정자의 개인적 심리와 인지상태에 초점을 맞추어 연구를 진행하였다.[91] 이러한 최고정책결정자 개인에 대한 연구는 최근까지도 계속되고 있는데, 마가렛 헐만(Margaret Hermann)[92]은 외교정책 연구에 있어 최고정책결정자의 개인적 특성과 경험에 대한 연구가 반드시 필요하다는 점을 강조한다.

한편, 1937-1947년 사이 버나드(Chester Barnard)와 사이먼(Herbert Simon)으로부터 시작된 조직연구가 관심을 끌기 시작했다.[93] 이후 마치(James March)와 사이먼(Herbert Simon)의 연구[94]를 통해 본격화되기 시작했고, 사이먼이 '제한적 합리성'('bounded rationality') 개념을 제기한 이후, 조직과 관련된 모델들이 다양한 영역들에 적용되기 시작했다. 개인보다는 조직내 평균적 인간의 행동문제를 연구하기 시작한 조직이론은 심리학과 사회학에서 행정학과 경제학, 정치학의 영역으로까지 확대된다. 그리고 권력을 향한 조직의 '정치적 투쟁'에 대한 측면들도 지적되기 시작했다.[95]

---

90) James Barber, *The Presidential Character: Predicting Performance in the White House*, 4th ed. (Englewood Cliffs, N.J.: Prentice-Hall, 1992); James Burns, *Leadership* (New York: Harper and Row, 1978); Alexander L. George, *Presidential Decision Making in Foreign Policy*.

91) Joseph de Rivera, *The Psychological Dimension of Foreign Policy* (Columbia: Charles E. Merrill, 1968); R. Axelrod, ed., *The Structure of Decision: The Cognitive Maps of Political Elites* (Princeton: Princeton University Press, 1976); Robert Jervis, *Perception and Misperception in International Politics* (London: Routledge & Kegan Paul, 1970).

92) Margaret G. Hermann, "The Role of Leaders and Leadership in the Making of American Foreign Policy," pp. 266-284; Margaret G. Hermann, Thomas Preston, "Presidents and Their Advisers," pp. 340-356.

93) Graham T. Allison, *Essence of Decision: Explaining the Cuban Missile Crisis*, p. 69에서 재인용.

94) James March and Herbert Simon, *Organizations*, 2nd ed. (New York: Blackwell Publishers, 1993).

앨리슨(Graham Allison)은 이러한 조직이론의 개념을 외교정책에 적용했다. 앨리슨의 이러한 시도는 상당한 반발을 초래했지만, 외교정책에 있어서 관료의 존재와 그 역할에 대한 인식의 필요성을 부각시켰다는 점에서는 긍정적 평가를 받고 있다. 로우크(Francis E. Rourke)는 1970년대까지는 미국 외교정책들이 대통령 중심으로 취급되어 왔지만, 이후의 외교정책 연구들은 관료의 존재를 부각시키는 형태로 진행될 것임을 공언함으로서,[96] 앨리슨의 시도에 대한 긍정적 평가를 뒷받침하고 있다.

최고정책결정자 중심의 접근법들도 조직이론의 등장으로 긍정적인 자극을 받게 된다. 1980년대부터 개인의 심리적 측면을 강조하는 정책결정모델들이 이론적으로 강화되었다. 구일포드(J. P. Guilford)의 연구를[97] 기화로 '합리적 선택'(rational choice) 개념이 다양한 분야로까지 확산되어 갔다.[98] 조지(Alexander George), 스타인(Janice Stein)과 탄터(Raymond Tanter) 등이 진행한 1980년대 초반의 연구들이 이에 해당된다. 또한, 1980년대부터 정책결정자의 지위나 역할에 주목하는 역할이론('role-theory')을 통해 보다 세련된 이론적 발전을 모색해가게 된다.[99] 특히 1980년대에는 개인적

---

95) Paul J. DiMaggio, "The Iron Cage Revisited: Institutional Isomorphism and Collective Rationality in Organizational Fields," *American Sociological Review*, vol. 48, no. 1 (1983), p. 157.

96) Francis E. Rourke, *Bureaucracy and Foreign Policy* (Baltimore: The Johns Hopkins University Press, 1972), pp. vii-viii.

97) J. P. Guilford, *Cognitive Psychology with a Frame of Reference* (San Diego: Edits, 1979).

98) Barbara Farnham, "Political Cognition and Decision-Making," *Political Psychology*, vol. 11, no. 1 (1990), pp. 87-88; Martin Hollis, and Steve Smith, "Roles and Reasons in Foreign Policy Decision Making," *British Journal of Political Science*, vol. 16, no. 3 (1986), pp. 269-270.

99) Charles W. Kegley, W., Jr., and Eugene R. Wittkopf, eds., *The Domestic Sources of American Foreign Policy*, p. 190; Lawrence Freedman, "Logic, Politics and Foreign Policy Process: A Critique of

요소에 주목한 학자들이 테드락(Philip Tetlock)의 '인지연구프로그램'('Cognitive Research Program')과 인지심리 이론[100]들을 도입해 통계적 방법과 함께 활발한 연구를 진행했다. 계속된 '동기연구프로그램'('Motivational Research Program')과 '정치적요인 연구프로그램'('Political Research Program') 등도 많은 관심을 집중시켰다.[101] 정치적 가치를 간과했다는 한계를 가지고는 있었지만, 테드락의 연구는 최고정책결정자의 존재에 주목하던 일련의 학자들에 의해 상당한 주목을 받게 된다.[102]

이상과 같이 비록 외교정책결정과정에 있어 최고정책결정자의 중요성이 지속되고 있는 것은 사실이지만, 조직의 문제가 외교정책결정과정의 분석에 있어서 주요한 변수로 등장하게 되었다. 앨리슨의 관료정치 모델이 많은 비판에도 불구하고 여전히 주목받고 있는 것은 바로 이러한 측면들을 입증해 주고 있다 하겠다.

2) 관료정치 모델의 등장과 비판

앨리슨의 관료정치(Bureaucratic Politics)모델은 외교정책결정과정에 국내 정치적 요소들이 강하게 작용하고 있으며, 외교정책이

---

the Bureaucratic Politics Model," *International Affairs*, vol. 52, no. 3 (1976), pp. 438-439.

100) Philip Tetlock, "Accountability and Complexity of Though," *Journal of Personality and Social Psychology*, vol. 45 (1981), pp. 74-83; Philip Tetlock, "Cognitive Style and Political Ideology," *Journal of Personality and Social Psychology*, vol. 45 (1983), pp. 118-128; Philip Tetlock, "Accountability: The Neglected Social Context of Judgement and Choice," *Research of Organization Behavior*, vol. 7 (1985), pp. 297-332 등 참조.

101) Philip Tetlock, "Accountability," p. 306.

102) Barbara Farnham, "Political Cognition and Decision-Making," p. 89.

관료들간의 정치적 행위에 의해 결정되고 있음을 분석한 것이다.[103] 이러한 점을 염두에 둔다면, 앨리슨의 연구가 출판되기 이전에도 힐스만(Roger Hilsman), 헌팅톤(Samuel P. Huntington), 쉴링(Warner R. Schilling), 너이스타트(Richard Neustadt) 등에 의해 이미 외교정책에 있어 관료들의 존재와 정치성의 문제가 주목받고 있었다.[104] 그러나 앨리슨의 책자는 외교정책에 있어서 관료정치적 행태에 대한 문제를 분석적인 이론적 형태로 정리함으로서 주목을 끌기 시작한 것이다.

앨리슨은 쿠바 미사일 사태와 관련한 일련의 사건들을 합리적 행위자 모델인 Model Ⅰ, 관료조직들의 SOPs(Standard Operating Procedures)를 강조하는 조직과정 모델인 Model Ⅱ, 정부(관료)정치 모델인 Model Ⅲ의 세 가지 모델을 통해 각각 설명하면서 자신의 이론을 구성하고 있다. 이후 앨리슨은 Model Ⅱ와 Model Ⅲ을 통합시켜 관료정치 모델로 발전시켜 간다.[105]

관료정치모델을 간단히 정리하면 다음과 같다.[106] 첫째, 행정부는

---

103) Robert J. Art, "Bureaucratic Politics and American Foreign Policy: A Critique," *Political Science*, vol. 4 (1973), pp. 467-468; Barbara Farnham, "Political Cognition and Decision-Making," p. 85.

104) Roger Hilsman, "The Foreign-Policy Consensus: An Interim Research Report," *Journal of Conflict Resolution*, vol. 3, no. 4 (December, 1959), pp. 361-382; Samuel P. Huntington, "Strategic Planning and the Political Process," *Foreign Affairs*, vol. 38, no. 2 (January 1960), pp. 285-299; Samuel P. Huntington, *The Common Defense;* Warner R. Schilling, "The H-Bomb Decision: How to Decide without Actually Choosing," *Political Science Quarterly*, vol. LXXVI (1961), pp. 24-46; Richard E. Neustadt, *Presidential Power;* Richard Neustadt, *Alliance Politics* (New York: Columbia University Press, 1970) 등 참조.

105) Graham Allison and Morton Halperin, "Bureaucratic Politics," p. 381.

106) 관료정치모델을 정리한 내용은 Jerel A. Rosati, "Developing a Systematic Decision-Making Framework: Bureaucratic Politics in Perspective," *World Politics*, vol. 33, no. 2 (1981), pp. 236-238; Jutta Weldes, "Bureaucratic Politics: A Critical Constructivist Assessment," *Mershon*

목표와 목적이 아주 다양한 개인들과 조직들로 구성되어 있다. 둘째, 외교정책울 결정하는 과정에 참여하는 행위자들 중에서 절대적으로 영향력을 행사하는 절대자는 없다. 대통령도 상대적으로 권력이 강할 뿐이지 절대자는 아니다. 셋째, 최종적인 결정은 다양한 행위자들간의 협상과 합의에 의한 정치적 타협의 산물이다. 넷째, 형식적인 결정과 실질적인 집행 사이에는 일반적으로 상당한 격차가 존재한다는 것이다. 할프린(Morton H. Halperin), 바크스(William I. Bacchus), 칸터(Arnold Kanter), 데스틀러(I. M. Destler), 힐스만(Roger Hilsman) 등이 관료정치 모델에 매우 적극적인 입장을 보임으로서,[107] 1970년대에는 관료정치적 개념을 통해 외교정책을 분석하는 것이 하나의 학문적 조류를 형성하기도 하였다.[108]

관료정치모델은 지지만큼이나 비판도 많이 제기되었다. 가장 대표적인 인물로서, 크라스너(Stephen Krasner)는 첫째, 지나치게 조직과정에만 집중하고 있다. 둘째, 합리성의 문제를 간과하고 있다. 셋째, 급격한 변화를 설명하지 못한다. 넷째, 외교정책에 있어 가장

International Studies Review, vol. 42 (1998), p. 217; David A. Welch, "The Organizational Process and Bureaucratic Politics Paradigm: Retrospect and Prospect," *International Security*, vol. 17 (1992), p. 128 등 참조.

107) Morton Halperin, *Bureaucratic Politics and Foreign Policy:* Morton Halperin, "Why Bureaucrats Play Games," *Foreign Policy*, vol. 2 (1971), pp. 70-90; William I. Bacchus, *Foreign Policy and the Bureaucratic Process* (Princeton: Princeton University Press, 1974); Morton Halperin and Arnold Kanter, "The Bureaucratic Perspective: A Preliminary Framework," in *Readings in American Foreign Policy* (Boston: Little, Brown, 1973); I. M. Destler, *Presidents, Bureaucrats and Foreign Policy* (Princeton: Princeton University Press, 1972); Roger Hilsman, *The Politics of Policy Making* 등 참조.

108) Steve Smith, "Allison and the Cuban Missile Crisis: A Review of the Bureaucratic Politics Model of Foreign Policy Decision-Making," *Millennium: Journal of International Studies*, vol. 9, no. 1 (1980), p. 22.

중요한 대통령을 배제하고 있다. 다섯째, 대통령을 포함하여 최고정
책결정자는 "어떤 직무를 담당하고 있는가 하는 것이 정책 내용을
결정 한다"("Where you stand depends on where you sit")라는 마
일즈(Miles)의 법칙을 적용 받지 않는다. 여섯째, 문화와 가치의 문
제를 간과하고 있다. 일곱째, 정책형성과정에 대한 서술이 서툴다.
또한 대통령의 관료 임면권 문제를 간과하고 있다. 여덟째, 대통령
의 행보와 행동패턴은 관료조직들과 근본적으로 다르다. 아홉째, 대
통령도 관료조직의 이익에 영향을 미친다고 정리하면서, 관료정치모
델은 연구자들을 현혹시키며(misleading), 매우 위험하며(dangerous),
가치를 강요하고 있다(compelling)고 강도 높게 비판한다.109)

아트(Robert Art) 또한 관료정치모델에 대해 부정적이다. 그의
비판 내용을 살펴보면, 관료정치모델은 첫째, 지나치게 압력단체나
이익집단의 로비에 주목하고 있다. 둘째, 국제적인 상황보다 관료정
치과정에 초점을 맞추고 있다. 셋째, 정책결정을 정책결정자의 의지
보다 갈등과 타협의 산물로만 이해하고 있다. 넷째, 선거나 여론 등
의 문제는 간과한 채, 관료조직들의 조직이익에만 집중하고 있다는
것이다.110)

이 이외에도, 로사티(Jerel A. Rosati), 로우크(Francis E. Rourke)
등은 최고정책결정자인 대통령의 절대적 위상을 평가절하 했다는 점
을,111) 스턴(Eric Stern) 등은 학문적 성과와 일반화의 한계점

---

109) Stephen D. Krasner, "Are Bureaucracies Important? A Reexamination
of Accounts of the Cuban Missile Crisis," in Eugene R. Wittkopf, ed.,
*The Domestic Sources of American Foreign Policy: Insights and
Evidence*, 2nd ed. (New York: St. Martin's Press, 1994), pp. 311-323.

110) Robert J. Art, "Bureaucratic Politics and American Foreign Policy," pp.
467-490.

111) Jerel A. Rosati, "Developing a Systematic Decision-Making Framework,"
pp. 234-252; Francis E. Rourke, "Book Review - Essence of Decision,"
Administrative Science Quarterly, vol. 17, no. 3 (1972), pp. 431-432.

을,[112) 로데스(Edward Rhodes) 등은 미래 예측의 문제를,[113) 웰치 (David A. Welch), 야나렐라(Ernest J. Yanarella)와 저비스(Robert Jervis) 등은 이론적 수준의 문제를 비판하고 있다.[114) 스미스 (Steve Smith)는 이처럼 다양하게 지적되는 비판들을 가치와 개념, 이론적 측면 등 7가지 영역으로 분류해 정리하고 있다.[115)

이러한 비판에도 불구하고 앨리슨의 관료정치모델은 외교정책을 연구하는 학자들로부터 결코 소외되지 않았다. 많은 비판에도 불구 하고 1971년 *Essence of Decision*이 출판된 이후 20여년이 지난 1992년까지 수백만부가 판매되었으며, SSCI(Social Science Citation Index)에 등재된 논문들 중에서 *Essence of Decision*을 인용한 경우 가 1,700회 이상이라는 점[116)은 그만큼 관료정치적 개념과 분석이 사회과학에 있어 일반적 개념으로 자리 잡게 되었고,[117) 외교정책 에 있어 관료정치적 현상은 보편화되어 있고 일반화되어 있다는 점 을 반증해주는 부분이라 하겠다.[118)

---

112) Eric Stern, ed., "Whitter the Study of Governmental Politics in Foreign Policymaking? - A Symposium," *Mershon International Studies Review*, vol. 42 (1998), pp. 205-255.

113) Edward Rhodes, "Do Bureaucratic Politics Matter? - Some Disconfirming Findings from the Case of the U.S. Navy," *World Politics*, vol. 47, no. 1 (October 1994), pp. 1-41.

114) David A. Welch, "A Positive Science of Bureaucratic Politics?" *Mershon International Studies Review*, vol. 42 (1998), pp. 210-216; David A. Welch, "The Organizational Process and Bureaucratic Politics Paradigms," pp. 112-146; Jonathan Bendor, Thomas H. Hammond, "Rethinking Allison's Models," *American Political Science Review*, vol. 86, no. 2 (June 1992), pp. 301-322; Robert Jervis, *Perception and Misperception in International Politics*, pp. 25-28.

115) Steve Smith, "Allison and the Cuban Missile Crisis," pp. 21-39.

116) Edward Rhodes, "Do Bureaucratic Politics Matter?" p. 2; David A. Welch, "The Organizational Process and Bureaucratic Politics Paradigms," p. 112.

117) Jerel A. Rosati, "Developing a Systematic Decision-Making Framework," p. 235.

한편, 앨리슨은 자신의 이론에 대해 제기되는 많은 비판들을 일부 수용함으로서, 자신의 모델에 유연성을 강화시키는가 하면, 자신이 사용한 개념들의 다소 불명확한 개념정의의 문제점들을 해결하기 위한 노력들도 진행한다. 1999년 *Essence of Decision*, 2nd edition을 낸 앨리슨은 관료정치모델의 일반적 적용을 위해, 이론적 구조를 정교화시키고 조작화하는 한편, 'conceptual lenses'라는 개념을 통해 종합적 판단의 필요성을 강조하고 있다.[119]

결국, 앨리슨의 관료정치모델은 많은 비판에도 불구하고 기존의 접근법이나 모델들로서는 설명할 수 없었던 외교정책과 관료들간의 관계들을 분석해 내었으며, 외교정책결정과정에서 행위자들간의 경쟁, 대립, 그리고 정치적 타협이라는 서로 동떨어진 내용들을 함께 연결시켰다는 점에서는 긍정적인 평가를 받고 있는 것은 사실이다.

3) 관료정치 모델의 수정주의 시각

앨리슨의 관료정치 모델에 대해 제기되었던 많은 비판들과 관련하여, 앨리슨의 관료정치 모델을 보완한 수정주의 모델들도 다수 등장했다. 우선, 구딘(Robert E. Goodin)은 대립하고 갈등하는 모습들뿐만 아니라 행위자들간의 협력과 지원의 모습들도 관료조직들의 정치적 행동의 결과라며, '협력적 관료정치'(cooperative bureaucratic politics) 모델을 제시한다.[120] 린드블럼(Charles Lindblom)도 조직들간의 협조와 협력의 문제를 지적하며, '부분적 상호적응모델'('Partisan

---

118) Eric Stern, ed., "Whitter the Study of Governmental Politics in Foreign Policymaking? - A Symposium," pp. 205-255.

119) G. Allison and P. Zelikow, *Essence of Decision: Explaining the Cuban Missile Crisis*, 2nd ed. (New York: Longman, 1999), pp. 2, 392.

120) Robert E. Goodin, "The Logic of Bureaucratic Back Scratching," *Public Choice*, vol. 21 (1975), pp. 53-67.

Mutual Adjustment')을 제시했다.[121]

한편, 조지(Alexander George)는 '다원적 참모집단 모델'('Multiple Advocacy')을 제시하면서, 중앙집중화된 관리를 통해 관료들의 다양한 견해들과 이익들을 통제하고 통합할 수 있다는 점을 주장하면서, 관료들의 존재에 주목한다.[122] 그리고 이를 대통령을 중심으로 한 경쟁, 대통령이 관리하고 감독할 수 있는 관료조직들간의 경쟁과 대립이 보다 현실적이라며 미국의 국가안전보장회의(NSC, National Security Council)와 같은 조직을 다원적 참모집단 모델이 현실적으로 적용될 수 있는 대표적인 형태로 지적한다.

이외에도 합리적 선택이론이 전제하고 있는 합리성에 반대하고, 대신 협상(bargaining)에 의해 외교정책들이 결정된다는 점에 주목하고 있는 '쓰레기통 모델'(Garbage Can Model)[123]도 관료정치 모델과 상당한 유사성을 갖고 있다. '조직화된 혼돈'(organized anarchy) 속에서 어떻게 정책들이 결정되는가를 컴퓨터 시뮬레이션을 통한 분석을 시도한다. 즉, 쓰레기통 모델은 왜 해당 정책이 선택되는가 하는 문제에 대해서는 분명한 정답을 제공해 주지 못하지만, 선택 가능한 내용들을 제시함으로서 문제해결 자체에 집중하는 양상을 보인다. 최근에는 쓰레기통 모델이 인공지능(AI, artificial intelligence) 이론과 결합하여 보다 설득력 있는 결론을 도출하기 위한 노력들을 시도하고 있다.[124]

---

121) Charles Lindblom, *The Intelligence of Democracy: Decision-Making Through Mutual Adjustment* (New York: Free Press, 1965).

122) Alexander George, "The Case for Multiple Advocacy in Making Foreign Policy," *American Political Science Review*, vol. 66, no. 3 (1972), pp. 751-785.

123) Michael D. Cohen, James G. March, and Johan P. Olsen, "A Garbage Can Model of Organizational Choice," *Administrative Science Quarterly*, vol. 17, no. 1 (1972), pp. 1-25.

124) Michael Masuch and Perry LaPotin, "Beyond Garbage Cans: An AI Model of Organizational Choices," *Administrative Science Quarterly*, vol.

이상의 내용들은 앨리슨의 관료정치 모델이 주장하고 있는 바를 전적으로 수용하고 있는 것은 아니지만, 정책결정과정이 단일된 행위자에 의해 결정되는 것이 아니라는 점과 다양한 행위자들간의 정치적 과정이 정책결정 과정 속에 존재한다는 점을 인정하고 있다는 측면에서는 서로 공통된다. 특히, 정치라는 것이 반드시 경쟁하고 대립하면서, 타협하는 것만을 의미하는 것이 아니라, 보다 넓은 의미에서는 '정치적 결탁'(log-rolling)이나 '상호편의의 추구'(back-scratching) 등과 같은 협력과 연합, 협상의 형태들도 포함된다는 점을 강조하고 있다는 것은 주목할 만하다.[125]

비록 외교정책의 영역을 구체적인 분석대상으로 하는 것도 아니고, 또 정책결정과정을 직접적으로 거론하고 있는 것은 아니지만, 기업경영과 관련하여 주목받고 있는 '주인-대리인 모델'(principal-agent model)[126]도 앨리슨의 관료정치모델 중에서 특히 조직과정모델과 그 내부적 논리가 매우 유사하다는 점에서 주목할 필요가 있다. 최고정책결정자 또는 최고 경영자 보다는 조직과정에 주목하고 있고, 최고정책결정자 또는 보스와 의견을 달리하는 관료 또는 대리인들의 행동과 행태에 주목하고 그 이유를 분석하고 있다는 점에서는 관료정치모델과 주목하고 있는 분야나 관점이 흡사하다 하겠다.

---

3 (1989), pp. 38-67; 김동환·배병룡, "쓰레기통 모델과 인과지도의 결합: 인공지능적 접근," 「한국행정학보」, 제23권 제2호 (1989), pp. 701-715.

125) Lawrence Freedman, "Logic, Politics and Foreign Policy Process," p. 445.

126) Barry M. Mitnick, *The Political Economy of Regulation: Creating, Designing, and Removing Regulatory Forms* (New York: Columbia University press, 1980); B. Dan Wood, Richard W. Waterman, *Bureaucratic Dynamics*, pp. 22-26; 프란시스 후쿠야마, 『강한 국가의 조건』 (서울: 황금가지, 2005), pp. 70-87 등 참조.

제Ⅲ장 국제환경의 변화와 한국 외교정책결정 과정의 새로운 이해

외교정책이란 특정 국가가 국경의 외부, 즉 국제사회를 대상으로 하여 결정하고 취하는 정책이다. 따라서 특정 국가의 외교정책은 국제사회의 변화에 매우 민감할 수밖에 없다. 왜냐하면, 외교정책은 국제사회라는 외부로부터 전달되는 자극에 대하여 특정 국가가 대응하는 구체적인 반응이고 행동이라고 할 수 있기 때문이다. 이런 점을 고려할 때, 만약 한국의 외교정책이 변화하고, 외교정책결정과정에서 새로운 현상이 발생하고 있다면, 국내적인 환경 뿐만 아니라 국제사회의 환경에 있어 어떠한 변화가 발생하고 있는지 그리고 이러한 변화가 어떤 영향을 미치고 있는 지를 살펴보는 것이 필요하다.

다음은 20세기 후반부터 급변하고 있는 국제사회의 변화양상들을 정리하고, 한국이 직면한 국내외의 환경변화가 한국의 외교정책과 정책결정과정에 어떠한 영향을 미치고 있는 지를 살펴보았다. 그리고 이러한 환경의 변화가 한국 외교정책의 결정과정에 참여하는 주요 행위자들의 구성과 행위자들간의 관계에 어떠한 변화를 초래하고 있는지도 검토하였다.

제1절 국제 안보 환경, 외교 환경의 변화[1]

1990년대부터 시작된 탈냉전과 21세기에 들어와 본격화되고 있는 세계화는 국제사회와 그 환경의 성격을 크게 바꾸어 놓고 있다. 국제사회의 안보의 개념이 크게 확대되고, 그 영역도 넓어지고 있다. 단순한 군사적 안보에서 경제적 안보, 환경-생태적 안보, 사회적 안보 등을 포함하여 인간안보라는 새로운 개념들도 등장하고 있다. 그리고 이처럼 변화하는 안보 개념에 따라 안전보장의 방식들 또한 변해가고 있으며, 공동안보라는 새로운 형태의 대응방식들이 등장하고 있다. 이처럼 국제환경이 변화하면서, 국제사회에 대한 개별 국가들의 행동양식들 또한 변해가고 있다. 외교정책의 주요행위자들의 수도 변화하고 있을 뿐아니라, 정책결정 방식 또한 변해가고 있다. 외교정책의 결정과정에 참여하는 행위자가 최고정책결정권자 1인에 의해 좌우되는 양상에서 관료를 포함한 다양한 국내 행위자들의 참여가 확대되어가고 있는 것이다. 따라서 국내정책과 달리 그동안 일사분란하게 진행되는 것으로 인식되어온 외교정책에서도 '정치적'인 성향들이 노출되기 시작했고, 이를 분석해야할 필요성이 제기되었다. 한국의 경우에도 외교정책결정과정에 대한 관심이 부각되기 시작하였고, 일정한 연구결과물들이 완성되고 있다.[2]

---

1) 관련된 내용은, 문정인·배종윤, "한반도의 국제환경 변화와 그 대응," 문정인·배종윤 외, 『21세기 국제환경 변화와 한반도』 (서울: 오름, 2004), pp. 13-34 참조.

2) 한국외교정책에 대한 연구에서 국내 정치적 문제와 외교정책결정과정에 초점을 맞춘 연구들은, Youngnok Koo, "Foreign Policy Decision-Making," in Youngnok Koo and Sung-joo Han, eds., *The Foreign Policy of the Republic of Korea* (New York: Columbia University Press, 1985), pp. 41-44; Gregory F. T. Winn, *Korean Foreign Policy Decision-Making: Process and Structure* (Honolulu: The Center for Korean Studies, University of Hawaii, 1976); Yong Soon Yim and Ki-jung Kim, eds.,

이러한 현상과 관련하여, 과연 어떠한 요인들이 외교정책 영역의 정책결정과정에 변화를 초래하고 있는 지를 분석할 필요성이 제기된다. 외교정책의 속성상 단순히 국내적인 문제인 것인지, 아니면 국제환경의 변화가 국가 내부의 개별적인 정책결정과정에 영향을 미치는 현상인지를 확인할 필요가 있다. 만약, 단순한 국내적인 문제라고 한다면, 이는 개별성의 차원에서 접근해야 한다. 그러나 국제환경의 변화와 긴밀한 관련성을 갖고 있다면, 이는 보편적인 일반성의 차원에서 접근해야할 필요성이 제기된다. 본 절에서는 이러한 측면과 관련하여, 두 가지의 환경 변화요인들을 함께 고려하면서 한국외교정책에 어떠한 영향을 미치고 있는 지를 살펴보고자 한다. 우선 국내적으로 한국은 민주화라고 하는 거대한 변화의 물결을 받아들였다. 그리고 한국의 사회 전반에 그 영향이 미치고 있다. 그 결과 선진 민주주의에 걸맞는 형태의 제도화가 꾸준히 진행되고 있는 양상이다. 외교정책결정과정도 결코 이러한 흐름에서 벗어날 수가 없을 것이다. 한편, 국제적 환경의 변화, 특히 세계화라고 하는 현상은 한국이 무시하거나 역행할 만한 성격이 아니다. 한국은 세계화의 흐름에 적극적으로 동참하고 있다. 한국의 외교정책에 미치는 세계화의 영향력이 절대적인 형태로 다가올 수밖에 없다. 이러한 측면에서 한국외교정책의 결정과정에서 확인되고 있는 다양한 변화양상, 즉 과거와는 차별적인 모습들이 국내외의 환경적 요인들과 어떠한 관련성을 갖고 있는가를 살펴보고자 한다. 특히, 최고정책결정자인 대통령과 함께 외교정책결정과정에서 주요한 행위자로 인식되고 있는 관료조직들의 문제에 초점을 맞추어, 국내외적 환경

Korea in the Age of Globalization and Information: Direction of Korea's Diplomacy and Broadcasting toward the 21st Century (Seoul: The Korean Association of International Studies, 1997); 김용호, 『외교안보정책과 언론 그리고 의회』 (서울: 오름, 1999); 배종윤, "한국외교정책 결정과정의 관료정치적 이해," 「국제정치논총」, 제42집 4호 2002), pp. 97-116 등 참조.

변화와 외교정책결정과정과의 관련성을 고찰하게 될 것이다.

21세기를 새롭게 맞이하는 동안, 한국은 국내외적으로 다양한 안보환경의 변화에 직면하고 있다. 과거에는 생각하지도 못했던 전혀 새로운 안보 환경이 등장하고 있는가 하면, 탈냉전과 더불어 사라질 것으로 예상했던 고전적인 안보 요인들은 여전히 영향력을 발휘하고 있다. 그 뿐만 아니라 한시적 변화가 하나의 시대적 추세로 정착되고 있으며, 변화의 내용들이 서로 복합적으로 연동되면서 효과적인 대응을 어렵게 만드는 경우들도 있다. 그리고 이러한 변화들이 국내외적으로 다양한 영향을 미치게 되면서 한반도의 미래를 결정짓는 중요한 변수로 자리 잡고 있다.

현 시점에서 국내외의 환경 변화는 크게 네 가지 시각에서 조망해 볼 수 있다. 그 첫째는 탈냉전의 새로운 세계 질서와 그에 따른 안보 환경의 변화이다. 둘째는 경제적 영역에서부터 시작되었고 최근 들어 더욱 가속화되고 있는 세계화, 지역화의 추세다. 셋째는 민주주의와 시장경제적 가치의 세계적 확산에 따른 국제환경의 변화와 국내적 영향이다. 마지막으로 기술 혁명과 정보화에 따른 국제환경의 지형 변화이다. 이 네 가지의 거대한 변화 추세는 국제 질서의 구조와 성격뿐만 아니라 동북아시아와 한반도에 대해서도 직간접적인 영향을 미치고 있다. 특히 21세기에 들어와 이러한 변화의 흐름이 가속화되고 있을 뿐 아니라, 그 변화양상 역시 복합적이고 중층적인 성격을 보이면서, 그 대응을 더욱 어렵게 만들고 있다. 결국 이러한 국내외의 환경 변화에 대한 분석과 이해는 국제사회에 대한 한국외교정책의 내용과 정책결정과정에서 나타나는 새로운 변수와 행동양태, 그리고 이들 요인들의 변화 양상들을 분석하고 이해하는데 결정적인 도움이 될 수 있을 것이다.

1. 탈냉전과 안보환경의 변화

지난 50여년 동안 국제사회의 질서를 강력히 통제하면서 한반도의 안보환경에 지대한 영향을 미쳐온 것은 냉전 구조라 할 수 있다. 그러나 1990년대 초반 이후 가속화되어온 냉전 질서의 해체는 동북아시아와 한반도에 심대한 영향을 미치고 있다. 물론 유럽지역과 비교 할 때, 냉전적 가치와 논리가 한반도와 동북아시아에 여전히 지속되고 있는 것은 사실이지만, 탈냉전 이후에 새롭게 형성되고 있는 안보환경은 동북아시아의 안보 지형에 본질적 변화를 가져오고 있다.

탈냉전기에 있어 안보 개념은 냉전 시기에 비해 보다 광의의 개념으로 확대되고 있을 뿐 아니라, 다양한 요소들을 함께 포함하는 복합적인 내용을 특징으로 하고 있다. 우선, 냉전 시기의 국가 중심의 안보 개념에서 '인간' 중심의 안보 개념으로 안보의 성격이 바뀌어 가고 있다.[3] 국제정치학의 현실주의적 전통들이 주목하고 있는 국가라는 행위자를 중심으로 국제사회의 안보적 상황들을 분석하기보다는, 국가와 무관한 인간 개인들을 중심으로 한 안보의 내용과 그 요소들을 검토하고 분석하는 형태로 안보의 개념과 안보적 환경에 대한 조점이 이농하기 시작하였다. 눌째로 안보와 관련된 행위사들의 내용이 다양화뇌고 있다. 현실주의자들의 수장에 의하면, 국세사회에서 안보와 관련된 행위사는 선통석으로 국가에 국한되어 왔다. 그러나 9/11 사태가 극명하게 예시해 주고 있듯이 안보 위협의 원천은 국가의 수준에 그치지 않고 있다. 국제 테러리스트, 분리주의 운동을 전개하는 종족 집단, 국제기구, 그리고 국제적 비정부

---

3) UN Development Program (UNDP), *Human Development Report 1994: New Dimensions of Human Security* (New York: Trygve Olfarnes, 1994) 의 제2장 내용 참조.

기관(INGO) 등 다양한 형태의 행위자들이 안보와 관련된 주체로 등장하고 있다. 국가보다도 더 위험스러운 안보 상황을 초래할 수 있는 행위자도 있으며, 단순히 국가만으로는 해결할 수 없는 안보적 상황들을 효과적으로 해결해 갈 수 있는 능력을 갖춘 국제기구들도 등장하고 있다. 셋째, 안보의 영역과 대상 역시 군사 안보에서 사회, 경제, 생태 안보 등으로 다변화되고 있고 광범위하게 확산되고 있다.[4] 물론 대부분의 국가에 있어서 군사안보가 아직도 부동의 절대적 지위를 점하고 있기는 하지만, 경제적 생존과 번영, 생태 문제와 직결된 유기체적 생존, 그리고 사회적 안정 등도 군사안보 못지않게 중요한 안보 쟁점으로 부각되고 있다. 특히 이러한 안보적 요인들이 서로 분리되어 개별적으로 등장하는 것이 아니라, 서로 복합적으로 연계되어 등장하고 있기 때문에 효과적인 대응을 더욱 어렵게 만들고 있다. 마지막으로, 탈 냉전기에 나타나는 안보상의 특징은 국가안보를 위협하는 요인들의 원천에 대한 안과 밖의 구분이 불분명해지고 있고, 안보 위협의 다양한 형태들이 중층적으로 연동되이 있다는 것이다.[5]

특히 9/11 테러 사건은 탈냉전 이후의 국제 안보환경을 다시 한번 근본적으로 변화시키는 계기가 되었다. 9/11 테러 이후에는 '탈 탈냉전'(Post-Post-Cold War) 시기에 돌입했다고 할 만큼 국제사회의 안보 환경이 급변하고 있다. 무엇보다도 9/11 테러의 대상으로서 심각한 안보 위기를 체험했던 미국은 이러한 안보환경에 대응하기 위하여 새로운 안보정책을 제시하고 있으며 미국의 이러한 정책

---

4) Barry Buzan, *People, States, and Fear: An Agenda for International Security Studies in the Post-Cold War Era*, 2nd ed. (Boulder: Lynne Rienner, 1991); Miranda A. Schreurs, Dennis Pirages, eds., *Ecological Security in Northeast Asia* (Seoul: Yonsei University Press, 1998) 등 참조.
5) Steve Smith, "The Concept of Security Before and After September 11: The Contested Concept of Security," IDSS Working Paper Series, No. 23, Institute of Defense and Strategic Studies, Singapore, May 2002.

변화는 국제사회의 안보 질서가 또 한번 구조적 변화를 경험하게 될 것이라는 점을 예고해 주고 있다.

특히 주목할 만한 대목은 미국의 외교정책 기조가 고전적인 억제와 봉쇄에서 예방전쟁(preventive war)과 선제공격(preemptive action)의 개념처럼 적극적인 대응으로 전환되고 있다는 것이다. 미국의 선제 공격론에 대한 명분은 자명하다. 대량살상무기를 보유하고 있거나 보유하려고 하는 불량국가 및 테러리스트들에 대해서는 수동적 개념의 봉쇄나 억제가 더 이상 효과적이지 않을 뿐만 아니라, 이들은 대량살상무기를 최후의 무기가 아닌 선택의 개념으로서 적극적으로 사용하려하기 때문에 사후적인 대응은 그 효력을 잃을 수밖에 없기 때문이다.[6] 따라서 이들의 적대적 의도가 가시화되어 직접적 위협으로 나타나기 이전에 선제공격을 통해 이들을 무력화시켜야 한다는 것이다.[7] 물론 선제공격과 같은 개념들이 전혀 새로운 것은 아니다. 클린턴 정부 시기에도 테러리즘에 대한 공격적 대응과 선제공격의 필요성이 대두된 바 있다. 그러나 부시 행정부하에서는 선제공격이 미국 국가안보전략의 핵심 개념으로 자리 잡고 있다는 점에서 주목해야할 필요가 있다.

이는 2003년 이라크 전쟁을 통해서 이미 입증된 바 있다. 럼스펠드(Ronald H. Rumsfeld) 미 국방장관이 카타르의 미국 중부사령부를 방문한 자리에서 대테러 전쟁과 관련하여 "이제는 선제공격의 시대"라고 언급했다[8]는 사실은 선제공격론이 구체화되고 있다는 것을 시사해주는 대목이다. 더욱이 선제공격(preemptive action)이 예방

---

6) Ashton B. Carter, William J. Perry, *Preventive Defense: A New Security Strategy for American* (Washington, D.C.: Brookings Institution Press, 1999) 참조.
7) White House, *National Strategy to Combat Weapons of Mass Destruction*, December 2002, *http://www.whitehouse.gov*, pp. 2-3.
8) 「중앙일보」, 2003년 4월 30일자.

(prevention)의 개념과 분명하게 구분되지 못한 채 사용될 가능성, 그리고 이러한 가능성이 보편적인 안보 환경으로 정착되고 유용한 정책적 수단으로 상례화 될 경우에 초래될 국제 안보환경의 구조적 불안정성을 결코 간과해서는 안 된다. 미국 뿐만이 아니라 국제사회의 모든 국가들이 선제공격과 예방공격의 개념에 익숙해져야만 할 것이고, 이는 국제사회의 모든 국가들이 취하는 외교정책에도 그대로 반영될 수밖에 없을 것이기 때문이다. 물론 한국의 외교정책에도 이러한 안보환경은 큰 영향력을 행사할 수밖에 없다. 특히 미국이 규정한 불량국가의 대상9)에 북한이 포함되어 있다는 점을 고려한다면, 그 영향력은 더욱 분명해질 수밖에 없을 것이기 때문이다.

결국 9/11 테러 사건과 그 이후 전개되고 있는 국제사회의 안보환경은 탈냉전 이후의 변화된 국제 안보 환경의 복합적 성격을 단적으로 압축해 말해주고 있다. 알라가파(Muthiah Alagappa)는 9/11 테러이후 '본토방위'(Homeland Security)라는 개념이 추가될 정도로 안보의 개념이 더욱 광범위해졌다며,10) 서로 경쟁적으로 제기되고 있는 다양한 안보개념을 안보 대상(referent), 분석 수준(level of analysis), 분석 범위(scope), 접근 방식(approach), 안보의 본질과 조건(nature or condition) 등에 따라 분류하면서, 수많은 분류들 중에서 어느 것도 모든 안보적 측면들을 완전히 설명해낼 수 없는 한계를 가지고 있을 만큼 안보의 개념이 복잡하다는 사실을 지적하고 있다.11)

---

9) 미국이 규정하고 있는 '불량국가'의 내용에 대해서는 White House, *National Security Strategy of the United States of America*, September 2002, *http://www.whitehouse.gov*, p. 14 참조.

10) Muthiah Alagappa, "Security and Security Studies After September 11: Some Preliminary Reflections," IDSS Working Paper Series, No. 23, Institute of Defense and Strategic Studies, Singapore, May 2002, pp. 12-26.

11) Muthiah Alagappa, ed., *Asian Security Practice: Material and Ideational Influences* (Stanford: Stanford University Press, 1998), pp. 694-695의 분

한국으로서도 탈냉전과 9/11 테러 이후 급변하고 있는 국제 안보 환경과 다중화되고 있는 안보개념에 결코 둔감할 수 없는 것이 현실이다. 특히 한국은 냉전의 유산이 한반도에 지속되고 있음에도 불구하고, 탈냉전이라고 하는 새로운 도전을 받아들여야만 하는 이중적인 위협구조에 직면해 있다. 바꾸어 말하면, 남북한간의 군사적 대치가 지속되고 있고, 북한의 핵문제와 미사일 문제를 둘러싼 한반도의 긴장이 고조되고 있음에도 불구하고, 탈냉전 이후 부각되고 있는 새로운 다양한 안보개념에 대해서도 한국이 적극적으로 대응해야할 필요성에 직면해 있는 것이다. 더욱이 9/11 테러 이후에는 '확산방지 안보구상'(PSI, Proliferation Security Initiative) 등 대테러 전쟁을 수행하기 위한 국제사회의 협력체 구성과 그에 대한 한국의 동참이 요청되고 있는 현실을 감안 할 때, 한국의 안보 환경은 과거 어느 때보다 적응하기 어려운 상황이다. 특히 테러 지원국 명단에 북한이 포함되어 있다는 사실, 대테러 전쟁을 주도하고 있는 미국이 한국의 안보 환경을 크게 좌우할 수 있는 절대적 위상을 점하고 있다는 점 등을 고려 할 때, 탈냉전과 9/11 테러 이후 급변하고 있는 국제적 안보환경에 대한 효과적 대응은 그리 쉬운 과제는 아닐 것이다. 이러한 어려움들은 한국의 외교정책 결정과정에도 상당한 영향력을 발휘하고 있으며, 과거와 달리 외교정책결정이 결코 단면적이고 일차원적으로 진행되지 못하게 만드는 원인이 되고 있다.

2. 세계화와 지역화, 그리고 통합과 분절

탈냉전 이후 가속화되고 있는 세계화(Globalization)의 흐름 역시 한국의 외교정책에게는 새로운 도전으로 등장하고 있다. 세계화는

류된 표 참조.

민족국가의 경계를 약화시키고, 웨스트팔리아(Westphalia) 조약에 근거한 국가 주권의 개념을 변질시키는 동시에[12] 국가간의 통합 양상을 심화시키고 있다. 이제 세계화는 다시 돌이킬 수 없는 시대적 조류로 정착되어가고 있다.

그러나 세계화라는 것이 중요한 시대적 흐름인 것만은 부인할 수 없는 사실이지만, 그 특징 및 내용과 관련한 논란도 다양하다. 첫째, 구체적으로 세계화가 무엇이며, 어떤 내용을 담고 있는가? 하는 문제에 대해서는 여전히 합의가 이루어지지 못하고 있다. 세계화란 무엇을 말하는가?, 세계화라는 것이 하나의 현상에 불과한가, 아니면 어떠한 실체를 가지고 있는가?, 세계화가 진행되는 범위는 어디까지 인가?, 과거에도 있었던 것인가, 아니면 전혀 새로운 것인가?, 세계화의 내용은 고정적인가 아니면 가변적인가? 세계화를 주도하는 주된 행위자는 누구인가? 세계화는 통제될 수 있는 것인가, 아니면 통제될 수 없는 것인가? 세계화는 어떤 경로로 확산되고 구체화되는 것인가? 등의 논란에 대해 명확한 해답이 제시되지 못하고 있다. 따라서 세계화(Globalization)의 개념은 국제체제 행위자들간의 관계에 주목한 국제화(Internationalization), 경제적 측면에서의 자유화(Liberalization), 문화적 측면에서의 지구화(Universalization) 또는 근대화(Modernization)나 서구화(Westernization), 지리적 개념에서의 국경 해체(Deterritorialization)와 통합(Integration) 등의 개념들과 다소 혼용되어 사용되기도 한다.[13] 결국 세계화라고 하는

---

12) 웨스트팔리아조약에 근거한 근대 주권의 개념과 현대적 의미에 대해서는, Chung-in Moon and Chaesung Chun, "Sovereignty: Dominance of the Westphalian Concept and Implications for Regional Security," in Muthiah Alagappa, ed., *Asian Security Order: Instrumental and Normative Features* (Stanford: Stanford University Press, 2003), pp. 106-137 참조.

13) John Baylis and Steve Smith, eds., *The Globalization of World Politics*, 2nd ed. (Oxford: Oxford University Press, 2001), pp. 13-16 참조.

국제적 환경에 효과적으로 대응하기 위해서는 세계화라는 현상 또는 그 실체에 대한 정확한 이해가 절대적으로 필요하다. 이는 한국의 외교정책이 효과적으로 집행되고, 국가이익의 확보라는 성공적인 결과를 얻기 위해서도 반드시 필요한 작업이다.

둘째, 비록 과거에도 존재했던 현상이건, 아니면 전혀 새로운 현상이건 간에 현재 진행되고 있는 세계화는 과거에 경험해보지 못했던 새로운 국제환경을 조성해 나가고 있다. 오늘날 국제사회에서는 상호의존의 강도가 심화되고, 그 연결망의 범위가 세계적으로 확대되면서, 개별 행위자 상호간에 미치는 영향력의 강도가 과거 어느 때보다도 더 강력해지고 있다. 그 결과 개별 국가들은 국제사회에서 복합적 안보 쟁점, 상황적 불확실성, 구조적 취약성 등에 대해 별다른 준비없이 무방비로 노출되는 빈도나 강도가 높아지고 있고, 이에 대한 효과적인 대응과 적절한 적응력을 확보하는데 상당한 어려움을 겪고 있다. 1997년 한국이 경험했던 외환위기의 어려움은 이러한 측면들을 아주 잘 말해주고 있다. 별다른 준비없이 과감하게 뛰어든 세계화의 흐름에서 한국의 외교정책들은 아주 곤혹스러운 대가를 치러야만 했기 때문이다.

세계화 시대의 위기는 신속한 대응을 요구하고 있으며, 그 대응의 범위도 단순히 정치적, 경제적 측면에 국한된 것이 아니라 아주 광범위한 영역으로 확대되고 있다. 이와 관련하여, AIDS, SARS 또는 조류독감의 확산과 같은 보건문제, 사막화나 오존층 파괴와 같은 환경문제, 가뭄이나 홍수 등과 같은 기후문제, 마약, 밀수, 인신매매, 인권 능의 문제가 대표적인 예로서 거론될 수 있을 것이다. 이들 문제들을 개별 국가 혼자의 힘으로 해결한다는 것은 현실적으로 불가능하다. 이를 해결하기 위해서는 국가간 공동협력이 과거 어느 때 보다도 더 강력히 요청되고 있다. 이러한 세계화의 현상은 안보 개념의 다양화와 복잡화를 가속화시키고 있다. 특히 세계화로

야기되는 경제 안보, 생태 안보, 사회 안보 및 인간 안보에 대한 위협은 이들이 군사 안보보다도 더 심각한 위기를 가져 올 수 있다는 점에 유념할 필요가 있다.

셋째, 세계화 현상이 강화되고 있음에도 불구하고, 전혀 상반된 개념이라고 할 수 있는 지방화(Localization)가 동시에 진행되고 있다는 점도 세계화와 관련한 논란의 대상이다. 이와 관련, 로즈노우(James N. Rosenau)는 세계화의 통합(Integration)적 현상과 지방화의 분절(Fragmentation)적 현상이 동전의 양면과 같다며, 이를 결합한 'fragmegration'[14]라는 용어를 사용하고 있다. 로즈노우의 현실 진단은 적실성이 있다고 판단된다. 세계화의 내용과 관련하여, 이처럼 상호 대립적인 개념들이 서로 혼재되어 있기 때문에 그에 대한 대응과 적응이 어려운 과제로 대두되고 있는 것이다. 더욱이 통합과 분절이라고 하는 양극적 현상들이 동시에 발생하는 이례적인 상에 대해 지대한 영향을 미치고 있는 것이 국가보다는 국제기구나 다국적 기업 등 국가의 통제가 제한적인 경제 행위자들에 의해 이루어지고 있다는 점에서도 적절한 대응을 더욱 어렵게 만들고 있다.

넷째, 세계화의 진행이 항상 긍정적인 측면들만을 가져다주지는 않는다. 세계화의 진행 속도가 매우 빠르고 개별 국가들의 적극적인 동참으로 인하여, 세계화는 이제 국제사회의 보편적 환경의 일부가 되었다. 국제사회의 구성원들로서는 거역할 수 없는 현상인 것만은 사실이지만, 세계화에 적극 참여한다고 해서 모든 행위자들에게 득이 되는 것은 아니라는 점에 주목해야 한다. 우선 국제사회의 불평등 양상이 나타나고 있고, 세계화로 인해 그 정도가 더욱 심화되고 있다. 비록 상호의존과 교류의 확대를 통하여 국제사회의

---

14) James N. Rosenau, "The Globalization of Globalization," in Frank P. Harvey and Michael Brecher, eds., *Critical Perspectives in International Studies* (Ann Arbor: The University of Michigan Press, 2002), pp. 129-130 참조.

절대빈곤을 해소하는 계기를 맞게 되었지만, 빈익빈 부익부의 문제와 상대적 빈곤의 심화는 상대적 박탈감을 지구적 차원으로 확산시키고 있고, 가진 자와 가지지 못한 자들 간의 갈등을 더욱 악화시키고 있다. 세계화를 반대하는 국제민간기구(INGO)들의 확산과 국제적 공동연대의 구축을 통한 세계화 반대 시위는 이를 극명하게 보여주고 있다. 세계화는 또한 국제 사회내 개별 행위자들의 대외적 취약성(vulnerability)을 선별적으로 악화시키고 있다. 가트체제의 우루과이 라운드(UR) 이후 지속적으로 추진되고 있는 농업부문의 자유화와 그에 따른 농민들의 생존권 박탈은 이를 단적으로 보여주는 대목이라 할 수 있다. 한편, 세계화 시대에 걸맞는 새로운 규범이나 기준 등이 신속하게 마련되지 못하고 있고, 그 내용에 대한 개별 행위자들의 불안감이 세계화의 부작용으로 인식되고 있기도 하다. 세계적 규범, 즉 '그로벌 거버넌스'(global governance)의 조속한 형성이 반드시 필요하다는 점이 강하게 제기되고 있음에도 불구하고, 새롭게 형성된 그로벌 거버넌스에 대한 개별 국가들의 통제력은 분명한 한계를 가질 수밖에 없다는 측면에서 개별 국가들의 불안감과 소극적 행동들이 동시에 확산되고 있는 것이다.

이처럼 세계화의 도전과 관련하여 한국의 외교정책이 취할 수 있는 대안은 크게 세 가지의 선택으로 분류해볼 수 있다.15) 그 하나는 자발적인 수용의 경우로서, 자본주의 시장의 확장 및 과학기술과 통신수단의 발전과 더불어 진행되고 있는 상호의존의 심화를 자

---

15) 이러한 구분과 관련해서는, Chung-in Moon and Taehwan Kim, "South Korea's International Relations: Challenges to Developmental Realism," in Samuel S. Kim, ed., *The International Relations of Northeast Asia* (Lanham, MD: Rowman & Littlefield, 2004), pp. 251-280; Chung-in Moon and Sunghack Lim, "Weaving through Paradoxes: Democratization, Globalization, and Environment Politics in South Korea," in Helge Hveem, Kristen Nordhaug, eds., *Public Policy in the Age of Globalization* (New York: Palgrave, 2002), pp. 87-91 등 참조.

연스럽게 수용하고 이러한 현상에 적극적으로 동참하는 경우이다. 즉 세계화의 현상과 내용들을 인류의 발전 과정에서 진행되는 자연스러운 현상으로서 인식하고 세계화의 과정과 현상들을 신속하게 체화하고 주도하기 위해 노력하는 것이다. 두 번째는 전략적인 세계화의 경우로서, 자발적이고 능동적 참여가 아니라 전략적인 측면에서 필요하다고 판단되는 경우에 한하여 세계화에 적극 참여하는 형태라고 할 수 있다. 세 번째는 수동적인 세계화의 경우로서, 자발적으로 먼저 행동하기 보다는 국제환경으로부터 자극을 받았거나 위기를 인지했을 경우에만 행동하는 하나의 대응적 정책 선택이다. 한국의 경우에는 '세계화'의 조류에 적극 동참함으로서 국제사회의 주도적 위상을 확보하기 위하여 1990년대 초반에 이미 첫 번째 경우에 해당하는 자발적 수용과 참여를 선택했던 경험을 갖고 있다. 그러나 그 선택은 외환 유동성 위기를 유발시키는 주요한 요인이 되었고, 한국을 심각한 위기 상황에 빠트리기도 하였다. 결국 세계화로 인해 변화하고 있는 국제환경에 대한 적절한 이해 부족과 자의적인 해석은 유용한 대응책의 제시를 어렵게 했고, 국제환경에 대한 효율적인 적응을 실패하도록 만들었던 것이다. 또한 당시의 경험은 세계화로 인해 변화하고 있는 국제환경에 대한 적응이 얼마나 힘든 작업인가를 여실히 입증해 주는 것이라 할 수 있다.

3. 민주주의와 시장경제체제

세 번째는 민주화의 추세이다. 1970년대 중반이후부터 전 세계적으로 강화되기 시작한 민주화의 흐름은 남부 유럽을 거쳐 1980년대에는 한국을 포함한 동아시아 지역과 동구 유럽으로 확산되기 시작했고, 21세기에 들어오면서 남미와 아시아 지역 등 국제사회의 중

요한 화두로 다시 등장하고 있다.16) 더욱이 1980년대 후반이후 동
구권에서 불기 시작된 민주화의 바람은 구 소련에게도 영향을 미치
면서, 냉전 종식에 크게 기여한 것으로 평가받고 있다. 탈냉전 이후
에는 미국 외교정책의 핵심적 가치로서 시장경제 원칙과 함께 민주
주의의 확산이 지속적으로 강조되었고, 민주화의 개념은 국제사회
에서 더욱 주목을 받고 있다. 이러한 민주화와 관련된 국제 환경
변화의 내용들은 다음과 같이 요약할 수 있을 것이다.

첫째, 탈냉전과 소련 붕괴를 계기로 사회민주주의에 대한 회의와
함께 자유민주주의에 대한 확신이 확대되고 있다. '역사의 종언'으
로 규정될 만큼 자유민주주의가 시장경제체제와 함께 유일한 시대
적 대안으로 강조되고 있는 실정이다.17) 이에 대한 비판도 상당하
지만, 자유민주주의에 대한 긍정적 인식이 국제사회에서 확산되고
있고, 시대적 가치로서 보편적으로 인식되고 있는 것은 분명한 사
실이다. 국제환경을 변화시킬 수 있는 중요한 기본적 가치로서 자
유민주주의가 재평가되고 있는 것이다.

둘째, '민주주의 확산'이라는 미국 외교정책의 핵심적 가치가 지
니는 함의를 들 수 있다. 미국은 탈냉전 이후 민주주의적 가치의
핵심을 이루는 인권을 이유로 제3세계 국가들에 대한 다양한 압력
과 무력 개입의 행동들을 정당화시켜 왔다. 클린턴 행정부 시기부
터 빈번해지고 있는 제3세계에 대한 무력 개입은 소말리아, 보스니
아, 르완다, 아이티, 코소보, 동티모르 등에 대한 개입으로 구체화되
고 있으며, 이러한 미국의 행동을 정당화하는 개념으로서 인권과
인도주의적 개입, 그리고 민주주의의 확산이라고 하는 가치들이 제
시되고 있는 것이다. 이러한 행동들은 분명 17세기부터 계속되어온

---

16) Samuel Huntington, *The Third Wave: Democratization in the Late Twentieth Century* (Norman: University of Oklahoma Press, 1991).

17) Francis Fukuyama, *The End of History and the Last Man* (New York: Maxwell Macmillan, 1992).

웨스트팔리아적 주권개념을 크게 약화시키고 있다.

그러나 이러한 인권과 민주주의의 개념은 9/11 테러 이후 더욱 강조되고 있다. 2003년 5월 1일 미국의 부시 대통령은 이라크 전쟁에서의 승리를 선언하기 위해 가진 항공모함 에이브러함 링컨호 선상에서의 연설에서 "독재에서 민주주의로 전환하는 일은 시간이 걸리지만 모든 노력의 가치가 있다", "우리는 자유와 세계평화를 위해 싸웠으며, 독재자는 쫓겨났고, 이라크는 자유롭다"고 언급한 바 있다. 이라크 전쟁의 정당성으로서 독재 정권의 제거와 이라크 국민들에게 민주주의적 가치를 돌려주기 위한 것이라는 점이 강조된 것도 주목할 필요가 있다. 그러나 부시 독트린(Bush Doctrine)으로 대표되는 미국 부시(George W. Bush) 행정부의 외교정책 저변에 깔려있는 도덕적 절대주의(moral absolutism)와 일방적 예외주의적 (unilateral exceptionalism) 신념은 민주주의 가치의 함양이라는 가면을 쓰고 있으며, 이러한 가치에 근거한 외교정책의 일방적 전개는 국제 질서에 엄청난 파문을 가져 올 수도 있다는 점을 유의해야 한다. 특히 이러한 정책 기조가 북한에 강력히 적용될 경우, 한반도의 평화와 남북한 관계의 개선에 새로운 장애물로 등장 할 수도 있을 것이다.[18]

셋째, 한국도 이러한 민주주의적 가치의 문제로부터 완전히 자유로울 수 있는 상황은 아니다. 한국은 1987년 민주화 이후 민주주의 공고화의 과정을 착실히 진행해오고 있다. 한국이 국제사회로부터 시장경제질서와 자유민주주의 질서의 수용에 적극적인 국가이며, 이들 가치들을 성공적으로 정착시킨 대표적 모범 사례로서 인정받

---

18) 북한 핵문제를 둘러싼 부시 독트린의 적용과 관련된 논의는 Chung-in Moon and Jong-Yun Bae, "The Bush Doctrine and the North Korean nuclear crisis," in Mel Gurtov and Peter Van Ness, eds., *Confronting the Bush Doctrine: Critical Views from the Asia-Pacific* (New York: Routledge Curzon, 2005), pp. 39-62 참조.

고 있는 것은 사실이지만, 인권의 문제,[19] 투명성의 문제, 부패 방지의 문제 등에 대해서는 여전히 관심을 집중해야만 하는 상황이다. 특히 민주화의 진행으로 인해 한국 사회의 다양성이 증가한 것은 사실이지만, 사회적 갈등이 심화되고, 정책 추진의 효율성을 상당부분 상실하게 된 점은 해결해야할 새로운 과제라고 할 수 있다. 보편적 가치로서 높이 평가되고 있는 민주주의와 민주적 역량을 고양시키고, 민주주의 공고화의 작업을 더욱 충실히 진행하는 것은 한국의 발전을 지속시키고, 한국사회의 선진화를 위해 반드시 필요한 작업이라 하겠다.

4. 기술혁명과 정보화

마지막으로 정보화 시대의 도래가 국제 환경을 크게 변화시키고 있다. 사실 기술혁명에 근거하여 진행되고 있는 정보화는 탈냉전, 세계화와 지역화, 민주화 등의 현상과도 직결되어 있다. 산업혁명과 더불어 인류사에 새로운 획을 긋는 정보혁명으로 불리워지는 정보화의 과정은 광통신, 고성능 컴퓨터, 통신수단의 발달, 인터넷의 보편화 등이 초래한 현상으로서, 정부의 이동과 전달이 용이해지면서 나타난 결과이다. 그리고 과학기술의 발달이 지속되면서 기술혁명의 속도는 더욱 빨라지고 있고, 기술변화의 주기는 더욱 짧아지고 있다.

정보화가 초래하고 있는 국제적 환경의 변화는 결코 기술적 측면

---

19) 한국의 인권 상황을 평가한 미국 국무부의 보고서에 의하면, 그 내용이 과거에 비해 상당히 긍정적으로 평가되고 있지만 해결해야할 과제가 여전히 존재하고 있다는 점도 함께 지적되고 있다. 자세한 내용은 The Bureau of Democracy, Human Rights, and Labor, Department of States, U.S., *Country Reports of Human Rights Practices - 2003: Republic of Korea*, *http://www.state.gov/g/drl/rls/hrrpt/2003/27776pf.htm* (검색일, 2004년 2월 27일) 참조.

에 국한된 것이 아니다. 정치, 경제, 사회, 문화 등 전 분야에 걸쳐 광범위한 영향을 미치고 있는 것이 사실이다. 통신 기술의 변화는 경제적 투자의 개념을 근본적으로 변화시키고 있으며, 화폐이동과 같은 금융 분야의 활동 영역을 크게 바꾸어 놓았고, 급기야 국경을 초월한 경제활동과 문화활동, 정보의 교류를 가능하게 함으로서 국가 통제의 한계와 함께 주권의 개념을 본질적으로 뒤흔들고 있는 것이다. 우선 안보의 개념과 관련하여, 정보화의 진행은 탈냉전 시기의 안보개념을 더욱 광범위하게 확산시키고, 안보 환경을 보다 복잡하게 만드는데 일조하고 있다. 정보화의 추진은 국가안보에 있어 국가 정보망의 가치를 더욱 부각시키는 결과를 초래했다. 정보화로 인하여 정보의 흐름이 빨라지면서, 정책을 결정하는데 있어 더욱 정확한 정보를 더욱 신속하고도 빠른 시간 안에 가장 적절한 형태로 확보하는 것이 중요한 의미를 가지게 되었다. 누가 더 빨리, 더 정확한 정보를 확보하느냐 하는 것이 안보문제를 해결하는 관건이 되고 있기 때문이다.

그리고 정보화의 진행은 국가안보와 관련하여 부징직인 외부효과들도 동시에 수반하고 있다. 해킹 등을 통한 정보망의 파괴, 컴퓨터 바이러스 등을 이용한 정보 통신 시스템의 마비, 거짓 정보의 제공 등은 정보화시대에 반드시 대비해야할 안보적 환경이라고 할 수 있다. 한편, 수많은 정보와 대규모 정보들이 순식간에 교류되는 정보화의 시대에는 대량살상무기의 제작 및 개발과 관련된 정보들도 아주 손쉽게 제공될 수 있고, 아주 짧은 시간 내에 전달될 수도 있는 만큼 안보환경을 안정적으로 유지한다는 것이 더욱 어려워졌고, 위험스러워졌다는 점도 유의해야할 대목이다.

세계화의 속도가 더욱 빨라지고, 통합이 가속화될 수 있었던 배경에도 정보화의 추진이 주요한 요인으로 작용했다. 정보의 전달과 교류 속도가 빨라지고, 방법이 더욱 편리해지면서 국제사회내에서 정보의 공유가 더욱 활발해지게 되었다. 따라서 특정인의 가치가 아니라, 모든 세계인들의 공통된 가치화 현상이 발생하게 되었고, 세계를 하나로 연결하는 세계화의 작업이 보다 용이하게 진행될 수 있도록 했던 것이다. 지리적 한계, 공간적 한계를 극복하는 정보화는 세계화 촉진의 주요 기제인 것은 분명하다. 한편 세계화에 반대하는 INGO들의 운동과 시위가 탄력을 받고 강력한 응집력을 발휘할 수 있었던 것도 정보화의 덕이었다는 사실은 아이러니가 아닐 수 없다. 전 세계에 흩어져 있는 반세계화 인사들이 일사분란하게 행동할 수 있었고, 반세계화 행사를 전략적으로 개최하면서, 집단적인 참여가 가능했던 데에는 인터넷의 확대와 신속한 정보의 공유라는 정보화의 이점이 크게 작용했기 때문이다.

풍부한 정보 제공과 신속한 정보 제공이라고 하는 정보화의 특징은 민주화에도 상당한 영향을 미치고 있다. 정보화로 인해 제공되는 다양한 정보들 속에는 민주주의의 가치와 민주적 삶에 대한 내용들도 담겨 있기 때문이다. 독재체제나 전체주의 체제 하에서는 폐쇄된 사회, 정보 흐름의 통제, 정보 제공 수단의 독점이라고 하는 특성들이 공통적으로 작동하고 있다. 그러나 정보화의 진행은 그 속성상 독재체제나 전체주의 체제를 유지하도록 기능하던 이러한 특징들을 본질적으로 약화시키는 결과를 초래한다. 따라서 정보화는 시민들의 알 권리를 충족시키게 되고, 민주주의의 기본적 특성과 가치들을 인식하도록 함으로서 민주화를 가속화시키고, 민주주의의 정착을 공고화하는 데에도 중요한 기능을 수행할 수 있는 것이다. 그리고 아직 정확한 개념규정이나 학문적 합의가 이루어진 것은 아니지만, '전자 민주주의'(Electronic Democracy) 또는 '텔레데모크라시'(Tele-Democracy)라고 하는 개념이 등장하고, 간접 민주주의의 한계를 보완할 수 있는 대안으로 인식되고 있는 것도 바로 이러한 정보화의 추진에 근거한 것이다.

물론 정보화의 진행으로 인해 발생되는 모순들이 전혀 없는 것은
아니다. 우선, 국제사회 개별 행위자들의 정보화 진행 속도에 따라
정보의 불균형을 심화시키게 되고, 이러한 정보 불균형이 발전과
부의 불균형으로 연결되는 상황이 진행되고 있기도 하다. 부의 빈
익빈 부익부 현상뿐만 아니라, 정보에서의 빈익빈 부익부 현상이
발생되고, 이러한 현상들이 부의 빈익빈 부익부 현상을 더욱 가속
화시키는 결과를 초래하고 있다. 둘째, 정보화의 진행에도 불구하고
정보의 독점 현상, 또는 정보기술의 독점 현상이 발생할 가능성이
상존하고 있다. 정보화시대에는 정보와 기술의 독점이 과거에 비해
더욱 강력한 영향력을 행사할 수 있다는 점에서 우려의 대상이 되
고 있다. 고급 정보와 최첨단 정보에 대한 독점, 정보 기술에 대한
독점 등과 관련하여 '정보 제국주의'라는 용어가 등장한 것도 이러
한 측면과 관련되어 있다. 사익을 위한 독점보다는 공익을 위한 공
유라는 측면에서 정보화의 가치들이 평가되어져야만 할 것이다. 셋
째, 정보화시대를 맞이하여, 국가안보와 관련된 기밀 정보의 보안문
제가 더욱 중요한 관건이 되고 있다. 정보회가 진행되는 만큼, 정보
유출의 차단이나 보호를 위한 별도의 작업을 진행해가야 한다. 물
리적인 오프라인(off-line)상의 군사력들도 온라인(on-line)상의 정
보 흐름과 통신에 의존하고 있는 경우가 많기 때문에, 정보망이 해
커나 크래커들로부터 침입 받지 않도록 주의해야만 한다. 넷째, 개
인 정보의 보호 문제 또한 주의해야할 부분이다. 전체 시민들의 정
보가 하나의 데이터베이스에 집적되어 있는 만큼, 정부 또는 불건
전한 집단이 이를 장악하고 감시와 통제의 효율적인 수단으로 악용
할 가능성에 대한 경계와 감시가 필요한 상황이 되었다. 정보화가
갖고 있는 특유의 속성이 고전적인 독재와 전체주의, 권위주의 등
비민주주의적 요소들을 약화시키고 민주주의를 강화시킬 것이라고
예상했지만, 정보화의 동일한 속성으로 인해 보다 강력한 전체주의

적 체제가 등장할 가능성이 상존하고 있다는 점도 경계해야만 한다. 마지막으로, 정보망을 따라 흘러 다니는 음란물과 불건전 정보, 거짓 정보에 대한 선별 작업 또한 별도의 인력과 비용을 요구하고 있을 만큼 그 영향력이 커지고 있다.

제2절 한국 외교정책의 대내적 환경 변화: 민주화와 다양화, 그리고 정책결정 행위자의 확대

탈냉전 시기를 전후하여 변화의 속도가 더욱 빨라진 국제 환경으로 인하여, 개별 국가들의 외교정책은 상당히 혼란스러운 상황에 직면하였다. 변화하는 환경에 대한 적절한 이해가 전제되어야 만이 효과적인 외교정책의 수립과 추진도 가능할 것이기 때문이다. 이러한 현상은 한국도 예외는 아니었다. 그러나 한국의 외교정책은 이 시기를 더욱 혼란스럽게 보낼 수밖에 없었는데, 바로 대내적인 환경 역시 급격한 변화의 추세에 놓여 있었기 때문이다. 바로 1980년대 후반부터 가속도를 내기 시작한 한국의 국내 민주화와 민주주의의 제도화는 한국 외교정책에 대해서도 직간접적인 영향을 상당히 미치고 있었다. 특히, 외교정책결정과정의 패턴이 과거와 전혀 다른 모습으로 나타나기 시작했고, 외교정책결정과정에 참여하는 행위자들의 수와 대상들이 크게 확대되기 시작한 것이다. 결국 한국의 외교정책에 대한 새로운 이해를 위해서는 한국의 정책결정과정이 직면한 국제사회의 환경변화만큼, 대내적인 환경변화와 그 특성들을 이해하는 것이 필요하게 되었다.

1. 한국의 민주화와 제도화

한국의 외교정책이 직면하게 된 국내적 환경의 변화와 관련하여, 우선 한국의 민주화 과정에 주목할 필요가 있다. 과거 권위주의 시절과는 달리 민주화된 시기의 외교정책결정과정은 전혀 다른 양상으로 나타나게 될 것이 분명하기 때문이다. 즉, 권위주의 시절에는 외교정책의 결정을 최고정책결정자 1인에 의존하는 양상이 보편적으로 나타나고 있었다. 그러나 최고정책결정자만으로는 결코 설명할 수 없는 새로운 현상들이 한국의 외교정책결정과정에서 발생하고 있고, 외교정책의 결정과정에 참여하여 중요한 역할을 담당하는 행위자들이 관료들을 포함하여 많아지기 시작했다는 사실은 권위주의 체제를 극복하고 민주화를 진행해온 현상들과 분명한 연관성을 가지고 있기 때문이다.

1) 민주주의와 민주화

민주주의가 무엇인가에 대한 논란은 현재까지도 정확한 결론을 내리지 못한 채, 합의를 위한 활발한 논의가 진행 중이다. 홉스(Thomas Hobbes)는 사회계약을 통한 '주권위임'을 지적했고, 로크(John Locke)는 자연권과 시민권, 제임스 밀(James Mill)은 대의제와 책임정치, 벤담(Jeremy Bentham)은 최대다수의 최대행복, 존 스튜어트 밀(John Stuart Mill)은 절대적 자유, 루소(Jean-Jacques Rousseau)는 직접참여와 공동선의 구현, 슘페터(Joseph Schumpeter)는 선거에 의한 주기적인 정권교체, 토크빌(Alexis de Tocqueville)은 결사의 자유, 몽테스키에(Charles de Montesquieu)는 견제와 균형의 원리에 따른 삼권분리, 로버트 달(Robert A. Dahl)은 다원주의에 입각한 다두제를 민주주의의 핵심으로 규정할 만큼, 그 정의와 기본적 내용에 대한 인식은 학자들마다 다양하다.[20] 최근의 논의들은 이러한 다양한 입장들을 종합하기 보다는 오히려 현대적 민주주의는 과거의 전통적 민주주의와는 차별적인 형태를 띠고 있다는 새로운 주장들이 제기되면서 논의의 결론을 더욱 어렵게 만들고 있다. 민주주의에 대한 정의와 개념규정을 시도하기는 하지만, 간단히 정리되기 보다는 오히려 문장이 길어지고 더욱 복잡해질 뿐이다.[21]

이러한 논의들 중에서 대체로 큰 무리없이 수용할 수 있는 린쯔(Juan Linz) 등의 정의를 기준으로 민주주의를 정리할 경우, 민주적 정권은 ① 정치권력을 행사할 수 있는 지위를 가진 개인들이나 집단간에는 의미있고 광범위한 경쟁이 있어야만 하고, ② 폭력적인 수단을 배제해야 하며, ③ 정치지도자의 정책 선택에 있어 정기적이고 공정한 선거를 통한 국민들의 포괄적인 정치적 참여를 보장되어져야 한다는 3가지 필수 조건을 만족시켜야만 한다.[22] 그렇다면,

---

20) 김호진, 『한국정치체제론, 제7판』 (서울: 박영사, 1999), pp. 47-48 참조.

21) 민주주의에 대한 개념과 가정들에 대한 정리는, Philippe C. Schmitter, "Some basic assumptions about the consolidation of democracy," in Takashi Inoguchi, Edward Newman, and John Keane, eds., *The Changing Nature of Democracy* (Tokyo: United Nations University Press, 1998), pp. 23-36 참조. 한편, 민주주의의 필요성과 민주주의의 강점에 대한 다양한 논의 내용들은, Adam Przeworski et al., *Sustainable Democracy* (Cambridge: Cambridge University Press, 1995) 참조.

22) Larry Diamond, Juan Linz, and Seymour M. Lipset, eds., *Democracy in Developing Countries: Persistence, Failure, and Renewal* (Boulder: Lynne Rienner Publisher, 1989). 한편, Juan Linz는 라틴아메리카, 동유럽에 대해서도 이러한 개념을 적용해 분석하고 있다. Juan J. Linz and Alfred Stepan, *Problems of Democratic Transitions and Consolidation: Southern Europe, South America, and Post-Communist Europe* (Baltimore: Johns Hopkins University Press, 1996); Alfred Stepan and Juan J. Linz, "Post-communist Europe: Comparative reflections," in Takashi Inogushi Edward Newman, and John Keane, eds., *The Changing Nature of Democracy* (Tokyo: United Nations University Press, 1998), pp. 184-212 등 참조.

한국은 과연 이러한 3가지의 필수조건들을 갖추고 있고 민주주의를 실현하고 있는가 하는 문제가 제기된다. 1990년대 들어와 세계는 민주화라는 제3의 물결[23]에 직면하였고, 중부와 동부 유럽의 국가들을 중심으로 아시아와 아프리카의 많은 국가들이 다양한 과정들을 통해 민주화의 흐름에 동참하는 모습을 보였다.[24] 그리고 1990년대를 전후하여 진행된 다양한 민주화의 경험들 속에서, 중부와 동부 유럽의 국가들이 진행하고 있는 민주화의 상태와 한국의 경우를 비교한 연구결과, 한국은 비교적 높은 수준의 민주화 진행 수치들을 보이고 있음이 알려졌다.[25]

2) 한국의 민주화와 정책결정과정

1987년 이후 한국은 헌법 개정과 대통령 직선제, 그리고 평화적 정권교체와 문민정부의 출범, 여야간의 정권교체에 성공함으로서 민주화의 과도기를 거쳐 민주주의 공고화의 단계에 접어든 것으로 평가받고 있다.[26] 그런데 이러한 민주주의 공고화는 한국의 외교정

---

23) Samuel Huntington, *The Third Wave* 참조.
24) 민주화를 추진하기 위한 전제조건들, 민주화를 진행하는 유형과, 민주화를 촉발시키는 요인들에 대한 분석은, Samuel P. Huntington, "Will More Countries Become Democratic?" *Political Science Quarterly*, vol. 99, no. 2 (Summer 1984), pp. 193-218의 내용 참조.
25) Richard Rose & Christian Haepfer, *New Democracies Barometer V*, *Studies in Public Policy*, no. 306 (Glasgow: Centre for the Study of Public Policy, University of Strathclyde, 1998); Richard Rose and Doh C. Shin, "Popular Response to Korean Democratization in Comparative Perspective," in Chung-in Moon and Jongryn Mo, eds., *Democratization and Globalization in Korea: Assessments and Prospects* (Seoul: Yonsei University Press, 1999), pp. 329-348 참조.
26) 한국의 민주화에 대한 평가들은, Chaibong Hahm and Sang-young Rhyu, "Democratic Reform and Consolidation in South Korea: The Promise of Democracy," in Chung-in Moon and Jongryn Mo, eds., *Democratization*

책과 관련해서도 상당한 변화를 초래하고 있다.[27]

첫째, 한국의 민주화는 정치체제의 성격을 근본적으로 변화시켰다. 그리고 외교정책을 포함한 정책 전반의 정책결정 스타일의 내용을 바꾸었다.[28] 권위주의시대에는 최고정책결정자의 신념체계, 인식 정향, 리더십과 같은 개인적인 특성이나 성향 등이 절대적인 역할을 수행했던 반면, 민주화된 시기에는 최고정책결정자의 개인적 요소보다, 입법부 또는 행정부 등 제도화된 제도적 내용들이 정책결정과정에서 더 중요한 역할을 담당하게 되었다는 점이다. 로즈노우(James Rosenau)도 외교정책의 결정에 있어, 정치적으로 폐쇄적이고 경제적으로 저개발된 상태에 있는 국가에서는 체제, 개인, 역할, 정부, 사회의 순으로 중요한 역할을 담당하지만, 정치적으로 발전되고 경제적으로 개발된 국가에서는 체제, 역할, 사회, 정부, 개인의 순으로 중요도가 바뀐다는 점을 지적하고 있다.[29] 민주화가 진행될수록 개인적인 요소보다는 역할과 같은 제도화된 내용이 우선한다는 것은 헌팅톤(Samuel Huntington) 등의 지적에서도 확인할 수 있다. 따라서 외교정책의 영역도 예외 없이 이러한 형태와 유사한 내용으로 정책결정 스타일의 변화가 진행될 수밖에 없는 것이다.

둘째, 외교정책의 결정에 중요한 역할을 담당하는 요인이 특정 개인의 개인적 요소를 대신하여 제도화된 내용이 부각되는 것과 함께, 민주화는 외교정책결정과정이 수직적인 형태보다는 수평적인 형태

---

and Globalization in Korea: Assessments and Prospects (Seoul: Yonsei University Press, 1999), pp. 69-88와 Sang-Yong Choi, ed., *Democracy in Korea* (Seoul: The Korean Political Science Association, 1997)에 실린 논문 내용들 참조.

27) 김기정·이행, "민주화와 한국외교정책 - 이론적 분석틀의 모색,"「국제정치논총」, 제32집 2호 (1992), p. 5.

28) 김기정·이행, "민주화와 한국외교정책 - 이론적 분석틀의 모색," p. 5.

29) James N. Rosenau, "Pre-theories and Theories of Foreign Policy," in R. Barry Farrell, ed., *Approaches to Comparative and International Politics* (Evanston, IL: Northwestern University Press, 1966), pp. 27-99.

로 진행되도록 만들었다. 제도의 문제 뿐 아니라, 인식의 변화도 초래한 것이다. 수직적이고 획일적인 정책 결정 및 정책 집행보다는, 수평적인 행위자들간의 정책 협의와 협조, 정책 조정의 문제가 보다 보편화될 것이라는 점이다. 민주화는 국가의 권력을 분립시킨다. 크게는 입법-사법-행정의 삼권분립을 포함하여, 작게는 중앙 정부에 집중되어 있던 권한들이 지방정부와 실무 관료조직으로 이양되어간다. 결국 권력의 분점과 분산으로 인해, 정책결정과정이 절대적인 행위자에 의해 진행되기 보다는 관련 행위자들간의 협상과 협의에 의해 정책이 선택되고, 이들간의 협조에 의해 정책이 집행될 수밖에 없는 것이다. 결국, 민주화로 인해 초래된 제도화는 그동안 제도를 초월하여 초법적으로 집행되던 대통령의 권한을 제도의 범위내로 제한하는 결과를 초래한 반면, 관료들의 자율성은 과거와 달리 제도의 범위내에서 상대적으로 신장되는 결과를 초래한 것이다.[30]

셋째, 민주화는 외교정책의 폐쇄적인 정책결정이 아니라 개방된 정책결정을 진행시키게 된다. 이는 가치의 다원화와 함께 정책결정 과정에 대한 국가내부 행위자들의 참여 규모를 확대시기는 결과를 초래한다. 권위주의 체제가 해체되고 민주화됨으로서 의사결정 과정이 공개된다는 것은 사회내부의 가치들이 단일된 형태로 고정되어 있는 것이 아니라, 다양한 가치들간의 복잡한 상호작용이 전개되기 시작했다는 것을 의미한다. 결국 민주주의가 '선거', '경쟁' 등의 기본적 개념들을 포기할 수 없다면, 민주화된 사회는 다양한 가치들이 존재하는 다원화된 사회가 될 수밖에 없다.[31] 그렇다면, 다원화된 사회에서 다양한 이익들을 외교정책에 반영하고자 하는 행위자들의 수는 증가할 수밖에 없고, 이러한 연장선상에서 외교정책에 참여하

---

30) 정승건, "한국의 行政改革과 變動: 政治權力과 官僚政治,"「한국행정학보」, 제28권 제1호 (1994), p. 76.

31) Robert A. Dahl, *Pluralist Democracy in the United States* (Chicago: Rand McNally, 1967).

는 행위자와 관료조직들의 수도 많아질 수밖에 없는 것이다.

민주주의의 공고화와 관련하여, 린쯔(Juan J. Linz)와 스테판(Alfred Stepan)은 최소한 다음의 세 가지 조건을 갖추어야 한다고 언급한다. 첫째는 국가가 존립해야 한다. 둘째는 민주화의 과도기를 거쳐야 만이 가능하다. 셋째, 통치자가 민주적으로 통치하지 않는 한 민주주의는 없다.[32] 통치자가 민주적으로 통치한다는 것은 결국, 절대적인 하나의 가치만을 적용하기 보다는 다양한 가치들 속에서 국민적인 지지를 받는 가치를 선택해서 실행에 옮긴다는 것을 의미한다. 결국, 최고정책결정자는 외교정책을 결정함에 있어 권위주의 시대와 같이 절대적 권한을 행사하기 보다는, 다양한 이익들간의 중재자 역할 혹은 조정자의 역할에 충실해야하는 경우가 빈번해지게 된 것이다.[33] 민주화된 사회에서 상급자가 권한을 행사하는 부분과 관련하여, 헌팅톤(Samuel Huntington)이 하위조직들이 독립적으로 행동하게 되고, 상위자들은 하위자들을 설득해가는 능력에 국한하여 권력을 행사하게 될 것이라는 점을 지적하고 있는 것도 이러한 측면에서 이해될 수 있을 것이다.[34]

결국, 한국에서 민주화가 추진되었다는 것은 권위주의시기에 비해 한국 외교정책에 있어 국내정치적 요소들이 개입할 수 있는 여지가 많아졌다는 것을 의미한다. 일반적인 민주주의 체제 하에서는 국내에 복수의 정당들이 존재하고 다양한 정치집단들이 일정하게 활동하는 만큼, 외교정책도 이러한 국내정치적 요소들의 영향력으로부터 자유로울 수 없게 되었다는 것이다. 특히, 민주주의 체제 하

---

32) Juan J. Linz and Alfred Stepan, "Toward Consolidated Democracy," *Journal of Democracy*, vol. 7, no. 2 (April 1996), pp. 14-15.
33) Richard E. Neustadt, *Presidential Power: The Politics of Leadership from FDR to Carter*, 2nd ed. (New York: John Wiley & Sons, 1980) 참조.
34) Samuel P. Huntington, "Strategic Planning and the Political Process," *Foreign Affairs*, vol. 38, no. 2 (January 1960), p. 290.

에서는 최고정책결정자가 정치적 경쟁자들로부터 책임추궁을 받을 수도 있고, 국민들의 지지를 지속적으로 확보하기 위해서는 더욱 더 국내정치적 요소들에 민감하게 반응할 수밖에 없다는 점을 고려한다면, 외교정책에 국내정치적 요소들이 중요하게 작용할 가능성이 높다는 지적은 더욱 설득력을 가진다. 살모어(Stephen A. Salmore)와 헐만(Charles F. Hermann), 무어(D. Moore), 러셋 (Bruce M. Russet)과 몬센(Joseph Monsen), 조 하겐(Joe Hagan) 등의 연구에서는 외교정책에 있어 국내정치적 요소들이 얼마만큼 영향력을 행사하고 있는가 하는 문제를 기준으로 민주주의 체제 국가인지, 권위주의 체제 국가인지를 구분하고 있다.[35]

2. 한국의 민주화와 외교정책결정과정, 그리고 관료

1) 민주주의와 관료

한국이 성공적으로 진행하고 있는 민주화와 민주주의 공고화는

---

35) Stephan A. Salmore, Charles F. Hermann, "The Effect of Size, Development, and Accountability on Foreign Policy," *Peace Research Society Papers*, vol. 14 (1969), pp. 16-30; D. Moore, "Governmental and Societal Influences on Foreign Policy in Open and Closed Nations," in James N. Rosenau, ed., *Comparing Foreign Policies: Theories, Findings and Method* (Beverly Hills: Sage, 1974), pp. 171-199; Bruce M. Russet and R. Joseph Monsen, "Bureaucracy and Polyarchy as Predictors of Performance: A Cross-National Examination," *Comparative Political Studies*, vol. 8 (1975), pp. 5-31; Joe D. Hagan, "Regimes, Political Oppositions, and the Comparative Analysis of Foreign Policy," in Charles F. Hermann, Charles W. Kegley, Jr., and James N. Rosenau, eds., *New Directions in the Study of Foreign Policy* (Winchester, Mass.: Allen & Unwin, Inc., 1987), pp. 339-340.

한국 외교정책결정과정에 있어 관료 조직들의 성장을 촉진시키고 있다. 베버(Max Weber)는 관료제와 민주주의의 관계를 상호간에 서로의 존재를 필요로 하는 것으로 파악하고 있다. 일단 관료제와 민주주의는 동시에 발달했으며, 민주주의가 필요에 의해 관료제를 성장시켰다는 입장이다. 특히 민주주의 체제하에서는 국민을 대표하는 다양한 수준의 지도자들이 일정한 주기에 따라 진행되는 선거에 의해 바뀌는 만큼, 전문성을 가진 관료조직들이 지속되는 것은 반드시 필요하고 또 불가피하다는 것이다.[36] 관료에 대한 이러한 베버적인 관점들은 관료 문제를 연구하는 학자들이 대부분 수용하고 있는 부분이기도 하다.[37]

그러나 합리적이고 효율적이며 객관적인 것으로 평가받는 관료제가 민주주의 때문에 성장했음에도 불구하고, 현재는 관료와 관료조직들이 오히려 민주주의의 원칙들을 위협하고 있다는 주장들도 제기되고 있다. 에바 에치오니-할레비(Eva Ezioni-Halevy)는 이러한 문제들을 정리하고 있는데,[38] 무엇보다도 관료제는 계속 성장하고 팽창하기 때문에 정치적으로 평가받지 않는 관료들이 지속적으로 권력을 증대시킴으로서 민주주의 자체를 위협할 수도 있다는 것이다.[39]

관료제에 대한 에치오니-할레비의 비판적 주장들을 정리하면, 첫째, 관료와 관료제 없이는 현대의 민주주의가 존립하기 힘들다는 점을 지적한다. 즉, 관료제가 스스로 권력을 증대시키고, 조직을 확

---

36) H. H. Gerth, and C. Wright Mills, trs. and eds., *From Max Weber: Essays in Sociology* (New York: Oxford University Press, 1958), p. 226.

37) Eugene R. Wittkopf, *The Domestic Sources of American Foreign Policy: Insights and Evidence*, 2nd ed. (New York: St. Martin's Press, 1994), pp. 225-226.

38) 에바 에치오니-할레비, 윤재풍 옮김, 『官僚制와 民主主義: 하나의 정치적 딜레마』 (서울: 대영문화사, 1990), pp. 122-139 내용 참조.

39) 에바 에치오니-할레비, 윤재풍 옮김, 『官僚制와 民主主義: 하나의 정치적 딜레마』, p. 18.

대시키고 있음에도 불구하고 민주주의가 이를 억제할 수 없다는 데 문제점이 있다는 것이다. 관료들은 국민들로부터 선출된 정치인들의 통제를 벗어나고 있으며, 전문성과 정보의 독점으로 오히려 권한을 확대시키고 있다는 것이다. 특히 선거와 같은 방식을 통해 국민들로부터 견제를 받지 않기 때문에 누구도 견제할 수 없는 조직으로 지나치게 커가고 있다는 점을 지적하고 있다.

둘째, 관료조직이 통제되기 위해서는 선거에서 선출된 정치인들의 통제를 받아야 하지만, 정책과 관련한 관료조직들의 원칙적인 행동기준은 정치적 객관성과 중립성을 유지하는 것이다. 결과적으로 관료조직의 행동 기준과 관련된 이러한 이중적 내용이 문제점들을 유발시키고 있다. 즉, 관료조직들은 다양한 상황에 따라 자신에게 유리한 가치를 편의적으로 채택함으로서 민주적 원칙에 위배되는 행동들을 진행한다는 것이다. 어느 쪽을 선택해도 관료와 관료조직에게 이익을 확보할 수 있다는 측면에서 관료조직에 대한 통제는 현실적으로 불가능하고, 이 과정에서 민주주의의 가치들과는 상반된 현상들이 발생할 기능성이 높다는 것이다.

셋째, 민주주의의 진행과정에서 자연스럽게 발생하는 정치적 경쟁의 문제, 그리고 이 과정에서 편협한 정치적 이익의 정책 반영으로 인한 폐해를 극복하기 위해 고안되고 강화되고 있는 것이 관료조직이지만, 실제로는 관료조직들이 더 정치적으로 판단하고 행동하는 양태를 보이고 있다는 점이다. 특히 조직의 이익을 근거로 더 정치적인 모습을 보일 뿐만 아니라, 국가 이익보다 조직 이익을 우선하는 행동들도 망설임 없이 진행한다는 것이다.

이러한 부정적 인식들을 뒤집어 보면, 그만큼 민주주의 사회에서는 관료제가 절대 필요하며, 핵심적 역할을 담당하고 있다는 사실을 의미한다. 결국, 선거와 경쟁, 다양성, 지도자의 정기적 교체 등을 주요 특징으로 하는 민주주의 체제하에서는 관료제를 절대로 필요로 하고 있으며, 부작용과 한계가 있음에도 불구하고 관료조직의 성장과 권한 확대를 지켜봐야만 하는 상황이라 하겠다.

2) 한국의 민주화와 외교정책결정과정의 변화: 관료의 부상

한국의 외교정책과 외교정책결정과정들도 민주화 과정을 거치면서, 민주화라는 국내적 환경변화로부터 많은 영향을 받았다.[40] 특히, 한국의 민주화는 외교정책결정과정에 있어 관료들의 위상을 상대적으로 부각시키는 결과를 초래하였다.[41] 민주화의 진행으로 최고정책결정자의 위상과 역할이 과거에 비해 제한을 받게 되었다면, 외교정책을 집행하는 관료들이야말로 최고정책결정자의 권한이 제한됨으로서 상대적인 위상이 부각되는 혜택을 얻게 되는 최대의 수혜자가 되었다. 즉, 관료조직들은 정책결정과정에 있어 정책집행과 관련하여 상당한 자율성을 확보하게 되었으며, 이는 관료조직의 힘을 더욱 확대시키는 결과를 초래하였다. 그리고 이러한 현상은 관료조직들 사이의 경쟁을 가열시키고, 관료정치적 현상을 가속화시

---

40) 한국의 민주화와 한국외교정책에 미치는 영향 등에 대한 논의는, 1987년 국제정치학회의 연례 학술회의 내용 참조. 하영선, "한국외교정책 분석틀의 모색," 「국제정치논총」, 제28집 2호 (1988), pp. 3-16: 전웅, "체제변화와 외교정책," 「국제정치논총」, 제28집 2호 (1988), pp. 17-32: 박근, "민주화와 외교정책결정과정의 비판," 「국제정치논총」, 제28집 2호 (1988), pp. 33-60: 박준호, "민주화와 안보정책수립," 「국제정치논총」, 제28집 2호 (1988), pp. 61-82: 박경서, "민주화시대의 대외경제정책수립," 「국제정치논총」, 제28집 2호 (1988), pp. 83-98: 고성준, "민주화와 통일정책," 「국제정치논총」, 제28집 2호 (1988), pp. 195-208: 남주홍, "민주화와 안보정책," 「국제정치논총」, 제28집 2호 (1988), pp. 209-218 등 참조.
41) Youngnok Koo, "Foreign Policy Decision-Making," pp. 41-44: 박경서, "민주화시대의 대외경제정책 수립," pp. 83-98: 김기정, "김영삼 정부 5년의 대북정책 평가 - 정책의 혼란과 관료정치현상," 「통일경제」 (서울: 현대경제사회연구원), 제37호 (1998년 1월), pp. 8-17.

키는 결과를 초래하고 있다.

민주화의 진행 및 공고화와 외교정책결정과정에 있어 관료들의 위상이 강화되는 문제와의 관련성을 살펴보면, 첫째, 민주화란 개인의 자의적인 가치판단에 의해 정책이 결정되기보다는, 법률적으로 규정된 규칙과 제도의 내용에 따라 정책이 결정되는 제도화의 과정을 의미한다. 따라서 독재나 권위주의 체제와 달리 법과 제도에 의해 영향을 받는 최고정책결정자의 권한은 약화되는 반면, 제도화의 실체인 관료조직들의 위상은 상대적으로 강화되게 된다. 최고정책결정자나 주변의 소수 측근들, 또는 최고정책결정자가 신임하는 특정한 부처에 의해 외교정책들이 주도되는 것과는 달리, 합법적으로 존재하고 관련 역할과 기능을 법률적으로 보장받은 제도화된 기존의 관료조직들이 적극 활용되어 질 수밖에 없다는 점이다.[42]

따라서 한국의 외교정책에 대한 연구들도 과거 권위주의 시절에는 최고정책결정자 중심의 분석이 필요했지만, 민주화시대에는 다원적 관점에 근거한 분석이 필요하게 되었다. 권위주의 시절에는 합리적 행위자모델이나 최고정책결정자의 개인적 성향을 분석하는 내용들이 적절한 설명을 제시해주었다면, 이제는 관료조직내의 협의와 협조, 경쟁과 대립 등의 현상을 적절히 설명해 줄 수 있는 모델이 필요한 것이다.

둘째, 민주주의 체제하에서는 권력 분립과 분산이 진행되기 때문에, 권위주의 시절에 비해 수평적인 경쟁관계가 더욱 발전할 것이고, 따라서 외교정책결정과정에서도 관료들간의 경쟁과 대립, 협의와 합의적 행동과 같은 정치적 현상들이 더욱 심화되어질 것이다. 권위주의 시절에는 부처들간의 경쟁과 대립적 요소가 존재했다고

---

42) 박경서, "민주화시대의 대외경제정책 수립," p. 84; Sung Deuk Hahm and L. Christopher Plein, *After Development: The Transformation of the Korean Presidency and Bureaucracy* (Washington, D.C.: Georgetown University Press, 1997), p. vii.

하더라도, 최고 권력자의 명령이나 지시에 의해 대체로 해결되거나 잠복되는 분위기가 형성되어 있었다. 그러나 민주화가 진행되고 의사결정 형태가 수평적인 모습으로 바뀌게 될 경우, 특정 인물이나 특정 부서가 절대적인 영향력을 행사할 수 있는 것도 아니기 때문에 정책의 결정과정이나 집행에 있어서 발생하는 정치적 현상은 더욱 심화될 가능성이 높아진다.

권위주의 체제 하에서는 절대 권력자가 특정 부서에 전권을 위임하는 경우가 많다. 그러나 민주화가 진행되면 입법-사법-행정의 삼권 분립도 강화되지만, 행정부 내의 부서간 권한도 분권화되는 것이 일반적이다. 그 결과, 특정 부처가 외교정책을 추진하고자 한다면, 여타 부서들과의 업무 협조 및 협력을 확보하지 않고서는 효율적인 정책을 추진하기가 쉽지 않게 되었다. 특히 국제화되고 세계화된 현대의 국제환경 속에서, 외교정책들은 그 성격상 특정 부처가 독자적으로 정책을 결정해 추진할 수 있는 성격의 것이 아니기 때문에 부처간의 업무협조는 더욱 중요한 요소가 되었다. 결국, 이러한 관료조직들간의 업무협조와 협력과정들이 존재한다는 것은 서로 상이한 이익을 갖고 있는 관료조직들간에 정치적 관계가 형성될 가능성이 높다는 것을 의미한다. 헌팅톤도 국가의 권력이 분립되고 분화될 수록 조직들간의 갈등과 대립은 더욱 확대되어질 수밖에 없으며, 결국에는 정책들이 개별 행위자들이 갖고 있는 이해관계들의 정치적 행위에 의해 결정되어질 수밖에 없다는 점을 강조한다.43) 특히, 외교정책을 추진하는 과정에서 참여하거나 관련된 조직들이 많으면 많을수록 관료조직들간의 정치적 현상이 발생할 가능성은 높아진다 하겠다.44)

---

43) Samuel P. Huntington, "Strategic Planning and the Political Process," pp. 290-291.
44) Randall B. Ripley, and Grace A. Franklin, *Bureaucracy and Policy Implementation* (Homewood, Ill.: The Dorsey Press, 1982), p. 188.

셋째, 민주화는 외교정책결정과정의 개방과 공개화를 촉진시킨다. 이는 권위주의 시대와 달리 다양한 가치들이 외교정책결정과정에 참여할 수 있는 개연성이 확대되었음을 의미한다. 외교정책결정과정에 직접적으로 참여할 수 없었던 소외된 관료 조직들은 물론이고, 국내의 다양한 이익들도 과거와 달리 다양한 형태를 통해 정책결정과정에 참여하거나 영향을 미칠 수가 있게 된 것이다. 이는 권위주의 체제에 비해 정책결정과정이 복잡해지고 많은 시간을 요구하게 되었음을 의미한다.[45] 결국, 다양한 이해관계들을 수용함으로서 복잡해진 정책결정과정들을 효과적으로 추진하고, 다양한 이익들을 정책에 반영하는 작업들은 결국 관료들의 역할이 될 수밖에 없다. 다양한 이해를 가진 당사자들의 대부분이 합의할 수 있는 매우 유효하고도 적절한 대안이 제시되지 않는 한, 대부분의 경우에는 관료조직들이 정책결정과정을 주도하게 된다. 정책결정과정이 복잡할수록 보다 많은 정보와 종합적인 정보를 갖고 있고, 정책의 집행을 독점하고 있는 관료들은 자신들의 가치를 더 높여 가게 되는 것이다.

넷째, 민주화와 함께 관료가 외교정책에서 더욱 힘을 얻을 수밖에 없는 가장 절대적인 요소는 최고정책결정자는 임기에 따라 교체되는 반면, 관료들은 훨씬 더 오랜 기간 동안 유사한 업무를 계속하면서 지속된다는 것이다. 민주화가 공고화되고 민주주의가 제도화되어질 경우, 최고정책결정자인 대통령이나 수상 등의 위상은 절대 권력자에서 대통령직이나 수상직을 역임하는 임기직 인사로 변화되기 때문이다. 권위주의 체제 하에서는 집권세력이 언제 교체될지 아무도 확신할 수가 없다. 따라서 관료조직들도 집권세력의 이해관계에 반하는 정책을 적극적으로 추진하기가 어려웠다. 그러나

---

45) Charles E. Lindblom, *The Policy-Making Process*, 2nd ed. (Englewood Cliffs: Prentice-Hall, 1980), pp. 56-58.

민주주의 체제 하에서는 최고의 권한을 가진 최고정책결정자도 극단적으로 말해 임기에 따라 직책을 그만두어야 하는 최고위직 정무직 공무원에 불과해지게 된다. 아무리 장기집권을 해도 헌법상에 규정된 임기 내로 정권의 수명이 제한될 수밖에 없기 때문이다. 그리고 개별 관료조직의 부서장들도 최고정책결정자의 임기와 함께 교체되는 대상이다. 더욱이 한국에서도 여야간의 정권교체가 선거를 통해 평화적으로 이루어지게 되면서, 이제는 인물이 바뀌어도 특정정파나 세력이 장기집권을 하는 현상마저도 사라지게 되었다.

최고정책결정자를 포함한 정무직 인사들은 임기에 따라 교체되지만, 관료조직들은 영원히 지속되고, 관료들은 중대한 실책을 저지르지만 않는다면 정년제에 따라 장기간 관료생활을 지속할 수 있다. 바로 이러한 측면에서 관료조직들의 위상은 민주화와 함께 상대적으로 강화되고 있는 것이다. 카우프만(H. Kaufman)이 조사한 바에 의하면, 미국은 1923년부터 1973년의 50년 사이에 대공황, 2차 세계대전, 인종갈등, 한국전쟁, 베트남 전쟁 등 많은 대형사건과 사고들을 경험하였으며, 1923년 취임한 30대 미국 대통령 쿨리지(Calvin Coolidge) 대통령부터 1974년 퇴임한 37대 미국 대통령 닉슨(Richard M. Nixon) 대통령까지 모두 8명의 미국 대통령들이 대통령직에 취임하고 퇴임하였다. 그러나 미국 연방정부에서 근무하는 연방정부 관료들의 약 85%는 1923년부터 1973년까지 50년 동안 계속해서 같은 부서에서 근무하고 있었다는 사실이 조사결과 확인되었다. 더욱이 미국 연방정부 관료들 중의 60%는 직위도 바뀌지 않고 계속 한 자리에 머무르고 있었다는 것이 확인되었다.[46] 바로 민주화의 진행과 함께 관료 조직들의 보이지 않는 강점이 부각되는

---

46) H. Kaufman, *Are Government Organizations Immoral?* (Washington, D.C.: Brookings Institution, 1976), Randall B. Ripley, and Grace A. Franklin, *Bureaucracy and Policy Implementation* (Homewood, Ill.: The Dorsey Press, 1982), pp. 38-39에서 재인용.

단면이라 하겠다.

다섯째, 민주주의 하의 관료들은 선거를 의식할 필요가 없기 때문에 자신들의 조직이익에 근거한 정책추진을 적극적으로 주도할 수 있다. 민주화가 진행되면, 최고정책결정자를 포함한 집권세력들은 선거를 의식하지 않을 수 없다. 선거에서 승리해야만 정권을 연장할 수 있기 때문이다. 외교정책의 내용도 예외가 될 수는 없다.[47] 결국, 최고정책결정자를 비롯한 정치적 집권세력들은 국민들의 요구에 민감해질 수밖에 없고, 외교정책을 포함한 정책결정에 있어 정치적 요인들이 강력하게 작용할 수밖에 없는 것이 현실이다. 특히 선거 시기를 즈음해서는 선거에서의 승리를 위해 여론의 내용을 적극 수용하는 정책을 추진하거나, 단기적 업적 위주로 외교정책을 추진하고자 하는 정치적 판단을 내리게 될 가능성이 높아진다. 국내 정치적 가치들이 외교정책결정과정에서 객관적 상황판단보다 우선하게 되는 것이다.

반면 관료들의 입장에서는, 최고정책결정자와 집권 정치세력들이 선거에서 반드시 승리해야만 한다는 중압감에 시달리던 권위주의 체제 때와는 달리, 민주주의 시기에는 선거결과와 무관해지게 된다. 오히려 선거 결과에 따라 정권과 집권세력이 교체될 수도 있기 때문에 조직의 존립 및 이익과 연관지어 판단할 때, 특정 정파를 지지하는 것이 오히려 더 위험할 수도 있다. 따라서 관료조직들은 선거와는 무관하게 자신들의 조직 이익과 관련된 정책들의 집행에만 집중하는 양상을 보이게 된다. 특히, 정치적 중립과 객관성이라는 개념으로 자신들의 행동을 정당화, 합리화시키게 된다. 바로 민주화

---

47) Samsung Lee, "The Korean Society and Foreign Policy," in Yong Soon Yim and Ki-jung Kim, eds., *Korea in the Age of Globalization and Information: Direction of Korea's Diplomacy and Broadcasting toward the 21st Century* (Seoul: The Korean Association of International Studies, 1997), p. 113.

가 외교정책에 있어 관료들의 위상을 강화시켜주는 또 다른 측면이라 하겠다.

여섯째, 민주주의 체제 하에서는 관료들을 통제하는 통제 메카니즘들이 권위주의 체제에 비해 허약하기 때문에 관료적 위상은 강화되고, 그 결과로서 관료정치적 현상은 더욱 심화된다. 전체주의 체제하에서는 최고정책결정자의 통제와 관료조직에 대한 장악력이 상당히 강력하기 때문에 관료들은 정책집행까지 감시받고 감독받는 것이 일반적이었다. 그러나 민주화가 진행되고 제도화가 진행되어질 경우, 관료들은 제도화된 자신들의 행동방식에 따라 행동하게 되며 결코 최고정책결정자의 감시, 감독에 얽매이지 않게 된다. 특히, 실제적인 정책집행은 관료들에 의해 진행되기 때문에, 만약 최고정책결정자가 관료조직들을 완전히 장악하지 못하거나 정권교체기의 레임덕 현상이 발생할 경우에는, 최고정책결정자의 결정이 반드시 외교정책으로 집행되어 질 것이라고 보장할 수 없는 상황이 발생할 수도 있다.[48] 그런데 관료조직에 대한 장악이 결코 쉽지 않다는 것은 강력한 힘을 가진 미국의 역대 대통령들이나 관련 인사들의 언급을 통해서도 쉽게 확인된다는 점을 염두에 둔다면,[49] 민

---

48) Morton H. Halperin, *Bureaucratic Politics and Foreign Policy* (Washington, D.C.: The Brookings Institution, 1974), pp. 236-238.

49) 미국 트루만(Harry Truman) 대통령은 개별 부서들이 통제에 대한 신가한 고충을 토로하고 있다. Harry Truman, *Memories, vol. II: Years of Trial and Hope* (New York: Doubleday, 1956), p. 165. 한편, 키신저(Henry Kissinger)도 언론과의 인터뷰 중에 특정사안에 대한 대통령의 지시와 실무자들의 집행내용이 상당히 차이가 있음을 지적하고 있다. Saul Pett, "Henry A Kissinger: Loyal Retainer of Nixon's Svengali?" *Washington Post*, August 23, 1970, Morton H. Halperin, *Bureaucratic Politics and Foreign Policy* (Washington, D.C.: The Brookings Institution, 1974), pp. 245-246에서 재인용. Henry Kissinger, "Bureaucracy and Policy Making," in Morton H. Halperin and Arnold Kanter, eds., *Readings in American Foreign Policy: A Bureaucratic Perspective* (Boston: Little, Brown, 1973), p. 89.

주주의 체제 하에서는 최고정책결정자의 정책 선택이 내용 그대로 집행되기는 결코 쉬운 일이 아니라는 점을 예상할 수 있다.

또한 최고정책결정자가 관료조직들을 완전히 장악하고 있다 하더라도, 관료조직들이 소화해낼 수 없는 지나치게 혁신적인 내용의 정책결정이라면, 이 역시 정책결정자의 선택처럼 집행되지 않을 가능성도 높다. 관료조직들의 일상적인 업무에서 이탈되는 명령이나 지시에 대해서는 집행이 상당히 어려워지기 때문이다.[50] 린드블룸(Charles Lindblom)은 이러한 현상들에 대해 관료조직들의 행동 내용들이 생산적이고 혁신적인 것들이 아니라 '그럭저럭해나가는'(muddling through)[51] 것이라고 규정하고 있다. 결국, 미국의 닉슨 대통령이 미-중 관계개선을 앞두고 키신저(Henry Kissinger)를 북경에 파견한 경우나, 한국의 노태우 대통령이 박철언을 특사로 북한과 동구유럽 국가들에 파견한 경우 등도 결국 기존의 관료조직을 이용하기 보다는, 관료조직 이외의 별도의 개인적 관계에 의한 인물들을 이용함으로서 최고정책결정자의 의도를 보다 정확하게 집행히려는 시도들로 뵈야 할 것이다. 그러나 이러한 방식 역시 항상 긍정적 결과만을 초래하는 것은 아니다. 이러한 대통령의 지시가 관료들에 의해 제대로 집행되지 않고, 대통령은 이에 대한 대응으로서 외부의 사조직을 이용하게 되면, 관료조직들 내부에서는 대통령의 지시에 반발하는 분위기가 확산되는 등 부작용이 발생될 수도 있기 때문이다.

---

50) Morton H. Halperin, *Bureaucratic Politics and Foreign Policy*, p. 243.

51) Charles E. Lindblom, "The Science of 'Muddling Through'," *Public Administration Review*, vol. 19, no. 2 (1959), pp. 79-88; Charles E. Lindblom, "Still Muddling, no yet Through," *Public Administration Review*, vol. 39, no. 6 (November/December 1979), pp. 517-526; Yehezkel Dror, "Muddling Through - 'Science' of Inertia?" in Amitai Etzioni, ed., *Readings on Modern Organizations* (Englewood Cliffs, N.J.: Prentice-Hall, Inc., 1969), pp. 166-171.

일곱째, 민주화와 함께 진행되는 대통령직의 제도화로 인해, 대통령직은 물론이고 외교정책에 익숙하지 않은 '초보' 대통령들이 등장하면서 발생되는 문제가 있다. 렌달(Ronald Randall)은 대통령이 실제적으로 관료들을 장악할 수 있는 방법은 다양하게 있지만, 대통령직에 익숙하지 않은 대통령들은 이를 적절히 이용하지 못할 수도 있음을 지적한다. 특히, 민주적 선거에 의해 대통령에 당선된 신임 대통령들은 관료조직을 통제해본 경험이 없는 경우가 많기 때문에 적절한 대응수단을 인식하지 못하고 있다는 것이다.[52] 베버도 최고정책결정자가 전문 관료들 앞에서는 무기력해 질 수 있음을 언급하고 있다. 즉, 지도자가 '아마츄어적 지도자'인 경우에는 자칫 관료들에 의해 조정될 수도 있다는 것이다.[53] 너이스타트(Richard Neustadt) 역시 미국의 최고정책결정자인 미국 대통령들도 취임과 함께 너무나 바쁘게 돌아가는 일정 때문에 무지와 오만이 발생할 수 있고, 이로 인해 상당한 실수를 저지를 수밖에 없다며,[54] 최고정책결정자의 한계와 관료조직의 필요성을 인정하고 있다. 결국 국가운영과 외교정책결정에 경험이 없는 아마추어 대통령과 해당 분야에 대한 경험이 풍부하고 전문적 지식까지 구비한 관료들간의 관계로 인해, 새로운 정부가 출범하는 초기부터 관료 중심적으로 외교정책들이 운영될 가능성이 높아지고, 상대적으로 관료의 위상이 과거에 비해 부각되는 결과를 초래하는 것이다.

이처럼 민주화의 진행은 가치의 다양화와 함께, 국내 정책결정 시스템의 변화를 초래했고,[55] 외교정책결정과정에도 상당한 변화를

---

52) Ronald Randall, "Presidential Power versus Bureaucratic Intransigence: The Influence of the Nixon Administration on Welfare Policy," *American Political Science Review*, vol. 73, no. 3 (1979), pp. 795-810.

53) H. H. Gerth, and C. Wright Mills, trs. and eds., *From Max Weber: Essays in Sociology*, p. 234.

54) Richard E. Neustadt, *Presidential Power*, p. 393.

55) 하영선, "한국외교정책 분석틀의 모색," p. 4.

가져다주었다. 바로 최고정책결정자의 위상이 상대적으로 위축된 반면, 관료들의 위상은 상대적으로 부각되었고, 그 권한 또한 확대되고 있기 때문이다. 이러한 현상과 관련하여, 외교정책결정과정에 있어 관료들이 최고정책결정자의 결정을 집행하지 않거나, 최고정책결정자의 결정에 반발하는 모습들이 한국에서도 실제로 나타나기 시작하였다. 더 이상 기존의 접근법이나 인식 틀로서는 설명할 수 없는 새로운 현상들이 한국 외교정책에서도 확인되기 시작한 것이다.

제3절 한국 외교정책의 대외적 환경 변화 – 세계화와 국제화, 그리고 정책결정 행위자의 다양화

국제사회의 보편적 현상으로서 등장한 탈냉전적 가치들과 세계화의 현상은 근대 국제사회에 상당히 새로운 모습으로 다가왔다. 국가들은 냉전시기에 적응하고 있던 환경과 상당히 차별적인 낯선 환경에 다소 당황하는 모습을 보이기도 하였다. 이러한 현상은 개별국가들의 외교정책 내용과 결정과정에 대해서도 직접적인 영향을 미쳤다. 국가들의 국제적 환경이 변화한 만큼 이에 대한 대응 방안이나 반응의 형태들도 새로운 내용들을 모색할 수밖에 없었기 때문이다.

1. 탈냉전과 가치의 다양화, 그리고 국내적 요인들의 활성화

그동안 진행되어온 한국 외교정책에 대한 연구들은 냉전이라는 국제사회의 절대적 가치에 대해서는 상당한 관심을 집중해온 반면, 국내적 요소들은 연구의 대상에서 상대적으로 소외되는 모습을 보여 왔다. 한국이 처한 분단 상황과 우선적으로 해결해야만 했던 안보정책의 문제들이 서로 연계되면서, 한국의 외교정책은 냉전적 가치로부터 결코 자유롭지 못했기 때문이다. 오히려 자의반 타의반으로 냉전적 가치를 적극 수용하는 선택을 해야만 했다. 한국은 미-소간의 대립에 있어, 미국을 중심으로 한 진영에 적극 참여함으로서 냉전기간 동안 안보문제를 효율적으로 해결할 수 있었다. 그리고 한국은 덤으로 경제적으로도 상당한 수혜를 얻을 수 있었고, 그 결과 빠른 경제적 성장을 이룩하는데 긍정적인 도움을 얻기도 하였다. 그러나 안보문제를 해결하는 대신에 한국의 외교정책 기조는 미국을 중심으로 한 냉전적 가치를 적극 수용해야만 했다. 특별한 선택의 고민없이 미-소간의 진영 대립에 있어 미국의 외교정책에 단순히 동조하고 편승하기만 했던 때문이다.[56] 따라서 상대적으로 국내적 요인들은 안보라는 개념으로 억제되고 있었고, 실제로도 한국 외교정책의 결정과 집행에 별다른 역할을 수행하지도 못했다.

그러나 1990년대 초부터 소련이 해체되고, 냉전의 종식이 공식적으로 선언되면서 한국의 외교정책은 자유와 혼란을 동시에 경험하게 된다. 한편으로는 그동안 한국의 외교정책을 강하게 억누르고 있던 절대적 가치가 해체됨으로서 한국 외교정책은 국제적 환경으로부터 상당히 자유롭게 된 반면, 다른 한편으로는, 그동안 외교정책 수립의 기준으로서 한결같이 적용되어 오던 절대기준이 소멸되면서 한국의 외교정책은 상당한 혼란스러움에 직면하게 된 것이다. 국제사회는 냉전이라는 단일한 가치가 지배하던 시기에서 벗어나, 가치의 다양화 현상이 초래되고 있었다. 외교정책은 군사적 안보문제 뿐 아니라 경제, 사회, 문화 등 비군사적 안보 문제들이 포함되면서 외교정책 이슈의 다양화가 진행되었다. 군사적 안보문제보다 비군사적

---

56) 강성학, "한국외교정책의 특성: 편승에서 쿠오바디로?" 「IRI 리뷰」 (고려대학교 일민국제관계연구원), 제2권 제2호 (1997), pp. 5-44.

문제들이 오히려 더 중요한 비중을 차지하는 현상들도 발생하게 되었다. 국제사회의 환경 변화로 인해 매우 혼란스러워하던 한국의 외교정책은 특히 미국과의 '동맹'관계 마저도 새로운 양상으로 전개되는데 대해 한동안 당혹해하고 있었던 것이 사실이다. 위트코프(Eugene Wittkopf)는 심지어 미국사회에서도 1940년대 후반부터 미국을 움직여오던 냉전적 가치가 소멸됨으로서 심각한 혼란에 빠지게 되었다며, 탈냉전 시기의 현재는 미국 외교정책에 대해서도 새로운 이해와 연구가 필요함을 지적하고 있다.[57] 그동안 한국의 외교정책에 절대적 영향을 미쳤고, 한국외교정책의 기조를 주도하던 미국의 외교정책마저도 변화에 직면해 있는 상황에서 한국의 외교정책들이 새로운 국면에 접어드는 것은 당연한 귀결이라 하겠다.

한편, 탈냉전과 함께 한국 외교정책은 과거에 비해 자유로움을 얻게 되었지만, 동시에 매 사건, 매 시기마다 스스로 '선택'을 해야 하는 어려움에 직면하게 되었다. 세계화의 추세와 더불어 다양해지고, 복잡해진 외교적 환경에 대해 스스로 판단하고 변화에 적응해 나가야 하기 때문이다. 한편, 이러한 선택과 관련하어, 한국외교정책에 강한 영향을 미치던 냉전이라는 외부 환경적 요건들이 약화되면서 국내적 요인들의 상대적 위상과 역할이 강화되기 시작했다. 그동안 일방적으로 국가 행동을 규제하거나 강제하던 냉전이라는 가치의 환경이 소멸됨으로서, 이제는 국제사회에서의 국가 행동이나 외교정책을 설명하는데 있어 국내적 요인들이 보다 설득력있는 설명을 제시할 수 있는 상황이 전개되고 있다.[58] 이는 한국과 같은 국제사회의 중소국가들 뿐 아니라, 미국과 같은 강대국들에게도 동일하게 적용되고 있다. 바움(Matthew Baum)은 미국의 외교정책도

---

57) Eugene R. Wittkopf, "An Introduction," in *The Domestic Sources of American Foreign Policy: Insights and Evidence*, 2nd ed. (New York: St. Martin's Press, 1994), pp. 1-2.

58) Eugene R. Wittkopf, "An Introduction," p. 3.

냉전이 종식되면서 국내 정치적 요소에 의해 더 큰 영향을 받고 있음을 지적하고 있다. 냉전이 종료된 이후, 미국의 외교정책이 국가안보적 위기 상황에 빠질 경우에는 더욱 더 국내적 요인에 의해 영향을 받게 되는 상황이 부각될 것이라는 점을 강조한다.[59] 즉, 과거 냉전시기에는 외교정책의 기조와 내용에 대해 국민들 간에 일정한 암묵적인 합의가 존재했었다. 하지만 냉전이 끝난 현재에는 국민들 간의 합의를 가능케 했던 전제조건들이 소멸되고 말았다. 따라서 외교정책에 대한 국민들의 합의가 부재한 만큼, 다양한 요구와 개입의 시도들은 더욱 증가할 수밖에 없으며, 그 결과 외교정책들은 국내적 요인들에 의해 크게 영향을 받을 수밖에 없게 된 것이다.

　외교정책에 있어 국내적 요인들의 비중이 증가하게 되면서, 외교정책결정과정에 참여하는 관료들의 위상 또한 부각되기 시작했다. 우선, 탈냉전으로 인해 국제사회를 지배하던 가치와 국제정치를 주도하던 패권국가적 개념이 약화된 상황에서, 국제사회에서는 다극화의 현상이 발생하게 되었다. 국제사회에서 선택할 수 있는 가치가 대안이 없는 하나만 존재하는 것이 아니라, 복수의 내용들 중에서 자신이 원하는 가치를 고를 수 있게 된 것이다. 이제는 외부 환경의 가치에 맞게 국내적 합의를 조정하고 행동하는 것이 아니라, 내부적 합의에 의해 정책을 결정하고 행동함으로서, 내부적 합의에 맞게 국제사회의 가치를 선택할 수 있는 상황이 되었다. 결국, 국제사회의 다극화현상은 국내 관료조직들에게 외교정책과 관련한 선택의 폭을 넓혀주는 결과를 초래하였다. 냉전시대에는 단일된 가치를 중심으로 외교정책들이 결정되었다. 관료조직들도 냉전적 가치를 기준으로 행동해야만 했다. 자칫 자신들의 조직적 이익과 상반되는

---

59) Matthew A. Baum, "Public Opinion, Domestic Politics and the Decision to Use Military Force: The Case of Operation Restore Hope," paper presented to the 41st Annual Meeting of the International Studies Association, at L.A. on March 14-18, 2000, p. 1.

결과가 초래되어도 자신의 이익을 뒷받침할만한 제2의, 제3의 국제적 가치를 찾지 못했었다. 그러나 탈냉전 상황 하에서는 국제적 가치가 다양해졌기 때문에 관료조직들은 자신의 조직이익에 부합되는 국제적 이익을 선택할 수 있게 되었다. 따라서 관료조직들은 각자 자신들의 행동을 합리화시킬 수 있는 국제적 가치들을 선택하고, 이를 기초로 외교정책결정과정에서 자신의 이익이 정당함을 적극 주장할 수 있는 환경이 형성된 것이다.

또한, 일국의 지배적인 패권국가 형태에서 다자주의적 형태로 국제사회의 질서가 재편되어 가는 과정에서 국제적 레짐(regime)이 형성되어 국제사회를 주도하고 있다. 따라서 특정한 패권국에 절대적으로 의존하거나 패권국의 입장을 무조건적으로 추종해야할 필요성이 줄어들게 되었다. 강대국의 자의적인 가치나 규칙보다는 국제사회에 소속된 대부분의 구성원들이 서로 합의한 원칙(principles), 규범(norms), 규칙(rules), 그리고 의사결정과정(decision-making process) 등으로 구성[60]되어 있는 국제 레짐[61]의 준수에 주목해야 히는 상황이 전개되고 있는 것이다. 이제는 패권직인 가치가 아니라, 국제사회의 합의에 의해 형성된 가치가 의미를 가지기 시작한 것이다. 결국 국제사회의 합의를 진행하는 과정에서 강대국들뿐만 아니라 중진국이나 약소국들도 자국의 입장들을 국제사회에 요구할 수 있게 되었다. 극단적으로는 레짐에 참여하지 않는다는 선택을 할 수도 있게 되었다. 결국 분야별로 형성되는 레짐의 협상과정에 참여하는 각국 실무자들인 국내 전문관료들은 그 위상과 역할이 과

---

60) Robert O. Keohane, Joseph S. Nye, *Power and Interdependence: World Politics in Transition* (Boston: Little, Brown and Company, 1977), p. 19.
61) 국제적 레짐(regime)에 관한 내용들은, Robert O. Keohane, *After Hegemony: Cooperation and Discord in the World Political Economy* (Princeton: Princeton University Press, 1984); Stephen D. Krasner, ed., *International Regimes* (Ithaca: Cornell University Press, 1983) 등 참조.

거와 달리 급격히 부상하게 되었다.

탈냉전과 함께 외교정책의 대상 영역과 분야들이 다양화된 것도 관료들의 위상을 강화시키는 배경이 된다. 탈냉전이후 군사적인 안보문제보다 비군사적인 문제들이 외교정책에 있어 더 우선되는 상황이 보편화되고 있다. 군사적 안보를 위해 경제적 이익을 희생하거나, 특혜를 부여하는 상황은 더 이상 일반적인 모습이 아니게 되었다. 오히려 경제적 이익을 위해 군사적 안보분야에서의 갈등을 해소하거나 협력하는 모습들을 드물지 않게 발견할 수가 있다.[62] 경제 안보라는 용어가 사용될 만큼 모든 국가들은 군사 안보 보다는 경제적 이익을 위해 국가의 총력을 집중하는 현상이 발생되고 있다. 결국 국내 경제적 상황과 경제 행위자들의 존재가 외교정책에서도 부각되기 시작했고, 경제문제들이 매우 복잡하게 얽히게 되면서 최고정책결정자는 전문성을 확보하고 있는 관료와 관료조직들의 도움을 더욱 더 필요로 하게 되었다. 그 결과 관료들의 위상도 높아지기 시작한 것이다.

이러한 냉전적 가치의 종식은 국제적 상호의존의 심화와 국제화 및 세계화의 추세를 더욱 확산시키는 결과를 초래하였다. 그동안 군사적 안보에 억눌려있던 비군사적 요인들의 가치가 급격히 부상하기 시작한 것이다. 탈냉전은 새로운 국제적 가치의 위상을 부각시키기도 했지만, 동시에 국가내부의 가치들을 함께 부각시키게 되었고, 결국 국내 관료들의 활동영역을 확대시키는 결과를 초래하였다.

---

62) 한국의 안보문제와 관련해서는, Thomas H. Henriksen, "Korea's Foreign and Security Policy in an Age of Democratization and Globalization," in Chung-in Moon and Jongryn Mo, eds., *Democratization and Globalization in Korea: Assessments and Prospects* (Seoul: Yonsei University Press, 1999), pp. 209-226 참조.

2. 국제화, 세계화와 외교정책결정 시스템의 변화

1970년대 코헨(Robert O. Keohane)과 나이(Joseph S. Nye)의 저서[63] 이후 국제사회에서 본격적인 관심을 끌기 시작한 상호의존 현상은 1980년대 이후 본격적인 현상으로 대두되었다. 1990년대 탈냉전과 WTO의 출범 등으로 가속화된 국제화, 세계화의 흐름은 상호의존 현상을 더욱 심화시켜 나가게 된다. 그리고 이러한 세계화, 국제화는 국제사회를 하나의 단위체로 통합시키는 결과를 초래하고 있다.[64] 경제부분, 특히 제조업분야에서부터 시작된 생산의 국제화와 세계화 현상은 이제 금융부분[65]에 있어서는 아주 보편적인 현상이 되어 버렸다. 그리고 21세기를 맞이한 현재는 인터넷과 같은 과학기술의 발달로 경제부분은 물론이고 아주 다양한 분야의 국제화, 세계화 현상이 보편적으로 진행되고 있는 실정이다. 이제는 국제사회에 참여하고 있는 어느 누구도 쉽게 거역할 수 없는 것이 되어버린 국제화와 세계화의 추세는 국가의 국경과 주권개념을 약화시키고 있으며,[66] 전 세계적인 통합현상을 가속화시키고 있는 실정이다.

---

63) Robert O. Keohane, Joseph S. Nye, *Power and Interdependence.*

64) 세계화의 의미와 형태, 유발 요인들에 대해서는, G. John Ikenberry, "Globalization: Patterns, Sources, and Implications," in Chung-in Moon and Jongryn Mo, eds., *Democratization and Globalization in Korea: Assessments and Prospects* (Seoul: Yonsei University Press, 1999), pp. 135-158 참조.

65) 금융산업의 급격한 변화와 금융산업의 세계화와 관련해서는, A. Hamilton, *Financial Revolution* (Harmondsworth: Penquin Press, 1986) 참조.

66) Raymond Vernon, *Sovereignty at Bay* (New York: Basic Books, 1971); Marc Williams, "Rethinking Sovereignty," in Eleonore Kofman and Gillian Youngs, eds., *Globalization: Theory and Practice* (London: Pinter, 1996), pp. 109-122; Philip G. Cerny, "What Next for the State?" in Eleonore Kofman and Gillian Youngs, eds., *Globalization: Theory and Practice* (London: Pinter, 1996), pp. 123-137 등 참조.

1) 국제화, 세계화와 외교정책

세계화, 국제화의 진행과 관련하여, 국가 외교정책은 과거와 달리 국내적 요인들로부터 더 강한 압력을 받아야하는 상황에 직면하게 되었다.[67] 민주주의 국가는 물론이고 권위주의 국가들에게도 동일한 현상이 발생되고 있으며, 제3세계나 선진국들 모두에게 공통적으로 적용되는 내용이다.[68] 세계화와 국제화는 국제사회에서 개별 국가들의 정부뿐만 아니라, 비정부조직의 행위자들이 갖고 있는 영향력과 활동영역들을 확대시킨다는 점도 있겠지만, 오히려 국가들 간의 연계업무가 확대되기 때문에 외교정책과 관련된 관료들의 업무는 대규모로 확대되는 결과를 초래하였다. 경제 부문은 물론이고 환경, 과학기술, 노동, 교육 등 국가 내부의 업무들이 국제화되기 시작하면서, 외교정책의 주된 의제로 등장했기 때문이다. 이와 함께 외교정책을 결정하는 기존의 정책결정 시스템도 변화하기 시작했다. 정책결정시스템의 변화를 초래하고 있는 국제화, 세계화의 주요 특징들을 정리하면 다음과 같다.

첫째, 외교정책의 결정에 있어 어느 누구도 혼자서 모든 것을 해결할 수 없는 상황이 되었다. 과거에는 국제정치와 국내정치의 구

---

67) Roger Wetthall, "The Globalization of Public Enterprise," *International Review of Administration Science,* vol. 59 (1993), pp. 387-408: B. Guy Peters, *The Politics of Bureaucracy,* 4th ed. (New York: Longman, 1995), p. 212.

68) Joe D. Hagan, "Regimes, Political Oppositions, and the Comparative Analysis of Foreign Policy," p. 339. 특히 한국의 세계화, 국제화의 추진 내용과 관련해서는, Young-Sun Ha, "The Historical Development of Korean Globalization: Kukchehwa and Segyehwa," in Chung-in Moon and Jongryn Mo, eds., *Democratization and Globalization in Korea: Assessments and Prospects* (Seoul: Yonsei University Press, 1999), pp. 159-178: Thomas H. Henriksen, "Korea's Foreign and Security Policy in an Age of Democratization and Globalization," pp. 209-226 내용 참조.

분이 용이했고, 그 경계도 분명한 편이었다. 외교정책의 업무영역도 안보와 국방 등 일부 영역으로 제한되어 있었다. 따라서 최고정책결정자는 외교정책을 전담하는 부서들만의 조언을 통해 외교정책을 결정할 수 있었다. 그러나 세계화는 국내외의 경계를 허물어 버렸고, 외교정책의 업무범위와 양을 대규모로 확대시켜버렸다. 따라서 단일한 이슈라 하더라도 업무 내용에 따라 다양한 관료조직들의 도움을 필요로 하게 되었다.[69] 이제는 외교정책 업무의 대부분이 더 이상 최고정책결정자 1인의 판단과 지식만으로는 해결할 수 없는 상황이 되었다. 관련된 다양한 관료조직들로부터 관련 지식과 정보를 제공받아야 만이 정책을 결정하는 것이 가능해지게 되었다. 국가간의 관계 증진과 교류가 단순히 군사적 안보 문제에만 국한된 것이 아니라, 과거에는 국내적 문제에 불과했던 금융, 통화 등 경제 문제를 포함하여, 기후, 에너지, 노동, 보건, 환경, 농작물 문제 등 다양한 내용들로 외교정책의 이슈들이 확대되었다. 결국 최고정책결정자는 자신의 고유한 영역이고 자신이 책임을 져야만 했던 외교정책의 정책결정에 대해서도 관료조직들의 개입을 오히려 유도해야만 하는 상황이 전개되고 있는 것이다.

둘째, 외교정책에 있어 전문화와 세분화를 초래하고 있다. 국제화, 세계화는 국가간의 전반적인 관계는 물론이고 분야별 접촉을 확대시킨다. 즉, 모든 국가의 경제분야, 안보분야, 문화분야 등의 관계가 긴밀해지게 되면서, 그 결과로서 국제사회에서 국가들간의 전반적인 관계가 긴밀해지게 되었다. 즉, 2개 국가들간의 쌍무적인 대화를 통해 안보, 국방, 경제 등 모든 분야를 한꺼번에 협력하기 보다는, 각 분야별로 이슈별로 국제사회가 다자간으로 모여 협력과

---

69) Robert O. Keohane, Joseph S. Nye, *Power and Interdependence: World Politics in Transition*, 2nd ed. (Glenview, Ill.: Scott, Foresman/Little, Brown, 1989), pp. 259-260.

경쟁의 문제를 논의하는 것이 일반화되게 된다. 그리고 아주 세세한 기술적인 문제에까지 국가들간의 협력과 협조가 필요한 상황이 되었다. 예를 들어 환경보호, 보건, 생태, 지질, 해양자원 문제 등에 대한 국제적 협력과 관련하여 단순히 협력을 결의하고 합의하는 차원을 지나 이제는 아주 세부적인 수치라던지, 사용 기구, 개별적인 오염 물질 등에 대한 합의와 협력이 필요한 상황이 되었다. 이제는 외교적 업무를 전담하는 부서만으로는 도저히 국제적 협력을 진행할 수가 없는 상황이 된 것이다.[70] 이러한 상황이 전개되면서, 외교정책을 결정하는 데에는 정치적인 판단보다는 전문가들의 기술적 판단이 더 필요하게 되었다. 그리고 전문가들의 기술적 판단은 외교정책의 결정과 집행에 있어 그 중요성이 과거보다 더 절대적인 비중을 차지하게 되었다. 이러한 모습들은 외교를 전담하는 관료조직이 아니라, 해당 분야의 전문 관료들의 의견이 외교정책의 결정에 있어 중요한 판단기준이 되는 상황이 전개되고 있음을 의미한다.[71] 이처럼 외교업무가 전문화, 세분화되면서 외교정책의 결정에 개입하는 관료조직들의 수도 많아지게 되었고, 전문적인 기술 관료들의 영향력이 확대되면서 외교정책에 대한 최고정책결정자의 정치적, 정책적 판단의 범위는 상대적으로 제한되는 결과를 초래하게 된다.

셋째, 국내적 규범이나 제도보다 국제적 규범이나 제도가 더 중요한 비중을 차지하게 되었다.[72] 국제화가 진행되면, 국제적인 합의

---

70) Raymond F. Hopkins, "The International Role of 'Domestic' Bureaucracy," *International Organization*, vol. 30, no. 3 (1976), p. 416.
71) Raymond F. Hopkins, "The International Role of 'Domestic' Bureaucracy," p. 408.
72) Helen V. Milner and Robert O Keohane, "Internationalization and Domestic Politics: An Introduction," in Robert O. Keohane, Helen V. Milner, eds., *Internationalization and Domestic Politics* (Cambridge: Cambridge University Press, 1996), pp. 17-18.

가 많아지고 국제적으로 준수해야 할 규범이나 규칙의 내용들이 많
아지게 된다. 그리고 국가마다 서로 다른 규범이나 규칙들로 인해
초래되는 불편함과 추가비용의 지출문제를 해소하기 위하여, 국제
적으로 통일된 기준을 마련하려는 시도들이 확산되게 된다. 이와
관련하여, 재정, 금융, 통상 등과 관련된 국내 법규나 규칙, 제도들
이 국제적인 규범이나 규칙의 내용이나 기준에 맞도록 수정되어져
야 한다. 따라서 최고정책결정자나 국내 정치인들이 행사할 수 있
는 권한의 범위는 과거에 비해 상대적으로 제한되어질 수밖에 없
다. 반면, 국제적 기준에 맞게 정책을 집행하는 관료들의 위상은 상
대적으로 부상하게 된다. 최고정책결정자가 선택한 정책결정이라
하더라도 국제적 기준에 부합되지 않을 경우에는 관료들의 정책집
행은 제한될 것이기 때문이다. 따라서 관료들은 결정된 정책에 대
해 국내적 기준에 따르느냐, 국제적 기준에 따라 국내의 결정사항
을 거부하느냐 하는 판단을 내려야 하는 상황이 초래된다. 관료들
에게 있어 판단과 선택은 무엇을 해야 하는가 하는 문제가 아니라,
자신들에게 더 유리하고 수용 가능한 것이 무엇인가를 결성하는 분
제이기 때문에,[73] 이는 곧 관료들의 위상을 부상시키는 결과를 초
래한다. 관료들의 선택, 즉 자율성의 부여는 관료들의 권력을 의미
하는 것이기 때문이다.[74]

---

73) B. Guy Peters, *The Politics of Bureaucracy*, pp. 215-216.
74) Kenneth J. Meier, *Politics and the Bureaucracy: Policymaking in the Fourth Branch of Government* (North Scituate: Duxbury Press, 1979), pp. 52-53; Theodore Lowi, *The End of Liberalism* (New York: Norton, 1969); Francis E. Rourke, *Bureaucracy, Politics, and Public Policy*, 3rd ed. (Boston: Little, Brown and Company, 1984), pp. 35-39; Brian A. Ellison, "A Conceptual Framework for Analyzing Bureaucratic Politics and Autonomy," *American Review of Public Administration*, vol. 25, no. 2 (June 1995), pp. 165-167; Todd Kunilka, Lawrence S. Rothenberg, "The Politics of Bureaucratic Competition: The Case of Natural Resource Policy," *Journal of Policy Analysis and Management*, vol. 12,

넷째, 세 번째 특징의 결과적인 내용으로서, 외부 환경에 대한 노출과 취약함이 심화되는 반면, 최고정책결정자의 권한 및 정치적 위상은 약화되면서, 외부로부터 전달되는 충격에 대한 효과적인 대응을 어렵게 만들고 있다. 국제화가 진행될 경우, 결과적으로 보건, 의료, 노동, 농업, 자원, 환경 등의 개별 분야별 영역들이 국제적으로 서로 통합되는 현상이 가속화되어 간다. 이럴 경우 국내적 요인들과 환경 등은 국제적 환경에 민감해지게 되고, 취약해지게 된다. 그 결과 개별 국가들의 정책결정자들이 선택할 수 있는 외교정책에 대한 선택 폭은 매우 제한되는 결과를 초래한다.[75] 이러한 환경적 요인으로 인해 최고정책결정자는 자칫 심각한 딜레마에 빠질 가능성이 높아진다.[76] 만약 자신을 정치적 지도자로 선출해준 국민들의 일반적 요구내용과 국제사회에서 합의된 내용들간에 심각한 충돌이 발생할 경우, 최고정책결정자는 자신의 정치적 생명을 위협받을 수도 있는 위기에 직면할 수 있다. 우선, 최고정책결정자가 국민들의 요구에 상반되더라도 국제적 합의를 수용하는 내용으로 정책을 결정할 경우, 자신의 정치적 생명은 심각한 타격을 입게 될 것이다. 반면, 국제적 합의에 어긋나더라도 국민들의 요구사항들을 충실히 수용하게 될 경우에는 비록 일시적으로는 정치적인 영웅이 되겠지만, 현대사회는 어느 국가도 고립해서 자급자족해가며 살아갈 수가 없는 만큼 국가적 차원에서는 심각한 타격을 입을 수밖에 없다. 결

---

no. 4 (1993), pp. 700-725.

75) Helen V. Milner and Robert O Keohane, "Internationalization and Domestic Politics," pp. 16-17.

76) 하겐(Joe Hagan)은 이러한 현상과 관련하여, 정권 내부의 분열문제인 '정권 붕괴화'(regime fragmentation)와 정치적 환경으로부터 정권이 취약해지는 '정권 취약화'(regime vulnerability)의 개념을 제기하며, 국내 정권은 경우에 따라 아주 애매모호한 행동을 진행하는 경우도 발생함을 지적하고 있다. Joe D. Hagan, "Regimes, Political Oppositions, and the Comparative Analysis of Foreign Policy," pp. 339-365 참조.

국 장기적으로는 국가적 위기에 직면하게 되고, 이는 다시 지도자의 정치적 생명을 위협하는 상황으로 진행되게 된다. 바로 한국의 WTO 가입과 쌀시장 개방이라는 딜레마가 이러한 대표적 경우라 할 수 있다. 정책결정자는 자신의 결정을 방해하고 압박하는 요인들이 증가하게 되면서 과거에 비해 절대적 위상이 크게 위축될 수밖에 없는 것이다.

마지막으로, 국제화와 세계화는 외교정책의 정치화 현상을 가속화시킨다. 앞에서 언급한 바와 같이, 세계화가 개별 국가의 외교정책에 대한 국내적 요인들의 압력 강도를 강화시키고 행위자의 수를 증가시키게 되면서, 결국 외교정책은 고도의 정치문제화 될 수밖에 없게 된다. 선거에 의해 당선된 최고정책결정자로서는 국내 정치적 이해관계를 무시할 수가 없기 때문에 결과적으로 자신의 독단적인 정책결정이 불가능해지게 된다. 더욱이 가치가 다양해지고 행위자가 확대되면서 외교정책결정과정은 고도의 정치적 행태를 보일 수밖에 없다. 다양해진 모든 가치들을 충족시킬 수 없기 때문에 정책결정은 타협과 경쟁, 합의라는 정치적 과정을 거칠 수밖에 없는 것이다. 이러한 과정들은 결국 최고정책결정자의 권한은 상대적으로 제한하는 반면, 정책을 집행하는 관료조직들의 위상은 상대적으로 강화시키는 결과를 초래한다. 관료조직들로서는 자신들의 행동을 제한하는 요인들이 상대적으로 축소되는 반면, 자신들이 선택할 수 있는 가치들은 다양해지기 때문에 과거에 비해 조직의 이익 실현이 용이해지게 되기 때문이다. 특히 관료들에게는 최고정책결정자와 달리 국민들의 다양한 요구들을 모두 수용해야할 정치적인 이유가 없다. 단지 조직의 이익에 맞추어 정책을 집행해 나갈 뿐이다. 정치로부터의 중립을 관료조직의 절대적 가치로 표방하고 있는 관료들로서는 선거 결과를 신경 쓸 이유도 없고, 국민들의 표를 의식할 필요도 없기 때문이다.

이상에서와 같이 국제화, 세계화는 국가의 업무영역 뿐 아니라, 외교정책의 내용과 외교정책결정 시스템에 대해서도 상당한 변화를 요구하고 있다. 최고정책결정자 1인이 아니라 다수의 행위자가 정책결정과정에 참여하게 되고, 국내적 가치와 국제적 가치가 모두 정책결정과정을 제약하며, 최고정책결정자의 비중은 약화되는 반면 정책집행자의 비중은 상대적으로 증가하고 있고, 정책결정과정이 정치적 행태를 보이면서, 기존의 정책결정 시스템과는 전혀 다른 새로운 방식의 시스템이 작동되고 있는 것이다. 바로 이러한 변화들이 한국 외교정책의 정책결정과정에도 나타나고 있으며, 이를 설명하기 위해서는 새로운 가치와 접근법의 채택이 필요한 것이다.

2) 외교정책결정 시스템의 변화와 관료조직의 국제화

1970년대 중반이후 거부할 수 없는 국제적 현상이 되어버린 국제사회의 상호의존과 세계화, 국제화의 추세는 국내 관료들의 위상과 업무 영역 등에 대해서도 상당한 변화를 가져다주었다.[77] 외교전문 관료들의 조직 확대를 유도할 뿐 아니라, 국내업무에 전담하던 관료조직들까지도 외교정책에 관여하는 일이 일반화됨으로서, 외교정책에 대한 관료들의 참여를 확대시키고 있다. 국제화와 세계화로 인해 초래된 외교정책결정 시스템의 변화양상을 관료조직의 부상과 관련하여 살펴보면 다음과 같은 특징들이 나타난다.

첫째, 국제화와 세계화로 인해 외교정책 관련 업무를 담당하는 관료조직들의 업무량과 그 분야가 크게 확대되었다. 단순한 외교관

---

77) 국제화, 세계화로 인한 국제질서와 지역질서의 변화, 그리고 이로 인해 초래된 분야별 한국의 정책 내용의 변화에 대해서는 다음의 책자를 참조. 오기평 편저, 『지구화와 정치변화 - 지구화의 현상과 전망, 그리고 과제』(서울: 오름, 2000).

례적인 업무에 국한되는 것이 아니라, 경제, 환경, 노동, 자원, 보건 등 아주 다양한 문제들까지 외교업무 영역으로 포함되어졌다. 이제는 외교전문 관료들만의 능력으로서는 도저히 관리할 수 없는 영역들로까지 외교정책의 취급분야가 확대되고 있다. 그리고 기존에 관리하던 분야들도 외교전문 관료들이 취급할 수 없을 정도로 업무의 내용이 전문화되었다. 과거와 달리 외교정책은 국가의 결정사항을 국제사회에 실현시키는 것뿐만 아니라, 국제사회에서 결정된 내용들을 국내적으로 실행해야하는 상황들까지 포함하고 있다. 한편, 개별적인 상대 국가들과의 관계 뿐 아니라, 급증하는 국제기구들과 관련된 업무에서도 외교업무를 전담하는 부서들의 업무량은 급격히 증가하게 되었다. 특히, 특정한 분야 및 이슈와 관련된 국제기구에서의 활동은 외교전문 관료들만으로는 도저히 정책을 수행할 수 없는 상황들이 전개되고 있는 것이다.

한편, 외교전문 관료들의 업무 확대이외에, 외교정책에 대한 국내 관료조직들의 업무 참여도 급격히 증가되고 있다. 전통적으로 국내정책 영역이리고 생각하던 업무들조차도 국제화되고 있고, 세계화되고 있다. 국제화가 진행되면서 통상이나 무역과 같은 경제적 영역들 뿐 아니라, 국내행정이나 공공복지 등과 같이 전형적인 국내업무의 영역들도 외교정책의 대상에 포함되고 있다. 할퍼린(Morton Halperin)은 외국 주재 대사관의 인적구성이 외무부 소속 인사들로만 구성되는 경우는 이제 더 이상 가능하지 않게 되었다며, 정보기관, 농림부, 무관인 군인, 상공부, 재무부, 공보처 등 상당히 다양한 조직 출신의 관료들로 채워지고 있음을 지적하고 있다. 그 결과 현지 대사관 내부의 의견조율이 쉽지 않게 되었고, 따라서 미국 백악관의 지시내용보다도 현지에 있는 다양한 부처 관계자들간의 합의가 가능한 공통분모를 중심으로 외교정책과 외교업무가 추진되고 있다는 것이다. 즉, 미국의 백악관의 지시가 현재의 분위기와는 전혀 다르게 진행됨으로서 최고정책결정자의 지시가 정책집행에 실패하고 있고, 상대적으로 관료와 관료조직들의 위상은 부상하고 있다는 점을 지적한다.[78]

둘째, 외교정책의 집행에 있어 국내 관료들의 중요성이 더욱 부각되고 있다.[79] 전문적 기술 관료들의 비중이 증가하고 있는 것[80]이외에도, 국내적 문제들이 국제화되고 있는 현상과 함께 국제적 내용들이 국내화되고 있는 것과 관련해서 외교정책에 대한 국내 관료들의 개입이 증가하고 있다. 그리고 이 과정에서 개별 국가들의 관료조직들간에 국제적 연대도 발생하고 있고, 확산되고 있다. 우선, 국제적으로 합의된 각종 법규와 조직, 규범, 관행 등에 대해 국내적 관련내용들을 국제적 기준에 맞도록 수정하기 위해서는 국내 관료들의 참여가 불가피하게 증가하고 있는 것이다.[81] 또한 이러한 과정에서 분야별로 국내 업무를 담당하는 부서들끼리의 국제적 유대 관계가 국가간에 발생하고 있고, 국제적 유대가 형성됨으로서 유사 업무를 취급하는 관련 부처들끼리 개별적인 정보 교류가 국제적 수준에서 발생하게 된다. 이제는 외교전담 부서를 거치지 않고서도 관련 부처들끼리의 업무협조가 국제적으로 진행되는 현상이 발생하게 된 것이다. 극단적으로 말해 모든 정부의 부서들이 분야별로 외교업무를 추진할 경우, 외교전담 부서의 존재가 필요 없게 되는 현상이 발생할 수도 있게 되었다. 결국, 그만큼 관료조직들의 행동을 제어할 수 있는 통제장치들이 줄어들고 있음을 의미한다.

---

78) Morton H. Halperin, *Bureaucratic Politics and Foreign Policy*, p. 263.
79) Roger Wettenhall, "The Globalization of Public Enterprises," pp. 387-408: Raymond F. Hopkins, "The International Role of 'Domestic' Bureaucracy," pp. 405-432.
80) William I. Bacchus, "Obstacles to Reform in Foreign Affairs," *Orbis*, vol. 18, no. 1 (Spring 1974), pp. 266-276.
81) Raymond F. Hopkins, "The International Role of 'Domestic' Bureaucracy," p. 411.

외교정책 영역에 있어 국내 관료들의 영향력이 확대되는 것과 관
련하여, 베로프(Max Beloff)는 국가 관료들간의 개인적인 연계망이
국제적으로 형성되어 국내문제의 국제화 현상이 발생되고 있고, 그
결과 외교정책에서 관료의 역할이 강화되고 있음을 주장한다.[82] 또
한 콕스(Robert Cox)와 제이콥슨(Harold K. Jacobson)은 공동연구
를 통해 국제기구나 국제적 규모의 조직체내에서 근무하는 관료들
의 활동으로 인해 국내 관료들의 영향력도 함께 확대되고 있다는
점을 지적하고 있다.[83] 이러한 지적들은 결국 국내 관료들이 국제
화된다는 것을 의미하는데, 국가간의 상호의존이 증가하면서 국내
정치의 국제화와 함께 국제정치의 국내화도 함께 진행된다는 점을
지적하고 있는 마츠무라(Masahiro Matsumura)의 연구[84]는 이러한
측면에서 주목할 만한 가치가 있다. 즉, 국내적 차원에서 관료조직
들간에 발생하는 관료정치적 현상들이 국제화되고 있고, 국제적 수
준의 관료정치적 현상도 발생하고 있다는 것이다. 마츠무라는 미-
일간의 통상 및 군사안보와 관련한 외교정책에 있어서, 미국과 일
본 내부에 존재히는 관료정치적 현상들이 국경을 넘어 국가간의 관
계에서도 발생한다고 주장한다. 즉, 미국과 일본의 관료조직들이 소
련에 대한 온건입장과 강경입장으로 나뉘어져, 온건입장을 강조하

---

82) Max Beloff, *New Dimensions of Foreign Policy* (London: Allen and
   Unwin, 1961), Raymond F. Hopkins, "The International Role of
   'Domestic' Bureaucracy," *International Organization*, vol. 30, no. 3
   (1976), p. 409에서 재인용.
83) Robert Cox and Harold K. Jacobson, *The Autonomy of Influence* (New
   Haven: Yale University Press, 1973), Raymond F. Hopkins, "The
   International Role of 'Domestic' Bureaucracy," *International
   Organization*, vol. 30, no. 3 (1976), p. 409에서 재인용.
84) Masahiro Matsumura, "Internationalization of the Bureaucratic Politics
   Model: U.S.-Japan Relations in the late 1980s," 「桃山學院大學 社會學論
   叢」(京都: 桃山學院大學 總合硏究所), 第26卷 第2號 (1992年 12月), pp.
   71-101.

는 미국과 일본의 관료조직들이 서로 연합하고, 강경입장을 갖고 있는 미국과 일본의 관료조직들이 서로 연합하여 강-온 입장들 간의 관료정치적 현상이 국제적으로 발생한다는 점을 지적했다. 범국가적 차원에서 발생하는 관료조직들간의 경쟁과 협력, 협상의 문제를 지적한 것이다.

국제화와 세계화가 상당 수준까지 진행된 현재의 시점에서는 국가들끼리 서로 직간접적으로 의존하고 있기 때문에 타국에서 벌어지고 있는 일들이 결코 자국과 무관한 일이라고 외면할 수만은 없는 상황이 되었다. 따라서 특정 국가내의 관료조직들이 자신들의 입장을 유지하기 위해 필요하다고 판단될 경우에는 주변 타국가 내부의 관료조직들과 서로 협상하고 경쟁하는 행위들이 쉽게 발생하는 것이다.[85] 외국의 관료조직과 협력하거나 경쟁함으로서 자국의 외교정책이 자신의 조직에게 유리한 형태로 결정될 수 있도록 외국의 영향력을 유도하거나 압력을 가하도록 하는 일이 발생하는 것이다. 국가 내부의 문제 뿐 아니라, 국가 조직들간의 관료정치적 현상이 발생하는 것이다. 관료정치의 국제화라고 할 수 있다.

제4절 한국의 외교정책결정과정에 대한 새로운 이해

1980년대 후반부터 한국의 외교정책은 국내외적으로 급격한 환경변화의 흐름 속에 놓여 있다. 국내적으로는 1987년 민주화 항쟁을 계기로 본격적인 민주화가 추진되었다. 국제적으로는 1989년 말 냉전 종식이 공식적으로 선언되면서, 한국 외교정책은 이념적 편향성

---

85) Masahiro Matsumura, "Internationalization of the Bureaucratic Politics Model," pp. 98-99.

에서 다소나마 자유로워질 수 있는 계기를 확보하게 된 것이다. 또한 1990년대 초 세계무역기구(WTO)의 출범 등으로 본격화되기 시작한 국제화와 세계화의 흐름은 한국의 대외 관계를 크게 변화시켰다. 이처럼 정치적 민주화와 국제사회의 이념적 탈냉전, 경제적인 국제화는 수직적인 한국의 통치구조 및 정책결정 구조와 과정들을 크게 변화시켰다.[86)]

기존의 한국외교정책들은 수직적인 정책결정구조 속에서 최고정책결정자인 대통령이 외교정책을 전담하며, 관료들은 지시에 따라 기능적인 역할만을 담당하는 형태였다. 그러나 이제는 수직적 정책결정구조가 더 이상 일반적이지 않게 되었으며, 관료들은 기능적 역할 이외에, 정치적 역할들도 수행하고 있다. 본 절에서는 한국외교정책의 결정과정에서 나타나고 있는 관료정치적 현상들을 검증할 사례들을 분석하기 이전에 한국 외교정책의 결정과정에 참여하고 있는 주요 행위자들의 위상과 권력내용, 그리고 활동 내역들을 살펴보았다.

1. 한국외교정책의 주요 행위자

한국의 현행 헌법은 대통령제를 기본으로 하면서도 의원내각제적 요소를 가미한 형태를 갖추고 있으며, 과거 어느 헌법에 비해서도

---

86) 문정인 편, 『민주화시대의 정부와 기업』(서울: 오름, 1998); 정종욱·김태현, "외교정책이론," 이상우·하영선 공편, 『현대국제정치학』(서울: 나남, 1994), pp. 419-453; 김기정·이행, "민주화와 한국외교정책," pp. 3-22; Chung-in Moon and Jongryn Mo, eds., *Democratization and Globalization in Korea: Assessments and Prospects* (Seoul: Yonsei University Press, 1999); Yong Soon Yim and Ki-jung Kim, eds., *Korea in the Age of Globalization and Information*, pp. ix-x; Sung Deuk Hahm and L. Christopher Plein, *After Development;* Samsung Lee, "The Korean Society and Foreign Policy," pp. 107-124 등 참조.

엄격한 권력 분립주의를 채택하고 있다. 입법, 사법, 행정의 3권 분립을 확고히 한 것으로서, 과거 권위주의 정권의 경험에 대한 강력한 반성의 결과라고 할 수 있다. 그리고 본 연구와 관련하여 특히 주목해야할 것은 한국의 헌법에 규정된 통치기구의 순서에서도 국회가 가장 우선되고, 그 다음에 정부와 대통령, 법원의 순서로 배열되어 있다는 점이다. 분명 국민을 대표하는 국회의 비중이 정부와 대통령보다 우선한다는 것을 의미하고 있다.

권력의 분립에 근거하여 입법, 사법, 행정은 서로를 견제할 수 있는 권력을 분점하여 소유하고 있다. 본 연구에서 주목하고 있는 외교정책의 영역과 관련하여, 대통령을 비롯한 행정부와 입법부의 주요 권한들을 살펴보고, 그 유용성의 문제를 정리하였다. 특히 헌법상에 부여된 권한 및 위상들과 현실적으로 작동되고 있는 권한과 위상의 문제들을 함께 고찰해보고자 한다.

외교정책에 영향을 미치는 주요 행위자들은 대체로 ①최고정책결정자와 참모 및 측근, ②행정관료, ③군부, ④의회 및 정당, ⑤이익단체와 여론 등의 형태로 구분될 수 있다.[87] 그런데 한국외교정책에 대한 그동안의 연구들은 최고정책결정자와 주변의 참모들을 제외한 대부분의 행위자들에 대해서는 별다른 관심을 보이지 않았다. 권위주의적 군사정권의 장기화 등으로 인해 대통령에게 국정운영의 절대적인 권한이 헌법에 명시된 내용 이상으로 집중되어 실행되고 있었기 때문이다. 결과적으로 한국의 기존 외교정책결정구조는 수직적, 위계적 성격을 띠어왔고, 최근까지도 이러한 현상은 관성적으로 지속되어 왔다.

---

87) Lloyd Jensen, *Explaining Foreign Policy* (Englewood Cliffs: Prentice-Hall, Inc., 1982), pp. 107-156 참조. 한국외교정책에 대한 적용의 경우는 이정희, "한국외교정책 결정기구와 행위자," 이범준·김의곤 공편, 『한국외교정책 - 이론과 실제』 (서울: 법문사, 1993), pp. 147-179 참조.

1) 대통령(청와대)

한국 외교정책 결정구조의 최상부에 위치하고 있는 대통령의 위상은 절대적이었다. 이는 두 가지의 상반된 측면에서 살펴볼 수 있는데, 우선 법·제도적인 측면에서는 한국의 대통령제가 의원내각제적 요소를 가미하고 있기 때문에 대통령중심제를 채택하고 있는 여타 국가들에 비해 상대적으로 우월한 권한을 확보해왔다고 말하기는 힘들다. 그러나 문화적 역사적 측면에서 관행적으로 진행되어 온 대통령의 위상은 어느 대통령제 국가에 비해서도 절대적인 형태를 유지해 왔다.

우선, 법·제도적 측면에서 한국의 대통령이 갖고 있는 헌법적 권한은 다음과 같다. 행정부 수반으로서는, 국군통수권(제74조 1항), 대통령령 공포권(제75조), 공무원 임면권(제78조), 법률안 제출권(제52조), 법률안 공포권(제53조), 법률안 거부권(제53조 2항) 등이 있다. 또한 국가원수로서 대외적으로 국가를 대표하며(제66조 1항), 조약체결 및 비준과 외교사절을 신임, 접수, 파견할 수 있는 권한과 선전포고와 강화할 권한(제73조), 군대의 해외파견과 외국군대의 주둔을 허락할 권한(제60조 2항) 등이 있다. 그 외에도 국정조정과 관련된 권한들과, 헌법기관을 구성할 권한들도 보유하고 있다. 이러한 대통령의 권한들은 삼권분립의 원칙과 견제 및 균형의 원리들에 기초하여 적용된 것이다. 더욱이 의원내각제적 요소를 가미하고 있는 한국의 대통령제는 순수 대통령제에 비해 법률적 권한이 제한되고 있는 양상이다.

그러나 한국의 대통령은 결코 '약한 대통령'이 아니었다. 실제로 행사되는 한국 대통령의 권한들은 법-제도적 측면과 상당한 괴리가 존재하고 있었기 때문이다. 법과 제도를 초월하여 작동되는 대통령의 개인적 위상은 절대적 영향력을 행사하고 있었다.[88] 이는 한국의 역사적 문화적 측면들과 연계되어 있다. 첫째, 권위주의 군사정권의 경험들이 관성적으로 운용되고 있었기 때문이다. 수직적이고 획일적 요소들을 강조하는 군사문화적 요소들이 1960년대 이후 30여년동안 지속되어 왔고, 한국의 행정과 외교 전반에 강하게 투영되면서 권위주의적 성격을 더욱 강화시켰다.[89] 1987년 민주화 이후에도 권위주의적 군사문화의 요소들은 지속되고 있다. 내각 각료들은 책임있는 결정을 내리기보다는 대통령의 결정만을 기다리는가 하면, 역설적으로 시위대들은 실무자의 약속보다도 해당 부처의 최고위급 각료나 대통령과의 직접 면담과 약속을 요구할 정도로 최고 권위에만 집착하는 부작용이 나타나고 있는 것이다. 국민들도 법이나 제도의 내용보다도 대통령의 결정을 통해 난국과 위기를 극복할 것을 요구하고 있다. 이러한 권위주의적 유산은 외교정책의 결정과 관련해서도 최고정책결정자에 대한 의존도를 높여왔다.

둘째, 한국 국민들에게는 한국전쟁에 대한 부정적 경험이 지속되고 있었고, 국제사회에는 냉전체제가 지속되고 있었다는 점도 중요한 의미를 가진다. 한국 국민들은 한국전쟁이라는 극단적 위기상황을 직접 몸으로 체험했다. 그 결과 안보와 관련된 외교정책들이 군 최고통수권자인 대통령에 의해 독점되는 것을 당연한 것으로 인식하게 되었다. 이러한 상황들은 외교정책에 있어 대통령의 위상을 더욱 강화시키게 된다. 특히, 냉전이 진행되는 가운데 반공을 중심으로 한 이념적 편향성과 안보문제에 집중된 외교정책은 이러한 현상을 더욱 가중시키게 된다.

셋째, 한국의 뿌리 깊은 유교적 전통도 상당한 영향을 미쳤다. 이상에서 언급한 권위주의적 군사정권의 장기적 지속, 한국전쟁의 경

---

88) 함성득 편, 『한국의 대통령과 권력』 (서울: 나남, 1999), p. 18.
89) Gregory Henderson, *Korea: The Politics of the Vortex* (Cambridge, Mass.: Harvard University Press, 1968), pp. 355-357.

험과 냉전 등과 더불어 한국외교정책에 있어 최고정책결정자의 독점적 위상이 가능할 수 있었던 배경에는 바로 가부장적 가치를 우선하는 한국의 유교적 전통이 주요하게 작용하고 있었기 때문이다. 한국의 정치문화를 규정할 때 일반적으로 권위주의, 臣民性, 계서의식, 명분주의, 파벌주의 등의 개념이 사용되는 것도 이러한 배경들과 무관하지 않다 하겠다.[90]

가부장적인 유교적 가치관, 권위주의적 군사정권의 유지, 한국전쟁과 냉전의 경험 등은 대통령중심제에 대한 국민적 집착을 강화시키고 대통령의 위상을 더욱 강화시키는 결과를 초래하였다. 한국에서는 내각제 개헌논의들이 정치쟁점으로 그동안 수차례 반복되고 있음에도 불구하고, 여전히 대통령 중심제가 지속되고 있는 것도 이러한 요인들과 무관하지 않다. 국민들에게는 가부장적 개념의 대통령제가 여전히 친밀하기 때문이다.[91] 이러한 한국의 문화적, 역사적 배경들은 한국의 외교정책에 있어 대통령의 독주와 독점적 위상을 가능하게 만드는 보이지 않는 요소들이라 할 수 있을 것이다.

---

90) 한국의 정치문화와 관련된 많은 학자들의 연구내용에 대해서는 신명순, 『한국정치론』 (서울: 법문사, 1994), pp. 181-186의 내용 참조.

91) 대통령 선거를 앞두고 내각제 개헌이 선거 이슈로 부각되던 1997년 말의 조사에서 대통령제 선호는 44%였고, 의원내각제 선호는 28%였다. 「조선일보」, 1997년 11월 10일자 참조. 한편 이후 1년이 지난 시점인 1999년 초의 조사결과, 대통령제 선호는 60.6%, 의원내각제 선호는 26.9%로서 그 폭이 더욱 넓어졌다. 「조선일보」, 1999년 1월 1일자 참조. 한편, 2005년에 다시 등장한 헌법 개정 논의와 관련해서도 내각제 보다는 대통령중심제의 변형에 초점이 맞춰지고 있는 것도 이러한 측면에서 이해될 수 있을 것이다.

〈그림 Ⅲ-1〉 박정희 정부의 대통령 비서실 조직도① (초창기, 1963년 12월)

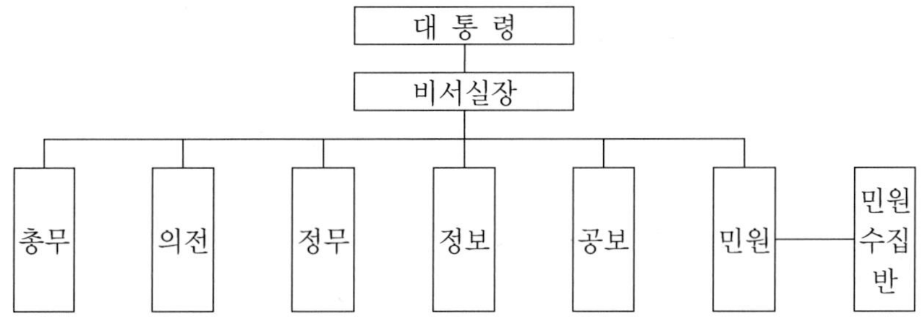

출처: 청와대 총무수석실, 『대통령 비서실 편람』 (1997), p. 130: 함성득, 『대통령학』 (서울: 나남, 1999), p. 106.

〈그림 Ⅲ-1-1〉 박정희 정부의 대통령 비서실 조직도② (1969년 3월)

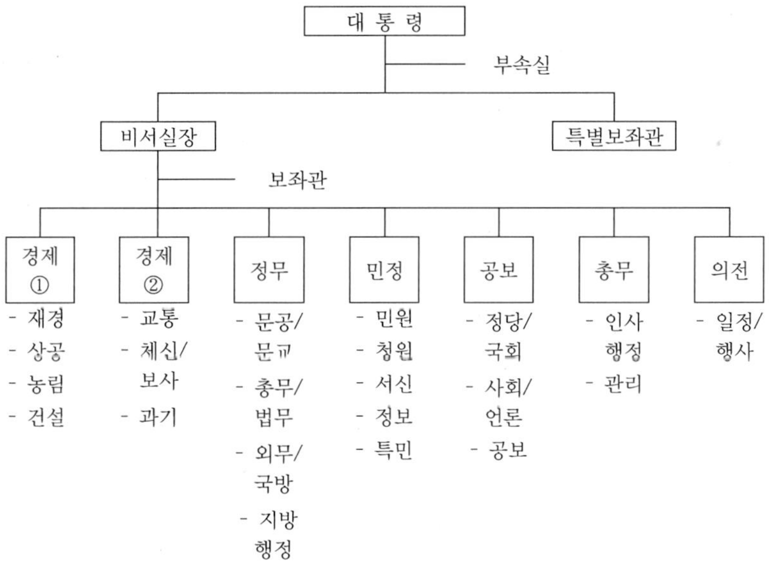

출처: 청와대 총무수석실, 『대통령 비서실 편람』 p. 133: 함성득, 『대통령학』, p. 109.

〈그림 Ⅲ-1-2〉 박정희 정부의 대통령 비서실 조직도③ (1972년 5월)

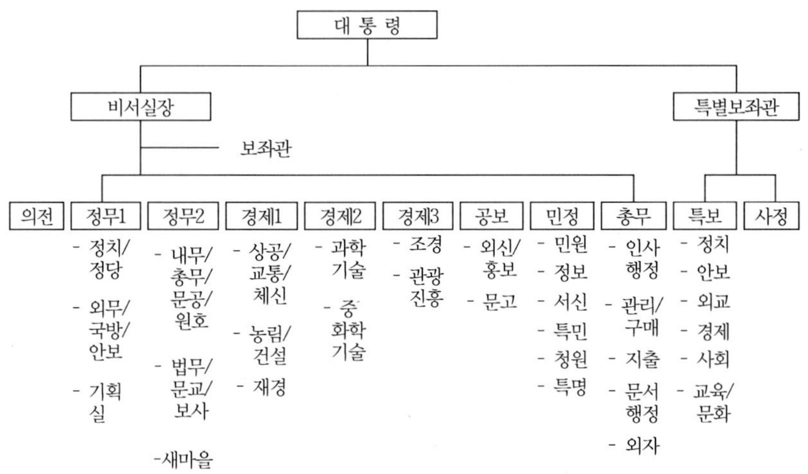

출처: 청와대 총무수석실, 『대통령 비서실 편람』, pp. 143-145; 함성득, 『대통령학』, p. 114.

〈그림 Ⅲ-2〉 전두환 정부의 대통령 비서실 조직도 (1980년 9월)

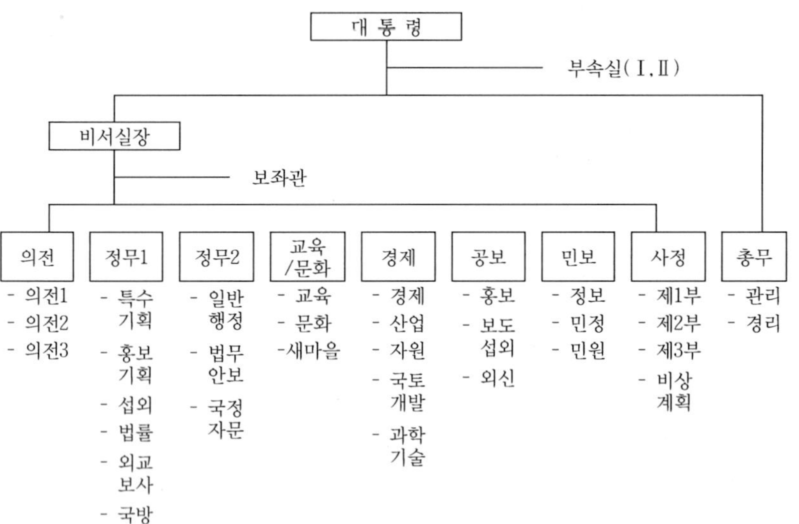

출처: 청와대 총무수석실, 『대통령 비서실 편람』, pp. 148-149; 함성득, 『대통령학』, p. 121.

〈그림 Ⅲ-3〉 노태우 정부의 대통령 비서실 조직도 (1988년 2월)

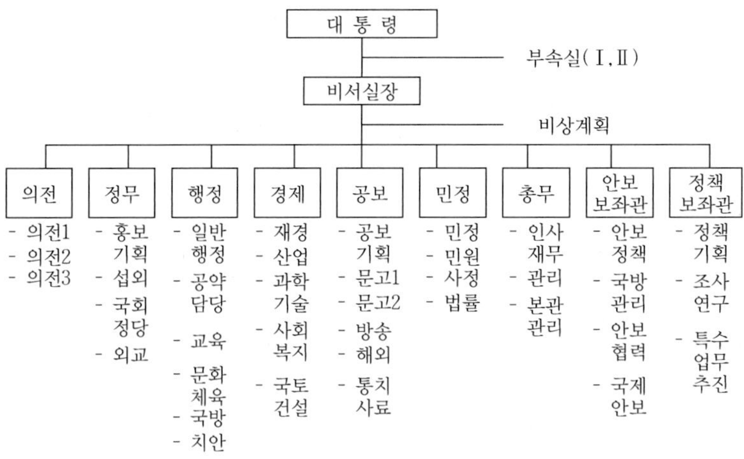

출처: 청와대 총무수석실, 『대통령 비서실 편람』, p. 153; 함성득, 『대통령학』, p. 125.

〈그림 Ⅲ-4〉 김영삼 정부의 대통령 비서실 조직도 (1993년 3월)

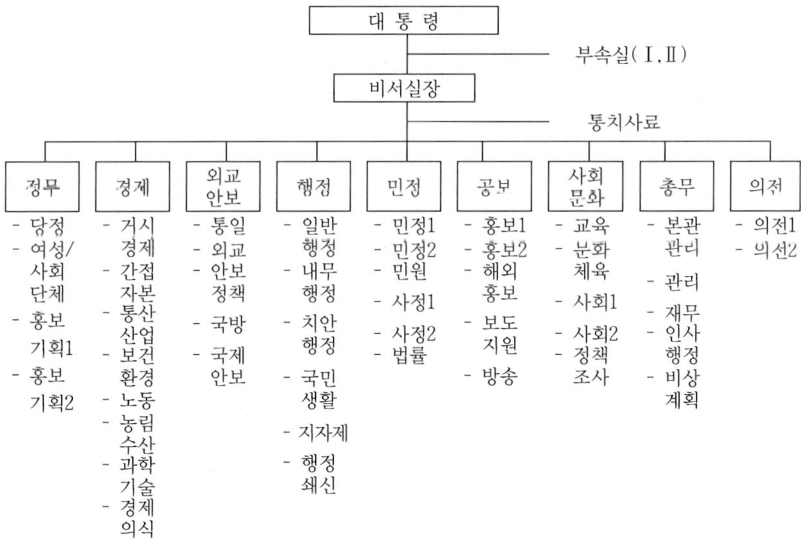

출처: 청와대 총무수석실, 『대통령 비서실 편람』, p. 157; 함성득, 『대통령학』, p. 132.

〈그림 Ⅲ-5〉 김대중 정부의 대통령 비서실 조직도 (1998년 3월)

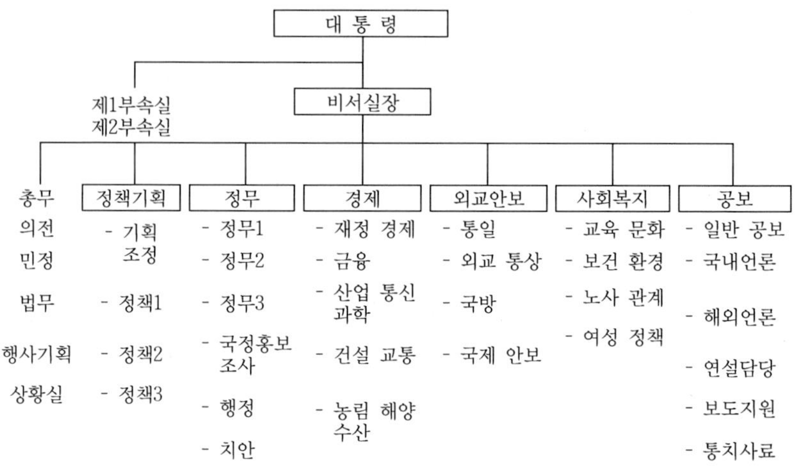

출처: 함성득, 『대통령학』, p. 136.

〈그림 Ⅲ-6〉 노무현 정부의 대통령 비서실 조직도 (2005년 6월)

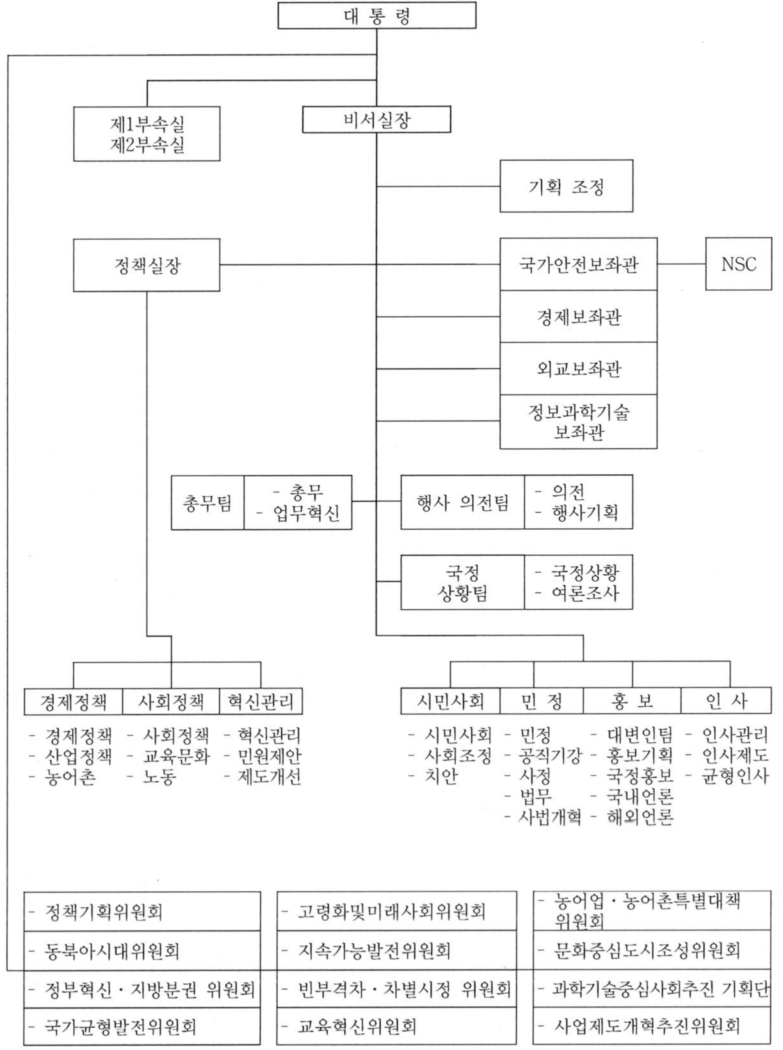

출처: 청와대 홈페이지, *http://www.president.go.kr/cwd/kr/about/organization/cwd.html* 참조.
   (2005년 6월 1일)

한국의 역대 대통령들은 자신을 보좌하는 청와대 비서실의 기능을 강화시켜 나감으로써 자신의 절대적 권한과 위상을 공고히 해왔다. 대부분의 대통령들이 내각과 관료 조직 중심의 국정운영에 집중하기 보다는, 청와대 비서진 중심의 국정운영에 상당한 관심을 보여 오고 있다. 시간이 경과할수록 청와대 비서진의 조직 내용이나 규모들이 더 복잡해지고, 더 비대해지는 모습에서도 확인할 수가 있다. 특히 외교정책의 영역과 관련하여, 새롭게 선출된 대통령들이 자신의 전문성을 확신하지 못할 경우에는 외교정책과 관련한 청와대 비서진을 강화시키는 양상을 일반적으로 보여 오고 있다. 이는 〈그림 Ⅲ-1〉부터 〈그림 Ⅲ-6〉에서 확인할 수 있는 바와 같이 청와대의 조직들이 내각의 각료 조직들과 유사한 기능을 담당할 수 있도록 구성되고 있는 점에서도 알 수 있다. 대통령이 내각에게 업무를 완전히 일임하기보다는 청와대 비서진을 통해 내각에 대한 통제를 강화하고, 자신의 의견을 충분히 반영시키기 위한 노력들을 진행해 오고 있는 것이다. 민주화와 민주주의 공고화로 인해 일정한 시기를 주기로 평화적 정권교체가 정례화 되면서, 이러한 현상들은 더욱 강화되는 모습을 보이고 있다.

장기간의 집권을 통해 관료조직들을 완전히 장악할 수 있었던 박정희의 경우에는 1960년대까지는 내각중심의 국정운영체계를 정착시켰으나 1969년 3월 개편에서는 〈그림 Ⅲ-1-1〉과 같이 청와대 비서실을 확대시키고 '소내각'과 유사한 형태로 구성하였다. 그리고 〈그림 Ⅲ-1-2〉에서 확인할 수 있는 바와 같이, 박정희 정권이 관심을 집중하고 있었던 경제개발과 관련해서는 청와대 비서진에 경제비서관들을 다수 두어 대통령의 의사를 정책에 충분히 반영할 수 있는 제도적 장치들을 청와대 비서실 조직에 투영하고 있었던 것이다. 전두환 정권의 경우에는 대통령 비서실의 권한 축소를 강조했음에도 불구하고 실제로는 〈그림 Ⅲ-2〉와 같이 과거의 조직 구성과 비교하여 크게 차별화된 모습들을 실현시키지는 못했다.

외교정책과 관련한 청와대 비서실 조직의 구성 문제에 있어 주목할 만한 변화가 발생한 것은 〈그림 Ⅲ-3〉에서 확인할 수 있는 바와 같이 노태우 정권시기 때부터라고 할 수 있다. 청와대 비서실의 조직 구성만을 놓고 판단할 때, 노태우 정권 이전까지는 외교정책이 정무수석에 의해 전담되는 양상을 보였고, 이러한 현상은 전두환 정권 때까지 지속되었다. 이러한 모습을 통해 한국의 외교정책 업무는 상당히 정치적 입장에서 취급된 경향이 강했고, 외교정책의 업무가 냉전적 현상 등으로 인해 특별히 전문적인 지식을 요구하지 않았으며, 제도화된 형태보다는 최고정책결정자의 개인적 차원에서 진행되어온 성격이 강했음을 엿볼 수 있다. 반면 노태우 정권 때부터는 외교안보팀이 청와대 비서실 조직에 별도로 구성되고 전문성이 보강되는 결과를 초래하게 되면서, 정무수석이 외교정책을 담당하는 현상은 더 이상 지속되지 않게 되었다. 그리고 노태우 정권의 경우에는 북방정책을 추진함에 있어 관료조직들보다는 박철언이라는 주변 측근을 적극 활용하였다. 그리고 〈그림 Ⅲ-3〉의 내용과 같이 안보보좌관을 청와대 비서실내 별도의 조직으로 부각시킴으로서, 외교정책과 관련한 청와대 조직의 구성을 강화시키고 매우 유용한 형태로 운영하였다. 즉 선거를 통해 대통령이 일정한 주기에 따라 교체되기 시작했고, 탈냉전과 세계화 등의 현상으로 인해 외교정책의 결정에 있어 상당한 전문성을 요하는 상황이 전개되기 시작했음을 엿볼 수 있는 부분이기도 하다. 그리고 김영삼 정권과 김대중 정권 시기에는 외교안보수석이 별도로 임명됨으로써 외교정책에 대한 비중이 증가하였으며, 노무현 정권 시기에는 국가안전보장회의(NSC, National Security Council)가 구성되고 활성화됨으로써, 통일정책과 외교정책을 종합하고 총괄하는 기능을 담당하게 되었다.

한편, 청와대가 관료조직들을 장악하고 정책을 주도하는 현상은 김영삼 정권 때 더욱 부각되었다. 김영삼 정권의 경우에는 집권초기 부터 관료조직들을 부정하고도 부패한 조직으로 규정하고 개혁의 대상으로 삼았다. 그리고 그 대안으로서 청와대 비서진과 사조직들을 적극 활용하는 양상을 보였다. 비서실의 규모와 인원이 550여명에 달했으며, 예산도 지속적으로 증가하여 1997년 예산(431억원)이 1993년 임기 첫해(228억원)에 비해 2배 가까이 증가하였다.[92] 특히, 1994년 12월에 신설된 정책기획수석의 경우는 정부 부처조직들의 정책조정을 청와대가 주도하겠다는 의지를 표현한 것이라 하겠다. 김대중 정권도 청와대 비서실 축소를 약속했지만, 〈그림 Ⅲ-5〉에서 확인할 수 있는 바와 같이 정책수석실을 더욱 확대시키는 등 청와대 중심의 국정운영 경향을 보였다. 비서실의 정원은 490여명 선을 유지하였지만, 예산은 지속적으로 증가하여 500억원대에 달하기도 하였다. 특히, 대통령이 외교문제와 통일문제, 경제문제를 직접 점검하게 되면서 청와대 비서실의 권한이 확대되어 가는 양상을 보였으며, 이는 역으로 관료조직들의 역할을 축소시키는 결과를 초래하였다.

결국, 청와대 비서실의 조직과 인원의 규모, 예산이 지속적으로 증가하는 것은 국정운영이 청와대 비서실을 중심으로 진행되고 있으며, 이는 최고정책결정자의 막강한 권력 행사를 뒷받침해주고 있는 것으로 유추해 볼 수 있다.

2) 국회(입법부)

국내 행위자들 중에서 외교정책에 개입할 수 있는 법률적 근거를 갖고 있으며, 최고정책결정자의 행동을 견제 또는 보완할 수 있는 유일한 합법적 조직으로서 입법부가 거론된다. 의회가 외교정책에

---

92) 2000년도 국회 국감 자료임. 「중앙일보」, 2000년 11월 8일자.

적극 개입해야한다는 입장들은 바로 삼권분립의 원칙에 근거하고 있다. 한국의 국회가 갖고 있는 헌법적 권한들은, 입법권(제40조)과 예산에 관한 권한(제54조)을 비롯하여, 국무총리 등 주요 임명직 인사들에 대한 임명 동의권(제86조 등), 국무총리와 장관들에 대한 국회출석 요구권(제62조 2항), 국무총리와 장관의 해임 건의(제63조), 탄핵소추권(제65조), 국정 감사와 조사권(제61조) 등 대정부 견제용 권한과, 헌법개정(128조, 130조), 법률안 의결권(제53조), 조약의 체결 및 비준에 관한 동의권(제60조 1항)과 군대파견에 관한 동의권(제60조 2항) 등으로 정리될 수 있다. 외교정책 등과 관련하여 행정부, 특히 대통령의 권한에 도전할 수 있을 만큼 강력한 권한을 소유한 행위자로서는 국회가 유일하다 하겠다. 권한의 성격도 다양할 뿐만 아니라, 그 권한의 비중도 절대적이라 할 수 있다.

특히, 국회가 외교정책 영역에 있어 직접적으로 행사할 수 있는 권한으로서, 첫째, 조약의 체결 및 비준에 관한 동의권과 둘째, 군대 파견에 관한 동의권은 대통령의 결정을 무효화시킬 수도 있는 거의 절대적인 권한이라 할 수 있다. 오히려 대통령의 권한보다 상위에 존재하는 권한들을 국회가 보유하고 있다고 할 수 있다. 그리고 외교정책과 관련하여 간접적인 영향력을 행사하는 것이지만, 직접적인 권한만큼 영향력을 행사할 수 있는 것이 첫째, 입법권, 둘째, 예산 심의권, 셋째, 임명 동의권, 넷째, 탄핵 소추권, 다섯째, 국정 조사권, 여섯째, 청문회 개최 등이 지적될 수 있다. 운용 방식이나 환경에 따라서는 국회가 외교정책에 개입하는 것이 결코 어려운 일이 아니라는 점을 확인할 수 있다. 그러나 한국의 국회가 현실적으로 이러한 권한들을 적극 활용하여 외교정책에 적극 참여하고 있는가 하는 질문에 대해서는 긍정적 답변이 쉽지 않다. 바로 한국의 정치적 현실과 관련되어 있기 때문이다.

첫째는 한국의 정치사에서 국회가 절대 권력자에 대해 우월한 위상을 확보한 경우가 드물었다는 점이다. 제2공화국의 짧은 기간을 제외하면 대통령이 절대적 우위를 보여왔다. 이승만 정권은 물론이고, 박정희, 전두환 정권으로 이어진 권위주의적 군사정권의 쿠데타 세력들은 국회 해산과 탄압을 자의적으로 진행함으로서, 국회에 대한 우월성을 강화해왔다. 1961년 5월, 1972년 10월, 1980년 10월 등 3차례에 걸쳐 국회가 해산되었는데, 모두 5·16, 유신체제, 5·17 등 권위주의 정권의 등장과 관련되어 있다.

둘째는 한국 정당들의 존립 및 운영과 관련된 특성의 문제이다. 한국 정당들은 지도자 중심의 사당, 붕당, 명사중심의 정당이라는 평가가 일반적이다. 정치이념이나 정책노선보다는 주요 정치인들의 행보에 따라 당 전체의 창당과 분당, 합당이 결정되어져 왔다. 1945년 8월 이후 2003년 현재까지 약 57년의 한국 정당사에서 정당 수명이 10년을 넘은 경우는 박정희 정권시절의 여당인 민주공화당(17년 5개월)과 유신정권에 반대했던 야당인 신민당(11년 1개월) 두 경우뿐이다. 5년을 넘는 경우는 이름만 남아있던 극소 정당을 포함하여 모두 20여개에 불과할 정도로 많은 이합집산을 했다는 사실을 확인하게 된다. 노무현 행정부의 경우도 예외가 아니다. 2006년 현재 여당인 열린우리당도 2003년 노무현 정부가 출범한 이후, 창당 논의가 새롭게 거론되기 시작하였고, 2003년 11월에 기존의 민주당을 탈당한 일부 정치세력들이 노무현 대통령을 중심으로 새롭게 창단한 신생정당이라고 할 수 있다. 비록 새로운 정치세력들이 차별화된 정치노선을 추구한다는 점을 역설하였지만, 정당의 창당과정은 기존의 행동 패턴과 크게 다르지 않았다고 할 수 있다.

결국, 이러한 한국 정치권의 특성으로 인해 국회의 위상과 기능이 제한되는 결과를 초래했다. 그리고 이는 대통령 주도의 외교정책 결정과 진행을 가능케 했다. 우선, 의회의 가장 중요한 기능인 입법권 행사를 살펴보면, 한국 국회의 현실적 한계를 확인할 수 있다. 〈표 Ⅲ-1〉에서 보는 바와 같이, 법률안 제안 수에 있어서는 입법부의 제안이 행정부에 비해 절대적으로 많은 편이지만, 실제 가결된 법안의 내용들을 살펴보면, 수치가 크게 뒤지는 모습을 볼 수 있다. 예컨대, 12대, 13대, 15대 국회의 경우, 행정부에 비해 국회의원들의 법률안 제안 비율은 전체 제출된 법률안의 50%를 상회해 거의 60%에 이른다. 16대의 경우에는 양적인 측면에서 거의 76%를 상회하고 있었고, 17대의 경우에는 2005년 8월초까지 86%에 이르고 있다. 그러나 실제 가결된 법률안의 비율은 전혀 상반된 모습을 보이고 있다. 전체 가결된 법률안중 12대 29.7%, 12대 34.8%, 14대는 41.2%에 이를 정도이다. 특히 14대의 경우 국회의원들의 제안 비율도 35.6%에 불과했고, 실제 가결된 법률안 비율도 전체의 18.1%에 불과해 행정부에 대한 의존도가 매우 높았음을 알 수 있다. 한편, 여소야대 정국이 전개되었던 13대 국회의 경우 여야 4당이 거의 비슷한 내용의 법률안들을 경쟁적으로 제출함으로서 법률안 제안은 60.8%이었지만, 가결된 법률안은 전체 통과한 법률의 34.8%에 불과했다. 절대 수치를 비교해 본다면, 13대 국회에서는 국회의원들이 570건을 제안했지만 실제 가결된 것은 171건으로, 법률안 제출대비 가결비율은 30%, 즉 3건을 제안해서 간신히 1건만이 법률안으로 가결된 것이다. 특히, 16대의 경우 법률안 제안은 무려 1,912건이나 했지만, 수정 등을 통해 실제로 법률화된 것은 514건으로서, 법률아 제출 대비 통과비율은 26.8%에 불과했다. 반면 16대 국회에서 정부 제출안은 594건 제출에 431건이 통과하면서 법률안 제출 대비 통과비율이 72.5%를 상회하고 있는 실정이다. 그리고 17대 국회의 경우에는 2005년 8월초까지 국회제출 법률안은 1,733건이었지만, 통과된 법률안은 319건으로 18.4%의 통과비율을 보인 반면, 정부제출 법률안은 277건 제출에 149건 통과로 53.8%의 통과비율을 기록하고 있다. 그만큼, 국회의원들이 제출하는 법률안들 중에는 허수가 많았을 뿐 아니라, 내용상으로도 부실한 것이 많았다는 것을 예상할 수 있다. 정확한 평가가

힘들긴 하겠지만, 만약 법률안의 중요도나 비중을 염두에 둔다면 입법
에 대한 국회의 역할은 더욱 축소되어질 것으로 판단된다.[93]

〈표 Ⅲ-1〉 한국 행정부와 입법부의 법률안 제안 및 가결 실적 비교

	법률안 제안 수 및 상대적 비율				제출 법률안 가결 수 및 상대적 비율			
	국회의원	(비율)	행정부	(비율)	국회의원	(비율)	행정부	(비율)
1대국회	89	(38.0)	145	(62.0)	43	(28.9)	106	(71.1)
2대	182	(45.7)	216	(54.3)	78	(36.1)	138	(63.9)
3대	169	(42.2)	241	(58.8)	72	(45.9)	85	(54.1)
4대	120	(37.2)	202	(62.8)	31	(41.3)	44	(58.7)
5대	137	(46.2)	159	(53.8)	30	(42.9)	40	(57.1)
6대	416	(63.3)	242	(36.7)	178	(53.6)	154	(46.4)
7대	244	(45.6)	291	(54.4)	123	(34.5)	234	(65.5)
8대	43	(31.2)	95	(68.8)	6	(15.4)	33	(84.6)
9대	154	(24.3)	479	(75.7)	84	(15.4)	460	(84.6)
10대	5	(3.9)	124	(96.1)	3	(3.0)	97	(97.0)
11대	202	(41.3)	287	(58.7)	83	(24.4)	257	(75.6)
12대	211	(55.7)	168	(44.3)	66	(29.7)	156	(70.3)
13대	570	(60.8)	368	(39.2)	171	(34.8)	321	(65.2)
14대	321	(35.6)	581	(64.4)	119	(18.1)	537	(81.9)
15대	1,144	(58.6)	807	(41.4)	461	(41.2)	659	(58.8)
16대	1,912	(76.3)	595	(23.7)	514	(54.5)	431	(45.6)
17대*	1,733	(86.2)	277	(13.8)	319	(68.2)	149	(31.8)

출처 : 국회사무처, 『의정통계집』 (서울: 국회사무처 의사국, 각 년도);
　　　http://search.assembly.go.kr:8080/bill 참조.
* : 2005년 8월초 현재 기준임.

한편, 〈표 Ⅲ-2〉에서 보는 바와 같이, 외교정책과 관련된 직접적
내용을 담당하는 국회 외무통상위원회의 활동내역을 살펴보면, 이
러한 측면을 더욱 확연히 확인할 수 있다. 첫째, 통일외무통상위원

---

93) 1990년대 초 국회 및 정치권에 대한 국민의식을 묻는 여론조사들 중에서
　　는 '국회는 있으나 정책과 토론은 없다'는 내용에 동조하는 국민이 60%이
　　상에 이를 정도로 '국회 무용론'이 설득력을 얻는 결과가 나오기도 했다.
　　김광웅·김학수·박찬욱 공저, 『한국의 의회정치 - 이론과 현실 인식』 (서
　　울: 박영사, 1991), pp. 113-115 참조.

회94)가 논의한 전체 의안의 수가 절대적인 수치에서는 물론이고 상대적으로도 매우 작은 편에 속한다는 점이다. 통일외무통상위원회가 처리했던 의안들은 전체 의안중 2.7%(12대), 2.6%(13대), 5.1%(14대), 3.7%(15대), 3.8%(16대), 2.9%(17대)에 불과하다. 법률안 작성이나 결의안, 동의안 등의 작업을 거의 하지 않는 특별위원회를 포함하여, 상임위원회의 수가 12대 국회 때는 15개(일반 상임위 13개), 13대 21개(20개), 14대 20개(16개), 15대 27개(16개)였던 점을 염두에 둔다면 상대적으로도 처리한 의안의 수가 매우 적은 편에 속한다. 특히 외무부와 통일부 등 국가이익과 관련하여 중요한 업무를 담당하고 있는 부서들을 소관부처로 갖고 있다는 점을 염두에 둔다면, 단순하게 평가할 문제만은 아니라고 하겠다.

둘째, 가장 중요한 법률 작성의 경우, 통일외무통상위원회가 처리한 법률안은 절대치가 적을 뿐 아니라, 그나마 행정부 중심으로 운영되고 있음을 명백히 알 수 있다. 12대 국회부터 17대 국회의 초반기까지 약 21년 동안 통일외무통상위원회가 의원발의로 입법한 법률안은 겨우 6건에 불과하다. 3.5년마다 1개씩 국회의원이 발의한 법률안이 가결된 것이다. 12대부터 17대 국회(2005년 8월초)까지 통일외무통상위원회가 가결시킨 전체 법률안 42개에 비하면 간신히 14.3%에 달하는 수치이며, 12대부터 17대까지 전체 상임위원회에서 의원발의로 가결된 법률안 1,644개에 비하면 0.36%에 불과한 수치이다. 통일외무통상위원회의 업무적 특수성을 염두에 둔다고 하더라도, 국회의원들의 활동량이 극히 저조했다는 사실을 확인할 수 있다.

셋째, 다른 한편으로 12대 국회부터 17대 국회까지 통일외무통상위원회가 처리한 전체 의안들의 내용을 살펴보면, 통일외무통상위원

---

94) 그동안 '외무위원회'(12대), '외무통일위원회'(13대, 14대), '통일외무위원회'(14대), '통일외무통상위원회'(15대) 등으로 몇 차례 이름이 바뀌었지만, 편의상 현재 사용되고 있는 통일외무통상위원회로 이름을 통일하였다.

회의 활동이 얼마나 부실한 것이었는가를 확인할 수 있다. 전체 의안들 중에서 '동의(승인)안'이 차지하는 비율이 거의 70%에 육박하고 있기 때문이다. 12대 국회에서는 처리된 의안 12개 중에서 동의(승인)안이 9개로 75%, 13대 국회에서는 처리된 의안 30개 중에서 동의안이 21개로 70%, 14대 국회에서는 65개의 처리된 의안 중에서 동의안이 47개로 72.3%, 15대 국회에서는 처리된 의안 84개 중에서 동의안이 57개로 67.8%, 16대 국회에서는 처리된 의안 78개 중에서 동의(승인)안이 54개로 69.2%, 17대 국회에서는 2005년 8월초까지 처리한 의안 48개중 동의(승인)안이 37개로 77.1%의 비율을 차지하고 있다. 이는 대부분 외국과의 국교수립이나 각종 조약, 외교적 관계와 관련하여 외무부 또는 외교통상부가 국회에 요청한 동의안들이다. 통일외무통상위원회의 성격상 불가피한 측면이고, 당연히 처리해야 하는 업무이기는 하지만, 문제는 동의(승인)안의 내역을 제외하면, 처리된 전체 의안의 수가 더욱 작아진다는 점이다. 활동의 범위나 내용, 규모가 매우 제한적이고 수동적이라는 사실을 확인할 수 있다.

넷째, 그리고 활동의 내용이니 규모가 직을 뿐 아니라, 그 질적인 측면에서도 다양한 논의가 있었다고 판단되지 않는 점이 또한 문제이다. 표결로 처리된 안건들을 살펴보면, 12대 국회부터 15대 국회까지 16년 동안 모두 5개에 불과했다. 전체 상임위원회에서 표결 처리된 안건 271개의 1.8%에 불과한 수치이다. 국회 전체에서도 표결 처리된 안건의 수가 많다고 볼 수 없는 상황에서, 특히 통일외무통상위원회의 경우에는 상임위원회 내에서 별다른 논의가 없었고, 논쟁 없이 안건들이 처리되었다는 사실을 유추할 수 있다. 외교 분야에 있어 정부의 주도적 위상, 그리고 국회의 수동적인 위상을 확인할 수 있는 아주 적절한 내용이라 하겠다.

〈표 Ⅲ-2〉 역대 국회 외무통일(통일외무, 통일외무통상) 위원회 활동내역

(단위: 건수)

		국회 전체 상임위원회*				통일외무통상위원회			
		접수	가결 (원안, 수정)	부결, 철회, 반려	폐기 (보류)	접수	가결 (원안, 수정)	부결, 철회, 반려	폐기
12 대 국 회	전체 의안	641	412	28	201	17	12	0	5
	법률안	379	222	12	145	3	2	0	1
	의원발의	211	66	12	133	2	1	0	1
	정부제출	168	156	0	12	1	1	0	0
	동의(승인)안	74	68	1	5	13	9	0	4
	결의안	102	61	11	30	1	1	0	0
	기타 처리의안	86	61	4	21	0	0	0	0
13 대 국 회	전체 의안	1,439	858	139	442	37	30	3	4
	법률안	938	486	49	403	13	7	3	3
	의원발의	570	165	47	358	6	1	2	3
	정부제출	368	321	2	45	7	6	1	0
	동의(승인)안	230	146	83	1	21	21	0	0
	결의안	143	118	1	24	3	2	0	1
	기타 처리의안	128	108	6	14	1	1	0	0
14 대 국 회	전체 의안	1,439	1,112	58	269	74	65	0	9
	법률안	902	656	18	228	12	9	0	3
	의원발의	321	119	13	189	3	1	0	2
	정부제출	581	537	5	39	9	8	0	1
	동의(승인)안	191	190	1	0	47	47	0	0
	결의안	199	174	9	16	15	9	0	6
	기타 처리의안	147	92	30	251	1	0	1	0
15 대 국 회	전체 의안	2,570	1,617	64	889	96	84	3	9
	법률안	1,951	1,120	47	784	27	16	3	8
	의원발의	1,144	461	32	651	9	2	2	5
	정부제출	807	659	15	133	18	14	1	3
	동의(승인)안	212	194	3	15	57	57	0	0
	결의안	222	188	6	28	12	11	0	1
	기타 처리의안	185	115	8	62	3	0	3	0
16 대 국 회	전체 의안	3,177	1,493	63	1,621	122	78	0	44
	법률안	2,507	945	46	1,516	27	5	0	22
	의원발의	1,912	514	45	1,353	23	1	0	22
	정부제출	595	431	1	163	4	4	0	0
	동의(승인)안	235	204	14	17	54	54	0	0
	결의안	283	229	2	52	39	19	0	20
	기타 처리의안	152	115	1	36	2	0	0	2
17 대 국 회 **	전체 의안	2,341	678	27	1,636	68	48	3	17
	법률안	2,010	468	22	1,520	13	3	2	8
	의원발의	1,733	319	22	1,392	10	0	2	8
	정부제출	277	149	0	128	3	3	0	0
	동의(승인)안	84	75	1	8	37	37	0	0
	결의안	152	75	1	76	18	8	1	9
	기타 처리의안	95	60	3	32	0	0	0	0

* 특별위원회 포함(12대 1개 특위, 13대 2개, 14대 4개 특위, 15대 11개 특위 등)
** 2005년 8월 초의 기준임
출처: 국회사무처, 『제12대 국회경과보고서』(서울: 국회사무처, 1988); 국회사무처, 『제13대 국회경과보고서』
(서울: 국회사무처, 1992); 국회사무처, 『제14대 국회경과보고서』(서울: 국회사무처, 1997); 국회사무
처, 『제15대 국회경과보고서』(서울: 국회사무처, 2000) 및 *http://search.assembly.go.kr:8080/bill* 참조.

결국, 이러한 현상들은 의회가 행정부 견제를 위해 가장 효율적으로 사용할 수 있는 예산안 심사에서도 나타나고 있다. 통일외무통상위원회에서는 대부분 계수조정과 같은 문제만 논의될 뿐, 별다른 시비 없이 정부안을 그대로 통과시키는 것이 일상화되어있다. 바로 이러한 국회의 모습들이 외교정책에 있어서 국회 스스로의 위상을 제한할 뿐 아니라, 대통령의 독점적 지위를 묵인하는 결과를 초래하게 된 것이라 하겠다.

그러나 최근 들어 외교정책의 영역에서도 대통령과 행정부의 독점적 위상을 견제할 필요가 있다는 지적이 제기되고 있다. 특히 대북정책의 추진과 관련된 논란이 그 필요성을 부각시키고 있다. 물론 남북한관계에서는 은밀성과 비공개성이 요구되는 사안들이 많다는 점은 인정하고 있고, 대통령을 중심으로 한 외교정책의 추진이 보다 효과적이라는 측면에서는 그 필요성을 인정하고 있는 것은 사실이지만, 대통령의 행보를 견제할 수 있는 행위자나 방책이 전무할 경우에는 잘못된 정책이나 결정들도 통제없이 진행될 수 있다는 우려가 확산되고 있기 때문이다. 대통령의 판단이 항상 올바를 수만은 없는 것이며, 경우에 따라서는 잘못된 형태로 굴절될 수도 있다는 우려 때문이다. 이러한 논란들과 관련하여, 외교정책에 대한 의회의 개입 논의가 1970년대부터 진행되었던 미국의 경우는 우리들에게 시사하는 바가 많다고 할 수 있다.

3) 행정부(관료조직)

한국은 해방과 함께 일제 식민지 시대에 식민 통치를 위해 발달해 있던 관료조직과 경찰조직들을 별다른 교정 없이 국가운영의 기반으로 수용했다. 따라서 사회 중심의 국가운영전략보다 사회를 통제하기 위한 국가운영전략이 채택되었다. 특히, 5·16 군사혁명이후 권위주의 정권이 장기간 지속되고 경제 개발전략을 집중적으로 전개하는 과정에서 효율적인 국가통치가 필요하게 되었고, 관료들의 역할은 더욱 부각되게 된다.

이처럼 한국의 근대 관료조직들은 국민들의 편의를 목적으로 조직되고 출발했다기보다는, 과거 식민시대 관리 조직들이 확대되면서 출발했다는 점에서 존재적 당위성에 상당한 문제를 안고 있었다.[95] 결국 국민적 지지기반이 취약한 관료조직들로서는 정치권력에 의존함으로서 정당성을 확보해 나가게 되었고, 정권의 정치적 도구로서 전락하게 된다. 이승만 정권의 경우에는 선거에 관료조직을 동원하는 등 관료들을 집권당의 하수인으로 전락시켜버렸다. 이후의 정권들에서도 '행정개혁'이라는 수단들을 정치적으로 이용함으로서, 관료들의 충성을 강요하는 양상을 보이게 된다. 1980년대 이후에는 부패와 타락, 비리의 온상으로서 관료들이 부정적으로 인식되기 시작했다. 결국 한국의 관료들은 산업화 과정 등에서 상당한 역할을 수행했지만, 주요 정책결정에 있어서는 결코 절대적 주체가 되지 못한 채, 대통령의 대리인이나 업무 수행자로서의 역할에 그쳤고,[96] 대통령의 강력한 통제 대상이었을 뿐이었다.

한국의 대통령들은 인사권과 행정개혁이라는 수단을 이용하여 관료들에 대해 절대적인 힘을 행사하고 있다. 대통령의 인사권은 외교정책에 있어 대통령의 독점적 위치를 보장하는 중요한 역할을 한다.[97] 한국의 대통령들은 정권 차원의 위기나 대통령 자신의 정치

---

95) 정승건, "한국의 행정개혁과 변동: 정치권력과 관료정치," pp. 55-79 참조. 특히, pp. 58-60.

96) Sung Deuk Hahm and Christopher Plein, *After Development*: 함성득, 『대통령학』(서울: 나남, 1999), p. 27.

97) Amos Perlmutter, "The Presidential Political Center and Foreign Policy: A Critique of the Revisionist and Bureaucratic-Political Orientations," *World Politics*, vol. 27, no. 1 (1974), pp. 87-106.

적 위기를 극복하기 위한 수단으로서, 국무총리를 포함한 장-차관에 대한 인사를 수시로 단행한다. 또한 조직개편과 공무원 숙청 등 행정개혁이 정권의 위기 탈출용으로 빈번히 이용되어져 왔다.[98] 따라서 그동안 관료조직들이 대통령의 통제에서 벗어나 일정한 자율성을 가지고 외교정책에 일정한 영향력을 행사한다는 것은 한국적 상황에서 매우 제한적일 수밖에 없었다.

박정희 정권의 경우에는 장관들의 평균 재직기관이 24개월인 반면, 전두환 정권은 16개월, 노태우 정권은 12개월, 김영삼 정권은 10개월에 그치고 있다.[99] 이는 장관들이 업무파악을 마칠 즈음에 교체된다는 것을 의미하는데, 김대중 정부 하에서도 이러한 현상은 계속되었다. 특히, 외교정책을 관장하는 외교통상부(외무부) 장관들의 재임 기간을 살펴보면, 전두환 정부시기에는 7년 동안 4명, 노태우 정부는 5년 동안 2명, 김영삼 정부는 5년 동안 3명, 김대중 정부는 5년 동안 5명이나 임명되었다. 장관 1인당 약 18개월 정도의 재임기간을 가졌는데, 과거에 비해 평균 재임기간이 점점 짧아지고 있는 실정이다. 통일부(국토통일원, 통일원)의 경우에는 교체가 더욱 빈번한데, 전두환 정부가 6명, 노태우 정부가 4명, 김영삼 정부가 6명, 김대중 정부는 6명의 장관을 두었다. 평균 12개월 정도에 불과하다. 장관이 소신을 가지고 독자적으로 일하기보다는, 최고정책결정자의 의중을 충분히 반영하지 못하면 즉각적으로 교체되는 것이 일반적인 양상이라 할 수 있다.

관료조직과 해당 장관들에 대한 최고정책결정자의 통제 및 장악이라는 측면 이외에도, 국가정보원을 비롯하여 국가정보기관들이 수집하는 각종 정보들은 일반에 공개되지 않고 대통령에게만 보고

---

98) 정승건, "한국의 행정개혁과 변동." p. 75: 정승건, "한국행정개혁과 정치권력적 성격."「현대사회」, 1992년 가을/겨울호, pp. 201-223: 백완기, "행정개혁에 대한 평가와 과제."「계간 경향」, 1988년 봄호, pp. 186-197 참조.
99) 김충남,『성공한 대통령 실패한 대통령』(서울: 둥지, 1998), p. 25.

된다. 이는 외교정책 결정에 있어 대통령이 절대적인 존재로서 기능하게 되는 또 하나의 요인이 되어왔다.

그러나 이러한 관료조직들의 모습들이 1990년대부터 외교정책의 영역에서 변화하기 시작하였다. 한국의 외교정책결정과정에서 중요한 변수로서, 의미있는 행위자로서 관료들의 모습을 확인하게 된 것이다. 이러한 상황 변화에는, 앞에서 살펴본 바와 같이, 한반도를 중심으로 진행된 민주화의 흐름과 공고화의 현상들이 한국외교정책에도 중요한 영향을 미치게 된 것이다. 민주화로 인하여 관료조직들을 확고히 장악하고 있던 최고정책결정자인 대통령은 임기 5년에 따라 교체되는 반면, 관료조직들은 정치적 영향으로부터 벗어나 조직이익을 더욱 확고히 할 수 있는 긍정적 환경을 확보하게 되었다. 더욱이 국제사회의 탈냉전과 세계화, 정보화 등의 현상은 국가 관료조직들의 전문성을 요구하는 상황을 초래하였고, 이는 관료조직들의 위상을 강화시키는 외부적 요인으로 작용하고 있다. 이러한 국내외의 변화 양상들은 한국의 외교정책에 대한 관료조직들의 영향력과 위상의 강화를 초래하였고, 과거와 달리 한국외교정책의 결정과정에서도 관료조직들이 일정한 역할을 담당하는 모습들을 발견할 수 있게 된 것이다. 특히 한국외교정책을 결정하는데 일정한 역할을 담당하고 있는 대통령의 위상은 과거에 비해 상대적으로 약화되고 있고, 국회는 주어진 권한에 비해 그 위상의 확보에 다소 취약한 모습을 보이고 있는 것에 비하면, 한국외교정책에 대한 관료조직들의 중요도와 위상은 상대적으로 부상하고 있음을 발견할 수 있다.

4) 이익집단

서구국가들의 기준에 비춰볼 때, 그동안 한국의 '사회'는 정부를 견제할 만큼 성숙해 있었다고 보기 힘들다. 장기간 지속된 권위주의 정권들은 '사회'를 강력히 통제함으로서 정권의 안정을 추구했기 때문에 한국의 '사회'는 상대적으로 위축된 모습을 보여왔다. 일제 식민지 하에서 발달한 식민 관료의 통치조직과 기구들은 해방이후에도 그 효력을 발휘하였으며, 상대적으로 성숙되지 못한 사회를 억누르는 결과를 초래하였다. 이러한 현상은 권위주의적인 군사정권의 장기적 지속과 냉전체제로 인해 더욱 강화되는 결과를 초래하였다. 특히 한국은 경제성장과 부국강병 정책을 추진하는 과정에서 '국가' 우선적인 행동을 보여 왔으며, 상대적으로 '사회'는 상당부분 종속적인 역할만을 수행하게 된다. 함자 알라비(Hamza Alavi)가 지적한 소위 '과대성장된 국가기구'(over-developed state)의 확대 재생산을 초래하여 왔던 것이다.[100]

1980년대말 이후 민주화가 진행되면서, 사회에 대한 국가의 통제가 약화되기 시작했고, '사회' 부분은 급속한 성장을 진행해 왔다. 전국경제인연합과 같은 단체들은 정부의 통제에서 벗어나 자율성을 확보하기 시작했고, 자신의 입장을 정부정책에 관철시킬 만큼 위상을 확대시켜 왔다. 다른 한편으로는, 경제정의실천시민연합, 녹색운동연합, 환경운동연합 등과 같이 지속성을 가진 민간단체들이 등장했다. 그리고 이들은 어용적 성격의 단체가 아니라 범국민적 수준의 자생적 단체들이라는 특징을 가진다. 또한 2000년 4월, 16대 국회의원 총선에서는 참여시민연대가 출범하여 특정 후보를 낙선, 탈락시킬 정도로 영향력과 능력을 확대시키게 된다.[101] 시민단체들의 영향력 확대는 여러 분야에서도 확인되고 있다. 2003년 4월 북한

---

100) Hamza Alavi, "The State in Post-colonial Societies: Pakistan and Bangladesh," *New Left Review*, vol. 74 (1972), pp. 58-81.

101) 총선시민연대는 16대 총선 결과와 관련하여, '낙선'운동 명단에 오른 86명 중 59명이 낙선했으며, 중점 낙선대상자 22명중 15명이 낙선했다며, 68%이상의 성과를 거둔 것으로 평가했다. 「조선일보」, 2000년 4월 15일자.

인권문제에 대한 입장 표명을 위해 소집된 국가인권위원회가 돌연 입장 표명을 유보했는데, 그 배경과 관련하여 당시 인권위원장이 '제일 걱정스러운 것은 시민단체들에 인권위원회가 버림받는 것'이라며 거부의사를 밝힌 것이 주요하게 작용했다는 점이 알려졌기 때문이다.102) 국가기관이 시민단체의 눈치를 보고 있고, 상당한 영향을 받고 있다는 사실은 다른 곳에서도 쉽게 확인된다. 시민단체들의 불법, 과격, 폭력 시위와 관련하여, 정부와 지방자치단체들은 2006년 5월 불법 폭력 시위에 참여한 단체에 대해서는 정부 보조금 지원을 중단할 수 있는 시행령을 제정하려고 시도했지만, 시민단체들의 반발로 인하여 보류되는 상황이 발생하기도 하였다.103) 과거 권위주의 정권 시절에 비한다면, '사회'의 급격한 성장의 결과로 인해 초래되는 현상이라고 할 수 있을 것이다.

이러한 성장에도 불구하고 내부적인 한계는 여전히 안고 있는 양상이다. 민주화의 진행으로 그동안 '사회'에 대한 정부의 통제가 상당히 약화된 것은 사실이지만, 통제 관행은 관성적으로 지속되고 있다. 역대정권들은 다양한 노동 관련 법규와 특별법 신설들을 통해 노동조합들을 직접 규제하여 왔다. 특히, 가장 큰 이익집단이라고 할 수 있는 한국노총이나 전노협 등의 경우, 노동조합의 설립과 허가에 대한 일체사항을 규정해104) 법인설립의 허가주의105)를 채택함으로서 규제적 행태를 지속하게 된다.

법적인 규제 이외에도, 재정 지원 등의 방식이 통제의 수단으로 활용되어져 왔다. 2006년 현재에도 상당수의 시민단체들이 국가로부터 재정지원을 받고 있다는 점에서 시민단체들에 대한 정부의 직

---

102) 이와 관련된 내용은 2003년 4월 28일 당시의 국가인권위원회 회의록을 통해 확인되고 있다. 「중앙일보」, 2005년 8월 17일자.
103) 「중앙일보」, 2006년 5월 18일자.
104) 노동조합 설립에 관해서는, 노동조합법 제9조 등 참조.
105) 민법 제32조 참조.

간접적인 영향력은 여전히 작동되고 있음을 확인할 수 있다. 한국에서 민간시민단체들의 활동이 활발해 진 것은 사실이지만, 활동의 기반이 되는 재정자립도는 매우 낮다. 한국의 시민단체들 중에서 재정자립도가 가장 좋은 참여연대의 경우, 2000년 현재 회원들의 회비로 충당되는 지출비율이 80% 수준이지만 여타 조직들은 30-40%에 불과한 실정이다.[106] 결국, 정부의 영향력으로부터 자유로워야할 시민단체들이 정부의 보조금에 의존해야만 하는 상황이 전개되고 있는 것이다. 정부가 정부보조금 지급에 대한 신청을 처음으로 공개 접수한 1999년 한해 250여개 단체에서 766억원의 보조금 신청이 제기되었으며,[107] 2000년 한해 동안 151개 시민단체들이 75억원의 정부 보조금을 지원 받았다.[108] 그리고 지원금 액수는 기하급수적으로 증가하여, 2003년에는 총 565개 시민단체들이 411억9천만원의 정부 보조금을 지원받았고,[109] 2005년에는 1만937개 시민단체가 1천750억원을 지원받았다.[110] 상당한 영향력을 발휘하고 있는 시민단체들 중의 하나인 한국노총의 경우에는 본부 조직의 2005년도 한해 예산 규모가 약 65억원 정도인데, 이중 31억 이상을 정부 보조금으로 충당하였으며, 본부직 인력들의 임금을 정부 보조금으로 해결하고 있는 실정이다.[111] 만약 정부보조금이 일체 중단된다면, 조직 자체의 존립이 위태로울 수 있는 상황이라 하겠다. 결국 한국노총은 근로자 조합원들의 조직이지만, 실제로는 국민의 세금

---

106) 2000년 12월에는 경실련이 단체 재정을 충당하기 위해 공기업과 기업체에게 후원금을 공공연히 요구하면서 사회문제가 되기도 했다. 개별적인 수치들은 「조선일보」, 2001년 1월 4일자 참조.

107) 「조선일보」, 1999년 4월 26일자.

108) 당시 참여연대, 경실련, 녹색연합 등은 정부와의 유착설과 관련하여 그동안 받아오던 정부 보조금에 대한 신청을 하지 않았다. 「중앙일보」, 2000년 6월 13일자.

109) 「조선일보」, 2004년 9월 2일자.

110) 「중앙일보」, 2006년 5월 18일자.

111) 「중앙일보」, 2006년 3월 22일자.

으로 운영되는 조직인 셈이다.

이처럼 한국 '사회'의 위상이 과거와 달리 상당히 부상하였고 독자적인 주장을 제기하고 정책으로 실현시킬 만큼 성장한 것은 사실이지만, 외교정책 사안에 대해 직접적인 참여를 진행하고 세련된 정책을 제시할 만큼 성숙된 상황은 아니라고 할 수 있다. 특히, 국회의 현재 위상 등을 염두에 둘 때, 성숙도나 독자성에 있어 한계를 갖고 있는 각종 이해단체들이 외교정책에 영향을 미칠 수 있는 적절한 통로를 갖고 있지 못하다는 점에서 이런 측면을 더욱 제한하고 있다 하겠다.

2. 새로운 국제환경과 한국 외교정책결정과정에서의 관료

외교정책의 결정은 최고정책결정권자인 대통령의 전유영역이라는 인식과 관련하여, 한계성을 확인할 수 있는 현상들이 발견되었고, 그 원인을 국내외의 환경적 변화와 관련하여 살펴보았다. 즉 최고정책결정권자에게 절대적인 권한이 부여되어있고, 이를 보장하는 법률과 제도가 존재하는 것은 사실이지만, 현실적인 내용은 이와 다소 무관한 형태로 발생되고 있음을 확인하였다. 법, 제도적 내용과 현실적 모습과의 불일치는 국내적으로는 민주화의 진행과 국제적으로는 탈냉전과 세계화라는 현상과 연계되어 나타났고, 그 괴리를 더욱 확대시키는 결과를 초래한 것이었다.

1980년대 후반부터 시작된 한국의 민주화는 대통령에 대한 의존도를 낮추는 것은 물론이고, 정책결정과정의 제도화와 정책결정과정의 개방화, 그리고 국내 정치화의 가능성을 더욱 높이는 결과를 초래했다. 따라서 정책결정과정이 권위주의 시절과는 다른 모습으로 나타나는 변화가 발생하였고, 이는 관료조직들의 참여를 확대시키는 결과를 유도하였다. 법률과 제도의 관리를 담당하고 있고, 삼권분립의 한 축이며, 임기에 따라 사람이 바뀌는 최고정책결정자와 달리 정책적 지속성을 유지하고 있는 관료들이 외교정책결정에 참여하는 빈도도 높아지고, 그 비중도 커지기 시작한 것이다.

탈냉전의 현상은 국제사회의 지배적 가치와 이념을 다양화시키는 결과를 초래했다. 냉전시기와 달리 개별국가들은 외교정책결정에 있어 냉전적 가치로부터 자유로워지는 상황에 직면하게 되었다. 국가별로 확대된 자율성은 외교정책의 결정과정에서도 상당한 영향을 미치게 된다. 또한 세계화의 현상은 국내적 가치들보다 국제적 가치들을 확대시키는 결과를 초래했다. 외교정책 업무를 확대시킨 것은 물론이고, 전문화를 유도했으며, 국제적으로 합의된 국제법과 제도의 비중이 커지기 시작했다. 이러한 세계화의 현상은 최고정책결정자의 정치적 판단이나 가치가 외교정책에 투영되는 것을 제한하는 결과로 나타났다. 결국 최고정책결정자를 대신하여 관료들의 참여범위가 확대되었고, 전문성을 가진 관료들이 실질적인 정책 결정권을 가지는 현상이 발생하였다. 더욱이 과거와 달리 관료조직들산의 협력이 국제적으로 진행되는 양상이 전개되기 시작했다. 결국 외교정책결정에 있어 최고정책결정자의 영향력, 통제력은 제한 받기 시작한 반면, 관료들의 영향력은 확대되어가기 시작한 것이다.

결론적으로 한국외교정책은 20세기 후반부터 본격화된 국내 민주화와 국제사회의 탈냉전 및 세계화 현상으로 인해 외교정책과 관련하여 새로운 현상들이 발생하기 시작했고, 이는 외교정책 결정구조를 변화시키는 형태로까지 확산되고 있다고 말할 수 있다. 그리고 한국외교정책을 이해하기 위해서는 새로운 접근이 필요한 시점에 도달했다 하겠다.

제2부

한국외교정책 연구의 새로운 접근

제Ⅳ장 한국 외교정책결정과정의 새로운 접근과 분석의 틀

제1부에서의 논의 과정을 통하여, 국제사회에서 진행되고 있는 세계화와 국제화 등의 현상이 국내외의 경계를 약화시키고 국제사회에 대한 국가 내부의 민감성과 취약성을 크게 심화시킴으로써 개별 국가의 외교정책들이 갖고 있는 의미와 비중이 약화되고 있음을 확인할 수 있었다. 그리고 국내적으로 진행되는 민주화와 정보화로 인하여 정책결정에 필요한 정보의 독점 강도가 약화되고, 정책 결정이 특정인에게 집중되기 보다는 제도화, 시스템화되어 가는 현상으로 인하여 외교정책에 대한 최고정책결정자의 절대적 위상도 크게 약화되어가는 현상이 전개되고 있음을 확인할 수 있었다. 그러나 이러한 논의과정을 통하여 도달하게 되는 결론은 이처럼 변화된 국내외의 환경에도 불구하고, 외교정책 영역에 대한 인식의 비중을 약화시키는 형태로 논의가 전개되어져서는 안된다는 점이다. 비록 개별 국가의 외교정책이 갖고 있는 절대적 비중이 과거와 달리 크게 약화된 것은 사실이지만, 외교정책 자체에 대한 관심을 약화시키기 보다는 외교정책에 대한 접근의 방식을 변화시켜가는 형태로 논의가 전개될 필요가 있기 때문이다.

외교정책에 대한 연구의 필요성이 지속될 수밖에 없는 점과 관련하여, 먼저, 세계화와 국제화의 현상으로 인하여 개별국가의 외교정책 영역들이 크게 위축되고 있는 것은 사실이지만, 역설적으로 이러한 현상의 반작용으로서 개별 국가들이 선택하는 외교정책의 내용에 대한 관심이 더욱 집중될 수밖에 없는 상황에 대해서도 주목해야만 한다. 세계화로 인하여 개별 국가들간의 거리가 단축되고 관계가 더욱 긴밀해지게 되었다. 따라서 개별 국가들간의 상호적인 관계가 밀접해지고 접촉이 빈번해진 만큼, 상대방이 갖고 있는 생각이나 판단 내용에 대해 더욱 주목하고 관심을 가져야만 하는 상황이 전개되고 있다. 따라서 상대방을 제대로 이해하기 위해서는 상대방 외교정책에 대한 분석과 연구를 더욱 강화시켜야 한다는 점이 세계화와 국제화로 인해 더 부각되고 있는 것이다. 오히려 관심을 가져야 할 상대방 국가의 수도 증가하고 있고, 외교정책의 영역과 대상이 더 확대되고 있는 것도 부인할 수 없는 사실이 되고 있다. 또한 세계화로 인하여 국내정치와 국제정치의 경계가 크게 약화되고 있는 것은 사실이지만, 오히려 그 경계가 약화되고 있고 불분명해지고 있기 때문에 그 경계에 위치하고 있는 외교정책의 내용과 형태에 대한 관심과 분석이 더욱 필요한 상황이 전개되고 있는 것이다.

둘째, 세계화와 국제화로 인하여 국제사회에서 발생되는 사건과 현상에 대한 개별국가들의 인식과 체감도는 상당히 유사할 수 있지만, 개별국가들의 구체적 반응은 결코 일치하지 않고 있기 때문이다. 개별국가들의 반응, 즉 개별국가들이 선택하는 외교정책의 내용들은 매우 다양하고 차별적이라는 점에서 외교정책 영역에 대한 학술적 관심과 분석은 반드시 필요하고, 이러한 노력들이 단순하게 평가절하 되어져서는 결코 안된다. 국제정치의 영역이 크게 확대되고 있고, 외교정책의 영역이 상대적으로 위축되고 있는 것은 사실이지만, 국제정치와 국내정치의 경계에 존재하고 있는 외교정책 영역에 대한 지속적 관심이 필요한 것도 바로 이러한 측면과 관련되어 있다.

셋째, 결국 국제정치를 이해하기 위해는 개별국가의 외교정책을 이해하는 것이 필요하고, 개별국가의 외교정책을 의미 있게 이해하기 위해서는 국제정치적 현상의 단순한 반응 보다는 개별국가가 처한 입장을 중심으로 접근하는 것이 필요하다. 개별국가들이 제시하는 외교정책이 서로 상이하고 차별적인 것은 결국 국내적인 상황에 근거하고 있기 때문이다. 따라서 일반적이고 보편적인 외교정책에 대한 접근이 아니라, 가장 한국적인 외교정책, 한국의 판단과 선택에 주목하는 차별적인 접근과 평가가 필요한 것이다. 특히 한국의 경우에는 최근 들어 국제정치 보다는 한국의 입장을 중심으로 한 외교정책들이 전개되는 양상을 보이고 있다는 점을 고려한다면, 한국의 외교정책을 연구하는데 있어 한국외교정책 중심의 접근이 요구될 수밖에 없고, 그 중요성도 지속될 수밖에 없는 것이다.

넷째, 민주화의 영향이 외교정책 연구의 활성화에도 상당히 긍정적으로 작용하고 있다는 점에서 외교정책에 대한 연구들이 적극적으로 진행될 수 있는 연구 환경이 조성되고 있다. 외교정책은 대부분 대외적인 국가안보와 관련된 내용들이 많기 때문에 정책의 결정과정이나 정책결정 배경들이 공개되지 않는 경우가 일반적이다. 따라서 외교정책에 대한 연구의 필요성에도 불구하고, 실질적인 외교정책 연구는 미진한 양상을 보여 왔었다. 그러나 민주화의 진행으로 인해 외교정책결정과정의 상당부분이 공개되고 있을 뿐만 아니라, 정책결정이 소수에 의해 임의적으로 진행되기 보다는 제도화, 시스템화 되어가는 양상을 보이고 있다는 점에서도 외교정책의 내용과 결정과정에 대한 연구에 긍정적인 환경이 조성되고 있다. 이러한 연구 환경의 결과로서 외교정책 연구가 높은 성과를 거두게 된다면, 그만큼 외교정책 영역에 대한 관심도도 높아질 수밖에 없을 것이다.

이러한 측면들과 관련하여, 제2부에서는 한국외교정책과 외교정책결정과정에서 나타나고 있는 달라진 모습들을 사례 연구를 통해 확인하고, 그 내용들을 정리하고자 한다. 특히 국제정치나 환경을 중심으로 한국외교정책을 분석하기 보다는 한국의 상황을 중심으로 한국외교정책을 분석하고, 국내적 상황과 국제적 상황을 분리하기보다는 상호 동시적으로 고려하며, 외교정책에 대한 결정 양상들을 제도적인 수준, 정책결정의 시스템적인 수준에서 접근하며, 정책결정에 참여하는 행위자들을 다양한 시각에서 접근함으로서 과거의 연구들이 정리하지 못했던 내용, 다소 간과하고 있었던 내용들을 분석하고 유형화하는 작업들을 진행하고자 한다.

제1절 한국외교정책의 새로운 접근과 정책결정과정, 그리고 관료

제2부에서는 제1부에서 거론된 문제제기, 즉 한국외교정책에서 대통령이나 국제체제, 한반도 주변 4강과 같은 요인들만으로는 설명할 수 없는 새로운 외교정책의 현상들과 관련하여, 구체적 사례를 중심으로 개별적 분석을 진행하고 그 실증적 모습들을 살펴보고자 한다. 그리고 제4장에서는 이러한 실증적 사례분석에 적용할 분석의 틀을 모색하고자 한다.

1990년대 이후 한국외교정책에서는 대통령의 정책적 선호가 정책으로 완성되지 못하는 경우가 발생되는가 하면, 이 과정에서 관료들의 정치적 행동이 중요한 변수로서 작용하는 사례들이 나타나게 되었다. 과거에는 찾아보기 힘든 현상들이 전개되고 있는 것이다. 결국 이러한 현상들을 설명하기 위해서는, 국제적 요소들보다는 국내 행위자, 대통령보다는 관료라는 행위자에 주목하면서, 합리적 판단의 결과로서의 외교정책보다는 정치적 행위과정의 결과로서의 외교정책을 검토할 필요가 있다.

1980년대 말 이후 한국은 국내외적으로 급격한 변화에 직면하게 된다. 국제적으로는 소련 서기장으로 고르바초프가 등장하면서 시작된 사회주의권의 변화 바람은 국제사회에서 냉전을 종식시키는 단초가 된다. 한편, 국내적으로는 1987년 민주화 운동이후 민주주의 과도기를 거쳐 공고화 시기를 향해 움직이고 있다. 평화적인 정권교체가 이뤄지는가 하면, 문민정부가 30여년만에 탄생했고, 여야 간의 정권교체가 이뤄지기도 했다.

한국의 외교정책도 이처럼 변화된 국내외 환경에 적응해 나가야만 했고, 이러한 적응과정에서 한국의 외교정책은 과거와는 다른 생소한 행동과 모습들을 보이기 시작했다. 그동안 한국외교정책에 대한 연구들은 최고정책결정자인 대통령을 중심으로 한 분석에 익숙해져 있었다. 한국외교정책을 연구하는 이들은 대부분 「국가＝대통령」이라는 인식아래 대통령 이외의 행위자들이 한국외교정책에 영향을 미치게 될 것이라고는 진지하게 생각하지 않고 있었다. 1948년 한국 정부가 출범한 이후 이승만 대통령은 대부분의 외교업무들을 자신이 도맡아 수행했다. 이후 군사혁명을 통해 집권한 박정희 대통령도 권위주의 체제를 유지하면서 안보와 관련된 외교정책 전반을 독점하고 있었다. 이러한 현상은 그 이후에도 장기간 지속되었고, 결국 대통령이 외교정책을 독점하는 현상은 하나의 한국적 현상으로 자리 잡았다. 많은 학자들은 외교정책에 있어 국내적 요인들의 중요성을 인식하고는 있었지만, 한국적 상황 하에서는 이러한 국내적 요인들을 분석해야 한다는 당위성을 크게 느끼지 못했고 분석할만한 사례도 발견하지 못했다. 따라서 최고정책결정자인 대통령을 중심으로 한국외교정책을 설명하는 것이 보편적 현상으로서 당연하게 받아들여져 왔던 것이다.

그러나 1990년대 초반부터 이러한 접근법으로서는 제대로 설명해 낼 수 없는 상황들이 발생하기 시작하였다. 과거와 달리 외교정책에 있어 대통령이 희망하는 정책선호가 정책으로 완성되지 않는 일이 발생했다. 공개된 대통령의 정책선호가 관료조직들에 의해 반박되거나, 왜곡되거나, 취소되는 일들이 발생한 것이다. 1992년부터 1993년 사이 대북 정책을 둘러싼 일련의 사건, UR 협상과 국내 쌀 시장 개방문제를 둘러싼 논란 등이 이러한 경우에 포함된다. 결국, 이러한 현상들을 설명하기 위해서는 최고정책결정자인 대통령 이외에 관료라는 새로운 국내 행위자를 분석하는 작업이 필요해졌다. 또 외교정책의 결과와 정책의 추진 내용에만 주목했던 과거와 달리, 외교정책의 결정 '과정'에 대해서도 주목해야만 하는 상황이 전개되고 있는 것이다.

이러한 현상은 정권이 바뀌어도 다양한 분야에서 계속 발견됨으로서, 우연히 발생된 일과성의 단순 사건이 아님을 말해주고 있다. 최고정책결정자가 모든 외교정책을 결정한다는 기존의 접근법으로서는 도저히 설명할 수 없는 이러한 현상들을 설명하기 위해서는 새로운 대안적인 또는 보완적인 외교정책 결정모델이나 분석 틀을 필요로 하게 된 것이다.

외교정책 영역과 관련된 연구에서 관료들의 정치적 행동에 주목하고 관료정치적 개념을 적용하려는 시도들은 대체로 미국 학계를 중심으로 진행되어온 측면이 강하며, 대부분의 연구들도 미국적 사례에 집중되어 있는 것이 사실이다. 외교정책을 결정하는 과정들이 여타 국가들에 비해 제도화되어 있고, 상대적으로 공개되는 경우의 수가 많기 때문에 나타난 결과라고 할 수 있다. 일반적으로 국내정책과 관련된 관료정치적 현상을 검토하는 경우는 제3세계 국가들을 대상으로 한 연구들도 다수 있지만, 외교정책 영역과 관련된 연구들은 많지 않다. 다소 예외적인 경우가 있다면, 구소련의 아프가니스탄 침공을 관료정치적 개념으로 설명한 바렌타(Jiri Valenta)의 연구와[1] 미국과 같은 대통령중심제 국가뿐 아니라 의원내각제 국

---

1) Jiri Valenta, *Soviet Intervention in Czechoslovakia, 1968 - Anatomy of a*

가의 경우에도 외교정책에서 관료정치적 현상이 발생한다며 캐나다의 경우를 분석한 노살(Kim Richard Nossal)의 연구[2]들을 예로서 찾아볼 수 있다. 한편, 한국과 같은 개발도상국이나 동아시아 국가들의 경우에 대한 연구는 더욱 흔치 않은 양상을 보인다. 비록 개발국가론적 논의와 관련하여 경제분야의 외교정책에 있어 관료들의 역할이 지적되기도 했지만, 대체로 관료정치적 개념과는 거리가 먼 내용이다. 본 연구를 진행하는 과정에서 일부 확인할 수 있었던 것은 일본의 경제분야 외교정책과 관련하여 관료정치적 현상을 지적한 몇 가지의 논의가 있었고,[3] 안보문제와 관련하여 미국과 일본간의 국제화된 관료정치적 현상을 분석한 연구[4] 등이 있을 뿐이었다.

한국의 경우는 외교정책에 있어 관료정치적 현상을 연구한 경우가 매우 소수에 불과함을 확인할 수 있다. 그동안 한국외교정책에 대한 연구에 있어 관료와 관료조직에 대한 인식은 상대적으로 위축되어 있었고, 주목받지 못한 결과라고 판단된다. 한국외교정책에 대한 분석에서 관료들의 존재가 주목받고 직접적으로 거론된 것은 1970년대 한국의 경제발전과 관련되어 있다. 존슨(Chalmers Johnson), 암스덴(Alice Amsden), 헤거더(Stephan Haggard), 웨이드(Robert Wade) 등 '개발국가론'자들은 한국의 경제발전을 대통령

Decision (Baltimore: Johns Hopkins University Press, 1979).

2) Kim Richard Nossal, "Allison through the (Ottawa) Looking Glass: Bureaucratic Politics and Foreign Policy in a Parliamentary System," *Canadian Public Administration*, vol. 22, no. 4 (1979), pp. 610-626.

3) T. J. Pempel, "Japanese Foreign Economic Policy: The Domestic Bases for International Behavior," in Peter J. Katzenstein, ed., *Between Power and Plenty - Foreign Economic Policies of Advanced Industrial States* (Madison: The University of Wisconsin Press, 1978), pp. 139-190; 양기웅, 『일본의 외교협상』 (서울: 小花, 1998) 중 pp. 234-259 내용 참조.

4) Masahiro Matsumura, "Internationalization of the Bureaucratic Politics Model: U.S.-Japan Relations in the late 1980s," 「桃山學院大學 社會學論叢」 (京都: 桃山學院大學 總合研究所), 第26卷 第2號 (1992年 12月), pp. 71-101.

및 양질의 관료들과 연결해 설명했다.[5] 그러나 이들이 제시하는 관료 개념은 최고정책결정자의 결정을 일사분란하게 추진하고 운영하는 다소 수동적 개념의 존재들이었다. 오히려 이들의 연구는 최고정책결정자를 중심으로 한 국가주의적 분석이라고 보는 것이 적실성을 가질 것이다.[6]

그 외에, 오도넬(Guillermo A. O'Donnell)이 1960-1970년대 남미 지역에서 등장했던 권위주의적 성격의 군사 정권을 설명하기 위하여 제시하였던 관료적 권위의론(Bureaucratic Authoritarianism)이 있다.[7] 한상진, 강민 등은 1960-1970년대 한국의 권위주의적 군사정권에 대한 설명을 위해 이 이론을 도입하여 적용하였다.[8] 그러나 분단상황과 안보 문제, 군사 쿠데타의 성격 차이, 국내외적 상황의 차이 등으로 인해 적실성의 한계를 갖고 있었다. 특히 한국에서

---

5) 한국 사례는 Chalmers Johnson, "Political Institutions and Economic Performance: The Government-Business Relationship in Japan, South Korea and Taiwan," in Frederic Deyo, ed., *The Political Economy of the New Asian Industrialism* (Ithaca: Cornell University Press, 1987), pp. 136-164; Alice Amsden, *Asia's Next Giant: South Korea and Late Industrialization* (New York: Oxford University Press, 1989); Stephan Haggard, *Pathways from the Periphery: The Politics of Growth in the Newly Industrializing Countries* (Ithaca: Cornell University Press, 1990); Robert Wade, *Governing the Market: Economic Theory and the Role of Government in East Asian Industrialization* (Princeton: Princeton University Press, 1990) 등.

6) Chung-in Moon, "Beyond Statism: The Political Economy of Growth in South Korea," *International Studies Notes,* vol. 15, no. 1 (1990), pp. 24-27; Chung-in Moon and Rashemi Prasad, "Beyond the Development State: Institutions, Networks, and Politics," *Governance,* vol. 7, no. 4 (1994), pp. 360-386 등 참조.

7) Guillermo A. O'Donnell, *Modernization and Bureaucratic-Authoritarianism: Studies in South American Politics* (Berkeley: University of California Press, 1973).

8) 한상진, "관료적 권위주의와 한국사회," 서울대학교 사회학연구소 편, 『한국사회의 전통과 변화』 (서울: 법문사, 1983); 강 민, "관료적 권위주의의 한국적 생성," 『한국정치학회보』, 제17호 (1983), pp. 341-362 의 내용 참조.

권위주의 정권이 등장했다는 점에 초점이 맞춰졌을 뿐, 외교정책과
관련된 관료들의 존재를 부각시키지는 못하였다.

한편, 일부 학자들은 한국의 권위주의 시절에도 공개되지는 않았
지만 관료정치적 현상들이 있었음을 지적한다. 구영록은 민주주의
체제보다 권위주의 체제에서 오히려 더 치열한 관료정치적 현상이
발생할 수 있다는 점을 지적했다.[9] 즉, 권위주의 체제 하에서는 최
고정책결정자의 선택이나 정책결정이 절대적이기 때문에, 최고정책
결정자의 구미에 맞는 정책을 제안하고, 원하는 정보를 제공하기
위해 관료들간의 충성심 경쟁이 더 치열하게 발생한다는 것이다.
윈(Gregory F. T. Winn)도 유사한 내용을 주장하고 있다. 박정희
정권시절의 한국외교정책을 분석하면서, '개별부처의 장관들은 대통
령에게 잘 보이기 위해 경쟁하며', '경쟁이 치열해 사적인 정보보고
또는 정보 은닉 현상이 발생하고', '관료조직 내부에서는 이런 현상
들이 서로 합의된 일반적 사항'이라는 점을 지적하기도 한다.[10]

반면, 김태현은 통계적 방법을 사용하여, 1984년부터 1996년까지
전두환, 노태우, 김영삼 정부 하에서 전개된 관료정치적 현상들을
분석하였다.[11] 그러나 결론은 이 기간동안 관료정치적 현상이 전개

---

9) Youngnok Koo, "Foreign Policy Decision-Making," in Youngnok Koo and
Sung-joo Han, eds., *The Foreign Policy of the Republic of Korea* (New
York: Columbia University Press, 1985), p. 36.

10) Gregory F. T. Winn, *Korean Foreign Policy Decision-making: Process
and Structure* (Honolulu: The Center for Korean Studies, University of
Hawaii, 1976), p. 21. Youngnok Koo, "Foreign Policy Decision-Making,"
in Youngnok Koo and Sung-joo Han, eds., *The Foreign Policy of the
Republic of Korea* (New York: Columbia University Press, 1985), p. 36
에서 재인용.

11) Taehyun Kim, "Bureaucratic Politics and Korea's Foreign Policy:
Theory and Evidence," in Yong Soon Yim and Ki-jung Kim, eds.,
*Korea in the Age of Globalization and Information: Direction of
Korea's Diplomacy and Broadcasting toward the 21st* Century (Seoul:
The Korean Association of International Studies, 1997), pp. 91-106..

되었다는 증거가 없다는 것이다. 쉽게 공개되지 않는 외교정책결정 과정의 속성과 권위주의 체제시기를 중심으로 분석을 진행했다는 점을 염두에 둔다면 당연한 결과였는지도 모른다. 결국, 관료정치적 개념을 사용했지만, 분석 대상의 선정과 분석 방법 등에 있어 다소 부적절한 내용들이 선택되었고, 그 결과는 연구의 전제와는 상반된 내용으로 나타난 것이다.

한국 외교정책에 있어 관료정치적 현상이 존재한다는 것을 구체적으로 전제한 연구가 있는데, 김기정은 김영삼 정부 기간 동안 진행된 대북 정책들이 상당히 혼란스럽게 진행되었다는 점을 구체적 사례들을 통해 설명하고, 그 원인을 효율적인 정책 조정과 관리의 부재에서 찾으면서, 최고정책결정자의 적절한 리더십 발휘를 해결책으로 주문하고 있다.[12] 심찬구는 1990년대 초-중반의 대북정책에 있어 한국 관료조직들은 대북 온건파와 강경파로 나눠지게 되었고, 효율적인 정책조율기구의 부재로 인해 이들 조직들간의 관료정치적 현상이 전개된 것으로 분석하고 있다.[13]

이처럼 한국외교정책과 정책결정과정에 있어서 관료의 위상과 관료정치적 현상들을 인지하고 분석해 낸 연구가 풍부한 상황은 아니다.[14] 그러나 본 책자에서는 관료정치적 현상이 존재하느냐 아니냐

---

12) 김기정, "김영삼 정부 5년의 대북정책 평가 - 정책의 혼란과 관료정치현상," 「통일경제」 (서울: 현대경제사회연구원), 제37호 (1998년 1월), pp. 8-17.

13) 심찬구, "1990년대 한국 대북정책 결정과정과 관료정치," 비간행 석사학위 논문, 연세대학교 정치학과 대학원, 1997.

14) 이외에도 최종기, "한국 북방정책과 관료의 역할," 「행정논총」 (서울대 행정대학원), 제28권 제1호 (1990), pp. 133-143 등이 있다. 한편, 행정학 분야에 있어 관료정치적 문제를 언급한 글들은, 金炳玩, "한국 행정부 내의 관료정치 - 환경정책에 관한 개발부처와 보전부처의 관계 분석," 「한국행정학보」, 제27권 제1호 (1993년 봄), pp. 171-194: 정승건, "한국의 行政改革과 變動: 政治權力과 官僚政治," 「한국행정학보」, 제28권 제1호 (1994), pp. 55-79 등이 있다.

의 논란보다는, 관료정치적 현상이 유발되는 상황들을 분석할 수 있는 분석 틀을 준비하고, 상황에 따른 관료정치 현상의 내용과 패턴들을 분석하는데 초점을 맞추고자 한다.

제2절 한국의 외교정책과 관료정치적 현상

외교정책결정과정에 있어 대통령[15]의 정책선호가 정책으로 완성되는 일련의 과정과 관련하여, 일반적으로 예상 가능한 형태는 〈그림 Ⅳ-1〉의 (가)에서 보는 바와 같이 '일상적 경우'가 될 수 있다. 현안이 발생하고 일정한 정책심의 과정을 거쳐 형성된 대통령의 정책선호가 '기능적 역할'을 수행하는 관료들에 의해 보강되고 지원되어 정책으로 완성되고 집행되는 것이 일반적인 모습이었다. 그리고 이 경우에는 대통령의 정책선호와 완성된 외교정책간에는 내용상으로 큰 차이가 없다.

그러나 1990년대부터 (나)의 경우와 같이 기존 모습들과는 차별적인 외교정책결정과정이 진행되고 있음을 발견하게 된다. 즉, 최고 정책결정자의 정책선호 내용이 관료들의 '정치적 역할' 때문에 무산, 왜곡, 변화됨으로서 정책화에 실패하는 경우가 나타나게 된 것이다. 관료들이 기능적으로 행동하는 '일상적 경우'인 (가)는 기존의 합리

---

15) 일상적으로 '대통령'으로 통칭되는 내용을 살펴보면, 대통령 개인 (president), 대통령의 직책(presidency), 청와대와 같은 대통령 직무실 또는 대통령실 (office of the president) 등으로 구분할 수 있다. 특히, 제도를 연구하거나, 개인의 심리적 측면을 연구하는 경우에는 이들의 엄격한 구분이 진행되어져야 할 필요가 있다. 본 연구에서는 구체적으로 특정 대통령의 개인적 내용들을 언급하는 경우를 제외하고는 개인적 측면보다는 일반적인 대통령직의 개념에 초점을 맞춰나갈 것이며, 경우에 따라서는 '청와대'라는 용어를 통해 대통령직과 대통령실을 모두 포괄하는 의미로 사용하고자 한다.

적 선택이론이나 대통령 중심의 분석으로도 설명이 가능하다. 그러
나 관료들이 정치적으로 행동하는 (나)의 경우를 설명하기 위해서
는 외교정책결정과정에 참여하는 또 다른 주요한 행위자인 관료들
의 존재를 분석대상으로 채택해야만 한다.

〈그림 Ⅳ-1〉 대통령의 정책선호와 정책화의 유형

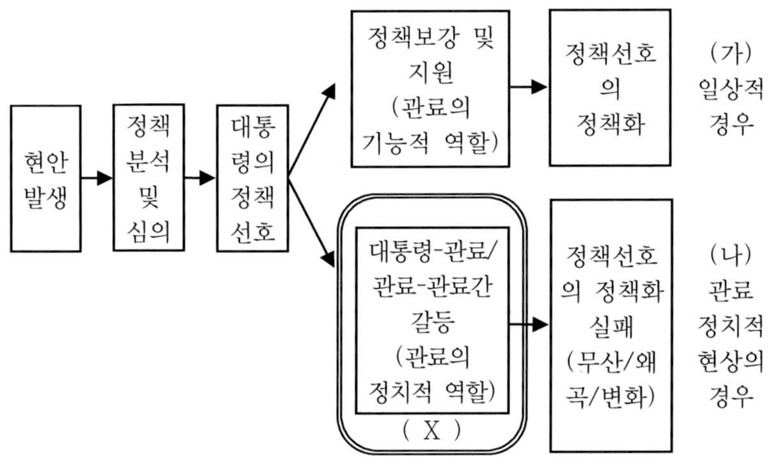

한편, 〈그림 Ⅳ-1〉의 (가)와 같은 '일상적'인 한국외교정책결정과
정은 〈그림 Ⅳ-2〉에서 보는 바와 같이 투입(input), 과정(process),
산출(output)의 3단계로도 설명이 가능하다. 산출(output)된 정책의
내용은 대통령의 정책선호의 내용과 크게 다를 바가 없기 때문이다.

〈그림 Ⅳ-2〉 대통령의 정책선호와 일상적인 외교정책결정과정
간략도(가)

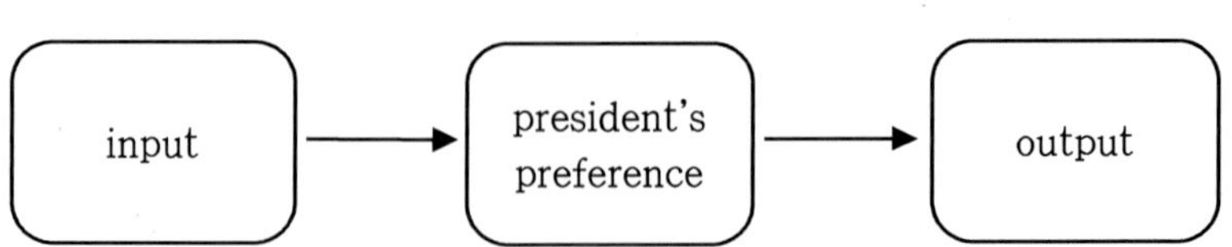

그러나 관료들의 정치적 행위가 진행되는 관료정치적 현상의 경우는 〈그림 Ⅳ-3〉에서 보는 바와 같이, 대통령의 정책선호가 완성된 정책과 서로 일치하지 않는 상황이 발생된다. 바로 (X)에 해당하는 관료정치적 현상이 작동하고 있기 때문이다. 대통령과 관료, 관료와 관료간의 정치적 행동들이 대통령의 정책선호와 정책 산출이 서로 차별적인 형태로 진행되도록 유도하고 있기 때문이다.

<그림 Ⅳ-3> 대통령의 정책선호와 관료정치적 현상의
외교정책결정과정 간략도(나)

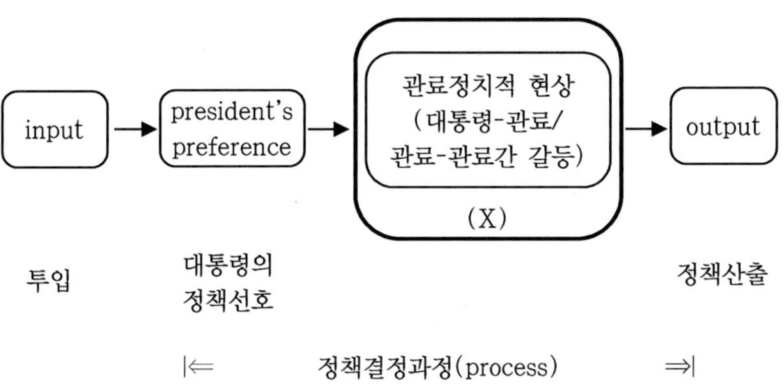

본 연구에서는 이처럼 〈그림 Ⅳ-1〉과 〈그림 Ⅳ-3〉의 (X)부분을 해체하고 분석함으로서 한국외교정책결정과정에서 관료정치적 현상이 발생되는 이유와 그 진행과정의 유형, 그리고 관료정치적 행위의 결과로서 초래되는 정책산출의 특성들을 논의하고자 한다. 물론 과거 권위주의 시절에도 관료정치적 현상이 존재했을 수도 있다. 그리고 현재에도 대통령의 정책선호가 형성되는 과정에서 관료정치적 현상이 일반적으로 진행되고 있을 수도 있다. 그러나 제3의 외부 연구자들의 관찰이 가능하며, 관료의 존재와 관료들의 정치적 행동을 보다 명확히 할 수 있다는 점에서 대통령의 정책선호가 공

개된 이후인 (X)부분에 대해 연구의 초점을 모으는 것이 관료정치
적 현상의 논의를 보다 분명히 할 수 있을 것으로 판단된다.

관료정치적 현상에 대한 전통적인 연구들은 〈그림 Ⅳ-2〉처럼 단순
화된 정책결정과정에서 관료정치적 현상이 발생되고 있음을 분석한
다. 그러나 한국적인 상황 하에서는 주요 정책결정의 참석자가 아닌
한 이처럼 단순화된 개념 하에서는 관료정치적 현상에 대한 심층적인
판단과 달리 현실적인 분석은 쉽지가 않다. 따라서 최고정책결정자의
정책선호 내용이 공개된 이후 관료조직들의 행보를 통해 관료정치적
현상을 확인할 수 있다는 점에서 〈그림 Ⅳ-3〉과 같이 다단계로 분리
하는 것은 보다 분석의 틀로서 보다 설득력을 가질 것으로 판단된다.
쉽게 확인될 수 없는 대통령의 정책선호의 형성 단계에 대한 분석은
제외한 채, (X) 단계에서 나타나는 공개적 현상들만을 이용해 관료정
치적 현상을 설명하고 분석하는 것이 오류를 줄일 수 있을 것으로 판
단된다. 이러한 접근은 단순화된 〈그림 Ⅳ-2〉의 경우에 비해 더 구체
적일 뿐 아니라, 설명의 적실성도 높일 수 있을 것이기 때문이다.

한국외교정책결정과정과 관료정치적 현상에 대한 이상의 내용들
을 기준으로 본 연구가 제기하는 문제제기의 내용은 다음과 같다.

첫째, 외교정책에 대한 대통령의 정책선호가 관료들의 일정한 '정
치적 행동'에 의해 무산, 왜곡, 변경된다면, 과연 한국외교정책 분석
에 적용되던 기존의 정책결정모델과 접근법들도 이러한 현상들을
적절히 설명해 낼 수 있는가?

둘째, 관료정치모델은 얼마만큼 적실성이 있고, 비판으로 제기되
는 내용은 무엇이며, 어떤 내용의 수정주의 모델들이 제시되고 있
는가? 그리고 관료정치모델이 한국의 관료정치적 현상들도 적실성
있게 설명할 수 있는가?

셋째, 그동안 한국에서는 대통령이 외교정책을 전담하고 있고, 다
른 행위자들은 단지 보조적인 기능적 역할만을 담당하는 것으로 이

해되고 있었다. 과연 국내외 환경의 어떠한 변화가 한국에서 관료정치적 현상을 유발시키게 만들었는가?

넷째, 한국외교정책결정과정에서 관료정치적 현상을 유발시키는 주요 변수는 무엇인가? 그리고 변수들간에는 어떠한 관계를 갖고 있는가?

다섯째, 최고정책결정자인 대통령의 정책선호에 대해 관료들이 정치적으로 대응할 수 있는 배경은 무엇인가? 그리고 이러한 관료들의 정치적 행위에 대한 대통령의 반응에서 일반적인 예상과 달리 특별한 제재가 없었다면, 그 이유는 무엇인가?

여섯째, 한국외교정책결정과정에서 관료정치적 행태가 발생된다면, 모든 경우에 동일한 모습으로 나타나는가? 만약 경우에 따라 다르다면, 어떤 경우에 어떠한 유형으로 나타나며, 이들간에 존재하는 차별성은 무엇인가?

일곱째, 한국외교정책결정과정에서 관료정치적 현상이 발생하는 경우, 정책결정구조는 과연 변화가 없는가? 일반적으로 한국의 정책결정구조는 수직적이고 위계적인 형태로 진행되는 것으로 이해된다. 과연 관료정치의 경우에도 이러한 정책결정구조가 지속되는가?

여덟째, 정책결정과정에 있어 관료정치적 행위의 결과로 초래되는 정책산출의 형태는 항상 일정한가? 만약 정책산출이 서로 차별적인 유형으로 분류된다면, 관료정치의 진행과정에서 나타나는 유형들괴는 특정한 인과관계를 갖고 있는가?

이상의 내용들과 관련하여, ①~③의 문제제기 내용은 이미 본 책자의 제1부에서 상당부분이 논의되어 졌다. 그리고 나머지 ④~⑧의 내용들이 분석 틀을 구성하는 과정에서 논의되어질 것이고, 제2부에서 살펴볼 3가지의 사례분석 과정에서 이들 논의의 적실성이 검증되어질 것이다.

제3절 한국외교정책 결정과정과 관료정치:
분석 틀의 모색

본 절에서는 한국 외교정책에서 나타나고 있는 관료정치적 현상들을 적절히 설명할 수 있는 분석 틀의 구조와 변수들의 내용을 정리하고, 그 적실성을 검토하고자 한다. 과연 한국외교정책결정과정에서 최고정책결정자의 정책선호가 정책화에 실패하게 될 경우, 정책산출로 나타나는 정책선호의 모습은 어떠한 유형을 갖게 되는가? 그리고 관료정치적 현상을 유발시키는 요인이 무엇이며, 어떠한 상황 하에서 관료정치적 행위들이 서로 차별적인 형태로 진행되고, 어떠한 유형별 특성을 보이게 되는가 하는 문제들을 고려하게 될 것이다.

앞에서 언급한 바와 같이, 본 책자의 목적은 최고정책결정자의 정책선호가 정책산출로 나타난 외교정책의 내용과 상이한 사례들을 관료정치적 개념으로 설명하는데 있다. 따라서 공개된 최고정책결정자의 정책선호 내용이 정책산출로 나타난 내용과 서로 동일하지 않다는 점과 정책산출의 형태가 일정한 유형을 보인다는 점을 종속변수로 설정하였다. 〈그림 Ⅳ-4〉에서와 같이 최고정책결정자의 정책선호가 정책화에 실패하는 경우들을 '대체', '왜곡', 또는 '무산'의 3가지 유형으로 분류하였다.

그리고 종속변수인 대통령 정책선호의 정책화 실패[16]와 관련하여 외교정책결정과정에서 발생한 일련의 현상들을 매개변수로 설정하였다. 대통령의 정책선호가 정책으로 완성되지 못했다면, 결국 기능적

---

16) 본 연구에서 언급하고 있는 '대통령 정책선호의 정책화 실패'란 대통령의 정책선호 내용과 산출된 외교정책의 내용이 서로 일치하지 못하는 경우를 의미한다. 즉, 대통령의 정책선호가 정책결정과정을 거치면서 지연, 무산, 왜곡되게 되고, 이로 인해 산출된 정책이 대통령 정책선호의 기본적 내용과 서로 상이해진 경우들을 말한다.

역할을 수행해야할 관료들이 '일상적인 경우'와 달리 기능적이지 못한 행동들을 진행했기 때문일 것이다. 따라서 매개변수로서 외교정책결정과정에서 관료들이 전개하는 관료정치적 행위와 그 진행과정들에 주목하였다.

마지막으로 한국외교정책에 있어 대통령의 정책선호가 정책화에 실패(종속변수)하도록 만든 관료정치적 현상(매개변수)을 유발시키는 원인으로서, 서로 이익이 상충되는 국내·외의 환경을 독립변수로 설정하였다. 세계화, 국제화로 인해 외교정책적 환경이 많이 바뀌긴 했지만, 일반적인 국내정책과 달리 외교정책은 국내적 요소와 국제적 요소들이 서로 부딪히고 일정한 관계를 형성하는 특수성을 갖고 있다. 외교정책에서 발생하는 관료정치적 현상들을 설명하기 위해서는, 국내정책에서 나타나는 관료정치적 현상들과는 차별적인 측면에 주목해야만 한다. 따라서 서로 이익이 상충되는 국내·외 환경을 독립변수로 각각 설정하는 것은 본 연구와 관련하여 상당한 적실성을 갖고 있다고 판단된다.

〈그림 Ⅳ-4〉 한국외교정책과 관료정치적 현상

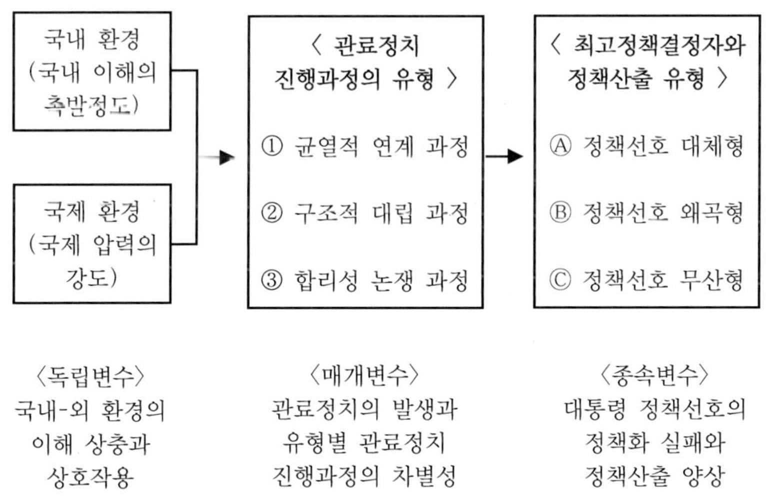

이러한 변수 설정을 근거로, 국내적 환경으로서 '국내 이해'의 촉발정도와 국제적 환경으로서 '국제 압력'의 강도 사이에서 나타날 수 있는 다양한 조합의 내용들을 정리하고, 개별적 경우들이 어떠한 관료정치적 진행과정을 유발시키며, 그 결과로서 어떠한 정책산출 유형들을 결정하게 될 것인지를 사례를 통해 분석하였다. 그리고 이 과정에서 관료정치적 행위의 진행과정과 정책산출에서 나타나는 다양한 유형들간의 인과관계와 차별성을 함께 논의하였다.

1. 관료정치적 현상과 분석 범위

한국외교정책 연구에 있어 정책결정과정에 대한 접근이 쉽지 않음에도 불구하고 정책결정과정을 분석해야만 하는 것은, 앨리슨이 지적한 것처럼 기존의 정책결정모델만으로는 외교정책을 설명할 수 없는 현상들이 발생되고 있기 때문이다. 한국에서도 1990년대부터 최고정책결정자 이외에 외교정책결정과정에 참여하는 다른 행위자들을 연구해야하는 상황이 발생되고 있다. 바로 관료와 관료조직들이다. 따라서 본 연구가 비록 앨리슨의 관료정치모델을 전적으로 적용하는 것은 아니지만, 일단 관료라는 존재와 관료정치라는 기본적 개념 및 가설들은 수용하고자 한다.

우선, 본 연구는 외교정책에 있어 관료정치란 기능적으로 작동해야할 관료와 관료조직들이 외교정책결정과정에서 최고정책결정자와 여타 행위자들을 상대로 정치적 행위를 진행하는 것으로 이해한다. 이는 관료조직들이 최고정책결정자의 이해관계나 정책선호의 내용에 반하는 자신의 이익을 갖고 있고, 스스로 정치적으로 판단해서 행동한다는 것을 의미하는데, 관료정치적 현상의 기본적 개념을 정리하면 다음과 같다. 첫째, 외교정책결정과정에 참여하는 행위자는 단수가 아니라 관료조직들을 포함한 다수이다. 둘째, 외교정책결정과정에서 정치적 행위가 발생한다. 다양한 행위자들간의 이해대립으로 인해 갈등, 경쟁의 관계가 나타나고, 그 결과 경우에 따라서는 행위자들간 양보 없는 대립으로 나타날 수도 있고, 경우에 따라서는 정치적 결탁(log-rolling)이나 상호편의 추구(back-scratching) 등과 같은 적극적인 협력과 협조의 형태로 나타날 수도 있다.[17] 셋째, 관료조직들은 자신의 조직이익을 중심으로 판단하고 행동한다. 넷째, 조직이익에 근거하여 행동하는 관료조직들은 자신의 행동을 정당화시켜줄 수 있는 가치를 확보할 경우, 적극적으로 행동한다. 다섯째, 관료조직의 행동을 정당화시켜줄 가치는 국내적 가치 또는 국제적 가치의 여부와 상관없이 적극적으로 수용된다. 이상의 내용들은 앨리슨의 관료정치 개념에 크게 상반된 것은 아니다. 오히려 수정주의적 시각을 일부 수용하고 국제 환경의 요소를 포함시킴으로서, 앨리슨의 개념을 보완하고 한국의 관료정치적 현상을 설명하는 데에도 보다 적실성을 가질 것으로 판단된다.

그런데 공개를 꺼리는 관료조직의 속성상 관료정치적 현상의 관찰과 분석이 용이한 작업만은 아니다. 분명히 관료정치적 현상이 존재함에도 불구하고, 이를 분석적인 형태로 적실성 있게 설명해 낼 수 있을 것인가 하는 문제가 남아있다. 관료정치모델을 주장한 앨리슨이나 카보(Juliet Kaarbo), 루벨(John P. Lovell)도 이런 점들을 지적하고 있다.[18] 외교정책결정과정이 상당히 공개되어 있고, 관련

---

17) Robert E. Goodin, "The Logic of Bureaucratic Back Scratching," *Public Choice*, vol. 21 (1975), pp. 53-67; Lawrence Freedman, "Logic, Politics and Foreign Policy Process: A Critique of the Bureaucratic Politics Model," *International Affairs*, vol. 52, no. 3 (1976), pp. 434-449 등 참조.

18) Graham T. Allison, *Essence of Decision: Explaining the Cuban Missile Crisis* (Boston: Little, Brown, 1971), pp. 264-277; Juliet Kaarbo, Deborah Gruenfeld, "The Social Psychology of Inter- and Intragroup Conflict in Governmental Politics," *Mershon International Studies*

자료들에 대한 접근도 상대적으로 용이한 편에 속하는 미국의 경우에도 관료정치적 현상을 연구하는 것이 힘든 상황이라면, 과연 한국의 관료정치적 현상들이 적실성 있게 검토될 수 있을 것인가 하는 문제에 대해서는 더더욱 어려운 난관들이 존재하고 있다 하겠다.

따라서 한국외교정책의 관료정치적 현상을 분석하는 본 연구의 적실성을 높이기 위해 분석의 범위와 사례 선정을 다음과 같이 진행하였다. 첫째, 앞에서 언급한 〈그림 Ⅳ-3〉에서 보는 바와 같이, 한국외교정책결정과정을 두 단계로 구분하고, 두 번째의 단계에 분석의 초점을 맞출 것이다. 일반적으로 외교정책결정과정은 전체 내용이 공개되지 않기 때문에 그 내막을 정확히 파악하기는 어렵다. 따라서 일정한 '과정'을 거친 후 공개된 최고정책결정자의 정책선호를 관료정치적 현상에 대한 분석의 출발점으로 삼고자 한다. 물론 최고정책결정자의 정책선호가 형성되는 과정에서도 치열한 관료정치적 현상이 진행될 수 있다. 그러나 이 과정은 최고정책결정자인 대통령의 의중이 무엇인지를 확인할 수가 없기 때문에 분석의 출발점으로는 적절하지가 않다. 정책으로 완성된 외교정책이 대통령의 정책선호와 일치하는 것인지 아닌지를 판단할 수가 없다면, 관료정치적 현상을 설명하려는 본 연구에 있어서는 결코 적실성을 가질 수가 없기 때문이다. 따라서 구체화된 대통령의 정책선호를 확인할 수 있는 시점을 분석의 출발점으로 선택할 필요가 있다.

둘째, 관료정치적 현상의 모호성을 피하기 위하여 본 연구에서 검토될 사례들은 공개된 최고정책결정자의 정책선호와 산출된 외교정책간의 내용이 서로 일치하지 않는 경우들로 선택되어질 것이다. 비록 관료정치적 현상들이 심하게 발생했다고 하더라도 최고정책결

Review, vol. 42 (1998), p. 226; John P. Lovell, *Foreign Policy in Perspective: Strategy, Adaptation, Decision Making* (New York: Holt, Rinehart and Winston, Inc., 1970), pp. 4-7.

정자의 정책선호 내용이 산출된 정책의 내용과 큰 차이가 없다면, 오히려 합리적 선택모델이 더 적절한 설명을 제시해줄 수도 있기 때문이다. 그러나 최고정책결정자의 정책선호가 공개되고, 관료조직들의 행보에 의해 무산되었거나, 변경, 대체됨으로서 정책화에 실패했다는 사실을 확인하게 될 경우에는 분명 관료조직들의 움직임이 있었고 관료정치적 현상들이 발생했다고 판단하는 것은 결코 무리가 아닐 것이다.

셋째, 관료들의 행보 또한 최고정책결정자의 정책선호가 공개된 이후의 내용에 초점이 맞춰질 것이다. 무엇보다도 대통령의 의중을 알 수 없는 상태에서 진행되는 관료들의 행동이나 발언은 비록 관찰이 가능하더라도 그것이 기능적인 내용인지, 정치적 내용인지를 판단하기가 어렵다. 따라서 만약 대통령의 정책선호를 확인하고, 이후에 진행되는 관료들의 행동을 대통령의 정책선호와 비교해 분석할 수 있다면, 관료들의 행동을 정치적 행동이라고 규정하는 것은 충분한 설득력을 가질 수 있을 것이다. 따라서 관료들의 정치적 행동을 판단하는 시점으로 대통령의 정책선호가 공개되는 시점을 기준으로 삼는 것은 의미가 있을 것으로 판단된다.

이상에서 언급한 형태의 경우들은 한국외교정책의 정책결정과정들 중에서 극히 부분적인 현상일 것으로 예상된다. 본 연구는 한국외교정책결정과정이 전반이 관료정치모델에 의해 설명될 수 있을 만큼 관료정치적 현상이 일반적이라는 사실을 주장하려는 것은 아니다. 국제체제결정론이나 합리적 선택이론 등이 적절히 설명할 수 없는 관료정치적 현상들이 한국외교정책 결정과정에서 나타나고 있음을 확인하고, 국내외의 환경에 따라 차별적으로 진행되는 관료정치 현상들을 유형화하여 분석하는데 초점을 맞추고자 한다.

2. 독립변수: 국내외 환경의 이해상충과 상호작용

한국외교정책에 있어 대통령의 정책선호가 정책화에 실패한 경우들을 설명하기 위한 독립변수로 서로 이익이 상충되는 국내외 환경을 설정하였다. 그 배경으로서 다음과 같은 내용들이 검토될 수 있다. 첫째, 외교정책의 특성상 국내정책과 달리 외부적 요인들을 배제한 상태에서는 결코 적절한 설명이 제시될 수 없다. 국내 정책과 차별적인 외교정책의 영역에서 관료정치적 현상과 대통령 정책선호의 정책화 실패 문제를 검토하는 만큼 국가 외부적 요인에 대한 인지는 반드시 필요하다. 또한 앞에서 살펴본 바와 같이 국가들마다의 차별적인 외교정책 연구를 위해서는 국내 정치적 요인들에 대한 검토 없이는 설명이 불가능한 것이 사실이다. 따라서 국내외 환경을 동시적으로 파악하는 방법을 선택했다.

둘째, 한국적인 정치문화 등과 관련하여, 외교정책에 있어 관료정치적 현상을 촉발시키는 독립변수로서 대통령을 비롯한 여타 국내 행위자들이나 제도 등이 대안적 개념으로 거론될 수 있지만, 이들은 관료정치에 있어 독립변수가 될 수 없다는 점에서 한계를 가진다. 관료들의 정치적 현상이란 서로 대립되는 가치들 중의 선택 행위와 관련되어 있다. 대통령이나 제도 등은 관료정치적 행위를 억제하거나, 억눌려 있던 관료정치적 행위들을 강화시킬 수는 있어도 이를 본질적으로 촉발시킬 수는 없다. 관료정치적 행위를 촉발시키는 근본적 요인은 국내외 환경간의 상충되는 가치의 존재이지, 결코 대통령의 존재나 결정이 아니다. 대통령이나 제도 등이 국내외 환경으로부터 영향을 받는 매개변수가 될 수는 있어도, 독립변수가 될 수 없는 이유가 여기에 있다.

셋째, 국내외의 환경을 독립변수로서 동시에 고려하는 것은 한국적 특수성과 함께, 관료정치적 현상의 분석과 관련된 필요성 때문이다. 우선 한국은 국제적 위상 뿐 아니라 분단상황이라는 특수성을 갖고 있다. 하영선은 한국 외교정책의 분석수준을 구분하면서, 남북한 문제는 '안'도 '밖'도 아니지만 한국의 외교정책에는 중대한 영향을 미치는 제4의 분석수준이라고 규정했다.[19] 한국에게는 다른 국가들과 달리 '안'과 '밖'의 연계 또는 조화 속에서 외교정책을 추구해야만 하는 특수한 측면이 있고, 그것은 바로 국내외 환경을 동시에 파악함으로서 설명이 가능한 부분이라는 점이다. 또한, 관료정치적 행동에 있어서도 과거와 달리 관료조직들은 자신의 정치적 행동을 정당화시켜줄 가치들을 국내외에서 다양하게 확보할 수 있게 되었다. 국제사회의 레짐(regime)이나 국제적 합의, 또는 상대국가의 입장들 중에서 해당조직에 유리한 내용들을 다양하게 끌어다 쓸 수 있게 된 것이다. 관료조직들간의 국제적 연대현상은[20] 이러한 국내외 환경에 대한 인식의 필요성을 더해주고 있다.

이상의 이유들과 관련하여 한국외교정책에서 나타나고 있는 관료정치적 현상에 대한 효과적인 설명을 위해 국내 환경적 요소로서 '국내 이해'와 국제 환경적 요소로서 '국제 압력'을 각각 독립변수로서 설정하였다.

1) '국내 이해'의 촉발정도

본 연구는 국민적 여론의 개념과 외교정책에 영향을 미치려는 압

---

19) 하영선, "한국외교정책 분석틀의 모색," 「국제정치논총」, 제28집 2호 (1988), pp. 9-13.

20) Masahiro Matsumura, "Internationalization of the Bureaucratic Politics Model," pp. 71-101: Raymond F. Hopkins, "The International Role of 'Domestic' Bureaucracy," *International Organization*, vol. 30, no. 3 (1976), pp. 405-432 참조.

력단체나 언론매체의 반응 등을 다양하게 포함시켜 '국내 이해'라는 다소 포괄적 개념을 독립변수로 사용하고자 한다. 이는 특정한 외교 사안에 대한 국내적인 반응과 분위기를 의미하며, 특히 정치적인 의미를 포함하고 있기 때문에 '이해'라는 개념을 사용하였다.

비록 경우에 따라서는 정치적 가치와 '이해'의 개념이 구분 없이 사용될 수도 있겠지만, 정치적 가치의 개념이 보다 직설적이라면 '이해'의 개념은 보다 우회적인 내용을 의미하며, 정치적 가치가 단순하고 명료한 것이라면 '이해'는 다소 복잡한 것을 의미하며, 정치적 가치가 평면적이라면 '이해'는 3차원적이고 입체적인 내용을 위해 사용하고자 한다. 예를 들어, 한국의 농산물시장개방 문제와 관련하여 정치적 가치가 농민들의 이익을 보호하는 것에 국한되는 것이라면, '이해'는 농산물시장 개방으로 피해를 입는 농민들의 입장과 공산품 수출시장이 확대됨으로서 상대적 이익을 얻게 되는 공산품 수출업자의 이익 등 다소 복잡한 내용을 함께 포함하는 것을 의미한다.

외교적 사안에 대한 국가 내부적인 '이해'는 이해의 촉발정도에 따라 그 성격을 크게 두 가지로 정리했다. 첫째는, 특정한 외교 사안에 대한 '국내 이해'의 촉발정도가 높은 경우이다. 이해의 촉발정도가 높다는 것은 국내적 이해가 구체적으로 형상화되어 있음을 의미할 수도 있고, 이해의 내용이 하나로 단일화되어 있을 수도 있으며, 특정사안에 대한 국민적 관심사가 높은 경우를 의미할 수도 있다. 즉, 외교정책결정과정에 미치는 영향이 클 정도로 정치적 이슈화가 되어 있음을 의미한다.

물론, 촉발 정도가 높은 '국내 이해'의 내용이 국제적으로 실현가능한가 하는 현실성의 문제는 별개이다. 그러나 '국내 이해'의 촉발정도가 높을 경우, 최고정책결정자를 포함한 관료조직들은 결코 '국내 이해'를 무시할 수가 없다. 비록 조직의 이익이나 개인적 이익과는 상충된다 하더라도 촉발정도가 높은 '국내 이해'에 대해 정면으로 반박하는 것은 조직이익에 오히려 부정적인 결과를 초래할 것이기 때문이다.

둘째는, 특정한 외교 사안에 대한 '국내 이해'의 촉발정도가 낮은 경우이다. 이해의 촉발정도가 낮다는 것은 '국내적 이해'가 추상적으로 형성되어 있을 수도 있고, 이해의 내용이나 형태가 통일되지 못하고 다양하게 분산되어 있거나, 중요한 내용임에도 불구하고 국민적 관심도가 낮은 경우를 의미할 수도 있다. 또한 외교정책결정과정에 별다른 영향을 미칠 수 없을 정도로 정치적 이슈화가 되어 있지 못하다는 것이다. 물론 국가적 입장에서는 반드시 필요한 외교 사안이라 하더라도 국민적으로는 별다른 관심을 끌지 못하는 경우가 발생할 수도 있다. 이러한 상황이 전개될 경우, 최고정책결정자와 관료조직들은 비교적 자유롭게 외교정책결정과정을 진행할 가능성이 높다.

2) '국제 압력'의 강도

한국은 그동안 상대적으로 낮은 국제적인 위상과 분단이라는 안보적 이유로 인해, 국제사회의 환경을 더욱 의식해야만 하는 상황이었다. 안보차원에서는 미국과의 동맹관계, 북한의 위협으로부터의 보호, 주한미군의 존재 등과 관련하여 국제사회의 절대적 영향력으로부터 결코 자유로울 수가 없었다. 통일문제 역시 미국, 중국을 포함하여 주변 4강들간의 관계변화에 민감하게 반응해야만 했다. 경제문제에서는 수출주도의 경제성장을 진행해온 한국으로서는 상호의존의 심화와 국제화의 진행에 더욱 적극적으로 적응해 나가야만 했다. 이념적인 측면에서도 냉전의 이념적 대립을 극복하기가 쉽지 않았다.

1990년대 초 냉전의 종료로 인해 한국을 억누르고 있던 국제적 압력이 상당히 완화된 것은 사실이다. 또한 한국은 국제사회에서 중진국의 위상도 확보하게 되었다. 그러나 한국은 환경적 요소에 더욱 민감한 반응을 보여야 하는 입장이다. 안보문제와 관련해서는, 미국과의 긴밀한 동맹관계를 유지하면서도 중국 및 러시아 등과의 협력관계도 강화시켜 나가야 하는 등 오히려 복잡해진 외교관계로 인해 환경에 더욱 민감해 지게 되었다. 통일문제와 관련해서는, 주변 4강의 다양한 입장들을 함께 조율함과 동시에 남-북한간의 직접대화를 진행하는 등 다차원적인 접근을 시도해야 하는 어려움도 안고 있다. 경제적으로도 예외 없이 진행되는 시장개방과 통상압력의 문제 등에 더욱 신경 써야 하는 상황이다. 이념적으로는 다소 자유로운 상황이 되었지만, 한국의 독자적인 외교원칙을 새롭게 설정해야 한다는 점에서는 오히려 더한 어려움에 직면할 수도 있게 되었다.

이러한 상황과 관련하여, 본 연구는 '국제 압력'을 또 하나의 독립변수로 설정하였다. 우선 '국제 압력'의 강도가 강력한 경우를 예상해 볼 수 있다. 한국으로서는 다른 정책적 대안도 없고, 시간적 여유도 없이 특정한 내용을 즉시 선택해야만 하는 상황에 직면해 있는 경우라 하겠다. 이처럼 국제적 압력이 강한 경우들은 쌍무적 관계에서는 절대적인 힘의 불균형이 존재할 만큼 상대 국가의 국력이 막강하거나, 절대적으로 원하는 것을 상대 국가가 갖고 있거나, 사태를 해결할 수 있는 주도권을 상대 국가가 장악하고 있는 경우이다. 한편, 다자간 관계에서는 조직체의 규모가 크고, 참여하고 있는 국가 수가 많을수록 압력은 커진다. 또한 다자간 관계에서는 참여하지 않아도 되지만, 참여하지 않는데 대한 대가가 너무 클 경우에도 압력은 강화된다. 또한 참여하고 있는 다자간 조직체의 관계에서 규율 위반에 대한 제재조치가 있고 그 내용이 강력할 경우에도 역시 국제적 압력은 커지게 될 것이다.

둘째, '국제 압력'의 강도가 낮은 경우를 예상할 수 있다. 이는 국제사회가 무관심한 외교적 사안이거나, 도의적이고 도덕적인 외교적 사안과 관련된 경우에 해당될 수 있다. 그러나 과거와 달리 상호의

존이 심화된 현재에는 도의 및 신의와 관련된 문제라 하더라도 상대적으로 압력이 약하다는 것이지 결코 절대치가 약한 사안이라고 말할 수는 없다. 쌍무적인 관계에서는 흔하지 않는 경우이다. 국가간의 쌍무적인 직접적 관계에 있어, 결코 무시할 수 있을 만큼 가볍게 판단할 부분은 흔치 않기 때문이다. 다자간 관계에서는, 아직 다자간 조직체의 형성에 대해 완전히 합의되지 않은 상태이거나, 조직체에 참여하는 국가들의 수가 적은 경우이거나, 다른 대안의 조직체가 있는 경우이거나, 조직체가 규율 위반국에 대한 제재조치나 대응수단들을 적절히 갖추고 있지 않거나, 규범이 있다고 해도 대다수의 회원국들이 준수하지 않는 경우 등이 포함될 수 있을 것이다.

3) 국내-외 환경간의 대립적인 관계와 상호작용

독립변수로 설정한 '국제 압력'과 '국내 이익'간에 서로 추구하는 가치나 이익들이 조화될 경우에는 정부의 외교정책 형성이나 추진은 큰 문제없이 진행될 수 있다. 그러나 독립변수들이 추구하는 이익이 서로 상치되거나 대립될 경우에는 외교정책의 형성이나 진행이 상당히 곤혹스러워질 가능성이 발생한다.

본 연구는 바로 독립변수들이 추구하는 이익들이 서로 상충되는 경우를 전제로 하고 있다. 관료정치적 현상이 발생한다는 것은 외교정책결정과정에서 정치적 행위가 발생한다는 것이고, 이는 독립변수로 설정한 국내외 환경의 내용들이 서로 조화되지 않는 상태에서 협상과 합의를 위한 정치적 행위를 진행해야만 한다는 것을 의미하기 때문이다.

서로 지향하는 이익이 상충된다는 점을 전제로 독립변수들간에 발생될 수 있는 관계는 〈표 Ⅳ-1〉에서 확인할 수 있는 바와 같이 4

가지의 조합으로 정리될 수 있다. 그리고 이들 유형의 특징은 다음과 같다. 우선, 이익이 서로 상충하면서도 국내 이해의 촉발정도가 '높고' 국제적 압력이 '강할' 경우(A), 외교정책적 입장에서 결코 바람직하지 않는 상황이다. 정권 차원에서도 가능한 한 피해가야 할 상황이라 하겠다. 특히 정책결정자의 입장에서는 포기할 수 없는 두 개의 가치들 중에서 하나를 선택해야 하는 중요한 정치적 판단을 해야 하기 때문에 매우 곤혹스러운 상황이라 할 수 있다. 그리고 최고정책결정자가 어떠한 가치를 선택하더라도 선택되지 않은 국내외 가치들의 반발이 클 수밖에 없기 때문에 관료정치적 현상은 불가피하게 나타나는 경우라 하겠다.

두 번째로 국내 이해의 촉발정도가 '높고' 국제 압력이 '약한' 경우(B), 비록 가치가 상충된다고 하더라도 외교정책의 추진에는 큰 어려움이 없다. 국제사회의 압력이 강하지 않기 때문에 국내적으로 합의만 된다면, 외교정책의 형성과 추진은 용이할 수 있다. 그럼에도 불구하고 관료정치적 현상이 발생된다면 이는 국내적 합의를 방해하는 대립적 요소가 존재함을 의미한다. 그리고 만약 관료조직 내부의 대립적 요소들이 쉽게 해소되지 않는 경우라면, 관료정치적 현상은 특정사건에 국한된 단발성의 형태로 진행되기보다는, 관료조직 내부의 갈등을 반복시키고 악화시키는 형태로 진행될 가능성이 높다.

세 번째, 국내 이해의 촉발정도가 '낮고' 국제적 압력이 '강할' 경우(C), 외교정책들은 대부분 관료조직 내부에서 처리될 가능성이 높다. 관료정치적 현상이 발생한다 하더라도 국민들에게 공개되기보다는 국제사회와 관료조직 또는 관료조직 내부에서 진행될 가능성이 높다. 예컨대, 외교 현안의 성격이 너무 전문적이고 세부적이어서 국제적 압력은 강하지만, 중요한 국가적 이익이 국내적으로는 별다른 관심을 끌지 못하는 경우가 이에 해당될 수 있다. 이러한 경우, 외교정책결정과정에 참여하는 행위자들은 극소수로 제한된다. 그리고 관료정치적 현상은 대체로 단발성 사건으로 전개될 가능성이 크다.

네 번째, 국내 이해의 촉발정도가 '낮고' 국제적 압력이 '약한' 경우 (D), 관료정치적 현상이 공개적으로 진행될 가능성은 상당히 낮다. 비록 국내외 환경간의 이해가 상충되고 관료조직들간의 정치적 행위가 존재한다고 하더라도, 그 정도는 약하다. 또는 해당 업무의 주무부서가 분명하고, 주무부서의 업무 장악력과 통제력이 분명하여 관료정치적 요인들이 내부적으로 조절되거나 해소되는 경우라 하겠다.

결국, '국내 이해'와 '국제 압력'간의 관계에서 나타날 수 있는 4가지 조합들 중에서 흔히 발생하는 경우는 아니지만 국내 이해의 촉발정도가 '높고' 국제 압력도 '강한' (A)의 경우가 관료정치적 현상이 발생할 가능성이 가장 높은 경우라 할 수 있다. 그리고 (B)의 경우는 관료조직 내부의 합의 여부와 업무진행 상황에 따라 관료정치적 현상의 강도가 달라지는 경우가 될 수 있으며, (C)는 특별한 경우를 제외하고는 대체로 단발적으로 비공개적으로 진행되기 때문에 전체 내용을 확인하기가 쉽지 않은 경우가 될 수 있다. 그리고 (D)의 경우는 관료정치적 현상이 공개적으로 발생할 가능성이 매우 낮다고 할 수 있다.

〈표 Ⅳ-1〉 대립적 성격의 '국내 이해'와 '국제 압력'간의 관계 조합

		국내 이해의 촉발정도	
		높음	낮음
국제 압력의 강도	강함	A - 정책 선택의 교착상태 - 국내외 압력이 서로 큰 만큼, 관료정치적 현상의 발생 가능성이 매우 높고, 후유증도 클 가능성	C - 국제적 가치의 우월 - 단발적/소규모 형태로 관료정치적 현상이 진행
	약함	B - 국내적 가치의 우월 - 국내적 가치의 합의·일치가 관건 - 관료조직 내부의 상황에 따라 심각한 관료정치적 현상을 유발	D - 담당 부서가 주도적으로 업무처리 - 관료정치적 현상이 발생해도 내부적으로 처리될 가능성

3. 매개변수: 관료정치의 발생과 유형별 관료정치 진행 과정의 차별성

정치적 현상이 발생한다는 것은 결국 다양한 이해관계를 갖고 있는 행위자들이 복수로 존재한다는 것인데, 이는 선택이라는 행위에서와 같이 행위자들이 서로 자신의 이익을 중심으로 판단하고 행동하기 때문일 것이다. 두 개의 이익이 서로 상충될 경우, 모든 가치들을 충족시킬 수 있는 정책의 실현이 현실적으로 불가능하다면 최고정책결정자는 판단을 내려야 하고, 선택을 해야만 한다. 바로 이러한 과정에서 최고정책결정자의 판단이나 정책선호는 다른 행위자들과 함께 정치적인 행위에 빠져들게 된다. 본 연구가 독립변수로 설정한 국내외 환경의 이익들이 서로 상충될 경우, 외교정책결정과정 또한 이러한 현상에서 자유로울 수는 없다. 한국외교정책에 있어 대통령과 관료, 관료와 관료간에 발생하는 관료정치적 행위들을 유형화하고 그 특성들을 정리하였다.

한국외교정책의 관료정치적 현상을 유발시키는 독립변수들간의 관계를 4가지의 유형으로 정리할 때, 이들의 개별적인 특성을 확인할 수 있다. 관료정치적 현상이 전개되는 과정 및 특성과 관련하여 4가지의 유형들을 개념화함으로서 이들간의 차별성을 부각시키고자 한다. 첫째, (A)형의 경우에는 대통령을 포함한 관료집단들 중에서 '국내 이해'와 입장을 같이하는 관료집단과 '국제 압력'의 내용에 입장을 같이하는 관료집단간의 관료정치적 현상이 전개된다는 점에서 '균열적 연계형 관료정치 과정'('균열적 연계 과정')으로 규정하였다. 특히 쌍방의 이해관계가 서로 상충되고 조화되지 못할수록 조직들간의 균열적인 모습은 더욱 심해질 것이다. 둘째, (B)형의 경우에는 '국제 압력'의 내용이 거론되기는 하겠지만, 국내 관료조직들간의 대립적 관계가 관료정치적 형태를 결정하는 관건이라는 점에서 '구조적 대립형 관료정치 과정'('구조적 대립 과정')으로 규정하였다. 특히 정부 조직의 구조상 서로 대립되는 조직 이익을 갖고 있는 관료조직들간의 기본적인 입장 차이가 관료정치적 행태를 결정하는 중요한 변수가 된다는 점에 주목하였다. 셋째, (C)형은 전문적 분야에서 전개되는 행위자들간의 다양한 합리성 논쟁이 관료정치적 행태를 유도한다는 점에서 '합리성 논쟁형 관료정치 과정'('합리성 논쟁 과정')으로 규정하였다. 행위자들은 자기중심적으로 판단하고 행동하며, 다양한 가치에 근거하여 이를 합리화시켜 나간다. 그리고 자신의 주장을 상대방에게 설득시켜 나가는 과정에서 관료정치적 행위가 발생하게 된다. 넷째, (D)형은 비록 관료정치적 행태가 진행되어도 공개적으로 확인하기가 쉽지 않고, 외부적으로는 주무부서의 통제 아래 외교정책이 원만히 진행되는 것으로 관찰되기 때문에, '주무부서 지배형'으로 규정하였다. 그러나 이 경우는 외부 관찰자가 확인할 수 있는 관료정치적 행위들이 매우 제한되기 때문에 비록 관료정치 과정의 유형들 중 하나로 포함시키긴 했지만, 사례 분석 등의 검토에서는 제외하였다.

1) 균열적 연계형 관료정치 과정('균열적 연계 과정')

균열적 연계 과정은 '국내 이해'와 '국제 압력'간의 관계가 팽팽하게 긴장되어 있으며, 행위자들이 각자의 이해관계에 따라 서로 분절적으로 연계되어 있는 형상이다. 특히 국내 관료조직들 중 일부가 '국제 압력'의 입장과 연계하여 자신들의 입장을 공고히 하고 정치적 행동을 진행한다는 것이 특징적이다.

① 행위자별 정책선호와 이해관계

관료조직들은 국내외 환경 중에서 조직이익과 부합되는 가치들에 적극적인 반면, 최고정책결정자는 정책선택에 있어 매우 곤혹스러운 상황에 직면하게 된다. 어느 쪽의 이익도 무시하거나 포기하기가 쉽지 않기 때문이다. '국내 이해'를 수용하더라도 국제화된 시대에 국제적 가치를 완전히 무시할 수는 없으며, '국제적 압력'의 가치를 수용하더라도 '국내 이해'와 상반되는 행동을 진행하기가 쉽지 않기 때문이다.

우선 최고정책결정자가 국제적 이익을 정책선호의 내용으로 채택하는 경우를 생각해 볼 수 있다. 국내적 가치가 한국적 입장을 반영하는 다소 편협한 내용이라면, 국제적 가치는 국제사회에서 일반화된 보편적 내용들이 반영된 것이라 할 수 있다. 따라서 국제화된 현대에서는 국제적 가치를 수용하고 국제적 이익에 추종하는 것이 국가차원에서는 보다 큰 절대적 또는 상대적 이익을 확보할 수 있는 합리적 결정이 될 수도 있다. 그러나 이는 선거를 통해 선출된 대통령으로서는 쉽게 내릴 수 없는 결정이다. '국내 이해'의 촉발정도가 높기 때문에 국내 이익에 반하는 이러한 결정을 섣불리 내리는 것은 현실성이나 합리성의 문제와는 별개로 국민적인 강한 반발을 초래할 것이기 때문이다. 이러한 결정은 경우에 따라 대통령의 정치 생명을 위협할 수도 있다. 그리고 이러한 결정을 힘들게 내렸다 하더라도 대통령은 국민들을 설득시켜야 하는 힘겨운 후속조치를 진행해야만 한다. 이 경우에는 국내 이익과 조직이익이 조화되는 관료조직들이 국민적인 관심과 이해관계를 기초로 적극적인 관료정치적 행태를 전개할 가능성이 매우 높아진다. 국민적인 지지는 관료조직들의 관료정치적 행동을 정당화시켜주는 튼튼한 힘이 되기 때문이다.

반면, 최고정책결정자가 국내적 가치와 이익을 지지하는 경우를 생각해 볼 수 있다. 이는 정책의 현실성 문제와 상관없이 선거에 의해 선출된 대통령으로서는 대부분 선택할 수밖에 없는 경우라 하겠다. 더욱이 국민적인 지지를 확보함으로서 대통령의 정치적 기반을 강화하는 효과까지 얻게 된다는 점에서 대통령에게는 매력적인 결정이 될 수밖에 없다. 특히 선거와 같은 국내 정치적 일정과 연계되어 있을 경우에는 이러한 현상은 더욱 강화되어질 것이다. 이 경우 국제적 가치를 지지하는 관료조직들은 강력한 '국제 압력'을 기반으로 관료정치적 현상을 유발시킬 가능성이 높다. 국제적 압력이 강력해 질수록, 국제적 가치가 보편적 성격을 띨수록 관료정치적 현상의 강도는 더욱 높아질 것이다. 그만큼 관료조직들의 입장이 대통령의 결정을 공개적으로 반박할 만큼 강력해질 수 있기 때문이다.

대통령이 어떠한 정치적 선택을 해도 관료정치적 현상의 발생 가능성은 높다. 그런데 두 가지의 선택방안 중 대통령이 단기적으로 선택하는 내용은 국내 이익을 지지하는 경우가 일반적일 것이다. 그리고 국제적 압력이 더욱 강해지고, 국제적 가치와 이익에 동조하는 관료조직들의 관료정치적 행동이 더욱 공개적으로 강도 높게 진행되면서, 대통령의 결정이 국제적 가치를 수용하는 형태로 변화될 가능성이 높다. 국제화되고 세계화된 현실 속에서 한국이 생존해나가는 길은 국제사회로부터 고립되기보다는, 국제적 가치를 수용하면서 국제사회에 적극적으로 참여하는 길 밖에 없기 때문이다.

② 정보-지식의 운용과 정치적 행위

균열적 연계 과정의 경우, '국내 이해'의 촉발정도가 높기는 하지만, 한국의 국제적 위상을 염두에 둔다면 국제사회의 흐름과 정세에 대한 가장 적절한 정보를 갖고 있고, 이를 운용하는 해당 관료조직들의 주장이 결국에는 힘을 얻게될 수밖에 없다.

최고정책결정자를 비롯하여 국내 이익을 지지하는 관료조직들은 국내적으로 강력한 지지 기반과 행동의 정당성을 확보하고 있다. 반면, '국제 압력'의 이익을 수용하는 관료조직들은 국내적으로는 정당성을 확보하기가 쉽지 않다. 이들은 국제사회의 적실성 있는 정보를 적극 활용함으로서 자신의 행동을 정당화시키는 근거로 사용하게 된다. 국제적 요소에 근거한 행위자들은 국내적 위상이 불안해질수록 국제적 연대를 더욱 강화시켜 나가게 되고, 관련 정보를 더욱 적극적으로 활용해 나가게 된다.

③ 정책결정구조의 변화와 권력

'균열적 연계 과정'의 경우, 대통령의 정책선호는 대등한 위상의 상반된 가치들 중의 하나를 정치적 판단에 의해 선택하는 형태로 진행된다. 따라서 선택에서 배제된 잔여 가치에 긍정적인 입장을 보이는 관료조직들의 관료정치적 행태는 대통령의 정책선호에 직접적으로 대응하는 양상을 보이게 된다. 특히 이러한 행동이 자신의 조직을 확대시키고 조직이익을 실현시키는데 긍정적이라면, 관료정치적 행태는 더욱 활발해 질 것이다. 국제적인 가치가 보편성을 띠고 있고, 관료조직이 확보하고 있는 정보가 많을수록, 관료조직들은 국제적 연계를 기초로 대통령의 정책선호 내용에 대해 정면으로 반박하는 양상을 보이게 된다.

이러한 관료정치적 현상의 경우에는 과거 권위주의 시대나 '일상적인 경우'에 볼 수 있는 수직적이고 위계적인 정책결정구조와는 매우 다른 형태의 정책결정구조가 나타남을 확인하게 된다. 대통령의 정책선호에 대한 관료조직들의 반응은 수용이라기 보다는 공개적인 직접적 반발의 모습이며, 대통령과 관료들간의 관계도 수직적이라기 보다는 수평적이다. 관료조직들간의 관계도 협력적이라기 보다는 매우 치열한 경쟁적 모습들을 보이게 된다. 국제적 압력이 강력해지면서 관료정치적 행태도 심화되고, 국제 압력이 갖고 있는 가치의 성격이 보편적일수록 이러한 수평적인 정책결정구조의 구도는 더욱 강화되어 갈 것이다.

관료조직들은 대통령의 정책선호에 정면으로 대립하고 대통령과 수평적인 관계를 형성하면서 '국제 압력'을 확고한 힘의 배경으로 삼고 있다. 따라서 '균열적 연계 과정'의 경우에 나타나는 권력 행사의 모습은 관료에 대한 대통령의 절대적 권력이 행사되기보다는, 국제적 압력이 대통령의 절대적 권력을 제한하는 형태로 진행된다. 그리고 표면적으로는 국제적 압력에 동조하고 적절한 국제적 정보를 장악하고 있는 관료들이 대통령의 권력에 반발하는 모습을 보이게 되는 상황이라 하겠다.

2) 구조적 대립형 관료정치 과정('구조적 대립 과정')

구조적 대립 과정은 국제적 압력이 크지 않기 때문에 대통령을 포함하여 외교정책을 담당하는 국내 관료조직들간의 관계를 중심으로 관료정치적 현상이 진행되는 특징을 보인다. 문제는 정부조직의 구성에 있어 서로 상반된 가치를 지향하는 조직들이 함께 공존하고 외교정책결정과정에서 항상 대립하게 되면서, 일정한 상황이 조성될 경우에는 관료정치적 행동들을 진행시켜 나간다는 점이다. 나른 유형에 비해 서로 이익이 상충되는 관료조직들간의 관계가 관료정치적 행태를 결정하는 경우라 하겠다.

① 행위자별 정책선호와 이해관계

대통령의 입장에서는 '국내 이해'를 기초로 하여 정책선호를 결정하게 될 것이다. 외부의 압력이 크지 않기 때문에 '국내 이해' 이외의 요인들을 특별히 의식해야할 필요가 없기 때문이다. 문제는 이러한 정책선호의 시점이다. 대통령으로서는 자신의 판단이 중요한 만큼, 국내 정치적 이익을 극대화시킬 수 있는 시점을 적극 활용할 것이다. 예컨대, 선거시점이나 정권의 국내 정치적 위기의 극복과 같이 국내적 요소들을 의식한 정치적 계산이 주요하게 작용할 수 있는 것이다. 이러한 측면들은 이미 많은 연구들을 통해서도 입증되고 있다.[21] 국민적 관심을 전쟁으로 돌리기 위해 무력을 사용한다는 '관심전환이론'('diversionary theory')이나 수정 이론들은[22] 바로 최고정책결정자의 정책선호와 판단이 본질적으로 정치적인 측면에 기초하여 진행된다는 점에서 공통된다.

한편, 관료조직의 입장에서는 특정 사안에 대한 관료조직들의 기본적 입장이 대체로 정해져 있고, 국내 정치적 이익에 크게 구애받지 않는다. 따라서 특정한 외교 사안에 대한 대통령의 정책선호 내용이 확인될 경우, 국내 정치적 이익보다는 자신의 조직이익에 근거하여 보다 '객관적'인 판단을 기준으로 행동하게 된다. 그런데 정부조직의 구조상 관료정치적 행태를 유발시키는 요인이 잠복되어 있다. 예컨대, 국가안전기획부와 통일원의 관계는 북한에 대한 태생적인 조직이익이 서로 상반되는 경우이다. 이처럼 출생의 기원이나 조직의 목표 자체가 서로 상충되는 관료조직들이 함께 공존하고 있

---

21) Nehemia Geva and Alex Mintz, eds., *Decisionmaking on War and Peace: The Cognitive-Rational Debate* (Boulder, CO.: Lynne Rienner, 1997), p. 84.
22) T. Clifton Morgan, "Domestic Discontent and the External Use of Force," *Journal of Conflict Resolution*, vol. 36, no. 1 (1992), pp. 25-52.

는 것이 '구조적 대립 과정'의 관료정치적 현상을 유발시키는 주요한 배경이 되는 것이다.

권위주의 시절에는 이러한 상반된 평가들이 대통령의 통제아래 적절히 조절되었다. 그러나 민주화가 진행되고, 국제화·세계화의 흐름 속에서 관료조직들의 위상이 강화되는 반면, 대통령의 정책선호는 정치적 판단을 근거로 진행되는 경우가 빈번해지게 되었다. 관료조직들은 이러한 대통령의 정책선호에 수긍하지 못하고, 왜곡시키거나 무시함으로서 정치적 행위를 진행하는 경우가 초래된다. 따라서 표면적으로는 '국내 이해'에 기초한 대통령의 정책선호가 국제 압력과 상충되거나 또는 국내외의 상황변화로 인해 정책화에 실패한 것으로 나타나지만, 실제로는 대통령의 정책선호를 조직이익에 따라 편의적으로 해석하고 행동하려는 관료조직들간의 갈등과 대립으로 인해 관료정치적 현상이 진행되고 이로 인해 정책화에 실패하게 되는 것이다.

② 정보-지식의 운용과 정치적 행위

대통령의 정책선호가 지나치게 정치적 판단에 근거하고 있다 하더라도, 그 내용이 촉발정도가 높은 '국내 이해'와 입장을 같이 한다면 그 오류를 논박히는 것은 쉽지가 않다. 특히 상충되는 이익을 갖고 있는 '국제 압력'의 강도가 강하지 않기 때문에, 관료조직들이 대통령 정책선호의 기본적 골격을 무시하면서까지 정치적 행위를 진행하기는 쉽지 않다. 따라서 '구조적 대립 과정'의 경우에는 전략적인 차원보다는 전술적 차원에서 관료정치적 행위가 진행되는 양상을 보인다. 대통령의 정책선호를 전면 부정하기보다는 일부 왜곡시키거나 일부 무시하는 형태로 진행되는 것이다.

따라서 정보를 확보하고 있는 실무 관료조직들의 위상이 더욱 중요해 진다. 만약 정보와 정보 이동로를 장악하고 있는 관료조직이 대통령의 정책선호에 긍정적인 입장을 갖고 있다면, 가능한 한 대통령의 정치적 판단을 존중하는 형태로 행동할 것이다. 반면, 대통령의 정책선호에 부정적인 입장을 갖고 있는 관료조직이 중요 정보를 장악하고 있다면, 동일한 정보라도 최대한 부정적으로 해석함으로서 대통령의 정책선호를 실패로 유도하게 될 것이다. 이처럼 동일한 상황에 대한 관료조직들의 정치적 판단이 차별적으로 진행되고 해석이 달라지면서, 이를 실현시키려는 관료조직들간의 정치적 행위가 발생하게 된다.

대통령은 관료조직들의 이러한 행동들이 '객관성'으로 포장되어 있기 때문에 강력히 대응하지 못하는 한계를 가지게 된다. 또한 대통령도 영향력을 발휘할 수 없는 관료조직들만의 배타적인 업무 영역이 존재하고 있기 때문에 관료조직의 판단에 의존해야만 하는 경우도 발생한다. 이와 관련하여, 경우에 따라서는 대통령 자신이 정치적 판단을 실현시키기 위해 관료정치적 행동에 빠져들기도 한다. 즉, 대통령은 자신의 정책선호에 긍정적인 입장을 갖고 있는 특정한 관료조직이 해당 외교정책을 주도하도록 유도할 수도 있다. 또는 특정한 관료조직의 규모를 확대시키는 반면, 상반되는 입장을 갖고 있는 관료조직의 위상을 약화시키는 정부조직개편을 시도할 수도 있다. 그러나 태생적으로 서로 대립되는 조직이익을 갖고 있는 관료조직들이 공존하는 한 이러한 결정들은 관료조직들간의 정치적 행위를 약화시키기보다는 더욱 심화시키는 결과를 초래할 수도 있다.

③ 정책결정구조의 변화와 권력

'구조적 대립 과정'은 '균열적 연계 과정'이나 '합리성 논쟁 과정'에 비해 정책결정구조가 다소 수직적이라고 할 수 있다. 대통령의 정책선호가 촉발정도가 높은 '국내 이해'를 근거로 하고 있고, 대항적 가치가 명확치 않기 때문에 대통령의 감독과 통제를 받는 관료조직으로서는 대통령의 정책선호가 아무리 조직이익에 상반된다고 하더라도, 대통령에 대해 직접적으로 반박하는 것은 쉽지 않기 때문이다. 물론 상대적으로는 수직적이지만, 과거 권위주의 시절에 비한다면 수평적인 개념에 가까운 형상일 수도 있다.

'구조적 대립 과정'의 국내외적 상황은 외교정책에 대한 대통령의 통제가 효과적으로 진행되고, 대통령의 정책선호가 정책으로 완성될 가능성이 높은 경우이다. 그러나 관료정치적 행위가 발생할 경우에는, 그만큼 대통령의 정책선호가 '국내 이해'에만 치중한 채 지나치게 정치적으로 진행되어 전반적인 관료들의 지지를 얻지 못하거나, 외교정책을 완성하는 과정에서 관료조직들간의 치열한 의견대립으로 인해 합의에 실패하는 경우라 할 수 있다. 특히, 태생적으로 대립할 수밖에 없는 관료조직들이 공존하는 정부구조상의 특성이 연계될 경우, 관료정치적 행태는 더욱 심화되는 양상을 보인다. 단순한 단발성의 사건이 아니라, 정부조직의 역사만큼 장기간 진행되어온 관료조직들간의 감정대립이 반복적으로 나타나는 양상을 보이게 된다. 결국 '구조적 대립 과정'에 있어 권력 구조는 대통령이 주도적으로 권력을 행사하는 양상이지만, 정보를 장악하고 있는 관료조직들이 대통령도 통제할 수 없는 영역에서 정치적 행위를 진행하게 되면서, 대통령의 권력이 무력화되는 경우라 하겠다.

3) 합리성 논쟁형 관료정치 과정('합리성 논쟁 과정')

'합리성 논쟁 과정'은 '구조적 대립 과정'과 달리 '국내 이해'의 촉발정도가 약한 반면 '국제 압력'이 강하다. 따라서 외교적 사안은 공개되기보다는 대통령의 관리 하에 국가간 관계나 정부 조직 내에서 진행되고 처리될 가능성이 크다. 결국 이러한 상황에서 관료정치적 현상이 공개적으로 진행될 경우에는, 그만큼 특정 관료조직의 조직이익이 심각하게 위협받을 수 있는 상황이 전개되고 있음을 의미한다.

① 행위자별 정책선호와 이해관계

'국제 압력'이 강한 반면 '국내 이해'의 촉발정도가 낮은 이러한 국내외 환경은 대통령이 외교적 성과를 달성하기에 매우 용이한 상황이라 할 수 있다. '국제 압력'이 국가이익을 위협하는 상황이 아니라면, 이를 적극 수용하는 것이 유익하다. 대외적으로는 상대국가와 우호적인 외교관계를 유지할 수 있을 뿐만 아니라, 외교적 업적을 국내 정치적으로도 적극 활용할 수 있는 긍정적 측면이 있기 때문이다. 따라서 대통령은 자신의 정치적 이익에 근거하여 국제적 압력을 적극 수용하려는 정책선호를 표명하게 될 것이다. 비록 '국내 이해'가 '국제 압력'의 가치와 상반된다고 하더라도 대통령의 정책선호를 반박할 수 있을 만큼 '국내 이해'의 촉발정도가 높지 않다면, 대통령의 정책선호는 외교정책으로 무난히 수행되어질 것이다. 오히려 외국과 원만한 외교적 관계를 유지하는 것이 국익에 도움이 된다는 논리를 통해 국내적인 이해상충을 해결해 나갈 수 있을 것이다.

관료조직의 입장에서는 대통령의 정책선호에 대해 반박할 수 있는 특별한 근거를 가지기가 쉽지 않은 상황이다. 일반적인 관료조직들은 관료정치적 행동을 진행하기보다는 정책완성에 적극적인 모습을 보일 가능성이 크다. 그러나 이러한 상황에서도 관료정치적 현상이 나타나는 것은 그만큼 특정 정책이 특정 관료조직의 조직이익을 심각하게 위협하는 상황이 전개되는 경우라 하겠다. 관료정치적 행동이 대통령을 포함한 모든 행위자들의 입장과 반대되는 행위로서 외로운 싸움이 될 수밖에 없다 하더라도, 사안이 조직의 존립 이익 자체와 관련되어 있다면 해당 조직은 정치적 행동을 진행할 수밖에 없을 것이기 때문이다. 해당 관료조직은 조직만이 갖고 있는 전문성을 근거로 관료정치적 행태를 진행하며, 이를 통해 조직의 이익을 확보해 나가려 할 것이다.

② 정보-지식의 운용과 정치적 행위

대부분의 행위자들이 대통령의 정책선호에 동조하는 상황임에도 불구하고, 특정한 관료조직이 대통령의 정책선호에 대해 반발하고 이를 원점으로 돌리기 위한 시도를 진행하기 위해서는 관료정치적 행위를 진행하는 관료조직이 심각한 조직적 위기에 직면해 있는 것과 동시에 대통령과 기타 관료조직들에 비해 정책결정에 필요한 정보와 전문적인 지식을 더 많이 확보하고 있어야만 한다. 따라서 '균열적 연계 과정'은 국제적 연대, '구조적 대립 과정'은 태생적으로 서로 상충되는 조직들의 존재가 관료정치적 현상을 특징짓는다면, '합리성 논쟁 과정'의 경우에는 바로 전문성과 합리성의 싸움이 특성으로 지적될 수 있다. 관료정치적 행위를 진행하는 관료조직에게는 자신의 행동을 정당화시켜 줄 수 있는 유일한 기반은 바로 자신의 조직만이 갖고 있는 전문적 지식과 정보이며, 이는 조직의 근본적인 존립이유와도 관련되어 있다.

그러나 단순한 전문성의 제시만으로는 충분치 않다. 대통령을 포함한 여타 관료조직들이 주장하는 합리성의 주장들과 경쟁해서 이겨야만 하기 때문이다. 관료정치적 행위를 진행하는 관료조직으로서는 여타 행위자들의 정치적 합리성 또는 경제적 합리성보다 자기 조직의 기술적 합리성, 전문적 합리성이 더 우선해야 하며, 경제적 이익, 정치적 이익에 비해 기술적 이익이 더 우월하다는 점을 입증해야만 한다. 결국, 다른 두 가지의 경우에 비해 '합리성 논쟁 과정'은 관료정치 현상의 전반적인 강도는 약할 수 있지만, 해당 관료조직의 입장에서는 조직의 존립과 관련하여 가장 치열한 관료정치적 행동을 진행할 가능성이 높은 경우라 하겠다.

③ 정책결정구조의 변화와 권력

'합리성 논쟁 과정'은 '국내 이해'의 촉발정도가 높지 않기 때문에, '균열적 연계 과정'이나 '구조적 대립 과정'에 비해 공개되는 관료정치적 현상의 전반적 강도가 약할 수밖에 없다. 그럼에도 불구하고 관료조직은 '구조적 대립 과정'과 달리 대통령의 정책선호에 대해 직접적인 반발 양상을 보이면서, 정책결정구조도 수평적인 모습을 띠게 된다. 외교적 사안이 해당 관료조직의 존립적 이익을 위태롭게 만들 수도 있다면, 대통령의 정책선호를 전략적으로 수용하면서 전술적으로 관료정치를 수행할 만큼 여유를 가지기가 힘들 것이기 때문이다. 특히, 역설적으로 '구조적 대립 과정'과 달리 '합리성 논쟁 과정'의 경우는 '국내 이해'의 촉발정도가 낮기 때문에 관료조직으로 하여금 대통령과 수평적인 정책결정구도를 유지하는 것이 가능하도록 만들고 있는 것이다.

한편, '합리성 논쟁 과정'의 경우에 전개되는 관료들의 행동은 대통령과 수평적인 정책결정구조를 유지하는 것은 사실이지만, '균열적 연계 과정'과 달리 대통령의 정책선호를 완전히 포기시키고 새로운 가치로 대체시키기보다는, 대통령의 정책선호를 무산시키는 형태로 진행될 가능성이 크다. 관료조직의 행동은 대안적 가치를 정책으로 실현시킴으로서 조직이익을 극대화시키기보다는, 조직이익에 부정적인 대통령의 정책선호를 무산시킴으로서 조직이익의 최대 위기를 극복하는데 초점이 맞춰질 것이기 때문이다.

'합리성 논쟁 과정'에서는 해당 관료조직만이 갖고 있는 차별적인 전문성, 특수성이 관료정치적 행동을 가능하도록 만든다. 따라서 이러한 국내외 환경 하에서는 대통령의 정치적 합리성에 근거하여 외교정책이 진행되는 것이 일반적이지만, 대통령의 정책선호가 정책화에 실패하게 될 경우에는 관료조직의 기술적 합리성이 정치적 합리성을 대체하여 새로운 권력으로 작용했음을 유추할 수 있다.

4. 종속변수: 최고정책결정자와 정책산출의 유형

앞에서 살펴본 3가지 관료정치의 진행과정은 개별적 차별성을 가지지만, 관료정치적 행위로 인해 대통령의 정책선호가 정책으로 완성되지 못한다는 점에서 공통점을 가진다. 본 항에서는 대통령의 정책선호 내용이 정책화에 실패하는 내용들을 유형화하고, 이들을 관료정치 진행과정에서 나타난 유형들과 연계하여 그 인과관계를 살펴보고자 한다.

정책선호가 정책화에 실패한 것과 관련하여, 대통령의 입장에서 그 유형을 3가지로 분류하였다. 첫째는 기존의 정책선호 내용을 완전히 포기하고, 새로운 싱빈된 기치에 의해 정책선호의 내용이 대체되는 경우이다. 이러한 경우를 '정책선호 대체형'이라고 명명하였다. 둘째는 대통령의 정책선호가 왜곡되어 해석되거나 부분적으로만 실현됨으로서 전혀 다른 결과를 초래한 경우이다. '정책선호 왜곡형'이라고 할 수 있다. 셋째는 대통령의 정책선호가 정책으로 완성되지도 않았지만, 여타 다른 형태로도 진행되지 않은 채 그냥 무산되는 경우가 있다. 이를 '정책선호 무산형'이라고 규정하였다.

1) 정책선호 대체형

한국의 최고정책결정자인 대통령이 공개적으로 언급한 정책선호의 내용이 전혀 상반된 가치로 대체되는 경우는 흔치않다. 그만큼 서로 상충되는 가치들간의 갈등이 있었고, 대립적 가치로 대체될 수밖에 없는 불가피성이 존재했다는 것을 예상할 수 있다. 그런데 '정책선호 대체형'의 정책 산출은 앞에서 언급한 '균열적 연계 과정'의 관료정치 진행과정 유형과 긴밀한 관련성이 있음을 확인할 수 있다.

첫째, 독립변수로 설정한 국내외의 환경과 관련하여, 대통령이 초기에 선호한 내용을 포기하고 대립적인 가치로 대체될 만큼 어느 쪽도 포기할 수 없는 상충적인 가치가 국내외에 동시에 존재해야 한다. 이런 점에서 '국내 이해'의 촉발정도가 높고, '국제 압력'의 강도도 강한 '균열적 연계 과정'의 국내외적 환경이 상당히 근접한 모습이다.

둘째, 다른 경우와 달리 '균열적 연계 과정'은 관료정치의 진행과정에 있어 관료조직들이 대통령의 정책선호에 대응하는 대항적 가치를 갖고 있다. 따라서 관료조직들은 '국내 이익'에 근거한 대통령의 정책선호가 '국제 압력'에 근거한 이익으로 대체할 것을 요구하는 형태로 정치적 행위를 진행한다.

셋째, 따라서 정책결정의 구조도 '국내 이해'와 보조를 맞추는 대통령과 '국제 압력'에 동조하는 관료조직간의 수평적 관계가 형성된다. 대통령의 정책선호를 완전히 다른 가치로 대체시켜야 하는 만큼, 대통령에 대해 직접적이고도 수평적인 관계를 유지해 나가게 된다.

넷째, 강력한 '국제 압력'과 이를 배경으로 한 관료정치적 행위와 관련하여 대통령으로서는 부분적인 수용이 있을 수도 있지만, 결국 초기의 정책선호를 포기하고 '국제 압력'의 가치를 수용하는 모습을 보이게 된다. '국내 이해'와 '국제 압력'의 가치가 서로 극단적으로 상치되고 대립의 정도가 심할수록 정책선호의 대체 양상은 보다 분명해 질 수밖에 없을 것이다.

　이상과 같이 국내외 환경들간의 관계 조합 중에서 '국내 이해'의 촉발정도가 높고 '국제 압력'의 강도가 강한 경우에는 '균열적 연계형 관료정치 과정'이 진행될 가능성이 높다. 그리고 이는 대통령의 정책선호가 정책화에 실패하는 경우에 나타나는 '정책선호 대체형'의 정책산출 형태와 높은 인과관계를 갖고 있음을 확인할 수 있다.

2) 정책선호 왜곡형

　두 번째로 예상할 수 있는 정책산출 유형은 대통령 정책선호의 내용 자체가 무효화되거나 새로운 가치로 대체되기보다는 부분적인 왜곡이나 수정을 통해 의도하지 않은 결과로 산출되는 경우라 하겠다. 이는 대통령의 정책선호 자체를 반박할 만큼 관료조직들의 행동을 정당화시켜줄 확실한 근거가 부족하기 때문에 나타나는 현상이다. 따라서 대통령과 관료들간의 관계보다 관료와 관료들간의 관계에서 대통령의 정책선호가 정책으로 완성되지 못하는 상황이 전개되는 경우라 할 수 있다. 결국 관료정치 진행과정의 유형들 중에서 '구조적 대립 과정'과 상당한 인과관계가 있음을 예상할 수 있다.

　첫째, '국내 이해'의 촉발정도가 높고 '국제 압력'의 강도는 약한 국내외 환경과 관련하여, 관료들이 대통령의 정책선호 자체에 대해 반박할 수 있는 여건은 아니다. 특히 대통령의 정책선호가 '국내 이해'와 보조를 맞추고 있기 때문에, 관료조직들로서는 대통령의 정책선호가 정치적 판단의 결과라 하더라도 내용 자체를 반박하기는 쉽지 않다.

　둘째, 대통령은 '국내 이해'를 적극 활용해 자신의 외교적 업적을 달성하려고 하는 반면, 관료조직들간에는 자신의 조직이익에 근거한 평가가 진행된다. 이 과정에서 태생적으로 서로 상반되는 조직이익을 갖고 있는 조직들이 함께 일하게 될 경우, 대통령의 정책선호에 대한 해석이 상충되고, 관료조직들간에는 정치적 행위가 발생된다.

셋째, 이 과정에서 관료조직들은 자의적으로 해석할 수 있는 상황변화를 적극 활용해 대통령의 정책선호를 왜곡시킴으로서 전술적 차원의 정치적 행동을 진행하게 된다. 결국 대통령의 정책선호를 조직이익에 유리한 형태로 해석하려는 관료조직들간의 경쟁으로 인해 대통령의 정책선호는 양쪽 모두로부터 왜곡되는 상황이 전개된다.

넷째, '구조적 대립 과정'의 결과로 나타나는 정책산출은 대통령의 정책선호가 외형적으로는 유지되지만, 실질적으로는 중요한 부분에서 관료조직들이 상황변화와 현상을 곡해함으로서 정책선호의 내용을 왜곡시키는 결과로 나타난다. 정보수집과 해석에 있어 관료조직에 의존할 수밖에 없는 대통령으로서는 관료조직들간의 대립으로 인해 오히려 정확한 정보인식과 상황판단을 내리는 것이 힘들어지게 된다.

이처럼 '국내 이해'의 촉발정도는 높지만 '국제 압력'의 강도가 약한 경우에 발생되는 '구조적 대립 과정'의 관료정치적 현상은 대통령의 정책선호를 왜곡시키는 형태로 진행됨으로서, '정책선호 왜곡형'의 정책산출 유형과 상대적 인과관계가 높다는 점을 확인할 수 있다. 한국의 대북정책 중 일부 경우들이 이러한 유형에 포함된다.

3) 정책선호 무산형

대통령의 정책선호 내용이 정책으로 완성되지 못하고 무산되어버린다는 것은 어떤 경우에서나 발생되는 현상일 수 있다. 대립적 가치로 대체되는 과정에서 발생되는 행위일 수도 있고, 정책선호가 왜곡되는 경우에도 발생될 수도 있기 때문이다. 그러나 '정책선호 무산형'을 다른 두 가지의 관료정치 진행과정과 구별하여 '합리성 논쟁 과정'과의 인과관계를 검토하는 것은 여타 경우에 비해 구별되는 차별성을 갖고 있기 때문이다. 대통령과 관료가 수평적인 정책결정구조를 유지하고, 관료들이 대통령의 정책선호 자체에 대해 정치적 행위를 진행한다는 점에서는 '정책선호 왜곡형'과 구별되지만, 대통령의 정책선호를 전혀 새로운 내용으로 대체할 것을 요구할 만큼 대안적 가치를 갖고 있지 않다는 점에서는 '정책선호 대체형'과 역시 구별된다. 이런 점에서 대통령의 정책선호를 단순히 무효화시키는 '정책선호 무산형'은 '합리성 논쟁 과정'의 관료정치 유형과 상대적 인과관계가 강한 유형이라고 할 수 있다.

첫째, '국내 이해'의 촉발정도는 약한 반면, '국제 압력'이 강한 경우도 관료조직들이 대통령의 정책선호에 반발하기는 쉽지 않다. 그러나 관료조직의 절대적 이익이 연계되어 있다면, 관료조직의 정치적 행동은 매우 적극적이고도 지속적으로 진행될 수 있다. '구조적 대립 과정'과 달리 관료조직의 적극적인 정치적 행위를 제한하던 '국내 이해'의 촉발정도가 낮기 때문에 오히려 과감하게 진행될 개연성도 갖고 있는 것이다.

둘째, 정치적 행위를 진행하는 관료조직들은 자신의 행동을 정당화시키는 방편으로서 조직만이 갖고 있는 전문성과 기술적 특수성을 적극 활용하게 된다. '국제 압력'에 동조하는 대통령의 정책선호에 대응할 만큼 유효한 대항적 가치가 없다는 점에서 관료조직들은 자신의 기술적 전문성을 통해 대통령의 정치적 판단에 대응해 나가게 된다.

셋째, 관료조직의 절대적 이익이 연계되어 있기 때문에 관료들의 정치적 행동은 전술적 대응이 아니라, 대통령의 정책선호에 정면으로 대응하는 모습을 보이게 된다. 따라서 정책결정구조도 수평적 형태를 띠게 된다. 관료조직은 기술적 합리성을 통해 대통령의 정치적 합리성이나 기타 경제적 합리성 등이 갖고 있는 한계와 단점들을 부각시킨다. 그리고 대통령의 정책선호를 왜곡시키기보다는 무산시키기 위해 노력하게 된다.

넷째, 대통령의 정책선호가 정책화에 실패했다는 것은 관료조직의 기술적 합리성이 치열한 논쟁과정에서 대통령의 정치적 합리성을 승복시킨 결과라고 할 수 있다. 이러한 과정에서 만약 상반된 2개의 가치가 공존하는 경우라면 '정책선호 대체형'과 유사한 정책산출 유형이 전개될 수도 있다. 그러나 앞에서 언급한 바와 같이 새로운 대안을 실현시킬 만큼 확고한 지지기반이 없는 한 관료조직으로서는 조직이익이 최악의 상황에 빠지는 것을 극복하는데 우선적인 목표를 둘 것이고, 따라서 '정책선호 무산형'의 정책산출 유형이 진행될 가능성이 높다 하겠다.

이상에서 살펴본 '정책선호 무산형'의 정책산출 형태는 다수의 관료정치 유형들과 부분적인 연계성을 갖고 있는 것이 사실이다. 그러나 '국내 이해'의 촉발정도가 낮고, '국제 압력'의 강도가 강한 경우에 진행되는 관료정치적 형태들은 대체로 '합리성 논쟁 과정'의 유형을 띠게 되며, 그 결과로 발생되는 정책산출의 유형은 대통령의 '정책선호가 무산'되는 유형이 다른 경우에 비해 상대적 인과관계가 강하다는 점을 확인할 수 있다. 특히 한국의 대외무기 획득 정책과 관련된 일부의 경우들이 이러한 관료정치 진행과정의 유형과 정책산출 유형간의 관련성을 확인시켜 주고 있다.

이러한 분석 틀에 근거하여 이상에서 분류한 유형들이 현실적으로 적용 가능한 지를 확인하는 작업들을 사례 분석을 통해 진행하였다. 외교정책의 특성상 정책결정과정 전반을 완벽하게 공개적으로 확인하는 작업은 쉬운 일이 아니다. 그러나 보다 객관적으로 외교정책의 정책결정 영역에서 관료정치적 현상들을 발견할 수 있고,

관련 내용들을 검증할 수 있는 사례들을 중심으로 대표적 유형에 맞게 분석하고 그 유형들을 정리하였다. 제5장에서는 관료정치의 유형들 중 하나로 분류한 '균열적 연계형 관료정치 과정'과 정책산출의 유형인 '정책선호 대체형'간의 인과관계를 사례를 통해 검증하게 될 것이다. 사례는 김영삼 정부 초기에 있었던 UR 가입과 한국의 쌀 시장 개방 문제가 논의되어질 것이다. 제6장에서는 '구조적 대립형 관료정치 과정'과 '정책선호 왜곡형'간의 관계가 논의될 것이며, 사례는 노태우 정부 말기의 '훈령조작사건'과 1990년대 초반의 대북정책이 함께 분석되어질 것이다. 제7장에서는 '합리성 논쟁형 관료정치 과정'과 '정책선호 무산형'간의 연관성이 논의될 것이며, 사례는 해외무기 구매 사례로서 김대중 정부의 임기 중에 있었던 러시아제 잠수함 도입 논란의 경우가 분석되어질 것이다.

제Ⅴ장 사례 1: '균열적 연계 과정'과 '정책선호 대체' - UR 협상과 쌀 시장 개방

1986년 9월부터 시작하여 1994년 12월까지 계속된 GATT의 우루과이 라운드(UR, Uruguay Round) 협상과정에서 한국이 보여준 다양한 외교적 행태들은 기존에 사용하던 정책결정모델로서는 쉽게 설명될 수 없는 부분들을 갖고 있다. 한국 대통령은 국민들의 요구에 부응하여 국내 쌀 시장을 절대 개방할 수 없다는 입장을 천명하고 이를 반드시 실현시키겠다는 점을 반복해서 강조했다. 이러한 모습은 퇴임하는 정권 뿐 아니라 새로 취임하는 정권에서도 동일하게 확인할 수 있었다. 그러나 이는 결코 외교정책으로 실현되지 못했다. 국제 환경은 이러한 한국의 국민적 요구와 대통령의 정책선호를 수용할 수 없었던 것이다. 그런데 이러한 과정에서 과거에는 볼 수 없었던 모습들을 발견할 수 있었다. 대통령의 정책선호에 대해 관료들이 직접적으로 반발하는 모습이 공개적으로 나타난 것이다. 그리고 관료들은 대통령이 '국내 이해'에 동조하는 입장을 버리고 '국제 압력'이 주장하는 내용들을 수용해야 한다고 주장하고 있었다. 이러한 모습과 관련하여 국제체제결정론이나 대통령중심의 분석모델, 또는 합리적 선택이론 등 한국외교정책을 분석하던 기존의 정책결정모델들은 적절한 대답을 제시해주기가 쉽지 않다. 결국, 이들을 설명하기 위해서는 '관료'의 존재에 주목해야만 한다. 특히 정치적으로 판단하는 관료들의 존재와 그들의 정치적 행동을 분석해야할 필요가 있다.

쌀 시장 개방 문제를 둘러싼 한국의 대응과정에서 확인할 수 있었던 새로운 현상, 즉 관료정치적 현상은 국제적 가치를 기준으로 정책을 추진하는 입장과 국내 정치적 입장에서 판단하고 행동하는 입장들간의 갈등으로 나타나고 있었다. 새롭게 준비되고 있던 UR의 규범과 규칙들이 비록 미국과 EU 등 주요 국가들에 의해 주도되고 있기는 했지만, 국제적인 합의가 형성되면서 국제적인 보편적 가치와 규범적 성격을 띠고 있었다. 반면, 한국적 특수성에 의한 한국적 가치 및 이익들은 이러한 국제적 가치 및 이익들과 상충되고 있었다. 그리고 이러한 이해의 상충은 관료조직 내부에도 투영되고 있었다. 자유무역이라는 국제사회의 이익에 호응하는 통상-무역관련 관료조직들과 국내 쌀 시장 보호라는 한국 국내의 정치적 이익에 초점을 맞춘 대통령과 관련 관료조직들간의 갈등이 관료정치적 현상으로 표출된 것이다.

최혜국 대우, 무차별의 원칙, 자유무역의 원칙, 상호호혜와 공정무역의 원칙이라는 4대 원칙을 강조하는 GATT체제의 8번째 협상인 UR은 과거와 달리 모든 교역 상품 시장의 개방화에 초점을 맞추고 있었다. 특히 주목을 끈 것은 과거의 다자간 협상(Round)에서는 제외되었던 농산물 시장의 개방 문제가 포함되어 있었던 것이다. UR협상이 '예외없는 개방화 원칙'을 중심으로 모든 분야에서 진행되고 있었지만, 선진국들간에도 쉽게 합의를 이루지 못했던 농산물 분야의 협상은 UR 협상의 시한이 다가오던 1993년 중반까지도 별다른 진전이 없었다. 따라서 한국은 과거 Round의 경우와 같이, UR에서도 농산물 협상은 시도만 될 뿐 타결되지는 못할 것으로 예상하고 있었다. 그러던 중 1993년 10월 미국과 EC간의 협상이 타협점을 찾게 되면서 농산물 분야에 대한 협상이 새로운 국면에 접어들게 되었다. 그리고 이즈음 농산물 시장 개방에 부정적이던 일본과 캐나다, 스위스, 이스라엘 등도 개방화 원칙에 합의하게 되면서 농산물 분야의 협상이 급진전하였다. 반면, 농산물 분야의 타협에 부정적이었던 한국은 최후까지 쌀을 중심으로 농산물의 시장 개방은 불가능하다는 입장을 고수했다. 그러나 결국 한국도 1993년 12월 13일 쌀 시장 개방에 동의하고 협상을 마무리한 이후에서야 전체 UR협상이 마무리되게 되었다.

한국은 UR 협상 과정에서 심각한 딜레마에 빠졌다. 국제적 경쟁력을 갖고 있는 제조업 등 공산품 분야들은 UR협상에 적극적으로 참여하고, 전 세계의 시장을 모두 개방시키는 것이 유리하다는 입장이었다. 그러나 쌀을 포함한 농산물, 금융, 교육, 관광, 서비스 분야들은 취약한 산업구조로 인해 협상에 참여하고 시장을 개방하는 것이 불리한 상황이었다. 그러나 수출을 통해 경제성장을 이룩해온 한국으로서는 결코 UR 협상 자체를 포기할 수는 없었다. UR 협상에서 탈퇴한다는 것은 곧 한국경제의 위기와 국내 경제기반의 붕괴를 의미하는 것이기 때문이다. 그러나 다른 한편으로는, 쌀을 포함한 농산물의 시장 개방에 대해 매우 부정적인 국민적 감정 때문에 한국 정부는 국내 농산물 시장을 쉽게 개방할 수도 없었다. 극렬한 국민들의 반대의사를 무시한다는 것은 자칫 정권의 지지기반을 송두리째 상실할 수도 있는 결과를 초래할 것이기 때문이다.

제1절 국내외 환경과 이익의 상충

외교정책을 결정하고 추진하는 담당자들에게는 UR 협상과 쌀 시장 개방문제가 매우 곤혹스러운 경우였다. 국내적으로도 이해의 촉발정도가 높고 국제적인 압력도 강력했던 반면, 이들이 지향하는 가치와 이익이 서로 조화되지 못하고 완전히 상반되어 있었기 때문이다. 어느 쪽을 선택하더라도 국내외의 한쪽으로부터 제기되는 비난을 피하기가 힘들었다. 국내적으로는 어느 정도 부분적으로만 쌀 시장을 개방하자는 주장이 전혀 수용되지 않을 정도로 '국내 이해'의 촉발정도가 높았다. 시장의 철저한 보호가 아니면 개방이라는 이분법적인 가치가 국내 여론을 지배하고 있었고, 중도적인 주장이 발붙일 여지가 없을 정도로 여론은 경직되어 있었다. 반면, 국제적으로는 품목별 선택적 개방은 불가능하며, 쌀을 포함한 농산물들도 '예외없는 관세화' 원칙을 통해 시장을 개방해야 한다는 입장이 강력하게 압박하고 있었다. 결국, 최고정책결정자인 대통령으로서는 선거를 의식하여 국내적 가치를 선택하는 정치적 판단을 내릴 수밖에 없었고, 국내적 가치로부터 다소 자유로웠던 관료조직들은 국제적 가치에 동조하여 '국제 압력'을 기반으로 관료정치적 행위를 진행해 나가게 되었다.

1. '국내 이해'의 높은 촉발정도와 '쌀'의 상징성, 역사성

한국이 UR 협상에서 쌀 시장 개방과 관련하여 체결한 최종적인 합의 내용은, 10년간 관세화를 유예하며, 10년째 되는 해에 재협의하는 한편, 최소시장 접근치로서 1~5년 사이에는 1~2%, 6~10년 사이에는 2~4%를 허용한다는 최소시장접근(Minimum Market Access) 원칙에 합의하였다.[1] 이는 관세유예 6년, 최소시장접근 4~8%라는 일본의 경우는 물론이고,[2] 세계 어느 나라에 비해서도 유리한 내용이었다.[3] 당시 쌀 시장 개방 반대를 대변하던 농림수산

---

1) UR 농산물 협상의 타결 내용은 이재옥·최세균·서진교·임정빈·천중인, 『우루과이라운드 농산물협상 백서』 (서울: 한국농촌경제연구원, 1994. 11), pp. 142-151 참조.
2) 經濟企劃院, 『UR協定과 對應課題』 (서울: 경제기획원, 1993.12), p. 11.
3) 미국, 일본, EC 등의 협상타결 내용은, 이재옥 외, 『우루과이라운드 농산물

부의 허신행 장관도 한국이 쌀 시장을 개방함으로서 얻게 될 부정적 영향은 미미한 것이라고 평가할 정도였다.[4] 그럼에도 불구하고, 국내적으로는 국내 쌀 시장을 개방하는 것은 개방의 정도 문제와는 관계없이 한국의 농민과 농업 기반 자체를 붕괴시킬 것으로 이해하고 있었다. 따라서 쌀 시장은 절대 개방할 수 없다는 것이 한국내 여론의 전반적인 분위기였다. 한국 국민들에게는 쌀이 단순한 농산물들 중의 하나가 아니라, 그 이상의 상징성과 역사성을 갖고 있었기 때문이다.

한국 국민에게 있어 쌀의 의미는 단순한 경제적인 내용보다, 심리적인 측면에서 더욱 중요한 의미를 갖고 있다. 농업에 종사하는 한국인 인구는 1975년 농가 238만호에 농업인구 1,324만명(전체인구의 37.5%)이었으나, 1980년 215만호에 1,082만명(28.4%), 1985년 193만호에 852만명(20.7%), 1988년 182만호에 727만명(17.3%), 1992년에는 164만호의 571만명(13.1%), 1993년에는 160만호에 541만명(12.3%)으로 매년 감소추세에 있었다.[5] 1992년 당시 한국전체 경지면적의 63.5%가 쌀을 생산하고 있었다. 농촌소득의 절반이 쌀농사를 통해 얻어졌으며, 전체 농가의 85%인 137만 가구가 쌀을 재배하고 있었다. 쌀 생산은 GNP의 3.3%와 농업소득의 37.7%를 차지하고 있었다.[6] 이처럼 농업인구가 줄고, 산업구조가 1차 산업보다 2-3차 산업 중심으로 변화되어 가는 과정에서 농업의 절대적 비중은 줄어들고 있는 상황이었지만, 무엇보다 벼농사 중심의 농경문화를 3천년 이상 가지고 있는 한국 국민들은 일상생활 자체가 주식인 쌀과 강한 유대감을 갖고 있다. 특히, 일제 식민지하의 쌀 수

협상 백서』, pp. 151-159 참조.

4) 허신행, 『우루과이라운드와 한국의 미래』(서울: 범우사, 1994), p. 84.

5) 農林水産部, 『1994년도 農業動向에 關한 年次報告書』(서울: 농림수산부, 1994) 등 각 년도 참조.

6) 관련자료는, 농림수산부, 『농림수산 통계』(서울: 농림수산부, 1993) 참조.

탈과 저항, 한국전쟁 당시의 굶주림 등에 대한 아픈 경험들을 통해 쌀에 대한 절대적이고도 절박한 정서가 한국 국민에게 강하게 투영되어 있는 것이다.

역사적으로 한국 국민들은 부의 개념을 쌀농사의 풍년과 연결시켰고, 쌀 중심의 경제관을 갖고 있다. 그리고 쌀과 관련된 한국 국민들의 역사적 경험들은 한국 국민들에게 쌀 시장 개방은 국내 경제기반의 붕괴 뿐 아니라 국가 전체적인 부의 상실과 함께 정신적인 붕괴를 초래하게 만들 것이라고 이해하게 만들었다. 즉, 쌀 시장을 개방할 경우, 외국의 저가 쌀이 국내 시장을 잠식할 것이고, 이는 국내 쌀 재배 농가에 타격을 줄 것이며, 그 결과 쌀 재배 농가가 절대 감소해 국내 쌀농사가 완전히 전멸할 것이고, 따라서 국내에서 소비되는 쌀의 전량을 수입하게 될 것이라는 위기감이 확산되고 있었던 것이다. 이는 단순한 농업의 붕괴만을 의미하는 것이 아니라, 남북한이 대치하고 있는 상황에서 전쟁 수행에 필요한 군량미까지 외국에 의존해야 하며, 자칫 한반도에서 전쟁이 재발할 경우 식량 부족으로 북한에게 패배할 수도 있다는 불안감이 심리적으로 지배하고 있었던 것이다. 따라서 한국 국민들에게는 쌀 시장의 개방은 절대 불가능한 일이었다. 당시에 진행되었던 각종 여론조사의 결과에서도 이러한 내용들은 절대적인 수치로 잘 나타나고 있다. 대표적으로 1991년 11월 갤럽(Gallup)의 조사결과 국민의 91%가 쌀 시장 개방에 반대하고 있으며, 8%만이 부분적인 자유화를 인정하고 있을 뿐이었고, 단지 0.5%만이 쌀의 가격 하락을 이유로 한 완전 자유화를 지지했다는 사실이 이를 뒷받침해준다.[7] 이러한 수치들은 국내 여론이 한쪽으로 크게 경도되어 있었으며, 통상적으로 가장 많아야할 중도적인 입장마저도 수치상으로 별다른 의미를 가지지 못할 정도로 여론의 편향성이 강했음을 말해주고 있다.

---

7) 「동아일보」, 1992년 1월 6일자.

따라서 UR 협상에서 쌀을 포함한 농산물 시장의 예외없는 개방 문제가 거론되자, 한국은 쌀 시장의 개방은 절대 불가능하다는 입장을 확정했다. 1988년 10월 한국은 쌀을 포함한 15개 기초 농산물을 비교역품목(NTC, Non-Trade Concerns)으로 규정하고 예외조치를 취해줄 것을 GATT측에 요구했다. 1990년 10월 22일 제출된 국별 현황자료(Country List)와 1990년 10월 29일에 제출된 국별 이행계획서(Offer List)에서도 쌀을 포함한 15개 품목에 대한 NTC 인정을 요구하였다. 그러나 1991년 1월경 UR 협상에서 한국측 요구가 수용되기보다는, 반드시 시장을 개방해야 한다는 입장이 더욱 강력해졌음을 확인하게 되자, 한국정부는 NTC 개념마저 포기하고 오직 쌀 시장 개방을 막기 위한 총력을 집중하였다. 그러나 UR협상 과정에서 설정된 '예외없는 시장개방과 관세화' 원칙에 의해 한국은 1993년 12월 4일 관세화를 통한 쌀 시장의 개방을 마침내 공식 결정하였다.

한편, 한국 정부는 물론이고, 한국내 언론과 국회 등 일부 사회 지도층들은 쌀 시장의 개방은 불가피하며, 여타 공산품들의 수출증대를 감안한다면 쌀 시장 개방을 전제로 하는 UR협상이 결코 부정적이지만은 않다는 사실을 인식하고 있었다.[8] 현실적으로 쌀을 개방함으로서 피해를 보는 국민들은 일부 농민들에 국한될 수 있는 문제였다. 오히려 일반 국민들은 보다 싼 가격의 쌀을 구매함으로서 긍정적인 혜택을 얻을 수가 있으며, 물가안정 등 국민경제의 입장에서는 긍정적인 결과를 얻을 수도 있기 때문이다. 그러나 쌀에 대한 국민적 정서는 이러한 '이성적'인 판단과는 반대되는 결과를

---

8) 산업연구원은 비록 공산품에 국한된 내용이기는 하지만, UR의 긍정적인 측면과 관련하여, 전자, 철강, 조선, 반도체 등에서 호조를 보여, 수출은 연간 49억6천만 달러가 증가하는 반면, 수입은 4억5천만 달러가 증가함으로서, 연간 45억천만 달러의 무역수지 개선 효과를 보게 될 것이라는 보고서를 제출하기도 했다. 그러나 이러한 긍정적 측면들도 당시 쌀 시장 개방문제에 대한 부정적인 사회적 분위기로 인해 별다른 주목을 받지 못했다. 『동아년감, 1994년』, p. 83 참조.

초래했다. 한국 농협이 1992년 '쌀 시장 개방반대 범국민 서명운동'을 전개한 결과 1천3백만명이 참여함으로서, 전 국민의 ⅓이 서명하는 결과를 얻어냈다. 이는 40일의 단기간동안 최대 인원을 동원한 세계기록으로서 기네스 북에 등재될 정도였으며,[9] 쌀에 대한 '국내 이해'의 매우 높은 촉발정도를 확인할 수 있는 사건이었다.

　　결국 이러한 국민적 정서와 '쌀 시장 개방의 절대 불가'라는 사회적 분위기는 '쌀 시장 개방 불가피'에 대한 공개적 논의 자체를 차단하게 만들었다. 1991년 4월 박수길 주제네바 대사이면서 우루과이라운드 협상실무대표가 사견임을 전제로 '자유무역으로 이득을 얻고 있는데 우리가 유독 농산물 시장을 개방 못한다는 것은 타당성이 없다'는 발언을 했다가 국내적으로 큰 물의를 겪었다. 한국개발원의 양수길 박사는 '離農이 아닌 脫農을 통한 농가소득 증대와 농산물 수입개방을 통한 가격안정책'을 주장했다가 농민들의 오물시위를 겪기도 했다.[10] 또, 1993년 2월에는 경제정의실천시민연합(경실련) 사무총장이 쌀 시장 개방의 불가피성을 언급했다가 곤혹을 치렀으며, 그 다음날 경실련은 '쌀 시장 개방 불가' 입장이 자신들의 공식적인 입장임을 공개적으로 천명해야만 했다.[11] 또 당시 전국경제인연합회(전경련) 회장이었던 최종현 선경그룹 회장이 전경련 직원 간담회에서 쌀을 포함한 시장개방과 UR 참여가 국가 전체적으로는 더 이익이라는 발언을 했다가, 일부 국민들의 그룹제품 불매운동에 직면하기도 했다. 이처럼 세계화, 국제화, 그리고 지역통합의 현상과 같은 국제 사회의 변화된 현실과 관련하여 한국의 쌀 시장 개방은 불가피하다는 사실을 언급하는 것만으로도 국민적 지탄을 받았으며, '미국 CIA의 스파이', '매국노'로 매도당해야 했다.

---

9)「시사저널」, 1993년 4월 8일자 참조.
10)「조선일보」, 1993년 12월 8일자.
11)「한겨레신문」, 1993년 2월 19일자.

또, 쌀 시장 개방을 결정한 핵심적 정책결정 당사자들로 인식되었던 대통령, 국무총리, 경제기획원장관, 농림수산부장관, 우루과이라운드 대표단장 등을 을사오적(乙巳五賊)에 비유하여 '계유오적(癸酉五賊)'으로 부르기도 하였다. 쌀 시장 개방의 불가피성에 대한 주장은 고사하고, 이를 거론하는 것 자체도 금기시되던 것이 당시의 사회적 분위기였던 것이다.[12]

한편, UR 협상에 농산물이 포함된 초기부터 농축산물 관련 이익단체들은 반복적인 시위 등을 통해 정부에 대한 강력한 압력을 지속적으로 행사하고 있었다. 농민들의 최대 단체인 농협[13]은 1991년 11월부터 천만인 서명운동을 전개하는 등 재야 단체 등과의 연계를 통해 활발한 활동을 전개하였다. 전국농민회총연합, 전국농민단체협의회 등 43개 단체가 모여 '우루과이라운드 협상거부 범국민공동대책위원회'를 결성했다. 1991년 11월 26일에는 한국농민연합, 카톨릭농민연합, 기독교농민연맹 등을 중심으로 서울에서 쌀 시장 개방 반대 시위를 주도하기도 했다. 한편, UR협상이 막바지에 이른 1993년 12월 3일에는 전국 농민단체와 사회단체, 시민단체, 종교집단 등 모두 194개 단체가 참여한 전국비상대책위원회를 결성해 쌀 시장 반대를 위한 대규모 집회와 시위를 주도하기도 하였다. 또, 농협대표 8인은 일본의 국회의위, 농민들과 함께 제네바의 GATT본부와

---

12) 당시 이러한 분위기에 대한 문제제기를 시도한 내용으로, 「중앙일보」 1993년 1월 25일자 崔喆周, "「쌀개방」 거론은 금기인가" 참조.

13) 당시의 농협은 과거와 달리 관변단체의 성격을 탈피한 상태였으며, 정부의 영향력을 상당히 극복해 있던 상태였다. 즉, 1961년 창설이후 농협은 비록 자율단체의 형식을 띠고 있었지만, 예산의 70%를 정부로부터 지원 받았으며, 대통령이 농협의 장을 임명했다는 점에서는 자율성이 상당히 제한받고 있다. 그러나 1990년 4월 회원들이 처음으로 농협장을 직선으로 선출하게 되면서, 정부의 개입으로부터 상당히 독립적인 위상을 확보하게 된다. 따라서 쌀 시장 개방 등과 관련한 농협의 행동은 자발적인 모습이었으며, 정부를 곤혹스럽게 만들 정도의 강경한 태도도 이러한 요인이 상당히 작용한 결과라고 볼 수 있다.

뉴욕의 UN 본부 앞에서 수차례 항의와 시위를 벌이기도 하였다.

결국 이렇게 '국내 이해'가 높은 촉발정도를 보이는 상황들은 지나치게 경직된 사회적 분위기를 초래했으며, 최고정책결정자인 대통령의 정책선호를 극도로 제한하는 결과를 초래하고 있었다. 높은 촉발정도의 '국내 이해'는 외교정책에 참여하는 행위자들로 하여금 적극적으로 대안을 검토하기보다는 비현실적인 무리한 대안들을 선택하게 만들었으며, '쌀 시장 개방 절대 불가' 이외의 입장을 선택하는 것을 사전에 차단하고 있었던 것이다.[14]

2. 강력한 '국제 압력'과 '예외없는 시장개방'

UR 협상은 1983년 5월 윌리암스버그 경제정상회담과 1984년 11월 제40차 GATT총회에서 미국과 일본을 중심으로 한 일련의 국가들이 새로운 Round의 형성 필요성을 제기하면서부터 시작되었다. 1986년 9월 15일~20일간 우루과이의 푼타 델 에스테(Punta del Este)에서 GATT 회원국 105개국이 모여 각료회의를 열고, 뉴라운드의 협상 개시를 공식 선언하였다. GATT 체제 중에서는 처음으로 농산물과 서비스분야가 협상 대상으로 포함된 UR은 초기에는 협상분야가 15개로 세분되어 있었다. 그 결과 협상은 별다른 진전을 보이지 못했고, 첫 번째 협상타결 목표 시한이었던 1990년 12월을 넘기고 말았다. 1991년 2월 둔켈(Arther Dunkel) 의장의 제안서

---

14) 이러한 양상은 10여년이 경과한 2005년 9월 현재에도 반복되고 있다. 관세 유예 6년과 최소시장접근이 허용된 기간인 4년 등 총 10년이 경과한 이후, 한국 정부는 WTO와 새로운 '쌀 협상'을 진행하였고 관세화에 따른 시장 개방의 폭을 확대하기로 합의하였다. 그러나 농민단체와 민주노동당을 중심으로 한 쌀시장 개방 반대의 주장들은 관련 합의의 국회 심의 및 통과를 방해하고 있다.

를 기초로 협상재개가 선언되었고, 1991년 4월 협상그룹은 7개로 통합 조정되었다.15) 1992년 1월에는 다시 4개 그룹16)으로 축소되면서 지지부진하던 협상이 가속화되기 시작하였다.

농산물 그룹은 1987년 1월에 설치되었다. 교역자유화와 정부보조금 제한이라는 GATT의 원칙에는 각 국가들이 동의했지만, 그 이상의 협상은 진전을 보지 못한 채, 지연되고 있었다. 그 후 농산물 그룹은 '둔켈(Dunkel) 최종의정서 초안'(DFA, Draft Final Act)17)의 제시를 계기로 시장개방분야에 포함되어 졌다. 농산물 그룹의 경우에는 정부 보조금의 완전 철폐를 주장하는 미국과 정부 보조금의 점진적 감축을 주장하는 EC 간의 입장대립이 협상지연의 핵심적 원인이었다.

1991년 12월 20일 배포된 '둔켈(Dunkel) 최종의정서 초안'이 수용

---

15) 15개 협상분야는 ⓐ관세, ⓑ비관세, ⓒ천연자원제, ⓓ열대상품, ⓔ섬유협상 그룹, ⓕ농산물협상그룹, ⓖ다자간 무역 협정, ⓗ보호금 및 상계관세, ⓘ긴급수입제한, ⓙGATT 조문 개선, ⓚ무역관련 투자, ⓛ지적 소유권, ⓜ GATT 기능 강화, ⓝ분쟁해결 절차, ⓞ서비스 협상 그룹 등이었으나, 개편된 7개 협상분야는 ⓐ~ⓓ의 시장접근 그룹, ⓔ의 섬유협상 그룹, ⓕ의 농산물협상그룹, ⓖ~ⓚ의 규범제정 및 투자, ⓛ의 지적소유권, ⓜ~ⓝ의 제도분야, ⓞ의 서비스 협상 분야로 통합, 축소되었다.

16) 1991년 12월에 제출된 둔켈 총장의 최종의정서초안(Dunkel Clean Text; Draft Final Act)에 거론된 의제별 내용은 ⓐ시장개방 분야, ⓑ국내보조 분야, ⓒ수출보조 분야, ⓓ개도국 우대로 개편되었고, 이후 1992년 1월 13일에 개최된 무역협상위원회(TNC, Trade Negotiation Committee) 회의에서 ⓐ시장접근 그룹, ⓑ서비스 그룹, ⓒGATT 규범 그룹, ⓓ협정초안 수정 그룹 등 4월 협상체제(Four Track Approach)로 진행할 것을 합의하게 된다. 과거 15개, 7개 분야의 경우와 달리 농산물 분야가 별도 의제로 채택되지 않고, 시장개방 분야 내에서 '예외없는 관세화'와 '최소시장 접근'의 원칙을 적용 받도록 변경되었으며, 여타 분야들과 함께 포괄적인 협상에 참여하도록 바뀌게 되었다.

17) 둔켈안('Dunkel 최종의정서 초안')은 당시 GATT 사무총장이었던 둔켈이 각 협상그룹별 의장들이 작성한 초안을 독자적으로 종합한 내용이다. 합의되지 못했던 세부적 내용들에 대해서는 둔켈 사무총장이 임의로 수치를 명시했었는데, 세부쟁점에 대한 논의 가능성을 배제하고 협정내용 전체에 대해 포괄적으로 수용할 것을 요구하고 있었다.

되면서 UR 협상은 보다 가속화되었으나, 각 국가들마다의 의견 차가 심해 기본원칙은 합의되지 못했다. 1992년 1월 13일 협상에 참여하는 개별 국가들은 자국 입장에 따른 이행계획서를 제출하였다. 1992년 7월 6일에는 미국과 EC등이 G-7 회의에서 막후협상을 벌였음에도 불구하고, 합의에 실패하게 되면서 별다른 진전을 보지 못했다. 그러나 1993년 7월 7일 미국-일본-EC-캐나다가 관세 규모와 품목에 대해 합의하게 되면서, 4자 합의안(Quad)을 마련하게 되었고, 1993년 12월 15일을 UR 협상 최종 타결시한으로 설정하게 되면서, 새로운 국면에 접어들게 되었다. 1993년 11월 미국의 압력에 의해 일본이 쌀 시장 개방을 선언하게 되었고, EC 중 반대 입장이 강했던 프랑스도 미국이 허용한 일부 요구를 수용함으로서 농산물 협상은 완전한 타결 국면에 접어들게 되었다.

농산물을 포함하여 모든 품목의 시장 개방을 협상 대상으로 삼았던 UR 협상은 GATT의 원칙을 실현시키는 성공적인 결과를 얻었다. 농산물 분야의 협상결과는, 첫째, 농산물에 대한 예외없는 관세화 원칙을 적용함으로서 국내외의 가격차를 해소하고 비관세장벽을 제거함으로서, 자유무역의 원칙을 실현시켰다. 둘째, 모든 농산물에 대한 최소시장 접근을 허용하도록 함으로서, 시장개방원칙을 실현시켰다. 셋째, 일정한 허용기준을 제외한 모든 국내 보조금과 수출 보조금 등을 감축하도록 함으로서, 무차별의 원칙을 실현시켰다고 할 수 있다.

이처럼 국제사회는 과거와 달리 UR 협상을 통해 농산물과 섬유뿐 아니라, 서비스, 지적재산권 등 국제교역에 관한 총괄적 규범을 완성했고, 이를 통해 세계의 교역질서를 근본적으로 개편하려는 강한 의욕을 보이고 있었다. 특히, '일괄수락방식'(single undertaking)을 기본원칙으로 채택함으로서, 개별국가들이 개별적 입장에 따라 편의적으로 선별 가입하는 것을 방지하고, UR 협상에 참여하여 전체의 결과를 받아들이던지 아니면 UR 협상 자체를 포기하도록 강요했다. 자칫 선별적 가입을 허용할 경우, UR의 집행력이 약화될 수도 있다는 우려가 강력하게 작용하고 있었기 때문이다. 또한 UR 협상에서 합의된 결과를 토대로 GATT 체제의 약점들을 보완할 수 있는 WTO(World Trade Organization) 체제를 신설함과 동시에 보다 강화된 법적 구속력을 부여함으로서, 국제사회의 안정적인 경제 교역질서를 유지하기 위해 노력하고 있었다. 이처럼 UR 협상을 통해 확고한 국제 경제 질서를 확립하고, 농산물 분야를 협상내용에 반드시 포함시키고자 했던 배경과 관련하여, 두 가지 요인들이 주요하게 작용하고 있었다.

첫째, GATT 체제 자체의 한계를 극복해야 한다는 자성의 목소리들이 작용하고 있었다. 여타 분야와는 달리 그동안 농산물을 포함한 식량의 자유교역 문제는 국가 안보 문제와 연계되어 다자간 협상에서 별다른 성과를 거두지 못하고 있었다. 외국의 싼 농산물이 유입될 경우 국내 농산물의 생산기반이 붕괴될 수 있고, 이로 인해 식량안보와 국방 문제가 위태로울 수 있다는 불안감 때문이었다.

농산물 시장의 개방에 소극적인 국가들은 자유무역과 시장개방을 대원칙으로 하는 GATT 규정 중에서 명시적인 예외조항을 적극적으로 활용함으로써, 농산물 분야의 시장 개방을 지연시키고 있었다. GATT 규정 11조 2항의 '농산물 수입 수량 제한의 예외' 규정, 제16조의 '수출보조금' 규정, 예외저인 경우에 대해 의무면제를 규정한 25조 5항의 '웨이브'(waiver) 규정, 국제수지 균형을 이유로 한 수량 제한 규정인 11조 B의 BOP(Balance-of-payment Restrictions) 규정과 그 외 '그랜드파더'(Grandfather) 조항, 잔존수입제한 조항, 가변 과징금 제도, 자발적 수출 규제(VER, Voluntary Export Restraints) 등이 GATT 회원국들에 의해 광범위하게 이용되고 있었다.[18) 그런

---

18) 자세한 내용은 국회사무처 입법조사국, 『우루과이라운드와 주요국의 농업 정책』(서울: 국회사무처, 1991), pp. 46-77 참조.

데 시간이 지나면서 이러한 예외조항들이 지나치게 남용되는 결과가 초래되면서, 급기야 1980년대 중반이후에는 국제 농산물 시장의 교역질서가 위태로워졌고, 나아가 국제사회 전체가 시장 기능을 상실할 수도 있다는 우려가 제기되고 있었다. 따라서 국제사회의 시장 질서를 안정적으로 유지하기 위해서는 그동안 다자간 협상에서 제외된 채 방치되어 있던 농산물 분야를 UR 협상에 반드시 포함시켜야 한다는 강한 공감대가 국제적으로 형성되게 되었고, 이것이 한국에게는 거부할 수 없는 국제적 압력으로 행사되고 있었던 것이다.

둘째, 세계 경제를 주도하던 미국의 농산물 교역 실태와 관련된 부정적 평가들도 주요하게 작용하고 있었다. UR의 농산물 협상은 거의 전반적인 내용들을 미국이 주도했다고 해도 과언이 아니다. 이러한 미국은 1980년대 초반까지 곡물 자급률이 170%에 달했으며, 세계에서 기래되는 소맥과 사료용 곡물의 약 40%를 수출하는 최대 농산물 수출국이었다. 비록 1990년도에 미국의 전체무역 수지는 적자였지만, 농산물 분야의 교류에서 만큼은 181억 달러의 흑자를 기록할 정도였다.[19] 그러나 1980년대 이후 대부분의 개도국들이 '녹색 혁명'에 성공했고 식량의 자급자족을 달성하게 되면서, 1980년대 중반부터는 국제적으로 농산물의 과잉생산과 과잉 재고 현상이 발생하고 있었다. 그 결과 미국은 농산물 수출에 있어 상당한 어려움을 겪고 있었다. 1981년에는 미국이 417억 달러의 농산물을 수출했지만, 1986년에는 미국의 농산물 수출 규모가 263억 달러로 추락하였다. 미국은 지속적인 수출증진 노력에도 불구하고 1987년에는 미국의 농산물 수출이 290억 달러 어치에 그침으로써 약간의 회복세를 보일 뿐이었다. 〈표 V-1〉에서 보는 바와 같이 미국의 농산물 교역의 흑자 폭이 1980년대 후반기로 접어들면서 계속 축소되

---

19) 김두환, "GATT의 우루과이라운드 교섭문제 - 쌀 시장의 개방화 문제," 「세미나 저널」, 제4호 (1993년 5월), p. 90.

고 있음을 알 수 있다. 이러한 상황에서 미국 정부는 자국 농산물의 수출 촉진을 위하여 국제사회가 진행하고 있던 정부 보조금 지급문제와 관련하여 EC와 마찰을 일으키게 되었고, 국내적으로는 수출부진으로 인해 the Rice Millers' Association and Rice Council 등 농산물 관련 이익집단들의 강력한 압력에 직면하게 되었다. 이러한 상황은 EC가 미국으로부터 수입하는 곡물 수입량이 1980년 2천만 톤에서 1986년에는 3백만톤으로 크게 줄어든 것을 통해서도 확인할 수 있다.[20] 미국과 EC 간의 갈등은 1980년대 후반으로 갈수록 심화되었고, 갈등의 초점은 EC가 제공하는 정부 보조금 지급 문제에 맞춰져 있었다.[21] 또한 미국은 무엇보다도 늘어나는 국제수지 적자 및 연방정부의 재정적자와 관련하여 특단의 대책을 추진할 필요가 있었다. 이를 위해 미국 정부는 국제사회의 새로운 교역질서 형성을 의도하고 있었다. 〈표 Ⅴ-1〉에서 보는 바와 같이 농산물 교역은 흑자를 기록하고 있었지만 흑자 폭이 줄어들고 있었고, 1980년부터 1988년 사이 국제수지와 무역수지는 '쌍둥이 적자'로써 적자의 폭이 더욱 확대되고 있었다. 당시 미국 연방정부는 연평균 473억 달러의 재정적자를 감당해야만 했다. 따라서 세계 최대의 농산물 수출국인 미국으로서는 UR 협상을 주도하면서 자유무역의 원칙을 새롭게 강조함과 동시에 농산물 문제를 UR 협상의제에 반드시 포함시켜야만 했다. 미국은 UR 협상을 주도적으로 전개함으로써 안정적인 농산물 수출을 보장[22]받는 것과 동시에 미국의 국제수지 적자와 재정적자 문제를 함께 개선하려 했던 것이다.

---

20) 1980년대 후반과 1990년대 초반의 국제 곡물시장의 개요와 현황에 대해서는, 최세균·김동민·임정빈·이재옥, 『UR 이후 세계곡물시장의 변화와 대응방안』(서울: 한국농촌경제연구원, 1993), pp. 4-77 내용 참조.
21) 국회사무처 입법조사국, 『우루과이라운드와 주요국의 농업정책』, pp. 169-171.
22) 최세균 외, 『UR 이후 세계곡물시장의 변화와 대응방안』, pp. 89-99 참조.

〈표 Ⅴ-1〉미국 연방정부의 전체 무역 수지와
농산물 분야 무역 수지 현황

년도 \ 종류	무역수지	국제수지	농산물 무역
1980년	-254억 달러	+19억 달러	+239억 달러
1984년	-1,125억 달러	-1,070억 달러	+185억 달러
1986년	-1,445억 달러	-1,388억 달러	+48억 달러
1987년	-1,602억 달러	-1,540억 달러	+82억 달러
1988년	-1,198억 달러	-1,265억 달러	+182억 달러

출처: 국회사무처 입법조사국, 『우루과이라운드와 주요국의 농업정책』
(서울: 국회사무처, 1991), p. 183.

　　이러한 미국의 입장은 '자유무역'이라는 국제적 가치와 연계되어 한국에게는 강력한 국제적 압력으로 작용하였다. 미국의 주장과 이익들이 국제사회에서 합의된 일반적 가치와 입장을 같이 할수록 그 강도는 더욱 높아졌다. 한-미간의 관계에 미치는 영향은 쌍무적 협상과 다자간 협상의 두 가지 측면에서 진행되었다.

　　우선 한-미간의 무역마찰과 쌍무적 협상문제는 1980년대 들어 시작된 한국의 무역흑자와 한국의 대미수출 흑자기조의 심화가 중요하게 작용하였다. 미국의 레이건 대통령(Ronald W. Reagan)은 1983년 한국을 방문하면서 32개 품목의 시장개방을 요구하였다. 미국에 대해 무역흑자를 내고 있는 국가들에 대해 '상호주의 원칙'을 주장하며, 미국이 시장을 개방하는 만큼 상대 국가들도 미국에게 시장을 개방할 것을 요구하였다. 또한 이러한 상호주의의 위반국가에 대한 대응 수단으로써 1974년에 미국 국내적으로 제정된 통상법 301조와 1988년의 '슈퍼 301조'를 활용하여 무역 보복조치를 작동할 수 있음을 강조하였다. 한국에 대해서는 섬유, 신발, 컬러 TV 등이 주된 공격 대상이었는데, 농축산물 분야에 있어서는 1986년부터 1988년 사이 무역 갈등의 주요 대상이 된 담배와 포도주, 1988년부터 1993년 사이 마찰이 본격화된 쇠고기 등이 있었다.[23]

한편, 미국은 다자간 무역협상을 통해서도 한국에게 시장개방 압력을 가하고 있었다. 1986년 UR 협상이 시작되고 협상이 본격화되자, 미국은 '예외없는 관세화 원칙'을 강력히 주장하면서, 쌀을 포함한 15개 품목의 기초농산물 시장의 개방을 저지하려는 한국에게 강한 압력을 행사하고 있었다. 1991년 11월 12일 한국에서 개최된 제3차 아시아-태평양 경제협력 각료회의에 앞서 미국 무역대표부(USTR, United States Trade Representative)의 대표였던 칼라 힐스(Carla Hills)는 이봉서 상공부장관과의 회담에서도 '예외없는 관세화' 원칙에 따른 시장개방을 강력히 요구하였다. 특히 한국인들의 입맛에 맞는 것으로 알려진 캘리포니아산 쌀의 한국 수출을 위해 쌀을 예외조항으로 하려는 한국정부의 움직임에 대해 강한 압력을 가하였다.24) 미국은 자국과의 거래에 있어 무역흑자를 내고 있던 일본

---

23) 한국에 대한 미국의 통상압력에 대해서는, 문정인, "미국 통상 정책과 한미 무역 관계," 金起秀 編, 『미국 통상 정책의 이해 - 국제 정치 경제적 접근』 (서울: 세종연구소, 1996), pp. 205-248; Song Min Kim, *The Politics of the Two-Level Game: U.S.-Korea Agricultural Trade Negotiations* (Seoul: Yonsei University Press, 1999) 참조.

24) 한국이 쌀 시장을 개방하면 캘리포니아산 쌀을 대량 구매할 것이라는 미국 농민들의 생각과는 달리, 한국의 입장으로서는 미국산에 비해 가격이 저렴한 중국산 쌀을 수입하는 것이 훨씬 유리했다. 1991년 당시 미국 캘리포니아산 쌀이 1가마니 당 25,000원인데 비해 「자포니카」 중국산 쌀은 1가마니당 12,000원이었기에 절대적으로 싼값으로 구매할 수 있을 뿐 아니라, 수송기간도 미국의 40일에 비해 중국은 4일이면 가능했기 때문이다. 또, 그동안 중국은 양자강 일대에서 밀양49호 등 한국산 품종을 개량해 더욱 좋은 양질의 쌀을 생산하고 있었다. 1995년 한국이 처음으로 쌀을 수입한 대상 국가도 미국이 아니라, 베트남 등 동아시아지역 국가였다. 한편, 당시 미국 캘리포니아지역 농민들은 이처럼 한국이 캘리포니아산 쌀을 수입하지 않는 것에 대해 미국 의회에 상당한 불만을 표시한 것으로 알려지고 있다. 김두환, "GATT의 우루과이라운드 교섭문제 - 쌀 시장의 개방화 문제," p. 92; 김성훈·장원석, 『쌀개방과 우루과이라운드 - UR 농산물 협상과 GATT/BOP 졸업 문제의 본질과 대책』 (서울: 거름, 1993), pp. 187-188 참조; 최세균 외, 『UR 이후 세계곡물시장의 변화와 대응방안』, pp. 57-77 참조. 한편, 2006년 3월 미국 현지에서 도정된 미국산 '칼로스' 쌀이 2006년 4월 처음으로 한국의 소매시장에서 일반 소비자들에게 판매

과 한국의 시장개방 문제를 특히 강조했고, 따라서 일본과 한국의 쌀 시장 개방 반대 움직임을 강력히 견제하고 있었다. 한국은 강력한 군사적 동맹국이라는 점에서 미국에 대해 '식량 안보'의 불가피성을 재차 강조했지만 긍정적인 성과를 얻어내지 못했고, 오히려 '예외 없는 관세화'의 원칙을 철저히 강요받는 상황에 직면해 있었다.[25]

이처럼 UR 협상에 응하는 한국은 '국내 이해' 만큼 강력한 '국제 압력'에 직면해 있었고, 쉽게 거부할 수 없는 상황에 놓여 있었다. 세계 자유무역질서에 참여하고 있는 국가들의 대부분이라고 할 수 있는 125개국이 UR 협상에 참여하고 있던 상황에서, '국내 이해'를 이유로 UR의 협상 자체를 거부하는 것은 쉽게 선택할 수 없는 내용이었다. 또한 한국의 최대 교역국인 미국마저도 한국의 쌀을 포함한 농산물 시장의 개방을 강력히 요구하고 있었기 때문에 한국으로서는 쉽게 극복하기 힘든 '국제 압력'에 직면해 있는 상황이었다.

3. 국내외 환경의 조합과 국내 정치적 이익

이처럼 '국내 이해'와 '국제 압력'이 서로 극단적으로 대립하는 국내외 환경 속에서 최고정책결정자인 대통령의 정책선호는 심각한

되었지만, 한국 국민들의 반응은 부정적이었고, 판매량도 극히 부진했다. 그리고 판매된 쌀들도 반품되는 경우들이 많았다.

25) 1993년 12월 쌀 시장 개방 문제에 대한 한-미간의 최종 협상이 진행되는 과정에서 김영삼 대통령이 미국의 클린턴 대통령에게 전화를 걸어 한국은 관세화원칙을 받아들이는 데에도 엄청난 정치적 결단이 필요했다는 점을 강조하면서, 쌀시장의 최소시장접근과 유예기간 확보에 대해 특별한 이해를 부탁했다. 한-미 정상간의 전화 통화 이후, 미국 협상대표들의 자세가 매우 우호적으로 변했으며, 한국이 예외적인 특별대우를 받는데 상당한 영향을 미친 것으로 평가되고 있다. 결국, 한국 시장 개방에 대한 미국의 의도적이고도 집중적인 접근이 진행되고 있었음을 알 수 있다. 「한국경제신문」, 1993년 12월 15일자.

딜레마에 빠지게 되었다. 과연 어떠한 가치를 선택할 것인가 하는 문제에 있어서, 결국 대통령은 현실성과 합리성의 문제와는 별도로 국내 정치적 이익을 기준으로 한 판단에 의존하는 양상을 보였다. 그리고 대통령의 정책선호에서 배제된 '국제 압력'의 요소는 관료조직들로 하여금 관료정치적 행위를 진행하도록 만드는 요인으로 작용하게 된다.

UR 협상결과 한국은 일본과 함께 쌀에 대한 '특별대우'(special treatment)이라는 성과를 얻어냈다. 따라서 최소시장접근원칙에 따라 쌀은 1995년 처음으로 개방하면서 1995년 소비량의 1%를 수입하고, 이후 2004년까지 전체 소비량의 4%까지 수입해야만 했다. 한편, 쌀 등 14개 농산물을 제외한 1천2백98개 품목에 대한 양허세율을 확정하는 한편, 1995년부터 10년 동안 세율을 평균 24% 낮추기로 하였다. 또한 공산품 및 수산물은 총 943개 품목의 약90%인 843개가 최종 양허 대상이 되었고, 전자·종이·완구·의약품 등 128개 품목은 원칙적으로 5년내 무관세화하기로 합의하였다.[26]

한편, UR 최종 협상 내용과 관련한 국가 전체의 경제적 손익을 철저한 경제적 시각에서 판단한다면, 농산물을 개방할 경우 직접적인 피해를 입게 되는 국민들은 전체 인구의 약 12.3%에 이르는 농민늘이며, 나머지 국민들은 수출 증가와 함께 양질의 농산물을 저가에 구내하게 됨으로서 오히려 긍정적인 혜택을 입을 수도 있었다. 특히 특용작물 재배 등으로 농가 소득원이 다원화되고 있는 추세를 염두에 두다면 쌀 시장의 개방으로 인해 농민들이 직접적으로 입게 되는 피해의 규모도 당시의 논란과정에서 지나치게 과장되었을 수도 있다는 점을 염두에 두어야 한다. 1993년 당시 전체 농가

---

26) 최종협정 내용은 경제기획원, 『UR 협정과 대응과제』: 대우경제연구소, 『우루과이라운드와 한국경제 - 산업별 최종 협정 내용과 대응전략』 (서울: 한국경제신문사, 1994) 참조.

의 84%인 140여만 가구가 쌀농사를 경작하고 있었지만, 1993년 농가소득 중 쌀이 차지하는 비율은 37.7%[27]에 불과했다는 점은 이러한 사실을 말해주고 있다. 따라서 마치 쌀 시장이 개방되면 모든 농촌이 황폐화되고, 모든 농민들이 빈민화될 것이라는 주장과 달리, 농촌도 그렇게 절대적인 피해를 보지는 않을 수도 있다는 예상이 가능하였다.

그러나 앞에서 언급된 바와 같이, 쌀이 가지고 있는 국민적 정서와 사회적인 분위기는 외교정책의 정책결정에 참여하는 행위자들로 하여금 쌀에 대해 모든 관심을 집중시키도록 만들었다. 결국, UR 한국 협상단은 15개 농축산물은 절대 개방할 수 없다는 초기 입장에서 4개 품목, 협상 마지막 단계에서는 '쌀만은 안 된다'는 현실성 없는 입장으로 후퇴하는 모습을 반복했고, 최종적으로는 '예외없는 관세화' 원칙을 수용하는 모습을 보였다. 이 과정에서 국가 전체가 지나치게 쌀 문제에 집착하는 정치적 판단을 진행함으로써, 기타 농산물이나 공산품의 지나친 양보와 개방을 스스로 진행하였고 결과적으로는 필요이상의 시장개방을 자초하게 된 경우도 발생하였다.

예컨대, 식용유의 경우에는 1997년 한국의 수입관세율은 7.92%인 반면, 미국은 20.8%, 일본은 25.4%로 한국의 3배 가량 높은 실정이었다. 2002년에 가서는 한국은 5.4%로 더욱 낮아지는 반면, 미국은 19.1%, 일본은 19.8%로 그 차이가 더욱 확대된다. 바로 1993년 제네바에서 있었던 농산물 협상에서 한국의 쌀 시장 개방을 주장하던 미국측 요구를 제한하는 대신 다른 30개 농산물 품목의 관세율 인하계획에서 미국측 주장을 지나치게 과다 수용한 결과였다. 특히 식용유와 관련한 콩의 경우에는 UR 협정 이행계획서에서는 물론이고 마지막 협상 단계에서도 유리한 위치를 확보할 수 있는 대상이었음에도 불구하고, 한국은 최종단계에서 쌀에 대한 특별대우를 확

---

27) 農林水産部, 『1994년도 農業動向에 關한 年次報告書』, p. 38.

보하는 대가로 콩 관련 시장의 개방 정도를 대폭 양보하였던 것이
다.[28] 대두유 외에도 밀, 포도, 감자, 대두박, 배합사료 등 28개의
관세율 이행계획도 이와 유사한 과정을 밟았고, 결과적으로 필요이
상의 시장 개방을 초래했다는 지적이 제기되었다.[29]

　이처럼 실질적으로 원했던 것은 얻지 못한 채 필요이상의 내용들
을 양보하는 식의 다소 비합리적인 협상결과가 초래되었다는 사실
은 정책결정자들이 '국내 이해'에 집착하게 되면서 정치적 판단에
의해 협상을 진행한 결과라는 점을 염두에 둘 때만이 이해될 수 있
는 내용이다. 강력한 '국내 이해'와 '국제 압력'의 상충되는 가치 속
에서 대통령은 정치적 판단에 따라 '국내 이해'를 정책선호로 선택
하였다. 이는 임기가 종료되고 퇴임하는 대통령 뿐 아니라, 새롭게
취임하는 대통령에게도 동일한 것이었다. 특히, 새로 취임하는 대통
령에게는 대통령 선거에서의 승리를 위해서는 국민적인 지지가 필
요했고, 국민들의 표를 확보하기 위해서는 정치적 판단을 내릴 수
밖에 없었던 것이다. 이는 1992년 말의 대통령선거에 출마한 주요
후보들이 모두 쌀 시장 개방 반대를 선거공약으로 내걸었다는 점을
염두에 둔다면, 정치적 판단을 내린 당시에는 전혀 이상한 것이 아
니라 당연한 정책선호의 내용이었던 것이다. 이러한 선거공약은
1993년 초 대통령으로 취임한 이후에도 계속되었다. 김영삼 정부가
추진한 강력한 개혁과 사정이 추진력을 얻고 성과를 내기 위해서는
국민적 지지가 반드시 필요했다. 결코 정부에 대한 국민적 배신감
이 형성되고 확산되는 상황을 초래할 수는 없었던 것이다. UR 협
상이 막바지에 이른 1993년 말에 이르러서도, 한국의 최고정책결정
자는 거짓말한 대통령이 되지 않기 위해, 또 국민들의 지지를 지속

---

28) 한국의 콩과 콩 가공제품의 생산, 소비, 산업구조 등에 대해서는 김명환·
　　이계임, 『UR이후 콩수급관리제도 개선방안』 (서울: 한국농촌경제연구원,
　　1993) 참조.
29) 「중앙일보」, 1997년 7월 7일자 25면.

적으로 확보하기 위해서는 정치적 판단을 중심으로 한 정책선호를 지속할 수밖에 없었던 것이다.

한편, 구체적인 윤곽이 제시되지 않았던 초기의 협상과 달리, UR 협상이 본격화되자 '국제 압력'은 더욱 구체화되고 강력해지면서 거세지는 양상을 보였다. 이러한 현상은 '국제 압력'에 동조하는 관료조직들로 하여금 '쌀 시장 개방 불가'라는 대통령의 정책선호를 공개적으로 공격할 수 있게 만드는 힘을 실어주게 되었다. 특히 '국내이해'의 촉발정도가 높은 만큼, 해당 관료조직들은 '국제 압력'을 적극 활용하여 관료정치적 행위를 진행하는 모습을 보였다.

제2절 '균열적 연계형 관료정치 과정'과 외교정책결정구조

1986년 UR 협상이 시작된 이후, 한국 정부는 경제기획원에 대외협력위원회를 설치하고, 그 산하에 UR대책실무위원회를 설치하였다. 또 정부의 각 부처별로는 UR 소위원회를 별도로 구성하여 대응책을 강구하도록 하였다. 그리고 현지 협상에서는 주제네바 대표부를 중심으로 참여하도록 하였다.[30] 1988년에는 UR 협상에 대한 한국 입장을 최초로 제안했고, 1990년에는 국별 현황자료(Country List)와 국별 이행계획서(Offer List)를 제출하였다.[31] 그러나 대체적으로

---

30) 자세한 내용은 외무부의 국회보고 내용 참조. 국회사무처, 『1990년도 국정감사 - 외무통일위원회 회의록, 외무부 (1990. 10. 28)』 (서울: 국회사무처, 1990), pp. 78-79 참조.

31) 농림수산부의 "UR 농산물협상 진행상황 보고" 내용 참조. 국회사무처, 『제156회 국회(정기회) 농림수산위원회 회의록, 제8차 회의(1991. 11. 12)』 (서울: 국회사무처, 1991) 참조.

UR의 초기 타결시한으로 예정되었던 1990년 12월까지 한국은 농산물 분야에 대한 다자간 합의가 쉽게 이뤄지지 못할 것이라는 판단아래 15개 기초 농산물의 개방 불가 방침을 기준으로 별다른 대응을 하지 않았다.[32] 이때까지만 해도 한국 정부로서는 '국내 이해'에 대한 인지와 달리, '국제 압력'의 강도에 대한 인지는 그 실태가 상대적으로 적절하지 못한 상태였다. 실무 관료조직들과 달리 정책결정자가 '국제 압력'의 강도를 실제로 확인하기 시작한 것은 1991년 말 둔켈 최종의정서 초안이 완성되면서부터 였다. 그러나 대책을 공개적으로 준비하기보다는 사건을 덮어두고만 있는 양상이었다.

총체적인 위기의식 속에서 협상에 임하고 대책을 준비한 것은 1993년 최종 타결시한이 정해진 이후였다. 한국 정부의 UR 대책위원회가 처음으로 구성된 것은 1990년 5월이었고, 유관기관이나 단체들의 책임자들까지 참석하여 본격적인 대응책을 논의한 UR 대응 정책협의회가 본격 가동된 것은 1993년부터라는 점에서도 이를 확인할 수 있다.[33]

UR 협상이 진행되는 과정에서 한국정부가 채택한 농산물에 대한 초기 입장은 일본 등과 함께 식량안보, 환경보존, 국토의 균형적 발전과 같은 비교역 품목(NTC: Non-Trade Concerns)과 GATT 규정 11조 2항 (c)의 "예외조치"의 내용들을 농산물 협상에 반영한다는 것이었다. 또한 시장을 개방하더라도, 최대한 개방 시간을 지연하고, 경제구조조정 기간이 상당시간 필요하다는 입장을 견지한다는 것이었다. 1988년 UR 협상에 대한 입장을 최초로 표명한 한국은 1989년 4월 두 번째 입장제안을 제시하였다. 여기에서도 한국은 NTC의 주장을 반복하고 있었다.[34] 이후, 1990년 7월의 입장제안에

---

32) 국회사무처, 『제156회 국회(정기회) 농림수산위원회 회의록, 제8차 회의 (1991. 11. 12)』 (서울: 국회사무처, 1991).
33) 상공부 국제협력담당관실, 『UR 협상의 국내제도 이행대책 추진』 (서울: 상공부, 1992. 12).

서도 한국적인 현실로 인해 농산물 시장의 개방은 불가능하다는 입
장을 계속하며, 이를 기초로 작성된 국별 현황자료(Country Lis
t)35)를 1990년 10월 22일 제출하였고, 1990년 10월 29일에는 국별
이행계획서(Offer List)를 제출하였·다. 그러나 한국이 제출한 내용
들은 현실적으로 UR 협상에서 관철되기 힘든 내용이었다. 1990년
12월 브뤠셀 각료회담에 참석한 정부 통상관계자들 조차도 비록 당
시의 UR 협상이 큰 진전을 보지 못하고 계속 지연되고 있는 상황
이었지만, UR 협상에서 NTC의 인정 가능성이 현실적으로 불가능
한 만큼, 이제는 한국 정부가 말장난 수준의 모습을 그만두어야 한
다는 입장을 밝히고 있었다.36) 그러나 '국제 압력'의 높을 강도를
배경으로 한 이러한 주장들은 강력한 '국내 이해'와 이를 중심으로
진행되는 대통령의 정책선호에 밀려 별다른 주목을 끌지도 못했고,
국내적으로 특별한 의미를 확보하지도 못하였다.

　1991년 초 UR 협상이 새로 재기된 이후 한국의 관료조직들은 차
츰 '국제 압력'을 더 이상 거부한다는 것이 현실적으로 힘들다는 사
실을 인지하게 되면서, '국제 압력'의 내용들을 점차적으로 수용하
는 모습을 보였다. 반면 '국내 이해'의 내용에 대해서는 한 걸음씩
물러서는 모습을 보였다. 1991년의 이행서에서는, NTC개념을 철회

---

34) 김성훈·장원석, 『쌀 개방과 우루과이라운드』, p. 139.
35) 국별 현황자료에는 처음에는 쌀-보리-콩-옥수수 등 4개 품목의 농산물만
　　포함되어 있었다. 그리고 이 내용이 언론에 공개된 이후 낙농가, 농어민
　　후계자, 유가공업체, 축협 등의 강력한 반발이 있었다. 그 결과 공청회 개
　　최 후에는 쌀, 보리, 마늘 등 총 15개 농축산물 품목으로 확대되었고, 한국
　　정부는 이들 15개 품목을 NTC 대상 품목으로 인정해 줄 것을 GATT에
　　요구하였다. 이러한 모습들을 통해, 1990년 초의 국제적 상황은 한국이 많
　　은 종류의 농산물 시장을 보호할 수 있을 만큼 긍정적이지 못했고, 농산물
　　의 개방은 현실적으로 불가피했다는 것이 관료조직 내부에서도 공감대를
　　얻고 있었으며, NTC 등의 요구도 다분히 형식적인 성격이 강했다는 점을
　　유추해 볼 수 있다.
36) 「한국일보」 1991년 1월 8일자.

하고 초기 15개의 개방예외 품목들을 쌀, 보리, 쇠고기 등 5개 이하의 식량안보 대상품목으로 최소화시켰다. 둔켈 GATT 사무총장이 제안서를 제시한 이후인 1992년 4월 10일에 제출된 국별 이행계획서에서는 관세상당치(TE, Tariff Equivalents)의 문제에 집중하고 있었다.[37] 그러나 끝까지 계속된 예외 요구는 관철되지 못한 채, 쌀 시장의 개방은 불가피한 내용이 되고 말았다.

이러한 과정에서 나타난 외교정책 행위자들간의 이해관계 변화와 관료정치적 현상의 진행양상도 UR 협상과정에서 나타난 한국의 입장과 유사한 모습을 보이게 된다. 1991년 이전까지는 '국내 이해'를 중심으로 한 입장들이 한국외교정책에서 강력한 위상을 유지하고 있었다. 그러나 1991년 이후부터는 '국제 압력'을 수용해야 한다는 주장들이 조금씩 부각되기 시작했고, 1992년도 후반기에 다다를수록 강력해진 '국제 압력'을 근거로 관료정치적 행위를 진행하는 경우가 빈번해지게 되었다.

1. 행위자들의 정책선호 및 이해관계

UR 협상에 있어 쌀 시장 개방문제에 대한 관료조직들의 이해는 크게 '국내 이해'의 가치에 동조하는 개방 반대의 입장들과 '국제 압력'의 가치에 동조하는 개방의 입장으로 구분할 수 있으며, 이러한 구분은 역시 조직의 존재적 위상 및 조직이익과 관련되어 있었다. 시장 개방과 시장 개방 반대간의 주장은 서로 양립 불가능한

---

37) 국내 농산물 시장에 대한 NTC 개념 적용 및 철회, 그리고 TE 제시와 관련된 한국정부의 입장은, 1992년 10월 15일 농림수산부 국정감사에서 강현욱 당시 농림수산부 장관의 답변 내용 참조. 국회사무처, 『1992년도 국정감사 - 농림수산위원회 회의록, 농림수산부 (1992. 10. 24)』(서울: 국회사무처, 1992), pp. 20-26 참조.

내용들임에도 불구하고, UR 협상이 막바지에 이를 때까지 구체적인 충돌 사례는 표면화되지 않았다. 바로 앞에서 살펴본 바와 같이 쌀 시장 개방에 반대하는 '국내 이해'가 워낙 강경하게 작용함으로서, '국제 압력'에 동조하는 개방파의 주장들이 공개적으로 제시될 수 없었기 때문이다.

시장개방과 자유무역을 통한 국가경제 성장이라는 주장이 국가 전체적 측면에서는 보다 이성적이고 현실적이었음에도 불구하고, 다소간의 손실이 있더라도 농산물 시장개방은 끝까지 막아야 한다는 감정적 주장들이 국민들의 정서와 부합하여 강력한 '국내 이해'를 구성하고 있었고 국가 전체를 지배하고 있었다. 따라서 '국제 압력'과 쌀 시장 개방에 동조하는 관료조직들은 1991년 이후 '국제 압력'이 보다 강화되고 구체화되는 시점까지 쌀 시장 개방의 불가피성을 공개적으로 주장하지 못한 채 침묵하고 있어야만 했다. 한편, 쌀 시장 개방의 반대를 주장하는 부서들의 경우에는 국제적 추세와 관련하여 농산물 시장개방은 불가피하다는 사실을 알고 있었지만, 국민적 감정 때문에 입장을 바꾸지 못한 채 반대만을 계속하는 상황이 전개되고 있었다.[38] 이러한 관료조직들간의 관계는 '국내 이해'에 대항할 수 있는 '국제 압력'의 강도가 보다 강경해지면서 상황이 변화되어 갔다.

1) 청와대

선거를 통해 국민들에 의해 선출된 대통령으로서는 국민들의 반응에 민감할 수밖에 없다. 비록 단임제의 대통령이긴 하지만 국민들의 높은 지지를 계속 확보한다는 것은 정권의 안정적 운영과 함께

---

38) 許信行 전 농림수산부장관 인터뷰, "쌀개방 不可는 목표이자 협상전략 이었다." 「新東亞」, 1994년 4월호, p. 266.

정통성을 유지한다는 측면에서도 매우 중요한 내용이다. 차기 대통령 선거는 물론이고, 대통령 재임기간 중에도 국회의원 총선과 지방선거 등에서 승리하기 위해서는 국민적 지지를 지속적으로 유지해야할 필요가 있다. 이러한 점에서 본다면, 외교정책은 물론이고 주요한 정책 결정에 있어 대통령이 국내 정치적 가치를 우선하고 국민적 정서에 민감할 수밖에 없는 것은 사실이다. 특히, 서로 상반되는 가치들 중에서 하나를 선택해야하는 입장이라면, 정치인인 대통령으로서는 '국내 이해'를 중심으로 정치적 판단을 내리는 것이 당연한 모습일 것이다. 결국, 1980년대 후반의 노태우 정권과 1993년 초에 출범한 김영삼 정권 모두 UR 협상이 진행되는 동안 한결같이 쌀 시장 개방에 대해서는 절대 반대한다는 입장을 유지하고 있었다.

노태우 정부로서는 1987년 대통령 직선제를 통해 선출된 정부이고, 선거에 의해 평화적으로 정권이 교체된 정부로서 상당한 정통성을 가질 수도 있었지만, 36.6%의 득표율로 출범한 정부라는 한계를 극복하기가 쉽지 않았다. 또한 1988년 2월 노태우 정권이 출범한 직후에 치르진 제13대 국회의원 총선에서 사상초유의 여소야대 정국이 형성되면서, 노태우 정부는 국내적으로 상당한 위기에 직면하게 되었다.[39] 따라서 노태우 정부로서는 여타 정권에 비해 국민들의 입장에 더욱 민감해 질 수밖에 없는 상황이었다.[40] 노태우 정부는 더욱 많은 외교적 치적을 달성함으로서 내치의 한계를 극복하고자 했고, 이러한 측면들은 북방정책의 성공적 결과로 나타나기도 하였다.

노태우 대통령으로서는 혼란스러운 내정을 대신하여 취임 초기부

---

[39] 13대 총선 결과, 노태우 정부의 여당인 민주정의당은 125석에 41.8%를 얻었지만, 평화민주당(김대중), 통일민주당(김영삼), 신민주공화당(김종필)의 주요 야당들은 합계 164석 54.8%를 차지하였다.

[40] 노태우 정부는 결국 1990년 2월 3당 통합이 있기 전까지 '일해 청문회', '광주 청문회', '언론 청문회' 등 야당의 정치적 요구를 수용해야만 했다. 당시의 상황에 대해서는, 김호진, 『한국정치체제론, 제7판』(서울: 박영사, 1999), pp. 453-455 참조.

터 총력을 기울여 쌓아온 외교적 치적이 쌀 시장 개방으로 인해 무
산되는 것을 결코 원하지 않았다. 따라서 농산물 시장의 개방이 현
실적으로 불가피하다 하더라도, 노태우 정부는 UR 협상이 진행되
고 농산물 시장 개방문제가 본격적으로 논의되는 과정에서도 결코
쌀 시장을 개방해야한다는 입장을 밝히지 않았다.[41] 오히려, 임기가
종료되는 1993년 2월까지는 결코 UR 협상이 완료될 수 없다는 판
단아래, 당시 현실성 없던 GATT의 예외조항을 반복해 주장하면서
예외품목을 줄여 가는 모습을 보일 뿐 별다른 대책을 준비하지 않
고 있었다. 정부내 설치되어 있던 UR 대책위원회가 형식적인 모습
만을 갖추고 있었을 뿐, 본격적인 활동은 1993년부터 시작되었다는
점에서도 이러한 측면들을 확인할 수 있다. 또한 노태우 대통령이
자신의 '임기 내 농산물 시장 개방은 절대 없다'는 입장을 반복해
강조한 것을 뒤집어 보면, 이러한 측면들을 확인할 수가 있다.

한편, 이러한 모습은 1993년 김영삼 정부가 출범하는 과정에서
신-구 정부간에 벌어진 신경전을 통해서도 확인할 수 있다. 1993년
초는 노태우 대통령이 민주자유당을 탈당하여 중립내각을 구성하고
있던 시기였다. 1993년 1월 15일자 민주자유당 기관지인 「민주자유
당보」 1면 머리기사인 '우리 모두 신한국 건설의 주역이 되자'는 기
사에서는 노태우 정부가 정권인계인수작업을 진행하는 과정에서
UR 협상과 쌀 시장 개방 문제 등 골치 아픈 현안은 새정부에게 넘

---

41) 1990년 12월 초 브뤼셀 UR 각료회담을 앞두고 이승윤 당시 부총리 겸 경제
　　기획원 장관이 노태우 대통령에게 대책방안을 보고한 바에 의하면, "농산물
　　분야에서 우리측 입장이 최대한 반영되도록 협상력을 집중 하겠지만, 종래
　　의 입장에 집착하기보다는 신축성 있는 대안을 마련, 수출국과 수입국의 관
　　심사항이 균형 있게 반영되도록 하겠다"고 언급하였다. (「동아일보」, 1990
　　년 12월 1일자) 이는 경우에 따라서는 쌀 시장도 신축성 있게 개방할 수 있
　　음을 언급한 것으로서, 해당 보고에 대한 노태우 대통령의 반응에서 '절대
　　불가'와 같은 반응을 확인 할 수 없다는 점에서도 노태우 정권은 쌀시장의
　　개방 불가피성을 인식하고 있었던 것으로 판단된다.

기지 말고, 노태우 정부가 결단을 내려야한다는 점을 지적하고 있다.[42] 즉, 새로 정권을 인수받는 김영삼 정부나 퇴진하는 노태우 정부 모두 쌀 시장 개방은 불가피하다는 점을 일면 인지하고 있었다. 그럼에도 불구하고, 정권을 이양하는 노태우 정부는 가능한 한 정부의 이미지에 흠집을 남기지 않기 위해 정치적으로 행동했고, 정권을 이양 받는 김영삼 정부로서는 출범 초기부터 쉽게 해결할 수 없는 과제를 떠맡는 것이 부담스러웠기 때문에 노태우 정부가 해결해 주기를 원했던 것이다.

김영삼 정부는 대통령에 당선되기 전부터 쌀 시장 개방 문제에 대한 정치적 판단을 내려야만 했다. 1992년 12월의 대통령 선거에서 당선되기 위해서는 국민들의 표를 확보해야만 했다. 쌀 시장 개방 문제는 단순한 농민들의 표만이 아니라, 전 국민적인 표와 관련된 것이었다. 실제로 1992년 12월에 있었던 대통령 선거에서 주요 3당의 모든 후보들은 국제적 현실과는 상관없이 쌀 시장 개방은 절대 불가하다는 입장을 강력히 천명하였다.[43] 그러나 김영삼 후보의 위상에서나 김영삼 대통령의 위치에서나 쌀 시장 개방은 불가피하다는 점을 인지하고 있었다. 대통령으로 당선된 김영삼 후보가 선거 유세 중이었던 1992년 11월 충북의 한 유세장에서 '당선되면 대통령직을 걸고 쌀 시장 개방을 않겠다'고 호언하기도 하였다. 그러나 그 다음 유세장에서는 '대통령직을 걸고'란 말은 빼고 '쌀은 어

---

42) 「동아일보」, 1993년 1월 16일자.
43) 당시 주요 3당이었던 민주자유당, 민주당, 국민당 모두 '기초식량'(민자당), '基幹作目'(민주당), '기초 농산물'(국민당)의 시장개방 불가 입장을 천명했다. 그리고 민자당은 '공산품에서 손해보더라도 감수하겠다'는 입장을 밝혔고, 민주당은 '쌀 개방 국제협상안의 국회 비준 동의를 거부하겠다'는 입장을, 국민당은 '쌀 수입 제한법'을 제정하겠다고 공약했다. 쌀 시장 개방문제와 관련한 당시 주요 3당의 정책공약 비교는, 한국정책학회 편, 『대통령과 국가정책 - 제14대 대통령선거 정책공약 분석 평가와 김영삼 정부의 정책과제』 (서울: 대영문화사, 1994), pp. 185-188 참조.

떤 외국으로부터 어떤 개방 압력이 와도 수입해서는 안된다'고 톤을 낮추었다. 결국 현실은 인지하고 있었지만, 이를 공개적으로 표현할 수 없을 정도로 '국내 이해'의 촉발정도가 높았다는 점을 함께 의식하고 있었던 것이다. 그리고 정권 인수과정에서 나타난 바와 같이, 쌀 시장은 개방될 수밖에 없다는 점을 인지하고 있었기 때문에 퇴진하는 노태우 정부가 쌀 문제를 해결해 줌으로서 김영삼 정부의 부담을 덜어주기를 기대했던 것도 이러한 맥락에서 이해될 수 있을 것이다.

이러한 배경에도 불구하고, 민선 대통령은 국민들의 표와 지지를 먹고사는 정치인이었기 때문에 비록 현실성이 없다 하더라도 '국내 이해'를 자신의 정책선호의 기본적 가치로 채택할 수밖에 없었던 것이다. 김영삼 정부는 과거 정권들과 달리 30여년만에 출범한 문민대통령으로서 국내외의 강력한 정통성을 확보하고 있었지만, 자신을 대통령으로 당선시켜줬고, 정권의 안정적 운영을 위해서도 반드시 필요한 국민들의 요구를 결코 무시할 수가 없었던 것이다.

결국, 김영삼 대통령과 청와대는 정권 출범이후에도 쌀 시장 개방이 불가피하다는 사실을 국민들에게 공개적으로 언급할 수가 없었다. 오히려, 선거과정에서 반복해 강조하던 '쌀 시장 개방은 절대 불가하다'는 입장을 당선 후에도 현실성과 무관하게 지속하고 있었다. 국내에서 '개방 불가피'론이 제기될 때마다 청와대는 더욱 강경한 용어를 써가며 '개방불가'의 입장을 국민에게 천명해야 했고, 국민들의 비난을 무마시켜야만 했다. 동일한 경우가 반복 될수록 청와대는 입장 표명의 강도를 더욱 높여 나가야만 했다.

2) 외무부[44]

외무부는 통상 문제와 직접적인 관계는 없지만, 국제적 통상과 관련된 외교정책을 수립하고 수행하며, 관련 부처들간의 업무를 총괄, 조정하는 국제경제국과 지역적인 부분의 업무를 담당하는 통상국 등이 정식 직제로 형성되어 있었다.[45] 따라서 통상과 관련된 국제 협상을 진행하는 경우에도 외무부의 개입이 불가피했다. 더욱이 UR 협상이 다자간 국제 협상인 만큼 외무부의 역할은 더욱 중요한 비중을 차지하고 있었다. 일반적으로 국제기구를 포함하여 국가들간의 대외협상을 진행할 경우에는, 관련 부처의 대표들과 함께 대표단을 구성하지만 주요 직책들은 외무부 소속 직원이 담당하는 등 외무부가 주도적인 역할을 수행하는 것이 통상적이었다.

UR 협상과 관련하여 외무부가 갖고 있는 기본적인 관심사는 간단히 말해 구체적인 협상조건이나 특정한 내용의 실현 여부보다도 협상의 순조로운 마무리였다. 외무부로서는 국가들간 혹은 지역간의 통상마찰이 심화되고, 이것이 중대한 외교적 현안으로 부각되어 국제적인 외교적 갈등으로 비화되는 것을 가장 우려하게 된다. 외교적 갈등으로 인해 표면적인 피해를 입게 되는 직접적인 관료조직이 외무부일 뿐 아니라, 외교적 갈등이 발생했을 경우에는 문제 해결에 직접 나서야 하는 조직도 외무부이기 때문이다. 따라서 외무부의 기본적 인식은 문제해결의 내용보다 문제해결 그 사체에 초점이 모아지게 된다.

---

44) 외무부는 김대중 정부가 출범한 1998년 2월, 당시 외무부, 재정경제부, 통상산업부에 산재되어 있던 대외통상 교섭기능들을 통합하여 외교통상부로 새롭게 출범한다. 특히, 대외통상교섭 창구를 일원화함으로서 일관성 있고 효율적인 통상외교를 수행하고, 정부의 대외협상력을 제고하자는 목적으로 외교통상부에 통상교섭본부가 설치되었다.

45) 외무부, 『외교백서, 1994년도판』(서울: 외무부, 1995), p. 319의 외무부 기구표 참조.

또한 외무부의 입장으로서는 국가간의 교류를 증진시키는 것은 물론이고 국가들간의 국제적 협력을 확대시키는 것이 필요하며, 다자간 협의체인 국제기구에 적극적으로 참여함으로서 국제적인 외교 관계를 확대시키는 것에 대해 긍정적이다.[46] 이는 한국의 국제적 외교 관계를 풍부하게 할 수 있을 뿐 아니라, 외무부의 업무 확대, 조직 확대, 그리고 정부조직내 위상의 신장과도 직결되어 있기 때문이다. 따라서 외무부의 입장에서는 세계 대부분의 국가들이 참여하는 UR 협상에 한국이 적극적으로 참여하고,[47] 주변 국가들과도 원만한 외교적 관계를 유지하는 것이 궁극적으로 한국에게 이익이라는 입장이다.[48] UR 협상이 마무리되고 WTO 체제가 출범한 이후인 1994년 9월 외무부의 국회 업무보고 내용을 살펴보면, "WTO 체제가 가급적 조속히 출범하기를 희망하고, 우리가 WTO 체제의 출범과 동시에 정식회원국으로 참여하기 위해 준비를 진행 중이며, … 새로운 국제경제문제에 대한 협의에도 능동적으로 참여할 예정"이라고 언급하고 있다. 또한 WTO 사무총장직에 김철수 상공자원부 장관이 입후보한 것과 관련해서도, "피선을 위해 최대한의 외교적 노력을 경주할 것"이라며 WTO 체제 자체에 대해 매우 적극적인 태도를 보이고 있었다.[49]

---

46) 『외교백서』의 내용 중, '변화하는 경제 환경에 대한 적극적 대응', '국제기구에 대한 외교의 강화', '지역간 협력 확대 및 심화'가 한국 외교정책의 목표로 설정되어 있다는 점에서도 이를 확인할 수 있다. 외무부, 『외교백서, 1993』 (서울: 외무부, 1993) 등의 제1장 '외교정책 기조와 목표' 내용 참조.

47) 외무부는 1990년 10월 국회 보고에서도 "UR 협상에의 '능동적' 참여"를 강조하고 있다. 국회사무처, 『1990년도 국정감사 - 외교통일위원회 회의록, 외무부 (1990. 10. 28)』, p. 6의 주요 현안 보고내용 참조.

48) 외무부의 국회 보고에서, 한-미간의 통상마찰 가능성에 대해 "양국 정부가 협의를 통해 원만한 타결 추진"을 강조하고 있다. 외무부의 기본적 인식 내용을 확인할 수 있는 부분이다. 국회사무처, 『1990년도 국정감사 - 외교통일위원회 회의록, 외무부 (1990. 10. 28)』, p. 70.

49) 국회사무처, 『1994년도 국정감사 - 외무통일위원회 회의록, 외무부 (1994.

결국, 외무부의 입장은 국제사회로부터 고립되어서는 결코 안된다는 것으로 정리될 수 있다.[50] 또한 UR 협상에 참여하지 않게 될 경우, 쌀 시장을 보호함으로서 얻게 되는 이익보다, 국제사회와의 부정적 외교 관계를 초래함으로서 잃게 되는 손실이 더 크다는 점을 우려하고 있었다. 특히, 1980년대의 국내 담배 시장, 쇠고기 시장의 개방과정에서 겪었던 경험[51]에서와 같이, 한국이 농산물 협상에서 최대 교역국인 미국과 심각한 갈등을 초래하게 될 경우, 이는 한국의 공산품 수출에도 악영향을 미칠 뿐 아니라, 그 결과로서 자칫 한국 경제 전체에 대한 위기를 초래할 수도 있으며, 심지어 군사·안보 영역에까지 부정적인 영향을 미치게 될 수도 있음을 우려하고 있었다.

외무부로서는 UR 협상에서 특정 이익을 반드시 확보해야 하며, 어떤 이익을 확보할 경우에는 협상에 참여하고 그렇지 못하면 UR 협상에 참여할 수 없다는 입장이 아니라, UR 협상에는 반드시 참여한다는 점을 전제로 과연 얼마만큼의 이익을 최대한 확보할 수 있는가 하는 문제에 주목하고 있었던 것이다. 따라서 외무부는 UR 협상과정에서 UR 협상의 특성이나, 국제적 합의의 중요성, 그리고

---

9. 28)』(서울: 국회사무처, 1994), p. 75.

50) UR 협상 대표였던 박수길 대사는 1991년 4월 23일 언론과의 대화에서, '일본이 쌀 시장을 열면 우리도 시장을 열지 않고는 버티지 못할 것'이라고 언급했다(「중앙일보」, 1991년 4월 24일자) 또 '협상 추이가 최소 시장 개방원칙에 따라 3~5%씩 쌀시장 개방 쪽으로 가고 있다 … 우리도 그런 쪽으로 가야될지 모르겠다'고 언급했다.(「동아일보」, 1991년 4월 24일자) 이러한 발언들을 종합해 볼 때, 결코 한국만이 국제사회와 국제적 합의에서 소외된 채 고립된 내용을 선택할 수는 없으며, 국제적 대세에 따라야 한다는 입장을 견지하고 있었음을 확인할 수 있다. 실제로도 그동안 쌀 시장을 개방하지 않겠다는 입장을 같이하던 일본이 쌀 시장 개방을 결정하자, 한국의 공식적 입장도 별다른 지체 없이 시장 개방 쪽으로 바뀌었다.

51) Song Min Kim, *The Politics of the Two-Level Game* 에서 논의된 사례들 참조.

국제사회의 현실적 문제 등을 강조하면서 쌀 시장 개방의 불가피성과 현실성을 강조하였다.52) 외무부는 한국이 UR 협상에 참여하지 않을 것이라면 모르지만, UR 협상에 참여하겠다면 국내 쌀 시장을 개방하는 것은 불가피하다는 입장을 유지하고 있었다.53) 외무부는 UR 협상이 본격화되면서 협상단의 실무를 담당하고 있었기 때문에 국제적 분위기를 여타 부서에 비해 먼저 파악할 수 있었다. 따라서 비록 단발적이긴 하지만 UR 협상이 진행되는 협상분위기를 전달하는 과정에서 외무부가 앞장서서 쌀 시장의 개방 불가피성을 언급하고 이를 공론화시키기 위한 노력들을 시도하는 모습을 보였다. UR 협상의 수혜 부서로 구분될 수 있는 경제관련 부처들이 비교적 소극적인 모습을 보인데 비해 간접적 수혜 부서인 외무부의 이러한 적극적 모습들은 다소 예외적인 것이었다. 외무부는 높은 촉발정도를 보인 '국내 이해'를 의식하여 UR 협상에서 농산물 분야에 대한 논의가 본격화되기 전까지는 침묵하는 양상이었다. 그러나 농산물 협상이 본격화되고 마감시한이 촉박해지게 되면서 '국제 압력'이 강력해지기 시작했고, 외무부는 이를 근거로 보다 촉발정도가 높은 '국내 이해'에 대해 대응하기 시작했고, 자신감 있고 적극적인 관료 정치적 행위를 진행해 나가게 되었다.

---

52) 외무부는 UR협상이 수출환경을 촉진하며, 장기적으로는 농산물 분야에 대해서도 구조조정을 촉진시키는 등 긍정적인 측면이 있다는 점에 주목하고 있다. 국회사무처, 『1990년도 국정감사 - 외교통상위원회 회의록, 외무부 (1990. 10. 28)』, pp. 78-79 참조.
53) UR 협상에 참여하던 박수길 주제네바 대상의 1991년 4월 23일자 발언 내용에서도 이러한 측면을 확인할 수 있다. 「조선일보」, 1992년 12월 31일자.

3) 경제기획원[54]

무역-통상 관련 부서들은 기본적으로 UR 협상을 통해 전 세계적으로 시장이 개방되고 자유무역 원칙이 확대되는 것을 환영하는 입장이었다. 이는 곧 세계로 수출되는 한국산 제조 생산품들의 물량이 증가한다는 것을 의미하는 것으로서, 수출업무를 담당하는 상공자원부와 한국의 경제정책 전반을 조정, 조율하는 경제기획원으로서는 긍정적인 반응을 보일 수밖에 없는 것이었다. 1991년 9월, "UR 협상은 … 기본적으로 우리 경제의 장기적인 발전방향과 부합되며, … 따라서 정부는 전체 UR 협상의 성공적 타결에 기여해 나가는" 이라는 경제기획원의 국회에 대한 현안보고 내용은 이러한 입장을 적절히 설명해주고 있는 부분이다.[55]

한국의 경제관련 정책들을 총괄 조정하는 경제기획원은 통상업무와 관련하여 대외협력위원회와 대외경제조정실이 관련 업무를 담당하고 있었다. 대외협력위원회의 위원장은 경제기획원 장관이 맡고, 간사는 경제기획원 대외경제조정실장이 맡으며, 외무부, 재무부, 상공자원부 등의 각 부서 장관들로 구성된 당연직 위원이 14명, 외부의 위촉위원 6명으로 구성되어 있었다. 대외협력위원회는 대외경제정책을 조정하고, 다자간 대외경제 현안에 내한 한국의 기본적인 입장을 조정하는 기능을 담당하고 있었다. 한편, 대외경제조정실은

---

54) 1961년 7월 발족한 경제기획원은 1994년 12월 23일 당시 재무부와 통합하여 재정경제원으로 새롭게 출발하였고, 예산, 국고, 조세 등 국가재정부문을 통합 운영하여 왔다. 이후 김대중 정부는 외환위기의 극복과정에서 재정경제원에 지나치게 모든 정책수단이 집중되어 있다는 판단아래 1998년 2월 28일 정부조직법을 개정하여 부총리제를 폐지하고 재정경제원에서 예산기능 등을 떼어낸 채 재정경제부로 직급을 하향 조정하였다. 그러나 2001년 1월 29일에는 재정경제부의 명칭은 그대로 사용하면서 재정경제부 장관을 부총리급으로 다시 격상시켰다.

55) 국회사무처, 『1991년도 국정감사 - 경제과학위원회 회의록, 경제기획원 (1991. 9. 16)』 (서울: 국회사무처, 1991), p. 36.

말 그대로 통상문제와 관련하여 관련 부처들간의 업무를 협의하는 것을 목적으로 하며, 대외경제에 대한 장기대책을 개발하고 조정하는 기능을 담당하였다.[56] 따라서 UR협상과 관련해서도 국내 경제정책들을 조정하는 역할을 담당했으며, UR 한국 협상단의 일원으로서 다자간 협상에 직접 참여하고 있었다.

한국의 경제 성장과 안정적인 발전을 항상 염두에 두는 경제기획원으로서는 경쟁력 있는 선진국형 산업구조를 형성하는 것이 주된 목표였다. 경제기획원의 시각에서는 한국의 경제 전반을 염두에 두고 있기 때문에 특정한 산업분야의 발전이나 손실보다는 한국경제 전체의 발전과 침체가 우선적인 관심사였다. 따라서 농산물 분야에서의 일부 부분적인 손실을 감수하더라도, 제조 공산품의 수출 확대가 가능하고 이를 통해 한국경제 전체에 이익이 된다면 UR 협상에 적극적으로 참여하는 것이 바람직하다는 입장이었다. 따라서 경제기획원은 한국이 지나치게 농산물 시장의 개방 반대에 집착하게 될 경우, 국제사회의 경제적 보복행위가 진행될 수밖에 없고, 이로 인한 수출 감소 등으로 한국 경제가 피해를 입게 될 수도 있다는 점을 강하게 우려하고 있었다. 이러한 입장은 경제기획원 장관의 발언을 통해서도 확인할 수 있다. 1990년 12월 1일 이승윤 경제기획원 장관은 "UR 협상 자체가 결렬될 경우, … 우리 경제에는 엄청난 악영향을 미칠 것이 확실하기 때문에 UR 협상의 원만한 타결을 위해 최선을 다할 방침이다"고 언급하였다.[57] 1992년 10월 20일 최각규 경제기획원 장관은 국회 국정감사장에서 답변을 통해, "UR 협상의 기본적 자세는 우리가 수출 지향적인 성장정책을 앞으로도 견지해야 하는 한은 UR 협상은 타결되는 것이 소망스럽다고 봅니

---

56) 박경서, "한국의 경제·통상외교," 이범준·김의곤 공편, 『한국외교정책론 - 이론과 실제』 (서울: 법문사, 1993), pp. 252-255; 박경서, "민주화시대의 대외경제정책수립," 「국제정치논총」, 제28집 2호 (1988), pp. 93-96 참조.
57) 「동아일보」, 1990년 12월 2일자.

다"고 발언했다.[58] 또한 1992년 11월 25일 최각규 경제기획원 장관이 "UR이 우리 뜻과 배치된다고 해서 무조건 거부할 수야 있겠느냐"고 반문한 것도 이러한 측면들을 뒷받침해주고 있다 하겠다.[59]

UR 협상에 적극 참여하는 것이 바람직하고, 쌀 시장의 개방은 불가피할 수도 있다며 '국제 압력'에 동조하는 경제기획원의 입장은 외무부의 입장과 유사한 측면이 있지만, 외무부와 달리 한국의 전체적인 경제적 이익을 기준으로 판단하고 있다는 점에서는 미묘한 입장 차이를 보이고 있었다. 이는 1993년 10월 4일 경제기획원의 국회보고 내용을 살펴보면 확인이 가능하다. 경제기획원은 "UR 협상이 연내 타결되는 것이 유리하다는 판단 하에 협상과정에 적극 참여하고 있다"고 보고하고 있다. 그런데 그 이유로서, 첫째, "지역 협력체 구성이 어려운 아시아지역에 위치하고 있는 우리로서는 다자간 협상이 결렬될 경우에 블록화된 경제권으로부터 소외당하는 불이익 초래," 둘째, "통상 문제를 쌍무적인 방법보다는 다자체제에서 해결하는 것이 우리에게 보다 유리하기 때문"이라고 규정하고 있다.[60] 결국 1991년 이후 UR 협상이 본격화되면서 나타나는 경제기획원의 관료정치적 행위들은 쌀 시장 개방으로 입게 되는 한국의 손실 규모는 여타 조직에 비해 최소화하는 반면, 한국이 UR 협상에 참여함으로서 얻게 되는 총체적인 경제적 이익을 부각시키는 데 주력하는 형태로 나타나게 된다.[61]

---

58) 국회사무처, 『1992년도 국정감사 - 경제과학위원회 회의록, 경제기획원 (1992. 10. 20)』 (서울: 국회사무처, 1992), p. 71.
59) 「동아일보」, 1992년 11월 26일자.
60) 국회사무처, 『1993년도 국정감사 - 경제과학위원회 회의록, 경제기획원 (1993. 10. 4)』 (서울: 국회사무처, 1993), p. 48.
61) 이는 경제기획원 산하 연구소들이 UR 협상과 관련하여 제출한 보고서를 통해서도 확인된다. 대외경제정책연구원, 한국개발연구원 등은 쌀을 포함한 농산물 시장의 개방으로 인해 입게 되는 피해보다는 UR 협상에 참여함으로서 얻게 되는 종합적 이익에 초점을 맞추고 있었다.

4) 상공자원부[62]

상공자원부는 주요 공산품의 수출입 업무 등을 중심으로 해외 국가들과의 통상업무를 관장했다. 따라서 1993년 3월 6일 조직 통합 후 출범당시 상공자원부의 직제 내에는 무역에 관한 정책을 총괄하는 상역국, 통상정책에 대한 전반적인 사항을 관장하는 통상진흥국, 통상협력정책을 담당하는 통상협력국, 국제기구 및 국제회의와 같은 다자간 통상협상을 담당하는 국제협력관실, 산업피해 구제업무를 담당하는 무역위원회 등 무역관련 조직과 업무들이 집중되어 있었다.[63]

UR 협상이 갖고 있는 기본적 성격이 무역 문제와 관련되어 있는만큼, UR 협상에 참여하는 한국 대표단의 수석대표는 상공부 장관이 담당하고 있었다.[64] 국제 무역의 확대에 모든 관심이 집중되어 있던 상공자원부가 UR 협상에서 주무부서가 되는 것을 불가피했던 것이다. 제조 공산품을 많이 수출하는 것이 조직의 임무이고 역할이었던 만큼, UR 협상에 대한 상공자원부의 기본적 입장은 긍정적이었다. 1993년 10월 23일 김철수 상공자원부 장관은 국회 국정감사 답변에서, "우리 정부는 기본적으로 UR 협상 타결이 우리 경제

---

62) 상공자원부는 1993년 김영삼 정부시절, 작은 정부 구현을 위해 상공부와 동력자원부를 통합시킨 조직이지만, 1994년 12월 23일의 정부조직개편에서는 통상산업부로 명칭이 바뀌었고, 대외통상환경에 적극 대응하기 위해 조직을 재정비하였다. 그러나 1998년 2월 김대중 정부가 출범한 이후, 대외통상기능과 중소기업정책기능이 외교통상부와 중소기업청으로 이관되고, 통상산업부는 산업자원부로 명칭을 바꾸었다.

63) 상공자원부의 조직 변천사는 상공자원부, 『상공자원백서, 1994년판』 (서울: 상공자원부, 1994), pp. 805-813 참조. 산업자원부 인터넷 홈페이지, *http://www.mocie.go.kr/introduction/history/history.sthml* 참조.

64) 1986년 9월 15일~20일 GATT 각료회의의 한국대표단 수석대표는 나웅배 상공부 장관이었고, 1990년 12월 각료회의에서도 박필수 상공자원부 장관이 수석대표직을 맡았었다.

의 국제화 및 개방화에 도움이 된다는 점을 인식하고 UR 타결을 위해 능동적으로 협상에 참여하고 있다"고 밝히고 있다.[65] 상공자원부는 세계 시장의 무역 장벽을 허물고 자유무역 원칙을 실현시킴으로서, 국제 경쟁력이 있는 한국 공산품의 수출을 확대시킬 수 있다는 점에서 UR 협상 자체에 대해 매우 적극적인 입장을 갖고 있었다.[66] 특히, 재벌들의 제조업체와 수출업체들의 입장을 대변할 수밖에 없는 상공자원부로서는 쌀 시장 개방문제를 둘러싼 논란으로 인해 UR 협상 자체가 파국 위기에 직면하게 되고, 이로 인해 쌀과 비교할 수 없을 정도로 교역규모가 큰 공산품의 수출마저 타격을 입게 되지 않을까 우려하는 입장이었다.[67] UR 협상이 타결된 이후 상공자원부가 국회에 보고한 내용을 보면, "UR은 대외의존도가 높은 우리 경제에 새로운 도전인 동시에 기회"라며 경제제도 선진화, 산업경제력 강화를 통한 수출 증대 등에 중점을 둘 것이라며 비중 있게 취급하고 있다. 바로 이러한 부분들은 상공자원부의 당시 입장들을 충분히 예상할 수 있게 해주고 있다.[68]

그러나 책임지고 UR 협상을 주도하고 있던 상공자원부는 UR 협

---

65) 국회사무처, 『1993년도 국정감사 - 상공자원위원회 회의록, 상공자원부 (1993. 10. 23)』 (서울: 국회사무처, 1993), p. 34.

66) 상공자원부는 수출할 수만 있다면 어떤 내용에 대해서도 적극적이다. 국회에 대한 업무보고 내용에는 "수출의욕 고취"가 주요 목표로 실정되어 있다. 국회사무처, 『1992년도 국정감사 - 상공위원회 회의록, 상공부 (1992. 10. 15)』 (서울: 국회사무처, 1992), pp. 7-8 참조. 심지어 UR 협상과정에서 국내 농산물 시장 개방과 농산물 수입 문제로 논란을 벌이고 있던 시기에도 농산물의 수입보다도 농산물 수출 문제에 적극적인 관심을 보일 정도였다. 국회사무처, 『1992년도 국정감사 - 상공위원회 회의록, 상공부 (1992. 10. 24)』 (서울: 국회사무처, 1992), p. 70의 국정감사 서면 답변 내용 참조.

67) 상공자원부 산하 연구소인 산업연구원이 1993년 12월 2일 개최한 세미나는 바로 UR 협상 참여로 인한 수출 증대의 문제에 초점이 맞춰져 있었다. 「한국경제신문」, 1993년 12월 9일자.

68) 국회사무처, 『1994년도 국정감사 - 상공자원위원회 회의록, 상공자원부 (1994. 9. 28)』 (서울: 국회사무처, 1994), pp. 23-24.

상과정에서 '국내 이해'의 높은 촉발정도로 인해, 적극적인 입장표명을 극도로 자제하는 모습을 보이고 있었다. 특히, UR 협정의 최대 피해자가 농민과 농민의 입장을 대표하는 농림수산부라면, 제조공산품의 수출 확대로 인한 최대 수혜자가 될 수 있는 자는 재벌기업들과 재벌의 입장을 대변하는 상공자원부라는 식의 단순논리가 진행될 수 있다는 점에서 입장표명을 매우 자제하는 양상을 보였다. 그러나 UR 협상이 진행되는 과정에서 비록 관료정치적 행동을 선도하는 모습을 보이지는 못하지만, 외무부와 경제기획원의 관료정치적 행태가 진행되자 이에 적극 동조하는 모습을 보였다.

5) 농림수산부[69]

한국 농어촌의 발전과 농어민의 이익을 보호하고, 이를 정책으로 실현시키기 위해 설립된 농림수산부로서는 국제경쟁력이 없는 한국 농산물의 국내시장 개방에 반대하는 입장을 유지하는 것은 당연하다. 비록 현실성이 없다 하더라도 조직의 목표와 이익 차원에서는 농산물 시장의 개방에 반대한다는 입장을 지속할 수밖에 없는 것이다.

국제적으로 교류되는 모든 품목들을 협상대상에 포함시킨 UR 협상에서 농산물 분야가 차지하는 비율은 국가 경제 전체에 비하면 결코 큰 것은 아니었다. 결국 UR 협상 전반에 걸쳐 농림수산부가 담당해야할 업무 분야와 내용의 규모도 클 수가 없었다. 따라서 한

---

69) 농림수산부는 1973년 3월 29일부로 내무부 소속으로 이관되어 있던 산림청이 1986년 12월 31일부로 농수산부로 환원되면서, 농림수산부의 이름을 사용하게 되었다. 이후 1996년 8월 8일 농림수산부 산하의 수산청과 항만청을 분리하여 해양수산부를 별도 신설하게 되면서, 농림수산부의 명칭은 1946년 발족 당시의 농림부로 환원되었다. 조직개편과 관련된 내용은 농림부, 『한국 농정 50년사(Ⅱ)』(서울: 한국농촌경제연구원, 1999), pp. 2345- 2389 참조.

국의 UR 협상 대표단은 한국경제에서 보다 큰 비중을 차지하는 제
조업 분야의 무역을 담당하는 상공자원부 장관을 단장으로 하여 외
무부와 경제기획원 소속 관리들을 중심으로 구성되어졌다. 비록 '국
내 이해'의 촉발정도가 높았던 것은 사실이지만, 농산물 분야의 협
상을 담당하는 농림수산부 소속 관리들은 국내의 분위기와 달리
UR 협상에서는 결코 주도적 역할과 위치를 차지할 수 없었던 것이
다. 단지, UR 농산물 협상이 막바지에 이르렀던 1993년 12월에 이
르러서야 허신행 농림수산부 장관이 UR 협상대표로 임명되었고,
UR 전체 협상 중 마지막에 해당했던 한국의 쌀을 포함한 농산물
시장 개방문제를 협의했을 뿐이다.[70]

　농림수산부가 국내 쌀 시장은 절대 개방할 수 없다는 입장을 지
속적으로 유지할 수 있었던 힘의 배경에는 높은 촉발정도의 '국내
이해'가 작동하고 있었기 때문이다. 국민들의 정서적인 문제와 국내
여론이 농림수산부의 행동을 정당화시키고 있었던 것이다. 그러나
이러한 '국내 이해'는 UR 협상이 진행되면서 오히려 농림수산부의
행동을 제한하는 결과를 초래하기도 하였다. 현실적으로 농림수산
부도 국내 농산물 시장의 개방이 국제적인 추세이며, 불가피하다는
점은 이해하고 있었다. 허신행 당시 농림수산부장관도 언론과의 인
터뷰에서, '개방불가의 원칙을 지속한 것은 협상 전략적인 측면'이
었으며,[71] 'UR 협상이 결코 한국의 농업에 부정적인 것만은 아니
다'[72]라고 언급했다. 또 자신의 회고록을 통해, '한국 농업이 살아남
기 위해서는 쌀을 포함한 농산물 시장을 개방하고 농업의 경쟁력
확보를 위해 노력해야 한다'는 입장을 강조하기도 하였다.[73] 1980년

---

70) 「조선일보」, 1993년 12월 2일자 참조.
71) 許信行 전 농림수산부장관 인터뷰, "쌀개방 不可는 목표이자 협상전략이었다."
　　p. 266.
72) 許信行 전 농림수산부장관 인터뷰, "쌀개방 不可는 목표이자 협상전략이었다."
　　p. 278.

대 중반부터 일부 학계를 중심으로 논란이 있었던 농산물 시장의 개방문제에 대해 농림수산부 장관으로 임명되기 전에 농촌경제연구원장으로 재직하고 있던 허신행 원장이 농산물 시장개방에 대해 강력히 반대했던 점을 염두에 둔다면, 1990년대 초반의 국제적 상황 하에서는 그만큼 쌀 시장 개방이 국제적 현실이었고 '국제 압력'은 피할 수 없는 내용이었다는 점을 유추할 수 있다. 결국, 농림수산부는 그동안 자신의 존재를 확인할 수 있었고, 든든한 힘이 되었던 '국내 이해'를 극복하지 못하고 계속 행동의 제약을 받게 되면서, UR 협상이 본격적으로 진행되는 과정에서는 쌀 시장 개방에 대비한 의미있는 대책마련에 소홀했던 것이 사실이다. 오히려 '국제 압력'이라는 현실성과는 무관하게 '국내 이해'에 구속된 채 스스로 폐쇄적인 시각을 고집할 수밖에 없었던 것이다.

2. '균열적 연계'와 정보-지식의 운용

국제적 현실과는 다소의 괴리가 있었지만 농림수산부의 입장과 대통령의 정책선호는 강력한 '국내 이해'에 기초함으로서 한국 외교정책의 형성과정에 상당한 위력을 발휘하고 있었다. 농림수산부는 UR 협상에서 정부의 공식 입장이 '개방 불가'로 결정된 만큼 모든 정부 부처가 총력을 집중해야 한다는 입장을 강조했다. 임기를 얼마 남겨놓지 않는 대통령은 물론이고, 새롭게 선출된 대통령도 이러한 내용을 정책선호로 결정함으로서 강력한 '국내 이해'를 중심으로 한 국내 정치적 논리가 '국제 압력'에 근거한 경제적 논리를 억누르고 있었던 것이다.

이처럼, '쌀 시장은 개방하지 않는다'라는 대통령의 공식적인 정책

---

73) 허신행, 『우루과이라운드와 한국의 미래』 참조.

선호가 수차례에 걸쳐 반복된 상황에서 '국제 압력'에 동조하는 관료
조직들로서는 정치적 행동을 진행하기가 쉽지 않았다. UR 협상이 진
행되던 초기인 1980년대에는 과연 협상이 마무리될 것인지 조차 회
의적인 상황에서 대통령의 정책선호 내용을 반박하기란 그 누구에게
도 쉽지 않은 내용이었다. 따라서 농산물 분야까지 포함된 UR 협상
이 본격적으로 논의되기 전까지는 학계를 중심으로 국내 농산물 시
장의 개방에 대한 논란이 진행되는 양상을 보였다. 단순히 말하면,
이 기간동안은 '국제 압력'에 동조하는 관료조직과 '국내 이해'에 동
조하는 관료조직들이 서로 자신의 조직 산하 연구소들을 통하여 '대
리전'을 진행하면서 국내 여론을 탐색하고 있었던 시기라고 할 수 있
다. 1983년 5월의 한 토론회에서 경제기획원 산하 한국개발원의 양수
길은 '산업정책의 기본역할과 지원시책의 개편방안'이라는 보고서를
통해, '한국의 농업이 정부의 과보호에서 벗어나 점진적인 개방을 진
행하고 자생력을 갖추어야 한다'는 입장을 피력하였다. 그리고 '농산
물 수입개방을 통해 국내 농산물 가격을 안정시키는 방안을 추진해
야 한다'고 주장하였다. 이에 대해 당시 농림수산부 산하 연구소였던
농촌경제연구원 허신행 원장은 이를 강력히 비판하면서, 논란이 시작
되었다.[74) 결국, '국내 이해'나 '국제 압력' 모두 구체화되지 않은 상
태에서 이러한 논쟁은 단순한 학문적 논쟁으로만 이해되고 있었다.

  두 번째 시기로서, 1986년 9월 UR 협상이 시작되고 농산물 시장
개방 문제가 논의되면서, 국내적으로는 농민들을 중심으로 불안감
이 확산되었고 그 반응도 강력해지기 시작했다. 즉, '국제 압력'이
형성되기 시작하면서, 이에 대한 '국내 이해'도 촉발되기 시작했던
것이다. 물론, 이 기간동안에도 관료조직들은 구체적인 공식입장을
보이지 않았고, 학계 내부의 논쟁만이 지속되는 양상을 보였다. 그
러나 이전의 단계에 비해 '국내 이해'의 반응은 구체화되기 시작했

---

74) 「조선일보」, 1993년 12월 8일자.

다. 1988년 1월 국내 한 방송사의 토론회에서 한국개발원 양수길의 '시장 개방론'과 중앙대학교 김성훈의 '개방 불가론' 간에 논쟁이 전개되었다. 그러나 이번에는 단순한 학문적 논쟁으로만 그치지 않았다. '離農이 아닌 脫農을 통한 농가소득 증대와 농산물 수입개방을 통한 가격 안정책'을 강조한 양수길의 주장에 분개한 농민들이 한국개발원 정문에 쇠똥을 뿌려대며 시위를 했기 때문이다. 이 같은 강력한 국내적 반발과 연이은 시위는 노태우 대통령으로 하여금 '국내 이해'를 중심으로 정책선호를 결정하도록 만들기에 충분했다.

세 번째 시기로서, 1991년 2월 둔켈 총장이 제출한 제안서를 근거로 UR 협상이 재개된 시점을 전후하여, 국제적 업무를 담당하고 있거나 UR 협상에 참여하고 있는 실무 관리들을 중심으로 쌀 시장 개방의 불가피성이 강조되기 시작했다. 1990년 12월 브뤼셀에서 열렸던 UR 각료회담 이후, 통상관련 관료들로부터 '현실적으로 비교역품목(NTC)의 인정 가능성은 거의 희박하다. 정부가 빨리 부질없는 말장난을 거두어야 한다'는 발언이 공개되기 시작했다.[75] 당시 한국은 정부의 공식 입장으로 '쌀 시장 개방 불가'를 결정한 상태에서 NTC를 통해 쌀을 비롯한 일부 농산물을 예외조치로 인정받고자 시도했지만, 현실은 그렇지 못했던 것이다.[76] 이후 1991년 3월 22일 당시 최각규 부총리 겸 경제기획원 장관은 전경련 초청 간담회에서, '농수산 및 서비스 부문에서도 국제경쟁의 도입이 불가피하며, 개방화와 국제화는 피할 수 없는 추세'라고 언급함으로서, 쌀 시장 개방의 불가피성을 개방화와 국제화 추세와 연관지어 언급하였다.[77] 쌀 시장의 개방을 구체적으로 언급하지는 않았지만, 당시

---

75) 「한국일보」, 1991년 1월 8일자.
76) NTC의 15개 품목 설정 및 철회와 관련한 논란들은, 국회사무처, 『1991년도 국정감사 - 농림수산위원회 회의록, 농림수산부 (1991. 9. 16)』 (서울: 국회사무처, 1991), pp. 154-158 참조.
77) 「한국일보」, 1991년 3월 23일자.

일반화되기 시작한 국제화, 세계화를 강조함으로서 불가피하다는 점을 우회적으로 언급하는 시기였다.

이후 1991년 4월 23일 박수길 주제네바 대사와 이봉서 상공부 장관이 UR 협상과 미국과의 회담에 각각 참가한 후, 쌀 시장 개방 가능성을 구체적으로 언급하였다.[78] 그러나 당시의 국내 상황은 이러한 '국제 압력'의 현실을 수용하기가 쉽지 않았다. 그 다음날인 4월 24일 최각규 부총리는 이들의 발언은 와전된 것이며, 한국 정부의 농산물 시장 '개방 불가' 방침은 확고하다는 점을 재확인하였다.[79] 이후에도 일부 외무부와 상공부, 경제기획원 등 '국제 압력'에 동조하는 관료조직들의 주장이 공개되기는 했지만, 높은 '국내 이해'의 촉발정도 때문에 구체화되지 못하고 일과성 사건에 그치는 양상을 보였다. 이들의 주장은 대통령의 정책선호 내용에 대해 정면으로 반박하는 내용이기는 했지만, 그 결과로 나타난 것은 청와대가 대통령의 정책선호는 확고하다는 것을 국민들에게 확신시키는 작업의 반복이었다.

네 번째 시기는 1991년 11월 이후 비록 농산물 분야의 협상 진행이 더디게 진행되고는 있었지만, 'Dunkel 최종의정서 초안'이 제시되면서 전반적인 UR 협상이 본격화되고 그 결과 '국제 압력'을 실제로 체감하던 시기였다.[80] UR 협상의 진행과정을 염두에 둘 때 쌀 시장 개방은 불가피하며, 이제는 더 이상 이 사실을 국내적으로 감출 수만은 없다는 판단이 UR 협상팀을 중심으로 형성되었다. 이러한 입장들은 '국제 압력'에 힘입어 더욱 공개적이고도 직접적으로 진행되는 양상을 보였고, 1992년도 말까지 계속되었다. '국내 이해'의 촉발정도가

---

78) 「동아일보」, 「중앙일보」, 1991년 4월 24일자.
79) 「동아일보」, 1991년 4월 25일자.
80) 1991년 11월 당시의 상황은 농림수산부가 국회에 보고한 "UR 농산물협상 진행상황 보고"와 국회 답변 내용 참조. 당시의 어려운 상황과 이병석 농림수산부 차관의 비장한 각오를 확인할 수 있다. 국회사무처, 『제156회 국회(정기회) 농림수산위원회 회의록, 제8차 회의 (1991. 11. 12)』 참조.

높았고, 대통령 선거와 새 대통령의 정책선호 내용이 반복되어 강조
되고 있음에도 불구하고, '국제 압력'을 근거로 한 농산물 시장 개방
의 입장들은 반복적으로 제기되었다. '국내 이해'에 동조하고 있는 대
통령의 정책선호를 '국제 압력'에 동조하는 형태로 대체시키기 위해
'개방 불가피'의 입장들이 가장 적극적으로 제기되던 시기였다.

1991년 11월 UR 협상 실무대표단 단장이었던 김인호 경제기획원
대외경제조정실장은 '쌀만이 전부가 아니다'며 UR 협상 참여와 쌀
시장 개방의 불가피성을 언급하였다.[81] 1992년 11월 4일 최각규 부
총리는, '개방에 대비하자'며 쌀 시장 개방을 현실로 받아들여야 한
다는 점을 지적했고, 11월 25일에는 'UR을 무조건 거부할 수는 없
다'며 쌀 시장 개방의 불가피성을 암시하였다.[82] 1992년 12월 30일
에는 박수길 주제네바 대사가 대통령의 정책선호가 반영된 정부 훈
령은 '국내 쌀 시장의 개방 반대'이지만, '쌀 시장을 계속 반대할 것
인지, 아니면 GATT를 거부하든지 택일해야 한다', '한국도 GATT
체제에 남는다는 전제 하에 정책적 결단을 내려야 한다'며 예전과
달리 아주 강력한 톤으로 국내 쌀 시장의 개방 문제를 거론하였
다.[83] 특히, 1992년 12월 31일에는 박수길 대사가 김영삼 대통령 당
선자를 방문하여 쌀 시장 개방의 불가피성을 전달하기도 하였다.[84]

다섯 번째 시기는 비록 대통령의 정책선호가 공식적으로는 '국내
이해'의 이익에 동조하는 모습을 보였지만, 한국 정부의 내부에서는
그 실질적 입장이 '국제 압력'에 동조하는 형태로 변화되어 가고 있
던 시기였다. 따라서 '국제 압력'에 동조하는 관료조직들의 공개적
인 관료정치적 행위들은 표면상으로 그 강도가 약화된 채 잠복되어
있었다. 농산물 시장 개방을 전제로 개별국가들간의 협상이 본격적

---

81) 「조선일보」, 1991년 11월 25일자.
82) 「동아일보」, 1992년 11월 26일자.
83) 「동아일보」, 1993년 1월 1일자.
84) 「동아일보」, 1993년 1월 16일자.

으로 진행되던 1993년 전반기는 미국-EC-일본-캐나다 등이 진행하던 Quad 협상의 협상결과를 지켜보던 시기였다. Quad 협상의 성공여부가 UR의 농산물 분야 협상의 성공여부를 결정하게 될 것이었기 때문이다. 그러나 한국으로서는 1992년말 미국과 EC간 체결된 농산물 관련 협정인 블레어 하우스(Blair House) 협정으로 인해 위기감을 갖고 있었고,[85] 과연 일본마저 쌀 시장을 개방하는 것은 아닌가 하는 문제에 관심을 집중하고 있었다. 만약 일본마저 국내 쌀 시장을 개방한다면, 한국이 쌀 시장 개방 반대의 구실로 제시할 수 있는 대상이 없어져버리는 꼴이었기 때문이다. 결국, 쌀 시장 개방을 막는다는 것은 현실적으로 불가능하다는 것이 기정사실화되어버린 1993년 중반 이후에는 '국내 이해'에 기반을 둔 대통령의 정책선호가 더 이상 현실성을 가지지 못한다는 점이 확인되었다. 따라서 대통령의 정책선호를 바꾸기 위한 관료조직들의 정치적 행위들도 굳이 표면화될 필요가 없게 되었다. 이전에는 '개방 불가피'를 언급함으로서 대통령의 정책선호가 바뀌도록 유도해야 했지만, 이 시기에는 대통령의 정책선호가 이미 내부적으로 변화되고 있었기 때문에 굳이 공개적으로 언급할 이유가 없었던 것이다. 이러한 모습들은 다음의 몇 가지 사례들을 통해 확인할 수 있다.

　비록 청와대의 공식적 입장과 UR 협상에 임하는 대표단에게 내려진 훈령 내용은 '쌀 시장 개방 불가'가 지속되고 있었지만, 관료조직 내부에서는 이미 개방을 염두에 두고 있는 듯한 행동 모습들이 나타났다. 하나, 앞에서 살펴본 1993년 초의 「민주자유당보」의 보도 내용이 이러한 모습을 입증해 준다.[86] 정치적으로 판단하던

---

85) UR 농산물 협상의 성공 관건은 미·EC간 타협 여부라는 점은 1991년부터 충분히 인지되고 있었다. 국회사무처, 『1991년도 국정감사 - 경제과학위원회 회의록, 경제기획원 (1991. 9. 16)』, pp. 36-37의 경제기획원 보고 내용과, 국회사무처, 『1991년도 국정감사 - 외무통일위원회 회의록, 외무부 (1991. 9. 18)』 (서울: 국회사무처, 1991), pp. 66-67의 외무부 현안보고 내용 참조.

여당 내부에서조차 이러한 보도가 나온 만큼, 관료조직 내부에서는 쌀 시장의 '개방 불가피'와 관련하여 이미 상당부분 공감대가 형성되어 있었다고 판단된다.

둘, 김영삼 대통령과 클린턴 대통령은 1993년 7월과 11월 두 차례의 한-미 정상회담을 가졌다. 그러나 두 번의 정상회담 모두에서 UR 협상에 대한 원칙적이고도 포괄적인 내용들만 언급했을 뿐, 쌀 시장 개방 문제는 거론하지 않은 것으로 되어 있다.[87] 이러한 사실은 결국, 쌀 시장 개방의 불가피성이 관료조직과 청와대 내부에서 이미 공감대를 형성하고 있었고, 한-미 정상회담의 의제로 논의되어도 별다른 성과가 없을 것이라는 점을 인지하고 있었다는 사실의 반증이기도 하다. UR 협상 타결 후인 1994년 1월 김양배 농림수산부 장관의 국회 서면답변 내용은 이러한 분석이 설득력을 가진다는 점을 뒷받침해주고 있다. 당시 김양배 장관은 "한-미 정상회담에서 쌀 문제를 거론하지 않은 것은 사전 밀약 때문은 아니며, 한-미 정상간에 쌀 문제에 대하여 우리측이 바라는 긍정적 방향으로 합의될 보장이 없는 한, UR 다자협상 문제를 한-미 양국간 양자문제로 구체적으로 언급하는 것이 아국 협상전략상 유리할 것이 없었다"고 언급하였다.[88] 만약, '개방 불가'를 반드시 성사시켜야 했고, 성사시킬 수 있다고 판단했다면, 최소한 논의는 했을 것이다. 그리고 '개방 불가'를 위해 노력하는 대통령의 모습을 국민들에게 적극 알렸을 것이다. 그러나 김영삼 대통령이 극구 부인하는 만큼, 성과가 없을 것이라는 예상이 절대적이었고, 결국 한-미 정상회담에서 쌀 시장 개

---

86) 「동아일보」, 1993년 1월 16일자.
87) 「조선일보」, 「동아일보」, 1993년 7월 11일자. 특히, 1997년 11월의 한-미 정상회담에서는 쌀 시장 개방 문제가 거론되었는가 하는 문제가 정치적 이슈로 부각되기도 했다. 어쨌든 김영삼 대통령은 1993년 11월 26일 '구체적 논의나 합의사항은 없었다'는 점을 밝혔다. 「동아일보」, 1993년 11월 27일자.
88) 국회사무처, 『제165회 국회(정기회) 농림수산위원회 회의록, 제12차 회의 (1994. 1. 21)』 (서울: 국회사무처, 1994), p. 108.

방 문제를 논의했다는 사실 자체가 정치적 부담이 될 것으로 판단
했던 것이다. 이처럼 대통령과 청와대 내부의 인식이 '국내 이해'에
서 '국제 압력'으로 대체되고 있는 만큼, '국제 압력'에 근거한 관료
들의 정치적 행위는 이미 일정한 효과를 발휘하고 있었던 것이다.

셋, 1993년 12월 2일 일본의 쌀 시장 개방이 공식 확인되고, 블레
어 하우스 협정의 수정으로 미·EC간에 합의가 성사되면서,[89] 한
국 정부도 쌀 시장 개방을 공식적으로 확인하는 형태로 입장을 바
꾸었다. 그런데 이후 한국 정부가 최종적인 UR 농산물 협상에 임
하는 모습은 쌀 시장 개방에 반대하던 모습에 비해 너무나도 신속
하게 진행되었다는 점이다. 청와대와 정부가 내부적으로 개방에 대
한 마음의 준비가 되어 있었고, 실질적인 준비작업도 상당히 진행
되어 있었다는 점을 유추할 수 있다.[90]

넷, 세 번째 내용과 관련하여, 다음의 내용을 참고할 수 있다.
1993년 11월 미국에서 APEC 회의가 진행되는 동안, 일본의 「아사
히 신문」은 1993년 11월 21일자 기사에서 "일본이 1995년부터 6년
간 쌀의 '예외없는 관세화'원칙을 면제받고, 2000년부터 관세화 협
의에 응한다는 조건으로 1995년부터 쌀 시장을 부분 개방해, 1995
년에는 국내 소비량의 4%, 6년 뒤에는 8%를 개방하기로 미국과
최종 합의했다"는 내용을 보도하였다.[91] 당시 APEC에 참가하고
있던 일본의 호소카와 총리는 쌀 시장 개방 문제를 구체적으로 언

---

89) 관련 내용은 이재옥 외, 『우루과이 라운드 농산물협상 백서』, pp. 104-107
   참조.
90) 1993년 12월 4일 밤 허신행 농림수산부장관이 에스피 미국 농무장관과의
   협상 이후 가진 기자회견에서 쌀 시장 개방을 시인하였다. 이 소식이 국내
   에 전해진 후, 청와대의 반응과 표정을 취재한 기사들을 보면, 청와대 경
   제비서실 관계자들이 '어차피 예상됐던 일 아니냐'며 '담담한 표정들이었
   다'고 보도하고 있다. 「조선일보」, 1993년 12월 6일자. 바로 이러한 측면들
   을 엿볼 수 있는 부분들이다.
91) 「중앙일보」, 「동아일보」, 1993년 11월 22일자.

급하지는 않았지만, 이 보도 내용은 일본의 UR 농산물 협상 최종 합의 내용과 거의 동일하였다.[92] 이러한 점을 고려한다면, 미-일 양국간의 농산물 시장 개방 협상은 1993년 11월 말에 이미 최종합의가 내부적으로 진행되어 완료되었던 것으로 판단된다. 그런데 문제는 이 보도 있은 직후인 1993년 11월 25일 UR 농산물 협상의 실무자중 한 명인 한국의 김광희 농림수산부 제1차관보가 일본을 방문했고, 미·일 쌀 시장 협상의 담당자였던 일본 농림수산성 소속 인사와 접촉한 것이 밝혀졌다.[93] 결국, 쌀 시장 개방에 반대하던 한국의 농림수산부도 1993년 11월에 이미 쌀 시장 개방을 준비하고 있었고, 일본의 개방 경우를 시범 케이스로 도입하고자 했던 것이다.

다섯, 1993년 12월 21일 김영삼 대통령은 쌀 시장 개방과 관련하여, 국무총리를 해임하고 대규모의 문책성 개각을 단행하였다. 그런데 국무총리, 경제기획원 장관, 농림수산부 장관은 교체했지만, UR 협상의 주무 부서였던 외무부장관, 상공자원부 장관은 교체하지 않고 유임시켰다.[94] 결국 청와대는 UR 협상 자체와 쌀 시장 개방의 불가피성에 대해서는 이미 예상하고 있었고, 그 결과도 수긍하고 있었던 것이다. 단지 UR 협상에서 ‘쌀 시장 보호’라는 대통령 선거 공약을 지키지 못한 것과 관련하여 대통령에게 쏟아지던 국민적 비난을 모면하기 위한 정치성 문책용으로 인사를 진행시켰다는 사실을 엿볼 수 있는 부분이다.

여섯, 국내 쌀 시장 개방과 관련한 김영삼 대통령의 발언이 시간이 지나면서 그 수위가 약화되어 왔다는 점이다. 1992년 11월 22일 선거 유세에서는 ‘대통령직을 걸고 쌀개방은 결코 하지 않겠다’고 언급했지만, 11월 24일 유세에서는 ‘대통령직을 걸고’란 말을 삭제했다.

---

92) 이재옥 외, 『우루과이 라운드 농산물협상 백서』, pp. 157-159 참조.
93) 「동아일보」, 1993년 11월 26일자.
94) 「조선일보」, 1993년 12월 22일자 참조.

1993년 1월 9일 일본 「아사히 신문」과의 회견에서는 '일본이 개방하더라도 한국은 절대 개방할 수 없다'고 강경한 입장을 보였다.[95] 그러나 1993년 2월 22일 보도된 「뉴스위크」지와의 회견에서는 '쌀 문제는 더 이상 경제문제가 아니라 정치적 사안이다', '자유무역 체제의 기본원칙은 이해하지만 쌀 시장 개방만은 제외되어야 한다'고 언급함으로서 발언 수위가 약간 달라졌다.[96] 이후 1993년 11월 23일 APEC과 한-미 정상회담 이후 가진 기자간담회에서는, '쌀 시장 개방도 한국의 특수한 사정을 조화시켜야 하나, 대국적 견지에서 판단해야 할 문제'라고 언급함으로서, 그 내용이 크게 달라져 있었다.[97]

결국, 이상의 내용을 통해 판단할 때, 1993년 12월초 국내 쌀 시장의 개방을 공식 확인할 때까지 청와대의 공식적 반응은 '절대 불가'가 지속되고 있었지만, 청와대 내부에서조차도 그 효력은 이미 상실되고 있었다.[98] 더 이상 국민들과 정치권에게 신뢰를 줄 수 없는 상황이 전개되고 있었고, 형식적으로 공식 입장을 철회하는 시기와 방법만이 문제였던 것이다. 따라서 1992년 말까지 공개적으로 진행되던 관료조직들의 관료정치적 행위들은 1993년부터 대통령의 정책선호를 대체시키는데 성공적인 성과를 얻어내고 있었던 것이다.

한편 관료조직들이 공개적으로 진행하던 관료정치적 행동들은 그 강도가 떨어지기는 했지만, 기본적인 입장들은 잠복된 채 지속되고 있었다. UR 협상이 완료된 시점을 선후하여 각 부처들이 보인 행동들은 관료정치적 행동이 강도 높게 진행되던 1992년 당시의 내용

---

95) 「세계일보」, 1993년 1월 11일자.
96) 「대한매일」, 1993년 2월 23일자.
97) 「조선일보」, 1993년 11월 28일자.
98) 이러한 분위기는 1993년 10월 허신행 농림수산부 장관의 국회 답변에서도 확인할 수 있다. '쌀 시장 개방 불가'라는 공식입장은 불변임을 밝히면서도 그 강도는 상당히 약화되어 있었다. 국회사무처, 『1993년도 국정감사 - 농림수산위원회 회의록, 농림수산부 (1993. 10. 4)』 (서울: 국회사무처, 1993), pp. 98-101, 137, 215 참조.

을 그대로 반영하고 있었다. UR 협상에서 국내 쌀 시장 개방이 결정되자, 농림수산부와 통상관련 부서들은 각자의 산하 연구소들을 통하여 UR 참여와 쌀 시장 개방으로 초래될 수 있는 득실을 계산해 경쟁적으로 국민들에게 공개하는 모습을 보였다. 그런데 주목을 끄는 것은 연구소들이 각자 제출한 평가 보고서에는 개별적인 관료 조직들이 그동안 주장하던 입장과 정책들의 정당성을 확보하려는 의도들이 노골적으로 포함되어 있었다는 점이다.

우선, '국내 이해'에 동조해온 농림수산부 산하 한국농촌경제연구원은 1993년 12월 18일자『UR 타결에 따른 농축산물 시장 개방의 파급영향 분석』이라는 자료에서 UR 협상과 쌀 수입으로 인해 초래되는 국내 피해를 최대한 부각시키는 모습을 보였다. 그리고 이 보고서를 통해 피해가 큰 만큼 '쌀 시장을 개방해서는 안된다'는 그동안의 주장들이 정당했음을 강조하였다. 보고서는 농산물의 시장개방으로 인해 GNP에서 농림수산업이 차지하는 비율이 1992년도 7.8%에서 2001년에는 2.8%로 감소하며, 농림수산업 종사자 인구도 전체인구 대비 1992년도 16%(3백2만명)에서 2001년도 7.8%(1백9십4만명)로 감소하게 되며, 농림수산업의 무역적자는 1992년도 4십2억6천만 달러에서 2001년에는 3배 이상 증가하여 최소 1백3십억 달러 이상의 규모가 될 것임을 예상하였다. 한편, 농가소득의 피해액은 1995년부터 2000년까지 6년간 3십8억4천만 달러(4조9천8백82억원, USD1＝KRW1,300), 연간 6억4천만 달러(8천3백억원)에 이를 것이라고 예상했다.99) 특히, 쌀 시장 개방으로 인한 직·간접적 파급효과가 1995년 6백2십7억원에서 2000년에는 1천5백8십9억원, 2004년에는 2천9백억 등 1995년부터 2004년의 10년간 총 1조6천억

---

99) 한국농촌경제연구원, 『UR타결에 다른 농산물시장 개방의 파급영향 분석』
    (서울: 한국농촌경제연구원, 1993), pp. 66-69: 이재옥, "농산물 시장개방
    과 파급영향," 한국농촌경제연구원, 『UR 타결과 농정의 대응방안』(서울:
    한국농촌경제연구원, 1994), pp. 1-17.

원의 피해가 발생하게 될 것이라고 추정했다.[100]

한국농촌경제연구원이 UR 협상이 본격적으로 진행되기 시작한 1991년 말에 제출한 보고서에서는, 비록 계산의 기준이 다르다 하더라도 1993년에 작성한 보고서에 비해 더욱 끔직한 내용들을 담고 있었다. 즉, 국내 쌀 시장을 개방할 경우, 농민들의 쌀 소득 감소액은 개방 첫해 2천4십7억원, 10년 후에는 한해 1조2천2백45억원의 소득이 감소하며, 심할 경우 휴경농지가 10년뒤 3만6천8백정보가 발생하고, 실업자도 10년간 3만6천여명이 발생함으로서, 농업의 총체적 붕괴가 불가피하다는 점을 지적하였다.[101] 최악의 상황들을 부각시키고 있었던 것이다.

한편, '국제 압력'을 근거로 관료정치적 행태를 보여온 경제기획원과 상공자원부 산하의 연구소들은 농산물 시장 개방으로 인한 피해 문제는 축소시키는 반면, UR 협상이 성공적으로 완료됨으로서 한국이 얻게 되는 총체적인 경제적 이익은 더욱 커지게 될 것이라는 점에 초점을 맞춰 보고서를 작성하고 있었다. 우선 경제기획원 산하 연구소들은 비록 농업 부문에서는 손실이 있지만, 수출증대와 무역수지 개선으로 전체 한국의 경제상황은 실보다 득이 많다는 점을 부각시키고 있었다. 대외경제정책연구원은 1993년 12월 8일 제출한 『UR 타결의 경제적 효과』란 보고서에서, UR 협상의 타결로 수출이 증가하게 되는데 1995년에는 1십1억 달러, 2004년에는 2십8억5천만 달러어치의 수출이 더 증가해, 10년간 총 2백2십4억9천만 달러의 수출증대 효과가 있음을 강조했다. 한편, 농산물의 수입증가에 따른 농업소득피해는 10년간 연평균 약 3억9천만 달러(5천억원)를 예상했다.[102] 이는 한국농촌경제연구원이 예상한 연평균 농가

---

100) 한국농촌경제연구원, 『농업여건의 변화와 정책전환의 방향』 (서울: 한국농촌경제연구원, 1993), 대우경제연구소, 『우루과이라운드와 한국경제』, p. 624에서 재인용.
101) 「동아일보」, 1991년 11월 5일자 참조.

피해액 6억4천만 달러(8천3백억원)에 비해 2억4천만 달러(3천3백억원)이상 차이가 있다. 그리고 대외경제정책연구원은 국가전체로는 10년간 2백8십3억1천만 달러(3십6조8천억원)의 총체적 이익을 확보하게 될 것임을 강조했다. 또한 보고서에서는 쌀 문제 등으로 UR 협상을 거부했을 경우 무역보복으로 인해, 1995년부터 10년간 4백3십1억 달러 이상의 피해가 발생하고, 참여했을 때 얻을 수 있는 소득증대효과 등 기회비용까지 합친다면 7백1십4억 달러의 국민소득이 감소하는 결과를 초래하게 된다는 점을 부각시켰다. 한국농촌경제연구원은 UR 협상에 참여함으로서 입게 되는 농축산물 분야의 피해를 최대한 부각시켰던 반면, 대외경제정책연구원의 보고서는 UR 협상에 참여하지 않을 경우 입게 될 한국경제의 총체적 피해액을 최대한 부각시키고 있었던 것이다. 결국, 대외경제정책연구원의 보고서들은 농업부문의 손실보다는 국가 전체경제를 기준으로 판단하는 경제기획원의 입장을 대변하고 있었다. '국내 이해'와 '국제 압력'에 각자 동조하는 관료조직들의 입장이 UR 협상이 완료된 이후에도 지속적으로 작용하고 있었던 것이다.

경제기획원 산하의 또 다른 연구소인 한국개발연구원은 1993년 12월 6일에 열렸던 "UR 타결의 경제적 영향과 대응방향"이라는 세미나를 통해, 당시 UR 협상에서 논의되던 시장개방 내용을 그대로 수용한다고 해도 한국의 농가피해는 미미하다는 점을 부각시켰다. 즉, 농가 수의 감소에 있어, 60% 감소를 주장한 한국농촌경제연구원의 주장과 달리 한국개발연구원은 18~27%선의 감소를 지적했고, 쌀 자급률도 76.5%라는 비관적 결과를 제시한 한국농촌경제연구원과 달리 85~97% 수준의 자급률은 유지할 수 있을 것이라고 주장했다. 결국, UR 협상의 결과는 농촌 경제와 물가에 끼치는 피해는

---

102) 대외경제정책연구원, 『UR 타결의 경제적 효과』(서울: 대외경제정책연구원, 1993): 「동아일보」, 1993년 12월 9일자: 「한국경제신문」, 1993년 12월 9일자.

미미하며, 공산품의 수출과 무역수지 개선, 경제성장에 대해서는 상당히 긍정적 결과를 초래하게 될 것이라는 점을 부각시켰다.[103]

반면, 한국개발연구원은 1993년 12월 6일의 정책협의회에서, UR 협상 참여로 인해 1995년부터 3년간 연간 0.35%~0.4%의 추가 경제성장이 가능하게 되었고, 수출 증가로 인해 연간 2십2억 달러의 무역수지 개선효과를 보게 되었다는 점을 보고하였다.

또한 경제기획원은 쌀 시장 개방이 확정된 이후 작성한 『UR 농산물협상과 대응과제』라는 자체 자료를 통해, 협상결과로 확정된 내용에 의해 수입된 쌀은 전량 정부가 구입해 비식량용으로 활용할 뿐 아니라 그 양도 많지 않기 때문에 실제 식량용 쌀의 가격에 미치는 영향을 거의 없다는 전망을 제기하기도 하였다.[104]

상공자원부 산하의 산업연구원은 UR 협상이 마무리되기 전인 1993년 12월 2일에 개최된 정책 세미나를 통하여 UR 협상 참여로 인한 수출증대 문제를 이미 집중적으로 부각시켰다. 2001년까지 년간 5억6천만 달러에서 6억4천만 달러어치의 국제수지가 개선되어, 총 4십5억 달러 이상의 이익을 보게 될 것이라고 주장하였다.[105] 이는 한국개발연구원이 국제수지 개선 규모로 제시한 내용의 두 배에 달하는 액수였다.

UR 협상과 쌀 시장 개방 문세에 있어, 최고정책결정자인 대통령은 높은 촉발정도를 보인 '국내 이해'의 입징에 동조하는 정치적 판단을 내렸던 반면, 국제적 업무를 담당하거나 UR 협상의 주무부서로서 주요 역할을 담당하는 부서들은 '국제 압력'의 가치와 연계하여 대통령의 정책선호와 상반된 내용들을 주장하고 있었다. 특히, UR 협상이 본격화되어 가면서 '국제 압력' 또한 강력해지기 시작하

---

103) 「조선일보」, 1993년 12월 7일자: 「한국경제신문」, 1993년 12월 7일자.
104) 「조선일보」, 1993년 12월 8일.
105) 「한국경제신문」, 1993년 12월 9일자.

자, 이에 동조하는 관료조직들은 '국내 이해'에 대항하고 대통령의 정책선호에 반발하는 자신들의 행동을 합법화시킬 수 있는 보다 강력한 수단들을 확보하게 되었다. 따라서 '국제 압력'에 동조하는 관료조직들의 관료정치적 행동들은 결국 대통령의 정책선호를 변화시켜 나가는 성과를 얻게 되었다.

3. 관료정치의 국제적 연계와 수평적 외교정책결정구조

UR 협상과 국내 쌀 시장 개방 문제는 한국의 외교정책에 있어 대통령의 정책선호가 정책으로 완성되지 못하고 실패한 사례였다. 그리고 이러한 과정에서 관료들이 대통령의 정책선호와 상반된 내용을 주장하고 행동하는 관료정치적 행위를 진행했다는 점을 발견할 수 있었다. 관료정치적 행위는 강력한 '국제 압력'의 가치와 연계한 관료조직들이 높은 촉발정도를 보인 '국내 이해'와 연계한 대통령의 정책선호에 직접적으로 반발하는 모습으로 나타났다. 대통령과 관료조직들간의 관계가 과거와 같이 수직적이고 위계적인 정책결정 구조로 진행되는 것이 아니라, 상당히 수평적인 정책결정구조를 보이고 있었던 것이다.

이러한 관료정치 진행과정의 유형은 바로 국내외의 환경적 요소와 상당한 관련이 있었다. '국내 이해'의 촉발정도가 강력하면서도 '국제 압력'의 강도도 높은 상황에서 이들간의 이익이 서로 상충될 경우, 최고정책결정자인 대통령의 선택은 매우 심각한 딜레마에 빠지게 된다. 다른 상품 시장은 개방해도 쌀 시장만은 절대 개방할 수 없다는 국내적인 반응과 국제적으로 거래되는 모든 상품과 품목은 예외 없이 시장을 개방해야 한다는 국제적 압력 사이에서 양쪽의 이익을 모두 충족시킬 수 있는 선택이란 현실적으로 불가능했기 때문이다. 결국, 대통령의 정책선호는 현실성이나 국가 전체적인 이익과는 상관없이 국내 정치적 위상을 확보하고, 국민적 지지를 유지하기 위한 형태로 진행될 수밖에 없었다. 국민들의 지지와 표가 필요했던 대통령으로서는 쌀 시장은 개방하지 않겠다는 정치적 판단을 하게 되었고, 이러한 모습들은 대통령이 바뀐 뒤에도 계속되었다. 따라서 '예외없는 시장 개방'을 강요하는 '국제 압력'의 이익은 대통령에 의해 자연스럽게 무시될 수밖에 없었다. 그러나 '국제 압력'에 동조하는 관료조직들은 대통령이 정책선호를 구체화하는 과정에서 배제시킨 상반된 이익을 중심으로 대통령의 정책선호와 상반된 내용으로 행동하였다. 비록 모든 관료조직들이 알고 있던 사실이었다 하더라도, '국제 압력'에 동조하는 조직들은 다른 행위자들과 달리 현실적으로 쌀 시장 개방은 불가피하다는 점을 공개적으로 거론하고 있었던 것이다. 그리고 '국제 압력'과의 연계를 통해 취약한 자신들의 국내적 위상을 보완하고 있었고, 관료정치적 행위를 진행하는 힘의 근원으로 삼고 있었던 것이다.

예컨대, '국제 압력'과 연계한 관료조직들의 관료정치적 행위들은 UR 협상이 구체화되어 가는 정도와 합의의 도출 여부, 그리고 UR 협상을 주도했던 미국의 압력이 강력해지고 구체적으로 표면화되는 시점과 병행하여 진행되었다는 점을 인식할 필요가 있다. 이는 본 연구에서 관료정치 진행과정의 첫 번째 유형으로 살펴본 '균열적 연계 과정'에서 '국제 압력'이 관료조직들의 관료정치적 행동을 가능케 하는 권력의 원천이 된다는 점을 설명해주고 있는 부분이기도 하다. 대체로 '국제 압력'에 동조하는 관료조직들의 관료정치적 행동이나 발언들은 UR 협상에 참가하고 있거나 참가한 직후, 또는 한-미 양국 간의 접촉 직후에 공개적으로 나타나는 모습을 보였다. 1990년 12월 한국은 NTC에 집착하고 있었다. 그러나 통상 관련 정부조직들은 브뤼셀 각료회담 이후, UR 협상에서 NTC 인정은 현실적으로 불가능하며, 정부는 이제 '말장난을 거두어야 한다'고 언급했다. 1991년 4월 23일 UR 협상에서 실무대표로 참가하고 있던 박수길 주제네바 대사의 발언과 1991년 4월 23일 미국을 방문 중이던 이봉서 상공부 장관의 발언도 무산될 것으로 예상되던 UR 협상이 다시 본격화되던 국제적 상황과 관련되어 있었다. 1991년 2월 둔켈 총장의 제안서를 근거로 UR 협상이 다시 재개되었고, 1991년 3월부터 국가들마다 기술적 의제가 협의되고 있던 시점이었던 것이다. 그리고 이들의 발언은 바로 이러한 기술적 협의 문제와 관련한 국제적 분위기와 그 추세를 확인한 이후에 언급된 것들이었다. 1991년 11월 24일에는 UR 협상 실무대표단 단장이었던 김인호 경제기획원 대외경제조정실장이 쌀 시장의 개방 불가피성을 발언하였다. 이 역시 1991년 11월 12일 미국 무역대표부(USTR) 칼라 힐스 대표와 이봉서 상공부 장관과의 회담이 있었다는 점, 그리고 '둔켈 최종의정서 초안'을 마련하기 위한 '작업초안'(Working Paper)이 1991년 11월 21일 제시된 이후라는 점을 염두에 둔다면 이해될 수 있는 부분이다. 1992년 12월 30일에는 박수길 주제네바 대사가 '쌀 시장 개방을 계속 반대하던지, 아니면 GATT를 거부할 것인지를 택해야 한다'고 강력한 톤으로 거론하였다. 이 역시 농산물 보조금 지급 문제와 관련하여, 1992년 11월에 미국과 EC간에 블레어 하우스(Blair House) 협정이 합의된 이후라는 점에 주목해야 한다. 결국, 이러한 국내 관료들의 공개적 발언과 대통령의 정책선호에 대한 반발은 바로 국제사회의 분위기와 '국제 압력'을 확인한 이후에 진행되어온 행동이라는 점에서 '국제 압력'이 관료정치적 행동을 진행하는 주요한 요인으로 작용하고 있었다는 점을 확인할 수 있다. 덧붙여 1992년 12월 30일 귀국한 박수길 주제네바 대사의 발언에서도 이러한 측면을 확인할 수 있다. 박 대사는 1993년 1월 4일부터 재개되는 UR 협상을 위해 "본부의 훈령을 확인하고, 현지 분위기를 전달하기 위해 일시 귀국했다"고 언급했다. 그리고 이날 박수길 대사는 "쌀 시장 개방 또는 GATT 체제 잔류 등에 대한 정책적 결단을 내려야 한다"는 발언도 같이 했다.[106] 이를 종합하건대, 이처럼 대통령의 정책선호와 상반된 내용을 의미하는 관료들의 공개적인 발언이 가능했던 것도 바로 본부에 전달하고자 했던 '현지 분위기'에 근거한 판단의 결과였다는 점이다. '국내 이해'와 상반되는 이익을 지향하는 '국제 압력'이 관료들의 정치적 행동과 발언을 가능케 했던 배경으로 작용하고 있었음을 유추해 볼 수 있는 부분이다.

그리고 UR 협상에서 농산물시장의 개방을 전제로 미국-EC-일본-캐나다-호주 등 서방 국가들간에 개별적 협상이 진행되던 1993년은 '국내 이해'에 근거한 새 대통령의 정책선호가 다시 확인되었지만, 결코 절대적이지 못했고 설득력도 잃어가고 있었다. 관료들의 정치적 행동이 공개되지 않았다 하더라도 서방 국가들간의 협상과정을 통해 이미 '국제 압력'의 강력함을 확인할 수 있었기 때문이다. 그리고 문제는 '개방'이 아니라 '정도'라는 점이 상당한 공감대를 형성하고 있었다. 정부에서는 계속 '쌀 시장 개방 불가'를 강조하고 있었지만, 국민들을 안심시키기에는 더 이상 충분하지 못했고, 관료 조직 내부에서는 쌀 시장 개방이 불가피함을 인식하고 있었던 것이다. 이러한 측면들은 1993년 중반부터 니타나고 있었다. 1993년 7월 클린턴 미 대통령의 방한과 한-미 정상회담, 1993년 11월 중순의 APEC 정상회담과 한-미 정상회담에서는 북한 핵문제는 거론되었지만, 한국의 쌀 시장 개방 문제는 구체적으로 거론되지 않은 것으로 알려지고 있다. 이미 이 시기부터 대통령의 정책선호는 내부적으로 '국제 압력'과 동조하는 형태로 대체되고 있었던 것이다. 또한 한국의 국내 쌀 시장 개방 문제를 최종적으로 논의한 한-미 농산물 협상이 1993년 12월 초 에스피 미국 농무장관과 허신행 장관간에

---

106) 「조선일보」, 1992년 12월 31일자.

개최되었다. 그런데 이 회담에서 이틀이 소요된 3차례 회담만에 일정한 합의를 이루었고, 4차 회담에서는 30분만에 한국의 쌀 시장 개방 문제에 대한 최종 협상이 종료된 사실[107]을 보더라도 1993년 후반기의 당시에는 쌀 시장 개방에 대한 한국 정부의 사전준비가 일정부분 진행되어 있었다는 점을 예측할 수 있다.

전반적으로 '국내 이해'만큼 강력한 '국제 압력'이 관료조직들로 하여금 대통령의 정책선호에 공개적으로 반발하게 만들었고, 대통령의 정책선호를 새로운 가치로 바꾸어 정책을 완성시키게 만드는 주요한 요인으로 작용하고 있었다. 대통령의 정책선호가 정책으로 완성되지 못하도록 만든 본질적 요소는 '국제 압력'이지만, 현실적으로 이를 진행시킨 것은 '국제 압력'과 동조한 관료조직이며, 이러한 관료조직의 행동들은 '균열적 연계 과정'의 관료정치적 행위로 나타난 것이다.

제3절 관료정치와 대통령 '정책선호의 대체'

1993년 7월에 이어 11월에 UR 농산물 협상의 마감 시한이 1993년 12월 15일로 확정되면서 한국 정부는 더 이상 국제 사회에 대해 쌀 시장 개방을 반대할 수 없게 되었음을 확인하게 되었다. 이후 한국정부는 공식적으로는 '쌀 시장 개방 불가' 입장을 반복했지만, 내부적으로는 개방 불가피성을 인지하고 있었고, 이익을 최대한 확보할 수 있는 협상조건을 실현시키기 위해 노력하였다. 그리고 '국제 압력'을 수용할 수밖에 없다는 점을 국제화·세계화의 논리를

---

107) 당시 회담 진행과 관련한 스케치성 기사내용은 「동아일보」, 1993년 12월 14일자 참조.

통해 국민들에게 홍보하고, 농산물 시장 개방으로 인한 피해 보상 차원의 정부 대책들을 대규모로 제시함으로서 '국내 이해'를 설득시키는 작업을 진행해 나갔다.

쌀 시장 개방을 결정했다고 해서 대통령을 포함한 정부 관계자들을 '매국노', '계유오적'이라고 호칭할 만큼 높은 촉발정도를 보인 '국내 이해'와 세계 125개국이 참여할 만큼 일반적인 국제적 가치, 그리고 통상과 관련된 새로운 레짐(regime)을 형성하는 강력한 '국제 압력' 사이에서 대통령의 정책선호는 '국내 이해'를 결정하는 형태로 진행되었다. 그리고 관료조직들은 '국제 압력'에 동조하여 대통령의 정책선호에 직접적으로 반발함으로서, '균열적 연계 과정'에서 확인할 수 있는 관료정치적 행태를 진행하는 양상을 보였다. 그리고 이러한 관료정치 진행과정에서 대통령은 '국내 이해'에 근거한 정책선호를 포기하고 '국제 압력'에 근거한 가치를 기준으로 한 새로운 정책선호로 대체시킬 것을 요구받았다.

'국제 압력'이 강력해 질수록 관료조직들의 관료정치적 현상은 더욱 구체화되고, 강력해지기 시작했다. 결국, 대통령은 정책선호를 구체화하던 당시에 포기했던 '국제 압력'의 가치로 정책선호를 대체해야만 하는 상황에 직면하게 되었다. '국내 이해'의 촉발정도가 강력했다는 점을 염두에 둔다면, 대통령의 정책선호가 서로 대립된 다른 가치로 대체될 때에는 그만큼 어려운 작업을 병행해야만 했다. 1993년 12월 1일 한국정부는 대외협력위원회 회의를 통해 쌀 시장 개방은 불가피하다는 정부입장을 공식적으로 밝혔고,[108] 12월 4일 제네바에서 열린 에스피 미국 농무장관과 허신행 농림수산부 장관간에 개최된 한-미 UR 농산물 협상에서는 이처럼 변화된 정부 입장을 기초로 협상을 진행하였다. 이처럼 국내 쌀 시장의 개방을 정부입장으로 확정한 이후인 1993년 12월 9일 김영삼 대통령은 '국

---

108) 「조선일보」, 1993년 12월 3일자.

익을 위해 국제화를 선택했다'며 국민에게 공개적인 사과를 했다. 대통령이 공중파 방송을 통해 국민들에게 공식적으로 사과하는 모습은 결코 흔한 일이 아니다. 그만큼 대통령으로서도 '국내 이해'와 상반된 행동을 하는 데 대한 부담감을 갖고 있었던 것이다. 그리고 1993년 12월 13일 에스피 농무장관과 허신행 농림수산부 장관간에 진행되던 한-미 농산물 협상은 '10년 이상 유예'를 조건으로 '쌀 시장의 관세 수용'에 합의하였다. 1994년 2월 15일 UR 협상(당시는 WTO 체제) 참여를 위한 국별 이행계획서[109]를 국무회의에서 의결하기 전에, 김영삼 정부는 1993년 12월 21일 쌀 시장 개방에 대한 책임을 물어 총리를 경질하고 대폭적인 개각을 단행함으로서 민심수습 작업을 진행하였다.[110] 청와대에는 농수산 비서실을 신설하여 농산물에 대한 대통령의 깊은 관심을 과시하였다. 1994년 1월 3일 정부가 발표한 농업발전 후속조치들 중에는 '농어촌 발전세'의 신설이 포함되어 있었고, 향후 1998년까지 9조8천억원의 방대한 재원을 농업발전을 위해 투자하겠다고 약속하였다.[111] '국내 이해'와 상반된 결정을 내린 데 대한 국민적 반발을 무마시키기 위해서는 값비

---

109) 한국이 국별 이행계획서를 통해 확정한 농산물 시장개방 내용은 대우경제연구소, 『우루과이라운드와 한국경제 - 산업별 최종 협정 내용과 대응전략』, pp. 610-632 참조.

110) 김영삼 정부는 정기인사이기도 했지만, 국무총리를 황인성에서 이회창으로 교체하고, 경제기획원 장관을 이경식에서 정재석으로, 농림수산부 장관을 허신행에서 김양배로 교체하였다. 한편, 이후에 이어진 인사에서 청와대가 UR 협상과 관련된 국민들의 비판적 분위기를 상당히 의식한 인사를 진행했다는 사실을 발견하게 된다. 쌀을 포함한 농산물 시장 개방과 관련하여 김영삼 정부는 청와대에 '농수산비서실'을 신설해 최양부 당시 농촌경제연구원 부원장을 수석비서관으로 임명했다. 그리고 1994년 4월초에는 UR 최종 이행계획서 수정 파문과 관련해 김양배 농림수산부 장관을 전격 경질하고, 최인기를 새장관으로 임명하였다. 「조선일보」, 1994년 4월 5일자. 당시에 청와대는 농산물 문제에 대해 정치적으로 매우 민감하게 반응하고 있었다는 사실을 확인할 수 있다.

111) 「대한매일」, 1994년 1월 4일자.

싼 다양한 작업들을 병행해 나가야만 했다.[112]

한편, UR 협상 및 쌀 시장 개방과 관련된 일련의 사건들을 분석함에 있어, 본 연구가 시도하고 있는 관료정치적 개념의 적용과 달리, 한국외교정책에 대한 기존의 정책결정모델들은 얼마나 적절한 설명을 제시할 수 있을 것인가 하는 문제가 검토되어져야 할 것이다. 우선, 국제체제결정모델의 경우, 국제적 압력이 강하게 작용하고 있었다는 점에서 설명할 수 있는 부분들이 많을 수 있다. 특히 최종적인 정책산출이 '국내 이해'가 아니라 '국제 압력'에 동조하는 가치로 대체되는 형태로 완성되었다는 점과 관련해서는 국제체제결정모델이 설득력을 가질 수도 있다. 그러나 이러한 설명은 외교정책의 결정과정들은 완전히 제외한 채 단순한 결과와 정책 내용만을 고려한 것으로서, 설명할 수 있는 내용의 범위가 극히 일부분으로 제한될 수밖에 없다. 즉, 최고정책결정자인 대통령은 왜 국내 이해에 동조하는 정책선호를 형성할 수밖에 없었는가? 그리고 일부 관료조직들은 왜 대통령의 정책선호에 반박하는 행동을 진행했는가? 왜 국제압력에 대한 대통령과 관료, 국민들의 반응이 일치하지 않았는가? 관료조직들 내부에서 발생한 대립과 경쟁, 대통령과 관료들간에 발생한 정치적 행위들은 어떻게 설명할 수 있을 것인가? 또 국제체제가 관료들의 행동을 지배했다기보다, 관료조직들이 국제체제의 압력을 적절히 이용했다고 평가할 수는 없는가? 등과 같이 정책결정 과정에서 발생된 다양한 내용들을 설명하기에는 역부족인 것이 사실이다. 무엇보다도, 왜 한국이 미국 등과 달리 UR 협상에서 가장 마지막으로 합의했을 만큼 쌀 문제에 끝까지 집착했는가? 와 같은 국내적 요인들을 전혀 설명할 수 없다는 치명적 약점을 안고 있다. 국

---

112) 당시 정부가 준비 중이던 「농어촌 발전대책」의 내용은, 국회사무처, 『1994년도 국정감사 - 행정경제위원회 회의록, 경제기획원 (1994. 10. 10)』 (서울: 국회사무처, 1994), pp. 16-17 참조.

제체제결정론은 국내적인 특성을 전혀 설명할 수 없기 때문에 대통령의 정책선호가 외교정책화에 실패하는 과정에서 발생하는 관료조직들간의 정치적 행동과 대통령과 관료조직들간의 정치적 행동들을 적절히 설명할 수 없는 분명한 한계를 가지고 있는 것이다.

한편, 대통령을 중심으로 한 분석모델과 접근법들은 개인의 합리성에 근거하여 '국내 이해'에 기초한 대통령의 정책선호를 적절히 설명해낼 수 있을 것이다. 그러나 국제체제결정론에 비하면 적절히 설명할 수 있는 내용들이 더욱 빈약하다. 과연 대통령의 정책선호가 정책으로 완성되지 못한 현상을 어떻게 설명할 수 있으며, 그 과정에서 발생한 관료들의 일정한 행동들은 어떻게 설명할 것인가 하는 문제에 대해서는 매우 심각한 한계에 부딪힌다. 국민에 대한 약속을 어기게 된 것에 대해 국민에게 사과함으로서 대통령의 위신과 권위가 실추되고, 정권에 대한 심각한 국민적 불신까지 초래하게 된 상황을 합리성의 개념만으로는 결코 충분히 설명할 수 없다. 대통령의 정책선호에 대해 관료들이 반발하고, 오히려 상반되는 가치를 정책선호의 내용으로 대체할 것을 요구하는 관료들의 행동이 진행되는 상황을 대통령이라는 단일 요소만으로 설명하기에는 분명한 한계가 있다. 이러한 내용들을 설득력 있게 설명하기 위해서는 바로 관료의 존재에 대한 인식, 외교정책결정과정에 있어 행위자들간의 정치적 행동에 대한 인식들이 반드시 포함되어져 있어야만 한다.

결국, 쌀 시장 개방 문제가 등장하면서부터 외부의 관찰자들이 확인할 수 있었던 일련의 모습들은 바로 관료정치적 현상이었다. 대통령 정책선호의 변화, 관료들의 정치적 행동, 수평적인 정책결정구조 등 일련의 모습들을 설명하는 데에는 관료정치적 개념을 적용하는 것이 다른 외교정책 결정모델에 비해 보다 적실성 있는 설명을 제공해 주고 있다. 집권을 위해서는 국민들의 표가 필요했기 때문에 '국내 이해'를 중심으로 정책선호를 판단했고, 정권에 대한 국민 지지를 유지하기 위해서는 국민들의 불만과 반발이 제기될 때마다 쌀 시장은 개방하지 않는다는 입장을 반복적으로 재확인해야만 했던 청와대의 행동이나, 쌀 시장 개방의 불가피성을 현실적으로 인지하고 있었음에도 불구하고 조직의 생태적 논리상 개방의 불가피성을 주장할 수 없었고, 오히려 국가 전체적인 이익보다는 조직의 관리영역인 농산물의 가치에만 집착하는 모습을 보인 농림수산부의 행동들도 결국 관료정치적 현상의 대표적 모습이라 하겠다. 또한 대통령의 정책선호와 지시에 반대되는 내용임에도 불구하고, 자신의 정치적 행동을 정당화시킬 수 있는 '국제 압력'의 요소들을 확인할 때마다 개별적인 조직 이익에 근거하여 행동했던 통상관련 부처들의 행동도 조직이익과 관련된 관료정치적 개념으로 설명이 가능하다. 이처럼, 농림수산부와 상반된 행동을 보인 통상관련 부처 및 외무부의 행동들이 철저한 조직이익에 근거하고 있었음을 확인하게 된다. 이들 조직들은 '국내 이해'와 대통령의 정책선호에 반발할 만큼 '국제 압력'이 강력해졌다는 점을 확인할 경우에는 '국제 압력'을 기반으로 자신들의 입장을 구체적으로 언급하면서 공세적으로 행동한다. 그러나 자신의 행동들이 대통령의 정책선호와 '국내 이해'에 상반되는 행동이기 때문에 '국내 이해'의 촉발정도가 높고, '국제 압력'이 이에 대응할 만큼 강력하지 않을 때에는 자중하면서 침묵하는 모습만을 보인다. 이러한 상황에서 '국세 입력'을 대변하는 것은 오히려 조직이익을 해롭게 하는 행동이 될 수도 있기 때문이다.

이상에서 살펴본 바와 같이, UR 협상과정에서 나타난 국내 쌀 시장 개방 문제는 한국외교정책에 있어 대통령의 정책선호가 외교정책으로 실현되지 못하고 실패했으며, 그 과정에서 관료들의 정치적 행동을 확인할 수 있었던 사례라 할 수 있다. 이는 국내적으로는 '국내 이해'의 촉발정도가 높고 국제적으로는 '국제 압력'이 강력한 국내외의 상황에서 전개되었다. 그리고 이 경우에 나타나는 관료정치적 현상은 대통령이 '국내 이해'와 연계하는 반면, 관료정치적 행동을 진행하는 관료조직들은 '국제 압력'과 연계함으로서, 대통령과 관료조직들이 서로 다른 이익에 균열적으로 연계하는 '균열적 연계 과정'과 강한 상관관계를 갖고 있음을 확인할 수 있었다. 또한, 이러한 '균열적 연계 과정'의 유형은 대통령의 정책선호 내용을 다른 경쟁적 가치로 대체하도록 만드는 '정책선호 대체형'의 정책산출 유형을 유도함으로서, 이들간에는 상대적으로 높은 상관관계를 갖고 있음을 확인할 수 있었다.

제Ⅵ장 사례 2: '구조적 대립 과정'과 '정책선호 왜곡' - 1992년~1993년 대북 통일정책

　국제적으로 특별한 제약요건이 없는 상태에서 국민들의 강력한 요구를 외교정책으로 실현시키기 위해 취해진 대통령의 지시와 정책선호가 관료조직들의 자의적 판단과 정치적 행동에 의해 정책화에 실패한 사건이 발생하였다. 이 과정에서 관료조직들은 서로 자신의 조직이익에 부합하는 형태로 상황을 해석하고 판단하는 모습을 보였다. 또 서로 상대방의 상황판단이 잘못되었고, 사태를 악화시킨 주범이라고 공격하는 모습들이 공개적으로 나타났다. 대통령의 지시가 관료조직에 의해 왜곡되어 나타나는 경우도 흔치 않지만, 관료조직들이 대통령의 정책선호보다는, 조직들간의 경쟁과 갈등에 치중하는 경우도 흔치 않다. 대통령의 정책선호를 정책으로 완성하기 위해 기능적으로 행동해야할 관료들이 정치적으로 판단하고 행동함으로서 나타난 현상인 것이다. 이 사례는 국민도 실현되기를 희망하고 있고, 최고정책결정자인 대통령도 실현되기를 원하는 정책이라 하더라도, 대통령의 정책선호가 정책으로 완성되기 위해서는 관료들의 일정한 기능과 역할이 반드시 필요하다는 사실을 확인시켜주고 있다. 이러한 일련의 과정들은 국제적 환경보다는 국내적 환경이 주요하게 작용하고 있었기 때문에 국제체제를 중심으로 한 접근은 설명이 불가능하다. 또 대통령의 정책선호가 완성되지 못하고 실패했기 때문에 대통령이라는 단일 행위자만으로도 충분히 설명될 수 없다. 대통령이외의 행위자들에 주목할 필요가 있다. 바로 관료들의 정치적 행동들을 주요한 개념으로 채택하고 있는 관료정치 모델의 적용이 필요한 경우라 하겠다.

2차 세계대전이후 지속되고 있는 한반도의 분단과 냉전적 상황은 20세기 말의 독일 통일과 국제사회의 냉전 종전에도 불구하고 21세기까지 지속되고 있다. 한반도의 통일과제는 한국 외교정책에서 중요한 비중을 차지하고 있다. 한반도의 통일은 해당 정권에게는 중요한 외교적 성과가 될 수 있을 뿐 아니라, 그동안 국제사회에서 한국의 행동반경을 제한해온 외교적 현안을 해결하는 것이기 때문이다. 또한 이산가족 문제와 같이 애절한 국민적 요구사항을 해결하는 것은 국내 정치적인 정통성을 확보할 수 있는 호재이기도 하다. 따라서 그동안 역대 정권들은 분단된 민족의 통일을 위한 한국의 통일정책을 '민족적 사명'이라며 그 중요성을 비중 있게 역설해 왔다.

그런데 한국에게 있어 북한의 존재는 동족이면서도 적이라는 상반된 가치를 함께 가지고 있다. 피를 나눈 형제이며 동포이긴 하지만, 이념 차로 인해 3여년간 한국전쟁을 치른 적이라는 사실을 잊을 수가 없는 것이 사실이다. 이처럼 동일한 대상에 대한 상반된 인식이 서로 공존하는 것과 관련하여, 한국 국민들은 상당한 혼란과 아노미적인 현상에 직면하는 경우가 발생하기도 한다. 예컨대 1999년 6월 8일부터 15일간 서해에서는 남북한의 해군 함정들끼리 포탄이 오가는 실전 전투상황이 전개되는가 하면, 바로 그 시각 동해에서는 1998년 11월부터 시작된 북한 금강산 관광에 참여하는 한국인 관광객들을 실은 유람선이 한국과 북한을 오가고 있었다. 한국 해군의 많은 희생자를 초래했던 2002년 6월 29일의 서해교전 당시에 전개되었던 서해와 동해의 상반된 모습들도 이와 크게 다르지 않았다. 과연 어떤 모습이 진정한 남북한간의 관계를 말해주는 부분인지를 확인하기가 쉽지 않은 것이 사실이다. 50여년 동안 분단상황이 지속되면서 북한에 대한 한국 국내의 개념 규정도 시대와 상황에 따라 다양하게 변화해 왔다. 그 결과 한국은 세대별로 북한을 인지하는 내용과 인식 내용이 서로 다른 것도 사실이다. 바로 이러한 점들이 한국의 정부조직과 통일정책에도 반영되고 있다. 정부 조직에 있어서도 북한을 한 민족으로 인식하고 남북 대화와 협상을 통해 평화를 정착시키고 민족화합과 통일을 준비해야 한다고 강조하는 관료조직이 있는가 하면, 적의 개념으로서 북한의 남침과 파괴공작에 대비하여 항상 부정적으로 북한을 인식해야만 하는 관료조직들도 있다.[1] 결국, 통일을 준비해 함께 살아야할 동족이면서도 가상의 적으로서 항상 경계해야할 대상이 북한이라는 서로 상충되는 가치의 혼조 현상은 관료조직을 비롯한 한국사회 전반을 지배하고 있으며, 한국의 외교정책 형성에도 중대한 영향을 미치고 있는 것이다.

외교정책의 형성과 관련하여, 첫 번째 사례에서 살펴본 경우처럼 국가 내부와 외부간의 가치 충돌 뿐 아니라, 국가 내부적으로 서로 상반된 가치가 존재하는 경우에도 일정한 정치적 판단은 불가피하다. 이처럼 한국의 대북정책과 통일정책에 있어 상반된 인식이 관료조직 내부에 공존한다는 것은 바로 관료정치적 현상을 유발시키는 본질적 요인으로 작용하게 되는 것이다. 정부조직의 구조상 서로 융화될 수 없는 차별적 이익들을 개별 조직들의 기본적 이익으로 채택하도록 되어 있는 한, 태생적 출발이 상충되는 관료조직들로서는 자신들의 이익에 충실한 정책을 추진하는 과정에서 부처간의 대립과 갈등에 직면하는 것은 불가피한 현상이 된다. 그리고 그 결과는 관료정치적 행위로 나타나게 되는 것이다.

일반적인 국가의 경우에는 외무부와 국방부간의 정책적 대립이 종

---

1) 물론 김대중 정부 후반기부터 북한에 대한 '주적' 개념의 사용과 관련하여 상당한 논란이 진행되기도 하였지만, 기본적으로 국방부는 북한을 '주적'으로 규정하고 북한의 침략과 군사위협에 대응하는 것을 국방목표로 설정해 놓고 있다. 국방부, 『국방백서, 1999』 (서울: 국방부, 1999), p. 52 참조. 또한 국가정보원은 대공수사국, 대북공작국, 대북심리전실 등을 설치해 놓고 있으며, 북한을 정보업무의 주요 대상으로 삼고 있다. 국가정보원 홈페이지, *http://www.nis.go.kr* 참조.

종 발생한다. 그런데 외무부와 국방부는 대체로 국제사회의 일반적인 대상을 전제로 하고 있다. 반면, 한국의 경우에는 북한이라는 특정한 대상만을 상대하고 특정한 목적을 태생적 가치로 설정한 관료조직이 있고, 이에 대한 상반된 인식을 갖고 있는 조직이 공존하고 있다는 점에서 여타 국가들에 비해 차별적인 특색을 갖고 있다. 따라서 북한을 동족으로 인식하고 남북대화와 호의적 접근에 우선순위를 두는 통일원과 국가안보와 안전에 초점을 맞추면서 북한을 적으로 인식하는 국가안전기획부(국가정보원)의 상반된 입장간에는 대북 정책의 추진과정에서 정책 마찰이 발생하는 것이 어쩌면 당연한 것인지도 모른다.

그러나 권위주의 정권 시기에는 이러한 정부 조직의 구성과 무관하게 최고정책결정자를 중심으로 한 소수에 의해 외교정책이 결정되었다. 그리고 관료조직들의 역할은 외교정책의 완성을 위한 기능적인 측면에 국한되어 있었다. 따라서 비록 이러한 정부 구조상의 대립적 요소들이 있었다 하더라도, 정부조직들이 서로 정치적으로 행동함으로서 부처간 갈등이 표면화될 가능성은 적었다. 그러나 제Ⅲ장에서 살펴본 바와 같이, 탈냉전, 민주화, 국제화 및 세계화, 정보화 등, 외교정책의 환경이 변화하면서 외교정책의 과정과 내용이 공개되기 시작했고, 행위자가 다양화되면서 관료조직들의 행동반경이 확대되기 시작하였다. 그 결과 관료조직들은 기능적인 역할 이외에 정치적 역할을 수행하는 일이 많아지게 되었고, 관료조직들간의 대립 가능성도 확대되게 된다. 특히, 한국의 경우에는 민주화의 진행과 함께 그동안 다소 왜곡되어 있던 정부 조직의 구조와 조직간의 관계가 정상화되면서, 이러한 대립 가능성을 더욱 확대시키고 있다. 형식적인 정부 구조와 실질적 정부 운영간의 괴리, 외교정책에 대한 주도권 장악의 문제 등은 이러한 관료정치적 현상을 더욱 확대, 심화시키는 결과를 초래하고 있는 것이다.[2]

---

2) 대표적인 사례 연구로서 한국의 국가정보기관과 통일부간의 관계를 분석한

본 장에서 살펴볼 '훈령조작사건'은 바로 통일원(통일부)과 국가안전기획부간의 상반된 조직이익에 의해 발생한 관료정치적 현상과 관료조직들간의 지속적인 대립 및 갈등 현상의 대표적인 사례이다. '훈령조작사건'은 노태우 정권의 후반기인 1992년도에 발생했지만 단발성 사건으로 종료된 것이 아니라, 김영삼 정권 초반기인 1993년 이인모 북송사건으로 이어졌고, 1993년 말까지도 연속성을 가진 채 반복됨으로서 관료조직들간의 정치적 행동과 대립 현상을 심화시키고, 지속시키는 결과로 나타나게 된다.

제1절 국내외 환경과 이익의 상충

1945년 일본 식민지로부터 독립한 한국은, 남북한간의 이념적 대립으로 인해 분단되는 또 다른 시련을 겪게 된다. 1948년 8월에는 한반도 남쪽에서 자유민주주의와 시장경제를 기본적 가치로 하는 대한민국 정부가 단독정부를 수립했고, 1948년 9월에는 북쪽에서 사회주의와 공산주의를 기본적 가치로 하는 별개의 단독정부가 수립되었다. 그리고 1950년에 발생한 한국전쟁은 이러한 남북간의 분열과 대립을 극한 상황으로 까지 악화시켰다.

해방과 함께 현재까지 지속되고 있는 한반도의 분단은 남-북한 양쪽의 정치, 경제, 사회, 문화 전 분야에 막대한 영향을 미쳤다. 정치적으로는 남북한 정권이 서로 정통성을 주장하며 경쟁했고, 상대방 정권에 대해 배타적인 모습을 보여왔다. 또 남북한 모두 상대방 정권의 군사적 위협을 이유로 권위주의화되는 양상을 보였으며, 장기

배종윤, "1990년대 한국의 대북정책과 관료정치: 통일부와 국가정보원을 중심으로," 「한국정치학회보」, 제37집 5호 (2003), pp. 147-165 참조.

집권과 정권의 안정화 수단으로 분단상황을 이용함으로서 민주화를 지연시키는 결과를 초래하였다. 경제적으로도 경제성장에 투자되어야할 막대한 자원과 비용들이 군사비 지출로 낭비됨으로서 분단상황은 효과적인 경제성장을 저해하는 요인으로 작용하여 왔다. 사회적으로는 50년이 넘는 분단의 장기화와 남북한 상호 체제에 대한 적대감 및 배타성으로 인해, 민족간의 동질성 확보보다는 이질성의 심화를 초래하여 왔다. 언어의 이질성은 물론이고, 가치관과 규범의 이질성은 그 범위와 강도가 매우 심각해 통일비용을 증폭시키고 있다.[3] 또한 이산가족 문제는 심리적, 정신적 고통까지 심화시키고 있다.

이러한 상황 속에서 한국의 통일정책 기조[4]는 국내외의 환경과 시기에 따라 변화되어 왔다. 1945년 이후 1950년대까지는 '승공 통일논리'가 지배적이었다. 한국전쟁 등으로 북한 정권에 대한 적개심이 고조된 상황에서 '잃어버린' 북쪽의 영토를 회복하고 지리적으로 통일된 국가를 건설한다는 통일논리가 정책의 주된 기조였다. 1960년대에는 악화된 한국경제에 대한 대응책으로써 '선 경제발전, 후 민족통일'의 논리가 확산되었고, 통일정책 기조의 핵심을 이루었다. 1970년대 냉전이 약화되면서, 남북한 관계에서도 변화가 발생했다. 남북한도 정부간 대화가 본격적으로 진행되면서, 상호간의 실체를 인정하게 되었다. 물론, 북한을 독립적인 주권국가로 인정하지는 않지만, 그 정치적 실체는 인정한 것이다. 1980년대에는 민족 중심의 통일론이 제기되었다. 보다 현실성 있는 통일논의를 위해서는 민족을 중심으로 한 공동체의식 확보가 효과적이라는 인식의 결과였다. 1990년대에는 비록 상호간에 독립국가로서의 존재를 인정하지는 않

---

3) 남북한이 처한 이질성 문제를 강조하면서, 본격적인 한반도의 통일 논의에 대해 부정적인 입장을 표명한 글로서는, 박성조 외, 『남과 북, 뭉치면 죽는다』(서울: 렌덤하우스중앙, 2005)의 내용 참조.

4) 한국 역대 정부의 통일정책 기조와 내용에 대해서는, 통일교육원, 『통일문제 이해 2000』(서울: 통일부, 2000), pp. 75-106 참조.

았지만, '특수한 관계'로서 상호간의 존재를 실제적으로 인정할 만큼 한국의 통일정책은 현실화하였다. 1992년 남북한간에 체결된 '남북 사이의 화해와 불가침 및 교류·협력에 관한 합의서'(남북 기본합의서)는 이러한 모습을 구체적으로 규정해 놓고 있다. 2000년 6월에는 역사적인 남북정상회담이 성사됨으로써, 과거 냉전시절의 남북한 관계를 완전히 뒤바꿔 놓았다. 남과 북은 상호 공존의 대화상대로서 상대방을 인정할 만큼 남북한 관계도 성숙해지게 되었다.

그런데 이러한 한국의 대북 인식과 통일정책 변화는 국내적 환경만큼, 국제적 환경으로 부터도 상당한 영향을 받아온 것이 사실이다. 국제사회의 냉전과 관련하여, 한국은 한국전쟁을 계기로 생존을 유지하고 긴급한 안보문제를 해결하기 위해 동서간 냉전의 한 축에 적극적으로 참여하여 왔다. 특히 한국의 안보문제는 한국전쟁 이후 북한의 침략을 저지하는 것이 우선적인 목표였던 만큼, 한국의 통일 정책들도 이러한 냉전적 가치와 외부의 절대적인 영향력을 수용해야만 했다. 그동안 진행된 한국의 통일정책 변화 양상과 그 시점들이 국제 질서의 변화 양상 및 그 시점들과 대체로 일치하고 있다는 점에서도 이를 확인할 수 있다. 1950년대와 1960년대의 국제질서는 심각한 냉전이 진행되고 있었고, 한국의 대북정책과 통일정책도 '수복 통일' 개념의 강경노선이 주류를 이루고 있었다. 그러나 1970년대 미-중, 미-소간의 데탕트가 확산되면서, 한국의 대북정책도 급격한 변화를 시도했다. 1970년에는 8·15 선언(평화통일구상)을 성사시켰고, 1971년에는 남북적십자회담을 통해 분단 26년만에 남과 북은 공식적인 대화를 재개하였다. 1972년에는 7·4 남북공동선언을 통해 통일원칙에 합의하기도 했다. 국제사회의 데탕트 분위기가 남북한에게도 절대적인 영향을 미친 것이다. 1980년대의 신냉전은 남북한 관계도 얼어붙게 만들었다. 한국은 북한에 대해 다양한 화해의 손짓을 취했지만, 북한과의 구체적인 관계개선을 성사시키지 못했다. 이러한 현상은 1985년 소련의 고르바초프 정권이 출범하고 소련의 개혁과 개방정책이 추진되면서 새롭게 급선회하기 시작했다. 1989년 11월 독일 베를린 장벽의 붕괴, 1989년 12월 미·소 정상회담과 공식적인 냉전 종료 선언, 1991년 소련의 해체, 동유럽의 체제전환, 중국의 개혁과 개방은 한반도의 남북한 관계에도 급격한 관계개선을 가능케 했다. 1985년 9월 남북이산가족의 고향방문과 예술공연단의 교환방문이 성사되는가 하면, 1990년에는 남북고위급회담이 개최되었다. 1991년 9월에는 남북한이 UN에 동시 가입하는가 하면, 1992년에는 '남북사이의 화해와 불가침 및 교류·협력에 관한 합의서'가 체결되었고, 1994년에는 비록 개최되지는 못했지만 '남북정상회담 개최를 위한 합의서'가 채택되었다. 그리고 이러한 합의들을 기초로 하여 2000년 6월에는 남북정상회담이 마침내 성사되었고, '6·15 남북공동선언'도 채택되었다.

이처럼 한국의 통일정책은 국제질서의 변화 양상과 연동되는 모습을 보임으로써, 국내적 여건만큼 국제적인 환경으로부터도 절대적인 영향을 받아온 것이 사실이다. 그런데 1990년대 초 냉전이 공식적으로 종료되고, 국제화, 세계화의 흐름이 국제사회의 하나의 추세로 자리잡게 되면서 한국의 통일정책과 국제질서간의 연결고리가 차츰 약화되어 가는 양상을 보이기 시작했다. 물론 한국의 통일정책 중에서 북한의 핵 시설과 관련한 논란이나, 북한의 미사일 발사 문제와 같이 미국이나 일본, 중국, 소련 등 국제사회가 주목함으로서 국제적 성격을 띠게 되는 사안의 경우에는 한국의 통일정책과 남북한 문제도 국제적 환경으로부터 상당한 압력과 영향을 받는 상황이 계속되고 있다. 그러나 외교 사안·의 성격상 국제사회의 개입이 제한되어 있는 순수한 남북한간의 문제와 관련된 경우에는 남북한 관계가 국제적 환경과 무관하게 남북한 정부간의 독자적인 판단에 따라 움직이는 양상을 보이기 시작한 것이다. 1980년대 중반부터 시작된 이러한 현상은 1989년 독일 통일을 통해 자신감을 얻게 되었고, 2000년 6월의 남북정상회담 성사를 통해 더욱 강화되는 경향을 보이고 있다. 2000년 6월의 남북정상회담 경우에는 미국이나 일본, 중국, 소련 등의 압력보다는 남북한간의 독자적인 판단에 의해 진행되었다. 남북정상회담을 계기로 이제는 국제질서에 의해 한반도 문제가 영향을 받는 것이 아니라, 남북한간의 관계에 의해 국제질서와 국제환경이 영향을 받는 상황이 전개되기 시작했다는 점을 주목할 필요가 있다.[5]

한편, 본 장에서 살펴볼 1992년의 훈령조작사건과 연이은 한국의 대북 정책에서 나타난 관료정치적 현상들은 한국의 대북 통일정책과 국제적 환경과의 절대적 연결고리가 약화되는 시점에서 발생한 사건이었다. 또 해당 사건의 성격상 국제사회의 개입이 적극적으로 진행되기보다는 남북한간의 관계에 국한하여 진행된 사건의 성격이 강했다. 따라서 앞에서 살펴본 ‘균열적 연계 과정’과 달리 ‘국내 이해’는 높은 촉발정도를 보이는 반면 ‘국제 압력’의 강도는 다소 약한 경우에 해당된다. 독립변수들간의 조합 내용이 다른 만큼 이 경우에 진행되는 관료정치적 현상은 ‘균열적 연계 과정’의 유형과는 사뭇 다른 형태로 관료정치가 진행되는 양상을 보이게 된다.

1. ‘국내 이해’의 높은 촉발정도와 이산가족 상봉

‘구조적 대립 과정’의 관료정치 유형으로 본 책자에서 선택한 1992년 ‘훈령조작사건’의 핵심은 이산가족의 상봉 문제와 관련되어 있다. 한반도의 이산가족은 최근의 납북 등을 통해서도 발생했지만, 대부분이 해방이후 미국과 소련에 의한 한반도 분할 점령과 한국전

---

5) 이러한 논조의 논문들은, 김달중·문정인·이석수 외, 『새천년 한반도 평화 구축과 신지역질서론』(서울: 오름, 2000)에 실린 논문들 참조.

쟁 과정에서 주로 발생하였다. 당시에는 이러한 이산가족의 발생을 일시적 현상으로 예상하고 있었지만, 분단상황이 고착화되고 남북한간의 교류가 일체 단절되면서 이산가족들의 애절함이 더욱 심화되어 왔다. 한국 정부가 갖고 있는 자료에 의하면, 1996년을 기준으로 한국 내 이산가족은 1세대 123만명, 2·3세대 등을 포함할 경우 767만여명으로 추산되고 있으며, 이산 1세대 중 60세 이상의 고령 이산가족이 약 69만여명, 70세 이상은 26만여명에 달하고 있는 것으로 추정되고 있다.[6] 2·3세대를 포함한 이산가족 당사자들은 한국 전체 인구의 1/6 정도 수준이지만, 가족에 대한 강한 유대감을 갖고 있는 일반 한국 국민들의 정서를 염두에 둔다면 이산가족들의 가족에 대한 애절함과 그 고통은 전 국가적인 관심의 대상이라고 해도 과언이 아니다. 1983년 6월 30일에 시작된 KBS의 "이산가족을 찾습니다"란 프로그램이 그 해 11월 14일까지 4개월 반(138일) 동안 생방송 되었다.[7] 이산가족 상봉이 국민적인 높은 관심으로 인해 국가적인 행사로 진행되었고, 이산가족은 물론이고 일반 국민들도 며칠 밤을 세워가며 방청하는 진기한 모습들이 연출된 것이다. 이처럼 이산가족 문제는 단순한 이산가족들만의 개인적인 문제가 아니라, 전 국민적인 관심의 대상인 국가적 문제이다. 따라서 남북한 관계와 관련된 다른 주제들과 달리 이산가족 문제는 '국내 이해'의 촉발정도가 매우 높은 특성을 갖고 있다.

결국 한국의 역대 정부들은 남북한 접촉과 대북 정책에 있어 이처럼 '국내 이해'의 촉발정도가 높은 이산가족 문제를 빠트리지 않고 항상 거론하는 양상을 보여 왔다.[8] 남북한 문제를 해결해 나가

---

6) 통일부, 『통일백서, 2000』 (서울: 통일부, 2000), pp. 115-116.
7) KBS 홈페이지 *http://www.kbs.co.kr/jnal/0007/text__02.html* 참조.
8) 대북 포용정책을 전개한 김대중 정부의 경우에도 이산가족문제를 '대북정책의 최우선 과제'로 추진하였다. 통일부, 『대북정책 이렇게 추진되고 있습니다』 (서울: 통일부, 2000), p. 30.

는데 있어 성과를 얻기가 보다 용이한 부분은 정치적·군사적 접근보다는, 스포츠, 예술 등의 비정치적 영역이 될 수밖에 없고, 이 중에서 특히 이산가족 상봉 문제는 한국 정부가 북한 당국에게 요청하는 가장 빈번한 현안의 대상으로 이용되어져 왔다. 북한으로서도 거절하기가 쉽지 않을 뿐 아니라, 대북정책에 대한 한국 국민들의 감성적 측면에서도 결코 빠트릴 수가 없는 내용이기 때문이다. 또한 한국 정부로서는 통일의 당위성과 남북대화의 필요성을 부각시키는 데에도 적절하고, 남북한 관계에서 주도권을 장악할 수 있다는 점에서도 적극 활용되는 대상이었다.

이산가족 문제에 대한 논의는 한국전쟁 당시 휴전회담에서부터 시작되었다.[9] 1953년 7월 체결된 군사정전협정 제3조 제59항에 '실향사민'의 귀향을 허용·지원토록 규정하는가 하면, 이를 통해 일정한 성과를 얻기도 했다. 이후 대한적십자사는 이산가족 문제를 국제적 인권문제로 규정하고 이산가족의 생존 확인과 만남을 주요 과제로 삼아 활동해 왔다. 한국 정부도 남북한 적십자회담 개최를 통해 이산가족 문제를 이슈화시키기 위한 노력들을 시도해왔다. 1971년 8월 12일 한국정부는 '일천만 이산가족문제 해결을 위한 남북적십자회담'을 북한정부에 제의했고, 1971년 8월 20일에 판문점 중립국 감독위원회 회의실에서 분단이후 26년만에 남북한 정부간 대화를 성사시키는 성과를 거두었다. 그 뒤 본 회담, 예비-실무회담 등 수십 차례의 회담이 진행되었지만, 2000년 남북정상회담 이후 진행된 남북 이산가족 교환방문이 있기 전까지 남북 이산가족의 가족상봉 또는 교환방문은 1985년 9월의 단 한차례만이 성공했을 뿐이다.

비록 1985년 9월 20일부터 23일까지 한국측 가족 35가구, 북한측

---

9) 남북 이산가족들의 현황 및 남북한간 이산가족 상봉과 관련한 내용들에 대해서는, 통일부, 『통일백서, 2000』, pp. 117-124의 내용 참조. 그리고 역대정권들의 이산가족문제 해결을 위한 시도들은 통일부, 『통일부 30년사 - 평화·화해·협력의 발자취, 1969-1999』 (서울: 통일부, 1999), pp. 344-356 참조.

가구 30가구 등 소수의 이산가족들만이 남북을 상호 방문하기는 했지만, '남북이산가족 고향방문 및 예술공연단' 교환은 남한에 있는 이산가족들에게 머지않은 장래에 헤어진 가족들을 곧 만날 수 있다는 희망을 심어주기에 충분한 것이었다. 따라서 이산가족의 고향방문이 성사된 1985년 이전에는 이산가족 상봉을 포기하고 지내던 국내 이산가족들도 1985년을 계기로 이산가족 상봉에 대한 강한 희망과 욕구를 가지게 되었다. 결국 1985년의 이산가족 교환방문 이후, 이산가족 문제에 대한 '국내 이해'의 촉발정도는 더욱 높아가고 있었다.

그리고 1989년 11월 제6차 남북적십자 실무대표 접촉에서 제2차 고향방문단 교환에 남북이 합의함으로써, 이러한 기대감은 더욱 고조되었다. 더욱이 한국 정부는 실제로 이산가족 교환방문이 성사될 것을 예상하여 1990년 8월 13일부터 8월 17일간을 '민족 대교류 기간'으로 선포하고, 8월 4일부터 8일간 총 61,355명으로부터 방북 신청을 접수받음으로써 이러한 기대치를 필요이상으로 고조시키는 모습을 보이기도 하였다. 또한 훈령조작사건이 발생하였던 1992년도에는 5월 5일부터 5월 8일까지 서울에서 개최된 제7차 남북고위급회담 본 회담에서 북한의 제의로 1992년 8월 15일을 기해 남북한이 고령이산가족 100명씩을 포함하는 240명 규모의 '이산가족 노부모 방문단 및 예술단'을 조건 없이 교환하기로 합의함으로서 이산가족들은 그동안 무산된 많은 남북합의에도 불구하고, 그 실현 가능성을 새롭게 기대하고 있던 상황이었다.

한편, 당시 이처럼 남북 이산가족의 상봉에 대한 '국내 이해'의 촉발정도가 높아진 배경에는 이러한 남북한간의 관계 뿐 아니라, 국제적 환경도 주요한 영향을 미치고 있었다. 불가능할 것처럼 보이던 분단 독일의 통일이 1989년에 실제로 진행되면서, 한반도의 통일도 가능하다는 기대감이 한국 국민들에게 확산되었고, 이산가족들의 희망도 높아져 갔다. 북한의 강력한 후원국이었던 소련이 해체되고, 중국이 개혁과 개방의 길을 선택하자, 북한도 변할 수 있고 그 결과로 남북대화가 진행되면서 남북 이산가족 문제가 곧 해결될 수도 있다는 기대감을 갖게 되었다. 특히 노태우 정부의 북방정책이 성과를 거두면서, 1989년 2월 헝가리와의 외교관계 수립을 시작으로, 과거에는 절대 불가능할 것으로만 보이던 소련과의 국교가 1990년 9월에 수교되었고, 1992년 8월에는 중국과 수교하면서 북한과의 관계개선, 그리고 대규모의 이산가족 상봉도 결코 불가능한 것만은 아니라는 희망을 갖게 되었다. 더욱이 한국과 수교한 소련과 중국이 북한 당국에게 압력을 가한다면 이러한 일들이 성사될 가능성은 더욱 높아질 수 있을 것이라는 판단이 국민적으로 확산되고 있었던 것이다.

이처럼 1992년 9월 15일부터 9월 18일까지 평양에서 개최된 제8차 남북고위급회담 본 회담은 남북한이 1992년 5월에 합의한 이산가족 교환 방문을 실현시킬 수 있는 계기가 될 수 있었고, 1992년 8월에 성사된 한-중 수교가 이러한 이산가족 교환방문의 실현 가능성을 더욱 높여줄 수 있다는 국내적 기대감을 한층 고양시킴으로써, '국내 이해'의 촉발정도가 매우 높은 양상을 유지하고 있었다.

2. 약한 '국제 압력': 북한의 국제적 소외감과 위기감

반면, 국제적으로는 북한의 핵문제를 제외하고는 한반도와 관련한 특별한 국제적 현안이 존재하지 않고 있었다. 북한의 핵문제도 1993년 3월 12일 북한이 국제원자력기구(IAEA, International Atomic Energy Agency)의 핵사찰을 거부하고 핵확산금지조약(NPT, Nuclear Non-Proliferation Treaty)을 탈퇴하겠다고 선언할 때까지는 큰 문제가 제기되지 않았다. 1991년 12월 31일에는 남북한이 '한반도 비핵화 공동선언'에 합의했고, 1992년 2월 19일에 이

를 발효시키는가 하면, 1992년 1월 30일에는 북한이 IAEA와 전면
안전조치협정을 체결하는 등 해결 국면에 접어들고 있었기 때문이
다. 1991년 말 이후 한반도 상황은 남북한간의 관계를 중심으로 진
행되고 있었다. 결국 '국내 이해'의 촉발정도는 높았지만, '국제 압
력'의 강도는 강력하지 않는 상황이었다.

당시는 탈냉전 이후 국제질서가 양극체제에서 다극체제 또는 미
국중심의 단-다극체제(uni-multipolarity)로 이동하게 될 것이라는
전망이 지배적인 가운데, 아직 명확한 대체 질서가 확정되지 못한
채 다소 불확실한 상태에 놓여 있었다. 또한 국제사회는 군사, 안보
중심의 high politics 보다 경제적 이익 중심의 low politics의 중요성
이 부각되기 시작하는 시기였다. 한반도 주변 4강들도 느슨한 4강
체제를 유지하고 있는 가운데 국내 경제와 선거 등 모두 국내 문제
에 관심을 집중하고 있었다. 그리고 한반도 문제는 현상유지와 함
께 남북한간의 평화정착을 실현시켜야 한다는 공감대가 국제적으로
형성되어 있던 상황이었다.[10]

우선 미국은 1992년 11월의 대통령선거와 침체된 경제문제에 관
심이 집중되어 있었다. 만성적인 재정적자와 무역적자를 해소하고
경제를 회복시켜야 한다는 것이 탈냉전 후 미국 국내의 가장 중요
한 이슈로 부각되고 있었다. 따라서 1991년 걸프전 이후 부시
(George H. W. Bush) 행정부는 국방비 삭감 등을 통한 경제난 극
복 방안에 관심을 집중하고 있었다. 1991년 7월에는 러시아와 핵무
기의 30%를 감축하는 전략무기감축협상(START, Strategic Arms
Reduction Talks)을 성공적으로 마무리했는가 하면, 1992년에는
START II 협상을 진행하고 있었다.[11] 따라서 미국에게는 한반도
에 대한 직접적 관심이 상대적으로 위축되어 있는 상황이었다.

---

10) 외무부, 『외교백서, 1993』 (서울: 외무부, 1993)의 제2장 참조.
11) 외무부, 『외교백서, 1992』 (서울: 외무부, 1992), pp. 206-210 참조.

러시아의 경우에는, 1991년 8월 19일에 있었던 보수세력들의 쿠데타 시도 이후 국내 정치의 안정과 경제발전 문제에 우선적인 관심이 집중되어 있었다. 1985년 등장한 고르바초프의 개혁, 개방 정책이 혼선을 빚게 되자, 급진 개혁파와 보수파의 공격이 진행되었고, 소련 내 공화국들의 독립 움직임으로 인해 소련은 매우 심각한 위기 상황에 직면하고 있었다. 1991년 7월 1일 바르샤바 조약기구가 해체되었고, 1991년 8월 24일 고르바초프 소련 대통령이 소련 공산당의 해체를 선언하였다. 급기야 1991년 12월 8일에는 소련이 해체되고 러시아를 포함한 11개 독립국가를 중심으로 새롭게 구성된 독립국가연합(CIS, Commonwealth of Independent State)이 출범하였다.[12] 이후 소련 공산당을 중심으로 한 러시아 보수파들의 쿠데타가 발생하는 정치적 혼란 속에서, 1991년 12월 25일에는 고르바초프 대통령이 대통령직을 사임하였다. 고르바초프에 이어 정권을 장악한 보리스 옐친 대통령은 가격자유화 등 시장경제체제 도입으로 인한 혼란을 극복해야만 했고, 대통령의 권력을 제한하려는 러시아 의회와도 대립해야만 했으며, 아르메니아와 아제르바이잔의 갈등, 우크라이나와 러시아와의 갈등, 그루지아 내전 등 독립국가연합 내부의 분쟁들도 해결해야만 했다. 따라서 당시 러시아로서는 한반도 문제에 깊이 간여하고, 입력을 행시할 만한 여력을 갖고 있지 못했다. 오히려 러시아가 내정에 힘을 집중할 수 있도록, 한반도 문제는 현상유지 되는 것이 러시아에게는 최대의 희망사항이었던 것이다.

중국의 경우에는 1989년 6월의 천안문 사태를 계기로 국내적으로는 통제를 가속화하고 있었다. 1992년 이후 개혁과 개방의 속도를 다시 높이기는 했지만, 소련 해체와 동구 국가들의 체제변화를 목격하게 되면서 중국은 국내 통제 강화와 함께 개혁과 개방의 속도를 조절해오고 있었다. 한편, 대외적으로는 천안문 사태로 인해 실

---

12) 외무부, 『외교백서, 1992』 (서울: 외무부, 1992), pp. 1-2.

추된 외교적 이미지를 개선하기 위해 매우 적극적인 모습을 보였다. 러시아와의 화해, 미국과의 긴밀한 협력관계 유지 등 실리적인 외교를 진행하는가 하면, 동북아시아 지역 내 강대국으로서의 위상 확보를 위해 노력하는 모습을 보여 왔다. 한편, 중국으로서는 경제발전과 경제성장이 국가 최대의 목표였다. 따라서 국내적으로는 국영 대기업들의 경영개선과 가격 및 유통체제의 개선문제에 집중하고 있었고, 국제적으로는 선진 기술을 확보하고 상품을 수출할 수 있는 국가들과의 관계 개선에 적극적이었다.[13] 1992년 8월 한-중 수교를 계기로 양국간의 인적, 물적 교류도 활발히 진행되었고, 그 규모도 급증하는 양상을 보였다. 따라서 한반도 문제와 남북한 관계에 대한 중국의 입장도 역시 갈등과 대립 없는 평화정착과 현상유지가 우선적인 관심사였던 것이다.[14]

일본은 자신의 경제력에 상응하는 국제사회의 정치, 안보적 역할을 증대시키기 위한 노력들을 시도하고 있었다. 1991년 초 걸프사태를 계기로 일본은 유엔의 평화유지활동(PKO, Peace Keeping Operation)에 참여하기 위한 해외 파병에 관심을 집중하고 있었다. 여당 자민당은 공명당, 민사당과의 협력을 통해 1992년 6월 '유엔 PKO 협력법'을 제정하고, 실제로 캄보디아에 683명을 파견함으로써 국제사회에서의 위상강화를 시도하고 있었다.[15] 한편, 한반도 문제와 관련해서는, 비록 구체적 성과는 없었지만 1991년부터 일본과 북한간의 수교회담을 재개함으로서 한반도에 대한 영향력도 일정하게 유지하기 위해 노력했다.[16] 그러나 한반도 문제에 일본이 직접 개입할 만큼 긴박한 사안은 존재하지 않는 상황이었다.

이처럼 1992년 당시, 한반도에 대한 국제사회의 압력은 강력하지

---

13) 외무부, 『외교백서, 1993』, pp. 136-139.
14) 외무부, 『외교백서, 1993』, pp. 37-40.
15) 외무부, 『외교백서, 1993』, pp. 132-136.
16) 외무부, 『외교백서, 1993』, pp. 26-27.

않는 상황이었다. 남북한간의 관계에서도 한국의 대북 정책을 제한할 만큼 강력한 압력은 존재하지 않았다. 오히려, 1990년대 초반의 남북한 관계는 관계개선을 위한 남북한간의 다양한 시도들이 일정한 성과를 거두면서 상당히 긍정적인 양상을 보이고 있었다. 1991년 9월 남북한은 UN에 동시 가입했고, 1991년 12월에는 '기본 합의서'를 채택하였다. 1992년 2월에는 '한반도 비핵화 공동선언'을 발표했으며, 1992년 1월에는 북한이 그동안 미뤄오던 IAEA와 핵안전조치협정에 서명함으로써 다소 논란이 있었던 북한 핵문제도 당시에는 해결될 조짐을 보이고 있었다. 1992년 1월 중순에는 한국의 김우중 대우회장이 방북하여 경제협력을 논의함으로서 민간차원의 경제교류도 진행되고 있었고, 정부차원에서도 남북한 고위급 회담이 계속되고 있었다. 또한 한국이 중국, 러시아와 수교한 이후, 북한이 일본과 수교협상을 재개했고, 북한과 미국간에는 비밀 접촉이 진행되면서, 남북한 교차수교의 필요성이 거론되고 있기도 하였다. 따라서 주변 4강에 의한 남북한의 교차승인이 완료될 경우, 남북한간의 평화공존도 가능해질 것이라는 예상이 확산되고 있었다. 이처럼, 국제사회만큼 남북한 관계에서도 한국의 외교정책을 제한할만한 '국제 압력'은 존재하지 않았고, 한국의 외교정책에 매우 긍정적인 상황이 지속되고 있었다.

그러나 이와 달리 한국의 대북 통일정책의 대상인 북한은 내부적으로 다소의 소외감과 위기감을 갖고 있었다. 따라서 한국이 이산가족 상봉과 남북한 관계 개선에 적극적이었던 것과 달리, 북한은 외향적인 남북관계 개선 시도에 비해 결정적인 순간에는 남북한 관계개선에 소극적인 태도를 보였다. 바로 이러한 요인이 비록 한국 외교정책을 제한할 만큼 강력한 '국제 압력'이 되지는 못했지만, 높은 촉발정도를 보이고 있던 '국내 이해'가 원만하게 적절히 실현되지 못하도록 만드는 요인으로 작용하고 있었다.

우선, 북한은 국제사회의 급격한 변화로 인해 심리적으로 상당한 소외감을 느끼고 있었다. 전통적인 우방국이었던 소련이 해체되는가 하면, 소련과 동구 국가들이 사회주의를 포기하는 체제변혁을 진행하고, 중국도 자본주의적 시장경제 요소들을 도입하는 개혁, 개방을 진행하게 되자, 사회주의 체제에 집착하고 있던 북한으로서는 상당한 소외감을 느낄 수밖에 없는 상황에 직면하게 되었다.

그리고 한반도를 중심으로 한 국제적 상황의 변화는 북한으로 하여금 체제유지의 위기감을 고조시키고 있었다. 소련 공산당이 붕괴하고 사회주의를 포기하는가 하면, 중국에서는 천안문 사태가 발생했고, 동독이 서독에게 흡수되는 통일과정이 진행되었다. 그리고 무엇보다도 직접적인 것은 전통 우방이라고 생각하고 있던 소련이 1990년에 한국과 수교했고, 중국이 1992년에 한국과 수교했던 점이다. 한국의 대통령이 러시아를 방문하는가 하면, 러시아의 대통령이 한국을 국빈 방문하기도 하였다. 이러한 과정에서 북한은 심각한 소외감과 함께 체제유지에 대한 상당한 위기감을 의식하게 되었다. 결국, 북한은 내부에 대한 통제를 강화함과 동시에 김일성-김정일 세습체제를 가속화하는 모습을 보였다.

당시 북한은 내부적으로는 심각한 경제난에 직면하고 있었다. 1980년대 후반부터 경제성장이 둔화되고 있던 북한 경제는 1990년 이후 동원 경제체제의 내부적 모순으로 인해 만성적인 경제침체와 마이너스 경제성장을 지속하는 부진에 빠져 있었다.[17] 이러한 와중에 1984년 9월 한국에 제공한 대규모의 수해물자[18]는 북한 경제를 더욱 악화

---

[17] 북한의 경제성장률은 1989년이 전년대비 +2.4%였으나, 1990년에는 전년대비 -3.7%, 1991년에는 -5.2%, 1992년에는 -7.6%, 1993년에는 -4.3%, 1994년에는 -1.7%를 기록했다. 북한의 1인당 GNP도 1990년 1,064달러에서, 1991년 1,038달러, 1992년 943달러, 1993년 904달러로 지속적으로 감소했다. 통일원, 『남북한 경제지표, 1995』 (서울: 통일원, 1995), pp. 67-69 참조.

[18] 북한이 제공한 수해물자들은 1984년 9월 24일부터 10월 4일까지 남북적십자사를 통해 전달되었는데, 쌀 5만석, 천 50만미터, 시멘트 10만톤, 기타 의약품 등으로 구성되어 있었다. 관련 내용은 통일부, 『통일부 30년사』,

시키는 요인으로 작용하였다. 이후 사회주의 경제권의 붕괴, 러시아의 원조 중단, 러시아연방과 중국의 교류물자에 대한 경화결제 요구 등 1980년대 말부터 초래된 사회주의권의 붕괴와 냉전의 해체와 같은 급격한 국제적 변화는 북한 경제를 최악의 상황으로 몰아가고 있었다.

이러한 상황 하에서 북한은 심각한 딜레마에 빠지게 되었다. 경제회복을 위해서는 중국과 같이 개혁, 개방정책을 적극 추진하고, 사회주의 경제체제의 체질을 개선해야만 했다. 그러나 체제 개혁과 개방으로 인해 중국의 천안문 사태와 같은 소요나 동구 국가들의 경우와 같이 체제가 붕괴할 가능성도 있다는 점에서 태도를 쉽게 결정할 수 없는 난관에 봉착하게 된 것이다. 바로 이러한 모습이 1990년대 초 남북한 관계에 대한 북한의 태도에 그대로 투영되어 나타나고 있었다. 국제적 소외감을 극복하기 위해 한국과의 관계개선에는 매우 전향적인 태도를 보이면서, 남북한 관계를 다양한 형태로 발전시켜 나갔다. 그리고 일본과의 수교회담도 재개하고, 미국과의 접촉도 확대시켜 나갔다. 그러나 남북 정부간 대화에는 긍정적인 태도를 보였지만, 남북한 주민들간의 접촉이나 북한 내부를 개방하는 행위 등과 같이 자칫 북한 주민들의 동요를 유발시킬 수도 있는 구체적 사안에 대해서는 매우 소극적인 모습을 보이고 있었다. 특히, 1985년의 '이산가족 고향방문단' 상호 교환 과정에서 북한은 한국의 경제성장과 자신감을 확인하게 되었고, 그 이후에는 주민들간의 접촉에 특히 소극적인 모습을 보였다. 1980년대 후반이후 논의된 대규모 이산가족 상호방문을 실제로 실현시킬 경우, 남북한 주민들간의 대규모 접촉 과정에서 자칫 북한 주민들이 동요하게 되고 이로 인해 북한의 체제유지에 악영향을 미칠 수도 있다는 불안감을 갖게 되었던 것이다.[19] 따라서 1차 '고향방문단' 교환 직

---

pp. 127-129 참조.

19) 통일원이 국회 상임위에서 보고한 「통일원 주요현안 업무보고」 내용 참조.

후 북한은 주민들간의 접촉에 즉각 부정적인 반응을 보였다. 1985
년 12월 제10차 남북적십자 본 회담에서 한국은 2차 '고향방문단'
교환을 제의했지만, 북한은 거부하였다. 1989년 11월 제6차 남북적
십자 실무대표 접촉에서는 제2차 고향방문단 교환을 합의했음에도
불구하고, 예술단의 공연내용을 문제 삼아 막판에 무산시켰다. 1990
년 8월에는 북한 친지 방문이 쉽게 허용될 것처럼 언급해 놓고도
약속을 지키지 않았다. 1992년 5월 서울에서 개최된 제7차 남북고
위급회담에서 '이산가족 노부모 방문단 및 예술단'을 교환하기로 협
의했지만, 실무접촉 과정에서 무산시켰다. 그리고 이후에 반복된 합
의에도 불구하고, 다양한 단서를 달며 합의를 무산시켜온 것이다.

결국, 1992년의 한국 대북 통일정책에 대한 '국제 압력'의 강도는
결코 강력한 것은 아니었다. 주요 강대국들을 중심으로 한 국제사
회의 관심도가 집중되어 있지도 않았고, 한국의 행동을 제한할 만
한 국제적 상황이 전개되지도 않았다. 단지, 한국의 대북 통일정책
에 있어 외부 환경을 구성하는 북한의 행동이 문제가 될 뿐이었다.
그러나 이 역시 한국에게 특정한 내용을 강요하기보다는 한국과의
합의를 무산시키거나, 한국의 다양한 제안들을 거절하는 식의 소극
적 형태로 진행되고 있었기 때문에 결코 '국제 압력'의 강도가 높았
다고 말하기는 힘든 상황이라 하겠다.

3. 국내외 환경의 조합과 정치적 판단

앞에서 살펴본 바와 같이, 1990년대 초반의 한국의 대북 통일정
책에 있어, 한국은 이산가족 상봉과 같은 구체적인 사안에 대해 매

대한민국 국회, 『제160회 국회 외무통일위원회 회의록, 제1차 (1993. 3.
15)』 (서울: 국회 사무처, 1999), p. 41.

우 적극적인 모습을 보였다. 남북 이산가족의 상봉과 교환에 대한 '국내 이해'의 촉발정도도 상당히 높은 상황이었다. 반면, '국제 압력'에 해당하는 북한의 태도는 해당 사안에 대해 소극적인 모습을 보임으로서 서로 조화되지 못하는 상황이 전개되고 있었다. 그러나 이처럼 국내외 환경간의 지향하는 이익이 적극적으로 조화되는 모습은 아니었지만, '국제 압력'에 해당되는 북한의 태도가 한국에게 특정한 행위를 강요할 만큼 강력한 모습은 아니었다.

1992년~1993년의 한국 대북 통일정책은 국내외 환경에 있어 '국내 이해'는 높은 촉발정도를 보인 반면, '국제 압력'의 강도는 강하지 않는 독립변수들간 조합의 경우에 해당된다. 따라서 한국외교정책의 최고정책결정자인 대통령으로서는 자신의 정책선호를 형성하는 것이 매우 용이한 상황이었다. 비록 국내외 환경이 추구하는 각자의 가치가 다소 차이가 있다 하더라도, 한쪽의 압력이 강한 반면 다른 한쪽의 압력은 강하지 않기 때문에 큰 문제만 없다면 압력이 강한 쪽의 가치를 선택하는 것이 무난했다. 더욱이 이러한 조합의 경우에는 대통령이 크게 의식해야 하는 '국내 이해'의 촉발정도가 강한 경우였기 때문에 정책선호상의 문제는 더욱 없는 편이었다. 오히려 대통령의 정책선호가 '국내 이해'와 입장을 같이함으로서 대통령 자신의 국내 정치적 위상도 강화시킬 수 있다는 부차적인 성과도 얻을 수 있었다. 대통령으로서는 상당히 용이한 상황에서 정책선호를 결정할 수 있는 경우라 하겠다. 결과적으로 대통령의 정책선호는 촉발정도가 높은 '국내 이해'의 가치를 중심으로 진행될 가능성이 컸다. 문제의 초점은 이처럼 남북 이산가족 상봉의 적극적인 추진과 같은 정책선호의 내용이 아니라, 대통령 자신의 정치적 이익을 최대한 보장할 수 있는 여건과 '국내 이해'를 연결시키는 문제에 있어 대통령의 정치적 판단이 진행되는 양상을 보이게 된다는 점이다.

한편, 이처럼 촉발정도가 높은 '국내 이해'를 근거로 대통령의 정책선호가 진행되고 있고, 이를 제한할 '국제 압력'도 강력하지 않음에도 불구하고, 대통령의 정책선호가 외교정책으로 완성되지 못하는 관료정치적 현상이 나타나는 것은 결코 흔한 일이 아닐 것이다. 관료조직들의 정치적 행동을 정당화시켜 줄 수 있는 상반된 가치의 압력이 강력하지 않았다는 점에서 쉽게 진행될 수 있는 일만은 아니다. 그러나 외교정책을 완성하는 과정에는 대통령도 대신할 수 없는 관료조직들만의 배타적 업무영역이 존재하고 있다는 점을 인식한다면, 관료정치적 현상이 결코 발생할 수 없다고 단정하기는 힘들다. 바로 관료조직들이 판단해야 하는 영역이 존재하고 있었고, 실제로 이 과정에서 관료조직들간의 정치적 행위가 발생했고, 그 결과로 대통령의 정책선호가 정책으로 완성되지 못하는 현상이 전개되었기 때문이다.

제2절　'구조적 대립형 관료정치 과정'과 외교정책결정구조

앞에서 살펴본 바와 같이, 시대적 상황과 국내외의 환경적 특성에 따라 한국의 대북 통일정책의 기조는 다소의 변화를 경험하였다. 그리고 이러한 정책 기조의 변화는 정책을 주도하는 정부 내 담당 부서들의 위상과 정부조직의 구조를 변화시켜 왔다. 이러한 정부 부서간의 관계와 정부조직 구조상의 위상 차이는 상반된 조직 이익을 갖고 있는 관료조직들이 함께 공존하고 있는 현상과 함께, 한국의 대북정책에 있어 관료정치적 현상을 유발시키는 주요한 요인으로 작용하게 된다.

1945년 이후 1960년대까지 한국의 통일정책은 대통령과 소수 측근들에 의해 결정되어졌다. 박정희 정권 시기부터는 대통령과 중앙정보부라는 정보기관을 중심으로 운영되었고, 주된 관심사는 북한정권을 붕괴시키는데 초점이 맞춰져 있었다. 이러한 모습은 북한의 존재를 인정하기 시작한 1970년대부터 변화하기 시작하였다. 1969년 한국은 북한과의 공식 접촉을 담당할 정부 조직으로서 국토통일원(현재 통일부)을 정식으로 신설하였고, 통일정책의 공식적 업무와 정부간 관계 전반을 담당하도록 하였다. 그러나 이러한 제도적 변화에도 불구하고 당시의 남북한 관계는 공개적으로 진행되는 경우가 흔치 않았고, 공식적인 정부조직도 그 역량이 제한적일 수밖에 없었기 때문에 통일정책 전반을 담당하기에는 한계가 있었다. 결국 정부 조직상의 외형적 내용과는 별도로 실제적인 남북간 접촉과 대북정책의 결정 및 집행은 1980년대까지도 국가정보기관을 중심으로 진행되고 있었다.

그러나 다소 형식적인 위상에 머무르고 있던 국토통일원의 위상이 1980년부터 강화되기 시작하였다.[20] 자료의 조사와 수집 및 관리, 그리고 대국민 홍보와 교육기능에 주요업무의 초점이 맞춰져 있던 1970년대에 비해, 1980년대에는 국토통일원의 업무가 통일논의에 대한 대응과 정책 연구 및 개발에 초점이 맞춰지게 되었고, 그 결과 업무 내용이 보다 전문화되기 시작하였다. 그동안 국가안전기획부가 담당하고 있던 대북 정책업무의 일부가 국토통일원으로 이관되면서, 대북 정책에 있어 국토통일원이 실제적인 실무기능을 담당하기 시작했던 것이다. 특히 국가안전기획부가 전담하던 남북대화 업무를 국토통일원이 이관 받게 되면서, 국토통일원을 중심으로 대북정책을 추진할 수 있는 여건을 마련하게 되었다. 또한 1980년대 중반이후 남북 정부간의 공식적인 접촉이 빈번해지기 시작하

---

20) 〈표 Ⅴ-2〉에서 보는 바와 같이, 예산 측면에서도 1980년에는 전년대비 33% 증가, 1981년에는 전년대비 91%나 급격히 증가하는 모습을 보였다. 국토통일원(통일원)의 인원, 조직 등의 변천에 대해서는, 통일부, 『통일부 30년사 - 평화·화해·협력의 발자취, 1969-1999』(서울: 통일부, 1999)의 제6장 내용 참조.

면서 국토통일원의 업무량이 많아지기 시작했고, 결국 국토통일원의 위상이 강화되는 결과로 나타났다.

1990년대에는 탈냉전과 함께 국내외적인 통일 환경이 급격히 변화하였다. 그리고 이는 국토통일원의 위상강화로 나타났다. 1990년 노태우 정부는 다변화된 통일문제에 대응하고 효과적인 통일업무를 수행하기 위하여, 국토통일원을 통일원으로 개칭하면서 장관을 부총리급으로 격상시켰고, 통일 및 남북대화와 교류협력에 관한 기능들을 통일원이 총괄, 조정하도록 만들었다. 또한 1993년 출범한 김영삼 정부는 통일문제는 정보기관이 아니라 통일원이 주도해야 한다는 점을 강조함으로서 통일정책에 대한 통일원의 위상에 상당한 무게를 실어주었다.[21]

이처럼 시대에 따라 변해온 정부 조직의 위상변화와 관련하여, 관료조직들간의 미묘한 갈등의 여지가 발생하기 시작하였다. 과거에는 국가정보기관을 중심으로 통일 정책이 운영되어 왔었다. 국가정보기관은 대북 정보를 장악하고 있을 뿐 아니라, 정책의 집행까지 거의 절대적인 역할을 담당하고 있었다고 해도 과언이 아니었다. 그러나 시간이 경과하면서 권위주의 체제가 해체되기 시작했고, 그동안 형식적인 존재에 불과했던 정부 부처가 실질적인 힘을 얻기 시작하면서 이러한 모습은 변하기 시작했다. 더욱이, 그 힘이 기존의 국가정보기관으로부터 인수해 가는 양상을 띠고 있었다는 점에서 통일원의 부상은 그동안 기득권을 누리고 있던 국가정보기관의 상대적 위축을 초래했다. 이는 관료조직들간의 갈등으로 나타나기 시작했고, 반복되는 과정 속에서 갈등은 축적되어가게 되었다. 끊임

---

21) 김영삼 정부가 출범하기 직전, 대통령직인수위(위원장, 정원식)가 김영삼 대통령 당선자에게 보고한 내용에서도 국가안전기획부의 남북한 관련 업무를 축소하고, 통일원 중심의 대북 통일정책을 운영해야 한다는 점을 강조하였다. 그리고 김영삼 정부는 출범과 함께 이를 실행에 옮겼다. 「조선일보」, 1993년 1월 19일자.

없는 팽창만을 계속할 뿐, 스스로 조직의 규모를 줄여나갈 수 없는 것이 관료조직의 특성이라는 점을 염두에 둔다면, 업무를 다른 부서에 이관한다는 것은 곧 해당 부처의 업무량이 줄어든다는 것을 의미하고, 이는 곧 해당 관료조직의 위상이 약화된다는 것을 의미한다. 더욱이 업무를 이관하고, 업무를 이관 받는 관료조직들의 태생적인 가치가 서로 상반된 내용을 추구하도록 되어 있는 경우라면, 이들 조직들간의 갈등은 더욱 심화될 수밖에 없을 것이다.

이처럼 북한이라는 동일한 대상에 대해 동포와 적이라는 상반된 인식이 공존하는 한국의 통일정책에 있어, 서로 상충되는 조직이익을 갖고 있는 관료조직들이 공존하고 있고, 정책의 제도적 내용과 현실적 운용간의 괴리가 존재하며, 시간이 경과하면서 정부조직들간의 비중과 위상이 서로 변화되기 시작한 점 등은 관료조직들간의 대립을 불가피하게 만들었고, 이는 정책결정과정에서 관료정치적 현상을 유발시키는 주된 요인으로 작용하게 되었다.

1. 행위자들의 정책선호 및 이해관계

다른 경우들과 달리 한국의 대북 정책은 행위자들간의 의견 차이가 항상 상존하는 경우라 할 수 있다. 그리고 일반적인 외교정책의 경우에는 이러한 의견 차이가 단발성에 그칠 가능성이 높다. 비록 이번 사안에 대해서는 관료조직들간의 입장이 대립되고 상충되지만, 다른 사안에 대해서는 행위자들의 입장이 서로 일치하거나 조화될 수도 있기 때문이다. 따라서 사안의 성격에 따라 관료조직들간의 관계가 좌우될 수 있다. 반면, 한국 통일정책의 경우에는 다른 양상이다. 동일한 대상에 대한 관료조직들의 정책선호와 이해관계가 고정되어 있고, 이들의 입장이 서로 상반된 채로 공존하는 경우이기 때문이다. 따라서 사안의 성격과 상관없이 이들 조직들은 정책선호에 있어 항상 대립하도록 되어 있다. 단지, 국내외의 환경에 따라 대립의 형태나 방식이 달라질 뿐이다.

1) 청와대

한반도의 분단 상황은 한국 최고정책결정자의 정책선호 내용을 제약하는 부정적 요인이면서도, 동시에 최고정책결정자가 항상 관심을 갖게 되는 매력적인 대상으로서 긍정적 요인이기도 하다. 즉, 남북한의 군사적 대치 상황 하에서 한국의 역대 대통령들은 안보와 국방 문제를 해결하기 위해 어쩔 수 없이 선택해야만 하는 외교정책의 경우들이 많았다. 그러나 이처럼 한국의 외교정책을 제한하는 요인이긴 하지만 분단된 한반도의 통일 문제는 국민들의 관심이 높기 때문에 한국의 대통령으로서는 남북한 관계에서 일정한 업적을 성취하기를 원하는 매력적인 대상이었던 것이다. 남북한간의 관계를 근본적으로 개선하거나 과거에는 전혀 불가능했던 구체적 성과들을 거둘 경우, 대통령은 국내적으로 역사에 남을 뿐만 아니라 높은 국민적 지지를 얻게 될 것이다. 그리고 국제적으로는 능력 있는 지도자로서 평가받음으로서 국가적 측면은 물론이고 개인적으로도 영광이 아닐 수 없다. 따라서 한국의 역대 대통령들은 북한과 체제경쟁을 진행하거나 북한 정권을 경계하면서도, 남북한간의 관계개선을 위한 노력을 지속하는 모습을 보여 왔다.

우선, 남북정상회담은 남북한 관계의 새로운 전기를 마련하는 것일 뿐 아니라, 대통령 자신의 존재와 위상을 국내외에 절대적으로 과시할 수 있다는 점에서 상당한 관심의 대상이 된다. 물론 2000년 6월 김대중-김정일 정상간의 역사적인 남북정상회담이 평양에서 성사되었지만, 남북정상회담의 개최 문제는 1980년대 이후 한국 대통령들이 북한 정상에게 제의해온 제안들 중에서 빠지지 않고 반복되어온 단골 메뉴였다. 특히, 전두환 정권과 같이 군사 쿠데타 등의 방법으로 정권을 장악한 정부의 경우에는 자신의 취약한 국내 정통성을 보완하기 위해 남북한 관계를 적극 활용하는 양상을 보였게 된다. 따라서 물론 김영삼 정부 때와 같이 남북정상회담이 성사 직전까지 진행된 경우도 있었지만, 역대 정권들은 정상회담 문제를 실현성과 무관하게 정략적으로 이용하는 경우도 있었다.22)

박정희 정권 때까지는 남북한이 치열한 체제 경쟁과 정통성 시비를 진행하고 있었고, 남북한 정부간의 접촉도 시작단계에 불과한 양상이었다. 미국 국무부의 자료에 의하면, 박정희 정부 하에서는 이후락-박성철의 밀사 교환과정에서 당시 김일성 수상이 박정희 대통령에게 정상회담을 촉구했고, 오히려 박정희 대통령은 '남북간에 신뢰가 쌓이고 여건이 성숙됐을 때 하자'며 완곡히 거절했던 것으로 알려지고 있다.23) 한국의 대통령이 남북 정상회담 개최를 공개적으로 거론한 것은 전두환 정권 때부터라 할 수 있다.

전두환 정부의 경우에는 1981년 1월 12일 새해 국정연설에서, '아무런 부담이나 조건 없이 서울을 방문하라'며 김일성 주석을 초청했고, 자신도 같은 조건으로 초청된다면 북한을 방문할 용의가 있음을 밝힘으로서 상당한 주목을 받았다.24) 또한 1981년 6월 5일 평화통일정책자문회의 제1기 회의에서 '남북한 당국 최고책임자간의 직접 대화'를 제의함으로서 남북한 정상회담의 제의를 보다 구체화시키기도 하였다.25) 그리고 이러한 작업을 진행하는 과정에서 국가안전기

---

22) 이동복, "남북대화의 전부." 비망록 성격의 미간행 논문. *http://dblee2000.or.kr* 의 'Ⅲ. 남북대화' 중 '아. 남북정상회담' 항목 참조.
23) "정상회담 추진비화 - 서울밀사 평양밀사, 〈2〉 이후락의 방북." 「중앙일보」, 2000년 5월 12일자.
24) 「조선일보」, 1981년 1월 13일자.

획부 부장이었던 장세동을 적극 활용하기도 했다. 그러나 이 시기에는 북한측이 한국의 정상회담 제의를 '정치적 술수'로 판단하고 소극적으로 반응하는 양상을 보였다. 북한은 1981년 6월 10일자 「로동신문」과 방송논설을 통해 '6.5' 제의는 '통일문제를 논하자는 것이 아니라, 다른 불순한 목적을 노리고 있다'며 비난하였다. 김일성은 1981년 7월 1일 '재북평화통일촉진협의회' 결성 25주년 기념식에 보낸 축하문에서 '현 남조선 정부와는 어떤 형태의 대화나 접촉도 할 수 없다'며 정상회담 제의를 거부하였다.[26] 그러나 1983년 아웅산 사건이 터지고 북한에 대한 국제사회의 부정적 여론이 확산되자, 북한 당국은 국제사회의 여론을 의식하여 1984년 12월 한국 정부에게 정상회담 개최 의사를 타진하기도 하였다. 그 결과 1985년 장세동-허담의 밀사 교환이 진행되었고, 이 과정에서 정상회담 개최 논의가 구체화되었지만 쉽게 합의되지 못하고 무산되고 말았다.[27]

노태우 정부 하에서는 '한민족공동체통일방안'의 천명이나 1988년 '7·7 특별선언'과 '통일논의 자유화 조치' 등을 취함으로서 북한에 대해 매우 우호적이면서도 적극적인 입장을 보였다. 그 결과 남북 고위급 회담을 8차례나 성사시키면서 '남북기본합의서'와 '한반도 비핵화 공동선언'을 채택, 발효시키는 의미있는 성과를 거두기도 하였다. 그리고 북방정책을 통해 한-소, 한-중 수교라는 큰 성과도 거두었다. 비록 노태우 정부가 남북한 정상회담 문제를 공식적인 형태로 공개 제안하지는 않았지만, 노태우 대통령은 북방정책의 연장선상에서 한-소 정상회담, 한-중 정상회담에 이어 남-북 정상회담 개최에 강한 집착을 보이고 있었다.[28] 주변 여건들을 긍정적으로

---

25) 통일부, 『통일부 30년사』, p. 57.
26) 통일부, 『통일부 30년사』, p. 57.
27) "정상회담 추진비화 - 서울밀사 평양밀사. 〈4〉 85년 장세동 평양行," 「중앙일보」, 2000년 5월 18일자.
28) 노태우 정권기의 정상회담과 관련된 내용들은 제4차부터 제8차까지 남북고위

조성함으로서 남북 정상회담 문제가 자연스럽게 거론될 수 있도록
의도하고 있었던 것이다. 특히 1990년 이후 계속된 남북고위급회담
은 남북 대표단이 서로 상대방을 방문할 수 있었기 때문에 정상회
담 문제를 논의하기 위한 수단으로 적극 이용되기도 하였다. 노태
우 정부는 1990년 9월 제1차 남북고위급회담 참석을 위해 방한한
연형묵 대표에게 정상회담 개최 의사를 전달했고, 박철언, 서동권
등을 이용한 대북 의사 전달도 시도하기도 하였다. 또한 대우의 김
우중 회장이 메신저로서 적극 활용되기도 하였다. 그러나 접촉라인
이 너무 많아지게 되면서 부작용이 나타나기도 했다. 특히 1992년
에는 정상회담을 위한 남북한간 접촉 시도가 지나치게 다양해지고
빈번히 진행되면서, 오히려 한국정부 내부에서 혼선이 발생되기도
했다.[29] 1992년 초에는 김일성의 80회 생일과 관련하여 북측의 적

급회담에 참석했고 대변인 역을 맡고 있던 이동복 대표의 비망록을 통해서 일
부 확인이 가능하다. 이동복 대표는 남북고위급회담 과정에서 정상회담 논의가
비밀리에 수차례 진행되었고, 1992년 당시에는 정상회담과 관련한 논란들이 너
무나 혼란스럽게 진행되었다며, 이를 진화하는 작업을 자신이 담당했음을 언급
하고 있다. 반면, 청와대 비서진들은 고조되던 남북 정상회담의 개최 분위기를
이동복 대표가 냉각시킨 데 대해 불만이 많았고, 결국 김종휘 대통령외교안보
수석비서관이 1992년 9월의 제8차 남북고위급회담 당시에 있었던 일련의 과정
들을 지나치게 ‘왜곡’ 변조시켜 대통령에게 보고함으로서 ‘훈령 파동’을 발생시
키는 ‘분풀이’를 했다는 견해가 설득력을 가지고 있음을 지적하고 있다. 이동
복, “남북대화의 전부,” 비망록 성격의 미간행 논문, *http://dblee2000.or.kr* 참
조. 또한 對北협상의 세1인자 李東馥 인터뷰, “金日成은 거대한 파충류같은 느
낌 … 그의 사전에 核포기는 없다,” 「月刊朝鮮」, 1994년 2월호, p. 125 참조.
29) 당시 정상회담과 관련하여 ‘거간꾼’의 역할을 한 인물은 남북경협을 이유로
   북한을 자주 오가던 대우 김우중 회장 뿐 아니라, 남북고위급 회담에 참여하
   는 개별 관료조직의 대표들 모두가 포함된다. 이들은 큰 ‘건수’를 올리기
   위해 개별적으로 행동하기 시작했고, 그 결과 통제되지 않는 행동들이 돌
   출되기 시작한 것이다. 1992년 2월의 제6차 남북고위급회담과 관련해서는, ‘3
   월 정상회담설’, ‘개성 정상회담설’ 등이 난무하기 시작했고, 결국, 남북고위급
   회담 대변인이었던 이동복 대표가 1992년 1월 “남북 정상회담 임박설은 사실
   무근이고 북으로부터 이에 관한 아무런 움직임도 없으며, 남측에서 이를 추진
   한 바도 없다”는 대변인 담화를 발표해야만 했다. 그리고 정원식 국무총리도
   국무회의에서 유사한 내용을 언급했다. 이동복, “남북대화의 전부.” 참조.

극적인 반응이 전달되기도 했지만,[30] 노태우 정부는 북한의 전략적 의도를 의식해 소극적으로 대응했다. 결국 정상회담 의제와 형식, 시기 등에 대한 합의를 이루지 못해 노태우 정부의 남북 정상회담 개최 시도는 별다른 성과없이 무산되고 말았다.

이후 김영삼 정부 하에서는 1993년 2월 25일 취임사와 1994년 취임 1주년 기자회견을 통해 정상회담 성사 의사가 있음을 공개적으로 언급하였다. 비록 북한의 핵 시설과 NPT 탈퇴 선언 등으로 남북한간의 긴장이 고조되기는 했지만, 1994년 6월 남북한을 연이어 방문한 지미 카터(Jimmy Carter) 전 미국대통령의 주선으로 1994년 7월 정상회담에 합의하게 되었다. 비록 1994년 7월 8일 김일성 주석의 사망으로 남북 정상회담이 무산되기는 했지만, 이는 대북 포용정책을 천명한 김대중 정부 하에서 김대중-김정일 간의 역사적인 남북정상회담이 성사되는 성과로 나타나게 되었다.

한국 대통령의 입장에서는 남북한 관계에서 자신의 존재를 부각시킬 수 있는 긍정적 안건으로서 남북정상회담 이외에 남북 이산가족의 상봉이라는 또 다른 좋은 의제가 있다. 남북 정상회담이 정부간 접촉이고 공식적인 동시에 대통령 개인의 위상을 국내외에 부각시킬 수 있는 사안이라면, 남북 이산가족의 교환이나 상봉 문제는 민간차원의 안건으로서 남북한 관계개선에 대한 국민들의 실질적 체감도를 증가시키고, 이를 통해 정권에 대한 국민적 지지를 간접적으로 확보할 수 있다는 장점이 있다. 또한 정상회담의 경우에는 정치적으로 북한측의 농간에 빠질 위험이 있고, 회담 성과가 없을 경우에는 자칫 국내적으로 비판받을 수 있는 여지가 있는 반면, 이산가족 교환이나 상봉 문제는 이러한 위험이 크기 않다는 장점을 갖고

---

30) 1992년 3월 북한 노동당 대남 담당 비서인 윤기복이 서울을 방문했고, 그는 김일성의 80회 생일인 4월 15일에 맞추어 생일축하 하객으로 노태우 대통령이 방북해 줄 것을 요청한 것이다. 이동복, "남북대화의 전부." 참조.

있다. 이산가족들간의 만남 자체만으로도 정권의 업적으로 부각될 수 있는 특징을 갖고 있는 것이다. 따라서 한국의 역대 정권들은 이산가족 문제에 대한 논의들을 공개적으로 적극 활용하는 편이었다.

1971년 8월 박정희 정권은 이산가족문제 해결을 위한 남북적십자회담의 개최를 북한측에 제의했고, 북한은 이를 수락함으로서 남북정부간 공식적인 대화가 시작되는 성과를 얻기도 하였다. 그러나 실질적인 이산가족 교환과 상봉은 박정희 대통령의 임기 중에 성사시키기는 못했다.

전두환 정권의 경우에는 비록 정상회담이 무산되기는 했지만, 박정희 정권 때부터 수십 차례 계속된 남북적십자회담에 힘입어, 마침내 1985년에 이산가족 교환 방문을 성사시킬 수 있었다. 남북 고향을 방문하는 '고향방문단'의 인원이 각각 35명과 30명 등 총 65명에 불과했지만, 한국 국민들이 받은 충격은 대단했고 이로 인해 정권이 얻는 정치적 이익도 상당하였다. 과거에는 결코 생각할 수도 없었던 일이 벌어지고 있는 만큼 국민들의 관심은 남북 이산가족들의 고향 방문에 집중되어 있었고, 이산가족의 상봉에 국가적인 관심이 쏠렸다. 전두환 정권으로서는 무엇보다도 국민들이 체감할 수 있는 구체적인 대북 정책 성과를 확실히 달성함으로써, 국민들에게 강한 인상을 남겼던 것이다. 이후에는 〈표 Ⅵ-1〉에서 보는 바와 같이 민간차원의 이산가족 교류만이 진행되었다. 정부차원의 교류는 2000년 6월 남북정상회담이 성사된 이후에야 가능해졌고 2004년 말까지 총 10차례의 이산가족 상봉이 진행되었다.[31]

노태우 정권의 경우에는 북방정책을 통해 많은 외교적 성과를 거두었고, 1991년 남북한의 UN 동시 가입 등 남북한 관계에서도 다양한 합의를 이뤄냈지만, 이들은 대체로 정부간 관계에 집중되어 있었다. 민간수준에서 국민들이 스스로 확인할 수 있는 성과가 없었던 것이다.

---

31) 자세한 내용은 통일부, 『2005 통일백서』 (서울: 통일부, 2005)의 제4장 참조.

물론 북방정책의 성과로서 고르바초프 대통령이 한국을 방문하고, 한국의 대통령이 소련 크렘린궁을 방문하는 장면들은 한국 국민들에게 확실히 기억될 수 있는 사안이었다. 그러나 남북한 관계에 있어 구체적으로 국민들을 자극시킬 수 있는 성과는 얻기가 쉽지 않았다. 정상회담은 강한 집착에도 불구하고 현실적인 성사까지는 거리가 멀었다. 따라서 노태우 정권으로서는 전임 정권에서 한차례 성사된 적이 있는 남북이산가족의 교환 방문 실현에 강한 의욕을 보이고 있었다.[32]

〈표 Ⅵ-1〉 남북 이산가족 교류 성사 현황

(단위: 건)

구분 년도	민간 차원				정부 차원			
	생사 확인	서신 교환	제3국 상봉	방북 상봉	생사 확인	서신 교환	방남 상봉	방북 상봉
1985					65		30	35
1990	35	44	6					
1991	127	193	11					
1992	132	462	19					
1993	221	948	12					
1994	135	584	11					
1995	104	571	17					
1996	96	473	18					
1997	164	772	61					
1998	377	469	108	1				
1999	481	637	195	5				
2000	447	984	148	4	792	39	201	205
2001	208	579	165	5	744	623	100	100
2002	198	935	203	5	261	9	-	398
2003	388	961	280	4	963	8	-	598
2004	209	776	187	1	681	-	-	400
계	3,322	9,388	1,441	25	3,506	679	337	1,736

출처: 통일부, 『2005 통일백서』, 통일부 홈페이지, *http://www.unikorea.go.kr* 참조.

---

32) 1992년 7월 29일 개최된 「통일고문회의」 제1차 회의와 1992년 9월 22일 제2차 회의에서 논의된 내용과 당시 최영철 통일원 장관이 언급한 내용에서도 이러한 부분들을 확인할 수가 있다. 통일원, "통일고문회의 제1차회의 회의록," 『제165회 국회(정기회) 외무통일위원회 - 1993년도 국정감사 요구자료(I) (1993. 10)』 (서울: 통일원, 1993), pp. 304-305; 통일원, "통일고문회의 제2차회의 회의록," 『제165회 국회(정기회) 외무통일위원회 - 1993년도 국정감사 요구자료(I) (1993. 10)』 (서울: 통일원, 1993), pp. 330-332.

취임사에서부터 '임기내 남북관계에 획기적 변화'를 가져올 것을 강조했던[33] 노태우 대통령은 취임이후 1988년에 선언한 '7·7 선언'을 통하여 '가능한 모든 방법을 통해 이산가족문제의 해결을 추진해 나갈 것임'을 선언하였다.[34] 그러나 노태우 정권은 이산가족문제를 해결하기 위한 다양한 노력들을 진행하였음에도 불구하고, 구체적 성과를 얻지는 못하였다. 1988년 8월 북한에 있는 가족과 친지들의 생사와 주소를 확인하기 위한 '이산가족 찾기 신청서 접수' 사업을 실시해서 북측 친지와의 상봉을 희망하는 남측 주민들의 명단을 북한에 전달하는가 하면, 1989년 9월부터 1990년 11월까지 진행된 남북적십자 실무대표 접촉을 통해 제2차 고향방문단 상호 교환에 합의하기도 했지만 북한측의 거부로 성사시키지는 못하였다. 1990년 7월에는 대통령 특별발표를 통해 1990년 8월 13일부터 8월 17일까지 5일간을 '민족대교류' 기간으로 선포하고, 판문점을 통해 남북한 동포의 자유로운 왕래를 북한측에 제의하면서 방북신청자를 대규모로 접수받기도 했지만, 역시 북한측의 거부로 무산되고 말았다. 이와는 별도로, 1989년 6월에는 '남북교류협력시행지침'을, 1990년 8월에는 '남북교류협력에관한법률'을 제정함으로서 남북한간의 교류협력의 가능성을 열었고, 1990년부터는 정부의 승인을 받을 경우 남북이산가족간의 교류도 가능하도록 만들었다.[35] 그러나 〈표 Ⅵ-1〉에서 보는 바와 같이 1990년부터 시작된 남북한 이산가족간의 교류는 남북정상회담이 개최되었던 2000년도까지 민간차원에서 진행되는 것일 뿐, 정부차원에서는 별다른 성과를 거두지 못하고 있었다.

따라서 1991년 12월 제7차 남북고위급회담에서 1992년 8·15 광복절을 기념하여 '이산가족 노부모 방문단 및 예술단'을 서로 교환

---

33) 통일원, 『'남북기본합의서' 해설』(서울: 통일원, 1992), p. 3.
34) 6개항으로 구성된 정책선언의 내용과 실천적 조치들에 대한 자세한 내용은, 통일부, 『통일부 30년사』, pp. 65-68 참조.
35) 통일부, 『통일부 30년사』, pp. 349-351.

하기로 합의한 것과 관련하여, 노태우 대통령으로서는 이러한 합의를 성사시키는 것이 자신의 임기 내에 이산가족문제를 일정 부분 해결하는 업적을 이룰 수 있는 마지막 기회로 판단하였던 것이다. 노태우 대통령은 제8차 남북고위급회담에 임하는 한국측 대표단에게 북한의 제의로 합의된 이산가족 고향 방문단의 교환문제가 성사될 수 있도록 적극 노력해줄 것을 요구했고, 이후의 훈령에서도 이산가족 문제의 성사에 집착하였다. 이는 촉발정도가 높은 '국내 이해'와도 가치가 일치할 뿐만 아니라, 자신의 정치적 이익도 극대화시킬 수 있는 효과적인 방안이었기 때문이다.

2) 통일원[36]

통일원은 1969년 3월 통일문제, 구체적으로는 남북 정부간의 공식적인 대화 관련업무를 전담하기 위해 국토통일원으로 출발하였다. 이후 남북 정부간의 접촉과 교류가 확대되면서 통일원의 역할이 확대되었고, 1990년 12월 통일원 장관이 부총리급으로 격상되었다. 통일원의 업무는 정부조직법 제23조 2에 "통일 및 남북대화·교류·협력에 관한 종합적 기본정책의 수립, 이에 관한 기획의 종합·조정, 통일교육 기타 통일에 관한 사무를 관장하기 위한 것"으로 되어 있으며, "통일원장관은 통일 및 남북대화·교류·협력의 기획·운영에 관하여 국무총리의 명을 받아 관계 각부를 총괄·조정" 하도록 되어 있다.[37] 또한, 대북 창구 역시 통일원으로 일원화하도록 되어 있다. 비록 1998년 초의 정부조직개편에서 통일부로

---

36) 통일원은 1998년 정부조직개편에서 통일부로 개칭된다. 그러나 본 연구에서는 1992년 당시의 명칭을 사용하고자 한다.

37) 통일원, 『제159회 국회(정기회) 외무통일위원회 업무현황보고(1992. 10. 12)』 (서울: 통일원, 1992), p. 3.

개명되고 장관이 부총리급에서 장관급으로 위상이 격하되기는 했지만 공식적인 통일문제를 전담한다는 고유영역은 유지하고 있다.

　통일정책에 대한 통일원의 기본 입장은 다소 이상주의적이고 북한에 대해 호의적이며, 개방적이다. 북한에 대한 인식도 적의 개념보다는 민족의 개념이 우선하며, 이념이나 명분보다는 민족과 평화적 대화가 우선적인 가치를 가진다. 즐겨 사용하는 방식과 수단에 있어서도 교류와 협력을 통한 남-북한 관계개선에 주목하고 있으며, 신뢰 구축과 대화를 통한 북한의 개혁과 개방을 의도한다. 이러한 통일원의 입장은 국가안보를 강조하는 국방부나 국가안전기획부의 강경한 대북 입장과는 상반된다. 따라서 통일원은 북한과 관련된 현안이 발생할 때마다 국가안전기획부나 국방부의 정책과 상반된 정책을 제시할 수밖에 없고, 상호간의 정책 충돌은 피할 수 없는 상황에 직면하게 된다.

　현실적으로 통일원의 업무 중에서 북한과의 교류 및 대화와 통일 업무를 제외한다면, 사실상 존재의 이유가 없어지는 것이나 다를 바가 없다. 그러나 1990년대 초반 많이 개선되고 신장된 통일원의 위상에도 불구하고, 통일원은 이러한 업무를 독자적으로 추진할 수 있는 충분한 여력을 갖고 있지 못했다는 데 문제가 있었다. 통일원이 이러한 업무나 관련 정책들을 추진하기 위해서는 결국 다른 부서의 도움을 필요로 했다. 통일원이 특히 의존해야 하는 관료조직이 바로 상충된 조직이익을 표명하고 있는 국가정보기관이라는 점에서 통일원의 딜레마가 존재하고 있었다. 통일원은 조직이익을 정책으로 실현시키기 위해서는 분명 국가안전기획부라는 국가정보기관에 의존하고 함께 협력해야만 했다. 하지만, 서로간의 기본적인 인식 차가 크고 서로의 입장이 상충되기 때문에 통일원이 조직이익을 실현시키기 위해서는 결국 국가정보기관을 극복하고 배제한 채 독자적인 행동을 진행해야 했다. 바로 이러한 딜레마가 관료정치적 현상을 촉발시키는 요인으로 작용하고 있었던 것이다.

〈표 Ⅵ-2〉 통일원 예산 규모 및 증감율

(단위: 백만원)

	1979	1980	1981	1982	1983	1984	1985	1986	1987	1988
예산액	1,839	2,449	4,673	5,683	5,512	5,601	5,999	7,269	8,699	12,467
증감율		33%	91%	22%	-3%	2%	7%	21%	20%	43%

1989	1990	1991	1992	1993	1994	1995	1996	1997	1998	1999
14,557	17,126	25,590	28,608	23,289	24,174	26,740	36,183	46,343	54,093	49,177
17%	18%	49%	12%	-19%	4%	11%	35%	28%	17%	-9%

출처: 통일부, 『통일부 30년사 - 평화·화해·협력의 발자취, 1969-1999』 (서울: 통일부, 1999), pp. 415-416.

1990년 통일원 장관이 부총리급으로 격상되고 대북정책을 전담하게 되었지만, 예산이나 조직 면에서는 현실적으로 분명한 한계를 가지고 있었다. 〈표 Ⅵ-2〉에서 볼 수 있는 바와 같이, 통일원의 예산 증감 추세를 살펴보면 장관이 부총리급으로 격상된 이후인 1991년도에 와서야 예산이 49% 급증하면서 2백5십억원대의 규모를 유지했고, 이러한 예산 규모가 그 이후 계속해서 유지, 증가되고 있음을 확인할 수 있다. 그러나 이러한 예산규모는 외무부나 국가안전기획부와 비교할 경우 상당히 열세라는 사실을 확인하게 된다. 1993년도의 통일원 공식 예산액은 2백3십2억8천9백만원으로 훈령조작사건이 발생했던 1992년에 비해 오히려 19% 삭감되었다.[38] 이 정도의 규모는 외무부 예산 3천1백4십9억1천8백만원[39]의 1/13 수준에 불과하다. 1993년 12월 안기부법의 국회 통과로 국회가 국가안전기획부의 예산을 심사할 수 있게 되었는데, 그 첫해인 1994년

---

38) 이 자료는 1994년 9월 27일 정기국회에서 통일원이 외교안보상임위원회에 보고한 결산내역을 근거로 한 것임. 국회사무처, 『외무통일위원회 회의록, 제165회 제4차』 (서울: 국회사무처, 1994).
39) 이 자료는 1994년 9월 26일 정기국회에서 외무부가 외교안보상임위원회에 보고한 결산내역을 근거로 한 것임. 국회사무처, 『외무통일위원회 회의록, 제165회 제3차』 (서울: 국회사무처, 1994).

도 결산 내역을 보면 통일원이 2백4십1억원이었던 반면, 국가안전
기획부가 국회를 통해 공식적으로 밝힐 수 있는 예산규모만 1천7백
6억원이었다.[40] 형식적으로 공개할 수 있는 비용만을 따져도 통일
원 예산의 7배가 넘는다. 비슷한 업무를 담당한 관료조직들과 비교
할 때 예산 규모상의 차이가 나는 만큼, 활동 영역과 규모에 있어
서도 차이가 나는 것을 불가피한 현상이라 하겠다. 이는 통일원과
국가안전기획부가 사용하는 정보비의 운영을 비교하면 그 차이는
더욱 커진다.[41] 한편, 이러한 통일원의 예산은 남북협력기금[42]을

---

40) 국회예산결산특별위원회, 『1994년도 예산안·결산심의개요』(서울: 국회예
   산결산특별위원회, 1995), pp. 618-620.
41) 다양한 형태로 표면에 나타나지 않는 비밀 활동비나 정보비 등을 포함한
   국가안전기획부의 전체 예산액은 기밀이라는 이유로 공개되지 않고 있다.
   그런데 아주 거칠 수 있지만 단순 추정이 가능한 사안이 발생하였다. 김
   영삼 정권 때인 1996년 국회의원 총선에서 선거자금으로 유용 되었다고
   보여지는 국가안전기획부 자금 1천1백9십2억원은 국가안전기획부가 은행
   에 맡겨놓은 예산의 이자(6백억~7백억)와 국고에 반납하지 않은 불용 예
   산(3백억~4백억)이었다고 임동원 국가정보원장이 2001년 2월 20일 국회
   정보위원회에서 증언하였다.(「조선일보」, 「중앙일보」, 2001년 2월 21일자
   참조) 그리고 불용 예산의 규모는 매년 150억~200억이었다고 증언하였
   다.(「동아일보」, 2001년 2월 21일자) 이 과정에서 국가안전기획부의 예산
   이 5천억 정도에 이른다는 점이 지적되기도 했다.(「조선일보」, 2001년 2월
   21일자) 그런데 만약 은행이자를 년10%정도로 계산하더라도 총 예산 중
   당장 사용하지 않아 은행에 맡겨놓은 예산만도 원금이 6천~7천억 이상이
   된다는 계산이 가능하다. 이러한 예산 규모는 통일원의 1993년도 정보사업
   예산액이 1십8억3천9백만원(제 161회 국회 상임위원회에서 통일원이 서면
   답변한 내용임. 대한민국 국회, 『제161회 국회(임시국회) 외무통일위원회
   회의록 제3차 (1993. 5. 12)』(서울: 국회사무처, 1993), p. 46.) 이었다는
   점과 비교한다면 그 격차는 너무나도 크다 하겠다.
42) 남북협력기금은 남북한간의 상호교류와 협력을 지원하기 위하여 설치된
   기금으로서, 남북 주민들간의 왕래, 문화·학술·체육분야의 협력사업, 교
   육 및 경제협력 사업에 대한 지원과 융자 등에 사용된다. 1990년 2월 "남
   북협력기금법"이 국무회의에서 의결된 이후, 1991년 3월 처음으로 정부출
   연금 250억원이 출연되었다. 이후 별다른 사용처없이 기금이 누적되어 오
   면서 많을 때에는 7천억원까지 기금이 누적되어 있었으나, 2000년 남북정
   상회담을 전후하여 남북교류가 활성화되면서 지출규모가 커지기 시작하였
   고, 따라서 정부 출연금의 증가 필요성이 제기되기도 하였다. 그 결과 2005

제외할 경우, 정부예산에서 차지하는 비중이 평균 0.05%~0.07% 수준에 그치고 있다. 이는 독일 통일 전의 서독 내독관계성의 예산이 정부예산 대비 평균 0.4% 수준을 유지했다는 점을 염두에 둔다면 매우 미미한 규모가 아닐 수 없다.

결국, 1992년 남북고위급회담이 진행될 당시, 남북한 정부간의 접촉에 소요되는 비용들도 정보기관의 정보비에 대부분 의존할 수밖에 없었던 것이다. 〈표 Ⅵ-3〉에서 보는 바와 같이 통일원이 국회 외무통일위원회 국정감사 요구자료로 제출한 내용에 의하면, 1988년부터 통일원이 남북회담과 관련하여 사용한 비용의 규모가 1988년에는 총 8회 6천5백만원(평균 8백2십만원), 1989년에는 총 24회 1억6천2백만원(평균 6백7십만원)을 사용하였다. 이후 남북고위급회담이 본격적으로 진행된 1990년에는 총 27회 9천3백만원(평균 3백4십만원), 1991년에는 총 21회 7천2백만원(평균 3백4십만원), 1992년에는 총 96회 2억5백만원(평균 2백1십만원)을 사용하였다. 한 번 만날 때마다 적게는 10만원, 많게는 1천7백7십만원을 사용하였다. 그런데 이들 비용이 집행된 세부내역을 살펴보면, 대부분이 식사와 음료대, 행사물품 비용의 집행으로 나타나 있다. 그리고 그 대상도 대체로 실무대표자 접촉이나 책임연락관 접촉, 준비 접촉, 예비회담 등에 사용되었으며, 본 회담과 같이 규모가 큰 행사의 경우에는 사용된 적이 없었다.[43] 결국, 통일원이 부담하는 항목들이 이처럼 다소 부차적인 성격이라는 점을 염두에 둔다면, 통일원이 부담하는 비용만으로는 당시 남북고위급회담을 결코 무리 없이 진행할 수가

년도에는 5,000억원이 정부 출연되기도 하였다. 2005년 12월말까지 조성된 남북협력기금 누적 총액은 5조7천7백2십9억여원에 이른다. 남북협력기금의 조성 내역 및 규모, 사용처 등의 자세한 내용에 대해서는 한국수출입은행 인터넷 홈페이지 *http://www.koreaexim.go.kr/kr/sn/m01/s01__06.jsp* 참조.

43) 통일원, 『제165회 국회(정기회) 외무통일위원회, 1993년도 국정감사 요구자료(Ⅳ) (1993. 10)』 (서울: 통일원, 1993). pp. 274-286 참조.

없었다. 오히려 더 큰 규모의 비용 집행을 요구하는 숙박비와 교통비, 장비 운송 및 사용 등과 관련하여 소요되는 비용, 그리고 본 회담이나 전체 회담 등에 사용된 전체 집행 비용들은 다른 조직들이 충당했다는 점을 알 수 있다.

⟨표 Ⅵ-3⟩ 1988년-1993년간 '남북회담' 관련 통일원 예산 및 집행 내역

(단위: 원)

년도	예산액	집행액	잔 액	총 접촉횟수	1회 평균집행액
1988년	66,480,000	65,659,000	821,000	8회	8,207,375
1989년	76,000,000	162,094,000	-86,094,000	24회	6,753,916
1990년	140,000,000	93,787,000	46,213,000	27회	3,473,592
1991년	150,000,000	72,077,000	77,923,000	21회	3,432,238
1992년	150,000,000	205,257,000	-55,257,000	96회	2,138,093
1993년	300,000,000	1,053,000	298,947,000	1회	1,053,000

출처: 통일원. 『제165회 국회(정기회) 외무통일위원회. 1993년도 국정감사 요구자료(Ⅳ) (1993. 10)』(서울: 통일원, 1993), pp. 274-286 참조.

남북회담을 주도해야할 통일원이 갖고 있던 예산 규모로서는 1990년대 초반의 남북고위급 회담을 치를 수 없었다는 점을 염두에 둔다면, 당시 사용된 비용들은 규모가 큰 국가안전기획부의 예산에 의존할 수밖에 없었을 것이다. 1993년 5월 161회 국회 외무통일위원회에서 당시 한완상 통일원 장관이 언급한 답변 내용을 보면 이러한 측면들을 확인할 수 있다.

  "남북고위급회담은 국가안보와 불가분의 관계가 있고 그 성격상 외무부, 국방부, 안기부 등 유관부처로부터 대북 정보 등 인력을 즉시에 지원 받아 ⋯ 다만 서울·평양 회담의 경우 회담행사의 추진에 소모되는 경비의 일반회계 상으로는 행사의 특수성으로 인해 참 어렵습니다. ⋯ 고도의 보안이 요구되는 남북회담 사업내용 전반이 도출될 경우 국익상 위해요인이 내재된다고 판단되므로 아마 안기부에서 예산을 편성 지원하고 있습니다."[44]

1993년 9월 27일의 제165회 국회 외무통일위원회에서는 한완상 통일원장관이 통일원과 국가안전기획부의 업무 담당 영역을 보다 분명히 구분했다.

> "남북회담의 업무는 두 가지 측면이 있습니다. 하나는 회담전략의 수립이고 다른 하나는 회담행사라는 측면이 있는데, 그동안 남북회담 업무와 관련하여 통일원은 회담전략 수립업무를 하고, 회담행사에 있어서는 두 가지로 판문점 행사는 통일원이 맡고, 평양과 서울을 왔다갔다하는 고위급회담은 안기부가 맡아온 것이 사실입니다."[45]

한편, 정보 수집 등과 관련한 인력 규모의 문제에 있어서도 통일원의 절대적인 열세를 확인할 수 있다. 1992년 말을 기준으로 산하 연구기관까지 모두 포함하여 통일원의 전체 인원수는 총 526명이었다. 그런데 외무부의 경우에는 1992년 후반기에 세계 140개국 공관에서 근무하는 외무부 소속 해외주재 요원만 1,943명이었다.[46] 본국에서 근무하는 인원을 제외하고 세계에서 각종 정보를 수집할 수 있는 인력만을 비교하더라도 통일원의 인적 규모가 얼마나 부족한가를 확인할 수 있다. 만약 정보 수집만을 목적으로 하는 국가안전기획부와 정보수집 능력 및 해당 조직의 규모를 비교할 경우에는 그 우열의 차이는 더욱 분명해 질 수 있다. 이러한 정보와 비용, 인력에 있어 우열의 차이는 남북대화가 진행되는 과정에서 분명히 나타났다. 파문이 있었던 제8차 남북고위급회담에서도 주요한 훈령

---

44) 대한민국 국회, 『제161회 국회(임시회) 외무통일위원회 회의록 (1993. 5. 12)』, p. 9.
45) 대한민국 국회, 『제165회 국회 외무통일위원회 제2차회의 회의록 (1993. 9. 27)』 (서울: 국회 사무처, 1993), p. 10.
46) 이 인원수들은 통일원과 외무부가 1993년 11월 국회 외무통일위원회에 보고한 내용임.

전달선과 정보 전달선 등을 모두 국가안전기획부 소속 요원들이 담당하고 있었다. 즉, 남북고위급회담 남측 대변인이 이동복 안기부장 특보였고, 회담 참석자 중에는 김용환 국가안전기획부 책임연락관이 동행하고 있었으며, 서울상황실의 실장은 엄삼탁 국가안전기획부 기획조정실장이 맡고 있었으며, 평양상황실의 실장은 엄익준 국가안전기획부 지원사무국장이 맡고 있었다.[47) 그리고 이러한 훈령의 발송 및 수신의 실무들도 국가안전기획부 요인들이 담당하고 있었음은 물론이다.

결국, 북한관련 자료를 정리하고 대국민 홍보에 업무의 초점이 맞춰져 있던 1970년대의 경우라면 당시 통일원이 갖고 있던 조직 규모만으로도 통일원의 업무를 충분히 진행할 수 있었다. 그러나 1980년대 이후 통일원에 맡겨진 업무로써 남북대화를 전담하고 남북한간의 교류와 협력 업무를 총괄, 조정하기 위해서는 예산 문제뿐 아니라, 인력과 장비 측면에서도 다른 부서에 의존하고 협력을 요청할 수밖에 없었던 것이다. 결코 통일원의 독자적 능력만으로는 자신에게 맡겨진 업무를 진행할 수 없는 것이 현실이었다. 이러한 점은 통일원 스스로도 인식하고 있었다. 1992년 10월 국회 국정감사에서 당시 최영철 통일원 장관의 답변에서도 "국가안전기획부를 비롯한 여타 부서들의 도움이 있어야 만이 통일원이 정책을 추진할 수 있다"고 언급하였다.[48) 이러한 점은 1994년 1월 국회에 제출한 국정감사 결과 보고서에서도 반복되고 있는데, '북한정보의 수집 및 관리체계를 통일원 중심으로 일원화하라'는 국회의원들의 문제제기에 대해, "현 여건상 통일원 중심으로 북한정보 수집·관리를 일원화하는 문제보다는 북한방송청취, 안기부·국방부·외무부 등 국내

---

47) 김교만, "混線인가, 조작인가." 「月刊中央」, 1994년 1월호, pp. 294-296 참조.
48) 대한민국 국회, 『1992년도 국정감사 외무통일위원회 회의록 (1992. 10. 22)』
   (서울: 국회 사무처, 1999), pp. 28-29 참조.

외 유관기관 및 전문가와의 정보협조체제 강화 등을 통해 북한정보 수입기능을 보다 강화해 나가는 방안을 다각적으로 검토하고 있다” 보고했다.[49] 통일원으로서는 당위성과 현실성의 괴리를 인식하고 있고 이를 인정했던 것이었다.

통일정책을 총괄, 조정하고 남북 대화를 주도해야할 통일원이 국가안전기획부의 지원을 통해 인력과 장비, 비용 등을 확보해야 한다는 점에서 통일원의 활동은 상대적으로 제한 받을 수밖에 없었다. 그리고 무엇보다도 상황 판단에 중요한 기준이 되는 정보 확보에 있어 통일원은 정보기관에 절대적으로 의존해야만 했다는 점이 통일원의 분명한 한계였다. 외무부는 전 세계에 걸쳐있는 외국공관을 통해 정보를 수집한다. 국가안전기획부 또한 해외 정보망과 국가안전기획부 고유의 대북 정보망을 통해 정보를 확보한다. 그러나 통일원은 이러한 조직과 정보망이 별도로 존재하지 않았다. 따라서 대북 정보를 국가안전기획부나 외무부와의 협조를 통해 확보해야 하는 통일원으로서는 독자적인 상황판단과 정책추진에 분명한 한계를 가지고 있었다. 특히, 1992년 당시 정부조직상 상위조직에 속하는 통일원이 하위조직인 외무부와 대통령 직속기관인 국가정보기관에 의존해야 만이 자신의 업무인 남북대화 업무를 진행할 수 있었다는 사실은 통일원의 위상과 활동을 위축시키기에 충분한 요인이었다. 결국, 이러한 정부조직상의 외형적인 형식과 현실적인 정책운영과의 괴리는 통일정책에 있어서 관료정치적 현상을 유도하는 또 다른 요인으로 작용하게 된다.

---

49) 통일원, 『1993년도 국정감사결과 시정 및 처리 요구사항에 대한 처리결과 보고서 - 통일원 소관』 (서울: 통일원, 1994. 1), p. 3.

3) 국가안전기획부[50]

국가정보 업무를 취급하는 부서인 국가안전기획부는, 1961년 6월 10일 신설된 중앙정보부의 후신이었다. 중앙정보부는 창설 당시 조직의 목표를 '조국 근대화를 위한 사회질서를 유지하고 경제발전을 뒷받침하며, 북한의 대남 도발을 저지하고 국가안전보장체제를 구축하는 것'으로 되어 있었다.[51] 이후 1970년대에는 '통일정책을 지원하며, 국가안보의 총력체제를 확립하는 것'을 목표를 설정하였다. 1981년 국가안전기획부로 변신한 이후, 1980년대 활동 목표는 '북방정책 추진을 위한 총력외교를 지원하는 것'으로 설정되어 있었고, 1990년대에는 다시 '통일기반 확충을 지원하는 것'으로 설정되어 있었다. 그 후 안전기획부는 국내 정치 개입과 관련한 일련의 사건들로 인해 1987년, 1994년, 1996년에 다시 조직개편이 이뤄졌고,[52] 1998년에는 국가정보원으로 개칭되었다.

국가안전기획부의 대북관은 중앙정보부의 창설 당시 설정한 조직 목표에서와 같이 부정적인 내용에 기초로 하고 있었다. 국가의 안전을 보장하는 것이 국가안전기획부의 최우선적인 목표이기 때문에 '주적'인 북한을 상대로 첩보전쟁을 담당하는 것이 주요 임무라고 할 수 있다. 따라서 북한에 대한 긍정적인 인식은 절대 불기능하며, 단지 작전 개념으로서 북한에 대한 호의적 태도를 보일 뿐이다. 특

---

50) 국가안전기획부는 1998년 국내정치 개입을 금지하고, 본연의 임무인 정보수집에 집중한다는 의미에서 국가정보원으로 개칭되었다. 본 책자에서는 1992년 당시의 국가안전기획부로 명칭을 통일한다.

51) 관련 내용들은 국가정보원 홈페이지, *http://www.nis.go.kr* 참조.

52) 국가안전기획부가 국내정치에 개입하여 공작정치를 시도한 대표적인 경우는, 1986년 갑자기 거대야당으로 부상한 신민당의 창당을 국가안전기획부가 방해한 '용팔이 사건'과, 1992년 3.24 총선에서 유력한 야당 후보를 흑색선전으로 비방하다 발각된 사건, 1992년 12월 '김복동 납치사건' 등이 대표적이다.

히, 조직 내 대북 업무를 담당하는 대공수사국, 대북공작국, 대북심리전실 등은 국가안전기획부가 존재하는 조직의 목적과 업무들을 실천에 옮기는 핵심 부서들이라 할 수 있다. 1992년 10월 훈령조작 사건이 공개된 이후 정치권이 집중적으로 제기한 문제도 이처럼 북한에 대해 부정적 시각을 갖고 있는 국가안전기획부 소속 인사들이 남북고위급회담의 주요 요직을 맡고 있었다는 점이다. 바로 이들의 부정적인 판단 때문에 남북한 관계가 쉽게 개선되지 못하고 있다는 지적이었다. 특히 남북고위급회담의 대변인직을 맡고 있던 이동복 대표가 국가안전기획부 부장의 특보라는 점, 남북고위급회담 당시 서울상황실이나 평양상황실 등이 모두 국가정보기관 소속 인사들이 담당하고 있었다는 점이 지적되었다.[53]

다른 한편으로는 이처럼 생태적으로 북한에 대해 부정적인 시각을 갖고 있는 조직의 특성으로 인해 한국의 정보기관은 북한에 대해 지나치게 斜視적인 시각을 갖게 되었고, 이러한 편향성이 장기화되면서 고착화되는 모습을 보이기도 하였다. 예컨대 2000년 6월 김대중 대통령과 김정일 위원장간의 남북 정상회담을 치르는 과정에서, 그동안 정보기관이 보관하고 있던 김정일 위원장과 관련된 '존안 자료'의 내용들이 지나치게 편향, 왜곡되어 있었다는 사실이 확인되기도 했기 때문이다.[54] 결국, 이처럼 북한에 대한 한국 국가

---

53) 대표적으로 1992년 10월 통일원 국정감사에서의 정대철 의원, 이부영 의원의 발언, 1992년 5월 161회 국회 외무통일위원회 상임위원회 회의에서의 이부영 의원 발언, 1993년 10월 통일원 국정감사에서 이부영 의원의 발언 등이 매번 반복되었다. 대한민국 국회, 『1992년도 국정감사 외무통일위원회 회의록』, p. 2; 대한민국 국회, 『1993년도 국정감사 외무통일위원회 회의록 (1993. 10. 22)』 (서울: 국회사무처, 1993), pp. 25-27 등 참조.

54) 「조선일보」, 2000년 6월 28일자. 조선일보 홈페이지, *http://www.chosun.com/w21data/html/news/200006/200006270438.html* 참조. 그런데 국가 정보기관 내부에서는 김정일 위원장과 관련된 기존의 존안 자료 내용들이 결코 잘못된 것이 아니며, 2000년 6월 남북정상회담 과정에서 김정일 위원장이 보여준 모습들은 단지 '거대한 쇼'에 불과한 것

정보기관의 편향된 시각은 급박하게 진행되는 사건과 관련한 정보의 해석에 대해 상당한 영향을 미칠 수가 있다. 즉, 동일한 정보에 대해서도 통일원과 같이 북한에 대해 호의적인 시각을 갖고 있는 관료조직들은 긍정적인 평가를 내리겠지만, 안전기획부가 판단하기에는 부정적인 판단을 내릴 수도 있다는 것을 의미한다. 문제는 안전기획부가 북한 관련 정보를 독점하고 있기 때문에 국가안전기획부의 시각과 판단이 잘못되었고, 지나치게 편향되었다는 사실을 지적하고 비판해 줄 수 있는 여타 관료조직이 없다는 점이다. 그 결과 이처럼 왜곡된 정보는 마치 정확한 사실인 것처럼 최고정책결정자의 정책선택에 절대적 영향을 미치게 되는 것이다. 김정일 위원장 '존안 자료'와 같은 경우들이 매일 매순간 국가정보기관 내에서 진행되어도 이를 교정할 수 있는 방안이 없다는 점이 문제를 유발시키게 된다.

어쨌든 북한이라는 존재에 대해 통일원과 전혀 상반된 가치를 갖고 있는 국가안전기획부로서는 한국의 대북 정책 형성에 필요한 북한관련 정보를 독점적으로 장악하고 있었기 때문에 1980년대까지 대북 정책에 있어 절대적인 위상을 확보할 수 있었다. 비록 정부조직상으로는 국토통일원이 남북대화를 담당하는 것으로 되어 있었지만, 이는 형식적이고 외형적인 내용이었고, 실질적으로는 대북 정보를 상악하고 있는 국가안전기획부가 핵심적인 주요 업무와 기능들을 담당하고 있었던 것이다. 2005년 현재 국가정보원의 연혁을 보면, 1969년 3월 국토통일원이 창설된 것도 당시 중앙정보부가 건의한 결과로 규정되어 있다.[55] 결국, 실질적인 대북 통일정책은 국가안전기획부가 담당하지만, 국가정보기관의 조직이나 요원들은 공개적으로 활동할 수 없기 때문에[56] 양지에서 남북 정부간의 공식 접

이었다고 평가하기도 한다. 「주간조선」, 2000년 7월 6일자, p. 23 참조.
55) 국가정보원 홈페이지, *http://www.nis.go.kr* 참조.

축을 대신할 국가 관료조직으로서 국토통일원을 설치한 것으로 이해될 수 있다.

박정희, 전두환, 노태우 등 정보를 중요시하는 군인 출신 대통령들은 국가정보기관에 대해 절대적 신뢰를 보냈고, 이로 인해 국가안전기획부의 위상은 더욱 강화되었다.[57] 한편으로는 국가안전기획부가 북한관련 정보를 독점하고 있었기 때문에 역대 대통령에 의해 악의적으로 이용되기도 하였다. 역대 대통령들 중에는 정적의 제거와 정권의 안정적 운용을 위해 북한의 존재를 정치적으로 적절히 이용했고, 이 과정에서 북한과 관련된 정보를 독점하고 있던 정보기관을 적극 활용하기도 했던 것이다.

그러나 대북정책에 있어 국가정보기관의 독점적 위상은 1980년대 말부터 변화하기 시작했다. 냉전체제의 와해 등으로 인해 남북한 관계도 바뀌기 시작하였고, 남북한 접촉도 '공작' 차원에서 진행되기보다는 공개적인 정부간 접촉의 형태로 진행되기 시작한 것이다. 이처럼 통일업무가 다변화되고 정부간 공식적인 통일업무의 기능이 중요해지기 시작하면서 통일원의 위상이 강화되기 시작했다. 오히려 국가정보기관인 국가안전기획부는 냉전종식과 민주화의 추진 등

---

56) 국가정보원은 정보요원이나 조직내 인사들이 공개되는 것을 매우 꺼린다. 2000년 6월 남북정상회담 당시 임동원 국가정보원장이 김정일 위원장과 함께 귀엣말을 하고, 김보현 국가정보원 대북전략국장이 김정일 위원장과 악수를 나누는 장면이 TV로 보도되면서 공개된 것과 관련하여, 국가정보원 내부에서는 상당한 충격을 받았던 것으로 알려지고 있다. 「주간조선」, 2000년 7월 6일자, pp. 22-24 참조.

57) 박정희는 문관시절 육군본부 정보국에서 근무했을 뿐 아니라, 5·16 이후에는 중앙정보부를 창건할 정도로 정보의 중요성을 인지하고 있었다. 전두환은 중앙정보부 인사과장과 중앙정보부장 서리를 역임했던 점을 염두에 둔다면, 정보의 중요성에 대한 인식은 박정희보다 더 강력했을 수도 있다. 중앙정보부를 국가안전기획부로 개편하고, 박정희 정권 때보다 더 큰 권한과 능력을 부여했다는 점에서도 이를 확인할 수 있다. 노태우는 초급장교시절 군 방첩대에서 근무했고, 보안사령관을 지냈다. 전두환에 비하면 정도가 떨어질 수는 있지만, 최소한 정보기관의 생리는 잘 알고 있었다고 할 수 있다.

으로 인해 그 위상이 위축되고 있었다. 통일원이 부총리급으로 조직의 위상이 격상되었을 뿐 아니라, 통일 및 남북대화와 남북 교류협력에 관해서는 각 부처의 업무를 총괄, 조정하도록 업무 영역이 확대되면서, 통일원과 국가안전기획부간의 관계가 미묘해 지기 시작했다. 실질적인 기능과 정보 확보 차원에서는 국가안전기획부가 우위를 차지하고 있었지만, 공식적인 업무 추진과 관련해서는 통일원의 통제와 조정을 받아야 하는 상황이 전개되고 있었기 때문이다. 따라서 실질적인 업무를 장악하고 있는 국가안전기획부는 이러한 통제에 부정적인 입장을 보였다.

통일문제에 대한 국가안전기획부의 기본적 인식은 냉전적 사고에서 출발한다. 국가안전기획부는 북한의 태도 내면에 있는 '저의'를 분석하고 적의를 찾아내는데 주력한다. 그리고 북한의 행동에 대해 강경 대응이 가장 효과적이라는 입장이다. 북한과 대화하고 협상하는 것은 북한의 통일전선전략에 말려드는 결과를 초래한다는 것이 기본적인 시각이다. 통일원이 남북대화를 시도하고 평화적 관계를 유지하는 것은 남북분단이라는 현상유지와 고착화를 시도하는 것으로서 통일을 더욱 어렵게 만든다는 점을 지적한다.[58] 결국, 대북 정책을 총괄하는 통일원을 지원해야 하는 국가안전기획부로서는 기본적인 대북 인식에 있어 통일원과 생태적으로 큰 차이를 갖고 있었고, 이들 간의 마찰은 불가피한 측면이 강했다. 더욱이 정보, 조직, 예산 등에 있어 절대 우위에 있던 국가안전기획부가 그동안 갖고 있던 정책 주도권을 통일원에게 넘겨줘야 한다는 점과 관련해서는 이러한 마찰과 대립이 더욱 심화될 여지를 안고 있었던 것이다.

---

58) 李東馥 전안기부장특보 인터뷰, "강온대립 아닌 아마와 프로의 차이," 「新東亞」, 1994년 1월호, pp. 226-227.

4) 외무부[59]

외무부는 일반적으로 외국과의 조약이나 국제협정 등 국제적인 대외업무를 총괄하는 것을 목표로 한다. 그러나 남북한 관계는 1992년에 발효된 '남북기본합의서'에 명시되어 있는 바와 같이 '특수관계'인 만큼 외무부의 역할도 다소 애매하고 특수한 측면이 있다. 헌법상으로는 한반도 전체가 대한민국의 영토인 만큼 북한지역도 국내 문제에 포함된다.[60] 그러나 북한의 실체를 인정하고는 있지 않지만 실제상으로는 남북한이 개별적인 정부로 존재하고 있고, UN에 개별 국가로 동시에 가입하고 있을 뿐만 아니라, 정부간 대화와 접촉을 공식적으로 진행하고 있기 때문에 외무부의 일정한 역할이 존재하고 있는 것은 사실이다. 한편, 남북대화 등과 관련한 업무를 전담하는 관료조직으로서 통일원이 별도로 존재하는 만큼, 남북한 문제와 관련한 외무부의 역할은 사안에 따라 구별되는 양상을 보인다. 즉, 국제사회의 개입은 제한적인 반면 남북한 당사자들만의 관계로 진행되는 사안일 경우에는 통일부가 업무를 주도하고 외무부는 뒷전으로 물러나는 양상을 보이게 된다. 반면, 미국이나 일본, 소련, 중국 등 국제사회 중 어느 일부라도 포함된 북한 관련 사안일 경우에는 외무부가 적극적으로 나서고 통일부가 이를 지원하는 형태를 취하게 된다. 예컨대 이산가족 교류나 남북정상회담, 남북정부간 접촉이나 대화 등의 경우에는 통일원이 북한 당국과 접촉하

---

59) 외무부는 1998년 정부조직개편에서 외교업무와 통상업무를 함께 담당하는 외교통상부로 개칭되었다. 그러나 본 책자에서는 주요 사건들이 발생한 당시의 명칭인 외무부를 사용한다.

60) 헌법 제3조에는 "대한민국의 영토는 한반도와 그 부속도서로 한다"고 규정되어 있다. 이는 북한을 반국가적 불법단체로 규정하고 북한의 실체를 인정하지 않는 것으로서, 한반도의 북쪽 지역은 북한이 불법적으로 점령한 미수복 지역으로 규정한 것을 의미한다.

는 반면, 외무부는 미국, 일본, 중국, 러시아를 비롯한 국제사회에 대해 관련 내용을 홍보하거나 진행 상황들을 외무부 라인을 통해 전달하는 형태를 취한다. 그러나 북한의 핵시설 문제나 미사일 문제 등과 같이 국제적인 관심과 이익이 서로 연결되어 있는 사안일 경우에는 국제적 대화와 협력이 필요하다. 따라서 외무부가 국제적인 업무를 주도하고, 통일원은 국내적인 대국민 홍보업무를 담당하는 양상을 보이게 되는 것이다.61) 특히 북한 핵시설 등과 관련한 한-미간의 입장조율, 한반도에너지개발기구(KEDO, Korea Energy Development Organization)의 설립이나 IAEA와의 접촉 등과 관련해서는 통일원이 국제적 조직망을 갖고 있지 못한 만큼, 외무부의 주도적인 역할이 반드시 필요한 경우라 할 수 있다. 물론 이러한 구분이 명확하지 않을 경우에는 업무 주도권과 관련하여 외무부와 통일부간에 갈등이 발생할 여지도 존재하는 것이 사실이다.62)

남북한 관계, 통일문제에 대한 외무부의 기본적 인식은 '적'이냐 '형제'냐의 가치판단보다는, 발생한 사건의 원만한 해결과 국제적 협력에 초점을 맞추고 있다. 기본적으로 한반도의 분단상황은 독일의 경우와 같이 국제적 성격을 띠고 있기 때문에 남북한의 통일문제 또한 주변 4강들과의 국제적 협력이 없이는 불가능하다는 점을

---

61) 통일원의 국회 답변 내용에서도 이러한 측면을 시인하고 있다. 통일원, 『'94년 임시국회(외무통일위원회) 국회답변 조치결과』(서울: 통일원, 1994. 8) 참조.

62) 예컨데 북한 핵문제와 관련하여 외무부는 국제적 협력을 통해 해결해야 한다는 주장을 제기하는 반면, 통일원은 오히려 북한 핵문제를 국내적, 내부적 문제로 유도함으로서 외무부보다 통일원이 주도적 역할을 담당해야 한다는 점을 강조하고 있다. 이러한 측면에서 외무부와 통일원이 국가안전기획부와 달리 온건한 해결 방식을 선호한다는 점에서는 공통되지만, 이들 간에도 미묘한 입장 차이가 존재하고 있으며, 이로 인해 외무부와 통일원 사이에도 관료정치적 현상이 발생할 여지가 있음을 확인하게 된다. 이러한 입장 차이는 2006년 7월 북한의 대포동 미사일 발사에 대한 대응과 관련해서도 분명하게 확인되고 있다.

인식의 기초로 하고 있다. 따라서 주한미군의 주둔이나 휴전협정 등을 포함한 남북한 관계를 풀어가기 위해서는 주변 국가들과의 협조나 국제적 공조가 필요하다는 점을 강조한다. 문제를 풀어 가는 방식 또한 강경책보다는 대화와 협상, 합의를 중시한다. 남-북한 문제는 국제적인 여론조성이나 다자간 협의를 통해 갈등을 해소하고 평화를 정착시키는 것이 우선 필요하다는 입장이다.[63] 이처럼 외무부가 국제적 협력에 보다 친근한 입장이라는 점에서 남북한 당사자 원칙을 강조하는 통일원과는 미묘한 입장 차이를 보이기도 한다. 그러나 문제 해결방식에서는 전쟁이나 무력사용 등과 같은 강경 대책보다 협상이나 타협 등 외교적인 온건 대책을 선호한다는 점에서는 남북 대화와 평화정착을 강조하는 통일원과 유사한 태도를 보이게 된다.

1992년을 전후하여 발생했던 훈령조작사건의 경우 외무부로서는 적극적인 입장을 표명할 수 있는 상황은 아니었다. 우선 사안의 성격상 남북 이산가족 교류 문제와 관련한 남북 정부간의 접촉이었기 때문에 외무부 관계자들이 개입할 여지가 많지 않았다. 당시에는 북한의 IAEA 가입과 핵사찰 문제 등과 관련한 논란이 있기는 했지만, 국제적 현안으로 등장할 만큼 심각하지도 않았고, 북한과 IAEA간의 협의가 나름대로 적절히 진행되고 있었기 때문에 외무부가 남북한 문제에 관심을 집중하고 공식적으로 개입해야할 특별한 이유가 존재하지는 않았다. 단지, 1993년 3월 이후 북한의 핵시설 문제가 본격적인 국제적 현안으로 등장한 시점에서 훈령조작사건이 공개되고 통일원과 안기부간의 감정적 대립이 반복되는 과정에서는 외무부의 개입이 구체화되는 양상을 보였다.

---

63) 북한 핵문제 해결에 대한 외무부의 입장은 외무부, 『외교백서, 1994년도판』 (서울: 대한민국 외무부, 1995), pp. 16-18의 "1994년도 주요외교정책 목표" 의 내용 참조.

5) 국방부

외교정책 자체와 관련하여 국방부가 직접적으로 개입할 수 있는 여지는 많지 않다. 단지, 북한과 관련된 사안에 대해서는 외교정책이던 국내정책이던 간에 국방부가 개입할 경우가 많아지게 된다. 국방부가 설정하는 적의 개념이 협소해지고, 개념을 적용할 구체적 대상을 상실하게 될 경우에는 국방부의 기능 뿐 아니라 존립 자체가 위태로워질 수도 있다. 따라서 국방부로서는 북한에 대한 부정적 개념을 명확히 하고, 북한과 관련된 사안에 대해서는 적극적으로 참여하는 모습을 보이게 된다.[64]

북한에 대한 국방부의 인식은 태생적으로 강경하고 보수적인 입장을 유지하고 있다. 군사안보정책의 주관 부서인 국방부는 국가 외부의 적으로부터 국가의 안전을 군사적으로 보호하고, 보장하는 것이 주목적이다. 따라서 한국전쟁 당시 직접적으로 전투를 벌인 적일 뿐 아니라, 잠재적인 가상의 적인 북한에 대한 국방부의 시각은 결코 긍정적일 수가 없다. 국방부의 입장에서는 북한이 대한민국의 가장 위험스러운 존재이고, 한국전쟁을 통해 무력 도발을 감행한 군사적 타도의 대상이라는 인식을 갖고 있다. 비록 김대중 정부의 출범을 전후하여 북한에 대한 '主敵' 개념 사용을 한 때 지제하기도 했지만 기본적 인식은 변하지 않고 있는 것이 사실이다.[65]

---

64) 국방부의 『국방백서』의 내용에 있어서, 다른 주변 지역에 대해서는 '안보정세'로 규정하고 관련 내용들을 분석하고 있지만, 북한에 대해서는 '군사위협'으로 표기하고 그 내용을 설명하고 있다. 결국 남북한간의 군사적 대립이 완전히 해소되지 않는 한, 북한과 관련된 사안에 대해서는 국방부의 개입이 불가피하다 하겠다.

65) 국방부의 『국방백서』에 기재된 '국방 목표'의 내용 중 북한에 대한 '주적' 개념이 김대중 정부 시절부터 사용되지 않다가 1998년도 『국방백서』 이후 다시 사용되었다. 국방부, 『국방백서 1997-1998』 (서울: 국방부, 1997), p. 22와 국방부, 『국방백서 1998』 (서울: 국방부, 1998), p. 51 비교 참조. 그

북한의 핵시설이나 미사일 문제 등에 대한 국방부의 시각은 극히 강경하다. 단지, 남북 대화와 이산가족 교환 등의 문제에 대해서는 공식적인 강경 입장을 보류하는 태도를 보일 뿐이다. 따라서 국방부는 남북관계가 민족적인 차원에서 우호적 관계를 유지하는 경우에는 공개적인 입장 표명을 자제하지만, 국가 위기를 초래할 수도 있는 사안인 경우에는 통일원 등의 입장과 대립하거나 충돌하는 한편, 국가안전기획부 등의 강경 입장들과 동조하는 경우들이 발생하기도 한다.

2. 정부조직상의 '구조적 대립'과 정보의 장악

대북 창구가 통일원으로 일원화되었지만, 통일원은 통일관련 업무를 완전히 장악하면서 관련 부처들을 통제할만한 능력을 갖추고 있지 못했다. 오히려 통일정책의 추진과 남북한 접촉에 필요한 정보, 인력, 비용 등을 확보하기 위해서는 관련 부처들의 협조를 구해야만 하는 상황이었다. 바로 이러한 원칙과 현실과의 괴리는 정부조직상의 '구조적 대립'을 유발시켰고, 관료정치적 현상을 유발시키는 요인으로 잠복하고 있었다.

정부 조직 내에서 특히 문제가 되었던 부분은 바로 통일원과 국가안전기획부간의 대립적 요소였다. 형식적으로는 통일원이 남북관계를 주도하고 있었지만, 실제적으로는 국가안전기획부의 정보망, 조직, 장비 등이 절대적으로 작동하고 있었기 때문이다. 그런데 1990년 이후 통일원의 위상이 강화되면서 공개적이지만 형식적인

러나 이후 '주적' 개념이 다시 논란의 대상이 되자, 국방부는 『국방백서』의 발간 자체를 유예하는 모습을 보이기도 하였다. 그리고 2005년도부터는 '주적' 개념을 국방백서에서 명시적으로 사용하지 않고 있다.

조직과 비공개적이지만 실질적인 조직으로 업무를 구별하여 진행해온 기존의 구조가 변형되기 시작했다. 공개적이지만 형식적인 조직인 통일원이 실질적인 권한과 업무까지 확보하게 되면서, 비공개적이지만 실질적인 존재였던 국가안전기획부의 기능과 업무가 위축되기 시작했다. 그동안 조화롭지는 못했지만 어느 정도 영역을 분담해왔던 '틀'에 혼선이 발생했던 것이다.[66] 관료정치적 현상을 유발시킬 수 있는 요인들이 잠복되어 있는 상태에서 공개적으로 구체화될 수 있는 상황이 조성되기 시작했던 것이다.

1) 제7차 남북고위급회담과 '고향방문단' 교환 합의

이러한 상황에서 제8차 남북고위급 회담이 1992년 9월 15일부터 9월 18일까지 평양에서 개최되었다. 남북고위급 회담은 1988년 한국측이 제의한 남북총리회담에 북한측이 호응하여 성사된 것으로서, 제1차 회담은 1990년 9월 4일부터 9월 7일까지 서울에서 개최되었다. 국무총리를 수석대표로 하고 통일원, 국가안전기획부, 외무부, 국방부, 경제기획원 소속 관료들을 중심으로 대표팀이 구성되었다. 이후 만남이 계속되면서 남북이산가족의 교환방문 문제가 의제로 제시되었다. 수차례의 논의를 통해 1992년 5월 5일부터 8일간 서울에서 열린 제7차 남북고위급회담에서 '남북사이의 화해와 불가침 및 교류·협력에 관한 합의서'의 제1장 내용에 합의하면서,

---

66) 1992년 남북고위급회담 당시 안기부장 특보였던 이동복씨는 언론과의 인터뷰에서 '안기부와 통일원의 갈등은 1991년 가을 경부터 시작된 것 같다. 대체적으로 5공화국 때까지는 대통령이 안기부 쪽에 권한을 주었기 때문에 별 마찰이 없었는데, 6공화국 중반 때부터 통일원이 격상되고 북방정책이 수행되면서 기존의 「틀」에 혼선이 생긴 것이다'고 언급함으로서, 이러한 측면들을 확인시켜 주고 있다. 李東馥 전안기부장특보 인터뷰, "강온대립 아닌 아마와 프로의 차이," p. 227.

"1992년 8·15해방 47돌을 기념하여 이산가족의 노부모 방문단 100명과 예술인 70명, 그리고 70명의 기자와 지원인원으로 구성되는 노부모 방문단 및 예술단을 서울과 평양에서 동시에 교환하도록 쌍방 적십자단체들에 위임한다"는 내용의 합의문을 발표하게 되었다.[67] 특히, 이러한 합의가 북한의 제의로 진행되었고, 방문단과 예술단의 교환을 "아무런 조건 없이 무조건 실시하기로 합의했다"는 내용을 담고 있었다는 점에서 한국 정부는 합의문 내용의 실천에 대해 매우 낙관적으로 평가하고 있었다.[68]

제7차 남북고위급회담의 합의문에 의거하여, 1992년 6월 5일부터 8월 7일까지 판문점 중립국감독위원회에서 8차례의 실무회담이 개최되었다. 1992년 6월 5일의 제1차 실무대표접촉에서 한국 적십자측은 1989년과 1990년에 개최된 제2차 고향방문단 교환을 위한 실무대표접촉에서 논의된 내용을 기초로 준비한 안을 제시하였고, 북한 적십자측도 합의서의 안을 준비하여 교환하였다. 그런데 북한 적십자측은 '노부모방문단 교환사업'의 전도와 관련된 문제라며, 북한 핵문제의 해결과 노부모 방문단 교환 이전에 한국에서 장기수로 복역 중인 이인모를 북측에 송환해 줄 것을 요구하였다. 그리고 한국 적십자측의 반응 여부에 따라서는 '노부모 방문단 교환사업'이 무산될 수도 있음을 주장하였다. 실무접촉이 계속되면서 북한 적십자측은 1992년 7월 20일에 있었던 제6차 접촉에서 한-미 포커스렌즈 훈련(1992년 8월 19일~8월 30일 계획)의 중지문제를 새로운 전제조건으로 내세우며 고향방문단 실현을 위한 논의는 진전을 보지 못했다. 결국 8차례의 실무대표접촉은 별다른 성과 없이 중단되고 말았다.

---

67) 통일부, 『통일부 30년사』, pp. 154-155.

68) 이동복, "남북대화 - 1993년의 전망," 서울신문사 정경문화연구소 주최 토론회, "새시대 상황 하에서의 남북관계," 발표논문 (1992년 12월 28일), *http://dblee2000.or.kr.*

　제7차 남북고위급회담에서 합의한 '고향방문단' 교환을 위한 실무 대표자 접촉은 별다른 성과 없이 끝나버렸고, 합의한 1992년 8월 15일은 지나 버리고 말았다. 따라서 1992년 9월 15일부터 18일까지 평양에서 개최된 제8차 남북고위급회담은 과연 제7차 남북고위급회담때 합의한 '고향방문단' 교환 문제를 실현시킬 수 있을 것인지, 아니면 무산시키게 될 것인지를 결정하는 중요한 계기가 되고 있었다. 한국 정부의 입장에서는 북한측이 진정으로 '고향방문단' 교환 행사의 실행을 원하고 있는 것인지, 아니면 단순한 정치적 제스처에 불과했던 것인지를 판단해야만 했다. 그리고 만약 '고향방문단' 건이 북한측의 정치적 제스처였다면, 그동안 공들여 진행시켜온 남북 정부간의 다양한 합의와 합의서의 채택 및 발효 문제까지 무산되는 것은 아닌지를 걱정해야만 했다. 반면, 북한도 진심으로 '고향방문단' 건의 성사를 원하고 있고, 단지 체면을 유지하기 위해 일정한 전제조건들을 제시한 것이라면, 한국측으로서는 상황이 허락하는 한 북한이 제시한 전제조건들을 최대한 수용하는 적극적인 모습을 보여야만 했다. 이처럼 다소 애매모호한 몇 가지의 상황들을 명쾌하게 정리하지 못한 채, 1992년 9월 15일부터 18일까지 제8차 남북고위급회담이 평양에서 열리게 되었다.

2) 제8차 남북고위급회담과 관료들의 정치적 판단

　제8차 남북고위급회담의 진행 과정에서 발생한 관료들의 정치적 판단과 관료정치적 행동들은 3단계로 구분될 수 있다. 우선 첫 번째 단계에서는 해당 관료조직들도 매우 '기능적' 역할만을 수행하는 모습을 보였다.

<표 Ⅵ-4> 제8차 남북고위급회담 대표단 명단

	한국측 대표명단	북한측 대표명단
수석대표	정원식(국무총리)	연형묵(정무원 총리)
대　　표	송응섭(합참 제1차장)	김광진(인민무력부 부부장)
	임동원(통일원 차관)	안병수(조국평화통일위원회 부위원장)
	한갑수(경제기획원 차관)	백남준(조국평화통일위원회 서기국장)
	공로명(외교안보연구원 원장)	김정우(대외경제사업부 부부장)
	이동복(국무총리 특별보좌관)	최우진(외교부 순회대사)
	박용옥(국방부 군비통제관)	김영철(인민무력부 부국장)

출처: 통일부, 『통일부 30년사 - 평화·화해·협력의 발자취, 1969-1999』 (서울: 통일부, 1999), p. 155.

　<표 Ⅵ-4>에서 보는 바와 같이 정원식 총리를 수석대표로 하는 7명의 제8차 남북고위급회담 남측 대표단은 1992년 9월 5일에 제8차 남북고위급회담 대책보고서를 작성하여 노태우 대통령에게 보고하였다.[69] 그리고 그 자리에서 노태우 대통령으로부터 '연말연시를 기해 이산가족 문제가 성사되도록 반드시 해결하라'는 강력한 입장을 주문 받았다. 1993년 2월로 대통령의 임기가 종료되는 노태우 대통령으로서는 1992년 말까지 이산가족의 교환방문을 성사시키기 위해서는 이번 기회가 마지막으로 판단하고 있었고, 자신의 정책선호를 실현시키도록 관료들에게 매우 적극적으로 요구하고 있었던 것이다.[70] 그리고 1992년 9월 14일 평양을 방문하기 하루 전에 개최된 고위 전략회의에서는, 제8차 남북고위급회담에 임하는 '기본 훈령'을 채택하였다.[71] 첫째, ㉮ 제7차 회담에서 합의한 '이산가족 노부

---

69) 감사원, "제8차 남북고위급회담시의 훈령조작의혹 감사결과, 1993. 12," 감사원, 『제170회 국회 정기회 국정감사요구자료(法司委), <제1권>』 (서울: 감사원, 1994. 9), p. 479.

70) 「조선일보」, 1993년 11월 25일자.

71) 이날 고위 전략회의에는, 남북고위급회담 수석대표인 정원식 국무총리, 최영철 통일부총리, 이상연 안기부장, 정해창 대통령비서실장, 김종휘 대통령 외교안보수석비서관, 임동원 통일원 차관, 이동복 국무총리 특보 등이 참석했다. 그리고 여기서 작성된 '기본 훈령'은 노태우 대통령에게 보고하여

모의 고향방문' 등의 상호 방문을 조건 없이 연내 실시하도록 노력한다. 둘째, ⒩ 북측이 이인모 송환 문제를 제기하면, ① 이산가족 고향방문단 사업의 정례화, ② 판문점내 이산가족 면회소와 우편물 교환소의 설치 및 상설 운영, ③ 납북된 동진 27호 선원 12명의 송환 등 3가지 조건이 관철될 경우에는 이인모의 북송에 적극 응한다는 기본 입장을 정리했다.[72] 첫 번째 내용은 이인모 문제와 연계시키지 않고, 제7차 고위급회담에서 합의된 대로 조건 없는 실시를 관철시키지만, 두 번째 내용은 북한의 성의가 확인되면 3개 항목중 2개 항목과 이인모의 '송환'을 교환하는 것을 고려하는 등[73] 협상상황에 따라 융통성 있게 대처하기로 결정하였다.[74]

1992년 9월 15일 제8차 남북고위급회담 한국측 대표단은 평양에 도착했고, 오후에는 고위급회담의 '대표접촉'이 있었다. 한국측에서는 임동원, 이동복 대표가 참석했고, 북한측에서는 안병수, 백남준 대표가 참석했다. 이 자리에서 한국 대표들은 '기본 훈령'에 근거한 한국측 입장을 개진했다. 이때 북한이 제시한 입장은 ⓐ 북한 핵문제에 대한 국제공조로부터 한국의 이탈, ⓑ 이인모의 '송환' 등 북한 요구사항들을 한국측이 수용하지 않는 한 제7차 고위급회담에서 합의한 '이산가족 노부모의 고향방문단 및 예술공연단의 교환'을 거부한다는 것이었다.[75] 결국, '고향방문단' 문제 등과 관련된 논의들은 더 이상 신선되지 못한 채, 남북고위급회담은 분과별로 '남북화해공동위원회 구성·운영에 관한 합의서', '남북화해의 이행과 준수를 위한 부속합의서', '남북불가침의 이행과 준수를 위한 부속합의

서면 재가를 받은 것으로 되어 있다. 이동복, "남북대화의 전부,"의 '사. 이인모와 이산가족 문제' 참조.

72) 감사원, "제8차 남북고위급회담시의 훈령조작의혹 감사결과, 1993. 12," p. 479.
73) 이동복, "남북대화의 전부,"의 '사. 이인모와 이산가족 문제' 참조.
74) 감사원, "제8차 남북고위급회담시의 훈령조작의혹 감사결과, 1993. 12," p. 479.
75) 이동복, "남북대화의 전부,"의 '사. 이인모와 이산가족 문제' 참조.

서', '남북교류·협력의 이행과 준수를 위한 부속합의서' 등을 채택하고 발효시키는 문제에 집중하는 모습을 보였다.

이 때까지의 나타난 관료들의 행동은 대통령의 정책선호를 정책으로 완성시키는 과정에서 나타나는 일반적인 '기능적인 관료'들의 모습이었다. '기본 훈령'의 내용에 충실한 모습들이었기 때문이다. 그러나 이후 북한의 행동에서 미묘한 변화가 나타나기 시작했고, 변화된 상황에 대한 해석과 관련하여, 개별 관료조직들은 자신들의 이익에 보다 유리한 형태로 정치적 판단을 진행했고 이를 실행에 옮겼다. 그리고 그 결과는 대통령의 정책선호를 실현시키기 보다, 오히려 실패로 유도하는 형태로 나타났다.

<표 Ⅵ-5> 남북고위급회담 분과위원회별 위원장 명단

	한국측	북한측
정치분과	이동복(국무총리 특별보좌관)	백남준(조국평화통일위원회 서기국장)
군사분과	박용옥(국방부 군비통제관)	김영철(인민무력부 부국장)
교류·협력분과	임동원(통일원 차관)	김정우(대외경제사업부 부부장)

출처: 통일부, 『통일부 30년사 - 평화·화해·협력의 발자취, 1969-1999』 (서울: 통일부, 1999), pp. 156-167.

두 번째 단계부터 관료들의 정치적 판단과 행동들이 나타나게 되는데, 그 시작은 통일원의 임동원 대표가 내린 상황 판단에서 부터였다. 1992년 9월 16일 저녁 9시부터 비공개로 진행된 남북고위급회담 '남북교류·협력분과위원회 회의에서 북측 위원장인 북한대외경제사업부 부부장인 김정우가 한국측 위원장이었던 임동원 통일원 차관에게 '고향방문단' 교환에 대한 북측의 상당히 진전된 입장을 표명했다. <표 Ⅵ-5>에서 보는 바와 같이 임동원 대표와 김정우 대표는 '남북교류·협력분과위원회'의 남북한간 상대역이었다. 김정우 대표는 '이인모를 송환하면 판문점 면회소를 연내에 설치·운영하고(한국측 전제조건 ②), 이산가족 문제를 협의하기 위한 적십자회담을 즉각 개시(한국측 전제조건 ①의 변형)할 수도 있다'는 내용을 임동원 대표에게 제시했던 것이다.[76] '훈령조작사건'과 관료조직들의 정치적 행동은 바로 이 부분에서부터 시작되었다.

임동원 대표는 통일원 차관의 위상에 걸맞게, 가능하면 남북한 관계를 긍정적으로 풀어가기를 희망하고 있었다. 따라서 임동원 대표는 북한의 이러한 상황 변화에 대해 비록 공식적으로 확인되지는 않았지만 상당히 가능성이 있는 희망적인 내용으로 판단했다. 그리고 이 과정에서 대통령의 정책선호 내용을 부분적으로 왜곡시키는 판단을 진행하였다. 당초 정한 '기본 훈령'의 내용 중에서 가장 기본적인 첫 번째 내용인 ㉮의 '고향방문단' 교환의 무조건 실시는 비록 실현되지 못하지만, 첫째, 3가지 전제조건중 하나인 ② 면회소 문제가 해결되고, 둘째, 가장 기본적 문제였던 ㉮의 '고향방문단'의 즉각 실현과 3가지 전제 조건 중 하나였던 ① 고향방문단 사업의 정례화 문제를 이산가족 문제로 통합시켜 다소 변형된 형태로 적십자회담을 통해 새롭게 논의할 수 있다는 점에 주목했던 것이다. 따라서 이인모를 북쪽에 송환해줄 경우, 한국은 상당한 수확을 얻을 수 있을 것으로 판단했다. 임동원 대표는 한국 대표단 수석대표였던 정원식 총리에게 이 사실을 보고했다. 그리고 1992년 9월 16일 밤 11시 30분 임동원 대표는 수석대표의 이름으로 관련 내용을 매우 긍정적으로 평가한 내용과 함께 새로운 훈령을 요청하는 '청훈'을 서울로 발송하였다. 그런데 이 과정에서 임동원 대표는 자기중심적인 해석을 진행했다. 원칙대로라면 대표단 회의 등을 통해 사건진행을 협의한 후에 행동해야만 했다.[77] 제1차 남북고위급회담 때부터 남북 협상과정에 계속 참석해온 임동원 대표가 당시에 이러

---

76) 감사원, "제8차 남북고위급회담시의 훈령조작의혹 감사결과, 1993. 12," p. 480.
77) 감사원, "제8차 남북고위급회담시의 훈령조작의혹 감사결과, 1993. 12," p. 487.

한 절차상의 내용을 잘 몰랐다고 하는 것은 이해하기가 힘들다. 다소 의도적으로 절차상의 과정을 배제한 것이 아닌가 하고 판단할 수밖에 없는 것은 임동원 대표가 당시 남북 정부간 협상에 빠지지 않고 매번 참석하는 남북 협상의 전문가였기 때문이다. 결국, 임동원 대표는 자신의 판단을 실현시키기 위해 절차상의 내용은 생략한 채 수석대표에게만 보고하고, 서울에 청훈[78]을 보내는 독단적 판단과 행동을 진행했던 것이다.[79] 그리고 이 과정에서 대통령의 정책선호가 문서화되어 있는 '기본 훈령'의 내용을 근거로 기능적으로 행동하기보다는, '기본 훈령'의 기본적인 원칙(㉮의 조건 없는 실행 등)들을 부정하는 형태의 정치적 판단을 진행했던 것이다.

한편, 이동복 대표는 임동원 대표의 행동에 대해 매우 부정적인 반응을 보였다. 그리고 이동복 대표의 이후 대응 또한 정치적 판단에 의해 진행되는 양상을 보였다. 1992년 9월 17일 0시경 이동복 대표는 임동원 대표의 청훈 발송 사실을 평양상황실장(당시 엄익준 국가안전기획부 기획조정실장)으로부터 전해 듣게 된다. 평양상황실장은 임동원 대표의 청훈이 "대표단 차원에서 논의된 내용인가"라는 절차상의 문제를 제기했던 것이다. 임동원 대표의 청훈 내용을 확인한 이동복 대표는 심각한 문제가 있음을 판단하였다. 임동원 대표의 청훈 내용은 '기본 훈령'과 달리 가장 기본적으로 확보해야할 ㉮의 '이산가족 노부모방문단 및 예술단의 상호방문'의 무조건 이행요구를 스스로 포기한 것이었기 때문이다.[80] 이동복 대표는 정원식 수석대표에

---

78) 임동원 대표의 청훈 수신자는 서울의 최영철 통일원 장관, 이상연 안기부장, 김종휘 대통령외교안보수석비서관으로 되어 있었다. 그러나 서울 지휘부에서는 이 청훈을 1992년 9월 17일 오전 10:00가 되어서야 보고 받게 된다.

79) 임동원 대표는 당시 보낸 청훈이 결코 자신의 판단에 의해 자신이 청훈했던 것이 아니라, 수석대표인 정원식 총리의 지시에 의해 총리 명의로 청훈한 것이었다는 점을 강조했다. 林東源 전통일원차관 인터뷰, "고향방문단 실패는 「怪전문」 때문." 「新東亞」, 1994년 1월호, p. 224.

80) 감사원, "제8차 남북고위급회담시의 훈령조작의혹 감사결과, 1993. 12." p. 480.

게 이 사실을 즉각 보고했고, 별도의 청훈을 발송하라는 지시를 받았다. 그리고 1992년 9월 17일 0시 30분경 이동복 대표는 당초의 '기본 훈령'의 고수를 확인하는 청훈을 별도로 발송하였다. 북한의 변화된 제안에 대해 부정적으로 평가한 이동복 대표 역시, 대표단 회의라는 절차상의 과정을 생략한 채 자신의 독자적 판단을 행동에 옮겼던 것이다. 임동원 대표가 보낸 청훈 내용이 실현되는 것을 차단하기 위해서는 자신의 행동도 신속하게 진행되어져야만 했기 때문이다.

이처럼 두 번째 단계에서 나타난 관료들의 정치적 행동은 대통령의 정책선호와 상황변화에 대한 개인적인 해석과 판단의 문제로 정리될 수 있다. 즉, 임동원 대표는 대통령의 정책선호를 형식에 상관없이 이산가족 문제를 해결해야 한다는 점에 초점을 맞춰 해석했다. 따라서 당시의 상황변화를 매우 긍정적으로 판단했다. 반면, 이동복 대표는 대통령의 정책선호와 관련하여 '기본 훈령'에서 언급된 ㉮의 최소한 '고향방문단'의 성사를 가장 기본적인 것으로 해석했다. 또한 당시의 상황을 부정적으로 인식하고 있었던 것이다. 그리고 이들은 모두 절차적 과정을 생략할 만큼 자신의 판단이 방해받지 않고 신속히 확인 받기를 원했던 것이다.

여기까지의 상황만을 염두에 둔다면, 임동원 대표가 당시 상황을 다소 과장해서 확대 해석하고 다소 자의적인 정치적 판단을 진행한 것이 문제를 유발시킨 원인으로 판단된다. 그 이유는 첫째, 감사원의 감사 결과보고서에서, "정원식 수석대표와의 면담을 통해 당시 정황을 들어본 결과, '공식 훈령'[1992년 9월 17일 오후 4시15분에 서울에서 실제로 발송된 '공식 훈령']대로 협상해 보았다고 해도 이산가족 문제는 성사가 불가능했을 것으로 판단된다"고 결론짓고 있기 때문이다.[81] 둘째, 제8차 남북고위급 회담이 끝난 이후 1992년 10월 1일과 10월 5일 판문점에서 남북고위급회담 대표접촉이 개최되었는

---

81) 감사원, "제8차 남북고위급회담시의 훈령조작의혹 감사결과, 1993. 12," p. 485.

데, 당시 한국측은 제8차 남북고위급회담 이전에 채택한 '기본 훈령' 내용이 수용될 경우 이인모 송환을 고려할 수 있다고 반복해서 제안했다. 그런데 북한측은 "'이산가족 고향방문단'의 교환 정례화"는 어떠한 경우라도 받아들일 수 없으며, "판문점 면회소 설치·운영에 국한하여 이인모 송환문제를 처리하자"는 입장을 고수하면서 "'노부모 방문단' 교환도 핵문제의 해결 없이는 남북간의 실질적 진전도 기대할 수 없다는 한국측 입장을 철회해야만이 가능하다"며 기존의 입장을 반복해 주장하였다.82) 대표접촉 당시 한국측 대표는 임동원, 이동복이었고, 북한측 대표는 안병수, 김정우였다. 제8차 남북고위급회담 당시 임동원 대표에게 '진전된 제안'을 한 북한측 인물들이 안병수, 김정우였다는 점을 염두에 둔다면, 고위급회담 당시 북한의 태도변화와 진전된 제안이 있었다는 임동원 대표의 주장은 설득력을 잃게 된다. 결국, 감사원의 감사결과와 1992년 10월 1일과 5일의 남북고위급회담 대표접촉 결과를 통해 확인할 수 있는 것은 당시 임동원 대표가 북한측의 정략적 공작의 타켓이 되었던지, 아니면 임동원 대표의 판단과 행동이 지나치게 정치적으로 진행됨으로서 오히려 대통령의 정책선호를 왜곡시키는 결과를 초래했다는 점이다.

세 번째 단계에서는 이러한 관료들의 정치적 판단으로 인해 더욱 심각한 정치적 행동이 진행되었고, 그 결과 대통령의 정책선호가 더욱 왜곡되는 사태가 발생하게 되었다는 것이다. 서로 상이한 내용을 담고 있는 2개의 청훈을 1시간 간격으로 접수한 서울상황실은 다소 혼란스러운 상황에 빠지게 되었다. 서울상황실은 이러한 혼란을 해소하기 위하여, 1992년 9월 17일 새벽 2시 30분 경에 평양상황실에 대해 왜 2개의 청훈이 발송되었는지 그 이유를 문의했다. 이러한 문의

---

82) 통일원이 국회 외무통일위원회에 보고한 「통일원 주요현안 업무보고」 내용중 일부임. 대한민국 국회, 『제160회 국회 외무통일위원회 제1차회의 회의록 (1993. 3. 15)』, p. 40: 이동복, "남북대화의 전부,"의 '사. 이인모와 이산가족 문제' 내용 참조.

에 대해 평양상황실은 2개의 청훈을 모두 상부에 보고하며, 평양에서 조찬대책회의가 개최되는 1992년 9월 17일 오전 7시 이전에 그 결과를 회신해 줄 것을 독촉하였다. 그러나 서울상황실(상황실장, 엄삼탁 안기부 기획관리실장)의 상부에 대한 보고는 상당히 지연되어졌다. 9월 17일 오전 7시가 되어서야 청훈 요청 사실이 지휘부에 보고되었으며, 오전 10시에서야 서울지휘부가 청훈 전문을 보고 받았다. 그리고 오후 2시가 되어서야 서울 지휘부에서 관련내용을 협의하기 시작하였다. 그리고 오후 2시30분 평양에 '상황을 문의'하는 전문을 새롭게 발송하였다. 오후 3시30분 서울상황실은 이동복 대표로부터 '상황을 정리'한 보고서를 전달 받았고, 오후 4시 15분 새롭게 수정된 '공식 훈령'을 평양상황실에 타전하였다. 수정된 공식훈령의 내용은 다음과 같다.

『아래 세 가지 사업이 관철되는 조건으로 교섭하되 불가할 경우 ①②항 관철, 최후적으로는 ①③항을 관철할 것.
　① 이산가족 고향방문단 사업 정례화
　　- 시기: 설날, 8·15, 추석 등 년 3회 실시
　　- 규모: 1회에 300-400명 정도
　② 판문점 면회소 및 우편물 교환소 설치, 상설 운영
　　- 설치시기: 쌍방 합의 후 1개월 이내
　　- 운영방법: 이산가족 면회는 월 1회, 우편물 교환은 주 1회
　③ 동진 27호 선원 12명 귀환
　　- 시기: 합의후 15일 이내
　　- 방법: 이인모와 동시 교환
　※ 주지사항:
　　- 합의사항이 조건 없이 실현되도록 이번 제8차 회담에서 남북 총리간에 서명·발표할 것.
　　- 실무절차 협의 위한 쌍방 적십자접촉 즉각 개최에 합의할 것
　　- 고방단('고향방문단') 교환, 이산가족 면회, 우편물 교환 등의 회수, 규모는 융통성을 가지고 교섭할 것』[83]

그러나 서울에서 발송한 '공식 훈령'은 너무 늦게 평양에 전달됨으로써 별다른 의미를 가지지 못했다. 첫째, 〈표 Ⅵ-6〉과 〈표 Ⅵ-7〉에서 확인할 수 있는 바와 같이, 평양에서는 4시45분부터 공식 일정으로 남북고위급회담 제2일 회의가 평양인민문화궁전에서 시작되고 있었다. 그리고 암호 전문을 푼 평양상황실이 '공식 훈령'을 접수한 것은 오후 5시였다. 남북고위급회담 본 회담이 진행되고 있었기 때문에 '공식 훈령'이 곧바로 전달될 수가 없었다. 그리고 회의가 끝난 이후에는 바로 공식 만찬이 진행되었기 때문에 별도로 보고할만한 일정상의 여유가 없었던 것이다. 1992년 9월 17일 오후 6시 30분 이동복 대표에게 '공식 훈령'이 전달되었고, 공식행사가 종료된 저녁 10시 수석대표인 정원식 대표에게 보고되었다. 그러나 이 때는 제8차 남북고위급회담의 공식 회담 일정이 모두 종료된 상태로써 '공식 훈령'은 특별한 의미를 가지기에는 너무 늦게 전달되었다. 둘째, 1992년 9월 17일 오전 7시 평양에서 있었던 조찬대책회의에서는 2개의 청훈에 대한 결론이 이미 내려져 있었던 것이다. 평양에서는 2개의 '청훈'에 대한 서울의 결정이 9월 17일 오전 7시까지 도착하기를 기대했지만, 상황은 그렇게 진행되지 못했다. 결국, 이동복 대표는 9월 17일 7시30분 당시 평양상황실에서 가상으로 "당초의 지침대로 행동할 것"을 명시한 '예비 전문'[84]을 이용하여 대표단에게 '기본 훈령'을 준수하라는 내용을 공식 훈령으로 발표하였다. 당시 이동복 대표는 "이걸 사용하고, 서울 귀환 후에 보고하겠다"며 서울에서 온 전문이 아님을 알면서도 '예비 전문'을 서울에서 온 훈령이

---

83) 감사원, "제8차 남북고위급회담시의 훈령조작의혹 감사결과, 1993. 12," p. 482. 보다 자세한 내용은, 이동복, "남북대화의 전부,"의 '사. 이인모와 이산가족 문제' 내용 참조.
84) 당시 전문은 암호를 해독하는 데 다소의 시간이 소요되었다. 따라서 이동복 대표가 사용한 '예비 전문'은 평양상황실에서 1992년 9월 17일의 7시 회의에 맞추어 서울에서 온 훈령을 신속히 전달하기 위해 임의로 미리 작성해 놓은 전문이었다.

라고 왜곡 발표했던 것이다.[85] 이동복 대표는 자신의 이러한 행동에 대해, 9월 16일 밤에 정원식 수석대표에게 임동원 대표의 청훈 내용을 보고하자, 정원식 수석대표가 "임동원 대표의 '청훈 전문'은 실제로는 서울로 보낼 것 없이 내일 아침 7시 대표들의 조찬 모임 때 서울에 청훈 했더니 서울로부터 본래의 '훈령'대로 처리하라는 지시가 시달되어 왔다고 보고하고, 그것으로 이 문제는 종결하는 것이 좋겠다"고 매듭을 지었다는 것이다. 그리고 이동복 대표는 정원식 수석대표의 지시 내용에 따라 행동했다고 주장했다.[86]

〈표 Ⅵ-6〉 제8차 남북고위급회담 일정

일자 및 시각	주요 일정
1992년 9월 15일	
09:30	서울대표단 판문점 통과
10:00	통일각 출발
12:00	숙소(백화원) 도착
16:00	회담장(평양 인민문화궁전) 답사
19:00	북한 정무원 총리 주최 만찬
9월 16일	
10:00	제1일 회의(공개)
15:00	평양 제1고등학교 참관
17:00	음악·무용종합공연 관람(동평양대극장)
21:00	3개 분과별 위원장 접촉(비공개)
9월 17일	
10:00	참관(서해 갑문)
16:50	제2일 회의(공개, 3개 부속합의서 발효)
19:30	북한최고인민회의 의장 주최 만찬(목란관)
9월 18일	
10:00	평양 출발(고속도로)
12:30	판문점 통과 귀경

출처 : 김교만, "混線인가, 조작인가," 「월간 중앙」, 1994년 1월호, p. 291.

---

85) 감사원, "제8차 남북고위급회담시의 훈령조작의혹 감사결과, 1993. 12," p. 481.
86) 이동복, "남북대화의 전부,"의 '사. 이인모와 이산가족 문제' 내용 참조.

이 과정에서도 임동원 대표와 이동복 대표, 그리고 청와대 소속 비서관들의 정치적 판단과 행동들은 계속되었다. 우선 임동원 대표는 9월 17일 비록 잘못된 훈령이기는 하지만 '예비 전문'을 통해 훈령을 확인 받았음에도 불구하고 정원식 수석대표에게 북한의 상황 변화를 지속적으로 거론하는 모습을 보였다. 제8차 고위급회담 당시, 임동원 대표는 1992년 9월 15일 개성-평양간 이동 중에 북측 최우진 대표와 나눈 대화, 9월 16일 저녁 '남북교류·협력분과위원회' 회의석상에서 북측 김정우 대표와의 대화, 9월 17일 오전 평양-남포간 이동 중에 나눈 북측 안병수 대표와의 대화에 이어, 9월 18일 새벽에 임동원 대표의 숙소로 찾아온 북측 김정우 대표와의 대화 과정에서 긍정적인 분위기를 확인했다며, 1992년 9월 18일 오전 8시40분에 정원식 수석대표에게 협상의 성사 가능성을 다시 한번 보고하였다. 9월 18일 새벽 2시, 북측 김정우 대표가 임동원 대표를 찾아와 '고향방문단'에 대한 북한의 우호적인 입장을 다시 한번 강조하면서, ③번의 동진호 송환은 안되지만, ① 고향방문단 정례화와 ② 면회소 설치 조건에는 합의할 수 있다는 긍정적 입장을 전달했다는 것이다.[87] 따라서 임동원 대표는 서울 귀경 후인 1992년 9월 19일 통일부 장관에 대한 보고 등을 통하여 북한의 반응이 긍정적이었기 때문에 9월 17일자의 '공식 훈령'만 제대로 전달받았고, 훈령 내용에 따라 이인모 문제와 이산가족문제들을 북한측과 협상했다면 충분한 타결이 가능했다는 점을 강조했다. 비록 '공식 훈령'이 늦게 도착했지만, 북측의 반응으로 볼 때 9월 17일 늦은 밤이나 9월 18일 오전에도 협상이 가능했고, 이산가족 문제와 관련한 일정한 합의를 얻어낼 수 있었을 것이라고 주장했다. 바로 제대로 수정된 공식 훈령이 자신에게 적절히 전달되지 못했기 때문에 해결이 불가능했다는 점을 부각시켜 주장했던 것이다.[88]

---

87) 林東源 전통일원차관 인터뷰, "고향방문단 실패는 「怪전문」 때문," p. 224.

한편, 이동복 대표는 세 번째 단계에서 지나치게 정치적인 판단과 행동을 진행하였고, 이후 이로 인해 '훈령 묵살과 조작'의 집중적인 공격을 받았다. 비록 본질적으로는 의미하는 바가 동일하다 하더라도, 이동복 대표는 '공식 훈령'에 담겨져 있던 대통령의 정책선호를 자의적으로 해석하고 왜곡시키는 결과를 초래했던 것이다. 이동복 대표는 '예비 전문'[89]이 사실이 아님을 알고서도 이를 정식 훈령인 것처럼 사용하는 정치적 행동을 진행하였다. 대통령의 정책선호도 '기본 훈령'을 근거로 하고 있으며, 자신의 판단이 최선의 길이라는 자의적인 정치적 판단을 섣부르게 내렸고 행동했던 것이다. 그리고 '공식 훈령'을 정원식 수석대표에게만 전달하고 이동복 대표를 포함한 나머지 대표단에게는 공개하지 않는 정치적 행동도 진행하였다. 이에 대해 이동복 대표는 정원식 수석대표에게 보고했고, 정원식 수석대표가 "이미 협상이 종료되어 다른 대표에게 알릴 필요가 없었고, 다음 남북고위급 대표접촉이 판문점에서 개최될 예정이었으므로 그 때 가서 협상을 진행해야겠다"고 생각했고,[90] '공식 훈령'을 발표하지 말고 덮어둘 것을 이동복 대표에게 지시했다는 점을 강조했다.[91] 그리고 이동복 대표는 비록 '예비 전문'을 '공식 훈령'인냥 사용하긴 했지만, '공식 훈령'을 사용했다 해도 결론은 동일했고,[92] 오히려 '공식 훈령'이 더욱 경직되어 있어 실현시키기기 더 힘든 내용이었다는 점을 주장하였다.[93] '①② 또는 최소한 ①

---

88) 감사원, "제8차 남북고위급회담시의 훈령조작의혹 감사결과, 1993. 12," p. 485.
89) 1993년 11월 16일 제165회 국회 예산결산특별위원회 제3차 회의에서 민주당 이부영 의원이 폭로한 내용에 의하면, 1992년 9월 17일 오전에 평양상황실에서 받은 것으로 되어 있는 '첫 번째 훈령'['예비 전문']은 당시 서울 상황실장을 맡고 있던 엄삼탁 안기부 기획조정실장이 만든 것으로 되어 있다. 대한민국 국회, 『제165회 국회 예산결산특별위원회 제3차회의 회의록 (1993. 11. 16)』 (서울: 국회 사무처, 1993), p. 4.
90) 감사원, "제8차 남북고위급회담시의 훈령조작의혹 감사결과, 1993. 12," p. 484.
91) 이동복, "남북대화의 전부,"의 '사. 이인모와 이산가족 문제' 참조.
92) 감사원, "제8차 남북고위급회담시의 훈령조작의혹 감사결과, 1993. 12," p. 485.

③을 실현시키라'는 '공식 훈령'도 '기본 훈령'과 같이 ①의 내용인 '고향방문단' 사업의 실현을 가장 기본적인 내용으로 담고 있었다. 그런데 제7차 회담에서 합의한 '기본 훈령'의 ㉮의 내용도 지켜지지 않고 있는데, 2가지 조건에서 빠지지 않고 있는 ①의 내용을 실현시키는 것은 현실적으로 불가능했다는 것이다.[94] 따라서 "'기본 훈령'에 충실하라"는 가상적인 '예비 전문'을 사용했기는 하지만, 기본적인 내용은 크게 다를 바가 없었다는 것이다. 그리고 현실적으로 당시 상황에서는 '공식 훈령'을 가지고 협상에 임했다 하더라고 '고향방문단' 사업은 실현이 불가능했다는 주장이다. 그러나 이동복 대표는 자신의 판단이 정확했느냐 하는 문제를 떠나, '예비 전문'을 마치 '공식 훈령'인 것처럼 사용하고 행동하는 정치적 판단을 진행하게 됨으로서, 대통령의 정책선호를 대표단 전체의 의견에 의존하기 보다는, 자의적으로 해석하고 왜곡시키는 정치적 행동을 진행한 것은 분명하다.

또한 협상대표단의 일원으로서 당시 평양에 체류하고 있던 민병석 대통령외교안보비서관은 '예비 전문'을 확인 받고서도 이를 믿지 않고, 9월 17일 오전 9시40분 그 내용을 확인하는 또 다른 전문을 서울에 발송하였다. 이산가족 문제를 해결함으로서 노태우 대통령의 업적을 이룩하고자 했던 청와대 비서진들의 또 다른 정치적 판단이 강하게 작용하고 있었던 것이다. 이번 경우에는 대표단 회의는 물론이고, 수석대표인 정원식 총리에게도 보고되지 않은 채 "판문점 면회소건 수석님[청와대 대통령외교안보수석비서관]께 보고하고 즉시 회보 바람"이라는 전문을 독자적으로 타전했던 것이다.[95] 이 전문의 내용을 통해 1992년 9월 17일 당시에는 통일원이나 국가

---

93) 이동복, "남북대화의 전부,"의 '사. 이인모와 이산가족 문제' 참조.
94) 감사원, "제8차 남북고위급회담시의 훈령조작의혹 감사결과, 1993. 12," p. 485.
95) 감사원, "제8차 남북고위급회담시의 훈령조작의혹 감사결과, 1993. 12," p. 488.

안전기획부 뿐만 아니라 청와대 외교안보비서실만의 독자적인 정치적 판단과 행동도 별도로 진행되고 있었음을 확인할 수 있다. 남북 고위급 회담에 참석하는 행위자들 모두가 자신의 이해관계를 근거로 판단하고 행동하는 관료정치적 모습을 보였던 것이다.

만약 ‘훈령 조작 사건’의 당사자들인 두 대표들이 비록 부분적으로 정치적 판단을 내렸다 하더라도, 절차상의 과정인 대표단 회의 등을 통해 서로 협의하고 상대방의 의견들을 조율하는 식의 기능적 행동들을 진행했다면, 이러한 파문은 일어나지 않았을 수도 있다. 그러나 결과적으로는 개인들의 정치적 판단을 완성시키기 위해 오히려 기능적 역할들을 포기하는 모습들을 보였다. 대통령의 정책선호를 앞질러 판단하고 상황을 해석함으로서 양쪽이 서로 상반된 정치적 판단을 진행했지만, 대통령의 정책선호와 지시를 왜곡시키는 결과를 유발시켰다는 점에서는 동일하다 하겠다.

결국, 이처럼 높은 촉발정도를 보인 ‘국내 이해’와 보조를 맞추고 있는 대통령의 정책선호와 훈령이 관료조직들에 의해 왜곡됨으로서 정책으로 완성되지 못하는 현상이 발생하게 된 배경에는 동일한 현상에 대해서도 서로 상반된 평가가 가능한 관료조직들이 공존하고 있었기 때문이다. 통일원을 대표하는 임동원 대표는 북한의 입장 변화를 아주 희망적으로 판단했었다. 그리고 대통령의 정책선호 내용이 통일원의 입장과 일치한다는 점에서 가능한 한 정책으로 실현시키기 위해 노력하였다. 따라서 임동원 대표는 이동복 특보를 포함하여 대표단과 상황 판단을 논의하기보다는, 정원식 수석대표를 통해 노태우 대통령에게 직접 알렸고, 이를 통해 자신의 이익을 실현시키고자 했던 것이다. 반면, 국가안전기획부를 대표하는 이동복 안기부장 특보는 북한의 입장 변화를 아주 회의적이고 냉소적인 시각으로 판단하고 있었다. 따라서 북한의 변화는 전략적 차원의 공작이며, 임동원 대표의 판단은 북한의 공작에 이용당한 것으로써,

아주 아마추어적인 순진한 생각에 불과하다고 평가했던 것이다.[96]

결국, 1992년의 남북고위급회담과 '고향방문단'건을 둘러싼 파문은 생태적으로 지향하는 이익과 가치가 서로 상충되는 관료조직들 간의 대립과 갈등, 그리고 경쟁적 모습들이 돌발적인 상황에 직면하게 되면서 서로 조율되지 못하고 분출된 사건이라 할 수 있다. 관료들은 진행되는 상황에 대한 해석과 판단을 서로 협의함으로서 의견을 수렴하고 상황을 객관화시키는 기능적 행위를 진행하기보다는, 최대한 자신에게 유리한 형태로 해석하고 독단적으로 행동하는 정치적 행위를 감행하였다. 그리고 그 결과는 조직간의 갈등으로 나타났고, 대통령의 정책선호를 서로 극단적으로 상반되게 왜곡시킴으로써 정책으로 완성시키지 못하는 관료정치적 현상을 유발시켰던 것이다.

3) 상충되는 조직 이익과 상반된 상황판단

1992년 9월 16일부터 17일 사이에 발생한 '훈령 조작 사건'과 관련하여, 당시에 남북고위급회담에 임했던 주요 관련자들의 입장과 상황 판단의 내용을 살펴보면 행위자들간의 조직이익이 서로 상충되고 있었고, 이들은 모두가 자신에게 유리한 형태로 상황을 해석하는 정치적 판단을 내리고 있었으며, 결국에는 정부조직의 '구조적 대립'이 관료정치적 현상을 유발시켰음을 확인하게 된다.

우선, 당시 임기 말의 노태우 대통령은 자신의 임기 내에 이산가족의 고향방문을 실현시키고 남북한 문제에 있어 구체적인 업적을

---

96) 이러한 통일원과 국가안전기획부의 입장 차이는, 「신동아」의 인터뷰 내용에서도 확인된다. 林東源 전통일원차관 인터뷰, "고향방문단 실패는 「怪전문」 때문," pp. 224-225; 李東馥 전안기부장특보 인터뷰, "강온대립 아닌 아마와 프로의 차이," pp. 226-227 참조.

이루기를 원했다. 임기 초부터 시작한 북방정책을 소련, 중국과의 수교에 이어, 남북 이산가족의 교환 방문을 성사시킴으로서 화려하게 마무리 지으려 했던 것이다.[97] 따라서 제8차 남북고위급회담을 준비하는 과정에서도 대표단에게 '고향방문단' 건을 반드시 성사시켜 줄 것을 주문했다. 그리고 제8차 남북고위급회담의 진행 중에 북한의 태도 변화에 대한 보고가 있자 새롭게 훈령을 내렸지만, '공식 훈령'에서 제시된 ①② 또는 ①③의 경우에서도 '고향방문단' 건은 빠지지 않고 포함되어 있었던 점도 이를 뒷받침해주고 있다. 그리고 이러한 분위기는 회담 당시 평양에 있던 대통령외교안보담당 비서관의 행동에서도 확인할 수 있다. 한편, 대통령의 정책선호가 관료들에 의해 왜곡되고 있었지만, 대통령과 청와대는 이를 시정할 수가 없었다. 정보의 수집 및 정책 집행 등과 같이 관료조직들이 전담하는 배타적 영역에 대해서는 대통령의 영향력도 일정한 한계가 있었기 때문이다. 바로 이러한 부분에서 관료정치적 현상이 발생되고 있었던 것이다.

통일원의 입장은 남북대화와 이산가족의 상봉에 우선적 가치를 두고 있었고, 가능한 한 남북 교류가 성사되기를 희망하고 있었다. '훈령 조작 사건'에 대한 통일원의 기본적 입장은 회담기간중 대통령의 '공식 훈령'만 정확하게 전달되었다면 이산가족의 고향방문은 성사되었을 것이라는 주장에 초점을 맞추었다. 따라서 통일원은 국가안전기획부가 대통령의 진정한 의사를 확인하지도 않고 왜곡시켰으며 대통령의 훈령을 묵살했기 때문에 회담이 실패했다는 점을 강조하며, 그 책임을 국가안전기획부에 돌렸다. 1993년 5월 19일 임동원씨는 민족통일중앙협의회 초청강연에서 "요즘 고개를 들고 있는

---

97) 당시 남북고위급회담 대표단의 대변인 역을 맡고 있던 이동복 대표는 당시 상황에 대해, "과거의 '대화' 때처럼 '고위급 회담'의 경우에도 남측은 대화의 가시적 성과로 이산가족 문제의 해결을 집요하게 추진해 왔다"고 언급하고 있다. 이동복, "남북대화 - 1993년의 전망," 참조.

반통일적인 이기주의적 현상유지론이나 통일회의론들을 극복해야
한다"[98]며 국가안전기획부를 비판한 것도 이러한 측면에서 이해될
수 있다. 이부영 의원의 2차 폭로로 '훈령 조작 사건'이 새롭게 부
각되고 감사원의 특별감사가 시작된 직후인 1993년 11월 23일에는
제8차 고위급회담 당시 통일원 장관이었던 최영철이 민족통일중앙
협의회가 개최한 통일문제 토론회에서, "우리 민족내부에 통일자체
를 두려워하는 세력 또는 은근히 통일을 방해하는 세력들이 꿈틀거
리고 있다"며 국가안전기획부를 비난하기도 하였다.[99]

반면, 국가안전기획부는 당시 상황을 매우 비관적으로 판단하고
있었다. 그리고 이처럼 문제가 발생한 직접적 원인으로써, 통일원이
당초의 정부 방침을 따르지 않고 대통령의 정책선호와 당시 상황을
자의적으로 왜곡시켜 해석하고 판단하고 행동했기 때문이라고 규정
했다. 이동복 대표는 "당시 상황이 상당히 부정확했으며 북한의 태
도변화를 믿을 수 없었다"고 언급했다. 또 "새로운 합의를 했더라
도 '고향방문단'건의 성사는 북한의 조작에 의해 결국 성공되지 못
했을 것"이라고 지적했다.[100] 국가안전기획부의 입장도 북한을 믿
을 수 없으며 회담 당시에 이동복 특보가 내린 상황 판단과 결정은
정확했다는 점을 지지하였다. 당시 상황이 긍정적으로 변했다고 평
가할 수 있을 만한 사안이 없었기 때문에 당초에 제시된 대통령의
정책선호에 따라 행동한 이동복 대표의 판단과 결정은 정당하고 옳
았다고 주장하였다. 그동안 북한은 1985년 이후 '고향방문단' 교환
에 매우 소극적이었을 뿐 아니라, 1989년에는 제2차 '고향방문단'
실행에 합의해 놓고서도 막판에 이를 무산시켰고, 특히 1992년 5월
제7차 남북고위급회담에서는 '노부모 방문단' 교환에 합의해 놓고도

---

98) 「조선일보」, 1993년 5월 19일자.
99) 「조선일보」, 1993년 11월 24일자.
100) 李東馥 전안기부장특보 인터뷰, "강온대립 아닌 아마와 프로의 차이," pp.
      226-227.

실무대표접촉에서 이를 무산시켰다는 점에서 이동복 대표를 비롯한 국가안전기획부는 '고향방문단'건에 대한 북한의 태도를 매우 불신하고 있었다.[101] 따라서 임동원 대표의 주장은 확실성도 없이 북한의 전술에 말려든 것에 불과하며, 통일원이 갖고 있는 아마추어적 자세와 이상주의적 대북관이 문제를 유발시켰다는 입장이었다.[102] 1992년 9월 당시 국가안전기획부 부장이었던 이상연은 '훈령 조작 사건'이 다시 논란이 되고 있던 1993년 11월 24일에 "당시 북한은 공식적인 제의도 하지 않았을 뿐 아니라, 공식적 합의가 이뤄졌어도 당시 상황에서 북한의 진실성은 회의적이었기 때문에 남북이산가족의 교환은 현실적으로 불가능했다"며 이동복 대표의 판단이 정확했고, 국가안전기획부가 '훈령 조작 사건'과 관련하여 비난받을 대상이 아님을 주장하였다.[103]

이러한 통일원과 국가안전기획부의 상충된 입장 차이는 당시 남북고위급회담을 실질적으로 주도하는 대표였던 임동원 대표와 이동복 대표간의 개인적 시각차에서도 그대로 확인된다. 첫째, 임동원 대표가 제의 받았다는 북한의 새로운 '제안'에 대한 해석의 차이다. 임동원 대표는 이산가족 고향방문단을 정기적으로 추진하거나 판문점 면회소를 설치하는 것 중 하나라도 받아들여지면 이인모 송환을

---

101) 특히, 이동복 대표는 북한의 협상전략을 연구하고 정리하면서, '합의 따로, 실전과 이행 따로'라는 북한의 전략을 지적한다. 즉 북한은 당시 상황에 따라 합의를 진행하기는 하지만, 결코 합의 내용을 지속적으로 준수하겠다는 의사를 갖고 있지도 않고 의무감도 느끼지 않고 있었다는 것이다. '남북기본합의서'나 '부속합의서' 등도 '7·4 남북공동성명'과 마찬가지로 체결당시의 분위기와 달리 그 이후에는 북한이 그 내용들을 제대로 지키지 않음으로서, 사문화된 내용이 되어버리고 말았다는 점을 지적하고 있다. 이동복, "평화체제로의 전환을 위한 협상전략 - 과거 대북회담을 기초로 -" 국방군사연구회 주최 세미나, 「한국의 휴전체제와 새로운 평화체제 구축 방향」, 발표 논문, 1995년 10월 10일, *http://dblee2000.or.kr* 참조.

102) 李東馥 전안기부장특보 인터뷰, "강온대립 아닌 아마와 프로의 차이," pp. 226-227 참조.

103) 「조선일보」, 1993년 11월 25일자.

검토할 필요가 있다는 주장이었다.[104] 전제 조건의 내용과 문구에 집착할 것이 아니라, 다소 입장을 후퇴하더라도 이산가족 문제라는 현안을 해결하기를 원했던 것이다. 반면, 이동복 대표는 당시 한국 측은 이인모의 송환조건으로 3개의 조건들을 이미 기본방침으로 정해 놓고 있었고, '이산가족 노부모방문단·예술단'의 서울·평양 상호방문은 7차 회담 시 북측이 조건 없이 받아들이도록 합의한 사항이므로 위의 조건 모두가 관철되어져야 한다는 주장이었다.[105] 기본적으로 설정한 원칙을 포기하면서까지 불투명한 이산가족 문제 해결에 집착해서는 안된다는 입장이었다. 특히, 임동원 대표가 주장하는 북측의 '태도 변화'는 전혀 신뢰할 수 없는 것으로서, 1992년 10월 1일과 5일의 남북고위급회담 대표접촉을 통해서도 임동원 대표의 당시 판단이 잘못되었음을 확인할 수 있었다고 주장했다.

둘째, '공식 훈령'의 내용에 대한 해석의 차이이다. 임동원 대표는 1992년 9월 17일자의 '공식 훈령'을 자신이 제대로 전달받았으면, 9월 18일 새벽에 3가지 전제조건이 아니라, '①② 또는 ①③'이라는 조건을 통해 다시 북측과 협의를 해서 이산가족 문제를 해결할 수 있었다고 주장했다. 그만큼, '기본 훈령'과 '공식 훈령'간에는 상당한 내용상의 차이가 있었고, '공식 훈령'이 '기본 훈령'에 비해 협상을 성사시키기가 더 용이할 만큼 조건이 완화된 내용이었다는 주장이다. 결국 임동원 대표가 제기한 비판의 초점은 이산가족 문제의 해결이 성공할 수도 있었지만, '공식 훈령'이 묵살됨으로서 실패했다는 점에 있었다. 반면, 이동복 대표는 '공식 훈령'은 '기본 훈령'에 비해 더 구체적 내용을 담고 있었을 뿐만 아니라, 근본적인 입장차가 없었다는 것이다. 더욱이 '공식 훈령'이 '기본 훈령'에 비해 조건이 더 까다로워졌고, 협상을 성사시키기가 더 어려워졌다는 점을

---

104) 감사원, "제8차 남북고위급회담시의 훈령조작의혹 감사결과, 1993. 12," p. 483.
105) 감사원, "제8차 남북고위급회담시의 훈령조작의혹 감사결과, 1993. 12," p. 483.

지적했다. 비록 '공식 훈령'이 3가지 조건에서 '①② 또는 ①③'의
조건으로 내용이 바뀌긴 했지만, 이는 실질적으로 ①의 내용인 '고
향방문단' 문제에 초점을 맞추고 있었다는 것이다. 그러나 당시는
제7차 때 합의된 것도 진행되지 않는 상황에서 새로운 것을 합의한
다는 것은 도저히 불가능했다는 주장이다. 따라서 비록 공식적인
훈령은 아니었지만 '예비 전문'을 공식적인 훈령처럼 사용하는 것은
불가피했고, 크게 잘못된 결과를 초래한 것도 아니라는 주장이다.
'공식 훈령'을 근거로 협상을 진행했어도 결과는 마찬가지였다는 주
장이다. 결국, 이동복 대표가 제기한 비판의 초점은 '공식 훈령'의
은닉이나 조작여부가 아니라, 당시 상황을 왜곡시키고 잘못된 판단
을 초래해 대통령의 정책선호를 혼란시켰다는 측면에 모아지고 있
었다.

 셋째, 통일원과 국가안전기획부라는 상대방에 대한 시각 차이도
존재했다. 우선 임동원 대표가 갖고 있는 대북관은 남북한간의 교
류와 협력을 통해 북한을 변화시켜야 한다는 대체로 온건한 입장이
었다.[106] 대북 문제는 냉전논리로 접근해서는 안되며, 참을성 있게
기다려야 한다는 입장이었다. 따라서 냉전논리에 따라 사상전만을
계속하는 국가안전기획부의 접근은 잘못되었으며, 북한을 붕괴시키
기보다는 변화시키기 위해 노력해야 한다는 입장이었다.[107] 반면,
이동복 대표는 '북한이 변화할 수 있다고 생각하는 것은 아마추어
적 발상'이라며 통일원 등의 온건노선을 강력히 비판했다.[108] 대북

---

106) 임동원 대표의 온건한 대북관은 김대중 정부 하의 청와대 외교안보수석,
　　통일부 장관, 국가정보원 원장으로 재임하면서 그대로 표출되었다. 김대
　　중 정권의 대북 포용정책인 '햇볕정책'과 관련하여, 임동원 차관은 '햇볕
　　정책의 전도사'로 불려졌었다.
107) 林東源 전통일원차관 인터뷰, "고향방문단 실패는 「怪전문」 때문," p. 225
　　참조.
108) 李東馥 전안기부장특보 인터뷰, "강온대립 아닌 아마와 프로의 차이," pp.
　　226-227: 이동복, "김정일에 어떤 환상도 갖지 마라," pp. 172-180.

정책에 있어서의 문제점은 강경론과 온건론의 입장이 문제가 아니라, 북한에 대한 접근방식과 감각의 차이임을 강조했다. 자신의 희망에 따라 북한에 대처하려는 아마추어적인 감각이 아니라, 종합적인 정보에 의해 실체적으로 판단하고 평가하는 전문가적인 프로의 감각이 필요하다는 것이다.[109] 그리고 통일원이 추구하는 남북대화는 곧 전쟁을 방지하고 평화정책을 의도하는 것으로써, 남과 북으로 분단된 현재 상황의 현상유지적 측면이 강하기 때문에 분단의 고착화를 의미한다는 점을 지적했다. 따라서 이는 통일원이 추구하는 남북통일의 통일정책은 이율배반적인 측면을 갖고 있다는 점을 지적했다.

이처럼 북한이라는 동일한 대상에 대한 통일원과 국가안전기획부 간의 전혀 상반된 인식과 상황평가는 쉽게 해소될 수 있는 것이 아니었으며, 그 골도 넓은 편이었다. 그리고 이러한 인식의 차는 개별적인 관료조직을 대표하는 협상대표들의 인식과 판단에도 그래도 반영되고 있었다. 생태적으로 조직이익이 서로 차별적일 수밖에 없는 두 조직간의 대립과 갈등은 대통령의 영향력이 미칠 수 없는 부분에서 서로 충돌함으로서 대통령의 정책선호를 모두가 왜곡시키고 있었던 것이다.

3. 조직간 갈등의 심화와 관료정치의 지속

'국내 이해'의 촉발정도가 높은 반면 '국제 압력'의 강도가 약한 경우에는 관료조직들도 '국내 이해'로부터 직접적인 영향을 받기 때문에 관료정치적 현상 자체가 발생하기가 쉽지 않다. 그리고 관료정치적 현상이 발생한다 하더라도 대통령의 정책선호에 직접적으로

---

109) 李東馥 전안기부장특보 인터뷰, "강온대립 아닌 아마와 프로의 차이," p. 227.

반발하는 형태로 진행되기는 어렵다. 더욱이 대통령의 정책선호가 촉발정도가 높은 '국내 이해'와 입장을 같이 한다면, 관료조직들의 정치적 행위가 공개적으로 진행될 가능성은 더욱 낮아질 수밖에 없을 것이다. 관료조직으로서는 자신의 정치적 행위를 정당화시켜줄 수 있는 대응 가치를 확보하기가 쉽지 않고, 또 관료조직들로서도 촉발정도가 높은 '국내 이해'로부터 상당한 압력을 받음으로서 행동의 제약을 받을 수밖에 없기 때문이다.

그러나 이러한 상황임에도 불구하고 대통령의 정책선호가 관료들에 의해 왜곡되어 해석됨으로써 정책화에 실패했고, 그 과정에서 관료정치적 현상이 발생했다. 단순히 기능적으로 행동했어야할 관료조직들이 변화된 상황을 지나치게 정치적으로 판단하고 행동함으로써, 대통령의 정책선호를 서로 자신의 입장에 맞게 자의적으로 해석했고 그 결과 관료조직들간에는 관료정치적 행동들이 발생했던 것이다. 이러한 유형의 관료정치 진행 과정은 관료조직들이 대통령의 정책선호와 상반된 이익을 추구함으로서 대통령의 정책선호 내용에 직접적으로 반발하는 '균열적 연계 과정'과 달리, 대통령의 정책선호를 수용하는 모습들을 보이는 가운데 전술적인 측면에서 정치적 행동을 진행하는 양상을 보이게 된다.

특히, 외교정책의 정책결정과정 중에서는 대통령으로서도 관료조식에 절대적으로 의존할 수밖에 없는 부분이 존재했다. 바로 대통령의 영향력도 미칠 수 없는 관료들만의 배타적인 업무처리 영역에서 관료조직들은 대통령의 정책선호를 정치적으로 판단하고 행동하는 모습을 보이는 것이다. 그리고 이러한 모습은 대통령의 정책선호가 내재하고 있는 가치나 내용 자체에 문제가 있었다기 보다는 서로 상충되는 조직이익을 갖고 있는 관료조직들간의 '구조적 대립'이 그 원인을 제공하고 있음을 발견할 수 있었다. 태생적인 조직이익이 서로 상충되는 관료조직들은 입장이 다르고 지향하는 가치나 이익이 서로 다르기 때문에 대통령의 정책선호와 전개되는 상황에 대한 판단도 차별적이었다. 동일한 사안에 대한 해석도 자신의 조직이익에 유리한 형태로 진행되었고 그에 따라 행동하고 있었다.

따라서 '구조적 대립 과정'의 관료정치적 형태가 진행되는 과정에서 발견할 수 있는 외교정책결정의 구조는 '균열적 연계 과정'과 달리 다소 수직적인 형태를 띠고 있었다. 우선, 관료정치적 현상이 대통령의 정책선호에 대해 직접적으로 진행되기보다는 관료조직들간의 대립과 경쟁 과정에서 발생하고 있기 때문이다. 또한 여타 관료정치적 현상에 비해서는 상대적으로 수직적인 구조를 보이고 있지만, 이는 관료정치적 현상이 전개되는 상황적 특성과 관련된 결과이기도 하다. 대통령의 정책선호가 촉발정도가 높은 '국내 이해'와 연계되어 있었기 때문에 관료조직으로서는 전술적 형태의 정치적 행위를 진행할 수밖에 없다. 그리고 대통령의 정책선호에 대해 직접적이고 정면적인 대응보다는, 간접적이고 전술적인 형태의 정치적 행위를 진행하는 것이 불가피하기 때문이다.

한편, 이처럼 정부조직의 구성에 있어 관료조직들간에 서로 '구조적으로 대립'하는 조직적 특성이 지속되는 한, 관료정치적 현상은 단발성에 그치지 않고 지속되고 반복되며 심화되어 가는 양상을 보였다. 그리고 서로 상대방 관료조직의 위상을 약화시키기 위한 행위들도 과감하게 진행하는 양상을 보였다. 1992년 9월의 제8차 남북고위급회담에서 국가안전기획부가 자의적 판단에 따라 대통령의 훈령을 묵살하고 조작했으며, 이로 인해 '고향방문단' 건이 성사되지 못했다고 판단한 통일원은 이후에 국가안전기획부에 대한 공세적 행동을 공개적으로 진행하였기 때문이다.

1992년 10월 22일, 통일원에 대한 국회 국정감사 과정에서 당시 야당이던 민주당 이부영 의원은 이동복 대표가 청와대의 훈령을 묵살했다는 주장을 제기하면서 자칫 묻혀버릴 수도 있었던 이 사건을

공개하였다.[110] 관련 내용의 누설자가 누구냐 하는 점, 그리고 과연
이것이 국가안전기획부에 대한 통일원의 공격이었냐 하는 점과 관
련하여 다음의 내용들을 고려해 볼 수 있다. 첫째, 이부영 의원의
사건 폭로 내용이 이동복 대표의 '훈령 묵살'에 초점이 맞춰져 있었
고, 둘째, 이부영 의원의 주장이 통일원의 주장과 입장을 같이하고
있으며, 셋째, 이 사건이 공개됨으로서 반사적 이익을 얻을 수 있는
관료조직은 국가안전기획부보다 통일원이라는 점에서, 통일원 관련
인사들로부터 관련 내용이 유출된 것이라고 밖에 판단할 수 없기
때문이다. 당시 '고향방문단'에 대한 국민적 기대가 컸던 만큼, 파문
도 상당히 확산되는 양상을 보였다. 그러나 노태우 정부는 1992년
10월 29일 이동복 대표를 남북고위급회담 대변인에서 경질하는 선
에서 사건을 수습하려 했고, 이후 사건은 잠시 잊혀지게 되었다. 그
러나 이는 관료조직들간 대립과 갈등의 1단계에 불과했다.

　1993년 2월 김영삼 정부가 출범하였다. 김영삼 대통령은 취임사
에서 "어느 동맹국도 민족보다 나을 수는 없다"며 대북 정책의 혁
신적 변화를 암시하였다. 그리고 통일원 중심의 대북 통일정책 추
진을 강조하면서 통일원에 무게를 실어주었다. 반면, 국가정보기관
인 국가안전기획부에 대해서는 국내 정치사찰의 금지 등 안기부법
개정[111]을 시도하는 한편, 그 위상을 제한하기 시작했다. 이러한 일

---

110) 대한민국 국회, 『1992년도 국정감사 외무통일위원회 회의록 (1992. 10.
　　22)』, pp. 2-20 참조.
111) 김영삼 정부는 국회에 정보위원회를 신설해 안기부의 예산을 심의하고
　　이를 통해 업무를 통제하며, 국가안전기획부의 수사권을 축소하고, 보안
　　감사원과 정보조정협의를 폐지하며, 정치관여죄, 직권남용죄 등을 신설함
　　으로서 국가안전기획부의 위상과 역할을 축소하는 것을 주요 내용으로
　　하는 소위 '안기부법'을 1993년 12월 7일 국회에서 통과시켰다. 이는 김영
　　삼 대통령이 개인적으로 과거 권위주의 정권 당시에 정보기관으로부터
　　많은 탄압과 피해를 입었다는 판단의 결과이며, 권위주의 정권시절에 초
　　법적 역할을 담당해온 정보기관의 역할 축소를 법률적인 내용으로 구체
　　화시킨다는 입장을 실행에 옮긴 결과였다.

련의 조치들로 인해 조직적으로 상당히 고무된 통일원과 조직 축소와 관련하여 심각한 위기감을 느끼고 있던 국가안전기획부간의 대립과 갈등을 심화시키는 몇 가지의 사건들이 그 이후에 연달아 발생하였다.

그 첫 번째 사건이 1993년 3월초에 진행된 이인모의 무조건적 북송 결정이었다. 당시 통일원 장관은 김영삼 대통령의 두둑한 신임을 받고 있던 한완상 부총리였다. 통일원의 한완상 부총리는 "사상보다 민족이 더 중요하다"며,[112] 남북고위급회담에서 '고향방문단' 교환 합의를 방해한 표면적 원인이었던 이인모의 북송을 독단적으로 결정하고 추진하였다. 국가안전기획부의 반대에도 불구하고, 통일원 중심의 통일정책을 추진함으로서 과거와 달라진 '문민정부 시대'의 조직 위상을 과시하고자 했던 것이다. 통일원으로서는 당시 76세에 폐렴을 앓고 있던 이인모를 북한에 보냄으로서, 김영삼 정부의 긍정적인 대북 자세를 과시하고, 이를 통해 1992년 9월 제8차 남북고위급회담에서 합의에 실패했던 남북이산가족 문제를 새롭게 진행시키고자 했던 것이다.

이러한 측면들은 당시 통일원이 이인모 북송과 관련하여 밝힌 정부 입장에서도 확인할 수 있다. 통일원이 1993년 3월 15일 국회 외무통일위원회에서 보고한 '통일원의 주요현안 업무보고'에 따르면, "첫째, 이인모 노인의 방북 허용은 새정부 출범에 따라 민족화합차원에서 남북한 관계개선을 도모하기 위한 새 정부의 정치적 용단이며, 둘째, 법률적으로 '남북교류협력에 관한 법률'에 따라 허용된 것이며, 셋째, 방북 시기와 방법 절차 등은 본인의 희망을 고려하여 결정될 것이며, 넷째, 정부는 이인모 노인의 방북허용 조치가 앞으로 남북간 신뢰회복은 물론이고 이산가족 문제의 해결과 핵문제 해결 등을 통한 전반적인 남북관계 개선에 기여하기를 기대한다"라고

---

112) 통일관계장관회의에서의 언급 내용임. 「조선일보」, 1993년 3월 10일자.

되어 있다.[113] 이들 중 특히 첫 번째와 네 번째의 이유는 앞에서 언급한 당시 통일원의 의도를 대체로 확인시켜 주고 있는 부분이라 하겠다.

한편, 국가안전기획부는 통일원이 독자적으로 결정한 이인모의 북송에 대해 상당한 불만을 표시했다. 국가안전기획부는 ① 이인모는 한국전 당시 북한 군인이었다. ② 빨치산 활동을 하다 체포되었다. ③ 인도적인 고려를 해도 다른 죄수들과의 형평성 문제가 있다. ④ 북한측은 남한 국군 포로들을 송환하지 않고 있기 때문에 상호호혜 원칙에 어긋난다. ⑤ 만약 이인모를 송환해줄 경우 북한은 정치선전에 이용할 것이라는 여러 가지 반대의사를 표명하며 적극 반대했다.[114] 국가안전기획부는 1993년 3월 12일에 북한이 선언한 NPT 탈퇴 사실 등을 이용해 통일원의 주장을 공개적으로 비판했지만, 한계가 있었다. 1992년 9월의 훈령조작사건을 '유발'시켰고 '고향방문단'건을 무산시킨 원인제공자로서 비판받고 있던 시점에서, 적극적인 반대의사를 표명할 수는 있었지만 이인모 북송이라는 대통령의 정책선호 자체를 왜곡시키거나, 무산시킬 만한 힘을 발휘할 수는 없었기 때문이다. 결국, 1993년 3월 11일 최종 결정된 이인모의 북송은 그 다음날인 3월 12일 북한이 NPT 탈퇴를 선언했음에도 불구하고, 3월 19일 실행에 옮겨졌다. 결국, 첫 번째 사건은 통일원이 국가안전기획부에 대해 우월한 위상을 확보하는 형태로 결론지어졌다.

그러나 두 번째 사건이라고 할 수 있는 북한의 IAEA 핵사찰 거부와 NPT 탈퇴 선언은 통일원의 활동범위를 위축시키는 반면, 국가안전기획부에게는 위축된 내부 분위기에 활기를 넣어 주었다. 국

---

113) 대한민국 국회, 『제160회 국회 외무통일위원회 회의록, 제1차 (1993. 3. 15)』, p. 42.
114) 황의봉, "남북대화보다 남남대화 더 어렵다." 「신동아」, 1994년 1월호, pp. 216-217.

가안전기획부는 북한이 핵무기 수 개를 갖고 있다는 내용의 탈북자 증언을 공개하는 등 자신들이 갖고 있는 정보를 최대한 활용해 북한의 위협을 부각시켰다. 그리고 대통령의 대북 인식을 강경하게 변화시키는 성과를 얻기도 했다. 국가안전기획부는 북한 핵시설 문제를 통해 자신의 존재가치를 확인 받는 반사이익을 얻고 있었다. 북한의 핵문제가 장기화될수록, 북한의 발언이나 행동이 강경해 질수록 국가안전기획부의 위상과 역할은 더욱 부각되었다. 국가안전기획부로서는 그동안 실추된 위상을 만회할 수 있는 계기가 되었던 것이다.

세 번째 사건은 통일원과 국가안전기획부간의 대립이 팽팽히 맞서는 결과를 초래했다. 1993년 5월 25일 북한은 '통일을 전담하는 부총리급'으로 한완상 부총리를 간접적으로 지명하면서, 남북정상회담 개최를 위한 특사교환을 제의하였다. 통일원과 외무부는 핵문제보다 민족과 통일이 우선이라며 특사교환에 긍정적이었던 반면, 국가안전기획부는 핵문제 해결과 안보가 우선이라며 특사교환에 반대하고 있었다. 결국, 특사교환에 대한 정부의 전화통신문 발송을 둘러싸고 한완상 부총리와 이동복 안기부장 특보간의 심한 언쟁이 보도[115]되는 등 양 조직간의 갈등이 공개화될 정도로 악화되었다. 그리고 그 이후에도 양측간의 대립과 논쟁은 수차례 반복되었고, 언론에 포착될 정도로 공개적으로 진행되었다. 결국 정상회담을 위한 특사교환 문제는 남북 정부간의 대립보다도 한국 정부 내부의 혼선으로 인해 별다른 성과 없이 무산되고 말았다.

네 번째 사건은 이처럼 통일원과 국가안전기획부간의 대립이 심화되는 과정에서 그동안 잊혀져있던 훈령조작사건이 1여년만에 다시 공개됨으로써 국가안전기획부가 직접적인 타격을 입게 되었다. 1992년의 경우와 달리 이번에는 그 강도가 상당히 강했고 구체적이

---

115) 朴濟均, "韓完相부총리 統一정책의 行路," 「新東亞」, 1993년 8월호, p. 158.

었다. 민주당의 이부영 의원은 1993년 7월 3일과 10월 21일 국회 상임위에서 1992년 10월 22일 당시 자신이 제기한 대정부 질문 내용을 상기시키면서, 그 이후의 처리내용을 추궁했다. 그리고 1993년 11월 16일 제165회 국회 예산결산특별위원회에서 이동복 대표가 대통령의 '공식 훈령'을 묵살했고, 엄삼탁 국가안전기획부 기획조정실장이 '괴문서'를 만들어 평양상황실로 보냈다며 구체적인 증거 자료까지 제시하였다.[116)]

1993년 11월 이부영 의원의 폭로와 관련하여, 누가 이부영 의원에게 관련 자료를 유출했으며, 이 역시 국가안전기획부의 위상을 약화시키기 위한 통일원의 공세적 행동이었는가 하는 점과 관련하여, 다음의 내용들을 고려해 볼 수 있다. 첫째, 1992년 10월의 경우와 마찬가지로 폭로의 초점은 이동복 대표의 '훈령 묵살' 또는 '훈령 조작'에 맞춰져 있었다. 둘째, 이부영 의원의 문제제기가 '공식 훈령'만 제대로 전달되었다면 이산가족 문제가 해결될 수 있었다는 통일원의 주장과 맥락을 같이하고 있었다. 셋째, 이부영 의원의 폭로로 피해를 입은 직접적인 당사자는 이동복 대표였으며, 공격의 주요 대상도 국가안전기획부였다. 넷째, 이부영 의원이 공개한 사건 관련 각종 보고서와 훈령의 사본들은 국가안전기획부보다 통일원 또는 청와대 외교안보수석실에서 보관하고 있던 내용들이었다는 점에서 일련의 사건 진행이 통일원의 공세적 행동이었다는 판단에 결정적인 역할을 하고 있었다.

우선, 이부영 의원이 입수해 공개한 서류들은 ㉠ 임동원 대표가 작성한 "이산가족문제 협상경위와 내용" 보고서, ㉡ 안기부의 '예비 전문'(이동복 대표가 '공식 훈령'인 것처럼 사용한 '예비 전문'), ㉢

---

116) 대한민국 국회, 『제165회 국회 예산결산특별위원회 제3차회의 회의록 (1993. 11. 16)』, pp. 2-6 참조. 이부영 의원의 질의에 대한 답변과 그 이후의 회의 내용은 비공개로 진행되었음.

1992년 9월 25일 김종휘 당시 대통령외교안보수석비서관이 대통령에게 보고하기 위해 작성한 보고서, ㄹ 최영철 당시 통일원 장관이 임동원 대표의 보고서를 기초로 1992년 9월 28일 "제8차 남북고위급회담 청훈관련 통일부총리의 입장"이라는 이름으로 작성하여 청와대에 보고한 보고서 등이다. 그런데 감사원의 감사결과[117] 첫째, 국가안전기획부에서 보관하고 있었거나 인지하고 있던 내용은 ㉠ '임동원 보고서'와 ㉡ 자신들이 갖고 있던 '예비 전문' 뿐이었다. 둘째, 국무총리실은 ㉠ '임동원 보고서'와 ㉡ '예비 전문'만을 보고 받았지만, 임동원 대표가 되돌려 받아 파기하였다. 셋째, 청와대 외교안보수석실은 ㉠ '임동원 보고서'와 ㉡ '예비 전문'을 보고 받았지만 이 내용대로 보고한 것이 아니라, ㉢ '김종휘 보고서'의 형태로 새로 만들어 대통령에게 보고했다. 넷째, 통일원은 ㉠ '임동원 보고서', ㉡ '예비 전문'의 내용을 인지하고 있었을 뿐 아니라, ㉣ '최영철 보고서'도 보관 혹은 인지하고 있었던 것이다. 최영철 당시 통일원 장관은 자신의 ㉣ '최영철 보고서'가 당시 국무총리의 만류로 대통령에게 보고되지 못하고 모두 파기되었다고 주장한 만큼, 보관되고 있지는 않았다 하더라도 최소한 존재 사실을 인지하고 있었던 것으로 판단된다. 결국, 안기부와 국무총리실은 해당 사건과 관련된 국가기관 모두가 공유하고 있던 ㉠과 ㉡의 내용만을 갖고 있었다. 반면, 청와대 외교안보수석실과 통일원은 자신들이 작성한 ㉢과 ㉣의 별도 보고서를 갖고 있었거나, 존재 사실을 인지하고 있었던 것이 확인되었다. 결국, 이부영 의원이 제시한 보고서의 사본들 중에서

---

[117] 감사원은 감사결과와 관련하여, Ⅲ급 비밀에 해당되는 훈령의 사본이 유출된 점에 초점을 맞추었을 뿐, 누가 관련 보고서들을 공개했는가 하는 점에 대해서는 구체적으로 공개하지 않았다. 본 연구에서는 감사결과 보고서의 끝부분인 '6. 국가기밀 유출경위'에서 언급되어 있는 각종 보고서의 작성 및 전달과 보관 내용, 그리고 감사원에 제출한 보고서의 내역 등을 중심으로 유추하였다. 감사원, "제8차 남북고위급회담시의 훈령조작의 혹 감사결과, 1993. 12," pp. 488-490.

ⓒ '김종휘 보고서'는 청와대 외교안보수석실에서 유출되지 않았으면 확보할 수가 없는 보고서였고, ⓓ '최영철 보고서'는 통일원에서 유출되지 않았으면 그 존재 자체도 확인할 수 없는 보고서의 경우였다. 결국, 더욱 복잡하고 다중적인 음모성 음해 공작이나 혹은 자해 공작이 있지 않았다면, 남북 이산가족 문제에 대해 서로 유사한 입장을 갖고 있는 청와대 외교안보수석실과 통일원이 국가안전기획부의 위상을 약화시키기 위해 일련의 행동을 진행한 것으로 정리하는 것은 큰 무리가 없을 것으로 판단된다.

　이러한 논란이 진행되는 과정에서 통일원과 국가안전기획부간의 대립과 논쟁은 더욱 심화되어 갔다. 통일원은 국가안전기획부의 조직 이익에 의해 대통령의 훈령이 왜곡되었고 '고향방문단' 건이 무산되었다는 측면을 부각시킴으로써 국가안전기획부의 위상 약화를 의도했다. 반면, 국가안전기획부는 통일원이 자신들을 공격하기 위해 의도적으로 비밀 문건을 유출시켰다는 판단아래 문서유출에 사건의 초점을 맞추었고, 자신의 위상을 유지하기 위해 노력했다. 결국, 1993년 11월 20일 감사원의 특별감사가 착수되었고, 1993년 11월 26일 이동복 대표는 안기부장 특보에서 해임되었다. 또, 비밀문건의 유출자라며 구설수에 오르기도 했던 한완상 통일원 장관은 1993년 12월 21일 개각에서 경질됨으로서 양 조직들간의 갈등은 일단 마무리되고, 일련의 사건은 수습되는 양상을 보였다.[118]

---

118) 당시 국가안전기획부의 자체조사 결과, 문건을 유출한 자는 한완상 통일원 장관이라는 결론을 내렸고, 그동안 한완상 장관을 신뢰하던 김영삼 대통령도 이러한 조사결과를 근거로 한완상 부총리를 해임한 것으로 알려지고 있다. 禹鍾昌, "(3급비밀) 電文을 李富榮의원에 유출한 사람은 韓完相 부총리," 「月刊朝鮮」, 1995년 6월호, pp. 101-102. 한편, 한완상 부총리가 문건 유출을 통해 노린 목적은 이인모 송환, 남북특사교환 문제 등과 관련하여 통일원과 사사건건 대립한 이동복 특사를 '제거'하기 위한 것이었다고 알려지고 있다. 金東鉉, "韓完相-李東馥 동시 퇴진의 비밀," 「月刊朝鮮」, 1994년 2월호, pp. 276-287 참조.

이처럼 1992년과 1993년 사이 대북 통일 정책과 관련하여 발생한 일련의 사건들은 관료조직들이 최고정책결정자인 대통령에게 직접적으로 정치적 행위를 진행하기보다는, 관료조직들간의 대립과 경쟁 관계 속에서 대통령의 정책선호가 서로 왜곡되는 형태로 관료정치적 행위가 진행되는 양상을 보였다. 그리고 '구조적 대립 과정'의 관료정치적 현상들은 대통령 정책선호의 내용보다는 정부의 구조적 특성으로 인해 유발되는 양상을 보였다. 즉, 서로 태생적으로 상반된 가치를 지향하는 관료조직들이 함께 공존함으로서 발생되는 '구조적 대립'이 관료정치를 유발시키는 주요한 요인으로 작용하고 있었던 것이다. 그리고 '구조적 대립 과정'의 유형은 정부 조직의 구조적 특성과 관련되어 있기 때문에, '균열적 연계 과정'이나 '합리성 논쟁 과정' 등과 달리 관료조직들간의 정치적 행위가 지속적으로 반복되며 심화되어 가는 특성도 가지고 있음을 확인할 수 있었다.

〈표 Ⅵ-7〉 제8차 남북고위급 회담 및 '훈령' 관련 사건일지 및 내용[119)

(범례 : ■ 평양 일정, □ 서울 일정)

일자 및 시각	주요 일정
1992년 9월 5일	제8차 고위급회담 대책보고서, 대통령에 보고 - 대통령, 이산가족 문제가 성사되도록 노력하라고 지시
1992년 9월 14일	고위 전략회의, '기본 훈령' 채택(이인모 송환과 3가지 전제조건)
9월 15일	■제8차 남북고위급회담 대표단, 평양 도착
오후	■남북고위급회담 '대표 접촉'(숙소인 백화원)
9월 16일 21:00	■분과별 위원장 접촉(비공개) - 「남북교류・협력분과위원회」 회의에서 김정우 부부장은 임동원 대표에게 이산가족 문제와 관련하여 상당히 진전된 입장을 표명
23:30	■임동원 대표의 청훈 서울 타전(상황 변화를 보고)
24:00	■이동복 대표, 임동원 대표의 청훈 내용 확인, 정원식 총리에게 보고. □서울상황실, 임 대표의 청훈을 보류하라는 전화 통보 접수
9월 17일 00:30	■이동복 대표의 청훈 서울 타전(당초 협상지침 고수 재확인 내용)
02:30	□서울상황실, 평양상황실에 2개의 전문 타전 이유를 문의 - 상부에 동시 보고하며, 07:00 이전에 회신 독촉 지시 받음
07:00	■평양, 조찬대책회의 개최
07:00	□서울상황실, 회담지원본부장이 지휘부에 청훈(2건) 보고
07:15	■평양상황실, 기본방침고수 회신에 대비한 "예비 전문" 작성
07:30	■이동복 대표, 가상의 "예비 전문"을 대표단에 공식 발표
09:40	■민병석 대통령외교안보 비서관, "예비 전문" 내용확인 전문 서울발송
10:00	□서울 지휘부, 청훈 전문 보고 받음
14:00	□서울 지휘부, 관련 내용 협의
14:30	□안기부, 평양의 혼선을 파악하기 위해 '상황 문의' 전문 발송
15:30	■이동복 대표, '상황 정리' 보고하기 위한 전문 발송
16:15	□서울상황실, "공식 훈령"을 평양에 타전
16:45-18:25	■남북고위급회담 제2일 회의, 평양인민문화궁전
17:00	■평양상황실, '공식 훈령' 접수(* 공식일정으로 인해 바로 전달 못함)
19:30-21:30	■북한 인민회의의장 주최 만찬
18:30	■평양상황실, 이동복 대표에게 구두 보고, 18:45분에 훈령 전문 전달
22:00	■이동복 대표, 만찬 종료후 '공식 훈령' 수석대표에 보고. - 정원식 수석대표, 협상 종료를 이유로 훈령 발표안함
1992년 9월 18일 02:00	■북한 김정우 부부장, 임동원 대표를 만나 가능성 다시 타신
08:40	■임동원 대표, 정원식 총리에게 가능성 보고(* 정 총리, 불가 결정)
10:00	□제8차 남북고위급회담 대표단, 서울 귀경
9월 19일	통일원 장관, 임동원 대표로부터 회담진행 보고 받고, 전문 검토 지시
10월 1일, 5일	「이산가족 문제해결을 위한 남북고위급회담 대표 접촉」(판문점)
10월 22일	이부영 의원, 국회 외통위 국정감사에서 훈령묵살 폭로
10월 29일	이동복 특보, 남북고위급회담 대변인 경질
1993년 7월 3일, 10월 22일	이부영 의원, 국회 대정부 질문 등에서 훈령묵살 반복해서 재차 거론
11월 16일	이부영 의원, 국회 예결위에서 훈령조작 2차 폭로(문건 제시)
11월 23일	감사원, 통일원과 국가안전기획부에 대한 특별감사 착수
11월 26일	이동복 안기부장 특보 해임
12월 11일	감사원, 감사 종료, 감사결과 발표

제3절 관료정치와 대통령 '정책선호의 왜곡'

'국내 이해'의 촉발정도가 높고 '국제 압력'의 강도가 약한 경우에 발생되는 관료정치적 현상의 진행과정은 앞에서 살펴본 '균열적 연계 과정'과는 다소 차별적인 유형을 보이고 있음을 확인할 수 있었다. 대통령의 정책선호가 '국내 이해'와 연계되어 있기 때문에 관료조직들은 대통령의 정책선호를 직접 반박하는 형태의 정치적 행위를 진행할 수는 없었다. 단지 전술적 형태로 관료정치적 행위를 진행하는 양상을 보였다. 그리고 이러한 관료정치적 현상의 배경에는 정부 조직의 구성과정에서 발생한 관료조직들간의 '구조적 대립'이 주요한 원인으로 작용하고 있었다.

'구조적 대립'의 관료정치 진행과정이 발생할 경우에 나타나는 정책산출의 형태는 대통령의 정책선호를 새로운 가치를 대체시키는 형태로 나타나는 것이 아니라, 관료조직들이 대통령의 정책선호를 부분적으로 '왜곡'시키는 형태로 진행되고 있었다. 관료조직들이 대통령의 정책선호 자체를 반박할 수 있는 상황이 아닌 만큼, 전혀 다른 새로운 가치를 수용하도록 요구하는 '정책선호 대체형'의 정책산출 유형이 나타날 수는 없는 것이었다. 또한 정책선호 자체를 거부할 수도 없기 때문에 정책자체를 무산시키는 '정책선호 무산형'의 정책산출 유형이 나타나기도 힘들었다. 국내외의 환경적인 상황과 관련지어 볼 때, 대통령의 정책선호는 수용하지만 부분적인 상황변화를 이유로 정책선호의 내용을 왜곡시키는 형태로 진행되는 '정책선호 왜곡형'의 정책산출 유형이 상대적으로 보다 높은 인과관계를

---

119) 해당 내용은 감사원 감사결과 및 이동복 대표의 비망록 성격의 논문, "南北對話의 全部"의 내용을 근거로 정리한 것임. 감사원, "제8차 남북고위급회담시의 훈령조작의혹 감사결과, 1993. 12," pp. 477-491; 이동복, "남북대화의 전부," 참조.

보이고 있었다. 제8차 남북고위급회담 당시 북한의 변화를 지나치게 자기중심적으로 해석하는 정치적 행동을 진행함으로서 대통령의 정책선호를 왜곡되게 적용한 경우나, 이러한 정치적 행동을 저지하기 위해 상반된 형태로 정책선호를 왜곡시키는 행동을 진행한 경우 모두가 해당된다 하겠다.

한편, '구조적 대립'의 관료정치 진행과정과 관련하여, 외교정책을 결정하는 과정에는 대통령의 통제나 영향력이 미칠 수 없는 관료조직들만의 배타적 업무 영역이 존재함을 확인할 수 있었다. 권위주의 시절에는 관료조직들이 기능적으로만 작동하는 경향이 강했기 때문에 이러한 영역이 큰 문제가 되지 않았다. 그러나 관료조직들이 정치적으로 판단하고 정치적인 기능을 수행하게 되면서 관료조직들만의 영역이 보다 중요해지고 외교정책결정에 있어서도 중요한 의미를 가지기 시작한 것이다. 태생적인 가치가 서로 상반되는 관료조직들은 이러한 관료조직들만의 배타적 영역에서 각자 자신에게 유리한 형태로 정보와 상황들을 최대한 자의적으로 판단했다. 그리고 이를 통해 자신들의 조직이익을 실현시키기 위해 노력했다. 동시에 경쟁적인 관료조직의 조직이익은 최대한 약화시키려는 모습을 보이기도 하였다. 이러한 관료조직들간의 경쟁과 정치적 과정에서 대통령의 정책선호는 정책화에 실패하게 되고, 대통령의 정책선호가 '왜곡'되는 정책산출 형태가 초래되었던 것이다.

한편, '훈령조작사건'을 비롯하여 1992년부터 1993년 사이에 진행된 일련의 대북 통일정책에 대해 관료정치적 개념을 적용하여 얻어낸 본 연구의 다양한 결론들은 기존의 결정모델로서는 결코 설명될 수 없는 내용들이었다. 첫째, '국내 이해'의 촉발정도가 높은 반면, '국제 압력'의 강도는 강하지 않았다는 점에서 국제체제결정론은 설득력을 가지기가 쉽지 않다. 따라서 대통령의 정책선호가 바뀐 것을 국제체제나 여타 국가들의 압력에 의해 이뤄진 것이라고 설명하기는 역부족이다. 물론 '국내 이해'와 보조를 맞추고 있던 대통령의 정책선호가 정책으로 완성되지 못한 것을 국제체제의 탓으로 돌릴 수도 있다. 그러나 국제체제의 역할이 매우 제한적이었고, 정책선호가 왜곡된 직접적인 원인은 국가 내부적 요인에 있었다는 점에서 분명한 한계가 있다. '균열적 연계 과정'의 관료정치 유형을 통해 설명할 수 있는 내용에 비한다면, 국제체제결정론이 설명해 낼 수 있는 부분은 더욱 제한적인 상황이라 하겠다.

둘째, 합리적 선택이론과 같이 대통령 중심의 접근들도 분명한 한계를 가지기는 마찬가지다. 대통령의 정책선호는 합리적으로 결정된 내용이었으며, 분명 국민들의 지지를 확보하기 위해 대통령이 판단한 내용이었다. 그러나 '균열적 연계 과정'과 마찬가지로 대통령의 합리적 선택은 정책으로 완성되지 못했다. 그리고 그 과정에는 관료들의 정치적 판단과 행동이 작용하고 있었다. 더욱이 대통령으로서도 통제할 수 없는 관료조직들만의 배타적 업무 영역이 존재하고 있었고, 이는 대통령의 정책선호가 정책화에 실패한 것과 관련하여 의미 있는 부분이었다. 역시 관료와 관료조직들의 정치적 판단, 그리고 정치적 행동에 대한 개념들을 배제한 상태에서는 적절한 설명을 제시하기에는 분명한 한계가 있다.

결국, 설득력 있는 설명을 위해서는 그동안 대통령의 정책선호에 대해 기능적으로만 행동해왔던 관료조직들에 대해 주목해야한다. 그러나 이제는 대통령의 정책선호에 대해 단순히 기능적으로만 행동하는 관료조직이 아니라, 관료들의 배타적인 업무 영역에서 정치적으로 판단하고 행동하는 정치적 존재로서의 관료의 존재를 인식해야만 한다. 자신들의 조직이익을 극대화시키기 위해 정치적으로 판단하고 행동하며, 이로 인해 대통령의 정책선호가 정책화에 실패하는 관료정치적 현상에 대한 인식이 필요한 것이다.

제Ⅶ장 사례 3: '합리성 논쟁 과정'과 '정책선호 무산' – 대외무기 획득 정책

　김대중 정부 하에서 진행되었던 러시아제 잠수함의 구매 논란은 러시아제 잠수함을 구입하기를 원했던 군 통수권자인 대통령의 정책선호가 정책으로 완성되지 못한 사례로서 앞에서 살펴본 두 가지의 관료정치 과정들과는 또 다른 특징을 보인다. '균열적 연계 과정'이나 '구조적 대립 과정'과 달리, 대통령의 정책선호가 강력한 '국제압력'과 동조하고 있었고, 대통령의 정책선호를 제한할만한 '국내 이해'의 촉발정도는 크지 않았다. 또한 대부분의 관료조직들도 대통령의 정책선호에 동의하는 모습을 보이고 있었다. 특히 대외 무기의 획득과 관련된 관료조직이 상급자의 명령에 충실하도록 되어 있는 군대 조직이라는 점에서 대통령의 정책선호는 별다른 문제없이 정책화에 성공할 것으로 기대되었다. 그런데 대통령의 정책선호는 일개 관료조직의 적극적인 반발에 부딪히게 되었고, 결국에는 정책화에 실패한 채 대통령의 정책선호가 무산되는 결과로 나타났다. 과거 권위주의 시절에는 쉽게 상상하기 힘든 상황이 전개된 것이다. 군과 관련된 대통령의 정책선호가 무산된 것도 일반적이라고 볼 수 없지만, 대통령의 정책선호를 무산시킨 주체가 바로 군대 조직이라는 점에서는 더욱 흔치 않는 경우라 할 수 있다. 무기 구매에 소요되는 비용과 관련하여 경제관련 관료조직들도 대통령의 정책선호에 동조하고 있었고, 외교적 업무와 관련한 관료조직들도 대통령의 정책선호에 동조하고 있었음에도 불구하고, 수입된 잠수함을 직접 운용할 실무 부처의 반대가 해소되지 못함으로서 문제가 발생했고, 오히려 이로 인해 대통령의 정책선호 자체가 무산된 것이다.

과연 이러한 현상을 기존의 외교정책 결정모델들은 어떻게 설명할 수 있을 것인가? 대통령이 '국제 압력'에 동조하는 정책선호를 선택했다는 점에서는 국제체제결정론이 설득력을 가지는 부분이기도 하다. 만약 '국제 압력'에 동조한 대통령의 정책선호가 정책화에 성공했다면, 국제체제결정론이 설명할 수 있는 부분은 더욱 많아질 수도 있다. 그러나 국제체제결정론은 '국제 압력'에 동조한 대통령의 정책선호가 관료조직에 의해 무산되어 버린 결과 자체에 대해서는 전혀 설명할 수가 없다. 국제질서나 주변 4강들과의 관계만으로는 결코 설명할 수 없는 블랙박스(black box) 내부의 이상한 현상에 불과하기 때문이다. 물론 대통령의 정책선호가 정책화에 실패했다는 점에 대해서는 대통령 중심의 설명도 결코 적실성을 가질 수 없다. 단지, 관련된 행위자들이 자신의 판단과 관련하여 다양한 합리적 이유들을 제시했다는 점에서는 합리적 선택이론이 설명할 수 있는 부분들이 많아질 수도 있다. 그러나 대통령에 초점을 맞춘 접근이나 설명만으로는 충분하지 않다. 외교정책결정과정에 참여하는 또 다른 행위자인 관료와 관료조직, 그리고 이들의 정치적 판단과 행동에 대한 검토가 없다면 결코 설명할 수 없는 현상이기 때문이다.

외교정책결정과정에 참여한 모든 행위자들의 판단들 중에서 어느 것이 잘못되었고, 어느 것이 잘되었다고 판단하기는 쉽지 않다. 모두가 분명한 판단 근거를 갖고 있기 때문이다. 단지, 이들의 판단이 모두 자신들의 조직이익에 근거하여 진행된 결과라는 점에서 문제가 발생하는 것이다. 모두들 자신의 조직이익에 유리한 측면만을 부각시키고, 이를 기준으로 판단하며, 행동을 합리화시키기 때문이다. 따라서 정책결정과정에 참여하는 행위자들의 의견이 서로 상치될 경우, 행위자들은 자신들의 조직 이익과 판단이 정책으로 구체화되기 위해서는 자신의 판단이 상대방에 비해 보다 적실성이 있고 합리적이라는 점을 설득시켜야만 한다. 그런데 만약 대부분의 행위자들이 동일한 내용의 판단을 한 반면, 유독 하나의 행위자만이 상반된 판단을 내리게 된다면, 하나의 행위자가 다른 모든 행위자들을 설득시키는 작업은 결코 쉬운 일이 아닐 것이다. 특히 최고 통수권자인 대통령의 정책선호까지도 설득시키고 변화시켜야 한다는 점에서는 결코 간단한 작업이 될 수는 없다. 그러나 하나의 행위자가 다른 행위자들을 설득시키며 대통령의 정책선호를 무산시키는 현상이 발생하였다. 최고정책결정자의 정책선택이고 대다수의 여타 행위자들이 동조하는 만큼 기능적으로 대통령의 정책선호를 수용하는 모습을 보일 수도 있었다. 그러나 해당 관료조직은 자신의 반대 의사를 지속적으로 제기했고, 결국에는 여타 관료조직들은 물론이고 대통령의 정책선호까지 무산시키는 결과를 유도해낸 것이다. 일대 다수의 논쟁을 치러야 했고, 대통령의 정책선호를 바꾸어야 할 만큼 힘든 작업이었지만, 그만큼 해당 관료조직에게는 조직의 존재와 관련된 절대적인 조직이익이 연계되어 있었기 때문이다. 관료들의 정치적 판단과 정치적 행동에 대한 이해가 없이는 결코 설명될 수 없는 사례라 할 수 있다.

제1절 국내외 흰경과 이익의 상충

본 장에서 살펴볼 관료정치의 진행과정과 그 행태는 '국내 이해'의 촉발정도는 낮은 반면, '국제 압력'의 강도는 강한 경우에 나타날 수 있는 현상이다. 이러한 국내외 환경들간의 관계 조합에서 발생되는 관료정치의 진행과정은 '국내 이해'의 촉발정도도 높고 '국제 압력'도 강한 '균열적 연계 과정'과는 분명 다른 형태를 보일 것으로 예상된다. 그러나 경우에 따라서는 '구조적 대립 과정'과 유사한 측면을 보일 것으로 예상할 수도 있다. '균열적 연계 과정'과 같이 국내외 환경이 서로 상반된 가치를 가지고 팽팽히 맞서기보다는 한쪽이 강력한 반면, 다른 한쪽은 상대적으로 압력의 강도가 약하기 때문이다. 그러나 '국내 이해'의 촉발정도가 높았던 '구조적 대립 과정'에서는 대통령 뿐아니라 대부분의 관료조직들도 '국내 이해'로부터 상당한 영향을 받을 수밖에 없었다. 이와 달리 본 장에서 살펴볼 '합리성 논쟁 과정'에 나타나는 관료정치의 진행과정은 '국내 이해'의 촉발정도가 높지 않기 때문에 관료조직들의 행동을 제한할 국내적 환경이 오히려 구체적으로 존재하지 않는 특징을 갖고 있다. 따라서 '국제 압력'에 동조하는 대통령의 정책선호를 반박할 근거로서 '국내 이해'의 촉발정도가 취약한 것은 사실이지만, 관료조직으로서는 정치적 행동을 진행하기가 오히려 자유로운 상황이라 할 수 있다. 따라서 '구조적 대립 과정'과 '합리성 논쟁 과정'간에는 유사한 관료정치의 진행과정이 나타나기보다는, 분명히 차별적인 현상들이 존재할 것으로 예상된다. 그리고 앞에서 살펴본 두 가지 종류의 관료정치 진행과정과는 달리, 대통령의 정책선호가 초기부터 '국내 이해'가 아닌 '국제 압력'과 입장을 같이 한다는 점에서도 다소의 차별성이 존재할 가능성은 분명히 있다 하겠다.

1. '국내 이해'의 낮은 촉발정도와 높은 전문성

해외의 첨단무기 구매와 관련한 외교정책에 있어서, '국내 이해'의 촉발정도가 미치는 영향을 이해하기 위해서는 일반 국민들이 갖고 있는 관심이나 구체적인 요구인 '국내 이해'의 문제와, 실무를 담당하고 있거나 구매한 무기를 직접 사용할 관료조직들의 관심이나 '조직 이익'의 문제를 구별해야할 필요가 있다.

우선, 일반 국민들의 관심 문제와 관련하여, 첨단 무기를 구매하는 것은 국가 방위적인 차원에서는 중요한 의미를 가질지 모르겠지만, 국민적인 관심이나 일반 여론 등과 관련된 '국내 이해'의 촉발 정도가 높기는 현실적으로 쉬운 일이 아니다. 특정한 무기를 구입하느냐, 아니냐 하는 종류의 선택에 대해서는 국민적인 차원에서도 관심도 높고 일정한 형태의 판단이 진행될 수도 있다. 즉, 최신예 전투기를 구입해야 하는가? 잠수함을 가지고 있어야 하는가? 장거리 미사일을 개발해야 하는가? 핵무기를 개발해 갖고 있어야 하는가? 등의 질문에 대해서는 일반 국민들도 충분히 대답할 수 있다. 그러나 어떤 종류의 잠수함을 구입하는 것이 좋은가? 어느 나라 잠수함을 구입해야 하는가? 구입해야할 잠수함은 기본적으로 어떤 성능을 갖추고 있어야 하는가? 또 미사일의 사정거리는 최소한 얼마 정도가 되어야 하는가? 등과 같은 종류의 구체적이고도 전문적 내용의 선택에 있어서는 국민적 판단이 쉽지 않다. 특히, 다양한 성능을 갖고 있는 최첨단 무기의 구매와 관련해서는, 일반인들이 개별적 장비의 차별성을 구별할 만큼 전문적인 지식들을 갖추고 있기가 쉽지 않기 때문에 더욱 어려운 일이다. 특정 사안을 이해하기가 힘들다는 것은 판단을 내리기가 쉽지 않다는 것이고, 결국에는 무관심으로 나타날 수밖에 없다. 이러한 측면에서 최첨단 무기구매 등에 대한 '국내 이해'의 촉발정도가 일반적으로 낮은 이유로 작용하게 된다. 직접적인 이해관계가 얽혀있는 관료조직으로서는 언론 매체 등을 통해 관련 내용을 정치적 현안으로 부각시키고 자신들의 이익을 '국내 이해'와 연결시키려 해도, '국내 이해'의 촉발정도가 쉽게 높아지지 않는 것도 이러한 측면과 관련되어 있다.

본 장에서 다루어질 러시아제 잠수함 구매와 관련하여, 일부 언론들이 사설[1] 등을 통해 러시아제 잠수함 구매와 관련한 정치적

의혹을 제기하면서 청와대의 정치적 판단에 문제를 제기하기도 했지만 그 파장은 크지 않았다. 과거 노태우 정권 시절에 있었던 F-16 구매와 관련한 논란들이 연상되기도 했지만 국민적인 호응도는 높지 않았다. 단지 일부 신문들의 문제제기 수준에 그치는 양상이었다. 정치권에서도 낮은 효율성과 군사체계상의 부적절성, 정치적 판단, 군사비 낭비 등을 지적하는 야당의 공세가 있었고, 국방부에 대한 국정감사나 국회 국방위원회에서 몇 차례의 대정부 질문과 답변[2]이 있었지만, 국민적 관심사로 부각시킬 만큼 '국내 이해'의 촉발정도가 높지는 못했다. 노태우 정부 당시의 F-16 전투기 구매와 관련한 논란도 리베이트 문제, 대통령의 통치 비자금 문제 등이 국민의 주목을 끌었던 것이지, 결코 F-16이 좋으냐, 아니냐의 내용이 국민적 관심을 끈 것은 아니었다.

반면, '국내 이해'의 촉발정도는 낮지만, 첨단 무기를 구매하는 문제는 해당 관료조직의 '조직 이익' 측면에서는 매우 긴박한 문제이다. 잘된 선택은 군사적인 역량을 확대시킬 수도 있지만, 잘못된 선택은 역량 약화는 물론이고 장기간동안 자신의 무기체계에 상당한 혼란을 줄 수도 있기 때문이다. 특히, 고가의 무기를 구매하는 입장에서는 넉넉하지 않은 군사비를 가장 효과적으로 사용해야만 한다. 따라서 자신이 갖고 있는 전문성을 총동원하여 자신의 조직에게 가장 적합한 무기체계를 형성하고, 가장 효율적으로 사용할 수 있는 무기를 구매하려고 하는 것이 당연하다. 자신들의 먼 미래까지 계산하고, 이를 근거로 최대한 양질의 무기를 구매하려는 입장을 강화시켜 나가게 된다.

---

1) 예컨대, 「중앙일보」, 1999년 5월 18일자 사설: 「조선일보」, 1999년 5월 20일자 사설 등 참조.
2) 1999년 4월의 제203회 국회(임시국회)부터 러시아제 잠수함 도입과 관련한 대정부 질문과 국정감사, 자료 제출 요구 등이 제기되었고, 이는 2000년 9월 제215회 국회(정기국회) 때까지 매회 반복되었다.

특히, 러시아제 잠수함을 도입할 경우에 직접적인 운용의 당사자가 되는 해군의 입장에서는 전문성의 측면에서 절대적으로 판단해야만 했다. 그동안 수중 전력에 있어서 만큼은 한국 해군이 북한에 비해 절대적으로 열위에 놓여 있었다. 북한은 일찍부터 잠수함과 잠수정을 실전에 배치해 운영해 왔지만, 한국이 잠수함을 구비하기 시작한 것은 독일의 209 잠수함을 한국에서 조립 생산하기 시작한 1992년도부터이다. 결국, 기술면에서나 전략면에서나 수적[3] 면에서도 북한에 비해 결코 우위에 있지 못했다. 따라서 해군은 질적인 우위를 확보함으로서, 이를 극복하는 방안을 선택하고자 하였다. 북한 잠수정에 비해 잠함능력, 탐지능력, 대수상함 타격능력이 우월한 잠수함을 보유하는 것만이 해결책이었다. 특히 한국이 잠수함을 자체 개발, 생산할 능력을 갖추고 있지 못한 만큼, 우수한 신형 잠수함을 외국에서 도입하고 이 과정에서 제작기술을 이전 받는 방법을 선택한 것이었다. 그리고 그 판단의 기준은 경제성이나 정치적 판단이 아니라, 바로 최첨단 기술에 대한 기술적, 전문적 판단에 근거하고 있었던 것이다.

이처럼 대외무기의 구매와 관련하여 관련 부처의 관심과 '조직이익'은 매우 높았고, 가장 효과적인 무기를 구입하기 위한 열의와 군사적 기술에 대한 전문적 판단이 주요하게 작용하고 있었지만, 일반적인 '국내 이해'의 촉발정도는 결코 높지 않았다. 무기 구매와 관련한 전문적 식견을 갖춘 계층에서는 높은 관심을 보였지만, 사안을 판단할 전문적 식견이 결여되어 있던 일반적인 국민적 입장에서는 '국내 이해'의 촉발정도를 높일 만큼 큰 관심의 대상이 되지 못했던 것이다.

---

3) 관련 논의가 본격적으로 진행되었던 1999년 12월 31일 당시 북한은 유고급 잠수정 40여척을 포함하여, 상어급 잠수함(SSC), R급 잠수함(SS) 등 90척의 잠수함(정)을 소유하고 있었던 반면, 한국은 1992년도에 도입한 독일제 209 잠수함 10여척이 전부였다. 국방부, 『국방백서 2000』 (서울: 국방부, 2000), p. 202.

2. 강력한 '국제 압력': 채무상환과 무기 판매

한국에 무기를 판매하려는 러시아의 입장은 매우 적극적이었다. 정부간의 공식적 관계에서 뿐 아니라, 비공식적인 다양한 접촉을 통해 자국의 다양한 무기들을 구매해 줄 것을 한국 정부에게 반복적으로 요구함으로서 강력한 '압력'을 행사하고 있었다. 특히 잠수함의 경우는 한국이 당장 필요로 하는 장비라는 점에서 러시아의 압력은 매우 구체적으로 진행되었다. 잠수함은 고가 장비에 해당할 뿐 아니라, 한국이 일단 구매하게 되면 계속된 판매를 유도할 수도 있고, 기존에 판매한 잠수함들의 소모품 조달 등과 관련해서도 지속적인 수출이 가능했기 때문이다.

이처럼 러시아가 한국을 비롯한 국제사회에 대한 무기판매에 적극적으로 나선 것은 1990년대 초 냉전 해체이후 러시아가 직면한 국내외의 정치, 경제적인 상황과도 상당한 관련이 있었다. 우선 정치적으로는 러시아 내부의 쿠데타 시도로 인해 고르바초프 정권이 위기를 맞이했고, 이후 옐친 대통령의 권력장악으로 다소 안정적 모습을 보이는 듯 했다. 그러나 1999년 초 옐친 대통령의 건강 악화와 부패문제로 인해 러시아의 정국은 다시 혼미스러운 양상에 빠지게 되었다. 그동안 심한 침체상태에 빠져있던 러시아의 경제는 1998년 8월 마침내 모라토리엄 선언으로 이어졌고, 이는 러시아의 국제적 신용에 치명적인 영향을 미쳤다. 따라서 러시아로서는 경제 회복과 정국안정을 위한 다각도의 방안을 모색해야만 했다. 러시아는 쇠퇴해진 러시아의 경제를 부흥시키고, 국제사회의 주도적인 군사적 위상을 회복함과 동시에, 사기가 떨어진 러시아 군부에 활기를 불어넣기 위한 방안으로서 침체된 국가방위 산업의 육성을 추진하였다. 국내외적으로는 강력한 러시아의 이미지를 부각시키는[4] 동시에 군수산업을 육성시킴으로서 정치적, 군사적, 경제적인 이익을 함께 확보하고자 했던 것이다. 결과적으로 군수산업 육성과 해외 무기 판매는 다양한 측면에서 러시아에게 긍정적인 결과를 가져다 주고 있었다.

최첨단 무기의 생산과 개발을 지속함으로서 러시아가 국제적인 군사강국의 위상을 유지할 뿐 아니라, 세계 최대 무기 판매국인 미국이 거의 독점하고 있는 세계무기 거래시장에 러시아가 적극 참여함으로서 군사적으로 국제 사회의 주도적 위상을 확보할 수 있었다. 또한 러시아가 국제적인 경쟁우위를 갖고 있는 고가의 최첨단 무기들을 판매함으로서 러시아의 경제 회복에 필요한 재원을 확보할 수도 있었다. 그리고 러시아와 무기 수입 국가들간의 군사적 연대를 강화함으로서, 러시아의 영향력을 강화시켜 나간다는 부수적 효과까지 확보할 수 있는 것이었다. 한국과 관련해서는 이러한 요인들 이외에, 한국에 대한 채무를 상환함으로서 채무국으로서 실추된 러시아의 위신을 회복한다는 측면도 있었다.

그런데 〈표 Ⅷ-1〉에서 보는 바와 같이 그동안 10%대를 유지하던 러시아의 무기 수출이 1998년에 들어와 급격히 위축되는 모습을 보였다. 미국의 무기 수출 비중은 증가하는 반면 러시아의 상대적 비중은 크게 줄어들고 있었으며, 무기판매의 절대치도 대폭 줄어들었음을 확인할 수 있다. 러시아로서는 자국의 첨단 무기 수출을 촉진

---

4) 1999년 8월 체첸 반군의 회교 독립국가 건설 시도와 폭탄 테러 등에 대해 당시 푸틴 총리가 취한 조치는 매우 강경한 진압이었다. 1999년 9월 체첸 반군에 대한 러시아 정부의 강경조치는 푸틴 총리에 대한 러시아 국민들의 높은 지지를 유도하였다. 그 결과 1999년 12월 총선에서 여당이 승리했고, 2000년 3월에 실시한 대통령 선거에서 푸틴이 승리함으로서, 푸틴은 국내 정치적 위상을 강화할 수 있었다. 그리고 이러한 국내적인 성과이외에도, 국제적으로도 러시아의 강력한 이미지를 새롭게 부각시키는 계기가 되었다. 외교통상부, 『외교백서, 2000』 (서울: 외교통상부, 2000)의 제1장 제3절 '지역별 정세'의 내용 참조.

시키기 위한 적극적인 대책이 필요했다. 옐친 정부는 물론이고, 1999년 총리에 임명되고, 2000년 3월 선거에서 대통령에 당선된 푸틴 정권 하에서도 첨단 무기 수출을 위한 공개적인 행보들이 진행되었다. 러시아는 냉전시기와 달리 국제무기시장에 SU-35와 SU-37 등 최첨단 전투기들을 공개하면서, 공개적인 판매에 적극적인 모습을 보이기 시작하였다. 특히 한국에 대해서는 차관을 현금으로 상환할 수 없는 만큼, 군수장비와 군수물자의 현물상황을 통해 상계하겠다는 입장을 제시하였다. 특히 1999년 초부터는 러시아제 잠수함의 판매에 집착하는 모습을 보였다.

1999년 7월 러시아의 옐친 대통령이 일리야 클레바노프 군수산업 담당 부총리에게 '무기 수출 절차를 20일 이내로 간소화하라'고 특별 지시[5] 한 것도 이러한 러시아의 당시 모습들을 입증해 주고 있다. 지나치게 복잡한 러시아 내부의 행정절차 때문에 국제 무기상들이 러시아제 무기의 구입을 포기하는 일이 빈번해지면서 나타난 현상이었다. 1998년 한해에도 최소 1억 달러 이상의 무기 판매가 러시아의 복잡한 행정절차 때문에 실패한 것으로 알려졌다. 옐친 대통령은 무기 수출을 위한 행정절차의 간소화와 함께, 군수사업 재건의 필요성을 지적했고, 군수산업에 대한 세금감면을 강조한 것으로 알려졌다. 거의 모든 산업이 군수산업에 집중되어 있고, 최소한 2천만명 이상의 러시아 국민들이 군수산업과 직·간접적으로 관련된 사업에 종사하고 있는 것으로 파악되고 있는 만큼, 군수산업을 육성시켜 러시아 경제 침체와 실업자 문제를 해결하고, 이를 통해 사회 불안 요소들을 제거하려는 시도는 어쩌면 당연한 일이었는지도 모른다.

---

5) 「조선일보」,
   http://www.chosun.com/w21data/html/news/199907/199907060568.html.

〈표 Ⅶ-1〉 세계 주요 국가의 무기 수출 규모

(단위: 백만 달러/1990년 불변가, 비율 %)

	1993	1994	1995	1996	1997	1998
미국	12,504(52.1)	9,844(49.1)	9,580(45.9)	9,712(44.2)	12,404(45.2)	12,342(56.2)
러시아	3,541(14.8)	1,155(05.8)	3,271(15.7)	3,602(16.4)	2,956(10.8)	1,276(05.8)
영국	1,585(06.6)	1,494(07.4)	1,708(08.2)	1,800(08.2)	3,238(11.8)	673(03.1)
프랑스	898(03.7)	756(03.8)	806(03.9)	1,924(08.8)	3,284(12.0)	3,815(17.4)
독일	1,562(06.5)	2,637(13.1)	1,425(06.8)	1,399(06.4)	686(02.5)	1,064(04.9)
중국	1,108(04.6)	731(03.6)	849(04.1)	751(03.4)	338(01.3)	157(00.7)
한국	28(00.1)	8(00.0)	25(00.1)	20(00.0)	27(00.0)	30(00.1)
기타	2,773(11.6)	3,448(17.2)	3,197(15.3)	2,776(12.6)	4,493(16.4)	2,587(11.8)
계	23,999	20,073	20,861	21,984	27,426	21,944

출처: 국방부, 『국방백서, 2000』 (서울: 국방부, 2000), p. 266.

러시아가 한국에 대해 자국의 군사 장비 구매를 구체적으로 요구한 것은 1994년 6월 김영삼 대통령의 러시아 방문 당시에 차관의 상환 방법으로 제기되면서 부터였다.[6] 그리고 1995년 BMP-3 장갑차와 T-80U 전차 수십대가 러시아로부터 도입되면서부터 구매요구가 본격화되기 시작했다. 이후, 러시아 정부는 1997년 5월에 1997년 4월말 현재 15억 달러에 이르는 경협차관 미상환분을 러시아의 첨단무기로 갚겠다는 공식 서한을 한국 정부측에 전달하였다.[7] 그런데 1997년 5월부터 러시아는 과거와 달리 S-300 대공유도무기, SU-35/37 전투기 등 첨단 무기를 팔겠다며 이례적으로 구체적인 품목까지 제시했던 것이다.[8] 이는 처음 있는 일로서, 그만큼 러시아 정부는 자국의 무기 판매에 대해 적극적이고도 구체적인 의사가

---

6) 「조선일보」,
   http://www.chosun.com/w21data/html/news/199905/199905090359.html:
   「경향신문」, 1999년 3월 14일자.
7) 「한겨레 신문」은 이 사실이 국방부의 공개사항임을 밝히고 있다. 「한겨레 신문」, 1997년 5월 11일자 참조.
8) 국방부, 『'99 국정감사요구자료 (I),(II) - 제208회 국회(정기국회) 국방위원회 제출자료』 (서울: 국방부, 1999), p. 314.

있음을 한국에 전달함으로서, 한국의 장비 구매를 강력히 요구하고 있었던 것이다.

러시아제 잠수함과 관련한 러시아측의 요구는 1999년 5월 김대중 대통령의 러시아 방문과 김대중-옐친 대통령간의 정상회담이 거론되면서 보다 구체화되고 강화되는 양상을 보였다. 1999년 1월 25일 한-러 외무장관 회담에서, 러시아 정부는 양국간의 군사협력증진과 경협차관 상환방안의 일환으로써 한국이 러시아제 잠수함을 구입해 줄 것을 구체적으로 요청하였다.[9] 그리고 1999년 2월 8일에는 러시아 정부가 한국의 국방장관에게 공식 서한을 보내 이를 확인하기도 하였다. 1999년 초에 개최된 국가안전보장회의(NSC)의 결정과 같이 한국이 긍정적인 반응을 보이게 되자, 러시아는 김대중 대통령의 러시아 방문을 앞두고 열린 제2차 한-러 경제과학기술공동위원회에서도 경협차관의 현물 상환을 적극적으로 요구하는 모습을 보였다. 한편, 러시아제 잠수함 도입을 위한 작업이 한국에서 진행되고, 러시아제 잠수함에 대한 한국측 실사단이 러시아에 파견되어 있던 2000년 9월에는 러시아가 자국 잠수함을 구입할 경우, 함대지 미사일 및 함대함 미사일을 함께 판매하겠다고 구체적인 내용을 제의하는 등 무기 판매를 성사시키기 위한 매우 적극적인 입장을 보이기도 하였다.[10] 이처럼 러시아는 잠수함을 포함하여 러시아제 군사 장비의 한국 판매에 매우 적극적이었으며, 남북관계 개선과 햇볕정책에 대한 주변 4강의 지지를 확보하기를 의도하던 한국에게는 상당한 압력으로 작용하게 되었다.

---

9) 1999년 4월 27일 제203회 국회 국방위원회 제3차 회의에서 천용택 국방부 장관의 서면 답변 내용 참조. 국회 사무처, 『제203회 국회 국방위원회회의록 제3차 부록 (1999. 4. 27)』 (서울: 국회사무처, 1999), p. 16; 국방부, 『2000년도 국정감사요구자료 (I),(II) - 제215회 국회(정기국회) 국방위원회』 (서울: 국방부, 2000), p. 152.

10) 「동아일보」, 2000년 9월 20일자.

3. 국내외 환경의 조합과 정치적 판단

김대중 정부 하에서 진행된 러시아제 잠수함 도입과 관련된 사례에서는 한국에게 군사 장비를 판매하려는 러시아의 '국제 압력'은 그 강도가 강하고 구체적이었던 반면, 러시아제 장비의 도입과 구매에 대한 한국 국민들의 '국내 이해'는 촉발정도가 높지 않아 대통령의 정책선호를 제한할 만한 상황이 아니었다. 일반 국민들의 입장에서는 러시아제 잠수함이 기술적으로 어느 정도 우월성을 갖고 있는지를 판단할 만한 상황이 아니었다. 단지, 그동안 받지 못하고 있던 러시아 차관을 현물 형태를 통해서라도 상환 받을 수 있다는 점에 대해서 긍정적으로 평가할 뿐이었다. 따라서 반드시 러시아제 잠수함을 구매해야 한다는 입장이나, 러시아제 잠수함을 구매해서는 결코 안된다는 입장이 국내적으로 형성될 만큼 '국내 이해'의 촉발정도가 높았다고 볼 수는 없다.

'국내 이해'의 촉발정도는 낮은 반면, '국제 압력'의 강도는 높은 국내외의 환경이 조성될 경우, 대통령은 일반적으로 '국제 압력'과 동조하는 형태로 자신의 정책선호를 진행시켜 나가게 된다. '균열적 연계 과정'이나 '구조적 대립 과정'과 달리 대통령은 자신의 행동을 제한하는 '국내 이해'의 촉발정도가 낮다는 점에서 정책선호의 형싱에 있어 다소 자유로운 상태이다. 오히려 압력의 강도가 높은 '국제 압력'을 적극 수용하는 것이 주변 국가들과의 긴밀한 협력관계를 유지할 수 있을 뿐 아니라, 성권의 외교직 성과로서 국내외에 업저을 과시할 수 있는 긍정적인 측면을 갖고 있다. 따라서 낮은 촉발정도의 '국내 이해'와 높은 강도의 '국제 압력'이라고 하는 외교정책적 환경이 형성된 상황에서 발생하는 '합리성 논쟁 과정'은 '국제 압력'을 중심으로 대통령의 정책선호가 형성되어질 가능성이 높다.

특히, 대통령의 정책선호가 '국제 압력'을 거부하기보다는 '국제 압력'과 입장을 같이 할 경우에 대통령의 정치적 이익이 보다 확대될 수 있다면, 대통령으로서는 '국제 압력'을 수용하는 형태로 정책선호를 결정하는 행위를 주저할 이유가 결코 없다. 국제적으로는 주변 국가들과의 우호적 관계를 유지함으로서 정권의 외교적 역량을 국제사회에 과시할 수 있을 뿐 아니라, 해당 국가로부터 호의적인 반응을 유도해낼 수도 있기 때문이다. 특히 취임과 함께 전향적인 대북정책을 추진하고 있던 김대중 정부가 주변 국가들의 압력에 긍정적으로 행동함으로서 김대중 정부가 추진하고 있는 햇볕정책을 주변 국가들로부터 인정받고 지지를 확보할 수 있다면, 결코 부정적으로 대응할 이유가 없었던 것이다. 국내적으로도 한국의 햇볕정책이 주변 4강의 대북 정책을 주도해 나간다는 점에서 한국의 국제적 위상을 고양시키고, 남북한간의 긴장완화와 평화통일을 위한 긍정적인 외교 환경을 조성해 나간다는 점을 부각시킬 수 있었다. 이를 통해 정권의 정통성을 강화시키는 등 내치에도 적극 활용할 수 있었기 때문에 결코 소극적으로 대응할 이유가 없었던 것이다.

과거에는 '국내 이해'의 촉발정도가 낮고 '국제 압력'의 강도가 강한 이러한 상황 하에서는 '국내 이해'와 '국제 압력'의 가치와 다소 상충된다고 하더라도, 외교적인 성과를 강조하고 강력한 '국제 압력'의 실태를 국민들에게 설득시킴으로서 대통령의 정책선호를 정책으로 완성할 수 있었다. 그리고 국내의 관료조직들도 대통령의 정책선호를 대부분 수용하는 모습을 보였다. 그러나 1999년 러시아제 잠수함의 도입과 관련한 일련의 과정에서는 대통령의 정책선호가 정치적 판단을 근거로 진행되었다는 점과 관련하여, 기술적 전문성에 근거한 관료조직의 반발이 제기되는 현상이 나타났다. 그리고 관료조직만이 갖고 있는 전문적 합리성이 대통령의 정치적 합리성을 설득시키고, 대통령의 정책선호를 무산시키는 관료정치적 행위를 진행시키게 된다.

제2절 '합리성 논쟁형 관료정치 과정'과
외교정책결정구조

일반적으로 한국에서 진행되는 대외무기체계의 획득과정은, 각 군과 기관의 소요군이 '소요를 제기'하면, 합동참모회의에서 '가부를 결정'하는 것이 첫 번째 단계가 된다. 이후 '무기체계를 선정'하고, '획득방법을 결정'한다. 그리고 '제안요구서를 작성'하고, 공개설명회를 통해 시험평가 사업을 승인하는 등 '시험 평가'단계를 거친다. 이러한 시험평가를 근거로 기술도입, 직구매 문제 등 '구매 협상'을 벌이게 된다. 그 결과 기종결정 요소를 평가하고 '도입방법과 기종을 결정'하는 단계를 통해, '무기체계를 채택'한다. 그리고 그 결과를 각 군과 기관이 집행 승인을 건의하면, 장관의 결재와 대통령의 재가를 통해 '집행을 승인'하게 된다. 이러한 과정을 거친 후 마지막 단계로서 '계약이 체결'되게 된다. 이처럼 무기체계의 획득절차는 매우 복잡할 뿐 아니라, 그 기간도 상당히 소요되는 과정이다.11)

1999년 초 당시 해군은 차기 중형잠수함의 도입과 관련하여, 1997년 9월에 이미 사업추진계획을 확정해 놓고 있었다. 단지 외환위기로 인해 관련 예산이 전액 삭감되면서 계획이 전면 보류 중이었고, 1998년 12월 차기 중형잠수함사업의 추진방안이 새롭게 시달된 상태였다. 그런데 청와대는 1999년 5월 김대중 대통령의 러시아 방문을 앞두고 2조원 규모의 차기 중형잠수함 도입사업(KSS-II)을 벌이고 있던 해군과는 긴밀한 상의 없이 러시아와의 관계개선을 목적으로 러시아제 잠수함의 도입문제를 심각하게 검토하기 시작했다.12) 이에 국방부도 상당히 동조하는 모습을 보임으로서 논의가

---

11) 국방부, 『'99 국정감사요구자료 (I),(II) - 제208회 국회(정기국회) 국방위원회 제출자료』, pp. 1356-1357 내용 참조.

상당부분 진행되는 양상을 보였다. 무기체계상의 획득 절차와 관련해서도 상당히 이례적인 절차를 밟고 있었던 것이다.

반면, 국제경쟁입찰 방식을 통해 최상의 잠수함을 도입하려던 해군으로서는 매우 난감해지지 않을 수 없었다. 해군으로서 여타 잠수함에 비해 성능이 떨어질 뿐 아니라, 한국의 무기체계와도 조화를 이루지 못한다고 판단되는 러시아 잠수함을 도입하는 것은 결코 원하는 바가 아니었다. 국제경쟁과 관련한 고려대상에서도 러시아제 잠수함은 배제되어 있던 상태였다. 비록 최소한의 수량을 도입한다고 하더라도 해군으로서는 러시아제 잠수함 구매에 적극적으로 나설 수가 없었다. 새로운 예산을 마련해 러시아제 잠수함을 도입하는 것이 아니기 때문에, 러시아제 잠수함을 도입하는 만큼 해군이 원하는 신형 잠수함을 구매할 비용은 줄어들 것이고, 희망하는 잠수함의 대수도 축소될 것이기 때문이었다.

1. 행위자간 정책선호와 이해관계

러시아제 잠수함의 무기구매와 관련한 논란들은 표면적으로는 러시아제 잠수함을 구입하느냐 아니냐 하는 문제로 단순화될 수 있다. 그러나 그 이면에는 행위자들마다의 아주 복잡하고도 다양한 이해관계가 작용하고 있었다. 그리고 행위자들은 각자의 판단을 합

---

12) 일단 국가안전보장회의(NSC)의 결정사항이며, 국방부는 이러한 결정에 대해 해군에게 검토를 '지시'했다는 점에서도 알 수 있다. 1999년 4월 27일 천용택 국방부장관의 국회 답변에서, "국방부는 잠수함을 운용할 해군과 합참으로 하여금 「러시아 잠수함 도입에 대한 필요성 및 타당성」을 검토하도록 지시한 바 있고,"라고 언급하고 있다. 즉, 해군의 필요성에 의해 문제가 검토된 것이 아니라, 문제가 검토된 이후 해군에게 거꾸로 지시된 것이란 점을 확인할 수 있다. 국회사무처, 『제203회 국회 국방위원회회의록 제3차 (1999. 4. 27)』, p. 16.

리화시킬 수 있는 아주 다양한 판단근거와 이유들을 갖고 있었다. 최고정책결정자인 대통령을 비롯하여 관련된 모든 관료조직들이 정치적 판단을 진행하고 있었고, 그 결과는 관료정치적 행위로 나타나고 있었다.

1) 청와대

김대중 대통령과 이를 보좌하는 청와대 비서진의 입장에서는 러시아와의 우호적 관계를 유지하는 것이 우선적인 관심사였다. 김대중 대통령은 1998년 취임과 함께 대북 포용정책인 '햇볕정책'을 지속적으로 강조하고 있었다. 취임사에서 ① 일체의 무력도발 불용, ② 흡수통일 불추구, ③ 교류협력의 적극 추진 등 '대북 3원칙'에 입각한 대북 포용정책을 일관성 있게 추진할 것을 강조하였다.[13] 그동안 동해안 잠수정 침투(1998년 6월), 무장공비 침투(1998년 7월), 서해안 간첩선 침투(1998년 11월), 금창리 핵 의혹시설 사찰 문제(1998년 8월), 북한 미사일 시험 발사(1998년 8월), 서해 교전 (1999년 6월) 등 남북한 관계의 위기와 국내외 갈등이 있기는 했지만, 김대중 정부는 햇볕정책 기조를 지속적으로 유지함으로서 1998년 11월부터 시작된 '금강산 관광'이나 2000년 6월의 '남북 정상회담' 등 일정한 성과를 얻을 수 있었다. 1999년 초의 시점은 그동안 햇볕정책을 불신하던 북한[14]으로 하여금 한국의 햇볕정책을 부분

---

13) 김대중 정부의 '햇볕정책'의 기본적 틀과 찬반 논의에 대해서는, Chung-in Moon, "Understanding the DJ Doctrine: The Sunshine Policy and the Korean Peninsula," in Chung-in Moon, David I. Steinberg, eds., *Kim Dae-jung Government and Sunshine Policy: Promises and Challenges* (Seoul: Yonsei University Press, 1999), pp. 35-56 참조.

14) 김대중 정부가 '햇볕정책'의 추진을 본격화할 당시 북한의 반응은 냉소적이었다. 오히려 북한은 체제붕괴의 위협을 느끼고 있었음을 확인할 수 있

적으로 신뢰하도록 만듦으로서 금강산 관광이 가능해진 상황이며, 한국 국내 보수세력들의 반발15)도 어느 정도 무마되고 있는 상태였다. 따라서 김대중 정부는 햇볕정책에 대한 주변 4강들의 지지를 확보함으로써 국제적인 정당성을 확보하고, 이를 통해 김대중 정부에 대한 북한의 불신과 의혹을 해소시키면서,16) 한반도의 긴장완화와 평화정착의 단초를 마련함과 동시에 북한이 남북 대화에 적극 나서도록 유도하기 위한 환경의 조성에 착수하고 있었다.

김대중 대통령은 1999년 5월까지 미국, 일본, 중국 정상들과의 만남을 통해 김대중 정부의 햇볕정책이 추구하는 바를 적극 설명했고, 햇볕정책에 대한 각 국가들의 지원과 지지를 확약 받음으로서 상당한 외교적 성과를 거두고 있었다. 1998년 6월 김대중 대통령의 방미와 1998년 11월 클린턴 미국 대통령의 방한을 통한 한-미 정상회담, 1998년 10월 김대중 대통령의 방일, 1998년 11월 김대중 대통령의 중국 방문 등은 햇볕정책에 대한 주변 국가들의 지지입장을

다. 1999년 2월 4일, 김정일이 노동당 책임일꾼들과 가진 담화인 '인민군대를 강화하면 군사를 중시하는 사회적 기풍을 세울데 대하여'라는 글에서, "우리 공화국을 얼려 넘기려는 기만정책" 이라고 규정했다. 또, 1999년 9월 27일 미국 뉴욕에서 백남순은 "화해·협력의 미명아래 우리의 사회주의 제도를 이질화시켜 저들의 자유민주주의 체제에 흡수·통일시키자는 악랄한 반북 대결모략 책동"이라고 규정했다. 2000년 3월 15일자 「로동신문」 논평은 "가짜 대화와 독 묻힌 교류를 통해 공화국 북반부를 사상적으로 와해시키고 정신적으로 무장해제시킴으로써 북침통일 야망을 이루어보려는 총포성 없는 북침전략"이라고 규정했다. 즉, 북한은 햇볕정책을 체제붕괴를 위한 '공작성 정책'으로 이해하고 있었던 것이다. 관련 내용들은, 이동복, "남북대화의 전부," 비망록 성격의 미간행 논문, *http://dblee2000.or.kr* 의 'II. 남북대화 부진의 원인은 어디에?' 참조.

15) 1998년 당시 국내의 보수세력들의 반발에 대해서는, Chung-in Moon, "Understanding the DJ Doctrine," pp. 51-55 참조.

16) 한국의 김대중 정부는 북한의 '불신'을 해소시키기 위한 시도를 반복하게 되는데, 2000년 초 남북한이 정상회담을 개최하기로 합의하자, 김대중 대통령은 2000년 4월 11일에 있었던 국무회의에서, "마침내 북한이 우리의 '햇볕정책'의 진의를 이해하게 됐다" 고 언급한 부분에서도 이러한 당시 분위기를 알 수 있다. 「조선일보」, 2000년 4월 12일자.

공식적으로 확인할 수 있는 계기가 되었다.[17] 그리고 김대중 정부는 실무적으로도 미국, 일본, 중국, 러시아 외무장관들과의 장관급 회담을 반복해 진행함으로써, 대북 포용정책에 대한 국제적 지지를 확보하기 위한 노력들을 지속하고 있었다. 그러나 러시아의 경우에는 러시아 내부의 정국 혼란으로 인해 김대중 대통령의 공식 방문이 늦춰지고 있었고, 햇볕정책에 대한 러시아의 지지의사를 최고정책결정자를 통해 공식적으로 확인하지 못하고 있는 실정이었다.

이러한 상황에서 1999년 5월 27일부터 6월 1일간 진행된 김대중 대통령의 러시아 방문은 김대중 정부의 대북 정책과 관련한 4강 외교를 깔끔하게 마무리 짓는다는 점에서 상당한 의미를 가지고 있었다. 순방외교를 통해 주변 4강들과의 원만한 외교적 관계를 확인함으로써 김대중 정부에 대한 주변 국가들의 인정을 확보함과 동시에, 햇볕정책에 대한 주변 4강의 인정과 지지를 공식적으로 확보함으로써 대북 정책의 추진력을 확보할 수 있게 되기 때문이다. 특히, 그동안 주변 4강에 의해 한국의 외교정책과 남북한 관계가 결정되어 온 과거와 달리, 이제는 한국이 적극적으로 남북한 관계를 개선해 나가고, 주변 4강들의 대한반도 정책들을 남북한이 주도해나갈 수 있다는 점을 확인하는 측면에서도 상당한 의미를 가지고 있었다.[18]

이러한 배경들 때문에 김대중 대통령은 1999년 5월의 러시아 방문을 통해 러시아로부터 햇볕정책에 대한 공식적인 지지를 확보[19]

---

17) 외교통상부, 『외교백서 1999』 (서울: 외교통상부, 1999) 참조.
18) 김대중 대통령은 1999년 5월 27일 러시아를 공식 방문하기 위해 서울공항을 떠나는 자리에서, '러시아 정상을 만나 우리의 한반도 정책에 대한 지지를 끌어내면, 주변 4강 모두가 우리의 정책을 지지하는 역사상 획기적인 결과가 나올 것이다'라고 언급했던 점에서도 이를 확인할 수 있다.
19) 1999년 5월 28일 김대중 대통령과 옐친 대통령간의 정상회담 결과 발표된 러시아 정부측 공동성명의 내용에는, '한반도에서 긴장을 완화하고 항구적 평화를 구축하려는 한국정부의 노력을 긍정평가하고 지역 전체의 평화와 안정을 공고하게 할 남북한간의 접촉과 생산적 대화를 촉진하려는 김대중 정부의 정책에 지지를 표명한다'는 러시아의 입장이 표명되었다.

하는 대신, 이에 상응하는 큰 '선물'을 하고 싶었던 것이다. 1999년 5월 17일 러시아 방문을 앞둔 김대중 대통령은 월례기자간담회를 가졌다. 이 자리에서 '러시아는 경협차관을 잠수함으로 상환하겠다고 주장하고 있다'라는 기자의 질문에 대해 김대중 대통령은 '내가 러시아에 가면 대체로 좋은 합의에 도달할 것이라고 생각한다'고 답변하였다.[20] 이는 한국이 러시아제 잠수함을 구입할 것을 강력히 요구하던 러시아의 주장을 어떻게 생각하느냐 하는 기자의 질문을 긍정적으로 답변한 것으로써, '좋은 합의'는 이미 러시아 잠수함 도입 문제가 상당부분 진행되고 있었음을 의미하는 것으로 판단된다. 특히 '러시아 잠수함'이라고 기자가 구체적인 내용으로 질문했음에도 불구하고, 김대중 대통령이 이를 부정하지 않았다는 점에 주목할 필요가 있다. 이후 임동원 외교안보수석은 부연 설명에서, '이규성 재정경제부 장관이 러시아를 방문해 경협차관의 상환과 관련한 실무협상을 진행 중이다', '잠수함으로 상환 받을 지의 여부는 관계부처에서 검토단계이다', '구체적인 상환방법은 실무협상에서 다룰 문제이다'고 언급하였다.

청와대의 기본적 입장은 한-러 양국간의 관계개선 등 정치적 문제에 초점이 맞춰져 있으며, 잠수함 도입에 따른 기술적 문제는 관심의 중심에서 벗어나 있었음을 알 수 있다. 그리고 실무협상 책임자가 경제관련 부처라는 점에서 러시아 잠수함의 도입문제도 경제적 관점에서 검토되고 있었다는 사실을 확인할 수 있다. 청와대로서는 러시아와의 관계개선과 햇볕정책에 대한 러시아의 지지를 확보할 수만 있다면, 잠수함 도입문제는 결코 중요한 문제가 될 수 없었던 것이다. 특히 당시 해군이 중형 잠수함을 원하고 있었던 만큼, 굳이 독일제와 프랑스제를 고집하기보다는 청와대의 정치적 이

---

20) 기자간담회 관련 내용들은 「조선일보」, 「중앙일보」 등의 1999년 5월 18일자 참조.

익이 큰 러시아제 잠수함을 구매하는 쪽으로 결정 나기를 희망했던 것이다. 청와대의 입장에서는 정치적 합리성이 우선적으로 작용하고 있었던 것이다.

2) 외교통상부

외교통상부의 기본적 입장은 한국이 주변 4강들과 우호적인 긴밀한 관계를 유지해야 한다는 것이다. 특히 한반도 문제는 국제적 문제라는 인식을 갖고 있는 외교통상부로서는 한반도의 긴장완화와 평화정착을 위해서는 주변 4강의 지지를 확보하는 것이 반드시 필요하다는 입장이다. 따라서 큰 문제만 없다면 러시아제 장비의 구입을 적극적으로 검토하는 것이 한-러 양국간의 관계를 긍정적으로 발전시키는데 일조할 것으로 판단하고 있었다. 결국, 한국의 러시아제 잠수함 구매는 심각한 경제위기에 빠진 러시아에 대해 호의적인 태도를 보이는 꼴이 되며, 한국과 러시아 양국간의 군사적 교류도 확대하고, 한국에 대한 러시아의 차관 문제도 해결할 수 있다는 점에서 긍정적인 평가를 내리고 있었던 것이다. 홍순영 외교통상부장관은 1999년 4월 28일 프레스센터에서 열린 서울대 행정대학원 초청강연에서, 러시아제 무기 구입과 관련하여, "기본적으로 시장경제원칙에 따라 러시아제 무기의 질과 부품조달 가능성 등을 보고 결정할 일이나, 대러 경협차관의 상환수단으로 러시아의 군수물자 구입을 검토할 수 있다"고 언급하였다.[21] 즉, 외교통상부의 입장에서는 외교적 측면과 경제적 측면이 우선되고 있었으며, 시장경제원칙이 적용되기가 힘든 군사 전략적 측면은 관심에서 다소 배제되고 있었던 것이다.

---

21) 「중앙일보」, 1999년 4월 29일자.

우선, 외교통상부는 경제적으로는 1990년대 중반이후 위축되고 있던 양국간 교역량을 증가시키고 이를 통해 소원해진 양국 관계를 회복할 수 있다는 점에서 긍정적이었다. 당시에는 1990년 한-러 수교이후 빠른 속도로 증가하던 양국간 교역량이 1990년대 중반이후 줄어들고 있었다. 1996년에는 교역량이 37억 달러(수입 18억 달러, 수출 19억 달러)에 달했지만, 1997년 양국의 경제위기 이후부터 교역 규모가 감소하기 시작하였고, 1998년에는 21억 달러의 교역량(수입 10억 달러, 수출 11억 달러)에 그치고 있었다. 1999년에도 22억 달러의 교역량(수입 16억 달러, 수출 6억 달러)에 그쳤고, 대러시아 투자도 1999년 1억 5천만 달러에 불과한 실정이었다.[22] 1990년 양국 수교 직후 4~5년 동안 활기를 띠던 상황과는 매우 다른 모습을 보이고 있었다. 결국, 외교통상부는 고가인 러시아제 잠수함의 구입을 계기로 양국간 교역이 더욱 활성화될 수도 있다는 판단을 갖고 있었다. 또한 양국간의 불편한 관계를 만들고 있던 경제협력 차관의 상환문제도 해결할 수 있다는 점에서, 외교통상부는 러시아제 잠수함 구입 문제를 한국의 외교적 부담을 덜 수 있는 매우 긍정적 방법으로 평가하고 있었다.

특히, 1998년 7월에 발생했던 한-러 양국간의 외교관 맞추방 사건은 양국 정보기관들간의 불화에서 발생한 것이긴 했지만, 공식적으로 이를 책임지는 부서는 외교통상부였다. 또 양국간의 소원해진 관계를 직접 나서서 원상 복귀시키는 일도 외교통상부의 업무였다. 더욱이 러시아가 양국 외무장관 회담[23]이나 외교관 접촉을 통해

---

22) 한-러 양국간의 교역량과 협력내용에 대해서는, 외교통상부, 『외교백서 2000』(서울: 외교통상부, 2000)의 제1장 2절 및 3절의 내용 참조.
23) 국방부의 국회 국정감사 제출 자료에 의하면, 1999년 1월 25일 한-러 외무장관 회담에서 러시아측이 양국간 군사협력증진과 경협차관 상환방안의 일환으로 한국이 러시아제 잠수함을 구입해 줄 것을 요청한 것으로 알려지고 있다. 국방부, "636사업관련 한·러 정부간 협상경과," 『2000년도 국정감사요구자료(I),(II) - 제215회 국회(정기국회) 국방위원회』(서울: 국

자국의 무기판매에 대한 강한 의사를 표시하고 있었기 때문에 외교
통상부로서는 러시아의 요구를 정면에서 거부할 수 없는 상당히 부
담스러운 위치에 놓여있었던 것이 사실이다. 따라서 외교통상부는
잠수함 판매에 대한 러시아측의 입장을 한국 정부에 전달하고, 정
책 내용으로 검토하도록 유도하는 역할을 담당하고 있었던 것이다.

3) 국가정보원

국가정보원의 입장에서는 외교통상부와 마찬가지로 러시아제 잠
수함의 도입 문제는 그 자체가 궁극적인 목표나 주된 관심사가 아
니었다. 단지, 러시아와의 관계개선에 필요한 수단으로써 러시아의
잠수함 구매 문제를 적극 활용하겠다는 입장이 강했다.[24] 1998년 7
월에 있었던 양국간 정보외교관 맞추방 사건으로 소원해진 양국 관
계를 해소하기 위한 방안으로써 1998년 8월 모라토리엄을 선언할
정도로 심각해진 러시아의 경제상황과 대러시아 경협차관의 상환
문제를 연계시키는 방안을 모색하기 시작했던 것이다.

국가정보원은 러시아제 잠수함을 도입할 경우, 첫째, 러시아의 수
출을 증진시킴으로써 러시아 경제에 도움을 줄 뿐 아니라, 둘째, 그
동안 상환이 지연되고 있는 대러 차관문제를 러시아측 입장에 긍정
적인 형태로 진행함으로써 한국의 호의를 표시할 수 있을 뿐 아니
라, 셋째, 대러 차관문제에 대한 국내 금융기관들의 불만도 해소할
수 있고, 넷째, 그 결과로 1998년 7월 이후 소원해진 양국간 관계를
만회할 수 있다는 전략적 판단을 내렸던 것이다.[25]

방부, 2000. 10), p. 152.
24) 국가정보원과 재정경제부가 러시아와의 관계 개선을 고려하여 러시아제
　　잠수함 도입을 적극 검토할 것을 국방부에 요구한 것으로 알려지고 있다.
　　「한겨레 신문」, 1999년 4월 14일자.

무엇보다도, 국가정보원으로서는 한-러 양국간의 불편한 관계로 인해 러시아 내에서의 정보활동이 매우 제한 받는 상황에 놓여 있었고, 정보수집이라는 본연의 임무를 원만하게 수행하는 것이 매우 힘든 상태였다. 국가정보원은 한-러 양국간의 정보협력관계가 소원해지자, 러시아에 대한 정보는 물론이고 북한과 관련된 정보를 수집하는 활동도 심각하게 제약받는 상황에 직면해 있었다. 이는 정보기관으로서는 당장 해결해야만 하는 과제였다. 결국, 국가정보원에서는 해군이 진행 중이던 차세대 중형잠수함 사업과 러시아의 차관 상환 문제, 그리고 해외 무기 판매에 대한 러시아의 강한 의욕들을 서로 연결시켜 양국 관계의 새로운 돌파구를 마련하고자 했던 것이다. 일정한 최소 기준만을 만족시킨다면, 러시아제 잠수함의 도입은 일석이조 이상의 성과를 올릴 수 있다는 정치적 판단을 진행하고 있었던 것이다.

4) 재정경제부, 기획예산처

경제관련 부처들의 입장은 무엇보다도 러시아에 대한 차관을 조속히 상환 받는 문제가 우선적인 관심사였다. 한-러 수교 직후인 1991년 노태우 정부는 3년 거치 5년 분할상환의 조건으로 정부 보증의 은행차관 10억 달러와 2년 만기의 소비재 차관 4억7천만 달러를 옛 소련에 제공하였다.

그런데 은행차관 10억 달러는 물론이고 소비재 차관까지 포함해 1999년 당시 3억3천8백20만 달러 정도만 원자재로 상환 받았을 뿐, 당시 이자까지 포함해 17억 달러 정도는 상환 받지 못한 상태였다.

---

25) 조선일보,
    http://www.chosun.com/w21data/html/news/199905/199905090356.html.

문제는 한국의 시중 은행들이 연 7%의 이자로 자금을 차입해 대러 차관 자금으로 사용했다는 점이다. 러시아가 차관 상환의 만기를 연장할수록 한국 정부의 지급보증을 믿고 차관을 제공한 국내 은행들의 부담만 늘어가는 상황이었다. 1999년 10월 현재 국내 시중은행들 중에서 원리금을 합쳐 3억7천만 달러를 빌려준 한빛은행의 경우, 이자는 한푼도 받지 못하면서 차입 금리로만 연 1백80억원을 지급하고 있는 실정이었다.[26] 1997년 말의 외환위기 이후 한국 금융기관들이 겪고 있던 어려운 자금운용 상황을 염두에 둔다면, 결코 그대로 방치할 수만은 없는 상황이었다.[27]

1998년 8월 러시아가 모라토리엄을 선언하자, 경제관련 부처들은 경우에 따라서는 대러 차관의 상환이 전혀 불가능해질 수도 있다는 최악의 상황을 고려하게 되었다.[28] 따라서 현물이던 현금이던 간에 가능한 모든 수단을 통해 차관을 신속히 상환 받기를 희망하고 있었다.[29] 이러한 와중에서 러시아 잠수함의 구매 문제는 경제관련 부처들에게는 아주 적절한 대안으로 인식되고 있었다. 특히, 1999년 5월 17일은 차관 금액중 5억 달러의 만기일이었다는 점에서도 적극적인 자세를 보일 필요가 있었다.

경제적으로도 러시아제 잠수함은 유럽산 잠수함에 비해 저렴한 비용만으로도 구매가 가능했고, 당장 지급해야할 현금도 많이 필요하지 않다는 점에서두 매력적이었다. 독일제 잠수함을 구입하기 위

---

26) 「한국경제신문」, 1999년 11월 15일자.
27) 이후에 계속된 한-러 양국간의 협상과정에서 차관 상환은 계속해서 지연되게 되는데, 2000년 12월 한국 정부는 러시아 정부와의 협상을 통해 경협자관의 상환을 새롭게 연장하였다. 따라서 한국 정부는 국내 채권은행들에게 한-러 양국 정부간의 새로운 합의에 대해 동의해 줄 것을 요청했으나, 당시 채권 은행들은 정부의 동의 요청을 거부한 채, 정부가 지급보증을 하고 있는 만큼 대신 차관을 지급하라고 요구하기도 하였다. 「매일경제신문」, 2001년 2월 27일자.
28) 「중앙일보」, 1998년 8월 18일자; 「한국경제신문」, 1998년 8월 19일자 참조.
29) 「중앙일보」, 1998년 12월 26일자.

해서는 최소 1조원 정도의 현금이 필요했지만, 러시아제는 차관으로 상당부분의 비용을 상계하는 만큼 별도의 현금을 크게 마련할 필요가 없었던 것이다. 1997년의 외환위기와 외화조달에 대한 부담 등을 염두에 둔다면, 경제적 합리성에 근거하여 행동하는 경제관련 부처들로서는 러시아제 잠수함이 갖고 있는 기술적 한계 등을 우려하기보다는 경제적 효율성 측면에서 러시아제 장비의 도입 건을 적극 검토하는 것이 당연한 행동이었던 것이다.

5) 국방부

　육, 해, 공군의 입장을 총괄하는 국방부의 입장에서는 원칙적으로 한국 해군이 크게 문제 삼지만 않는다면, 러시아제 잠수함의 도입도 적극 고려해 볼 수 있다는 입장이었다. 1999년 4월 27일 국회의 대정부 질문에 대해 천용택 국방부장관의 명의로 제출된 서면답변에서는 러시아 잠수함 도입으로 인한 장점들을 언급하고 있다. 그 내용을 살펴보면, "경협차관의 상환은 물론 러시아와의 우호관계 증진으로 한반도에 유리한 안보여건 조성이 가능한 이점이 있고, 특히 남북이 군사적으로 대치하고 있는 현 여건에서 북한보유 잠수함보다 성능이 월등한 잠수함을 전력화시킬 경우 대북 억제력 보강과 함께 우리 해군의 위상을 제고할 수 있는 전략적 가치도 있다고 본다"고 언급하였다.[30] 즉 러시아제 무기들을 도입함으로서 전략적인 적응력을 확장시킬 수 있다는 점과, 러시아와의 군사적 교류를 확대시킬 수도 있다는 긍정적 측면들을 의식했던 것이다.[31]
　특히, 1990년 한-러 국교수립 이후 러시아와의 군사적 교류가 해

---

30) 국회사무처, 『제203회 국회 국방위원회 회의록 제3차 부록 (1994. 4. 27)』, p. 16.
31) 「조선일보」, 1999년 5월 3일자.

군을 중심으로 진행되어 왔다는 점에서도 이러한 측면은 주목할 필요가 있다. 1992년 11월 양국 국방장관들이 한-러 양해각서를 서명한 이후, 최초의 군사 교류가 해군 함정의 상호방문으로 시작되었다. 1993년 8월 31일부터 9월 4일간 러시아 태평양함대 소속 해군 함정 방문단대 3척(대잠함, 구축함, 급유함)이 한국의 부산항에 입항하였으며, 이에 대한 답방으로 1993년 9월 22일부터 25일간 한국의 해군 방문단대 2척(전남함, 울산함)이 러시아의 블라디보스토크항을 방문하였다.32) 또 1993년 5월 13일 모스크바에서 한국측 대표인 김만청 해군참모차장과 러시아측 대표인 에로민 해군 부사령관이 '한-러 해상사고 방지협정'을 체결하는 등 군사교류의 영역을 확대시켜 나가고 있었다. 그런데 국방부로서는 이처럼 해군을 중심으로 한 한-러 양국간의 군사교류가 러시아제 잠수함 도입 문제로 인해 소원해지는 것을 결코 원치 않았다. 더욱이 군 통수권자인 대통령의 지시가 있었다면, 국방부의 입장에서는 큰 문제가 없는 한 대통령의 정책선호를 수용하는 입장을 보이는 것이 당연한 것으로 이해되고 있었다.

따라서 러시아제 잠수함 도입과 관련한 국방부의 입장은 다소 오락가락하는 모습을 보이기는 하지만, 엄밀히 구분하자면 해군(또는 공군, 육군 등)의 입장과 항상 일치하는 것은 아니었다. 러시아제 잠수함 도입사건과 관련해서도 반드시 해군이 입장을 절대적으로 지지하지는 않았다. 오히려, 청와대의 입장을 대변하거나, 지시를 수용하는 모습을 보이고 있었다. 경우에 따라서는 해군의 입장과 차별적인 '국방부'의 입장을 주장하는 모습을 보이기도 했다. 예컨대, 1999년 9월 30일 조성태 국방부 장관이 국회 국정감사에서 답변한 내용을 보면, 러시아제 잠수함 도입문제는 '방산 장비 도입을 통한 경협차관

---

32) 자세한 내용은 해군 홈페이지의 "군사외교활동" 분야 참조. *http://www.navy.or.kr/introduce/nhistory/6/627.html.*

상환이 가장 실질적인 방안이라는 판단 하에 추진'[33]하고 있음을 언급하고 있다. 해군의 군사적 기술성보다 경제관련 부처의 경제적 합리성에 동조하는 듯한 내용을 언급하고 있음을 확인할 수 있다.

6) 해 군

해군의 입장에서는 경제적, 정치적인 문제보다도 원활한 군수체계의 유지와 가장 성능이 뛰어나고 우수한 잠수함을 확보하는 것이 조직 이익에 부합되기 때문에, 이에 일차적인 초점을 맞추고 있었다. 한국 해군은 그동안 북한에 비해 상대적으로 낙후되어 있었다고 판단되던 잠수함 문제를 '차기 중형잠수함 도입 사업(KSS-II)'[34]을 통해 극복하고자 하였다. 해군은 6척의 중형잠수함을 도입함으로서 해군의 전력을 급신장시키는 계기로 삼고자 했던 것이다. 따라서 KSS-II 사업을 야심차게 진행하고 있었다.[35] 해군은 중형잠수함 사업을 공개 입찰방식을 통해 진행함으로써 세계 주요 군수업자들간의 경쟁을 유도하고, 가장 저렴한 가격에 가장 성능이 뛰어나고 기술이전이 많은 업체를 선정함으써 최소비용으로 최대의 성과를 얻어내고자 했던 것이다.

그런데 러시아 잠수함의 경우는 성능면에서도 여타 국가들의 잠수함에 비해 뒤처질 뿐 아니라, 후속 종합군수지원(ILS)이 제대로

---

33) 대한민국 국회, 『1999년도 국정감사 - 국방위원회 회의록, 국방부 감사 (1999. 9. 30)』 (서울: 국회사무처, 1999), p. 29.

34) 2000년부터 2009년까지 10년간 1조2천7백억원을 투자하여 차기 중형잠수함 3척(초기에는 6척)을 건조하고 잠수함 설계기술을 확보하는 사업이었다.

35) KSS-II 사업은 해군본부 조함단에서 담당하고 있었으며, 대령급이 업무를 맡고 있었다. 특히 K-636 사업은 해군본부 조함단 3사업처에서 담당하고 있었다. 대한민국 국회, 『1999년도 국정감사 - 국방위원회 회의록, 해군본부 국감 (1999. 10. 6)』 (서울: 국회 사무처, 1999), pp. 20-21.

진행되지 않아 검토 과정에서부터 배제되어 있었다.[36] 또 도입이 거론되던 러시아제 디젤 잠수함과 동일 모델을 도입해 실전에 배치, 운용하고 있던 중국의 경험을 통해서도 러시아제 잠수함들이 작전 수행이나 관리 면에서 결코 만족스럽지 못하다는 점을 인지하고 있었다.[37] 해군의 주장을 정리하면, 첫째, 디젤 잠수함에 있어 가장 중요한 배터리의 성능이 떨어진다는 것이었다. 한국 해군이 당시 주력 잠수함으로 보유 중이던 1천2백톤급 독일제 209 잠수함의 배터리 평균수명도 평균 7년인 반면, 도입하려는 러시아의 Kilo급 잠수함은 배터리 수명이 평균 18-24개월이고, 한번 교체하는데 한달 이상의 시간이 소요되었기 때문에 효용성이 크게 떨어진다는 점을 강조하고 있었다. 둘째, 잠항 지속능력이 떨어진다는 것이었다. 셋째, 후속 종합군수지원 체계(ILS)에도 심각한 문제가 있다는 것이었다. '불곰사업'의 일환으로 그동안 러시아에서 들여온 육군의 군수장비들이 실전 운용 과정에서 ILS과 관련하여 다소의 문제점들을 노출시키고 있었다는 점들이 함께 지적되었다. 넷째, 무기체계 운용상의 혼선과 통신체계상에 심각한 문제를 노출할 수 있다는 것이었다. 한국의 무기체계는 미국과 유럽을 중심으로 운영되고 있는 반면, 러시아 잠수함과 상호 교류가 가능한 통신망을 구축하기 위해서는 별도의 마대한 추가 비용이 소요되며, 이 또한 결과가 확실치 않다는 깃이디. 이 역시 '불곰사업'의 진행과정에서 검증된 부분이었다. 다섯째, 북한 잠수함에 대한 많은 정보를 얻을 수도 있겠지만, 반대로 북한이 러시아제 잠수함에 대한 정보를 많이 축적하고 있기 때문에 한국 해군의 작전 중에 오히려 해군 잠수함의 위치나 작전 내용들이 북한군에게 노출될 가능성도 많다는 점들을 지적하고 있었다. 여섯째, 동일 모델을 구매한 중국의 경우에서도 잠수함

36) 『경향신문』, 1999년 5월 20일자.
37) 『한겨레 신문』, 1999년 4월 14일자.

운용에서 결코 긍정적인 평가를 얻지 못하고 있음이 지적되었다.

해군의 입장으로서는 차세대 잠수함 도입이 잘못될 경우, 이는 해군의 발전을 수년 내지 수십년 후퇴시킴으로써 조직이익에 크게 손상을 가할 수도 있다는 판단이었다. 단순한 잠수함 한 두척의 도입 문제가 아니라, 향후 잠수함 운용과 관련된 미래 전략과 해군 전체 전략의 위축을 초래할 수도 있다는 점에서 구체적이고도 적극적인 태도를 보이게 되었던 것이다. 해군의 입장에서는 북한에 비해 잠수함 수가 크게 뒤지는 만큼, 성능 면에서는 절대 우위를 차지하는 잠수함을 확보하는 것이 반드시 필요했다. 따라서 최선의 결과는 성능이나 기술면에서 뒤떨어지는 러시아제 잠수함을 가능한 한 도입하지 않는 것이며, 만약 도입이 불가피하다면 도입 규모를 최소화하는 것을 원하고 있었다. 또한 러시아 잠수함을 도입하더라도 도입 비용은 기존의 중형잠수함 사업(KSS-II)용으로 책정되어 있던 사업비용에서 사용할 것이 아니라, 별도의 예산을 책정해 줄 것을 요구하고 있었다.[38] 해군은 KSS-II 사업으로 도입할 최신예 잠수함의 도입 대수가 6척에서 줄어드는 것을 원하지 않고 있었던 것이다.[39]

2. 다양한 이해관계와 '합리성 논쟁'

이처럼 러시아제 잠수함 도입을 둘러싼 행위자들간의 입장은 다양했지만, 결론적인 내용은 러시아제 잠수함을 도입하자는 측과 러

---

38) 「조선일보」, 1999년 5월 10일자.
39) 한국은 3면이 바다인 만큼, 동·서·남해에서 항시적인 수중작전을 수행하기 위해서는 각각의 지역마다 작전을 진행 중인 1척의 잠수함과 수리, 정비, 보급품 보급 등을 위해 대기 중인 1척 등 2척이 최소한 필요하다. 결국 3면의 해양을 수호하기 위한 효율적인 작전 운용을 위해서는 총 6척의 잠수함이 최소한 필요한 것이다.

시아제 잠수함을 도입할 수 없다는 측으로 양분된다. 문제는 러시아제 잠수함을 도입하자는 측은 청와대, 경제 관련 부처, 외교통상부, 국가정보원 등 대부분의 행위자들이 포함되어 있는 반면, 러시아제 잠수함 도입에 적극 반대하는 측은 국방부도 아니고 그 하부조직인 해군에 불과했다는 점이다. 따라서 대통령의 정책선호가 다양한 관료조직들의 지지를 얻고 있었고 강력한 '국제 압력'인 러시아의 요구도 수용하고 있었기 때문에, 해군이 대통령의 정책선호를 뒤바꾸거나, 무산시키기 위해서는 아주 치열한 모습들을 보여야만 했다.

우선, 청와대의 판단은 '정치적 합리성'으로 정리될 수 있다. 잠수함이라는 특정한 대상이 문제가 아니라, 러시아의 외교적 압력에 긍정적으로 반응할 수 있을 뿐 아니라, 이를 통해 정권의 국내 정치적 성과와 외교적 성과를 동시에 확보하고, 이를 국내외적으로 과시할 수 있다는 정치적 판단이 주요하게 작용하고 있었던 것이다. 기본적인 인식의 출발은 다소 차이가 있지만, 외교통상부와 국가정보원 등도 이러한 '정치적 합리성'의 범주에 포함될 수 있다. 이러한 '정치적 합리성'에 근거하여 러시아제 장비들을 구매할 것이라는 국가안전보장회의(NSC)의 결정은 1999년 초반에 있었던 러시아제 잠수함 도입 문제가 처음이 아니었다. 1998년 10월에는 러시아제 헬기 도입에 대한 검토 지시가 경찰에 내려졌었다.[40] 당시 경찰청은 서유럽제 수퍼푸마 등 2개 기종을 대상으로 한 공개입찰을 통해 경찰 헬기를 도입하려는 계획을 갖고 있었다. 그리고 국방부도 러시아제 헬기는 '북한군이 사용하고 있기 때문에 식별이 어렵다'는 이유로 반대하고 있었다. 그러나 결과적으로는 1998년 10월 29일로 예정되어 있던 헬기 입찰이 무기한 연기되었다. 그 배경에는 당초 검토대상에서 제외되어 있던 러시아제 헬기를 다시 검토하라는 NSC의 지시가 있었던 것으로 알려지고 있다.

---

40) 이와 관련된 자세한 내용은, 「한겨레 신문」, 1998년 10월 21일자 참조.

대통령의 '정치적 합리성'과 유사한 결론에 도달했지만, 경제 관련 부처들의 입장은 '경제적 합리성'으로 구별될 수 있다. 가능한 한 러시아제 장비의 구매를 적극 검토해야한다는 입장에서는 '정치적 합리성'과 입장을 같이했지만, 그 배경에는 정치적인 측면보다는 경제적인 계산이 주요하게 작용하고 있었기 때문이다. 모라토리엄 선언으로 차관을 한푼도 상환 받지 못하는 것보다 성능이 떨어지더라도 러시아제 잠수함을 현물로 상환 받는 것이 경제적으로 이익이라는 판단이 배경으로 작용하고 있었던 것이다.[41]

반면, 해군의 입장은 '기술적 합리성'으로 정리될 수 있다. 대통령의 정책선호가 분명 해군의 조직이익과 극히 상반된다는 점을 인지하게 되었지만, 이를 반박할만한 대안적 가치를 찾기가 쉽지 않았다. '국내 이해'의 촉발정도가 낮기 때문에 해군의 입장을 정당화시킬 수 있는 수단으로 사용하기에는 분명한 한계가 있었기 때문이다. 결국, 자신들만이 갖고 있는 독점적인 군사 기술적 전문성을 철저히 부각시키고, 이를 통해 조직 이익을 확보하는 수단으로 적극 활용하는 모습을 보였다. 이는 러시아와의 외교적 가치도 아니고, 국내 정치적 가치도 아니며, 경제적 타당성에 기초한 판단도 아니었다. 조직의 이익을 극대화시키는데 있어 가장 적절한 수단으로서 자신들만이 갖고 있던 기술적 측면을 최대한 부각시켰던 것이다.

러시아에 제공된 차관의 현물 상환을 목적으로 한 러시아제 장비의 도입 논의는 1995년부터 시작되었다. 소위 '불곰사업'이라고 불리는 이 사업은 1995년 T-80U 21대, METIS 20기, IGLA 10기 등 7천4백만 달러에 이르는 장비 도입으로부터 시작되었다. 1996년 10월에는 BMP-3 23대를 도입하여 T-80U 전차 대대와 함께 기계화 보병대대를 창설하기도 하였다.[42] 1997년 1월에는 T-80U 전차 12

---

41) 「중앙일보」, 1998년 11월 21일자, 1998년 12월 26일자, 「조선일보」, 1999년 5월 10일자.

대와 BMP-3 장갑차 10여대가 추가로 도입되었고, 5년간 필요한 수리부속품 등이 부산항을 통해 수입되었다. 역시, 차관 상환용이었고 8천3백만 달러가 상계 되었다. 1998년 1월에도 국방부는 T-80U 전차와 BMP-3 장갑차의 수리부속과 탄약 등 총 2천만 달러 상당의 무기를 추가 도입하였다. 1998년 말까지 BMP-3 장갑차 33대, T-80U 전차 33대, METIS-M 중대전차 무기 70기, IGLA 50기 등이 도입되었고, 기타 탄약 및 장비, 부품 등 총2억3천5백만달러어치의 무기와 방산물자들이 도입되었다.[43] 이처럼 한번 도입하게 된 러시아제 무기는 관리 및 운용과 관련한 지속적인 군수물자의 수입을 요구하고 있었는데, 러시아의 후속 종합군수지원(ILS)이 원활하지 않다는 점이 문제로 제기되기도 하였다.[44] 바로 이러한 측면이 한국 해군으로 하여금 러시아제 잠수함 구매와 관련하여 우려를 갖게 만드는 중요한 한 부분이기도 하였다.

해군의 차세대 잠수함 사업(KSS-II)은 몇 단계의 변화과정을 거쳤다. 첫번째 단계로는, 해군이 1992년부터 보유중인 1천2백톤급 독일제 209잠수함을 개량하여 1천5백톤급 잠수함을 건조한다는 9천여억원 규모의 잠수함 개량사업(SS-U)을 작성하고 '해군력 개선계획'에 포함시켜 1996년 4월 26일 상부에 보고하면서 관련 사업이 시작되었다. 1997년 3월 사업 타당성 조사를 거쳐, 1997년 7월 18일

---

42) 「경향신문」, 1998년 1월 11일자.
43) '불곰 사업'과 관련된 자세한 내역은, 국방부, 『'98 국정감사요구자료 (I),(II) - 제198회 국회(정기국회) 제출자료』 (서울: 국방부, 1998), pp. 142-143, 304; 국방부, 『2000년 국정감사요구자료 (I),(II) - 제215회 국회 (정기국회) 제출자료 국방위원회』, pp. 679-681 등 참조.
44) 1999년 당시 불곰 장비의 운영상의 문제점 및 사후관리 대책과 관련한 국회 국정감사와 관련하여 국방부가 제출한 자료에서도 '한국-러시아간 정비지원체계 상이 및 일부 수리부속부족, 기술교범미획득, 정비용 장비 및 특수공구 부족 등으로 종합적인 정비지원 대책 미흡'으로 평가하고 있다. 국방부, 『'99 국정감사요구자료 (I),(II) - 제208회 국회(정기국회) 국방위원회 제출자료』, pp. 469-472 내용 참조.

SS-U 신규 전력소요 요구 성능(ROC)이 합동참모회의에서 결정되었다. 1997년 9월에는 사업추진 계획을 확정하였다.[45]

그러나 그동안 209잠수함의 건조 및 수리를 대우중공업이 독점하고 있던 것과 관련하여, 1997년 현대중공업이 사업 참여를 요구하면서 국방부를 상대로 소송을 제기하였다. 이로 인해 관련 사업은 즉각 추진되지 못한 채 지연되고 있었다. 더욱이 1997년 한국은 외환위기에 직면하게 되면서, 1998년도 착수금으로 배정되어 있던 508억원의 사업비가 1998년 4월 국회의 추경예산 심의 과정에서 외자소요가 많다는 이유로 전액 삭감되는 상황에 직면하였다. 그 결과 사업은 한동안 집행되지 못한 채 계획단계에 머무르고만 있었다.[46]

이처럼 한국의 잠수함 사업이 신속히 진행되지 못하고 주춤하던 과정에서, 한-러 양국간에는 불미스러운 일이 발생하였다. 1998년 7월 4일 러시아 정부는 조성우 주러 참사관을 추방한다는 조치를 발표하였다. 경고성에 그칠 것으로 예상하던 한국정부는 이에 반발하여 1998년 7월 9일 주한 러시아 외교관 1명을 맞추방하기로 결정하였다. 양국 대사관에서 근무하고 있던 정보 외교관들을 맞추방한 이 사건은 그동안 다소 소원해지는 듯했던 양국관계를 한층 긴장하게 만드는 결과를 초래하였다.

이와 함께, 그동안 장기적인 경제위기에 직면해 있던 러시아는 1998년 8월 17일 모라토리엄을 선언하고, 루블화의 대폭적인 평가절하를 단행하였다. 이로 인해 러시아에 제공한 차관을 상환 받지 못하고 있던 한국으로서는 심각한 불안감에 빠지게 되었다. 1997년 말부터 외환 유동성 위기에 직면해있던 한국으로서는 대러 차관을

---

45) 국방부, 『'98 국정감사요구자료 (I),(II) - 제198회 국회(정기국회) 제출자료』, p. 980; 국방부, 『'99 국정감사요구자료 (I),(II) - 제208회 국회(정기국회) 제출자료』, p. 257.
46) 국방부, 『'98 국정감사요구자료 (I),(II) - 제198회 국회(정기국회) 제출자료』, p. 586.

상환 받지 못하는 최악의 상황을 염두에 두어야만 하는 상황이 전
개되었던 것이다. 대러 차관의 상당부분은 한국 정보의 보증에 의
해 국내 은행들이 제공한 것으로써, 당시 국내 금융권의 구조조정
과 관련하여 새로운 문제로 등장할 가능성이 있었다. 그 결과 경제
관련 부처들을 중심으로 현금이 불가능하다면, 현물을 통해서라도
러시아에 제공된 차관을 신속하게 상환 받아야 한다는 주장들이 부
각되기 시작하였다. 바로 이러한 두 가지의 사건들이 러시아제 잠
수함의 도입 문제가 새로운 국면으로 접어들게 만드는 요인으로 작
용하게 되었다.

두 번째 단계는 1998년 말부터 1999년 5월초까지의 기간으로서,
해군에서는 그동안 집행이 지연되고 있던 잠수함 사업을 새롭게 착
수한 반면, 청와대를 비롯한 여타 관료조직들은 러시아제 잠수함의
도입 문제에 적극적인 입장을 보이기 시작한 시기였다. 해군은 1998
년 12월 18일, 외환위기로 인해 1998년도 착수금 전액이 삭감된 차
기 잠수함사업의 추진 방안을 국방부로부터 새롭게 시달 받았다. 그
런데 추진 방식이 다소 바뀌어 개량 사업(SS-U)이 아니라 차기 중
형잠수함을 기술이전방식을 통해 도입하는 차기 잠수함 도입사업
(KSS-II)으로 확대된 것이었다. 해군의 차기 잠수함 도입 사업은
이처럼 기술직 판단에 따라 사업이 확대되는 양상을 보이고 있었던
반면, 국내 정치적으로는 새로운 정치적 판단이 진행되고 있었다.
한-러 양국간 관계가 다소 소원해진 상황에서 1999년 5월의 김대중
대통령의 방러와 한-러 정상회담이 추진되고 있었던 것이다.

1999년 1월 21일 국가안전보장회의(NSC) 상임위원회 회의에서
이종찬 국가정보원장이 러시아의 Kilo급 잠수함의 도입 필요성을 거
론하기 시작하였고, 홍순영 외교통상부 장관도 같은 의견을 개진하
였다.47) 1999년 1월 25일 한-러 외무장관 회담에서 러시아측은 자

---

47) 「조선일보」, 1999년 3월 15일자.

국 러시아 잠수함의 구입을 공식으로 요청하였고, 1999년 2월 8일 한국 국방부는 한국과 러시아 양국간의 군사협력 강화를 위해 러시아제 잠수함의 공동건조를 제의하는 러시아 국방부장관 명의의 서한을 접수하였다.[48] 이 과정에서 한국의 NSC에서는 러시아제 잠수함의 구매와 관련한 동일 안건이 3차례나 의제로 등장하였고, 1999년 3월 중순 경 NSC는 러시아로부터 잠수함 완제품과 기술도입을 추진해 경협차관을 상환 받고, 러시아와의 관계도 개선하자는 주장에 대해 긍정적인 결론에 도달하고 있었다. 즉, 김대중 대통령의 1999년 5월 러시아 방문 이전에 서울에서 열리는 한-러 공동경제위원회에서 실무협상을 마무리 짓는다는 입장을 정리했던 것이다.[49]

그러나 차기 중형잠수함 도입 사업인 KSS-II 사업 대상에 러시아 잠수함을 포함시키고 도입을 적극적으로 검토할 것이라는 한국 정부측 입장이 알려지게 되자, 해군측의 즉각적인 반발이 진행되었다. 해군은 1999년 2월 무기체계 운용상의 혼선, 통신체계의 문제, 후속 종합군수지원(ILS) 문제, 배터리 교체문제 등 기술적인 문제와 성능상의 문제를 집중 부각시키며, KSS-II 사업 대상으로 러시아제 636형 잠수함이 포함되어져서는 결코 안된다는 내용을 국방부에 강력히 건의하였다.[50] 특히 러시아제 636형 잠수함이 차세대 중형잠수함의 검토 대상이 될 수 없는 것과 관련하여, 당시 한국 해군이 운용하고 있던 독일제 209잠수함에 비해서도 배터리 수명 등 성능이 뒤떨어진다는 점을 강조하여 부각시켰다.

결국, KSS-II 사업의 대상으로 러시아 잠수함이 성능과 기술면에서 결코 적절하지 않다는 해군의 반발이 지속되자 국방부는 3월말 NSC의 결정과 달리 KSS-II 사업에 러시아의 참여를 배제하기로

---

48) 국방부, 『2000년도 국정감사요구자료 (I),(II) - 제215회 국회(정기국회) 국방위원회』, p. 152.
49) 「조선일보」, 1999년 3월 15일자.
50) 「한겨레 신문」, 1999년 4월 14일자.

일단 결정하였다.[51] 그러나 국방부는 4월 중순경 돌연 '경쟁 입찰'
을 통해 무기를 구매하게 될 KSS-II 사업과는 분리하여 '수의계약'
방식을 통해 러시아제 잠수함을 별도로 구입하는 방안을 선택하는
모습을 보였다.[52] 그 배경으로 러시아측의 강력한 요청과 국가정보
원, 재정경제부 등의 구매 요청이 작용하고 있었음을 지적했다. 국
방부는 이 내용을 김대중 대통령에게 보고한 후,[53] 1999년 4월 17
일 해군과 합참에 '러시아 잠수함 도입에 대한 필요성과 타당성' 검
토를 '지시'했다.[54] 이러한 국방부의 결정과 '지시'는 러시아제 잠수
함의 도입이 상부에서 이미 결정된 것으로써, 이를 도입하는데 따
른 단순한 실무 준비를 해군에 '지시'한 것이라고 이해된다.

　해군의 입장에서는 중형잠수함 사업의 군 작전 요구 성능(ROC)
조차도 확정되지 않은 상태에서 이러한 결정이 내려진 것은 1998년
12월 18일 시달된 '국제경쟁입찰'에 의한 잠수함 도입 방침과도 상
반된 것으로써 반발하지 않을 수 없는 일이었다. 물론 KSS-II 사업
의 대상으로 러시아제 잠수함을 선정하지 않게 됨으로서 최악의 상
황을 피할 수는 있었다. 그러나 차관 상환용으로 러시아제 잠수함
을 구매하는 자체에 대해서도 긍정적일 수만은 없었다. 해군은 러
시아제 잠수함의 구매 계획이 무산되는 것이 최선이지만, 불가피하

---

51) 당시 국방부의 '러시아제 잠수함 배제' 결정은 "해군의 반대 때문"이라는
　　점을 밝히고 있다. 「한겨레 신문」, 1999년 4월 1일자.
52) 「조선일보」,
　　http://www.chosun.com/w21data/html/news/199904/199904130580.html;
　　「중앙일보」, 1999년 4월 13일자. 한편, 1999년 4월 27일 천용택 국방부 장
　　관의 국회 서면답변 내용 중에도 이러한 부분들을 확인할 수 있다. 즉, '경
　　협차관 상환으로 잠수함을 도입하더라도 러시아 잠수함은 성능 및 기술상
　　해군의 차기 잠수함급으로 적합하지 않다고 보기 때문에 차기 잠수함과
　　분리하여 별개 사업으로 추진할 예정이며 …' 라고 언급하고 있다. 국회사
　　무처, 『제203회 국회 국방위원회회의록 제3차 (1999. 4. 27)』, p. 16.
53) 「한겨레 신문」, 1999년 4월 14일자.
54) 국회사무처, 『제203회 국회 국방위원회회의록 제3차 부록 (1999. 4. 27)』,
　　p. 16.

다면 도입하는 러시아제 636형 Kilo급 잠수함의 대수를 최소화해야
하며, 소요되는 비용도 별도로 확보해야 한다는 입장이었다.[55]

김대중 대통령의 방러와 한-러 정상회담을 앞두고, 1999년 5월
12일에는 이규성 재정경제부장관과 보스 러시아 국세부장관을 수석
대표로 하는 제2차 한-러 경제과학기술공동위원회가 개최되었고,
경협차관의 현물 상환 문제가 적극적으로 논의되었다. 그리고 1999
년 5월 17일 김대중 대통령의 월례기자 간담회에서도 김대중 대통
령과 임동원 외교안보수석은 경협차관의 현물 상환에 대한 양국간
의 논의에 대해 긍정적인 입장을 밝히고 있었다. 그러나 해군의 지
속적인 문제제기는 러시아제 잠수함의 구매가 신속히 진행되는 것
을 지연시키고 있었다.

세 번째 단계는, 러시아제 636형 Kilo급 잠수함 3척을 '수의 계약'
형식을 통해 도입한다는 K-636 사업이 해군의 반발에 의해 일방적
으로 진행되지 못하게 되면서 새로운 국면에 접어들게 되는 시기였
다. 1999년 5월 18일 국방부 정책회의에서는 KSS-II 사업과는 분리
하여, 경협차관 상환방식에 의한 특별사업으로 교육, 훈령용으로 러
시아제 636형 Kilo급 잠수함[56] 3척을 1척당 4천억원씩 하여 총1조2
천억원 규모의 예산을 투입하는 새로운 K-636 사업을 별도로 진행

---

55) 「조선일보」, 1999년 5월 10일자.
56) 러시아의 디젤 잠수함 중에서 킬로급은 877형과 이를 개량한 636형 두 가
    지가 있는데, 636형은 배수량이 2천3백5십톤으로, 수심 3백미터까지 잠항
    이 가능하며, 수중 속도는 17노트, 물속에서 3노트의 속력으로 400마일까
    지 항해할 수 있으며, 최대 45일간 바다에서 작전이 가능하고, 어뢰가 주
    요 무기로서 533mm 어뢰관 6문과 18발의 어뢰를 장착할 수 있고, 승조원
    은 총52명이 탑승 가능하다. 636형 잠수함은 이중 선체로 되어 있어 충격
    이 강하며, 미국이나 유럽제에 비해서는 소음이 크지만, 러시아제 잠수함
    중에서는 가장 소음이 작은 편에 속한다. 러시아는 1979년 1번함을 진수한
    후 1999년 5월까지 모두 24척을 보유하고 있는 반면, 인도에 8척, 이란에
    3척, 중국에 3척등 모두 20척을 수출함으로서, 러시아 잠수함 중에서는 가
    장 많이 팔린 함정이라 할 수 있다. 「조선일보」,
    http://www.chosun.com/w21data/html/news/199905/199905090357.html.

할 것을 결정하였다. 그리고 소요 비용은 KSS-II 사업 중의 일부로 대체한다는 입장을 정리하였다. 또한 해군의 요구에 따라 '사전실사를 통해 세부성능 및 후속군수지원 등 전략화 보장 가능성을 확인 후 추진여부를 최종 결정한다'는 단서를 달았다.[57] 국방부는 러시아제 잠수함의 성능 등에 대한 논란을 해소하기 위하여 해군 및 민간 전문가로 구성된 실사팀을 현지에 파견할 것을 결정하였다.[58] 그런데 이 당시의 실사가 가지는 성격의 핵심은 러시아제 잠수함을 도입할 것인가 아닌가 하는 문제를 결정하기 위한 것이 아니었다. 러시아 잠수함을 도입하고자 하는 대통령의 정책선호를 수용하는 입장에서 K-636 사업 실행에 대한 군 내부의 잡음과 논란을 해소하고 사업추진을 정당화시키기 위한 일련의 과정으로서 추진되는 성격이 강했다. 당시 국방부는 '김대중 대통령의 러시아 방문에 맞춰 러시아제 잠수함 3척의 도입을 추진 중'이라고 언급하였고, '러시아가 아직 상환하지 않고 있던 경협차관의 해소와 한-러 양국관계의 발전을 위해 잠수함 도입을 추진하게 되었으며', '대통령의 방러 후 실사팀을 현지에 보내 계약여부를 최종 확정 짓겠다'고 공식적으로 언급하고 있었다.[59] 군 내부에서도 러시아제 636형 Kilo급 잠수함 3척의 도입은 사실상 확정된 것으로 판단하는 분위기가 강하였다.[60] 1999년 8월 10일에 조성태 국방부장관의 국회 답변에서도 이러한

---

57) 조성태 국방부 장관의 1999년 9월 30일 국정감사 답변내용 참조. 대한민국 국회, 『1999년도 국정감사 - 국방위원회회의록, 국방부 감사 (1999. 9. 30)』, p. 29. 또한 국방부, 『2000년도 국정감사요구자료 (I),(II) - 제215회 국회(정기국회) 국방위원회』, p. 152의 "636사업관련 한·러 정부간 협상 경과"의 내용 참조.
58) 「조선일보」, 1999년 5월 20일자. 조성태 국방부 장관의 1999년 8월 10일 국회 서면답변 내용 참조. 국회사무처, 『제206회 국회 국방위원회회의록 제2차 부록 (1999. 8. 10)』 (서울: 국회사무처, 1999), p. 17.
59) 「경향신문」, 1999년 5월 19일자.
60) 「조선일보」,
   http://www.chosun.com/w21data/html/news/199905/199905190432.html.

내용이 반복되고 있었다. 조성태 장관은 '실사결과 문제가 없으면 도입을 추진할 것'이라고 언급함으로서, 비록 구매가 즉각 진행되는 것은 아니었지만 대통령의 정책선호를 적극 수용한다는 입장을 강하게 표시하고 있었다.[61]

한편, 해군은 KSS-II 사업과 관련하여 1999년 7월 중순 합참 합동전략회의에서 군 작전 요구 성능(ROC)의 내용을 결정하였고, 8월 5일 획득공고에 이어, 8월 20일 국방회관에서 해외업체 관계자들이 참석한 가운데 차기 잠수함사업을 위한 공개사업설명회를 개최하고 제안요구서를 배포하였다. 해군이 밝힌 사업일정은 1999년 10월말까지 사업계획서를 제출 받아, 2000년 4월까지 기종을 결정한 뒤, 2005년 이후 잠수함을 도입하기로 계획되어 있었다. 당시 해군이 제시한 군 작전 요구 성능(ROC)은 1천5백톤에서 2천톤급, 공기불요추진시스템(AIP), 저주파 탐지가 가능한 측방배열소나(FASS), 적외선 잠망경, 첨단 전투체계와 첨단 통신 장비 등을 갖추고 있어야 하며, 해군이 보유중인 1천2백톤급 독일제 209잠수함보다 성능이 우수할 것을 요구하였다. 특히 AIP 장치를 통해 최소 2주 이상 잠수한 상태에서 수중 작전이 가능할 것을 요구하였다.[62] 1척당 3천억에서 4천억원에 달하며 총 1조2천억원의 비용이 소요되는 KSS-II 사업에는 당시 독일, 프랑스, 이탈리아, 네덜란드, 스웨덴, 호주, 러시아 등 7개국이 경쟁하고 있었다. 문제는 당초 KSS-II 사업으로 6척의 잠수함을 도입할 예정이었지만, K-636 사업으로 인해 실제 도입되는 잠수함 대수가 3척으로 줄어들어 있었다는 점이다.

한편, 해군의 입장에서는 자신이 원하던 KSS-II 사업의 대상 잠수함 대수는 줄어들었지만, K-636 사업이 일사천리로 진행되는 것

---

61) 국회사무처, 『제206회 국회 국방위원회회의록 제2차 부록 (1999. 8. 10)』, p. 17.
62) 「조선일보」, 1999년 8월 21일자,
   http://www.chosun.com/w21data/html/news/199908/199908200451.html.

을 차단하는 데에는 성공하고 있었다.[63] KSS-II 사업과 관련하여,
1999년 6월 군과 국방과학연구소(ADD) 등 연구기관 인력으로 구
성된 차기잠수함사업 평가단이 국방부에 구성되어 운영되면서,
KSS-II 사업이 본격적으로 진행되기 시작하였다.[64] 반면, K-636 사
업은 해군이 요구한 실사와 관련하여 당시 러시아 정부로부터 잠수
함 관련 정보의 제공이 늦어져 실사단 파견이 늦어지고 있었다.[65]
그리고 해군의 입장에서 중요한 것은 시간이 지나면서 K-636 사업
에 대한 부정적 분위기가 확산되기 시작했고, 실사의 역할과 평가
가 가지는 비중이 달라지기 시작했다는 점이다. 1999년 9월 30일
국회 국정감사에서 조성태 국방장관의 발언은 1999년 4~6월의 답
변 분위기와 상당히 달라져 있음을 발견할 수 있다. 조성태 국방장
관은 "국방부는 1999년 5월 18일 해군의 건의를 받아 차기잠수함
사업과 분리하여 별도의 사업으로 추진하되, 실사를 통해 도입여부
를 결정키로 정책 결정한 바 있습니다 … 따라서 실사단의 실사결
과가 해군의 요구조건을 충족하지 못해 해군이 원하지 않을 경우는
러시아 잠수함 도입을 취소하고 차기 잠수함 사업으로 전환할 예정
입니다"고 답변했기 때문이다.[66] 1999년 4월과 8월의 조성태 국방
장관의 발언은 '특별한 문제만 없으면 도입'이었지만, 9월에는 '문제

---

63) 홍콩의 일간지 *South China Morning Post* 지는 1999년 10월 12일자 신문
   에서, '한국은 대러시아 경협차관 상환용으로 폐물에 가까운 노후 장비들
   을 도입함으로써 무기구매 기준이 떨어지는 한편, 국고 손실도 초래하고
   있다'고 보도하였다. 그리고 '김대중 대통령이 1999년 5월 러시아 방문 직
   전에 러시아 잠수함 3척을 사고, 차관중 10억 달러를 변제해주기고 합의했
   으나, 해군의 반대로 도입협상이 보류된 상태이다'라고 보도하였다. 「조선
   일보」, 1999년 8월 21일자,
   http://www.chosun.com/w21data/html/news/199910/199910120514.html.
64) 국방부, 『2000년도 국정감사요구자료 (I),(II) - 제215회 국회(정기국회)
   국방위원회』, p. 1236.
65) 국방부, 『'99 국정감사요구자료 (I),(II) - 제208회 국회(정기국회) 국방위
   원회 제출자료』, pp. 106-108.
66) 대한민국 국회, 『1999년도 국정감사 - 국방위원회 회의록 (1999. 9. 30)』, p. 29.

가 있으면 취소'로 내용이 크게 변화되어 있었던 것이다.

네 번째 단계는, 그 이후부터 공식적으로 러시아제 잠수함의 도입이 취소되기까지의 과정이다. 1999년 9월 이후 상당기간동안 K-636 사업은 별다른 진전 없이 정체되어 있었다. 반면 KSS-II 사업은 예정된 절차에 따라 차질 없이 진행되고 있었다. 마침내 2000년 5월 20일부터 6월 6일간 국내 전문가 15명으로 구성된 K-636 사업 실사단의 러시아 현지 실사가 진행되었다.[67] 그런데 이때의 실사는 1999년 5월 당시에 추진되었던 '실사' 개념과는 전혀 다른 모습이었을 것으로 예상된다. 1999년 5월의 '실사'는 러시아제 잠수함 도입을 정당화시키기 위한 형식적인 긍정적인 측면의 '실사'였다면, 2000년 5월의 '실사'는 러시아제 잠수함 도입을 무효화시킬 구실을 확보하기 위한 부정적 측면의 '실사'였던 것으로 판단된다. 결국 한국 평가단의 러시아 현지 실사가 진행되었고, 2000년 8월 8일부터 8월 14일까지 K-636 사업과 관련한 러시아 해군 기술진이 한국을 방문하여 기술적 내용들을 토의했고, 이후 러시아제 잠수함의 도입은 무효화되었으며, 2000년 10월 한국의 NSC는 실사 결과를 근거로 러시아제 잠수함을 도입하는 K-636 사업 자체를 포기할 것을 공식적으로 결정했기 때문이다.[68]

당시 국방부는 2000년 1월 9일 러시아에 성능 평가단을 파견하기로 결정했음을 공개했다. 그런데 1999년 5월과 달리, 실사단의 '군

---

67) 국방부, 『2000년도 국정감사요구자료 (I),(II) - 제215회 국회(정기국회) 국방위원회』, p. 152.

68) 한국의 군사무기체계가 미국의 무기체계를 중심으로 운용되고 있고, 한-미 간의 군사안보적 협력 등을 염두에 둘 때, 러시아제 잠수함의 도입과 포기 과정에서 미국측의 압력이 진행되었을 것이라는 측면을 예상할 수도 있다. 그러나 본 연구를 진행하는 과정에서 외교 관련 부처와 군 조직 내부에서 이와 관련하여 언급된 내용들을 확인하지 못하였다. 따라서 일단 러시아제 잠수함 도입과 관련한 사례분석에서는 미국측 입장이나 반응들을 논의에서 생략하였다.

사적인 만족도' 평가가 향후 최종 결정에 중요한 기준이 될 것임을 강조함으로써 차별적인 모습을 보이고 있었던 것이다. 결국, 현지 실사단은 조사결과 배터리 성능, 잠항 지속능력, 통신체계, 후속종합군수지원(ILS)의 수준이 해군측 요구수준에 미치지 못한다는 평가를 내렸고, NSC는 이를 수용하였다.[69] 그리고 NSC는 2000년 10월 러시아제 636형 Kilo급 잠수함 3척을 도입하는 1조2천억 규모의 K-636 사업을 백지화했고, 2000년 10월 18일 주한 러시아 대사관에 한국 정부의 공식입장을 전달하였다.[70]

여기에서 주목해야 할 것은 첫째, 러시아 현지 실사단의 평가결과가 해군이 초기에 제기한 내용과 동일하다는 것이다. 즉, 해군의 기술적 합리성이 최종 결정에 가장 중요한 근거로 작용했음을 알 수 있다. 둘째는 국가안전보장회의(NSC)가 K-636 사업 철회를 결정했다는 점이다. 즉, 대통령이 주재하는 NSC[71]가 업무 추진의 취소를 최종적으로 결정했다는 것은 곧 K-636 사업이 청와대의 정치적 판단에 의해 제기된 사업이라는 점을 역으로 확인할 수 있는 부분이다. 셋째는, NSC가 K-636 사업을 철회하면서 그 이유로 제시한 부분이다. "무엇보다 소요군인 해군이 요구수준에 미치지 못한다고 판단했고, 현재 해군이 보유중인 잠수함과도 무기체계가 달라 문제가 있다는 입장을 세속 제기해 이를 받아들이기로 한 것"이라는 점이다.[72]

---

69) 「중앙일보」, 2000년 10월 25일자.
70) 「조선일보」,
   http://www.chosun.com/w21data/html/news/200010240071.html.
71) 김대중 정부 당시의 국가안전보장회의(NSC) 구성과 현황, 업무추진, 역할 등에 대해서는, 2000년 6월 28일 제212회 국회 국방위원회 제3차 회의에서 국가안전보장회의 사무처장인 황원탁 외교안보수석의 보고내용 참조. 국회사무처, 『제212회 국회 국방위원회회의록 제3호 (2000년 6월 28일)』 (서울: 국회사무처, 2000), pp. 2-3.
72) 「조선일보」,
   http://www.chosun.com/w21data/html/news/200010240071.html.

〈표 Ⅶ-2〉 한국해군의 KSS-Ⅱ 사업/K-636 사업 진행 일정 및 한-러 양국 관계

	KSS-Ⅱ 사업 진행 일정	K-636 사업 및 한-러 양국 관계 일정
1996년 4월 26일	해군력 개선계획(SS-U) 보고	
1997년 7월 18일	SS-U 신규 전력소요(6척)의 작전운용성능(ROC) 결정(합동참모회의)	
1997년 9월	SS-U 사업추진계획 확정(국방부)	
1998년 4월	IMF 사태와 관련, 추경예산심의 과정에서 사업착수금 508억원 전액 삭감: 사업중지	
1998년 7월		한-러 정보외교관 맞추방
1998년 8월 17일		러시아 모라토리엄 선언
1998년 12월 18일	차기 잠수함사업 추진방안 시달(국방부)	
1999년 1월 21일		NSC, 러시아제 잠수함 도입문제 논의
1999년 1월 25일		한-러 외무장관 회담 - 러시아의 공식 구입 요청
1999년 2월 8일		국방부, 러시아 국방장관 명의의 서한 접수
1999년 3월		NSC, 러시아제 잠수함도입 '적극검토' 결론
1999년 4월 17일		국방부, '러시아 잠수함 도입에 대한 필요성과 타당성' 검토를 해군에 지시
1999년 5월 12일		제2차 한-러 경제과학기술공동위원회 개최
1999년 5월 18일	KSS-Ⅱ사업 전력소요 조정(6척 → 3척)	국방부 정책회의, '실사 후 K-636 사업 추진 여부 최종결정'할 것을 결정
1999년 5월 27일 ～ 6월 1일		김대중 대통령, 러시아 공식 방문(김대중-옐친 정상회담)
1999년 6월		K-636 사업 실사단 구성(국방부)
1999년 6월 14일	KSS-Ⅱ사업 평가단 설치 운영(국방부)	
1999년 7월 13일	KSS-Ⅱ 작전운용성능 수정 확정(99-7차 합동전략회의)	
1999년 8월 5일	KSS-Ⅱ사업 획득 공고	
1999년 8월 20일	KSS-Ⅱ사업 공개설명회 및 제안요구서 배포(獨, 佛, 伊, 和蘭, 스웨덴, 濠洲, 露 등)	
1999년 11월 20일	제안서 접수(독일, 프랑스 2개국)	
1999년 12월 4일 ～ 24일	국외업체 현지답사(국방부 평가단)	
2000년 2월 11일 ～ 5월 13일	사양서 협상(해군) - 독일 214급, 프랑스 SCORPENE	
2000년 5월 20일 ～ 6월 6일		K-636 사업 실사단 러시아 현지 실사
2000년 7월 14일	국외업체에 계약조건 통보(조달본부)	
2000년 8월 8일 ～ 8월 14일		K-636 관련 러시아 해군 기술진(10명) 방한, 기술적 내용 토의
2000년 10월 중순		NSC, K-636 사업 포기 결정
2000년 10월 18일		K-636사업 무효화 러시아대사관에 통고
2000년 11월 4일	KSS-Ⅱ 기종으로 독일 HDW사의 214기종 결정, 발표(국방부)	

결국 해군은 자신만이 갖고 있는 기술적 전문성을 적극적으로 부각시켜 대통령의 정책선호에 대한 반대의사를 지속적으로 전개했음을 알 수 있다. 또한 그 결과로서 정치적 합리성에 근거한 대통령의 정책선호가 기술적 합리성을 공식적으로 수용하고 인정했다는 점을 확인할 수 있다. 합리성 논쟁 과정에서 '기술적 합리성'이 승리했던 것이다.

2000년 11월 4일 국방부는 2000년부터 1조2천7백억원을 투자하여 2009년까지 차기 중형 잠수함의 기술을 도입해 국내에서 잠수함을 건조하고 잠수함의 독자설계기술을 확보하는 차기 중형잠수함 사업(KSS-II)의 해당 기종으로 독일 HDW사의 214 기종을 결정하여 발표하였다. 러시아제 잠수함과 달리 독일제 214 잠수함은 성능이 우수할 뿐 아니라, 독일이 NATO 방위체계에 포함되어 있기 때문에 미국의 군사무기운용체계와도 상호 호환성을 가지고 있다는 점에서 긍정적이었다. 미국의 무기운용체계를 도입하고 있는 한국으로서는 혼선을 줄일 수 있다는 장점이 있었고, 기존의 209형 잠수함과도 연계하여 사용할 수 있다는 점에서도 긍정적이었다.

해군의 차기 중형잠수함 사업 결정 및 추진과 관련한 일련의 과정에서, 정책결정에 참여하고 있던 행위자들은 각자 자신의 입장에 따른 정책적 판단을 진행하였고, 그 입장들이 서로 합리적임을 강조하는 모습을 보였다. 청와대를 중심으로 한 주장들은 '정치적 합리성'으로 요약될 수 있다. 또한 외교통상부와 국가정보원 등도 이러한 '정치적 합리성'에 동조하는 양상이었다. 반면 경제관련 부처들은 경제적 이익과 효율성을 강조하는 '경제적 합리성'을 적극적으로 제시하고 있었고 상당한 설득력을 갖고 있었다. 그러나 러시아제 636형 Kilo급 잠수함 도입에 적극적이었던 이들의 주장은 '기술적 합리성'에 부딪치게 되면서 단계별로 변화하는 양상을 보였다. 초기에는 러시아제 잠수함에 대한 관심이 크지 않았다. 그러나

1998년 7월의 양국 외교관 맞추방으로 인한 정치적 위기, 1998년 8월 러시아 모라토리엄 선언으로 인한 경제적 위기에 직면하게 되자 러시아제 잠수함 도입에 매우 적극적인 입장을 보이게 되었다. 정치적 합리성으로서는 한-러 양국간 관계개선에 초점이 맞추어졌고, 경제적 합리성 차원에서는 러시아가 모라토리엄을 선언한 만큼 현금이 아닌 현물이라도 가능한 한 많은 액수의 차관을 조속히 상환받는 것이 이익이라는 점에 초점이 맞춰져 있었던 것이다. 그리고 이를 근거로 대통령의 정책선호가 구체화되었다. 세 번째 단계에서는 차기 잠수함의 주력기종으로 러시아제 잠수함의 부적절성이 제기되자, 한발 물러서서 차기 중형 잠수함사업과는 별도로 러시아제 잠수함을 '교육' 등의 목적으로 일부만 도입하자는 형태로 입장을 다소 완화시켰다. 다소의 입장변화가 있기는 했지만, 러시아제 잠수함의 도입 문제는 지속적으로 추진되는 양상을 보였다. 그러나 마지막 단계에서는 이나마 현실적으로 어렵다는 기술적 합리성의 주장에 따라, 결국에서 완전 무효화에 동조하게 되었고, 대통령의 정책선호는 무산되고 말았던 것이다.

한편, 러시아제 잠수함을 도입하는데 반대했던 해군으로서는 자신의 행동을 정당화시키고 대통령의 정책선호가 정책으로 완성되지 못하도록 만들기 위해서는 자신들만이 갖고 있는 전문성과 기술적 문제들을 절대적으로 부각시키는 길 밖에 없었다. 이른바 '기술적 합리성'으로 요약될 수 있는 해군의 주장들은 여타의 합리성에 비해 보다 설득력이 있어야만 했고, 절대적인 우위를 확보하고 있어야만 했다. 해군의 입장에서는 러시아제 잠수함의 도입이 조직이익과 크게 부합되지 못하고, 오히려 전투력을 약화시키는 등 부정적 측면이 강하다는 점에서 기술적 합리성을 주장하는데 있어 매우 적극적인 모습을 보였다. 대통령의 정책선호에 대한 반발도 지속적으로 진행하였다. 결국, 해군의 지속적이고도 철저한 문제제기는 현실적으로 설득력을 가지기 시작했으며, 기술적 합리성은 정치적 합리성과 경제적 합리성에 비해 우월한 위상을 확보하게 되었다. 결국, 대통령의 정책선호 내용은 점진적으로 후퇴하기 시작했고, 해군의 정치적 행위에 의해 대통령의 정책선호가 정책화에 실패하는 결과가 초래되었다.

합리성의 논쟁 결과, 해군의 '기술적 합리성'은 '정치적 합리성'이나 '경제적 합리성'에 비해 설득력이 있었고, 대통령의 정책선호가 정책화하는 것을 방지할 수 있었다. 이처럼 '국제 압력'이 강한 반면, '국내 이해'의 촉발정도가 낮은 경우에 발생되는 관료정치적 현상은 '균열적 연계 과정'의 경우와 달리 관료조직들의 정치적 행동을 정당화시켜줄 수 있는 대항적 가치가 적절하지 않다. 따라서 대통령의 정책선호에 대항하는 관료조직으로서는 조직이익이 심각하게 침해를 입는 특별한 경우가 아닌 한 관료정치적 행위를 쉽게 진행할 수 있는 상황이 아니다. 반대로, 이러한 상황에서도 관료조직들이 기능적으로 행동하지 않고 정치적 행위를 진행했다는 것은 그만큼 조직이익이 심각하게 침해당할 수 있는 절박한 상황이라는 점을 의미한다. 결국, 러시아제 잠수함을 도입하겠다는 대통령의 정책선호에 대한 해군의 관료정치적 행동들은 부분적으로 공개된 내용에 비해 매우 치열한 형태로 진행되었을 것으로 예상할 수 있다.

3. 조직이익의 절대성과 수평적 외교정책결정구조

'합리성 논쟁 과정'으로 분류한 러시아제 잠수함 도입의 경우는 관료정치적 현상이나 그 진행과정이 앞에서 살펴본 '균열적 연계 과정'이나 '구조적 대립 과정'에 비해 분명히 차별적인 특징들을 갖고 있다. 우선, 국내외 환경들간의 관계에 있어 한쪽의 압력은 강력한 반면, 다른 한쪽의 압력은 약하다는 점에서 '구조적 대립 과정'과 유사한 형태로 관료정치적 모습이 진행될 수 있는 여지도 갖고 있었다. 대통령의 정책선호가 강력한 압력을 행사하는 쪽에 동조하는 형태로 진행되는 반면, '균열적 연계 과정'과 달리 관료들로서는 자신의 정치적 행위를 정당화시켜줄 대안적 가치를 확보하기가 쉽지 않았기 때문이다. 그러나 '합리성 논쟁 과정'의 경우에는 '구조적 대립 과정'과 달리 전술적 차원의 정치적 행위를 진행하지 않았다. 오히려 '구조적 대립 과정'과 달리 대통령의 정책선호에 대해 직접적이고도 정면적인 반발을 진행하는 양상을 보였다. 대통령의 정책선호를 일부 수용하면서도 부분적인 왜곡을 통해 조직이익을 확보한다는 것이 아니라, 대통령의 정책선호 내용 자체에 대해 부정적인 입장을 공개적으로 제시하는 형태로 나타났다. 비록 사건이 진행되는 과정에서 부분적인 타협이 있기는 했지만, 끝까지 대통령의 정책선호 자체를 무산시키기 위해 지속적으로 행동하는 모습을 보였다. '구조적 대립 과정'에서는 촉발정도가 높은 '국내 이해'가 대통령의 정책선호 뿐 아니라, 관료조직들의 행위에 대해서도 상당한 영향력을 행사하고 있기 때문에 '합리성 논쟁 과정'과 같은 관료들의 적극적 행동을 찾아보기가 쉽지 않았다. 따라서 '구조적 대립 과정'에서는 대통령의 정책선호가 조직이익에 직접적으로 상치되는 경우라 하더라도 관료조직으로서는 정치적 행위를 직접적으로 진행하기가 힘들다. 반면, '합리성 논쟁 과정'은 관료들의 행동을 제한할 '국내 이해'의 촉발정도가 높지 않기 때문에 정치적 행동을 진행하는데 있어 상대적으로 자유로운 측면을 가지고 있다. 따라서 '합리성 논쟁 과정'은 정책결정구조에서도 상대적으로 수평적인 측면을 보이게 된다. '구조적 대립 과정'이 다소 수직적인 모습을 보인 것과 달리, '합리성 논쟁 과정'은 대통령의 정책선호와 정면으로 대립하게 되면서, 정책결정구조가 '균열적 연계 과정'과 같이 수평적인 모습으로 나타나게 되는 것이다.

한편, '합리성 논쟁 과정'의 정책결정구조가 수평적인 모습이라는 점에서는 '균열적 연계 과정'과 유사한 측면을 보였지만, 관료조직들의 정치적 행위를 가능케 하는 힘의 배경이 '국내 이해'나 '국제 압력' 등 대통령의 정책선호와 상반된 환경적 요소가 아니라는 점에서는 차별적이다. '합리성 논쟁 과정'의 경우에는 관료들의 정치적 행위를 정당화시켜줄 만한 대항적 가치가 존재하지 않기 때문에, 관료들은 자신들만이 갖고 있는 전문성과 기술적인 문제를 최대한 활용하는 모습을 보이게 된다. '균열적 연계 과정'의 경우에는 관료들이 자신의 정치적 행위에 대한 정당성을 국제적 가치에서 확보하는 양상을 보였고, '구조적 대립 과정'에서는 관료조직들만의 독자적 판단영역과 배타적인 업무처리 영역에서 확보하는 양상을 보였다. 반면, '합리적 논쟁 과정'의 경우에는 정치적 행위의 정당성을 해당조직의 배타적인 기술적 전문성에서 확보하는 양상을 보였다.

현대 관료조직의 기본적 특성인 전문성은 모든 관료조직들의 행동 결정에 주요한 역할을 하는 것이 사실이다. 그러나 '합리성 논쟁 과정'의 경우에는 최고정책결정자의 정치적 합리성과 여타 부처들의 다양한 합리성에 대항하는 수단으로서 더욱 집중적으로 이용되는 양상을 보이게 된다. 관료조직만이 갖고 있는 정보와 전문성을 최대한 부각시키고, 이를 관료조직들의 행동을 정당화시키는 수단으로서, 또한 대통령의 정책선호에 반발하는 최적의 무기로서 이용되어진 것이다.

제3절 관료정치와 대통령 '정책선호의 무산'

국내외의 환경적 상황이 '국내 이해'의 촉발정도는 낮은 반면, '국제 압력'의 강도는 강한 경우에 나타나는 관료정치의 진행과정으로서 '합리성 논쟁 과정'의 관료정치적 행태를 살펴보았다. '합리성 논쟁 과정'은 대통령의 정책선호가 강도가 강한 '국제 압력'과 입장을 같이하고 있고 관료조직 대부분의 지지도 확보하고 있었음에도 불구하고, 특정한 관료조직의 정치적 행위에 의해 정책으로 완성되지 못하는 경우로 나타났다. 그리고 대통령의 정책선호가 정책화에 실패한 것과 관련하여, '합리성 논쟁 과정'의 관료정치 과정을 통해 나타날 수 있는 정책산출의 형태는 '정책선호 무산'의 유형과 상당한 인과관계를 갖고 있음을 확인할 수 있었다.

'합리성 논쟁 과정'의 경우에는 '균열적 연계 과정'과 달리 관료들의 정치적 행위를 정당화시킬 수 있는 대항적 가치를 가지고 있지 않았다. 그럼에도 불구하고 '구조적 대립 과정'과 달리 관료들이 대통령의 정책선호에 정면으로 대응하는 모습을 보였다. 첫째는 '국내 이해'의 촉발정도가 높지 않았기 때문에 관료들의 정치적 행위를 제한하는 국내적 요인들이 많지 않았다. 둘째는 조직이익의 존립과 직결될 수도 있는 사안의 중요성 때문이기도 하다. 물론, 조직이익의 존립과 직결된 사안일 경우에도 '구조적 대립 과정'과 유사한 형태의 관료정치적 행위가 나타날 수도 있다. 그러나 '합리성 논쟁 과정'은 조직이익에 중요한 사안이면서도 '국내 이해'의 촉발정도가 낮다는 점이 '구조적 대립 과정'과 크게 차별적인 모습을 보이는 주요한 이유로 작용하게 된다. 따라서 '합리성 논쟁 과정'의 관료정치 진행과정을 통해 나타나는 정책산출의 유형은 '구조적 대립 과정'에서 발생하는 '정책선호 왜곡형'과 유사한 형태로 나타날 가능성은 크지 않다. '합리성 논쟁 과정'은 대통령의 정책선호에 대해 직접적으로 반발하고, 정책선호의 내용 자체를 부정하는 만큼 '왜곡형'의 정책산출과는 차별적인 형태로 나타날 가능성이 크다.

반면, '합리성 논쟁 과정'은 정책결정구조가 수평적이고, 대통령의 정책선호에 대해 직접적으로 반발하는 만큼 '균열적 연계 과정'과 상당한 연관성을 갖고 있는 '정책선호 대체형'의 정책산출 경우를 검토해 볼 수도 있다. 물론 '합리성 논쟁 과정'도 대통령 정책 선호의 내용 자체를 부정하기는 하지만, '균열적 연계 과정'과 달리 새로운 가치로 대체되어야 한다고 주장하지는 못한다. 대안적 가치를 제시할 수 있는 환경이 아니기 때문이다. 결국 '합리성 논쟁 과정'에서는 대통령의 정책 선호를 무산시키고 새로운 가치를 중심으로 정책선호를 대체시키기보다는, 단지 정책 선호를 무산시키는 것만으로 그칠 수밖에 없다. 따라서 정책산출 유형에 있어서 '정책선호 대체형'과의 인과성은 '균열적 연계 과정'만큼 크다고 볼 수는 없다. 단지 조직이익을 심각하게 위협하는 대통령의 정책선호에 직접 반발하여 이를 정책화하는 것을 차단하는데 초점이 맞춰지는 만큼, '정책선호 무산형'의 정책산출과 일정한 인과관계를 가질 수밖에 없다 하겠다.

이상에서 살펴본 현상들과 관련하여, 과연 주변 4강을 중심으로 한국외교정책을 설명하는 접근법이나, 국제체제결정론, 또는 대통령 중심의 접근법으로도 설명이 가능한가 하는 문제를 검토해 볼 필요가 있다. 우선, 4강 중심의 접근법이나 국제체제결정론의 입장에서는 김대중 대통령의 정책선호가 러시아의 강력한 요구와 입장을 같이하고 있었다는 점, 김대중 정부가 자신의 대북정책을 주변 4강으로부터 지지 받고자 노력했던 점 등에 대해서는 상당한 설득력을 가질 수 있다. 외부의 압력을 외교정책에 적극 반영했다는 점에서 설명할 수 있는 부분들이 많다. 그러나 결과적으로 이러한 대통령

의 정책선호가 무산되었고 한국외교정책의 정책화에 실패했다는 점
에 대해서는 어떠한 부분도 설명해내지 못한다.

과거에는 '국제 압력'의 강력한 압력에 힘입어 국제적 가치가 한
국 외교정책으로 정책화되는 것이 일반적인 모습이었다. 비록 이
과정에서 국내적인 반발이 있었다 하더라도 권위주의 정권은 이를
적절히 무마시킬 수 있었고, '국제 압력'과 동조하는 대통령의 정책
선호를 정책으로 실현시킬 수 있었다. 따라서 국제체제결정론은 한
국외교정책을 설명하는데 있어 상당한 적실성을 가질 수 있었다.
그러나 대통령의 정책선호가 '국제 압력'에 동조하고 있음에도 불구
하고, 관료들의 정치적 행위에 의해 정책으로 완성되지 못하는 현
상이 발생하고 있는 이상 국제체제결정론의 한계는 분명해지고 있
다. 국제질서나 국체체제 보다는 국가 내부적 요인들에 대한 분석
이 요구된다 하겠다.

한편, 국내적 요인에 초점을 맞추더라도, 정책화에 실패한 대통령
의 정책선호 문제는 개인적 합리성이나 최고정책결정자의 정치적
판단만으로 설명하기에는 적실성을 가지기 어렵다. 최고정책결정자
가 외국 국가 원수와의 정상회담을 앞두고 준비한 정책선호를 정책
으로 완성시키기 못하고, 관료조직의 일련의 행위에 의해 포기해야
만 했기 때문이다. 이는 국내적 측면은 물론이고, 개인적으로도 국
제적인 위신이 상당히 실추될 수밖에 없는 사건이다. '전략적'인 정
책선호와 합리적인 정책 포기 행위로 설명될 수도 있겠지만, 이로
인해 실추되는 국제적 위신이나 상대 국가의 배신감 등을 염두에
둔다면 과연 이러한 행동으로 얻을 수 있는 정치적 이익은 무엇이
되겠는가? 결코 합리성만으로는 설명될 수 없는 사건이라 하겠다.
다음의 사건들은 이러한 측면들을 적절히 암시해 주고 있다.

우선 한국이 러시아제 잠수함의 구매를 포기한 것과 관련하여,
러시아측의 반응은 매우 부정적이었다는 점이다. 1999년 8월 16일

러시아 하원의 인준으로 총리에 임명된 푸틴은 당시 김대중 정부의 이러한 약속 불이행에 대해 매우 불쾌한 감정을 가졌던 것으로 확인되었다. 러시아의 「브레먀 노보스테이」(*Bremia Nobostei*) 신문은 2001년 2월 푸틴 대통령의 방한을 앞둔 2001년 2월 19일자 기사에서, "비록 푸틴의 방한이 무기 구매 압력 등 다른 목적으로 이용하고 있다는 듯이 한국 언론들이 보도하고 있는 데 대해 불쾌감을 보이면서도, … 러시아는 자신을 '어리석은 카드놀이 파트너'로 전락시킨 한국의 러시아산 잠수함 구매 불발 사건을 잊지 않고 있다"고 언급하였다.[73] 이러한 보도의 분위기는 2000년 10월 이한동 국무총리가 러시아를 방문했을 당시 상황을 통해서도 확인할 수 있다. 한국의 외교통상부는 이한동 국무총리와 푸틴 대통령과의 면담이 있을 것이라며, 이한동 총리의 방러 직전에 관련 일정을 발표하였다.[74] 사건의 진행과정과는 별도로 한국정부로서는 그만큼 관련 일정을 확신하고 있었던 것이다. 그러나 크레믈린 측은 막판까지 이한동 국무총리와의 면담을 거부함으로서 끝내 무산시키고 말았고, 한국정부의 외교는 홀대를 당하고 말았다. 이러한 일들이 러시아제 잠수함의 도입 무산 사건과 무관하다고 말하기는 어려울 것이다. 당시 한국 정부는 마치 당장이라도 러시아제 잠수함을 구입할 것처럼 행동함으로써 러시아에 대해 호의를 베푸는 것처럼 행동했고, 정상회담 과정에서 러시아로부터 이에 상응하는 외교적 성과를 얻어내기도 하였다. 그러나 정상회담이 끝난 후에는 러시아제 장비 구매를 지연시켰고, 결국에는 무효화시키고 말았기 때문이다. 이러한 과정에서 상대국가가 느낄 배신감 등 부정적인 측면들을 염두에 둔다면, 합리성의 개념이나 대통령만을 중심으로 한 설명만으로는

---

73) 「연합뉴스」, 2001년 2월 19일자 보도.
74) 관련 내용은 「연합뉴스」, 2000년 10월 12일자, 「한국일보」, 2000년 10월 12일자 등 참조.

결코 설득력 있는 내용을 제시할 수가 없다.

한편, 한국정부가 공식적으로 K-636 사업을 포기한 이후 러시아 경협차관 문제를 다루는 태도와 이로 인해 직면하게 된 국내적 문제와 관련해서도 결코 합리성의 개념만으로는 설명될 수 없는 부분이 있음을 엿볼 수 있다. 2000년 10월 18일 한국정부가 러시아 대사관을 통해 K-636 사업을 포기했음을 공식 통지한 이후, 한국 정부는 러시아 정부와의 협상에서 러시아측의 요구에 매우 긍정적인 반응을 보였기 때문이다. 2000년 12월 한-러 양국은 1999년 말까지 러시아가 상환하지 않은 채권 잔액의 상환기간을 2001년 말까지 2년간 더 연장한다는 수정협정을 체결하였다. 그리고 2001년 2월 푸틴 대통령의 방한과 관련하여 2001년 2월 26일 서울에서 열린 제3차 한-러 경제공동위원회 회의에서는 5억 달러 상당의 방산물자와 2억 달러 규모의 민수용 제품 및 원자재 등 7억 달러 어치의 러시아제 물품을 한국 정부가 구매하기로 합의하는 ‘한-러 방산물자 등 구매의향서’를 체결하기도 하였다.[75] 한국정부는 이처럼 러시아의 입장을 최대한 반영하는 방안을 선택했지만, 국내적으로는 금융기관들의 강한 반발에 직면해야만 했다. 한국 정부는 2000년 12월 경협차관 상환의 연장과 관련한 한-러 양국간의 합의 내용에 대해 국내 채권은행들이 동의해 줄 것을 요청했지만, 국내 은행들은 한국 정부의 요청에 동의하지 않았다. 오히려 국내은행들은 정부의 대지

---

75) 한편, 러시아의 일간지 「코메르상트」(*Коммерсант*)지는 2001년 2월 8일자 기사에서, 한국이 2001년 말까지 5억 달러 상당의 러시아제 무기를 구입함으로서 러시아가 갖고 있는 채무의 일부를 변제하도록 할 계획이지만, 현실적으로 러시아가 5억 달러 상당에 이르는 관련 무기를 생산하기 위해서는 3억 달러 규모의 재원이 필요한데, 러시아는 이를 갖고 있지 못한 것으로 알려지고 있음을 보도했다. *http://www.allim.go.kr/mlist*가 제공하는 「일일해외논조 (2001년 2월 9일자)」 참조. 결국, 2001년까지의 경협차관 상환 연장에 대한 합의도 러시아측의 당시 사정상 현실적으로 지키질 수 없는 내용이라는 점을 예상할 수 있다.

급을 요구하며 반발하였다.[76] 이러한 국내 은행들의 강한 반발에 부딪히자 재정경제부는 정부가 지급 보증한 부분에 대해서는 대지급해 줄 것을 요구했지만, 기획예산처는 정부예산에 반영할 수 없다며 정부 내부에서도 혼란스러운 모습을 보였다.[77]

이처럼 앞에서 살펴본 관료정치적 행위의 진행과정에서는 물론이고, K-636 사업이 종료된 이후에 나타난 일련의 사건들과 관련해서도, 관료와 관료조직들의 존재, 그리고 관료조직들의 정치적 판단과 정치적 행동에 대한 인식이 없다면 결코 설득력 있는 설명을 제시할 수가 없다. 한국외교정책과 관련하여 기존에 적용되던 국제체제 결정론이나 대통령 중심의 접근법들이 갖고 있는 한계들을 보완하는 기제로서 관료정치적 개념이 설득력을 가지고 있으며, 본 연구가 제시한 분석 틀이 적실성을 가지는 측면이라 할 수 있다.

---

76) 「매일경제신문」, 2001년 2월 27일자.
77) 「한국경제신문」, 2001년 3월 2일자.

제VIII장 한국 외교정책과 관료: 새로운 접근과 이해

1990년대에 접어들면서부터 한국외교정책의 정책결정과정에서는 그동안 흔히 볼 수 있었던 일상적 경우에 비해 상당히 일탈적인 성격의 사건들이 발생하였다. 최고정책결정자인 대통령의 정책선호가 외교정책으로 완성되지 못하는 경우가 발생한 것이다. 그런데 이는 우연히 발생한 단순 사건만은 아니었다. 다소 성격을 달리하고 형태를 달리하기는 했지만, 대통령의 정책선호가 정책화에 실패하는 일은 그 이후에도 지속되었다. 문제는 한국외교정책을 설명하기 위해 기존에 주로 사용되던 외교정책 결정모델을 이용해서는 이러한 사건들을 설득력 있게 설명할 수 없다는 점이다. 정태적인 분석방법을 이용하여 외교정책의 결과에만 관심을 집중해서는 이 현상들을 결코 만족스럽게 설명할 수가 없다. 오히려 왜곡된 형태로 해석될 수 있는 개연성만을 높일 뿐이다. 본 책자의 준비가 시작된 출발점이 바로 여기에 있다.

한국 외교정책에서 새롭게 나타나고 있는 이 현상들을 분석하기 위해서는 동태적이고 다중적인 분석방법들을 이용하여 정책결정과정에 주목해야할 필요가 있다. 즉, 단일된 변수를 기준으로 정책결과를 설명하는 것이 아니라, 다중 변수들간의 역동적 관계에 주목함으로서 정책결정과정을 분석하는 작업이 필요한 것이다. 우선 이러한 현상들이 국내의 정책결정과정에서 연유된 것이라는 점에서 국제체제나 주변 강대국 등 국제적인 요소를 중심으로 한 분석들은 유효한 설명을 제시할 수 없는 만큼, 논의의 핵심에서 제외되어야 한다. 한편, 외교정책결정과정에 참여하는 행위자들 중에서 최고정책결정자인 대통령의 경우, 그동안 정책결정모델로서 많이 이용되었지만 이 경우에는 적실성을 가지지 못하는 분명한 한계를 갖고 있다. 대통령의 정책선호가 정책으로 완성되지 못한 사건들을 대통령을 중심으로 설명한다는 것은 충분한 설득력을 가지지 못하기 때문이다. 외교정책에 참여하는 다른 행위자로서 국회나 압력집단 등이 거론될 수도 있지만, 한국외교정책에 있어 대통령의 정책선호를 변형시키거나, 무산시킬 만한 위상을 갖고 있지는 못하다. 결국, 한국외교정책 결정과정에 있어 대통령의 정책선호가 정책으로 완성되지 못하는 현상을 분석하기 위해서는 관료들의 정치적 판단과 정치적 행동에 주목해야 한다. 기능적으로 행동해야할 관료들이 정치적으로 판단하고 행동함으로서 대통령의 정책선호가 외교정책으로 완성되는 것을 방해하고 있다는 점을 의식하고, 분석의 초점을 대통령에서 관료로 이동시켜야만 한다. 이와 더불어 국제적 요인들이 아닌 국내적 요인들, 단일된 행위자가 아닌 복수의 행위자, 합리적 판단의 결과물이 아닌 정치적 행위의 결과물로서 외교정책을 분석하는 작업이 병행되어져야만 한다.

이러한 분석을 위하여 대통령의 정책선호가 외교정책으로 완성되지 못한 현상을 종속변수로 설정하였다. 그리고 대통령의 정책선호가 정책화에 실패하게 되면서 나타나는 정책산출의 유형을 '대체', '왜곡', '무산'의 3가지로 분류하여 종속변수의 내용에 함께 포함시켰다. 한편, 한국외교정책 결정과정에서 대통령의 정책선호가 정책으로 완성되지 못한 원인을 관료들의 정치적 행동에서 찾았고, 관료정치적 현상들을 매개변수로 설정하였다. 비록 관료정치적 행동이라는 개념은 공통되었지만, 관료들의 정치적 행동 양태가 동일하지 않고 경우와 상황에 따라 차별적인 모습을 보이는 만큼 그 유형들도 분류할 필요성이 있었다. 마지막으로 이러한 관료정치적 행위들을 다양하게 유발시키는 변수로서 서로 이익이 상충되는 국내·외의 환경을 독립변수로 설정하여 관련된 사례들을 살펴보았다.

이러한 분석 틀을 기초로 한국의 외교정책 결정과정에서 나타나는 새로운 현상들을 분석하였고, 〈표 Ⅷ-1〉에서 보는 바와 같이 그 특징들을 분류하였다. 우선, UR 협상 과정에서 논의되었던 국내 쌀 시장 개방의 경우, 국내적 환경인 '국내 이해'의 촉발정도도 높았고, 국제적 환경인 '국제 압력'의 강도도 강했다. 이러한 환경 속에서 발생되는 관료정치적 현상은 '균열적 연계형의 관료정치 과정'이 진행되는 양상을 보였다. 대통령과 일부 관료조직의 행위자들은 국내 쌀 시장을 개방할 수 없다는 국내적 가치에 동조했다. 반면, 일부 관료조직들은 국내 시장 개방은 불가피하다는 국제적 가치에 동조함으로서 대통령과 관료조직들이 상충되는 국내외 이익에 따라 서로 균열된 형태로 연계되는 모습을 보였다. '쌀 시장 개방 불가'라는 대통령의 정책선호에 반발하는 관료조직들은 국제적 압력으로 작용하는 국제사회의 가치와 이익들을 관료정치적 행위를 정당화시키는 기재로 활용하는 모습을 보이게 된다. 이러한 과정에서 관료들의 행동은 대통령의 정책선호 내용에 대해 정면으로 반발하는 모습을 보였고, 정책결정구조도 수평적인 성격을 띠었다. 국제사회의 가치와 이익들이 보편성을 가질수록 국제 압력은 강력해졌고, 국제 압력이 강력해질수록 관료들의 정치적 행위도 보다 구체화되고 강화되는 양상을 보였다. 비록 대통령의 정책선호를 실질적으로 제한하는 것은 국제적 압력이지만, 국제적 가치가 국내에 투영되고 국내 가치화 되는 것을 촉진시키는 것은 대통령의 정책선호에 상반되는 가치와 이익을 지향하는 관료들의 정치적 행동이었다. 이러한 관료정치적 행위의 결과로서 대통령의 정책선호는 다른 가치에 의해 대체되는 '정책선호 대체형'의 정책산출 유형을 보이게 된다.

두 번째로 살펴본 1990년대 초반의 대북 정책의 경우에는, '국내 이해'의 촉발정도는 높았지만, '국제 압력'의 강도는 약했다. 이러한 조건 속에서는 '구조적 대립형 관료정치 과정'이 진행된다는 것을 확인할 수 있었다. 남북 이산가족 문제라는 촉발정도가 높은 '국내 이해'가 대통령의 정책선호 뿐 아니라 관료들의 입장들도 강력히 제약하는 상황이었기 때문에 관료들의 정치적 행위는 대통령의 정책선호 내용에 대해 정면으로 반발하기보다는 전술적인 차원에서 진행되는 양상을 보였다. 비록 해당 관료조직들은 대통령의 정책선호를 수용하는 모습을 보였지만, 대통령도 영향력을 행사할 수 없는 관료들만의 배타적인 업무 영역에서는 관료정치적 행위가 진행되고 있었다. 대통령의 정책선호 내용에 대해 긍정적인 조직이건, 부정적인 조직이건 상관없이 모두가 자신의 조직이익을 기준으로 대통령의 정책선호를 정치적으로 해석하고 행동하는 모습을 보이고 있었다. 관료들만이 진행할 수 있는 배타적인 업무영역의 존재가 이러한 관료정치적 행위를 가능하게 했던 것이다. 특히, 정부조직의 구조상 통일원과 국가안전기획부와 같이 서로 추구하는 가치가 태생적으로 상충되는 관료조직들간의 관계가 연계될 경우, 이러한 정치적 행동은 더욱 심화되는 양상을 보이게 된다. 조직들간의 갈등이 심해지고 또 장기간 반복될 수록 정치적 행동의 정도도 심해지는 모습을 보였다. 한편, 이 경우에 나타나는 정책결정구조는 대통령의 정책선호에 직접 반발하는 관료정치적 진행과정에 비해 다소 수직적인 형태를 띠기는 하지만, 관료조직들이 기능적인 역할을 수행하는 일반적인 정책결정과정에 비해서는 그 정도가 약한 편이다. 그리고 이러한 관료정치적 행위의 결과로서 대통령의 정책선호는 관료조직들의 정치적 행동에 의해 왜곡되는 '정책선호 왜곡형'의 정책산출 유형을 보이게 된다. 대통령의 정책선호를 수용하면서도 이를 정치적으로 해석하려는 관료조직들의 관료정치적 행동들은 대통령의 의중을 자기 조직에게 유리한 형태로 왜곡시키는 결과를 초래한 것이다.

세 번째 사례인 러시아제 잠수함 도입과 관련한 논란은 '국내 이해'의 촉발정도는 낮은 반면, '국제 압력'의 강도는 강한 편에 속한다. 국민적 관심은 낮았지만, 러시아의 구매압력은 강하게 작용하고 있었다. 그리고 관료정치적 행위는 '합리성 논쟁형 관료정치 과정'의 형태로 진행되는 양상을 보였다. 외교정책 결정과정에 참여하는 행위자들은 모두 자신의 조직이익에 유리한 형태로 판단하고 이를 합리화시키는 모습을 보였다. 대통령을 비롯한 일부 관료조직들의 '정치적 합리성'과 경제관련 조직들의 '경제적 합리성' 등 다양한 자기 합리화의 주장들이 제기되었다. 만약 이 과정에서 대부분의 '합리성'들이 동일한 결과를 지향할 경우에는 문제가 없겠지만, 외교정책의 내용이 특정한 관료조직의 조직이익과 심각하게 상충될 경우에는 해당 관료조직의 정치적 행동이 적극적으로 진행되는 양상을 보였다. 잠수함을 실제로 운용할 한국 해군은 대통령의 정책선호가 조직이익과 상충된다는 판단 아래, 자신들만이 갖고 있는 전문성과 기술성에 근거한 '기술적 합리성'을 제시하면서 정치적 행동을 진행했다. 관료정치적 행동을 정당화시키는 기재로서 조직의 전문성이 적극 활용되어 진다. 이 과정에서 특정 외교정책의 내용이 해당 관료조직의 설대적 조직이익을 침해하는 정도가 심할수록 해당 관료조직의 정치적 행동은 더욱 구체적이고 강력한 형태로 진행될 가능성도 커진다. 관료정치적 행동들이 대통령의 정책선호 내용 자체에 대해 반발하는 만큼 정책결정구조도 수평적인 모습을 띠게 된다. 그리고 이러한 관료정치적 과정을 거치면서 대통령의 정책선호가 무산되는 '정책선호 무산형'의 정책산출 유형을 보이게 된다.

〈표 Ⅷ-1〉 관료정치 진행과정의 유형별 분류와 특성

		국내 이해의 촉발 정도	
		높음	낮음
국제 압력의 강도	강 함	〈균열적 연계형 관료정치 과정〉 - 심각한 관료정치적 현상의 발생이 불가피함 - 최고정책결정자의 정책선호와 국내적 가치의 연계 - 관료조직과 국제적 압력간의 국제적 연계 - 국제적 압력이 관료조직의 정치적 행동을 정당화 - 최고정책결정자의 정책선택의 변화 가능성 농후 (대국민 설득작업 등 후속조치)	〈합리성 논쟁형 관료정치 과정〉 - 관료정치적 현상은 단발성으로 진행될 가능성 - 최고정책결정자의 정책선호는 국제적 가치의 수용 - 최고정책결정자의 '정치적 합리성' vs 전문 관료들의 '기술적 합리성' 논쟁 - 관료조직의 전문성이 정치적 행위를 정당화 - 경우에 따라, '경제적 합리성' 등 다양한 입장들도 가세
	약 함	〈구조적 대립형 관료정치 과정〉 - 최고정책결정자의 정책선호는 국내적 가치를 수용 - 정부조직의 구조적 특성으로(상충된 조직 이익) 인해 관료정치적 현상 유발 요인 상존 - 전술적 형태의 관료정치 행위 - 관료들의 배타적 업무 영역이 관료정치적 행위의 가능성을 확대 - 정보, 장비 등에 있어 관료조직들간의 우열이 정책완성에 영향 - 관료조직들간 갈등의 장기화/심화 가능성(갈등의 축적)	〈주무부서 지배형 관료정치 과정〉 - 주무부서가 업무를 장악하고 정책을 주도 - 관료정치적 현상의 발생 가능성이 낮음 - 관료정치적 현상이 발생해도 비공개로 내부적으로 진행

이러한 세 가지 형태의 관료정치 진행과정 유형 및 정책산출 유형과 관련하여 그 내용을 정리하면 〈표 Ⅷ-2〉와 같다. 그런데 대통령의 정책선호가 외교정책으로 완성되지 못했다는 점에서는 이들 세 가지의 유형과 사례들이 공통되지만, 그 내용들을 비교하면 상당한 차별성을 확인할 수 있다. 우선, 국내외 환경과 관련하여, '균

열적 연계 과정'은 국내외의 압력이 모두 강력한 반면, 다른 두 경우는 한 쪽만이 강력하고 다른 한 쪽은 상대적으로 압력이 약한 모습을 보인다. 따라서 '균열적 연계 과정'에 비해 다른 두 경우는 대통령의 정책선호가 형성되는 작업이 보다 용이한 편에 속한다고 할 수 있다. 둘째, 정책결정과정에서 나타나는 관료정치적 행태들도 차별적이다. '균열적 연계 과정'과 '합리성 논쟁 과정'의 경우에는 관료들이 대통령의 정책선호 내용 자체에 대해 반발하는 모습을 보이는 반면, '구조적 대립 과정'은 다소 상이한 모습을 보인다. 따라서 정책결정구조도 '구조적 대립 과정'은 다소 수직적인 모습을 띠는 반면, 나머지 두 경우는 상대적으로 수평적인 모습을 띠게 된다. 셋째, 관료조직들의 관료정치적 행동을 정당화시켜주는 요인들이 각자 차별적이다. '균열적 연계 과정'의 경우에는 국제적 가치와 이익이, '구조적 대립 과정'의 경우에는 관료들만의 배타적 업무 영역이, '합리성 논쟁 과정'의 경우에는 관료조직만이 갖고 있는 전문성과 기술적 특수성이 관료들의 정치적 행위를 정당화시켜주고 있었다. 넷째, 이러한 관료정치적 과정을 거쳐 나타나는 정책산출의 형태가 '균열적 연계 과정'의 경우에는 정책선호의 '대체', '구조적 대립 과정'은 '왜곡', '합리성 논쟁 과정'은 '무산'의 유형과 상대적으로 강한 인과관계를 갖고 있음을 확인할 수 있었다.

〈표 Ⅷ-2〉 한국외교정책에 있어 관료정치와 정책산출 유형의 특성 비교

	UR 협상과 쌀 시장 개방	1992년~1993년 대북정책	대외 무기 구매
국내적 환경 (국내 이해의 촉발정도)	높음	높음	낮음
국제적 환경 (국제 압력의 강도)	강함	약함	강함
관료정치 진행과정의 유형	'균열적 연계 과정'	'구조적 대립 과정'	'합리성 논쟁 과정'
관료정치 행위의 주요 특징	국제적 가치와 관료조직의 국제적 연계	관료조직들간의 태생적인 갈등과 대립	조직이익의 합리화와 기술적 전문성
관료정치적 현상의 강도 결정 요인	국제적 압력의 정도 (보편성과 일반성)	조직간 갈등의 심각성 및 반복성	절대적 조직이익의 침해 정도
정책결정 구조	수평적	수직적	수평적
정책산출 유형	'정책선호 대체형'	'정책선호 왜곡형'	'정책선호 무산형'

　　이상의 분석 결과들을 통해 한국의 외교정책에서도 관료조직들이 기능적으로 행동하기 보다는 정치적으로 판단하고 행동하는 관료정치적 현상들이 분명히 발생하고 있으며, 국제체제적 변수나 대통령이라는 행위자만으로는 더 이상 한국의 모든 외교정책을 설명할 수 없는 상황이 진행되고 있음을 확인할 수 있었다. 더욱이 다수의 사례에서 확인한 관료정치적 현상들은 관료들의 적극적 행동으로 인해 대통령의 정책선호가 외교정책화되는 것을 차단했다는 점에서는 유사해 보이기도 했지만, 국내외의 환경적 상황에 따라 관료정치적 행위의 형태가 분명히 차별적인 모습을 띠고 있었고, 그 결과로서 초래되는 개별적인 정책산출의 형태들도 차별적인 관료정치적 내용

들과 상대적인 인과관계를 가지면서 각자 구별된다는 점을 확인할 수 있었다.

본 연구의 이러한 분석 결과와 관련하여, 다음과 같은 측면들을 고려해볼 수 있을 것이다. 첫째, 한국의 외교정책결정에 있어 중요한 행위자였던 대통령 개인의 역할과 비중이 과거에 비해 상대적으로 현저히 줄어들고 있다는 것이다. 한국의 정치문화, 역사, 사회적 관행 등과 관련하여, 한국외교정책에 있어 대통령이라는 직책(presidency)이 가지는 의미는 비록 점차적으로 비중이 줄어들기는 하겠지만 당분간은 여전히 절대적인 비중을 차지할 것이다. 그러나 대통령 개인(president)이 가지는 위상은 과거 권위주의 시대와 달리 위축될 수밖에 없으며, 그 속도도 빨라지게 될 것으로 판단된다. 선거에 의해 새로운 인물들이 대통령직에 당선되고, 임기에 따라 대통령이 계속 바뀌어 가면서 대통령의 개인적 측면이 가지고 있는 중요도가 약화되는 것은 불가피할 수밖에 없기 때문이다.

둘째, 외교정책의 영역에 있어 관료와 관료조직들의 위상이 상대적으로 부상하게 되면서, 이처럼 약화된 대통령 개인의 위상을 대체하는 양상을 보이게 될 것이라는 점이다. 전지전능한 능력과 상당한 전문성을 갖춘 개인이 대통령으로서 등장하지 않는 한, 또는 관료들의 공직 생활만큼 오랜 기간동안 집권하는 대통령이 출현하지 않는 한, 외교정책에 있어 관료들의 역할과 비중은 확대되는 것이 불가피하다. 그동안 한국외교정책에 있어 대통령이라는 정책결정 행위자가 가지고 있던 위상이 지나치게 절대적이었던 점을 염두에 둔다면, 대통령 개인이 위축되면서 생긴 공백은 그동안 위축되어있던 관료들이 자신의 위상을 확대시키면서 일정 수준까지는 그 공백을 대신 채워나가게 될 것으로 판단된다.

셋째, 21세기에 접어든 현재 시점에서 빠른 속도로 진행되고 있는 국제화, 세계화, 그리고 민주화의 흐름은 이러한 현상을 더욱 촉진시켜 나가게 될 것이라는 점이다. 앞에서 살펴본 바와 같이 국내외의 환경변화는 대통령 개인 뿐 아니라 대통령 직책에 대해서도 그 위상을 제한하는 양상을 보이고 있는 반면, 관료들의 업무는 그 영역이 확대되고 있고 중요성이나 업무의 비중은 심화되어 가는 양상을 보이고 있기 때문이다. 국내적 요소의 국제화, 국제적 요소의 국내화 현상은 관료들의 업무 영역은 확대시키고 있는 반면, 대통령의 업무 영역은 위축시키고 있는 것이다.

한편, 이러한 연구 결과에도 불구하고, 한국외교정책에 있어 관료나 관료정치적 개념들이 대통령을 완전히 대신하게 되지는 않을 것으로 본다. 또한, 본 연구의 결과와 분석 틀이 한국외교정책 전반을 설명할 수 있을 것으로 판단하지는 않는다. 그러나 본 연구에 적용된 관료정치적 개념과 분석 틀이 가지고 있는 긍정적 측면은 한국외교정책의 분석에 있어 대통령이라는 단일변수를 가지고는 결코 설명할 수 없는 현상들에 대한 대안적 또는 보완적 모델로서의 가치는 충분히 갖고 있다는 점이다. 특히, 관료정치적 개념이나 관료정치모델 자체가 외교정책의 '결과'나 '내용'에 초점을 맞추면서 현상의 예측성이나 그 정확성을 목적으로 하는 일반이론적 성격을 갖고 있는 것이 아니라, '과정'에 초점을 맞춘 접근법으로서 정확한 예측보다는 설득력 있는 해석을 목적으로 하고 있다는 점을 염두에 둔다면, 본 연구의 결과들은 한국외교정책에 대한 인식 시각과 접근법, 설명의 다양화를 초래함으로서, 한국외교정책 연구를 보다 풍부하게 하고 이해의 적실성을 높이는 데에도 크게 일조할 것으로 판단된다. 그리고 앞으로 시간이 경과할수록 본 연구에서 제기되고 있는 개념들과 분석의 틀에 의해 설명되어질 수 있는 한국 외교정책의 사례들이 더욱 증가하게 될 것이고, 이는 한국외교정책 연구를 더욱 활성화시키고 관심을 증가시키는 결과도 유도하게 될 것이다.

참고 문헌

Ⅰ. 국문 자료

1. 1차 자료

1) 정부 및 관련 부서 자료

감사원. "제8차 남북고위급회담시의 훈령조작의혹 감사결과, 1993. 12."
　　　감사원. 『제170회 국회 정기회 국정감사요구자료(法司委), 〈제1
　　　권〉』. 서울: 감사원, 1994년 9월, pp. 477-491.

경제기획원. 『UR 협정과 대응과제』. 서울: 경제기획원, 1993. 12.

국방부. 『'98 국정감사요구자료 (Ⅰ),(Ⅱ) - 제198회 국회(정기국회) 국
　　　방위원회 제출자료』. 서울: 국방부, 1998.

______. 『'99 국정감사요구자료 (Ⅰ),(Ⅱ) - 제208회 국회(정기국회) 국
　　　방위원회 제출자료』. 서울: 국방부, 1999.

______. 『2000년도 국정감사요구자료 (Ⅰ),(Ⅱ) - 제215회 국회(정기국
　　　회) 국방위원회』. 서울: 국방부, 2000.

______. 『국방백서』. 서울: 국방부, 각 년도.

국회사무처. 『의정통계집』. 서울: 국회사무처 의사국, 각 년도.

______. 『제12대 국회경과보고서』. 서울: 국회사무처, 1988.

______. 『1990년도 국정감사 - 농림수산위원회 회의록, 농림수산부
　　　(1990. 10. 18)』. 서울: 국회사무처, 1990.

______. 『1990년도 국정감사 - 외무통일위원회 회의록, 외무부 (1990.
　　　10. 28)』. 서울: 국회사무처, 1990.

______. 『1991년도 국정감사 - 경제과학위원회 회의록, 경제기획원
　　　(1991. 9. 16)』. 서울: 국회사무처, 1991.

______. 『1991년도 국정감사 - 농림수산위원회 회의록, 농림수산부 (1991. 9. 16)』. 서울: 국회사무처, 1991.

______. 『1991년도 국정감사 - 외무통일위원회 회의록, 외무부 (1991. 9. 18)』. 서울: 국회사무처, 1991.

______. 『제156회 국회(정기회) 농림수산위원회 회의록, 제8차 회의 (1991. 11. 12)』. 서울: 국회사무처, 1991.

______. 『제13대 국회경과보고서』. 서울: 국회사무처, 1992.

______. 『1992년도 국정감사 - 농림수산위원회 회의록, 농림수산부 (1992. 10. 15)』. 서울: 국회사무처, 1992.

______. 『1992년도 국정감사 - 상공위원회 회의록, 상공부 (1992. 10. 15)』. 서울: 국회사무처, 1992.

______. 『1992년도 국정감사 - 경제과학위원회 회의록, 경제기획원 (1992. 10. 20)』. 서울: 국회사무처, 1992.

______. 『1992년도 국정감사 - 외무통일위원회 회의록, 통일원 (1992. 10. 22)』. 서울: 국회사무처, 1992.

______. 『1992년도 국정감사 - 외무통일위원회 회의록, 외무부 (1992. 10. 23)』. 서울: 국회사무처, 1992.

______. 『제160회 국회 외무통일위원회 회의록, 제1차 회의 (1993. 3. 15)』. 서울: 국회사무처, 1993.

______. 『제161회 국회(임시회) 외무통일위원회 회의록 (1993. 5. 12)』. 서울: 국회사무처, 1993.

______. 『제162회 국회(임시회) 농림수산위원회 회의록, 제1·2차 회의 (1993. 7. 7 ～ 7. 9)』. 서울: 국회사무처, 1993.

______. 『제165회 국회(정기회) 외무통일위원회 회의록, 제2차 회의 (1993. 9. 27)』. 서울: 국회사무처, 1993.

______. 『1993년도 국정감사 - 경제과학위원회 회의록, 경제기획원 (1993. 10. 4~5)』. 서울: 국회사무처, 1993.

______. 『1993년도 국정감사 - 농림수산위원회 회의록, 농림수산부 (1993. 10. 4)』. 서울: 국회사무처, 1993.

______. 『1993년도 국정감사 - 외무통일위원회 회의록, 통일원 (1993. 10. 22)』. 서울: 국회사무처, 1993.

______. 『1993년도 국정감사 - 상공자원위원회 회의록, 상공자원부 (1993. 10. 23)』. 서울: 국회사무처, 1993.

______. 『제165회 국회(정기회) 농림수산위원회 회의록, 제6·7차 회의 (1993. 11. 11 ～ 11. 12)』. 서울: 국회사무처, 1993.

______. 『제165회 국회(정기회) 예산결산특별위원회 회의록, 제3차 회의 (1993. 11. 16)』. 서울: 국회사무처, 1993.

______. 『제165회 국회(정기회) 농림수산위원회 회의록, 제12차 회의 (1994. 1. 21)』. 서울: 국회사무처, 1994.

______. 『1994년도 국정감사 - 상공자원위원회 회의록, 상공자원부 (1994. 9. 28). 서울: 국회사무처, 1994.

______. 『1994년도 국정감사 - 외무통일위원회 회의록, 외무부 (1994. 9. 28)』. 서울: 국회사무처, 1994.

______. 『1994년도 국정감사 - 행정경제위원회 회의록, 경제기획원 (1994. 10. 10)』. 서울: 국회사무처, 1994.

______. 『제14대 국회경과보고서』. 서울: 국회사무처, 1997.

______. 『제203회 국회 국방위원회 회의록, 제3차 회의 부록 (1999. 4. 27)』. 서울: 국회사무처, 1999.

______. 『제206회 국회 국방위원회 회의록, 제2차 회의 부록 (1999. 8. 10)』. 서울: 국회사무처, 1999.

______. 『1999년도 국정감사 - 국방위원회 회의록, 국방부 감사 (1999. 9. 30)』. 서울: 국회사무처, 1999.

______. 『1999년도 국정감사 - 국방위원회 회의록, 해군본부 국감 (1999. 10. 6)』. 서울: 국회사무처, 1999.

______. 『제15대 국회경과보고서』. 서울: 국회사무처, 2000.

______. 『제212회 국회 국방위원회 회의록, 제3차 회의 (2000년 6월 28일)』. 서울: 국회사무처, 2000.

국회사무처 법제예산실. 『1995년도 국정감사 처리결과 분석보고서』. 서

울: 국회사무처 법제예산실, 1996.

______. 『1996년도 국정감사 참고자료집』. 서울: 국회사무처 법제예산
실, 1996.

______. 『1997년도 국정감사자료집』. 서울: 국회사무처 법제예산실, 1997.

______. 『1998년도 국정감사자료집』. 서울: 국회사무처 법제예산실, 1998.

______. 『1999년도 국정감사자료집』. 서울: 국회사무처 법제예산실, 1999.

국회사무처 예산정책국. 『2000년도 국정감사자료집』. 서울: 국회사무처
예산정책국, 2000.

국회사무처 입법조사국. 『우루과이라운드와 주요국의 농업정책』. 서울:
국회사무처 입법조사국, 1991.

국회예산결산특별위원회. 『1994년도 예산안·결산심의개요』. 서울: 국
회예산결산특별위원회, 1995.

국회통일외교통상위원회 수석전문위원실. 『제15대 국회 통일외교통상
위원회 활동개요』. 서울: 국회통일외교통상위원회 수석전문위원
실, 2000.

농림부. 『한국농정 50년사, (Ⅰ),(Ⅱ)』. 서울: 한국농촌경제연구원, 1999.

농림수산부. 『농림수산 통계』. 서울: 농림수산부, 1993.

______. 『1994년도 農業動向에 關한 年次報告書』. 서울: 농림수산부,
1994.

대한민국 국회. 『1989년도 국정감사결과보고서』. 서울: 대한민국 국회,
1989.

______. 『1989년도 국정감사 결과시정 및 처리사항』. 서울: 대한민국
국회, 1990.

______. 『1990년도 국정감사결과보고서』. 서울: 대한민국 국회, 1990.

______. 『1990년도 국정감사 결과시정 및 처리사항』. 서울: 대한민국
국회, 1991.

______. 『1991년도 국정감사 결과시정 및 처리사항』. 서울: 대한민국
국회, 1992.

______. 『1992년도 국정감사결과보고서』. 서울: 대한민국 국회, 1992.

상공부 국제협력담당관실. 『UR 협상의 국내제도 이행대책 추진』. 서울: 상공부, 1992.

상공자원부. 『상공자원백서, 1994년판』. 서울: 상공자원부, 1994.

외교통상부. 『외교백서』. 서울: 외교통상부, 각 년도.

이재옥・최세균・서진교・임정빈・천중인. 『우루과이라운드 농산물협상 백서』. 서울: 한국농촌경제연구원, 1994. 11.

통일교육원. 『통일문제 이해 2000』. 서울: 통일부, 2000.

통일부. 『통일백서』. 서울: 통일부, 각 년도.

______. 『대북정책 이렇게 추진되고 있습니다』. 서울: 통일부, 2000.

______. 『통일부 30년사 - 평화・화해・협력의 발자취, 1969-1999』. 서울: 통일부, 1999.

______. 『2005 통일백서』. 서울: 통일부, 2005.

통일원. 『제159회 국회(정기회) 외무통일위원회 업무현황보고 (1992. 10. 12)』. 서울: 통일원, 1992.

______. 『제165회 국회(정기회) 외무통일위원회 - 1993년도 국정감사 요구자료 (1993. 10)』. 서울: 통일원, 1993.

______. 『1993년도 국정감사결과 시정 및 처리 요구사항에 대한 처리 결과 보고서 - 통일원 소관』. 서울: 통일원, 1994. 1.

______. 『'94년 임시국회(외무통일위원회) 국회답변 조치결과』. 서울: 통일원, 1994. 8.

______. 『남북한 경제지표, 1995』. 서울: 통일원, 1995.

2) 회고록, 비망록, 인터뷰

對北협상의 제1인자 李東馥 인터뷰. "金日成은 거대한 파충류같은 느낌 … 그의 사전에 核포기는 없다." 「月刊朝鮮」, 1994년 2월호, pp. 102-133.

李東馥 전안기부장특보 인터뷰. "강온대립 아닌 아마와 프로의 차이." 「新東亞」, 1994년 1월호, pp. 226-227.

이동복. "김정일에 어떤 환상도 갖지 마라." 「월간조선」, 1994년 8월호,
    pp. 172-180.
______. "남북대화의 전부." 비망록 성격의 미간행 논문.
    http://dblee2000.or.kr.
______. "한반도 비핵화 공동선언의 타결 경위." 비망록 성격의 미간행
    논문. *http://dblee2000.or.kr.*
林東源 전통일원차관 인터뷰. "고향방문단 실패는 「怪전문」 때문." 「新
    東亞」, 1994년 1월호, pp. 224-225.
韓完相부총리 겸 통일원장관 인터뷰. "정통성있는 정부가 통일이룬다."
    「新東亞」, 1993년 5월호, pp. 210-225.
許信行 전농림수산부장관 인터뷰. "쌀개방 不可는 목표이자 협상전략
    이었다." 「新東亞」, 1994년 4월, pp. 264-281.
許信行. 『우루과이라운드와 한국의 미래』. 서울: 범우사, 1994.

3) 신문 및 잡지 보도 자료

김교만. "混線인가, 조작인가." 「月刊中央」, 1994년 1월호, pp. 288-297.
金東鉉. "韓完相-李東馥 동시 퇴진의 비밀." 「月刊朝鮮」, 1994년 2월호,
    pp. 276-287.
金在明. "반발이라니요? 변화 받아들여야죠 - 安企部 고위간부가 말하
    는 「改正안기부法」 이후의 안기부論." 「月刊中央」, 1994년 1월
    호, pp. 278-285.
金次洙. "정부의 對北 강온책 1년을 겉돌았다." 「新東亞」, 1994년 5월
    호, pp. 208-223.
宋文弘. "외교난맥은 국론분열의 근원." 「新東亞」, 1994년 6월호, pp.
    196-215.
禹鍾昌. "(3급비밀) 電文을 李富榮의원에 유출한 사람은 韓完相 부총
    리." 「月刊朝鮮」, 1995년 6월호, pp. 101-102.
鄭在永. "국가안전기획부." 「新東亞」, 1994년 10월호, pp. 350-367.

池在元. "「남북기본합의서」 막전막후." 「新東亞」, 1994년 6월호, pp. 324-337.

黃義鳳. "남북대화보다 남남대화 더 어렵다 – 對北정책, 안기부와 통일원의 힘겨루기." 「新東亞」, 1994년 1월호, pp. 210-223.

"'北, 회담에 적극적' 보고하자 박정희 '공산당 얕봐선 안돼' – 정상회담 추진비화, 서울밀사 평양밀사, ⟨1⟩ 정홍진씨 첫 北잠행." 「중앙일보」, 2000년 5월 9일자.

"박정희 '北에 당한 것 같아' – 정상회담 추진비화, 서울밀사 평양밀사, ⟨2⟩ 이후락의 北行." 「중앙일보」, 2000년 5월 12일자.

"전두환 '회담 빠를수록 좋다' – 정상회담 추진비화, 서울밀사 평양밀사, ⟨3⟩ 85년 허담의 南行." 「중앙일보」, 2000년 5월 16일자.

"김일성에 '지금이 회담할 好機요' – 정상회담 추진비화, 서울밀사 평양밀사, ⟨4⟩ 85년 장세동 평양行." 「중앙일보」, 2000년 5월 18일자.

"21차례 잠행 … 별명 '朴신저' – 정상회담 추진비화, 서울밀사 평양밀사, ⟨5⟩ 박철언의 '북한 출장'." 「중앙일보」, 2000년 5월 22일자.

"김정일 남북대화 공식데뷔 – 정상회담 추진비화, 서울밀사 평양밀사, ⟨6⟩ 서동권의 北行." 「중앙일보」, 2000년 5월 25일자.

4) 정부 및 주요기관 홈페이지

감사원. *http://www.bai.go.kr*

국가정보원. *http://www.nis.go.kr*

국방부. *http://www.mnd.go.kr*

국정홍보처. *http://www.allim.go.kr*

국회. *http://www.assembly.go.kr*

국회 전자도서관. *http://www.nanet.go.kr*

농림부. *http://www.maf.go.kr*

대한민국 해군. *http://www.navy.or.kr*

상공자원부. *http://www.mocie.go.kr*

외교통상부. *http://www.mofat.go.kr*

재정경제부. *http://www.mofe.go.kr*

청와대. *http://www.cwd.go.kr*

통일부. *http://www.unikorea.go.kr*

한국언론재단. *http://www.kinds.or.kr*

2. 2차 자료

1) 국문 단행본

구영록. 『한국의 국가이익: 외교정치의 현실과 이상』. 서울: 법문사,
　　　1995.

김광웅·김학수·박찬욱 공저. 『한국의 의회정치 - 이론과 현실 인식』.
　　　서울: 박영사, 1991.

金起秀 編. 『미국 통상 정책의 이해 - 국제 정치 경제적 접근』. 서울:
　　　세종연구소, 1996.

김달중·문정인·이석수 외. 『새천년 한반도 평화구축과 신지역질서론
　　　』. 서울: 오름, 2000.

김명환·이계임. 『UR이후 콩수급관리제도 개선방안』. 서울: 한국농촌
　　　경제연구원, 1993.

김성훈·장원석 함께 지음. 『쌀개방과 우루과이라운드 - UR 농산물
　　　협상과 GATT/BOP 졸업 문제의 본질과 대책』. 서울: 거름,
　　　1993.

김용호. 『외교안보정책과 언론 그리고 의회』. 서울: 오름, 1999.

김충남. 『성공한 대통령, 실패한 대통령』. 서울: 둥지, 1998.

김태현·유석진·정진영. 편. 『외교와 정치 - 세계화시대의 국제협상논
　　　리와 전략』. 서울: 오름, 1995.

김호진. 『한국정치체제론, 제7판』. 서울: 박영사, 1999.

대외경제정책연구원. 『UR 타결의 경제적 효과』. 서울: 대외경제정책연구원, 1993.

대우경제연구소. 『우루과이라운드와 한국경제 - 산업별 최종 협정 내용과 대응전략』. 서울: 한국경제신문사, 1994.

문정인 편. 『민주화시대의 정부와 기업』. 서울: 오름, 1998.

문정인·배종윤 외. 『21세기 국제환경 변화와 한반도』. 서울: 오름, 2004.

신명순. 『한국정치론』. 서울: 법문사, 1994.

양기웅. 『일본의 외교협상』. 서울: 小花, 1998.

오기평 편저. 『지구화와 정치변화 - 지구화의 현상과 전망, 그리고 과제』. 서울: 오름, 2000.

이범준·김의곤 공편. 『한국외교정책론 - 이론과 실제』. 서울: 법문사, 1993.

李常民 著. 『蘇聯官僚政治論 - 黨性과 專門性의 限界變化』. 서울: 法文社, 1986.

전　웅. 『외교정책론』. 서울: 법문사, 1986.

정일영 편. 『한국외교 반세기의 재조명』. 서울: 나남, 1993.

참나무기획팀. 『무엇이 그리고 왜 문제인가 - UR협상과 우리의 관심거리』. 서울: 서원, 1994.

최세균·김동민·임정빈·이재옥. 『UR 이후 세계곡물시장의 변화와 대응방안』. 서울: 한국농촌경제연구원, 1993.

최종기 편저. 『한국외교정책』. 서울: 국제관계연구소, 1988.

최평길. 『대통령학』. 서울: 박영사, 1998.

프란시스 후쿠야마. 『강한 국가의 조건』. 서울: 황금가지, 2005.

한국농촌경제연구원. 『UR타결에 다른 농산물시장 개방의 파급영향 분석』. 서울: 한국농촌경제연구원, 1993.

한국정책학회 편. 『대통령과 국가정책 - 제14대 대통령선거 정책공약 분석 평가와 김영삼 정부의 정책과제』. 서울: 대영문화사, 1994.

함성득. 『대통령학』. 서울: 나남, 1999.

함성득 편.『한국의 대통령과 권력』. 서울: 나남, 1999.

허명환.『관료가 바뀌어야 나라가 바로 선다』. 서울: 한국세정신문사, 1999.

Etzioni-Halevy, Eva. *Bureaucracy and Democracy: A Political Dilemma*. London: Routledge and Kegan Paul, 1983. 윤재풍 옮김.『官僚制와 民主主義 - 하나의 정치적 딜레마』. 서울: 大永文化社, 1995.

Ham, C. and M. Mill. *The Policy Process in the Modern Capitalist State*. Bristol: Weatshef Books, 1984. 강성진 譯.『현대 자본주의 국가의 정책과제』. 서울: 대영문화사, 1991.

2) 국문 논문

강　민. "관료적 권위주의의 한국적 생성."「한국정치학회보」, 제17호 (1983), pp. 341-362.

강성학. "한국외교정책의 특성: 편승에서 쿠오바디스로?"「IRI 리뷰」 (고려대학교 일민국제관계연구원), 제2권 제2호 (1997), pp. 5-44.

고성준. "민주화와 통일정책."「국제정치논총」, 제28집 2호 (1988), pp. 195-208.

구영록. "국가이익과 한국의 대외정책."「국제정치논총」, 제31호 (1991), pp. 11-35.

김기정. "김영삼 정부 5년의 대북정책 평가 - 정책의 혼란과 관료정치 현상."「통일경제」 (서울: 현대경제사회연구원), 제37호 (1998년 1월), pp. 8-17.

김기정·김용호·정병석. "김대중정부의 외교정책과 언론: 관계유형의 모색과 사례분석을 중심으로."「국제정치논총」, 제40집 4호 (2000), pp. 363-397.

김기정·이행. "민주화와 한국외교정책 - 이론적 분석틀의 모색."「국제정치논총」, 제32집 2호 (1992), pp. 3-22.

김동환·배병룡. "쓰레기통 모델과 인과지도의 결합: 인공지능적 접근."「한국행정학보」, 제23권 제2호 (1989), pp. 701-715.

金炳玩. "한국 행정부 내의 관료정치 - 환경정책에 관한 개발부처와 보전부처의 관계 분석."「한국행정학보」, 제27권 제1호 (1993년 봄), pp. 171-194.

金榮枰·申信雨. "韓國官僚制의 機關葛藤과 政策調整."「한국행정학보」, 제25권 제1호 (1991), pp. 307-324.

김태현·유석진·정진영. "세계화시대의 외교와 정치." 김태현·유석진·정진영, 편.『외교와 정치 - 세계화시대의 국제협상논리와 전략』. 서울: 오름, 1995, pp. 80-113.

김 현. "외교정책연구의 현황과 과제." 한국정치학회 편, 김유남 외 공저.『21세기 국제관계 연구의 쟁점과 과제』. 서울: 박영사, 2000, pp. 3-34.

남주홍. "민주화와 안보정책."「국제정치논총」, 제28집 2호 (1988), pp. 209-218.

문정인. "미국 통상 정책과 한미 무역 관계." 金起秀 編.『미국 통상 정책의 이해 - 국제 정치 경제적 접근』. 서울: 세종연구소, 1996, pp. 205-248.

박 근. "민주화와 외교정책결정과정의 비판."「국제정치논총」, 제28집 2호 (1988), pp. 33-60.

박경서. "민주화시대의 대외경제정책 수립."「국제정지논총」, 세28집 2호 (1988), pp. 83-98.

______. "비교외교정책의 정치경제적 접근법."「국제정치논총」, 제39집 1호 (1990), pp. 307-330.

박준호. "민주화와 안보정책수립."「국제정치논총」, 제28집 2호 (1988), pp. 61-82.

박천오. "한국에서의 정치적 피임명자와 고위직업관료의 정책성향과 상호관계." 「한국행정학보」, 제27권 제4호 (1993), pp.

1121-1138.

박치영. "한국대통령 선거와 외교정책 이슈." 「국제정치논총」, 제29집 1
　　호 (1989), pp. 25-58.

배종윤. "한국외교정책 결정과정의 관료정치적 이해." 「국제정치논총」,
　　제42집 4호 (2002), pp. 97-116.

______. "1990년대 한국의 대북정책과 관료정치: 통일부와 국가정보원을 중
　　심으로." 「한국정치학회보」, 제37집 5호 (2003), pp. 147-165.

백광일. "한국외교정책의 새로운 방안 모색." 「공공정책연구」, 제5호
　　(1999), pp. 403-421.

백완기. "행정개혁에 대한 평가와 과제." 「계간 경향」, 1988년 봄호,
　　pp. 186-197.

서재만. "약소국에 있어서 국내정치와 외교정책과의 관계." 「국제정치
　　논총」, 제20호 (1980), pp. 91-101.

심찬구. "1990년대 한국 대북정책 결정과정과 관료정치." 비간행 석사
　　학위논문, 연세대학교 정치학과 대학원, 1997.

이동복. "남북대화 - 1993년의 전망." 서울신문사 정경문화연구소 주최
　　토론회, "새시대 상황하에서의 남북관계." 발표논문, 1992년 12
　　월 28일. *http://dblee2000.or.kr.*

______. "평화체제로의 전환을 위한 협상전략 - 과거 대북회담을 기초
　　로." 국방군사연구회 주최 세미나, "한국의 휴전체제와 새로운
　　평화체제 구축 방향." 발표논문, 1995년 10월 10일.
　　http://dblee2000.or.kr.

이석호. "약소국 외교정책론." 이상우·하영선 공편. 『현대국제정치학』.
　　서울: 나남, 1994, pp. 511-539.

이재옥. "농산물 시장개방과 파급영향." 한국농촌경제연구원. 『UR 타
　　결과 농정의 대응방안』. 서울: 한국농촌경제연구원, 1994, pp.
　　1-17.

이정민. "한국외교정책의 방향과 제도적 접근의 문제." 정일영 편. 『한
　　국외교 반세기의 재조명』. 서울: 나남, 1993, pp. 43-76.

이정희. "한국외교정책 결정기구와 행위자." 이범준·김의곤 공편. 『한국 외교정책 - 이론과 실제』. 서울: 박영사, 1993. pp. 147-179.

임성호. "민주주의와 관료제: 관료제의 비대화 및 병폐의 정치적 원인." 「한국과 국제정치」, 제14권 제2호 (1998), pp. 27-53.

전 웅. "체제변화와 외교정책." 「국제정치논총」, 제28집 2호 (1988), pp. 17-32.

정승건. "한국행정개혁과 정치권력적 성격." 「현대사회」, 1992년 가을/겨울호, pp. 201-223.

______. "한국의 행정개혁과 변동: 정치권력과 관료정치." 「한국행정학보」, 제28권 제1호 (1994년 봄), pp. 55-79.

鄭鍾旭. "外交政策과 決定過程에 關한 硏究動向." 「논문집」 (서울대학교 국제문제연구소), 11호 (1987), pp. 1-9.

정종욱·김태현. "외교정책이론." 이상우·하영선 공편. 『현대국제정치학』. 서울: 나남, 1994, pp. 419-453.

최종기. "한국 북방정책과 관료의 역할." 「행정논총」 (서울대 행정대학원), 제28권 제1호 (1990), pp. 133-143.

하영선. "한국외교정책 분석틀의 모색." 「국제정치논총」, 제28집 2호 (1988), pp. 3-15.

Ⅱ. 영문 자료

1. 1차 자료

1) 정부 및 관련 부서 자료

The Bureau of Democracy, Human Rights, and Labor, Department of States, U.S. *Country Reports of Human Rights Practices -*

2003: Republic of Korea, http://www.state.gov/g/drl/rls/hrrpt/ 2003/27776pf.htm (검색일, 2004년 2월 27일)

White House. *National Security Strategy of the United States of America.* September 2002, *http://www.whitehouse.gov.*

______. *National Strategy to Combat Weapons of Mass Destruction.* December 2002, *http://www.whitehouse.gov.*

2. 2차 자료

1) 영문 단행본

Aberbach, Joel D., Robert D. Putnam, Bert A. Rockman. *Bureaucrats and Politicians in Western Democracies.* Cambridge: Harvard University Press, 1981.

Alagappa, Muthiah, ed. *Asian Security Practice: Material and Ideational Influences.* Stanford: Stanford University Press, 1998.

Allison, Graham T. *Essence of Decision: Explaining the Cuban Missile Crisis.* Boston: Little, Brown and Company, 1971.

Allison, G. and P. Zelikow. *Essence of Decision: Explaining the Cuban Missile Crisis,* 2nd ed. New York: Longman, 1999.

Amsden, Alice. *Asia's Next Giant: South Korea and Late Industrialization.* New York: Oxford University Press, 1989.

Andreski, Stanislav, ed. *Max Weber on Capitalism, Bureaucracy and Religion: A Selection of Texts.* London: George Allen & Unwin, 1983.

Aron, Raymond. *Peace and War: A Theory of International Relations.* Garden City, N. Y.: Doubleday, 1966.

Axelrod, R., ed. *The Structure of Decision: The Cognitive Maps of Political Elites.* Princeton: Princeton University Press, 1976.

Bacchus, William I. *Foreign Policy and the Bureaucratic Process - The State Department's Country Director System.* Princeton: Princeton University Press, 1974.

Barber, James David. *The Presidential Character: Predicting Performance in the White House,* 2nd ed. Englewood Cliffs, N.J.: Prentice Hall, 1992

Baylis, John and Steve Smith, eds. *The Globalization of World Politics,* 2nd ed. Oxford: Oxford University Press, 2001.

Blechman, Barry M. *The Politics of National Security: Congress and U.S. Defense Policy.* New York: Oxford University Press, 1990.

Bryner, Garry C. *Bureaucratic Discretion: Law and Policy in Federal Regulatory Agencies.* New York: Pergamon Press, 1987.

Buchanan, James, and Gordon Tullock. *The Calculus of Consent: Logical Foundations of Constitutional Democracy.* Ann Arbor: University of Michigan Press, 1962.

Burns, James. *Leadership.* New York: Harper and Row, 1978.

Buzan, Barry. *People, States, and Fear: An Agenda for International Security Studies in the Post-Cold War Era,* 2nd ed. Boulder: Lynne Rienner, 1991.

Campbell, Colton C., Nicol C. Rae, and John F. Stack, Jr., eds. *Congress and the Politics of Foreign Policy.* Upper Saddle River, N.J.: Prentice Hall, 2002.

Carter, Ashton B., William J. Perry. *Preventive Defense: A New Security Strategy for American.* Washington, D.C.: Brookings Institution Press, 1999.

Choi, Sang-Yong. ed. *Democracy in Korea.* Seoul: Korean Political Science Association, 1997.

Cigler, Allan J. and Burdett A. Loomis. *American Politics: Classic*

492　한국 외교정책의 새로운 이해

and Contemporary Readings. Boston: Houghton Mifflin Company, 1989.

Cox, Robert, and Harold K. Jacobson. The Autonomy of Influence. New Haven: Yale University Press, 1973.

Crabb, Cecil V., and Pat M. Holt. Invitation to Struggle: Congress, the President, and Foreign Policy, 3rd ed. Washington, D.C.: Congressional Quarterly Press, 1989.

Dahl, Robert. Congress and Foreign Policy. New York: Harcourt, 1950.

______. Pluralist Democracy in the United States. Chicago: Rand McNally, 1967.

Destler, I. M. President, Bureaucrats and Foreign Policy – The Politics of Organizational Reform. Princeton: Princeton University Press, 1972.

______. American Trade Politics: System under Stress. Washington, D.C.: Institute for International Economics, 1986.

Destler, I. M., Leslie H. Gelb and Anthony Lake. Our Own Worst Enemy: The Unmaking of American Foreign Policy. New York: Simon and Schuster, 1984.

De Rivera, Joseph. The Psychological Dimension of Foreign Policy. Columbia: Charles E. Merrill, 1968.

De Tocqueville, Alexis. Democracy in America, vol. 1. New York: Knopf, 1945.

Diamond, Larry and Doh Chull Shin, eds. Institutional Reform and Democratic Consolidation in Korea. Stanford: Hoover Institution Press, Stanford University, 1999.

Diamond, Larry, Juan Linz, and Seymour M. Lipset, eds. Democracy in Developing Countries: Persistence, Failure, and Renewa.l Boulder: Lynne Rienner Publisher, 1989.

Dodd, Lawrence C., and Richard L. Schott. *Congress and the Administrative State.* New York: John Wiley and Sons, 1979.

Evans, Peter B., Harold K. Jacobson, Robert D. Putnam, eds. *Double-Edged Diplomacy: International Bargaining and Domestic Politics.* Berkeley: University of California Press, 1993.

Franck, Thomas M., and Edward Weisband. *Foreign Policy by Congress.* New York: Oxford University Press, 1979.

Fukuyama, Francis. *The End of History and the Last Man.* New York: Maxwell Macmillan, 1992.

George, Alexander L. *Presidential Decision Making in Foreign Policy: The Effective Use of Information and Advice.* Boulder: Westview Press, 1980.

Gerth, H. H. and C. Wright Mills, trs. and eds. *From Max Weber: Essays in Sociology.* New York: Oxford University Press, 1958.

Geva, Nehemia and Alex Mintz, eds. *Decisionmaking on War and Peace: The Cognitive-Rational Debate.* Boulder, CO.: Lynne Rienner, 1997.

Glennon, Michael J. *Consitutional Diplomacy.* Princeton: Princeton University Press, 1990.

Gourevitch, Peter. *Politics in Hard Times: Comparative Responses to International Economic Crises.* Ithaca: Cornell University Press, 1986.

Guilford, J. P. *Cognitive Psychology with a Frame of Reference.* San Diego: Edits, 1979.

Haggard, Stephan. *Pathways from the Periphery: The Politics of Growth in the Newly Industrializing Countries.* Ithaca: Cornell University Press, 1990.

Hahm, Sung Deuk and L. Christopher Plein. *After Development: The*

Transformation of the Korean Presidency and Bureaucracy. Washington, D.C.: Georgetown University Press, 1997.

Halperin, Morton H. *Bureaucratic Politics and Foreign Policy.* Washington, D.C.: The Brookings Institution, 1974.

Halperin, Morton H., Arnold Kanter, eds. *Readings in American Foreign Policy – A Bureaucratic Perspective.* Boston: Little, Brown and Company, 1973.

Hamilton, A. *Financial Revolution.* Harmondsworth: Penquin Press, 1986.

Henderson, Gregory. *Korea: The Politics of the Vortex.* Cambridge, Mass.: Harvard University Press, 1968.

Hilsman, Roger. *To Move a Nation – The Politics of Foreign Policy in the Administration of John F. Kennedy.* Garden City, N.Y.: Doubleday & Company, Inc., 1967.

______. *The Politics of Policy Making in Defense and Foreign Affairs: Conceptual Models and Bureaucratic Politics.* Englewood Cliffs: Prentice-Hall, Inc., 1993.

Holsti, K. J. *International Politics: A Framework for Analysis,* 7th ed. Englewood Cliffs: Prentice Hall, 1995.

Huntington, Samuel P. *The Common Defense.* New York: Columbia University Press, 1961.

______. *The Third Wave: Democratization in the Late Twentieth Century.* Norman: University of Oklahoma Press, 1991.

Ikenberry, G. John, ed. *American Foreign Policy: Theoretical Essays.* Boston: Scott, Forcesman and Company, 1989.

Inoguchi, Takashi, Edward Newman, and John Keane, eds. *The Changing Nature of Democracy.* Tokyo: United Nations University Press, 1998.

Jensen, Lloyd. *Explaining Foreign Policy.* Englewood Cliffs:

Prentice-Hall, Inc., 1982.

Jervis, Robert. *Perception and Misperception in International Politics.* Princeton: Princeton University Press, 1976.

Katzenstein, Peter J., ed. *Between Power and Plenty: Foreign Economic Policies of Advanced Industrial States.* Madison: University of Wisconsin Press, 1978.

Kaufman, H. *Are Government Organizations Immoral?* Washington, D.C.: Brookings Institution, 1976.

Kegley, Charles W., Jr., and Eugene R. Wittkopf, eds. *The Domestic Sources of American Foreign Policy: Insights and Evidence.* New York: St. Martin's Press, 1988.

Kennan, George. *American Diplomacy, 1900-1950.* Chicago: University of Chicago Press, 1951.

Keohane, Robert O. *After Hegemony: Cooperation and Discord in the World Political Economy.* Princeton: Princeton University Press, 1984.

______, ed. *Neorealism and Its Critics.* New York: Columbia University Press, 1986.

Keohane, Robert O. and Helen V. Milner, eds. *Internationalization and Domestic Politics.* New York: Cambridge University Press, 1996.

Keohane, Robert O., Joseph S. Nye. *Power and Interdependence: World Politics in Transition.* Boston: Little, Brown and Company, 1977.

Kissinger, Henry A. *The Necessity for Choice: Prospects of American Foreign Policy.* New York: Harper & Row, 1961.

______. *The White House Years.* Siney: Hodder & Stoughton, 1979.

Kofman, Eleonore and Gillian Youngs, eds. *Globalization: Theory and Practice.* London: Pinter, 1996.

Koh, Byung Chul. *The Foreign Policy Systems of North and South Korea.* Berkeley: University of California Press, 1984.

Koh, Harold Hongju. *The National Security Constitutions Sharing Power After the Iran-Contra Affairs.* New Haven: Yale University Press, 1990.

Koo, Youngnok and Sung-joo Han, eds. *The Foreign Policy of the Republic of Korea.* New York: Columbia University Press, 1985.

Krasner, Stephen D. *Defending the National Interest: Raw Materials Investments and U.S. Foreign Policy.* Princeton: Princeton University Press, 1978.

______, ed. *International Regimes.* Ithaca: Cornell University Press, 1983.

Lindblom, Charles E. *The Intelligence of Democracy: Decision-Making Through Mutual Adjustment.* New York: Free Press, 1965.

______. *The Policy-Making Process,* 2nd ed. Englewood Cliffs: Prentice-Hall, 1980.

Lindsay, James M. *Congress and the Politics of U.S. Foreign Policy.* Baltimore: Johns Hopkins University Press, 1994.

Linz, Juan J. and Alfred Stepan. *Problems of Democratic Transitions and Consolidation: Southern Europe, South America, and Post-Communist Europe.* Baltimore: Johns Hopkins University Press, 1996.

Lord, Carnes. *The Presidency and the Management of National Security.* New York: Free Press, 1988.

Lovell, John P. *Foreign Policy in Perspective: Strategy, Adaptation, Decision Making.* New York: Holt, Rinehart and Winston, Inc., 1970.

Lowi, Theodore J. *The End of Liberalism.* New York: W. W. Norton, 1969.

March, James G. and Herbert A. Simon. *Organizations,* 2nd ed. New York: Blackwell Publishers, 1993.

McKay, David. *American Politics and Society,* 3rd ed. Cambridge: Blackwell, 1993.

Meier, Kenneth J. *Politics and the Bureaucracy: Policymaking in the Fourth Branch of Government.* North Scituate: Duxbury Press, 1979.

Mitnick, Barry M. *The Political Economy of Regulation: Creating, Designing, and Removing Regulatory Forms.* New York: Columbia University press, 1980.

Modelski, G. A. *A Theory of Foreign Policy.* New York: Praeger, 1962.

Moon, Chung-in and Jongryn Mo, eds. *Democratization and Globalization in Korea: Assessments and Prospects.* Seoul: Yonsei University Press, 1999.

Morgenthau, Hans J. *Politics Among Nations: The Struggle for Power and Peace,* 5th ed. New York: Knopf, 1973.

Neustadt, Richard E. *Alliance Politics.* New York: Columbia University Press, 1970.

______. *Presidential Power: The Politics of Leadership from FDR to Carter,* 2nd ed. New York: John Wiley & Sons, 1980.

Nordlinger, E. A. *On the Autonomy of the Democratic State.* Cambridge: Harvard University Press, 1981.

Nutter, G. Warren. *Kissinger's Grand Design.* Washington, D.C.: American Enterprise Institute for Public Policy Research, 1975.

O'Donnell, Guillermo A. *Modernization and Bureaucratic-

Authoritarianism: Studies in South American Politics. Berkeley: University of California Press, 1973.

Osborne, David, and Ted Gaebler. *Reinventing Government: How the Entrepreneurial Spirit is Transforming the Public Sector.* Reading, Mass.: Addison-Wesley, 1993.

Peters, B. Guy. *The Politics of Bureaucracy,* 4th ed. New York: Longman, 1995.

Przeworski, Adam, et al. *Sustainable Democracy.* Cambridge: Cambridge University Press, 1995.

Redford, Emmette S. *Democracy in the Administrative State.* New York: Oxford University Press, 1969.

Ripley, Randall B. and Grace A. Franklin. *Bureaucracy and Policy Implementation.* Homewood, Ill.: The Dorsey Press, 1982.

______. *Policy Implementation and Bureaucracy.* Chicago: Gorsey Press, 1986.

______. *Congress, the Bureaucracy, and Public Policy,* 4th ed. Chicago: Dorsy Press, 1987.

______. *Congress, the Bureaucracy, and Public Policy,* 5th ed. Pacific Grove, Calif.: Brooks/Cole, 1991.

Rose, Richard & Christian Haepfer. *New Democracies Barometer V.* Studies in Public Policy, no. 306. Glasgow: Centre for the Study of Public Policy, University of Strathclyde, 1998.

Rosenau, James N., ed. *Linkage Politics: Essays on the Convergence of National and International System.* New York: Free Press, 1969.

______, ed. *International Politics and Foreign Policy - A Reader in Research and Theory.* New York: Free Press, 1969.

Rosner, Jeremy D. *The New Tug-of-War: Congress, the Executive Branch, and National Security.* Washington, D. C.: Carnegie

Endowment for International Peace, 1995.

Roth, Guenther, and Clause Wittich, eds. *Max Weber's Economy and Society: An Outline of Interpretive Sociology*, vol. 3. New York: Bedminister Press, 1968.

Rourke, Francis E. *Bureaucracy and Foreign Policy*. Baltimore: The Johns Hopkins University Press, 1972.

______. *Bureaucracy, Politics, and Public Policy*, 3rd ed. Boston: Little, Brown and Company, 1984.

Schlesinger, Arthur M., Jr. *The Imperial Presidency*. Boston: Houghton Mifflin, 1973.

Schreurs, Miranda A., Dennis Pirages, eds. *Ecological Security in Northeast Asia*. Seoul: Yonsei University Press, 1998.

Snyder, Richard C., H. W. Bruck, and Burton Sapin, eds. *Foreign Policy Decision-Making: An Approach to the Study of International Politics*. New York: Free Press, 1962.

Steinbrunner, John. *The Cybernetic Theory of Decision*. Princeton: Princeton University Press, 1974

Thompson, Victor A. *Modern Organization*, 2nd ed. Alabama: The University of Alabama Press, 1977.

Tullock, Gordon. *The Vote Motive*. London: Institute of Economic Affairs, 1976.

UN Development Program (UNDP). *Human Development Report 1994: New Dimensions of Human Security*. New York: Trygve Olfarnes, 1994.

Valenta, Jiri. *Soviet Intervention in Czechoslovakia, 1968 - Anatomy of a Decision* Baltimore: Johns Hopkins University Press, 1979.

Vernon, Raymond. *Sovereignty at Bay*. New York: Basic Books, 1971.

Wade, Robert. *Governing the Market: Economic Theory and the*

Role of Government in East Asian Industrialization. Princeton: Princeton University Press, 1990.

Waltz, Kenneth N. *Man, the State, and War: A Theoretical Analysis.* New York: Columbia University Press, 1959.

______. *Theory of International Politics.* Reading, Mass.: Addison Wesley, 1979.

Warren, Kenneth F. *Administrative Law: In the American Political System.* St. Paul, Minn.: West Publishing, 1982.

Weber, Max. *The Theory of Social and Economic Organization,* trs. by A. M. Henderson and T. Parsons. Glencoe, Ill.: Free Press, 1947.

Weissman, Stephen R. *A Culture of Deferences: Congress's Failure of Leadership in Foreign Policy.* New York: Basic Books, 1995.

Winn, Gregory F. T. *Korean Foreign Policy Decision-Making: Process and Structure.* Honolulu: The Center for Korean Studies, University of Hawaii, 1976.

Wittkopf, Eugene R., ed. *The Domestic Sources of American Foreign Policy: Insights and Evidence,* 2nd ed. New York: St. Martin's Press, 1994.

Wood, B. Dan and Richard W. Waterman. *Bureaucratic Dynamics: The Role of Bureaucracy in a Democracy.* Boulder: Westview Press, 1994.

Yim, Yong Soon and Ki-jung Kim, eds. *Korea in the Age of Globalization and Information: Direction of Korea's Diplomacy and Broadcasting toward the 21st Century.* Seoul: Korean Association of International Studies, 1997.

2) 영문 논문

Alagappa, Muthiah. "Security and Security Studies After September 11: Some Preliminary Reflections." IDSS Working Paper Series, No. 23, Institute of Defense and Strategic Studies, Singapore, May 2002.

Alavi, Hamza. "The State in Post-colonial Societies: Pakistan and Bangladesh." *New Left Review*, vol. 74 (1972), pp. 58-81.

Allison, Graham T. "Conceptual Models of the Cuban Missile Crisis." *American Political Science Review*, vol. 63, no. 3 (September 1969), pp. 689-718.

Allison, Graham T and Morton H. Halperin. "Bureaucratic Politics: A Paradigm and Some Policy Implications." In G. John Ikenberry, ed. *American Foreign Policy: Theoretical Essays*. Boston: Scott, Forcesman and Company, 1989, pp. 378-409.

Anderson, Paul A. "Decision Making by Objection and the Cuban Missile Crisis." *Administrative Science Quarterly*, vol. 28, no. 2 (1983), pp. 201-222.

Art, Robert J. "Bureaucratic Politics and American Foreign Policy: A Critique." *Policy Science*, vol. 4 (December 1973), pp. 467-490.

Bacchus, William I. "Obstacles to Reform in Foreign Affairs." *Orbis*, vol. 18, no. 1 (Spring 1974), pp. 266-276.

Barber, James David. "Presidential Character and Foreign Policy Performance." In Eugene R. Wittkopf, ed. *The Domestic Sources of American Foreign Policy - Insights and Evidence*, 2nd ed. New York: St. Martin's Press, 1994, pp. 324-339.

Baum, Matthew A. "Public Opinion, Domestic Politics and the Decision to Use Military Force: The Case of Operation

Restore Hope." Paper presented to the 41st Annual Meeting of the International Studies Association, at L.A. on March 14-18, 2000.

Bendor, Jonathan, and Thomas H. Hammond. "Rethinking Allison's Models." *American Political Science Review*, vol. 86, no. 2 (June 1992), pp. 301-322.

Bresler, Robert J. "Hoover and Donovan: The Politics of Bureaucratic Empire Building." *International Journal of Public Administration*, vol. 16, no. 1 (1993), pp. 67-105.

Burgin, Eileen. "Representatives' Decisions on Participation in Foreign Policy Issues." *Legislative Studies Quarterly*, no. 16 (November 1991), pp. 521-546.

______. "Congress and Foreign Policy: The Misperceptions." In Lawrence C. Dodd, Bruce I. Oppenheimer, eds. *Congress Reconsidered*. Washington, D. C.: Congressional Quarterly, Inc., 1993, pp. 333-363.

______. "Congress and the Presidency in the Foreign Arena." *Congress & The Presidency*, vol 23, no 1 (Spring 1996), pp. 57-64.

Cerny, Philip G. "What Next for the State?" In Eleonore Kofman and Gillian Youngs, eds. *Globalization: Theory and Practice*. London: Pinter, 1996, pp. 123-137.

Cheney, Dick. "Congressional Overreaching in Foreign Plicy." In Robert A. Goldwin and Robert A. Licht, eds. *Foreign Policy and the Constitution*. Washington, D. C.: American Enterprise Institute for Public Policy Research, 1990.

Clarke, Duncan L. "Why State Can't Lead." In Charles W. Kegley, Jr., and Eugene R. Wittkopf, eds. *The Domestic Sources of American Foreign Policy: Insights and Evidence*. New York:

St. Martins' Press, 1988, pp. 142-148.

Cole, Timothy M. "Congressional Investigation of American Foreign Policy: Iran-Contra in Perspective." *Congress & The Presidency*, vol 21, no 1 (Spring 1994), pp. 29-48.

Cohen, Michael D., James G. March, and Johan P. Olsen. "A Garbage Can Model of Organizational Choice." *Administrative Science Quarterly*, vol. 17, no. 1 (1972), pp. 1-25.

Constas, Helen. "Max Weber's Two Conceptions of Bureaucracy." *American Journal of Sociology*, vol. 63, no. 4 (1958), pp. 400-409.

Cook, Brian J. "Principal-Agent Models of Political Control of Bureaucracy." *American Political Science Review*, vol. 83, no. 3 (September 1989), pp. 965-970.

Crovitz, L. Grodon. "Micromanaging Foreign Policy." *Public Interest*, no. 100, pp. 102-115.

Davis, Richard. "The Foreign Policymaking Role of Congress in the 1990s: Remote Sensing Technology and the Future of Congressional Power." *Congress & The Presidency*, vol 19, no 2 (Autumn 1992), pp. 175-191.

Dawisha, Karen. "The Limits of the Bureaucratic Politics Model: Observations on the Soviet Case." *Studies in Comparative Communism*, vol. XIII, no. 4 (Winter 1980), pp. 300-346.

Deering, Cristopher J. "Alarms and Patrols: legislative Oversight in Foreign and Defense Policy." In Colton C. Campbell, Nicol C. Rae and John F. Stack, Jr., eds. *Congress and the Politics of Foreign Policy: Real Politics in America*. Upper Saddle River, N.J.: Prentice Hall, 2003, pp. 112-138.

DiMaggio, Paul J. "The Iron Cage Revisited: Institutional Isomorphism and Collective Rationality in Organizational

Fields." *American Sociological Review,* vol. 48, no. 1 (1983), pp. 147-160.

Draper, Theodore. "Reagan's Junta: The Institutional Sources of the Iran-Contra Affair." In Charles W. Kegley, Jr., and Eugene R. Wittkopf, eds. *The Domestic Sources of American Foreign Policy: Insights and Evidence.* New York: St. Martin's Press, 1988, pp. 131-141.

East, Maurice A. "Foreign Policy-Making in Small States: Some Theoretic Observations Based on a Study of the Uganda Ministry of Foreign Affairs." *Political Sciences,* vol. 4, no. 4 (1973), pp. 491-508.

______. "Size and Foreign Policy Behavior? A Test of Two Models." *World Politics,* vol. XXV, no. 4 (July 1973), pp. 556-576.

Easterbook, Gregg. "What's Wrong with Congress?" *Atlantic Monthly,* December 1983, pp. 57-84.

Ellison, Brian A. "A Conceptual Framework for Analyzing Bureaucratic Politics and Autonomy." *American Review of Public Administration,* vol. 25, no. 2 (June 1995), pp. 161-181.

Farnham, Barbara. "Political Cognition and Decision-Making." *Political Psychology,* vol. 11, no. 1 (1990), pp. 83-111.

Freedman, Lawrence. "Logic, Politics and Foreign Policy Process: A Critique of the Bureaucratic Politics Model." *International Affairs,* vol. 52, no. 3 (1976), pp. 434-449.

George, Alexander L. "The Case for Multiple Advocacy in Making Foreign Policy." *American Political Science Review,* vol. 66, no. 3 (1972), pp. 751-785.

______. "Domestic Constraints on Regime Change in U.S. Foreign Policy: The Need for Policy Legitimation." In G. John Ikenberry, ed. *American Foreign Policy: Theoretical Essays.*

Boston: Scott, Forcesman and Company, 1989, pp. 583-608.

Goodin, Robert E. "The Logic of Bureaucratic Back Scratching." *Public Choice*, vol. 21 (1975), pp. 53-67.

Gourevitch, Peter. "The Second Image Reversed: The International Sources of Domestic Politics." *International Organization*, vol. 32, no. 4 (Autumn 1978), pp. 881-912.

Grindle, Meriles S. and John W. Thomas. "Policy Makers, Policy Choices, and Policy Outcomes: The Political Economy of Reform in Developing Countries." *Policy Sciences*, vol. 22 (1989), pp. 213-248.

Ha, Young-Sun. "The Historical Development of Korean Globalization: *Kukchehwa* and *Segyehwa*." In Chung-in Moon and Jongryn Mo, eds. *Democratization and Globalization in Korea: Assessments and Prospects*. Seoul: Yonsei University Press, 1999, pp. 159-178.

Hagan, Joe D. "Regimes, Political Oppositions, and the Comparative Analysis of Foreign Policy." In Charles F. Hermann, Charles W. Kegley, Jr., and James N. Rosenau, eds. *New Directions in the Study of Foreign Policy*. Winchester, Mass.: Allen & Unwin, Inc., 1987, pp. 339-365.

Haggard, Stephen and Chung-in Moon. "Institutions and Economic Policy: Theory and a Korean Case Study." *World Politics*, vol. 42 (1990), pp. 210-237.

Hahm, Chaibong and Sang-young Rhyu. "Democratic Reform and Consolidation in South Korea: The Promise of Democracy." In Chung-in Moon and Jongryn Mo, eds. *Democratization and Globalization in Korea: Assessments and Prospects*. Seoul: Yonsei University Press, 1999, pp. 69-88.

Halperin, Morton H. "Why Bureaucrats Play Games." *Foreign Policy*, no. 2 (1971), pp. 70-90.

______. "The Decision to Deploy the ABM: Bureaucratic and Domestic Politics in the Johnson Administration." *World Politics*, vol. 25, no. 1 (October 1972), pp. 62-95.

Hamill, James, Donna Lee. "A Middle Power Paradox? - South African Diplomacy in the Post-Apartheid Era." Paper presented to the 41st Annual Meeting of the International Studies Association, at L.A. on March 14-18, 2000.

Hampson, Fen Osler. "The Divided Decision-Maker: American Domestic Politics and the Cuban Crises." *International Security*, vol. 9 no. 3 (Winter 1984/85), pp. 130-165.

Hart, Paul 'T and Uriel Rosenthal. "Reappraising Bureaucratic Politics." *Mershon International Studies Review*, vol. 42 (1998), pp. 233-240.

Henriksen, Thomas H. "Korea's Foreign and Security Policy in an Age of Democratization and Globalization." In Chung-in Moon and Jongryn Mo, eds. *Democratization and Globalization in Korea: Assessments and Prospects.* Seoul: Yonsei University Press, 1999, pp. 209-226.

Hermann, Charles F. "New Foreign Policy Problems and Old Bureaucratic Organizations." In Charles W. Kegley, Jr., and Eugene R. Wittkopf, eds. *The Domestic Sources of American Foreign Policy: Insights and Evidence.* New York: St. Martin's Press, 1988, pp. 248-265.

______. "Changing Course: When Governments Choose to Redirect Foreign Policy." *International Studies Quarterly*, vol. 34 (1990), pp. 3-21.

______. "Resolve, Accept of Avoid Group Conflict: Effects on Foreign Policy Decisions." Paper presented on the 41st Annual

Convention of International Studies Association, held on March 14-18, 2000 at Los Angeles, USA.

Hermann, Margaret G. "Explaining Foreign Policy Behavior Using the Personal Characteristics of Political Leaders." *International Studies Quarterly*, vol. 24, no. 1 (March 1980), pp. 7-46.

______. "The Role of Leaders and Leadership in the Making of American Foreign Policy." In Charles W. Kegley, Jr., and Eugene R. Wittkopf, eds. *The Domestic Sources of American Foreign Policy: Insights and Evidence*. New York: St. Martin's Press, 1988, pp. 266-284.

Hermann, Margaret G. and Charles F. Hermann. "Who Makes Foreign Policy Decisions and How: An Empirical Inquiry." *International Studies Quarterly*, vol. 33, no. 3 (1989), pp. 361-387.

Hermann, Margaret G. and Thomas Preston. "Presidents and Their Advisers: Leadership Style, Advisory Systems, and Foreign Policymaking." In Eugene R. Wittkopf, ed. *The Domestic Sources of American Foreign Policy: Insights and Evidence*, 2nd ed. New York: St. Martin's Press, 1994, pp. 340-356.

Hermann, Margaret G., Charles F. Hermann, and Joe D. Hagan. "How Decision Units Shape Foreign Policy Behavior." In Charles F. Hermann, Charles W. Kegley, Jr., and James N. Rosenau, eds. *New Directions in the Study of Foreign Policy*. Winchester, Mass.: Allen & Unwin, Inc., 1987, pp. 309-336.

Hilsman, Roger. "The Foreign-Policy Consensus: An Interim Research Report." *Journal of Conflict Resolution*, vol. 3, no. 4 (December, 1959), pp. 361-382.

Hollis, Martin and Steve Smith. "Roles and Reasons in Foreign Policy Decision Making." *British Journal of Political Science*, vol. 16, no. 3 (1986), pp. 269-286.

Hong, Yong-Pyo. "Political Leaders and Korean Diplomacy." In Yong Soon Yim and Ki-jung Kim, eds. *Korea in the Age of Globalization and Information: Direction of Korea's Diplomacy and Broadcasting toward the 21st Century.* Seoul: Korean Association of International Studies, 1997, pp. 73-90.

Hopkins, Raymond F. "The International Role of 'Domestic' Bureaucracy." *International Organization*, vol. 30, no. 3 (1976), pp. 405-432.

Huntington, Samuel P. "Strategic Planning and the Political Process." *Foreign Affairs*, vol. 38, no. 2 (January 1960), pp. 285-299.

______. "Will More Countries Become Democratic?" *Political Science Quarterly*, vol. 99, no. 2 (Summer 1984), pp. 193-218.

Hurwitz, Jon and Mark Peffley. "The Means and Ends of Foreign Policy as Determinants of Presidential Support." *American Journal of Political Science*, vol. 31, no. 2 (1987), pp. 236-258.

Ikenberry, G. John. "Globalization: Patterns, Sources, and Implications." In Chung-in Moon and Jongryn Mo, eds. *Democratization and Globalization in Korea: Assessments and Prospects.* Seoul: Yonsei University Press, 1999, pp. 135-158.

James, Patrick and John R. Oneal. "The Influence of Domestic and International Politics on the President's Use of Force." *Journal of Conflict Resolution*, vol. 35, no. 2 (June 1991), pp. 307-332.

Janis, Irving L. "Escalation of the Vietnam War: How Could It Happen?" In Irving L. Janis, ed. *Groupthinking: Psychological Studies of Policy Decisions and Fiascos,* 2nd ed. Atlanta: Houghton Mifflin, 1982, pp. 97-130.

Johnson, Chalmers. "Political Institutions and Economic Performance:

The Government-Business Relationship in Japan, South Korea and Taiwan." In Frederic Deyo, ed. *The Political Economy of the New Asian Industrialism.* Ithaca: Cornell University Press, 1987, pp. 136-164.

Jones, Christopher M. "American Prewar Technology Sales to Iraq: A Bureaucratic Politics Explanation." In Eugene R. Wittkopf, ed. *The Domestic Sources of American Foreign Policy: Insights and Evidence.* 2nd ed. New York: St. Martin's Press, 1994, pp. 279-296.

Jones, David C. "What's Wrong with Our Defense Establishment." In Charles W. Kegley, Jr., and Eugene R. Wittkopf, eds. *The Domestic Sources of American Foreign Policy: Insights and Evidence.* New York: St. Martin's Press, 1988, pp. 195-204.

Kaarbo, Juliet and Deborah Gruenfeld. "The Social Psychology of Inter- and Intragroup Conflict in Governmental Politics." *Mershon International Studies Review,* vol. 42 (1998), pp. 226-233.

Kapstein, Ethan B. "Is realism dead? The domestic sources of international politics." *International Organization,* vol. 49, no. 4 (1995), pp. 751-774.

Kazenstein, Peter J. "International Relations and Domestic Structures: Foreign Economic Policies of Advanced Industrial States." *International Organization,* vol. 30, no. 1 (1976), pp. 1-45.

Kemp, Geoffrey. "Presidential Management of the Executive Bureaucracy." In Eugene R. Wittkopf, ed. *The Domestic Sources of American Foreign Policy: Insights and Evidence,* 2nd ed. New York: St. Martin's Press, 1994, pp. 166-180.

Kim, Taehyun. "Bureaucratic Politics and Korea's Foreign Policy:

Theory and Evidence." In Yong Soon Yim and Ki-jung Kim, eds. *Korea in the Age of Globalization and Information: Direction of Korea's Diplomacy and Broadcasting toward the 21st Century*. Seoul: Korean Association of International Studies, 1997, pp. 91-106.

Kissinger, Henry A. "Domestic Structure and Foreign Policy." In James N. Rosenau, ed. *International Politics and Foreign Policy - A Reader in Research and Theory*. New York: Free Press, 1969, pp. 261-275.

Knopf, Jeffrey W. "Beyond two-level games: domestic- international interaction in the intermediate-range nuclear forces negotiations." *International Organization*, vol. 47, no. 4 (Autumn 1993), pp. 599-628.

Koo, Youngnok. "Foreign Policy Decision-Making." In Youngnok Koo and Sung-joo Han, eds. *The Foreign Policy of the Republic of Korea*. New York: Columbia University Press, 1985, pp. 14-47.

Krasner, Stephen D. "Policy Making in a Weak State." In G. John Ikenberry, ed. *American Foreign Policy: Theoretical Essays*. Boston: Scott, Forcesman and Company, 1989, pp. 292-318.

______. "Are Bureaucracies Important? A Reexamination of Accounts of the Cuban Missile Crisis." In Eugene R. Wittkopf, ed. *The Domestic Sources of American Foreign Policy: Insights and Evidence*, 2nd ed. New York: St. Martin's Press, 1994, pp. 311-323.

Kunilka, Todd and Lawrence S. Rothenberg. "The Politics of Bureaucratic Competition: The Case of Natural Resource Policy." *Journal of Policy Analysis and Management*, vol. 12, no. 4 (1993), pp. 700-725.

Larsen, Henrik. "Small State Foreign Policy in an EU Context in the Post Cold War Period: The Case of Denmark." Paper presented to the 41st Annual Meeting of the International Studies Association, at L.A. on March 14-18, 2000.

Lee, Samsung. "The Korean Society and Foreign Policy." In Yong Soon Yim and Ki-jung Kim, eds. *Korea in the Age of Globalization and Information: Direction of Korea's Diplomacy and Broadcasting toward the 21st Century*. Seoul: Korean Association of International Studies, 1997, pp. 107-124.

LeLoup, Lance T. "The Fiscal Straitjacket: Budgetary Constrints on Congressional Foreign and Defense Policy-Making." In Randall B. Riplay and James M. Lindsay, eds. *Congress Resurgent: Foreign and Defence Policy on Capital Hill*. Ann Arbor: The University of Michigan Press, 1993, pp. 37-66.

Levy, Jack S. "Organizational Routines and the Causes of War." *International Studies Quarterly*, vol. 30, no. 2 (1986), pp. 193-222.

Lindblom, Charles E. "The Science of 'Muddling Through'." *Public Administration Review*, vol. 19, no. 2 (1959), pp. 79-88.

______. "Still Muddling, no yet Through." *Public Administration Review*, vol. 39, no. 6 (November/December 1979), pp. 517-526.

Lindsay, James M. "Congress and Diplomacy." In Randall B. Riplay and James M. Lindsay, eds. *Congress Resurgent: Foreign and Defence Policy on Capital Hill*. Ann Arbor: The University of Michigan Press, 1993, pp. 261-281.

Lindsay, James M. and Randall B. Ripley. "How Congress Influence Foreign and Defense Policy." In Randall B. Ripley and James M. Lindsay, eds. *Congress Resurgent: Foreign and Defence Policy on Capital Hill*. Ann Arbor: The University of

Michigan Press, 1993, pp. 17-35.

Linz, Juan J. and Alfred Stepan. "Toward Consolidated Democracy." *Journal of Democracy*, vol. 7, no. 2 (April 1996), pp. 14-32.

Lowenthal, Mark M. "Tribal Tongues: Intelligence Consumers, Intelligence Producers." In Eugene R. Wittkopf, ed. *The Domestic Sources of American Foreign Policy: Insights and Evidence*, 2nd ed. New York: St. Martin's Press, 1994, pp. 265-278.

Masuch, Michael, and Perry LaPotin. "Beyond Garbage Cans: An AI Model of Organizational Choices." *Administrative Science Quarterly*, vol. 3 (1989), pp. 38-67.

Matsumura, Masahiro. "Internationalization of the Bureaucratic Politics Model: U.S.-Japan Relations in the late 1980s." 「桃山學院大學 社會學論叢」 (京都: 桃山學院大學 總合硏究所), 第26卷 第2號 (1992年 12月), pp. 71-101.

Mayer, Frederick W. "Managing domestic differences in international negotiations: the strategic use of internal side-payment." *International Organization*, vol. 46, no. 4 (Autumn 1992), pp. 793-818.

Merkel, Wolfgang. "The Consolidation of Post-autocratic Regimes: A Multilevel Model." In Chung-in Moon and Jongryn Mo, eds. *Democratization and Globalization in Korea: Assessments and Prospects.* Seoul: Yonsei University Press, 1999, pp. 25-68.

Michaud, Nelson. "Bureaucratic Politics: Still a Research Path for the Future?" Paper presented to the 41st Annual Meeting of the International Studies Association, at L.A. on March 14-18, 2000.

Milner, Helen V., and Robert O. Keohane. "Internationalization and Domestic Politics: An Introduction." In Robert O. Keohane,

Helen V. Milner, eds. *Internationalization and Domestic Politics*. Cambridge: Cambridge University Press, 1996, pp. 2-24.

Mo, Jongryn. "The Logic of Two-Level Games with Endogenous Domestic Coalitions." *Journal of Conflict Resolution*, vol. 38, no. 3 (September 1994), pp. 402-422.

Moon, Chung-in. "Beyond Statism: The Political Economy of Growth in South Korea." *International Studies Notes*, vol. 15, no. 1 (1990), pp. 24-27.

______. "Understanding the DJ Doctrine: The Sunshine Policy and the Korean Peninsula." In Chung-in Moon, David I. Steinberg, eds. *Kim Dae-jung Government and Sunshine Policy: Promises and Challenges*. Seoul: Yonsei University Press, 1999, pp. 35-56.

Moon, Chung-in, and Chaesung Chun. "Sovereignty: Dominance of the Westphalian Concept and Implications for Regional Security." In Muthiah Alagappa, ed. *Asian Security Order: Instrumental and Normative Features*. Stanford: Stanford University Press, 2003, pp. 106-137.

Moon, Chung-in, and Jong-Yun Bae. "The Bush Doctrine and the North Korean nuclear crisis." In Mel Gurtov and Peter Van Ness, eds. *Confronting the Bush Doctrine: Critical Views from the Asia-Pacific*. New York: Routledge Curzon, 2005, pp. 39-62.

Moon, Chung-in and Rashemi Prasad. "Beyond the Development State: Institutions, Networks, and Politics." *Governance*, vol. 7, no. 4 (1994), pp. 360-386.

Moon, Chung-in and Sunghack Lim. "Weaving through Paradoxes: Democratization, Globalization, and Environment Politics in

South Korea." In Helge Hveem, Kristen Nordhaug, eds. *Public Policy in the Age of Globalization*. New York: Palgrave, 2002, pp. 87-91.

Moon, Chung-in, and Taehwan Kim. "South Korea's International Relations: Challenges to Developmental Realism." In Samuel S. Kim, ed. *The International Relations of Northeast Asia*. Lanham, MD: Rowman & Littlefield, 2004, pp. 251-280.

Moore, D. "Governmental and Societal Influences on Foreign Policy in Open and Closed Nations." In James N. Rosenau, ed. *Comparing Foreign Policies: Theories, Findings and Method*. Beverly Hills: Sage, 1974, pp. 171-199.

Morgan, T. Clifton. "Domestic Discontent and the External Use of Force." *Journal of Conflict Resolution*, vol. 36, no. 1 (1992), pp. 25-52.

Morris, Bernard S. "Presidential Accountability in Foreign Policy: Some Recurring Problems." *Congress & The Presidency*, vol 13, no 2 (Autumn 1986), pp. 157-176.

Neack, Laura. "Middle Powers Once Removed: The Diminished Global Role of Middle Powers and American Grand Strategy." Paper presented to the 41st Annual Meeting of the International Studies Association, at L.A. on March 14-18, 2000.

Noll, Roger G. "Government Regulatory Behavior: A Multidisciplinary Survey and Synthesis." In *Regulatory Policy and the Social Sciences*. Berkeley: University of California Press, 1985, pp. 9-63.

Nossal, Kim Richard. "Allison through the (Ottawa) Looking Glass: Bureaucratic Politics and Foreign Policy in a Parliamentary System." *Canadian Public Administration*, vol. 22, no. 4

(1979), pp. 610-626.

O'Brien, David M. "Presidential and Congressional Relations in Foreign Affairs: The Treaty-Making Power and the Rise of Executive Agreements." In Colton C. Campbell, Nicol C. Rae and John F. Stack, Jr., eds. *Congress and the Politics of Foreign Policy: Real Politics in America.* Upper Saddle River, N.J.: Prentice Hall, 2003, pp. 70-89.

O'Halloran, Sharyn. "Congress and Foreign Trade Policy." In Randall B. Ripley and James M. Lindsay, eds. *Congress Resurgent: Foreign and Defence Policy on Capital Hill.* Ann Arbor: The University of Michigan Press, 1993, pp. 283-303.

O'Leary, Michael. "Linkage between Domestic and International Politics in Underdeveloped Nations." In James N. Rosenau, ed. *Linkage Politics: Essays on the Convergence of National and International System.* New York: Free Press, 1969, pp. 324-346.

Ostrom, Charles W., Jr., Brian L. Job. "The President and the Political Use of Force." *American Political Science Review*, vol. 80, no. 2 (1986), pp. 541-566.

Paradakis, Maria and Harvey Starr. "Opportunity, Willingness, and Small States: The Relationship Between Environment and Foreign Policy." In Charles F. Hermann, Charles W. Kegley, Jr., and James N. Rosenau, eds. *New Directions in the Study of Foreign Policy.* Boston: Allen & Unwin, 1987, pp. 409-432.

Pempel, T. J. "Japanese Foreign Economic Policy: The Domestic Bases for International Behavior." In Peter J. Katzenstein, ed. *Between Power and Plenty - Foreign Economic Policies of Advanced Industrial States.* Madison: The University of Wisconsin Press, 1978, pp. 139-190.

Perlmutter, Amos. "The Presidential Political Center and Foreign Policy: A Critique of the Revisionist and Bureaucratic-Political Orientations." *World Politics*, vol. 27, no. 1 (1974), pp. 87-106.

Porter, Roger B. "The President, Congress, and Trade Policy." *Congress & The Presidency*, vol 15, no 2 (Autumn 1988), pp. 165-184.

Putnam, Robert D. "Diplomacy and domestic politics: the logic of two-level games." *International Organization*, vol. 42, no. 3 (Summer 1988), pp. 427-460.

Quandt, William B. "The Electoral Cycle and the Conduct of American Foreign Policy." In Eugene R. Wittkopf, ed. *The Domestic Sources of American Foreign Policy: Insights and Evidence*, 2nd ed. New York: St. Martin's Press, 1994, pp. 132-143.

Rae, Douglas W. "The Limits of Consensual Decision." *American Political Science Review*, vol. 69, no. 4 (1975), pp. 1270-1294.

Randall, Ronald. "Presidential Power versus Bureaucratic Intransigence: The Influence of the Nixon Administration on Welfare Policy." *American Political Science Review*, vol. 73, no. 3 (1979), pp. 795-810.

Redd, Steven B. "The Influence of Advisers on Decision Strategies and Presidential Uses of Force: An Experimental Analysis Using Process Tracing Techniques." Paper presented to the 41st Annual Meeting of the International Studies Association, at L.A. on March 14-18, 2000.

Rhodes, Edward. "Do Bureaucratic Politics Matter? - Some Disconfirming Findings from the Case of the U.S. Navy." *World Politics*, vol. 47, no. 1 (October 1994), pp. 1-41.

Ripley, Randall B. and James M. Lindsay. "Foreign and Defense Policy in Congress: An Overview and Preview." In Randall B. Ripley and James M. Lindsay, eds. *Congress Resurgent: Foreign and Defence Policy on Capital Hill.* Ann Arbor: The University of Michigan Press, 1993, pp. 3-16.

Rise-Kappen, Thomas. "Public Opinion, Domestic Structure and Foreign Policy in Liberal Democracies." *World Politics,* vol. 43, no. 4 (July 1991), pp. 479-512.

Rosati, Jerel A. "Developing a Systematic Decision-Making Framework: Bureaucratic Politics in Perspective." *World Politics,* vol. 33, no. 2 (1981), pp. 234-252.

Rose, Richard, and Doh C. Shin. "Popular Response to Korean Democratization in Comparative Perspective." In Chung-in Moon and Jongryn Mo, eds. *Democratization and Globalization in Korea: Assessments and Prospects.* Seoul: Yonsei University Press, 1999, pp. 329-348.

Rosenau, James N. "Pre-theories and Theories of Foreign Policy." In R. Barry Farrell, ed. *Approaches to Comparative and International Politics.* Evanston, IL: Northwestern University Press, 1966, pp. 27-99.

________. "The Globalization of Globalization." In Frank P. Harvey and Michael Brecher, eds. *Critical Perspectives in International Studies.* Ann Arbor: The University of Michigan Press, 2002.

Rourke, Francis E. "Executive Fallibility - Presidential Management Styles." *Administration & Society,* vol. 6, no. 2 (August 1974), pp. 171-177.

Russet, Bruce M., and R. Joseph Monsen. "Bureaucracy and Polyarchy as Predictors of Performance: A Cross-National Examination." *Comparative Political Studies,* vol. 8 (1975), pp.

5-31.

Salmore, Stephan A., Charles F. Hermann. "The Effect of Size, Development, and Accountability on Foreign Policy." *Peace Research Society Papers*, vol. 14 (1969), pp. 16-30.

Schilling, Warner R. "The H-Bomb Decision: How to Decide without Actually Choosing." *Political Science Quarterly*, vol. LXXVI (1961), pp. 24-46.

Schlesinger, Arthur M., Jr. "The Presidency and the Imperial Temptation." In Charles W. Kegley, Jr., and Eugene R. Wittkopf, eds. *The Domestic Sources of American Foreign Policy: Insights and Evidence*. New York: St. Martin's Press, 1988, pp. 127-130.

Schmitter, Philippe C. "Some basic assumptions about the consolidation of democracy." In Takashi Inoguchi, Edward Newman, and John Keane, eds. *The Changing Nature of Democracy*. Tokyo: United Nations University Press, 1998, pp. 23-36.

Shroyer, Guy F. "Foreign Policy Decision and the Levels of Analysis Problem: The Case of the Contra War." Paper presented to the 41st Annual Meeting of the International Studies Association, at L.A. on March 14-18, 2000.

Singer, J. David. "The Level-of-Analysis Problem in International Relations." In G. John Ikenberry, ed. *American Foreign Policy: Theoretical Essays*. Boston: Scott, Forcesman and Company, 1989, pp. 67-80.

Smith, Alastair. "Diversionary Foreign Policy in Democratic Systems." *International Studies Quarterly*, vol. 40, no. 1 (1996), pp. 133-153.

Smith, Steve. "Allison and the Cuban Missile Crisis: A Review of the Bureaucratic Politics Model of Foreign Policy Decision-Making." *Millennium: Journal of International Studies*, vol. 9, no. 1 (1980), pp. 21-39.

______. "Policy Preferences and Bureaucratic Position: The Case of the American Hostage Rescue Mission." In Eugene R. Wittkopf, ed. *The Domestic Sources of American Foreign Policy: Insights and Evidence*, 2nd ed. New York: St. Martin's Press, 1994, pp. 297-310

______. "The Concept of Security Before and After September 11: The Contested Concept of Security." IDSS Working Paper Series, No. 23, Institute of Defense and Strategic Studies, Singapore, May 2002.

Stack, John F., Jr. and Colton C. Campbell. "Congress: How Silent a Partener?" In Colton C. Campbell, Nicol C. Rae and John F. Stack, Jr., eds. *Congress and the Politics of Foreign Policy: Real Politics in America*. Upper Saddle River, N.J.: Prentice Hall, 2003, pp. 22-43.

Steiner, Miriam. "The Elusive Essence of Decision: A Critical Comparison of Allison's and Snyder's Decision-Making Approaches." *International Studies Quarterly*, vol. 21, no. 2 (June 1977), pp. 389-422.

Stern, Eric, ed. "Whitter the Study of Governmental Politics in Foreign Policymaking? - A Symposium." *Mershon International Studies Review*, vol. 42 (1998), pp. 205-255.

Stepan, Alfred, and Juan J. Linz. "Post-communist Europe: Comparative reflections." In Takashi Inogushi Edward Newman, and John Keane, eds. *The Changing Nature of Democracy*. Tokyo: United Nations University Press, 1998, pp. 184-212.

Stockton, Paul N. "Congress and Defense Policy - Making for the Post-Cold War Era." In Randall B. Ripley and James M. Lindsay, eds. *Congress Resurgent: Foreign and Defence Policy on Capital Hill.* Ann Arbor: The University of Michigan Press, 1993, pp. 235-259.

Thompson, Kenneth W., Roy C. Macridis. "The Comparative Study of Foreign Policy." In Roy C. Macridis, ed. *Foreign Policy in World Politics.* 4th ed. Englewood Cliffs, N.J.: Prentice-Hall, Inc., 1972, pp. 1-33.

Thomson, James C., Jr. "How Could Vietnam Happen? An Autopsy." In Charles W. Kegley, Jr., and Eugene R. Wittkopf, eds. *The Domestic Sources of American Foreign Policy: Insights and Evidence.* New York: St. Martin's Press, 1988, pp. 205-214.

Tetlock, Philip. "Accountability and Complexity of Though." *Journal of Personality and Social Psychology,* vol. 45 (1981), pp. 74-83.

______. "Cognitive Style and Political Ideology." *Journal of Personality and Social Psychology,* vol. 47 (1983), pp. 118-128.

______. "Accountability: The Neglected Social Context of Judgement and Choice." *Research of Organization Behavior,* vol. 7 (1985), pp. 297-332.

Weil, Herman M. "Can Bureaucracies Be Rational Actors? - Foreign Policy Decision-Making in North Vietnam." *International Studies Quarterly,* vol. 19, no. 4 (December 1975), pp. 432-468.

Welch, David A. "The Organizational Process and Bureaucratic Politics Paradigms: Retrospect and Prospect." *Internal Security,* vol. 17, no. 2 (Fall 1992), pp. 112-146.

______. "A Positive Science of Bureaucratic Politics?" *Mershon International Studies Review*, vol. 42 (1998), pp. 210-216.

Weldes, Jutta. "Bureaucratic Politics: A Critical Constructivist Assessment." *Mershon International Studies Review*, vol. 42 (1998), pp. 216-225.

Wettenhall, Roger. "The Globalization of Public Enterprises." *International Review of Administrative Sciences*, vol. 59, no. 2 (1993), pp. 387-408.

Williams, Marc. "Rethinking Sovereignty." In Eleonore Kofman and Gillian Youngs, eds. *Globalization: Theory and Practice*. London: Pinter, 1996, pp. 109-122.

Wittkopf, Eugene R. "An Introduction." In *The Domestic Sources of American Foreign Policy: Insights and Evidence*, 2nd ed. New York: St. Martin's Press, 1994, pp. 1-10.

Wood, B. Dan. "Bureaucrats: Passive of Strategic Actors?" *American Political Science Review*, vol. 83, no. 3 (September 1989), pp. 970-978.

색 인

· 저자 ·

배종윤
(裵鍾尹)

· 약 력 ·

연세대학교 정치학과 정치학 석사
연세대학교 정치학과 정치학 박사
미국 프린스턴대학 국제지역연구원 연구원
연세대학교 통일연구원 연구교수

· 주요논저 ·

「Unraveling the Northeast Asian Regional Security Complex: Old Patterns
  and New Insights」
「동북아시아 지역공동체 건설과 '협력적 안보동맹복합체'」
「The Bush Doctrine and the North Korean Nuclear Crisis」
「1990년대 한국의 대북정책과 관료정치: 통일부와 국가정보원을 중심으로」
「Korean Unification and Internal Security」
『Confronting the Bush Doctrine: Critical Views from the Asia-Pacific』
『21세기 국제환경 변화와 한반도』
『국가정보론』
외 다수

한국 외교정책의 새로운 이해
- 외교정책 결정과정과 관료 -

· 초판 인쇄	2006년 8월 1일
· 초판 발행	2006년 8월 1일
· 지 은 이	배종윤
· 펴 낸 이	채종준
· 펴 낸 곳	한국학술정보㈜
	경기도 파주시 교하읍 문발리 526-2
	파주출판문화정보산업단지
	전화 031) 908-3181(대표) · 팩스 031) 908-3189
	홈페이지 http://www.kstudy.com
	e-mail(출판사업부) publish@kstudy.com
· 등 록	제일산-115호(2000. 6. 19)
· 가 격	34,000원

ISBN   89-534-3933-7 93340 (Paper Book)
       89-534-3934-5 98340 (e-Book)